KB191541

우반동 전경
반계 선생이 20여 년간 살며 『반계수록을 집필했던 전라북도 부안 우반동의 전경.

반계서당
우반동의 반계서당(1981년 복원).

반계 묘소
경기도 용인시에 있는 반계 선생 묘소.

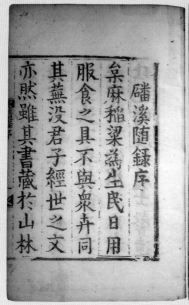

『반계수록』 간행본

1770년(영조 46년)에 간행된 『반계수록』 제1책 표지와 첫 면.

반계수록 1

토지제도

반계수록 1

유형원 지음
임형택 외 역주

토지제도

田制

磻溪隨錄

창비
Changbi Publishers

책머리에

지금 이 '신역 반계수록'은 지난 1950~60년대에 남과 북에서 각각 우리말로 번역했던 『반계수록儲溪隨錄』을 오늘의 독자들을 위해서 새로 번역하고 주해를 보충해서 내놓는 것이다. 한국 실학은 1930년대 식민지하에서 일어났던 조선학운동과 함께 인식되었다. 당시 조선학운동에서 선도자 역할을 하였던 위당爲堂 정인보鄭寅普와 민세民世 안재홍安在鴻은 유형원柳馨遠의 『반계수록』을 특히 중시하였다. 반계를 가리켜서 정인보 선생은 '실학의 초조初祖'라고, 안재홍 선생은 '조선학의 창시자'라고 규정지은 것이다. 실학을 조선학의 뿌리로 간주하면서 그 시발점을 『반계수록』으로 잡았음을 볼 수 있다.

한반도가 남북의 분단 상태로 들어선 1945년 이후로도 실학은 학술사상으로서 각별히 중요시되었는데 실학의 시발을 『반계수록』으로 잡은 점에서는 남과 북이 다르지 않았다. 북에서는 사회과학원 고전연구실에서 1959년에 『반계수록』이 우리말 번역으로 완결되는바 그 해제에서 『반계수록』을 '실학의 비조鼻祖'라고 지칭한다. 남에서는 고전간행회에서 먼저 그 원전이 영인으로 1959년에 나왔다(출판사는 동국문화사로 되었음). 번역은 농업은행 조사부의 『국역 반계수록 전제편田制篇』이 첫 시작이었다. (발간 연도는 1959년이고 역자는 유시동이며, 김상기의 교열로 밝혀져 있다.) 영인본에는 이병도의 서문이, 번역본에는 김상기의 서문이 실려 있다. 이 두 분은 역사학자로서 당시 학계의 원로였는데 역시 반계 유형원을 일컬어 이병도는 '실학파의 비조'로, 김상기는 '실학의 개산조開山祖'로 칭송한 것이다.

이때에도 『반계수록』에 대한 인식은 조선학운동을 전개하던 단계와 다르지 않았음을 알게 한다. 뿐 아니라, 남북 분단으로 인한 대립이 참혹한 전쟁을 불러와서 이 땅이 분단체제로 경직되었음에도 남과 북이 공히 실학과 더불어 『반계수록』을 민족의 고전으로 비상하게 중요시하여 우리말 번역 작업이 약속이나 한 듯이 동시에 이루어졌다.

그런데 남에서 『반계수록』 전체의 번역 사업이 이루어진 것은 1960년대로 들어와서다. 충남대학교에서 고전연역회총서로서 1962년부터 1968년에 걸쳐서 진행된 일이었다. (역주자는 한장경韓長庚이며, 이정호, 김순동, 민태식 등 한학에 조예를 지닌 분들의 협찬이 있었다고 한다.) 지금 우리가 쉽게 접할 수 있는 『반계수록』은 이것이다. 주변에서 이제 『반계수록』의 신역이 나와야 될 때라는 말이 귀에 종종 들렸다.

얼마 전에 나는 『반계유고』를 세상에 내놓은 바 있다. 반계 저작의 시문을 발굴, 수습해서 번역 작업을 하여 엮은 책으로 반계의 문집에 해당하는 내용인, 이미 실전이 된 것을 재구再構한 셈이다. 성호星湖 이익이 「반계선생유집서磻溪先生遺集序」에 적었던 말을 빌리자면 『유고』와 『수록』은 새의 양 날개와 같은 관계이다. 새가 두 날개로 날듯이 『반계수록』의 학문정신을 우리가 제대로 이해하자면 『반계유고』는 필수로 읽어야 하는 책이라고 말할 수 있다. 나는 『반계유고』의 작업을 마치고 후속으로 『반계수록』의 신역 작업을 착수하였다. 여기에 일종의 사명감이 작동되었던 듯도 싶다. 민족의 고전으로서 남과 북에서 약속이나 하였던 듯 동시에 수행되었던 『반계수록』의 번역 작업이 이제 그 환갑을 넘겨서 다시 이루어지게 되는 것이다.

『반계수록』이란 책은 한마디로 국가제도의 체계적·전면적 개편을 의도한 경세서이다. 그런데 반계의 시대, 17세기 전반기에 그와 같은 세대로서 역사전환기의 경험을 내재화해서 학문을 하였던 청대 실학의 선각자 황종희黃宗羲·고염무顧炎武·왕부지王夫之 등의 방대한 저술을 보면, 전투정신이 치열하여 개혁의지가 내면화되어 있음에도 『반계수록』처럼 국정의 개혁을 설계한 경세서는 발견이 되지 않는다. 요는 청 황제 지배하의 현실에서 그런 저술은 불가능했던 까닭이다. 이후로도 청대 실학의 전반적 경향은 달라지지 않았다. 청 말·민국 초의 지점에서 청대 학술을 개관한 양계초梁啓超는 "청대의 학술은 한 '실實'자를 제창하여 성세를 이루었으나 한 '실'자를 관철하지 못해 쇠퇴했다"(『淸代學術槪論』)는 지적을 하고 있다. 명·청 교체로 인한 문명적 위기 상황에서 비록 실학적 각성으로 학문에 주력하였지만, 정작 국가제도에 있어서는 직접 거론하기 어려웠기 때문이다. 반면에 조선 쪽은 반계-성호-다산茶山으로 이어지는 경세치용학經世致用學이 주축을 이루었다. 요컨대 경세치용학파가 조선 실학의 주류를 형성한 것이다. 바로 이 객관적 사실을 조선 실학의 특징으로 잡을 수 있다고 본다.

『반계수록』의 번역 작업 또한 『반계유고』와 같이 익선재益善齋에서의 강독 모임을 통해 진행되었다. 익선재의 독회는 기능적 번역을 목적으로 하는 일이 아니고 그 자체가 참여자들 각자 공부의 일환이다. 텍스트를 독해해나가면서 곳곳에 잠복된 난해한 문맥을 만나 고민고민하다가 보면 그 저자의 신음성이 들리는 것도 같다. 『반계수록』에서 처음부터 마지막까지 걸리는 점이 한 가지 있다. 전체의 핵심으로 토지제도를 다룬 전제편田制篇, 교육·선발제도를 다룬 교선편敎選篇, 관직제도를 다룬 직관편職官篇, 녹봉제도를 다룬 녹제편祿制篇, 군사제도를 다룬 병제편兵制篇에 이르기까지 『반계수록』은 중국의 하·은·주 삼대를 이상적 모델로 사고한 것이다. 그리고 각 편마다 굳이 또 결코 적지 않은 분량의 '고설考說'을 붙여놓기까지 하였다. 중국 역대의 역사와 우리 역사에서 해당 주제에 관계된 자료들을 시대별로 간추린 내용이다. 이런 서술방식을 어떻게 설명할 수 있을까? 한마디로 『반계수록』의 기본 성격에 직결되는 사안이다. 요컨대 고전적 고대의 '성인시대'를 인류가 돌아가야만 하는 이상적 경지로 상정한 패러다임이다. 그 유교 경전에 근거한 원론을 따라 국가제도 전체에 걸친 국정 개혁의 치밀한 설계도를 쭉 펼친 다음, 따로 고설로서 복잡다단하게 전개된 지나간 역사의 실제에서 일일이 자료를 찾아 보충 해설을 하는 실증적

태도는 상고주의에 현실적 구체성을 강화하기 위한 학적 노력이라고 해석할 수 있겠다.

상고주의를 나는『반계수록』을 읽는 열쇠 말로 생각하고 있다. 상고주의는 실학 전반에 관류하고 있다. 상고주의의 반대 개념이라면 근대주의로 여겨진다. 경학을 본本으로 경세학을 말末로 구축한 다산학은 전형적인 상고주의이므로 근대주의와는 입지가 다르다. 본말의 논리는 수기修己-치인治人 혹은 내성內聖-외왕外王으로 표현되어왔다. 이는 유교의 기본 논리구도이므로, 성리학 또한 이 구도와 다를 바 없다. 아니 오히려 이기철학理氣哲學으로 이론화한 것이었다. 한국실학사에서 상고주의로부터 뚜렷한 사고 유형의 변화가 이루어진 것은 19세기에 다산을 거쳐 심대윤沈大允과 최한기崔漢綺에 와서이다. 다산이 이기철학의 논리를 해체함으로써 성리학을 이론적으로 이탈하더니, 심대윤 실학에서는 인간의 욕망과 이로움의 추구를 긍정함으로써 상고주의에 중대한 수정이 가해졌고, 최한기 실학에서는 경학의 경전적 권위를 부정한 기철학을 제기함으로써 상고주의를 넘어서는 방향이 모색되기에 이른 것이다.

이 대목에서 중요하게 염두에 둘 점이 있다. 상고주의를 주장한다고 하여 교조적으로 고집했던 것은 아니었음이 물론이다. 시대 현실에 따른 변통을 고민했던 터다. 고설에 그토록 비중을 두었던 까닭이 여기 있었다. 하지만 상고주의적 경세론은 실제에 맞지 않는 이상론이란 비난이 언제고 따라다녔다. 이 난제를 의식해서 마련해놓은 말이 있다.

"천하를 다스림에 있어서 공전제公田制와 공거제貢擧制를 쓰지 않고는 모두 임시방편이 될 뿐이다. 공전제가 한번 시행되면 빈부가 저절로 균형을 이루며 호구戶口가 저절로 분명하게 되고 군대가 저절로 정돈될 것이니, 오직 이와 같은 다음에라야 교화가 행해질 수 있고 예악이 일어날 수 있을 것이다. 그렇지 않고는 큰 근본이 이미 문란해져서 더 말할 만한 것이 없다."(「홍계희洪啓禧「유형원 묘비문」)

공전제란 토지에 대한 공개념을 원칙으로 하는 고대의 이상적 제도인 정전제를 가리킨다. 공거제란 한대에 이르기까지 행해진 인재 등용의 방식으로 교육에 기반을 두되 행실을 우선시하는 제도이다. 공거제는 경쟁시험으로 사람을 선발하는 과거제가 통행되기 이전의 방식이다. 이 인용문의 끝에서는 '큰 근본이 이미 문란해져서 더 말할 만한 것이 없다'고, 방편적·타협적 태도로 나가다가는 인간의 정치·사회는 붕괴된다는 절망적 진단을 내리고 있다. 여기서 지금 우리가 당면한 현재 상황을 둘러볼 필요가 있는 것 같다. 빈부의 격차는 양극단의 불균형 구조로 치닫거니와, 입시경쟁이 야기한 오늘의 교육 현실은 또 어떤 세태를 불러일으키는가. 우리는 독회 중에도 마침 교육·선발제도를 다룬 교선편에서 한국사회의 오늘날 눈앞에 벌어지는 교육 현실을 연상하여 저절로 한숨을 쉬었다. 나는 유난히 더운 올여름에 이 '책머리에'를 쓰고 있다. 당장 내 몸이 겪는 혹서의 고통은 전지구적 자본주의 근대가 일으킨 결과가 아닌가 하는 생각에다 종래 실학독법에서조차 상고주의는 무시되었던 점을 반성하면서 상고주의에 방점을 찍은 것이다.

익선재의 동학들과 『반계수록』 번역 작업을 수행하면서 지난 20세기 중반에 남북에서 각각 이루어졌던 번역본을 수시로 참조하였다. 여러 선학들이 어려운 여건에서 진행한 번역의 결실에 경의를 표하면서 시대적 제약은 어쩔 수 없다는 마음도 들었다. 물론 지금 우리도 난삽한 문맥이나 의문처가 없을 수 없다. 신기술이 제공하는 지식정보가 유용하였는데 이런 경우 젊은 외우들의 기여가 특히 많았다. 이번 우리 번역에서 항시 유의한 두 가지가 있다. 첫째 원문의 뜻에 충실하도록 가능한 노력을 다한 점이다. 그리고 오늘의 독자들이 접근하기 쉽도록 가독성을 높이기 위해 여러모로 배려하여 고안을 하기도 한 점이다.

이 '신역 반계수록'은 지자체 전라북도와 부안군의 후원을 받아서 진행되는 사업이다. 반계 선생은 부안 변산반도의 우반동에서 제자를 양성하고 학문연구를 하며 『반계수록』을 남기고 생을 마감하였다. 즉, 부안 땅은 불후의 명작이자 민족의 보전寶典인 『반계수록』의 산실이다. 이런 사실을 소홀히 지나치지 않고 꾸준히 관심을 두어 『반계수록』이 널리 선양되고 국민적 교양서로 살아날 수 있도록 각별히 협조해주신 전라북도와 부안군 당국 및 여러 관계자들께 경의와 감사를 드린다. 출판은 전번에 『반계유고』를 간행하였던 (주)창비에서 맡아주었다. 이에 감사드리면서 실무에 노고를 아끼지 않으신 출판부의 여러분들께 고마운 뜻을 표해 마지않는다.

2024년 9월
익선재에서 임형택 삼가 쓰다.

반계수록 1
토지제도 田制

| 차례 |

일러두기

1. 이 책은 『반계수록』 영조 46년(1770)에 경상도 대구감영에서 간행된 통행본을 현대 한국어로 번역하고 주석을 붙인 것이다.

2. 『반계수록』은 옛날 책이 다 그렇듯 판형이 종으로 되어 있는데다가 체제가 복잡하게 보인다. 글자 크기를 대자大字, 소자小字, 소소자小小字의 셋으로 차등을 두었는데 전반적으로 대자를 쓰고 있다. 해설 내지 주에 해당하는 내용을 소자로 쓰면서 두 줄이 한 행에 들어가게 했다. 곧 협주夾註의 방식이다. 협주에 간혹 세주細註가 나오는데 세주는 소소자小小字로 되어 있다. 그리고 단락에 따라서 한 자나 두 자, 혹 세 자를 내려놓기도 했다. 이런 원래의 체제를 번역에서도 구별해 제시하고자 해서 글자체와 크기에 차등을 두었으며, 횡으로 된 판형에서도 역시 그만큼 집어넣었다. 협주 부분이나 세주에서 간단한 주석 성격의 내용은 번거로움을 피하고 독자의 편의를 돕기 위해서 각주로 돌렸다. 드물게는 두주頭註도 있는데 이 역시 각주로 바꿨다.

3. 번역 과정에서 내용을 고려하여 중간에 소제목을 붙이기도 했다. 이들 소제목에는 청록색으로 표시하여 구분이 되도록 했다.

4. 문단 구분이 없이 길게 되어 있는 것을 적절히 단락을 나누기도 했다. 원래 문단 구분이 되어 있는 경우는 문단 사이에 간격을 두어 원 상태를 알 수 있도록 했다.

5. 원래 서술문으로 되어 있는 부분을 독자들이 일목요연하게 파악할 수 있도록 도표를 작성해서 제시하기도 했다.

6. 원래의 도형 이외에도 도형자료를 새로 추가해 제시하기도 했다.

7. 익선재 『반계수록』 독회의 참여자들이 각기 분담하여 초고를 작성한 것을 원문과 함께 읽고 검토하면서 수정하고 보충해 글을 다듬었다. 이 공동작업을 임형택이 주도하였다.

『반계수록』서문

　모시와 삼, 벼와 기장은 백성의 일상생활에 필수인 의복과 음식물의 자료여서 묵어 없어지는 잡초들과 같지 않다. 군자의 경세에 관한 저술 또한 그러하다. 아무리 그 책이 초야나 산림의 드러나지 않는 속에 파묻혀 있더라도, 끝내는 천지간에 펼쳐져서 사람의 이목에 비춰짐으로써 일왕一王의 법[1]이 되는 것이다. 그러니 조고지사操觚之士[2]가 알맹이 없는 빈말로 반짝했다가 시간이 가면 사라지는 것과는 비교될 수 없다.

　반계처사磻溪處士 유형원柳馨遠이 지은 『수록』은 곧 경국제세經國濟世의 대문자大文字이다. 그럼에도 이 인물이 생을 마칠 때까지 초야에 은거하여 세상에 알려지지 못했으니, 누가 능히 그 내용을 드러낼 수 있겠는가?

　근래 관직에 있는 여러분들이 서로 연이어 조정에 아뢰니, 임금께서 그 저술을 들여보내라 하여 읽으시고 크게 탄복하시며 간행해서 널리 보급할 것을 명하셨다. 소신이 마침 경상도관찰사로 나가게 되어 이 일을 담당하였다. 이에 그 내용을 살펴보건대, 전제田制를 강구하고, 학교를 권장하고, 인재를 선발하

1　일왕의 법　일왕은 천명을 부여받아 정통성을 가진 왕을 일컫는 말. 일왕은 '제례작악(制禮作樂)'의 법을 통해 왕도를 실현한다.
2　조고지사　조고(操觚)는 나무쪽을 잡는다는 뜻으로, 시문을 짓는 것을 가리키는 말이다. 진(晉)나라 육기(陸機)의 「문부(文賦)」(『문선文選』 권17)에 "혹은 고(觚)를 잡고 빨리 짓는가 하면, 혹은 호(毫)를 잡고 더디게 짓기도 한다[或操觚以率爾, 或含毫而邈然]"라는 언급이 있는데, 이선(李善)은 이에 "고는 네모난 나무로, 옛날 사람들은 여기에 글을 썼다. 오늘날 죽간과 같다[觚, 木之方者, 古人用之以書, 猶今之簡也]"라고 주석한 바 있다.

고, 관제官制를 바로잡고, 군대를 정비하고, 예악을 제정하는 등 삼대三代에 이룩했던 치국평천하의 규모가 아닌 것이 없었다. 고금을 참작하되 구애되지 않았고, 정도正道와 권도權道를 절충해서 서로 어긋남이 없었으니, 비유컨대 대목수가 큰 집을 짓는데 그 모든 구도가 각기 제 위치를 잡고 있으며, 벽이 잘 발라지고 단청도 아름다워 바탕과 표현이 모두 알맞다 하겠다. 의당 성상의 깊은 뜻[3]에 부합하고 실제 응용에 적절하여 당세에 널리 펼쳐질 수 있도록 한 것이다.

옛날 가의賈誼[4]가 생전에 한나라 문제文帝를 만나 아뢰었던 『치안책治安策』은 한나라가 끝날 때까지 그 만분의 일도 시행되지 못했다. 지금 유 처사柳處士의 서고에 들어 있던 유고가 오랜 시간이 지난 후 성상의 뜻에 부합해서 천하 만세에 베풀어질 수 있게 되니, 여기에는 이미 그럴 만한 조짐이 있었다. 무엇인가? 『주역周易』에 이르기를, "시행하기 쉬우면 공적이 있게 되고, 공적이 있으면 발전할 수 있으며, 발전하면 곧 현인의 사업이다"[5]라고 하였다. 일이란 실로 한때에는 막히더라도 백년이 지나서는 펼쳐질 수 있다. 그 내용이 따르기 쉬워 공적이 확장될 수 있기 때문이다.

유 처사의 손자인 사헌부지평 유훈柳薰[6]이 나에게 서문에 붙일 말을 청했다. 나는 우리의 도가 실종되지 않게 된 데 감회가 크고, 세상을 이롭게 할 수 있게 됨을 다행스럽게 여긴다. 처사의 숨겨진 빛이 후세에 빛나게 됨을 훌륭하게 생각하여 사양하지 않고 서문을 쓴다.

---

3 성상의 깊은 뜻 원문은 '淵衷'. 연못처럼 깊은 마음이라는 뜻으로, 대개 임금의 마음을 일컫는다.
4 가의 B.C. 200~B.C. 168. 전한 시대 학자이자 문인. 한 문제에게 발탁되어 약관의 나이에 중용이 되어 국정 전반에 걸쳐 제도 개혁을 주장했다가 기성세력의 반대로 좌절이 되었다. 지방으로 좌천을 당해서 비분의 마음을 품고 「복조부(鵩鳥賦)」, 「조굴원부(弔屈原賦)」, 「석서(惜誓)」 등의 작품을 지었다. 『신서(新書)』, 「과진론(過秦論)」 등 개혁적인 저술이 있다.
5 『주역·계사(繫辭) 상』에 나오는 말이다.
6 유훈 1713~79. 자는 계장(季長). 유형원의 증손자이며, 유발(柳發, 1683~1775)의 동생이다. 1759년 과거에 급제하여 지평, 장령, 승지 등을 역임하였다.

경인년(1770) 초여름,

통정대부 경상도관찰사 겸 병마수군절도사 순찰사 대구도호부사 이미李瀰[7]

쓰다.

---

7   이미 1725~79. 자는 중호(仲浩), 본관은 덕수. 음직으로 나아가 정랑을 지냈다. 1757년 과거에 급제하여 수원부사, 경상도관찰사, 부제학, 이조참판 등을 역임하였으며, 정조 즉위 후 찬집청(纂輯廳) 당상(堂上)을 겸임하였다. 그가 경상도관찰사에 부임한 것은 1770년으로, 이해에 『반계수록』의 간행이 이루어졌다.

『수록』서문

도덕은 하늘에 근원하고, 정치제도는 땅에 근본한다. 그러니 하늘을 본받으면서 땅은 알지 못하고 땅을 본받으면서 하늘은 알지 못해서야 되겠는가?

『주역周易·계사繫辭』에서 이르기를, "도를 계승하는 것은 선善이요, 도를 이루는 것은 성性이다"[1]라 하였고, 『서경書經』에서 이르기를, "오직 위대한 상제上帝만이 백성에게 복을 내리신다"[2]라고 하였다. 이와 같은 말은 매우 많다.

식견이 좁은 학자들이 도는 하늘에 근원한다고 곧잘 말하지만, 지도地道를 본받아서 왕제王制를 설계하는 문제에 이르러서는 이름 높은 신하나 훌륭한 재상도 눈을 휘둥그레 한다. 이는 무엇 때문인가?

천하에 끼친 공적으로 말하자면 우禹 임금보다 훌륭한 분이 없는데 우 임금의 공은 땅에 근본하였으며, 천하에 끼친 치적으로 말하자면 주공周公보다 갖춘 분이 없는데 주공의 치적은 농지에 근본하였다. 성현은 어떤 마음이었던가? 천지를 본받았을 따름이다.

형이상形而上의 것은 도道라 하고, 형이하形而下의 것은 기器라 한다. 도는 둥글고 기는 네모지나니, 정치제도란 기이다. 삼대三代의 시대에는 전적典籍이 유실된 것이 없어 도와 기가 모두 갖추어져 있었다. 그런데 주周나라 말엽에 이르

---

1 원문은 "한 번 음이 되고 한 번 양이 되는 것을 도라 하니, 이를 이어가는 것은 선이고 이를 이루어놓은 것은 성이다[一陰一陽之爲道, 繼之者善也, 成之者性也]"이다.
2 『서경·탕고(湯誥)』에 나온다. 원문은 "위대하신 상제께서 백성에게 충심(衷心)을 내려주셨다[惟皇上帝, 降衷于下民]"이다. '충'에 대한 해석은 여러 가지인데, 중도(中道)나 내심(內心)으로 보기도 하고, 선(善) 또는 복(福)으로 해석하기도 한다. 여기서는 복의 뜻으로 보았다.

러 도와 기를 모두 상실하였다. 포악한 군주와 탐학한 관리들이 기를 싫어하는 것이 더욱 심해져서 전적에 실려 있는 것들을 먼저 다 없애버렸다. 그리고 백여 년이 지나 도에 관한 문헌까지 진秦나라 때 책을 불태우는 가운데서 사라지고 말았다.

그러나 도란 만세에 걸쳐서 꺾이거나 없어질 수 없는 것이다. 비록 천하국가에 시행은 되지 않는다 하더라도, 사람의 마음속에 들어 있어서 때가 오면 밝게 드러난다. 기로 말하면 온통 남아 있지 않아 증거할 것이 없다.

맹자孟子는 왕도王道를 논함에 반드시 정전井田에 대해 말씀하였으니, 일찍이 도와 기를 분리하여 말한 적이 없다. 그러나 선왕의 옛 자취는 맹자 같은 분도 보지 못하였다. 그러니 진나라, 한나라 이래 천수백 년 사이에 대체로 천도天道와 지기地器에 대한 이해가 거의 종식되었는데, 토지제도에 이르러는 파괴됨이 더욱 심하였다.

무릇 정자程子, 주자朱子 같은 대현大賢도 감개한 마음으로 삼대의 정치에 뜻을 두었으되, 논하여 저술한 것을 보면 도에 대해서는 상세하지만 기에 대해서는 논하지 않았다. 이는 무엇 때문인가? 대개 이때는 맹자의 시대와 비교해보면 더 한층 떨어졌다. 도를 상실한 것이 시대가 지날수록 더욱 멀어졌기 때문에, 여러 군자의 마음이 이 도에 대해 급급하고 겨를이 없어 기에 대해서는 강구할 겨를이 없었다. 대개 도가 밝아지면 기는 저절로 회복될 것으로 생각했던 것이다. 장횡거張橫渠가 "농지를 사들여서 정전井田의 방식처럼 구획해보았다"는 기록[3]을 보면 여러 군자의 마음을 가히 추측해 알 수 있다.

그런데 정·주 이래 도는 밝혀지지 않았다고 할 수 없지만 기는 불명확한 것이 그대로였다. 도가 어찌 일찍이 기와 분리되어 홀로 행해진 적이 있었겠는가? 후세의 군자는 마땅히 삼황오제三皇五帝의 도와 기를 안고서 정·주가 겨를이 없었던 일을 보충하려는 뜻으로 의당 이 기에 대해서 다급한 마음으로 서둘

---

3   장횡거는 북송시대 학자인 장재(張載, 1020~77)를 가리킨다. 그는 정전제를 확인해보고자 농지를 구입해서 시험해보았다고 한다. 여대림(呂大臨)이 지은 장횡거 행장에 보인다.

렀던 것이다. 이는 정·주가 이 도에 대해서 다급하고 서둘렀던 마음과 어찌 다르겠는가?

이상하게도 궁한 처지에서 책을 저술한 자가 몇 사람이며 현달한 처지에서 천하국가를 위한 자가 몇 사람인데, 정전제井田制의 실현을 자신의 임무로 삼은 자가 있다는 말은 듣지 못했다. 안목과 포부가 크나큰 천지에 두루 미치지 못하고 고금세속의 수레나 배에 대한 이야기에 이끌려 기운을 빼앗긴 것인가?

유반계 선생은 초야에 은거하여 세상을 구제하려는 간절하고 진실한 뜻을 담아 저술을 하였다. 이름하여 『수록』이다. 이 책은 전제田制를 근본으로 하였는데, 땅을 '우물 정井' 자 모양으로 구획하지 않고도 정전제의 의미를 살린 것이다. 그런 다음에 양사養士, 선현選賢, 임관任官, 군제軍制, 예교禮敎, 정법政法 등에 대해 논하되, 그 규모와 절목에 있어 천착하거나 융통성 없이 하지 않아 분명히 모두 천리에 부합하였다.

나는 이 책 전체를 살펴보고 선생의 천덕天德을 엿볼 수 있었다. 그리고 선생이 저술한 바 이기理氣, 인심도심人心道心, 사단칠정四端七情에 관한 논설을 얻어 읽어보니, 그 학문의 순수하고 심오함이 근세 여러 학자들이 미칠 바가 아니었다. 이에 도와 기가 서로 분리될 수 없음을 더욱 믿게 되었다.

우리 조선이 제도를 정할 때 비록 정전제를 쓰지 않았으나 농병일치農兵一致로 하였으니 당초에는 삼대로부터 전해온 뜻을 본받지 않음이 없었다. 중간에 어려운 사태를 많이 겪으면서 마침내 농과 병이 분리되어 백성이 살 곳을 잃었고 온갖 법도가 다 문란하게 되었다. 식견이 있는 사람들은 밤낮으로 고민하였으나 끝내 좋은 방도를 얻지 못했다. 충성과 지혜가 다 막혀서 혼란과 파탄의 상황을 앉아서 바라볼 뿐 구해낼 도리가 없었다.

누가 알겠는가? 한번 이 『수록』을 가지고 시행을 한다면, 우 임금이 치수治水를 했던 것과 같이 순리대로 잘 이루어질 것임을.[4] 천지 사이에 간단하고 쉬운

---

4 이 구절은 『맹자·이루(離婁) 하』에서 취한 것이다. 해당 원문의 "우 임금이 물을 다스린 것은 그 일 없는 바를 행한 것이다[禹之行水也, 行其所無事也]"라는 말을 문맥을 고려하여 '순리대

이치가 한결같이 여기에 이른 줄 누가 알겠는가? 이 책이 때를 만나지 못한 것은 우리 동국 백성이 복이 없는 때문이리라.

그런데 선생은 천하의 선비이다. 이 책이 시대에 맞추어 마땅한 제도를 강구하고 조목조목 조리를 갖춘 것은 비록 한 나라를 위해서 설계한 것이지만, 그 범위가 크고 넓으니 실로 천하만세를 위한 책이라 할 수 있다. 삼대 이래로 이적夷狄들이 기세를 부려 한 현縣에 쳐들어오면 한 현이 무너지고 한 주州에 쳐들어오면 한 주가 무너져서 마침내 온 천하가 이적의 풍속을 따르는 지경에 이르렀다. 사람들은 모두 천도天道가 있는가를 의심하며 토지제도가 붕괴된 데 원인이 있는 줄은 모르고 있다. 생각지 못하는 것이 이다지도 심하단 말인가?

정전제는 참으로 훌륭하도다. 천하에 한 사람도 병사 아닌 자 없고, 한 마을도 지키지 않는 곳 없으며 한 시각도 훈련 아닌 때가 없다. 방백方伯, 연수連帥가 연이어 서로 바라보니, 아무리 이적의 철기군鐵騎軍이 백만이라 하더라도 어찌 창궐하여 여기에 다를 것인가? 문천상文天祥이 네 곳에 군영軍營을 설치하자고 건의하매 이적이 듣고 혀를 내둘렀다 한다.[5] 하물며 정전제로 서로 어울리는 병사들이 상관을 받드는 도리를 밝히고 방백과 연수의 지휘를 받게 되면, 설쳐대는 되놈을 몽둥이를 들고 물리치는 데 무슨 어려움이 있으랴?

천운天運은 영구히 막힐 수 없으며, 땅은 영원히 무너진 상태로 있을 수 없는 법이다. 천하만세에 대성인大聖人이 한 번 일어나 의연히 삼대의 제도를 회복하여 중화中華의 큰 방어책을 세우려 한다면, 아마도 이 책에서 방도를 취하게도 될 것이다. 혹은 이 책을 보지 않았음에도 서로 부합이 된다면, 선생의 책이 세상에 행해진 것과 마찬가지일 것이다. 선생은 천하만세의 공정한 마음을 품은 분이다. 만약에 그 자신이 한 시대에 매몰되고 책도 함께 한쪽 구석에서 빛

로 잘 이루어진다'로 풀었다.

5 남송(南宋)의 승상 문천상이 원나라의 침입을 막고자 군읍을 4개 군영으로 나누어둘 것을 주장하였으나, 끝내 받아들여지지 못하였다. 남송이 패망한 뒤, 이에 대한 이야기를 들은 원나라 장수 백안(伯顏)은 "이 계책이 실행되었다면 내가 어떻게 여기에 이르렀겠는가?"라 탄식하였다고 한다.

을 보지 못하고 있다고 해서 선생을 애석하게 여기는 사람이 있다면, 이는 선생을 얕게 보는 것이다.

선생은 영력황제永曆皇帝[6]의 생사를 알지 못한 것으로 부끄럽게 여기다가 멀리 복건福建 지역에서 표류해 온 사람을 찾아가 물어보고는 서로 붙들고 눈물을 흘렸으니, 선생은 그 안목과 마음이 과연 어떤 분이셨던가?

선생은 7세 때에 「우공禹貢」편을 읽다가 기주冀州에 이르러 벌떡 일어나 춤을 추었다 한다. 아! 「우공」편은 만대萬代에 걸쳐 토지제도의 근본이 되는 내용이고, 기주는 천하 토지제도의 대원칙이 섰던 곳이다.[7] 선생이 바야흐로 일어나 춤을 출 적에 그 자신 또한 무슨 마음이었던지 알지 못했을 것이다. 『수록』이한 책은 거기서 이루어졌다고 할 수 있다. 하늘이 이 사람을 낸 것은 우연이 아닌 듯한데 이 책을 가슴에 안고 돌아가셨으니, 아 슬프다!

성상 13년 정사(1737),
후학 복천福川 오광운吳光運[8] 삼가 쓰다.

---

6 영력황제 1625~62. 남명(南明)의 소종(昭宗)을 가리킨다. 명말 혼란기에 부친 주상영(朱常瀛)과 함께 광서(廣西)로 도망가 계왕이 되었다. 남명 정권이 성립된 이후 당왕(唐王)이 청군(清軍)에 잡혀 죽자, 광동(廣東)의 조경(肇慶)으로 피하여 1647년 황제로 즉위하고 연호를 '영력'이라 하였다. 청군이 중국 남부와 계림(桂林) 등지를 함락시키고 운남까지 차지하자 미얀마로 피신했다가 청군에 사로잡혀 죽었다.

7 기주는 지금의 산서성(山西省)에 속한 지명으로, 요 임금 때부터 이곳에 수도를 정했다고 하는 설이 있었다. 「우공」편은 기주에서부터 시작하고 있기 때문에 '천하 토지제도의 대원칙이 섰던 곳'이라고 한 것이다.

8 오광운 1689~1745. 자는 자는 영백(永伯), 호는 약산(藥山). 1719년 문과에 급제하여 동부승지, 대사헌, 대사간, 예조참판 등을 역임하였다. 1728년 이인좌(李麟佐)의 난이 일어나자 변을 아뢰고 대비하도록 하였다. 유형원의 「행장」과 『반계수록』의 서문을 지었다.

전제 상

田制 上

옛날 정전법井田法은 더없이 좋은 제도이다. 경계經界가 한번 바르게 되면 만 가지 일이 모두 다 잘될 것이다. 백성은 일정한 직업을 가져서 안정이 되고 군인들을 따로 모아들이는 폐단이 없으며 상하귀천이 모두 저마다 직분을 갖게 될 것이다. 이 때문에 사람들의 마음이 흔들리지 않고 풍속이 돈후해지니, 옛날에 수백년 동안 공고하게 유지되어 예악이 제대로 행해졌다고 하는 것은 여기에 기반이 있었던 때문이다. 후세로 와서 토지제도가 폐지되어 사적인 점유가 무한히 진행되고 만 가지 일이 다 망가져서 일체가 어긋나게 되었다.

부역이 절도가 없고 빈부가 고르지 못하며 토지를 독차지하고 이익을 탐내면, 양민들은 살 곳을 잃고 호구戶口의 이탈자가 많아지며 송사가 번다해지고 귀천상하의 구분이 모호하게 된다. 이런 까닭에 세력가들이 권세를 부리기 쉬워 도덕과 의리가 밀려나고, 뇌물이 쉽게 행해져서 정사와 형벌이 통하지 못하게 된 것이다. 그래서 사람들의 마음이 방탕해지며 풍속이 경박해졌다.

또한 전제田制와 병제兵制가 분리되어 서로 다른 길이 되고부터, 백성은 역役을 도피하는 간교함이 많아졌으며 관가에서는 병정을 끌어내려고 찾아다니는 소란이 있게 되었다. 부귀한 자들은 백 가지로 빠져나가려고 도모하고 명단에 오른 자들은 모두 가난하고 쇠잔한 자들뿐인 까닭에, 평소에는 고통스러워 뜻이 굳지 못하고 난리가 일어나면 뿔뿔이 흩어지기 쉽다. 그 폐단이 미치는 바 이루 말로 다 표현할 수 없다. 무릇 천하만사는 다시 어떻게 해볼 도리가 없게 된 것이다.

후세에 국가를 담당한 사람들은 대체로 세월을 그럭저럭 보낼 따름이요 삼대三代와 같은 항구적이고 공고한 제도가 없었다. 중간에 어진 임금과 훌륭한 보필자가 있어 정사를 잘하더라도 그 효과가 멀리 가지 않는 것은 천하의 큰 틀이 이미 근본을 잃은 까닭이다. 비유하건대 집을 짓는 자가 그 기초를 단단히 잘 쌓지 않으면 아무리 단청을 아름답게 하더라도 얼마 지나지 않아서 집이 무너지게 되는 것과 마찬가지다.

정치를 아무리 잘하려는 임금이 있다 하더라도 토지제도가 바르지 않으면, 민생은 끝내 안정을 얻을 수 없고, 부역은 끝내 고르게 될 수 없고, 호구는 끝내 분명하게 될 수 없고, 군대는 끝내 정비될 수 없고, 송사는 끝내 그쳐질 수 없고, 형벌은 끝내 줄어들 수 없고, 뇌물은 끝내 근절될 수 없으며, 풍속은 끝내 순후해질 수 없다. 이와 같은 상태로 능히 정치와 교화를 행할 수 있는 경우는 예로부터 일찍이 없었다.

무릇 이와 같이 되는 것은 무엇 때문인가? 토지는 천하의 대본大本이다. 대본이 잘 잡히면 백 가지 문제가 이를 따라 어느 하나 마땅함을 얻지 못할 것이 없으며, 대본이 문란하게 되면 백 가지 문제가 이를 따라 어느 하나 마땅함을 잃지 않을 것이 없다. 실로 다스리는 대체大體를 깊이 아는 자가 아니면, 천리天理와 인사人事의 득실과 이해가 여기에 이른다는 것을 어찌 알리오? 그런데 후세의 뜻있는 이들은 누구나 그 제도를 오늘날에 행하고 싶어했지만, 국토가 산과 계곡이 많기 때문에 '우물 정井' 자 모양으로 경계를 짓기 어렵고 공전公田과 채지采地[1] 때문에 일이 장애가 많아서 어려웠던 것이다.

후세에 정전제를 회복하기 어렵다고 말하는 이들은 한 정井의 단위로 토지 1리里를 점

---

[1] 공전과 채지 공전은 사전(私田)과 짝을 이루는 중국 고대 토지제도로, 개별 경작지인 사전을 균등하게 분급받은 가호가 공동으로 경작하여 그 생산물을 전조(田租)로 납부하는 농지를 말한다. 맹자는 정(井) 자에 대해 "사방 1리(里)를 1정(井)으로 삼으면, 1정은 900묘(畝)가 되는데, 그 가운데 100묘는 공전(公田)이 됩니다. 여덟 가구가 각각 사전(私田)으로 100묘를 경작하고, 공동으로 공전을 경작합니다. 먼저 공전의 일을 끝마친 연후에 사전의 일을 돌봅니다"라고 하였다(『맹자·등문공滕文公 상』). 채지는 공신이나 귀족들에게 일정한 토지를 떼어주고 그 땅에서 수입되는 조세를 취하도록 하는 것으로 식읍(食邑) 혹은 채읍(采邑)이라고도 부른다.

유해야 하는데 토지는 평평하지 않아 산과 계곡으로 비좁은 곳은 경계가 이루어지기 어렵다고 한다. 이는 고제古制를 깊이 연구하지 않고 하는 말이다. 그런데 매 전지田地마다 반드시 '우물 정' 자로 구획을 하고자 한다면, 실로 곤란한 곳이 있을 것이다. 또한 조법助法은 8가家가 힘을 합쳐서 공전을 함께 경작하고 관에서는 공전의 소출만 거두어들이는 것이다. 지금 만약에 전준田畯과 전부田夫[2]에게 수납하는 일을 맡기면 적임자를 얻기가 어려워 간교함을 길러주는 폐단이 없지 않을 것이다. 만약에 정액定額을 거두어들이고자 한다면, 조정과 관부 모두 표준으로 삼을 만한 땅이 없을 것이다. 옛날에는 필시 믿을 만하고 주밀한 법이 있었을 터인데, 지금은 그것을 상고할 수 없다.

또한 옛날에는 대부에게는 채지가 있고 벼슬하는 자에게는 세록世祿이 있어 모두들 공세公稅를 받아먹도록 했다. 그 농지는 확실히 백성이 받았던 농지이다. 그런 까닭에 8부夫가 한 정井을 공동으로 경작하여 함께 부세賦稅를 담당하고 병사를 냈던 것이다. 따라서 대부는 직접 농상農商의 일에 종사하지 않았다. 후세에 사람을 씀에 있어서 임명하고 그만두게 하는 것이 일정치 않아서 이 제도는 형세로 보아 행해질 수 없었다. 만약에 정전제만 시행하고 이런 방식으로 하지 않으면 대부로서 관에서 그만두는 경우는 살아갈 길이 없다. 이와 같은 일에 극히 곤란한 점이 있게 되니, 대체로 정전제는 반드시 봉건제를 행한 다음에라야 그 제도를 온전하게 행할 수 있다.

당나라의 균전제 또한 옛날 뜻에 가까운데, 고려 태조는 이 제도를 써서 부강을 이루었다. 그런데 이 제도는 땅을 본위로 삼지 않고 사람을 본위로 삼은 것이었다. 때문에 인정人丁을 등록해서 전지를 지급함에 등급의 차이가 갖가지였다. 농지를 지급하는 즈음에는 사람은 많고 땅은 적거나 땅은 많고 사람은 적은 폐단이 없지 않았으며, 지급한 뒤에는 또한 지금은 남는데 뒤에는 부족하고 지금은 부족한데 뒤에 가서 남는 폐단도 없지 않았다. 옛법은 농

---

2   전준과 전부 전준은 주나라 때 농업을 장려하는 일을 맡아보던 벼슬아치이고, 전부는 농업에 종사하는 사람이다. 『시경(詩經)·빈풍(豳風)·칠월(七月)』에 "저 남쪽 밭으로 밥을 가져가면 전준이 이르러 기뻐한다[饁彼南畝, 田畯至喜]"라고 하여 권농관으로서의 전준을 일컬은 바 있다.

지를 본위로 해서 농지를 계산하여 부세를 내도록 하였으니, 사람은 그 가운데 있었다. 그렇기에 경계를 바로잡아 사람에 따라 받는 바가 폐단이 없었다. 당나라 및 고려의 제도는 사람을 본위로 하여 인정을 셈하여 농지를 지급했다. 그렇기에 사람과 땅이 서로 많고 적고 하는 폐단이 생겼다. 이는 옛법과 서로 가까운 것 같지만 실은 옛법에 맞지 않았다. 이것이 대처하기 어려웠고 뒤에 가서 폐지되고 허물어지게 된 까닭이다.

참으로 지금의 적의適宜함을 따라 옛날의 뜻을 참작해서 행함에 법도가 있으면, 땅이 꼭 넓지 않더라도 그 제도가 적용되지 못할 것이 없다. 공전은 꼭 두지 않더라도 10분의 1이 될 수 있고, 채지는 꼭 별도로 두지 않더라도 관리들이 생계를 이어갈 수 있게 되는 것이다. 그러니 자연의 이치에 합당하고, 오늘에 행하기 용이하다. 만민萬民이 다 살아갈 곳을 얻고, 백 가지 법도가 다 순탄하게 될 것이다. 비록 '우물 정' 자 모양으로 구획하지 않더라도 정전제의 실효가 모두 그 가운데 있을 것이다. 또한 당나라와 고려가 대처하기 어려웠던 우환도 없을 것이다. 지극히 공정하여 먼 훗날까지 행해질 수 있고, 지극히 간결하면서도 요점이 잡혀 있기 때문에 적용 안 될 곳이 없다.

삼가 조례를 갖추어 아래에 정리해둔다.

정전제 조례

무릇 100보步가 1묘畝, 100묘가 1경頃이 된다.

토지 품질의 고하를 물론하고, 다만 지면의 대소를 기준으로 잡는 것이다. 지금 사용하는 주척周尺[3]을 쓰면 6척이 1보이니, 너비 1보·길이 100보가 1묘이다.[4] 100묘면 1경이 되

---

3   주척 길이를 재는 단위로, 주나라의 주공(周公)이 손가락 길이를 단위로 한 지척(指尺)을 기준으로 만들었다고 하는데, 이때의 1주척 길이는 19.496cm이다. 지척을 기준으로 한 만큼 이후로는 실제 길이에 조금씩의 변화가 있었는데, 우리나라의 경우 세종 공법(貢法) 제정의 기

니,[5] 1경의 땅은 볍씨 40두斗를 파종할 땅이다.

○ 경묘법頃畝法[6]과 지금의 결부법結負法[7]은 다음에서 상세히 설명하겠다.

4경이 1전佃이 된다.

'전田' 자는 본디 상형으로 만든 글자이니 응당 명칭을 전田으로 써야겠으나, 전田 자는 널리 통용되는 글자이기 때문에 '전佃' 자를 쓴 것이다. 혹은 '정町' 자로 써도 좋다.

○ 매 경마다 사이에 작은 경계를 두고 매 전佃마다 사이에 큰 경계를 두니, 모두 두렁과 도랑을 만드는 것이다.

각기 1부夫는 1경을 지급받으며, 법에 따라 세를 거둔다.

1전佃은 4부夫가 받는 것이요, 그 세는 땅의 품질의 고하에 따라 많이 내고 적게 내는 차이가 있다. 이에 대해서는 뒤에 자세히 나온다.

4경마다 각기 병정兵丁 1인을 낸다.

4부 중에 건장한 자 1인을 택하여 병정으로 삼으며, 3부는 보인保人으로 삼는다. 기병, 보병 및 보조保助 등에 대해서는 아래쪽 및 「병제兵制」에 상세하게 나온다.

사士는 처음 입학하는 자〔곧 증광생增廣生. 외사생外舍生이라고도 일컬음〕는 2경을

준척이었던 주척은 20.795cm였고, 『경국대전(經國大典)』에 규정된 주척은 21.04cm였다.

4 "길이와 너비가 똑같이 10보면 면적이 100보가 된다." ── 원주

5 "곧 길이와 너비가 100보면 면적이 1만 보이다." ── 원주

6 경묘법 토지의 절대 면적을 계산하는 방식으로, 중국을 비롯한 동아시아에서는 고대에서부터 널리 사용되었다. 사방의 길이가 10보(步)인 땅의 면적이 1묘(畝)이고, 사방의 길이가 100보인 땅의 면적이 1경(頃)이니, 즉 100묘가 1경이 된다. 이때 보의 길이는 시대마다 기준척이 무엇이고 또한 그 길이가 얼마인지에 따라 달라질 수 있으므로, 1묘나 1경이라도 실제 면적은 시대마다 차이가 생길 수 있다.

7 결부법 토지의 상대 면적을 계산하는 대표적인 방식으로, 특히 우리나라에서 사용되었다. 생산물의 양을 기준으로 토지의 면적을 계산하는데, 남성이 한 번에 움켜쥘 수 있는 곡식의 양을 악(握=파把), 10악을 속(束), 10속을 부(負), 100부를 결(結)이라고 한다.

지급하고 내사생內舍生은 4경을 지급하며, 병역에 나가는 것을 면해준다.

충의위사忠義衛士·충순위사忠順衛士는 외사생에 해당하며, 내금위사內禁衛士[8] 및 세적世嫡·유친有親·유음有蔭은 내사생에 해당한다.

○ 내사생과 외사생은 「학제學制」에 자세히 나오며, 충의위·충순위·내금위는 아래쪽 및 「병제」에 자세하다. 세적·유친·유음은 모두 아래쪽에 상세히 나온다.

○ 병역에서 면제된 자의 전세田稅는 모두 위와 같다.

직관職官은 9품 이상에서 7품에 이르기까지는 모두 실직實職만 해당하며 명목상의 품계는 적용되지 않는다. 6경을 지급하며 정2품에 이르기까지 상향 조정을 하여 12경을 지급하고, 아울러 병역을 면제한다.

6품 이상은 8경, 3품 이상은 10경, 정2품 이상은 12경을 지급한다. 무릇 직품에 따라 농지를 지급받은 자는 벼슬을 그만두고 돌아가 농사를 짓더라도 병역을 지지 않는다.

벼슬하는 자는 벼슬할 때 녹祿을 받으며, 벼슬을 그만두고 집에 있더라도 그 농지로 살아가게 한다.

각 품계에 따른 녹의 수량은 「녹제祿制」에 상세히 나온다. 벼슬아치는 반상反常·패도敗道·범장犯贓·항적降敵의 대죄를 짓지 않으면 그 지급한 농지를 회수하지 않는다.

관에서 일을 보는 이서吏胥와 복례僕隸는 서울의 경우 녹을 넉넉하게 지급하여 가족을 충분히 부양할 수 있도록 한다.

무릇 서울에 있는 이서와 복례에 대해서는 농지를 지급하지 않고 녹을 주며, 서리書吏와 조례皂隸 등의 녹은 각기 차등이 있는데 「녹제」에 상세히 나온다.

지방의 경우 녹전祿田을 참작해서 지급하되 2인에 1경을 지급하고 병역은 면제

---

8   "'무선(武選)'이라고도 일컬음."— 원주
     즉, 궁중에서 임금을 호위하는 직책이다.

해준다.

지방의 서리와 복례는 지금의 적의함을 헤아려서 녹과 농지를 참작해 지급하며, 녹은 서울에 비해 감한다. 농지는 매 한 사람마다 50묘를 지급한다. 각 주州·현縣·진鎭·역驛의 서리와 복례는 모두 그 정원定員에 따라서 농지의 수량을 나누어주는데, 모두 「녹제」에 상세히 나온다. 무릇 직역을 맡은 사람에 대해서는 다 병역을 면제한다.

100묘의 당위성

지금 농지로 헤아리면 옛날 70묘가 1경이 된다. 대략 볍씨 26~27두斗를 심을 땅이어서 또한 1부夫가 살아갈 수 있는 정도이다. 그러나 이것을 가지고는 부모를 봉양하고 처자식을 기르기에 부족하여 흉년이 든 해에는 백성이 살아가기 곤란하다. 하나라, 은나라를 거치면서 50묘로부터 70묘가 되었는데 주나라 사람이 다시 100묘로 한 것은 까닭이 있음을 알겠다. 지금 100묘를 1경으로 하면 벼 40두를 심을 수 있는 땅이다. 종자를 얼마나 뿌릴 수 있는가는 토질에 따라서 다를 수 있다. 이는 평야의 수전水田을 기준으로 삼은 것이다. 기왕에 볍씨로 헤아렸으니, 한전旱田에 심을 수 있는 여러 곡식들의 수치 역시 이것으로 추정할 수 있다. 이와 같이 해야만 산 사람은 먹고살아가고 죽은 사람은 장례 치를 수 있으며 공적으로 나라에 부세를 납부하고 가계家計를 세울 수 있다. 그래서 100묘로 정한 것이다.

문[9]

40두의 땅으로는 부족을 면할 수 없다. 지금 중국의 100묘라면 거의 80두를 뿌릴 수 있는 땅이다. 이와 같이 하면 충분히 집집마다 풍요롭게 살아가며 가난의 근심이 없게 될 것이다.

답

나는 이렇게 본다. 사람마다 여유 있게 하고 싶지 않은 바 아니다. 그렇지

---

9   원문은 '或曰'로, 혹자가 말한다는 뜻이다. 이는 반계가 혹자를 설정하여 문답식으로 자신의 주장을 편 것으로, 이하에서는 가독성을 위해 문과 답으로 표기하기로 한다.

만 깊이 생각해보고 널리 물어보았으며 또 땅에 시험해보았다. 만약에 그와 같이 시행한다면 땅을 받을 수 없는 자가 더 많아질 것이요, 받은 사람도 그 땅이 자기 힘에 부치게 된다. 지금 산골의 농민들은 한 부부가 경작할 수 있는 것이 수전 10두에 한전 하루갈이 정도로되, 모두 계산해서 볍씨 20두의 땅에 불과하더라도 능히 풍족하게 살아갈 수 있다. 평야지대에 사는 사람들은 1부夫가 경작하는 땅이 볍씨 30여 두를 뿌릴 수 있는 넓이라도, 굶주리는 자가 있다. 대체로 산골에 사는 사람들은 땅이 귀하기 때문에 적게 땅을 갈아도 힘써 일하여 수확이 배나 더 많고, 평야지대에 사는 사람들은 땅이 넓기 때문에 많이 점유하되 일하는 것이 거칠어서 수확량이 부실한 까닭이다.

이런 점으로 보건대 백성의 빈부는 부지런하고 게으른 데에 달려 있으며 오로지 땅이 넓고 좁은 데에 있는 것은 아니다. 자기 힘에 맞도록 하면 사람들이 모두 부지런히 일할 터이니, 이것이 백성을 풍족하게 하는 방도이다.

지금 이 40마지기[斗]의 땅은 본디 그 가운데 솔정率丁[10] 하나가 살아갈 만하도록 한 것인데, 어찌 부족함이 있겠는가? 또한 100묘로 한다면, 땅이 넓고 사람이 드문 곳에서는 혹 여유가 있는 자는 필시 따로 사람을 써서 경작할 터이니, 자기 힘을 다하고 싶어도 땅을 얻지 못하는 백성이 저절로 없어질 것이다. 만약에 지금 중국처럼 100묘로 한다면, 사람이 많고 땅이 좁은 곳에서는 생업을 잃는 백성이 많아져서 대부분이 부자들에게 품을 팔게 될 것이다. 이 또한 형세가 그렇게 될 수밖에 없으니 큰 이해관계가 달린 문제이다.

○ 이제 100묘로 정한 것은 굳이 옛날 제도를 본뜨려는 것이 아니다. 백성의 능력을 헤아리고 생계를 따져보고 지리地利와 인사人事를 참작하고 또 고금을 살펴볼 때에 이렇게 하는 것이 바꿀 수 없는 도리이다. 이런 까닭에 이

---

10 **솔정** 솔거남정(率居男丁). 보통 관원·이서(吏胥)·잡직·군사 등 현역에 근무하는 자의 가호에 딸린 인정을 지칭하는 말로 사용되었다. 솔정의 수는 전결(田結)의 수와 함께 요역 부과의 기준이 되었는데, 호적에 등재된 남자 가족·노비·고공(雇工) 등이 합산되었다.

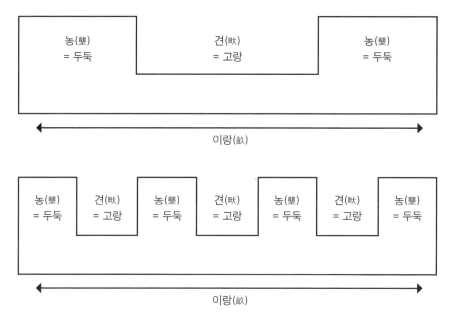

이랑과 고랑
전통적인 경종법인 1묘 1견(위)과 1묘 3견(아래)의 모식도.

렇게 정한 것이다. 오직 깊이 생각을 하고 난 연후에 옛 성인의 법이 만세에 바꿀 수 없는 것임을 알 수 있었다.

이 1경頃은 한전이라면 대개 소 한 마리로 4일을 걸려 갈 수 있다. 경기·영남은 소 한 마리를 쓰는 까닭에 4일을 걸려 갈게 된다. 호남·호서지역은 대부분 소 두 마리를 쓰기 때문에 3일에도 갈 수 있다. 요동 사람에게 들으니 그쪽은 6일이 걸려야 갈 수 있다고 한다. 대개 우리나라의 농토는 이랑畝만 있고 고랑畎이 없으나, 요동의 땅은 매 이랑 하나에 고랑이 셋이어서 땅을 가는 소가 두 배의 힘이 드는 까닭에 이렇다고 한다.

○ 또 듣건대, 요동지역의 농지는 하루갈이의 수확이 우리나라의 농지에 비해 몇 배나 더 된다고 한다. 토질이 두텁고 알찰 뿐 아니라 그 땅을 갈고 씨를 뿌리는 방법이 적절한 까닭이다. 우리나라 또한 고법古法을 본받아서 한 이랑에 고랑 셋을 두는 방법을 써서 경작의 적절한 방법을 다해야 할 것이다. 여기에 관한 설은 「고설考說」편에 상세히 나온다.

안설

살펴보건대 『주례周禮』는 "매년 경작하는 토지는 가호家戶당 100묘, 한 해 걸러 경작하는 토지는 가호당 200묘, 두 해 걸러 경작하는 토지는 가호당 300묘를 지급한다"[11]라고 하였다. 정전법을 시행했다고 하면 8가호가 1정井을 구성하여 모두 토지를 받을 터인데, 이 제도에서 어떻게 처리했는지 알 수 없다. 정중鄭衆[12]과 정현鄭玄[13]은 2목牧이 1정에 해당한다고 설명했으며, 하휴何休[14]와 반고班固[15]는 매 3년마다 다른 집에 지급하여 토지와 주거지를 바꾸도록 한다고 생각했다. 그러나 과연 모두 타당한지 여부는 알 수 없다.

『맹자』와 『예기禮記·왕제王制』에서는 모두 1가호당 100묘를 주는 것으로 기준을 삼았으니, 상농부·하농부의 구분을 두었던 것이다. 대체로 하전下田을 받은 자는 상전上田을 받은 자와 같지 못하다. 그렇지만 형세가 그럴 수밖에 없었던 터라, 상전을 받은 것이나 하전을 받은 것이나 모두 불만이 없었다. 관官에서 정해준 것이 아니고 백성이 원하는 대로 받아서 이와 같은 것이다.

또 더구나 100묘의 농지는 본디 1부夫의 가계에 충분한 것이다. 그럼에도 사람이 부지런하고 게으름에 따라 수확이 늘고 줄며 그해의 기후에 따라 풍흉이 엇갈리니, 조세의 차이가 나는 것은 당연하다. 만약 땅이 척박하다 하여 경지를 더하여 주면 일에 불편한 점이 있을 것이다. 지금 땅이 높고 낮고 한데다 비옥하고 척박함이 일정치 않다 하여 최하의 9등급에게 더 지급한다

---

11 『주례·대사도(大司徒)』에 나온다.

12 정중 동한 시대의 학자. 대사농(大司農) 벼슬을 했기 때문에 정사농(鄭司農)으로 흔히 일컫어진다. 저서로 『주례정사농주(周禮鄭司農註)』가 있다.

13 정현 동한 말기의 학자. 한대 대표적인 경학자로, 『주례주』를 비롯하여 여러 유가 경전에 주석을 남겼다. 정중을 선정(先鄭), 정현을 후정(後鄭)으로 일컫기도 했다.

14 하휴 129~82. 동한의 경학가로 육경(六經)과 음양산술에 정통했다. 한 경제(景帝) 때의 박사 호무생(胡母生)에서 동중서(董仲舒)를 거쳐 전해진 공양학을 15년의 각고 끝에 대성하여 『춘추공양해고(春秋公羊解詁)』를 완성했다. 『공양묵수(公羊墨守)』 등의 관련 저작은 편집본으로 일부만 남아 있다.

15 반고 동한의 저명한 학자로, 아버지 반표(班彪)를 이어 역사가가 되어 사마천의 역사서술을 계승한 『한서(漢書)』를 저술했다.

면 8등급이 불평할 것이요, 8등급에게 더 준다면 7등급이 또한 불평할 것이다. 또 덧붙여 주기에 적당한 땅이 꼭 옆에 가까이 있으란 법도 없는데, 이 점은 어떻게 처리할 것인가?

또한 토지를 더하여 주는 것은 쉬는 땅을 대신 갈도록 하려는 것인데, 백성은 꼭 그렇게 하지 않는다. 협호挾戶[16]를 들이는 것이 마땅하다고 하여 농사일을 게을리하게 되니, 흉년에는 다 같이 곤란을 겪게 될 것이다. 또한 사람이 드문 곳에서는 백성이 아무래도 비옥한 땅을 버리고 척박한 땅을 받으려 하지 않을 것이요, 땅이 좁은 곳이라면 척박한 땅도 못 받는 자가 많을 것이다. 이는 더욱 생각해야 할 점이 아니겠는가? 사리가 이와 같으니 다툼이 많아지고 장부를 밝히기 어려워 간교한 자들이 마구 농간을 부리게 되어, 그 폐단과 혼란이 민생에 미치게 된다.

지금 여러 등급은 모두 100묘로 정해야 한다.

우리나라는 땅이 비좁고 비탈진 곳이 많아 토지의 품질이 온 고을이나 온 면이나 별로 다를 바 없지만, 한 구역 안에도 높고 낮고 비옥하고 척박한 것이 뒤섞여 있다. 또한 해마다 홍수와 가뭄으로 풍흉이 엇갈린다. 그렇기 때문에 백성이 경작을 한 해 걸러로 하거나 두 해 걸러로 하는 것에 정해진 것이 거의 없다. 그리고 사람이 드문 곳에서는 척박한 땅을 버리고 비옥한 땅만 경작하며, 비좁은 곳에서는 비옥하고 척박하고 구분 없이 해마다 경작을 하고 있다. 형세가 기왕 이러했기에 이와 같이 정한 것이니, 실로 이를 상법常法으로 삼아야 할 것이다. 그렇지만 우리나라 사방의 토지는 일률로 단정할 수 없다. 영서嶺西[17]의 산골 고을들은 척박한 곳이 많으며, 더러는 경내가 온통 다 척박하여 해마다 경작할 땅도 얻지 못하는 경우가 있으니, 경작지를 배로 지급하여 교대로 경작하도록 해도 좋을 것이다.

---

16 협호 사전적으로는 본채와 따로 떨어져 있는 별채를 뜻하나, 역사적으로는 주로 경제적으로 빈궁하여 남의 집을 빌려서 사는 가호(家戶) 또는 그러한 주거 방식을 의미한다. 협호에 사는 사람을 '협인(挾人)'이라 했는데, 대체로 경제적으로 빈궁한 농민의 처지였던 이들은 협호에 거주하는 대신 집주인, 즉 주호(主戶)의 농사일과 집안일 등을 도왔다.

17 영서 강원도 대관령의 서쪽 지역을 가리킨다. 토지가 적고 척박한 것으로 대표적인 곳이다.

○ 위에서 말한 내용은 두 갈래 같아서 법이 하나로 정해지지 않는다. 그렇지만 적절함을 헤아려서 잘 운용한다면 각기 적당함이 있게 될 것이다. 대체로 지금 남쪽 지역은 매년 경작하는 땅인데, 간혹 척박한 곳이 섞여 있다 하더라도 사람이 많이 살면 인분도 많아져서 수확이 있게 될 것임은 실로 여기서 논할 것도 없다. 과연 온 지경이 다 척박하여 휴경을 하지 않고는 농사가 제대로 될 수 없으면 그 땅은 곡식을 제대로 수확할 수 없는 곳이니, 그런 곳은 인민들이 모여들지 않아 땅은 넓고 사람은 드물게 될 것이다. 땅이 척박하여 사람이 적게 사는 곳에는 농지를 배로 주어서 교대로 경작하게 하는 것도 좋을 것이다. 그런데 사람이 아주 많을 때에는 이 땅에도 역시 사람이 점차 늘어날 것이니, 만약 그렇게 된다면 백성이 어찌 혹은 배나 받고 혹은 하나도 못 받고 하려 하겠는가? 형제나 이웃 간에도 응당 관에 고하고 차츰 나누어 가지게 될 것이다. 온통 척박하여 휴경한 땅에는 사람들이 끝내 모여들기 어렵겠거니와 설령 점차 모여든다 해도 응당 차츰 나누어 가져야 할 것이니, 계속 나누어 가지면 역시 인분도 배나 늘어나게 될 것이다. 대체로 이 모두 자연스런 형세라 항시 균평하고 적의함을 잃지 말아야 할 것이다.

또 살펴건대 옛날에 농지를 받는 자는 모두 100묘이며, 대부大夫와 사士의 집은 따로 채지采地[18]와 세록전世祿田[19]이 있었다. 채지와 세록전은 또한 그 공세公稅로 들어온 것만을 받도록 했을 따름이었다. 이와 같이 하면 농지를 받는 데 더하고 덜한 폐단이 없고 병역을 장부에 올리는 데 옮기고 바꾸는 폐단이 없게 되니 극히 정돈되고 합당한 것이다. 후세로 와서는 사람을 씀에 있어 진급시키거나 퇴출시키는 데 정해진 규정이 없고 세를 받는 법이 형세로 보아 시행되기 어렵게 되었다. 봉건제를 회복하지 않으면서 이 제도만 쓰

---

18 채지 봉건시대 영주가 자신의 가신들에게 나누어준 토지로 식읍(食邑)이나 채읍(采邑)이라고도 한다.

19 세록전 녹읍으로 지급받아 대대로 전조(田租)를 수취할 수 있는 토지. 중국 주나라 때 세경세록(世卿世祿)의 제도에 기원이 있다.

려고 한다면 또한 춘추시대의 관작을 세습하는 길을 열어주는 폐단이 없지 않을 것이다. 그렇기에 지금 한전법限田法[20]을 아울러 취해서 사士 이상에 대해서는 정해진 농지에 더해주고 병사를 내는 것을 면제해주었다.

문

한전법은 실로 합당하다. 여기에서 정한 바 사士는 4경, 9품 이상은 6경, 6품 이상은 8경, 3품 이상은 10경, 정2품 이상은 12경이라 하면 비록 사리에 마땅하지만, 벼슬이란 품계와 녹봉이 있으니 이미 고하의 차이가 있다. 그런즉 농지는 본디 식구를 먹여 살리는 기본인데 농지를 받는 것을 번거롭게 하면 폐해가 클 것이다. 만약 사로부터 7품 이하는 4경, 6품 이상은 8경, 2품 이상은 12경으로 정하여 매양 4경으로 한 등급을 삼아 그 층위를 간소하게 하여 거기에 따라 받도록 정하면 어떠한가?

답

그와 같이 해도 안 될 것이 없다.

문

사 이상은 농사일을 하는 자가 아님에도 농지를 정해주는 데 덧붙이는 것은 무엇 때문인가?

답

이는 한전법을 쓴 까닭에 그러한 것이다. 이와 같이 한 다음이라야 능히 솔정을 두어서 그 집을 보존할 수 있다. 만약 농지를 지급하지 않으면 응당 관에서 녹을 주어야 할 터인데, 벼슬을 하지 않는 경우는 매달 녹을 지급해주는 것 또한 사리상 있을 수 없다. 원래 뜻으로 헤아려보건대 응당 채지를 주는 뜻을 본떠서 사세賜稅[21]를 내려주는 관례에 따라야 할 것이다. 유사儒士로부터 대부·경卿에 이르기까지는 모두 식세지食稅

---

20 한전법 토지 소유 면적의 상한을 정하는 제도. 사적 소유의 확대로 인한 폐단을 해소하기 위한 방안으로서 역사상 다수 제기되었는데, 그 면적과 방식에서는 차이가 있었다.

21 사세 수조권(收租權), 즉 전조를 수취할 권리를 내려주는 것. 유형원은 이러한 명목으로 내려준 토지를 '사세전(賜稅田)'이라 명명했다.

地를 정해주는데, 유사로부터 7품 이하는 종신토록 주며, 아들이 없는 경우 반으로 감해서 그 처에게 종신토록 지급함. 6품 이상은 그 아들대까지 미치며, 대부와 경은 그 손자와 증손대까지 미치게 된다. 실로 이와 같이 한다면 일국의 전세를 받는 땅으로 사대부가에 들어가는 것이 과반에 이를 것이다.

국가의 쓰임이 부족해지는 것은 우선 말할 것도 없거니와 기왕에 봉건제를 회복하지 못하면서 다만 이와 같이 하도록 한다면, 온갖 곳에 흩어져 있는 조그마한 식세지가 천만 사람에게 각기 귀속이 될 것이다. 관직이 오르내림에 따라 농지를 나누어 지급하매 장부 정리가 번거로운 것이 농지를 지급하는 것보다 더할 뿐만 아니라, 매년 풍흉에 따른 감손을 정하는 데 뭇사람들의 기대에 맞추기 어렵고 장차 납세가 불균등하게 되는 폐해가 있을 것임은 불가피하다. 이에 따라 습속이 되어서 오래가면 필시 백성의 세가 점차 무거워지는 우환이 생기게 되니, 이는 천하의 큰 폐해이다. 차라리 정전제를 실시하지 않는 것이 낫다고 할 것이니, 어찌 크게 우려할 일이 아닌가? 또한 옛날에 잘 다스리려고 하던 시절에는 전쟁에 황폐해지고 백성의 생활이 곤궁하게 되면 더러 전세의 반을 감해주기도 했다. 만약에 이런 법을 쓴다면 이와 같이 형세상 곤란한 일이 있게 될 것이다.

대체로 농사를 지어 세를 내고 윗사람에게 바치는 것은 야인野人[22]의 일이요, 도를 배워 직분을 수행하고 세를 받는 것은 사군자士君子의 일이다. 이는 보편적인 의리요 옛날의 뜻이기도 하다. 그런데 옛날의 봉건제에서는 채읍采邑을 가지고 세를 받는 집[家]에서 또한 그 농지를 장악했으며 인민을 다스리는 것도 아울러 그에게 책임을 지웠다. 그 사람이 공조公朝[23]에서 벼슬하더라도 그 가신으로 하여금 대신 처리

---

22 야인 야(野)는 국중(國中, 도성)의 외부이며, 야에는 농지가 있고 이를 경작하는 농민들이 주로 거주한다. 따라서 야인은 농부이자 피치자를 통칭하며, 이때 야인의 역할 역시 경작을 전담하여 그 생산물로써 국가 재정을 뒷받침하고 치자인 군자를 봉양하는 것에 있다. 『맹자·등문공 상』에 "대저 등나라는 땅이 좁다고 하나 군자도 있고 야인도 있으니, 군자가 없으면 야인을 다스릴 수 없고, 야인이 없으면 군자를 기를 수 없다[夫滕壤地褊小, 將爲君子焉, 將爲野人焉, 無君子, 莫治野人, 無野人, 莫養君子]"라고 했다.

23 공조 제후의 조정. 춘추시대 경대부(卿大夫)들은 종종 자신의 가신(家臣)을 제후의 조정에 추천하기도 했다.

하도록 했다. 백승지가百乘之家²⁴의 경우 천승지국千乘之國 안에 편입이 되어서 공가公家에 쓰임이 있으면 또한 그 사람으로 하여금 관할하도록 했다. 일이 이미 이와 같은 까닭에 저렇게 말한 것이다. 후세에 관직이 없는 대부에 당해서는 보통 백성과는 다르다 하더라도 기왕에 벼슬하지 않고 집에 있으면 야인과 마찬가지다. 하물며 벼슬하지 않는 사士에 대해서야 말할 것 있겠는가? 이런 까닭에 세를 받아먹는 법은 옛 뜻과 같아 보이지만 실로 다 합치되는 것은 아니다.

무릇 사물은 반드시 경經과 위緯가 갖추어진 연후에라야 능히 그 쓰임을 다할 수 있다. 베 짜는 일에 비유하자면 이는 날줄은 있고 씨줄이 없는 것과 같다. 한번 시험삼아 실행해보면 이루어지기 어려운 줄을 저절로 알게 될 것이다. 이 한전법은 비록 지금 실정에 따른 제도이긴 하지만, 조리가 정연하며 모든 일이 다 순조로워 정전제의 실효가 그 가운데 모두 들어 있다. 옛날 삼대의 제도가 이루어질 수 없는 것이 하나도 없을 것이다.

문

사士 이상에 대하여 농지에서 모두 병兵을 내지 않도록 하는 것은 무엇 때문인가? 이와 같이 하면 군사의 숫자가 줄어들지 않겠는가?

답

사를 기르는 제도는 중대한 문제인데 그렇게 하지 않아서야 되겠는가? 무릇 나라가 사를 기르는 것은 백성을 위하지 않음이 없다. 그러므로 마음을 수고롭게 하는 자와 몸을 수고롭게 하는 자²⁵는 귀천의 직분이 나누어지는 까닭이다. 사를 기르는 일이 군을 기르는 일과 같지 않으면 이 어찌 도리라

---

24 백승지가 춘추전국시대 국가의 규모를 나타내는 말. 백승지가는 전쟁 시에 병거(兵車) 100대를 낼 수 있는 집으로 통상 경대부를 일컬으며, 천승지국은 수레 1000대를 내는 제후를 지칭한다.

25 원문은 '勞心勞力'으로, 이 말은 『맹자·등문공 상』에 "마음을 수고롭게 하는 자는 남을 다스리고, 몸을 수고롭게 하는 자는 남에게 다스림을 받는다[勞心者治人, 勞力者治於人]"라고 한 데서 유래하였다.

하겠는가? 오직 응당 백성을 교도教導하고 풍속을 바로잡고 권면하여 나라가 길러준 뜻을 저버리지 않기로 기약을 해야 할 것이다. 그 비용을 아낀다고 사대부를 기르는 방도를 폐기해서는 옳지 않다.

만약 사대부를 기르는 방도를 폐기한다면 천하가 곧 다투고 무질서하게 될 것이니, 크게 혼란스러워지는 방향이 되어 백성은 손발을 둘 곳이 없어질 것이다.

더구나 이 한전법을 실제로 시행하게 되면 군사의 수는 필시 지금보다 배로 늘어날 것이요 조세도 필시 지금보다 증가될 것이니, 그 실효를 견주어보면 저절로 드러날 것이다.

이 문제는 응당 정당한가 아닌가를 논할 것이요 이해를 따지지 말아야 한다. 그렇지만 이해 또한 정당한가 아닌가와 분리되지 않는다. 이 법으로 병을 내고 세를 내는 문제 및 지금의 군정軍丁과 조세의 수는 다음을 보면 상고해볼 수 있다. 지금 백성이 누구나 부세 때문에 곤란을 당하는데도 나라에 들어오는 부세는 많이 줄어들었고, 사람들이 누구나 병역으로 침해를 당하는데도 군의 숫자 또한 줄어들었다. 대체로 큰 원칙에서 이미 법도가 없어졌고 또 가혹한 법으로 독책督責을 하는 까닭이다. 그래서 사람들이 다들 교묘하게 벗어나려고만 하여 백성 중에 군대로 나갈 장정과 나라에 바칠 재화가 온통 권문세가로 들어가니, 형세상 아전 무리들이 농간을 부리는 가운데 들어가도록 만든 까닭이다.

설령 군사의 숫자가 줄어들더라도 법도가 분명하면 사가 되고 대부가 된 자들이 모두 국가가 자기들을 양성하는 뜻을 알아 자기 본분을 감히 버리지 않을 것이니, 지금처럼 염치없고 생각이 없어서 국가의 덕을 모르고 국가의 위급함을 걱정하지 않는 것과는 같지 않을 것이다. 진실로 사대부가 모두 공公에 이바지하고 나라에 몸을 바치는 뜻을 안다면, 위기의 상황에서 그 역할이 어찌 한 군졸이 하는 일에 그칠 것이랴?

종실의 농지 및 사세전

대군과 군〔임금의 적자와 서자〕, **공주와 옹주**〔임금의 적녀와 서녀〕**는 모두 농지 12경이다.**

세자世子·중자衆子[26]·군주郡主[27]는 12경이고, 현주縣主[28]는 10경이다.

○ 이 농지는 점유하는 땅이 되는 것이니, 다른 사례에 따른다. 세는 받지만 병兵은 내지 않는다. 뒤에 따로 '사세賜稅'조가 있다.

○ 여러 종실의 농지는 또한 모두 품계의 등급에 따라 문무관의 예와 같이 받는다.

대군은 500곡斛의 땅을 사세전으로 받는다. 곡은 석石과 같다. ○ 예컨대 1등전一等田은 50경이요, 매 등급에 따라 더해져서 9등전에 이르면 250경이 된다.

군은 420곡의 땅을 사세전으로 받는다. 1등전은 42경이요, 9등전에 이르면 210경이 된다.

공주는 340곡의 땅을 사세전으로 받는다. 1등전은 34경이요, 9등전에 이르면 170경이 된다.

옹주는 260곡의 땅을 사세전으로 받는다. 1등전은 26경이요, 9등전에 이르면 130경이 된다.

○ 세자·중자는 250곡의 땅을, 서자는 200곡의 땅을, 군주는 150곡의 땅을, 현주는 100곡의 땅을 사세전으로 받는다.

○ 이는 민전民田을 구획해 정하되 다만 공세의 수입을 옮겨 지급하며, 다른 예에 따라 병은 나라에 낸다.

○ 사세전은 모두 지난해의 원세原稅에 따라서 그 숫자를 계정計定한다. 예컨대 500곡이라면 9등전은 250경이요, 8등전은 166경 영零이요, 7등전은 125경이요, 6등전은 100경이요, 1등전에 이르면 50경이 된다. 여러 등급의 땅이 섞여 있으면 모두 이에 준해서 처리한다. 경으로 떨어지지 않는 데는 묘畝로 계산한다. 연분年分[29]에 따른 재해는 각 고을의 수령

---

26 중자 세자 외의 여러 군(君)을 아울러 이르는 말.

27 군주 왕세자의 적녀에게 주는 정2품의 봉작.

28 현주 왕세자의 서녀에게 주는 정3품의 봉작.

29 연분 해마다의 농작 상황을 등급화한 것으로, 기준 세액을 농사의 풍흉에 따라 조정하여 수취하기 위한 방식이다. 예컨대 세종 공법(貢法)의 경우 연분을 상상년에서 하하년까지의 9등급으로 마련했다.

이 다른 농지와 마찬가지로 심사한 다음에 공세의 경중에 의거해서 수납한다. 모두 나누어 준 초기에 땅을 구획해서 정하되 다시는 묵혀진 땅이나 개간한 땅으로 변동이 있지 말아야 할 것이다. 각 영전營田, 진전鎭田, 학전學田, 역전驛田 등도 모두 마찬가지이다.

○ 무릇 사세전을 분급받은 자는 먼저 받은 농지를 제외하고 그 나머지를 민전에 계정하려는 경우 허용한다. 한 사람이 받는 바의 세는 두 곳에 나누어 정할 수 없다.

○ 공신에게 주는 사세전도 이와 같이 한다. 다만 그 다소는 공적을 보아 그때에 당해서 참작하여 정한다.

○ 무릇 사세전은 자손에게 상속하는 것을 허용하되, 적장자에게 주어 동성同姓의 일가와 공유하도록 한다. 만약에 사는 곳이 다른 경우는 그 수량을 셋으로 나누어, 3분의 2는 본성本姓의 자손들에게 고루 나누어주며 적장자에 대해서는 3분의 1을 더해준다. 왕자와 공신은 증손에 한정하며, 왕녀는 그 아들에 한정한다. 왕자와 공신의 증손 및 왕녀의 아들이 일찍 죽은 경우에는 그 아들이 승중承重[30]하되, 이 아들에 한해서 지급한다. 제사를 받들기 위한 30곡의 땅은 대수代數의 제한이 없되, 왕녀는 증손에 그친다.

○ 사세전에서 바치는 것은 『경국대전』'직전職田'조의 예에 따르되, 다른 세와 마찬가지로 관官의 창고에 납입했다가 창고에 비축한 양곡으로 바꾸어 지급한다.

○ 무릇 사세전은 자손에게 상속하게 하되, 만약 응당 받아야 할 자가 죄를 범한 경우 다음 순서의 적자에게 옮겨주어 받도록 한다.

문

왕자의 농지로 12경을 지급하는 것은 너무 적지 않은가?

답

대부가 농사를 짓지 않는다는 것은 예로부터 전해진 뜻이다. 왕자의 집이 어떻게 농사를 지을 것인가? 다만 지금 세상에는 사람마다 농지가 있으며 사士와 대부는 이미 정해진 농지가 있다. 따라서 왕자 또한 정해진 농지가 없

---

30 승중 아들이 사망한 경우 손자가 계승하는 것을 이르는 말.

을 수 없다. 그러니 이것도 많은 편이다. 대개 왕자의 집은 받은 농지는 의당 적고 사세전은 의당 넉넉해야 할 것이다.

받은 농지가 적으면 농지를 찾거나 땅이 비기를 기다리는 폐단이 줄어들며, 사세전이 넉넉하면 받아들이는 것이 후해져서 평온을 누릴 수 있다.

문

왕자와 공신은 기왕에 녹을 받는데 또 농지를 받고 또 별도로 사세전도 정해져 있으니, 조목이 너무 많은 것 아닌가? 대군에게는 농지 80경을 정해주고 군君과 공주·옹주에게는 비례하여 농지를 정해주되 모두 면세를 해주고, 또 병사를 내어 그 반당伴倘으로 삼는다. 혹 그 농지를 대대로 상속하게 하려면 자손은 따로 농지를 받지 않되 상속해 받은 것이 그 규정에 차지 않은 경우에 이르러 각기 그 규정대로 농지를 받는 것을 전례와 같이 하며, 공신전 또한 이와 같이 하는 것이 어떠한가?

답

무릇 병兵은 땅의 넓이에 따르고 세稅는 땅의 등급에 따르니, 여러 왕자와 공신에 대해 만약에 세를 같게 하면 병역을 면제해주는 것이 고르지 못하게 되고, 병을 같도록 하면 세를 면제해주는 것이 고르지 못하게 된다. 또한 자손들이 상속하여 나누어 받는 것이 점차 적어진 뒤에는 더 추가로 농지를 주어 그 규정을 충족시키면 한 사람이 받는 것 안에 면세전과 납세전이 서로 섞일 것이다. 추가로 주거나 나누는 과정에 나누고 쪼개는 것을 고르게 하기 어려우니, 이는 매우 불편한 문제이다.

문

만약에 백성의 농지로 사세전을 정해주어 그 세입만을 받도록 하고, 병역을 내는 것은 일반적인 예대로 하며, 사세전은 여러 아들들에게 나누어주지 않고 전적으로 적장자에게 상속하도록 한다. 무릇 사세전을 받은 자에게는 따로 농지를 지급하지 않는다. 그 여러 아들들은 농지를 받는 것을 통례대로 한다. 적장자가 대代를 다하면 사세전을 거두어들이며 각기 그 규정에 따라 농지를 지급한다. 이와 같이 하면 어떻습니까?

답

이는 옛 제도에 가까워 잘 다듬어진 것 같다. 그런데 옛날 채읍의 경우는 그곳의 인민들까지 아울러 관장했다. 지금 그 세를 받는다 하더라도 병역에 관한 일을 면제해주지 않으면, 사세전을 지급하는 것이 우대하기 위한 것이지만 곤란을 끼치는 데 알맞을 것이다. 또한 여러 가지 일을 생각해보건대 불편한 일이 많다. 만약에 농지가 없으면 부모의 산소 아래에도 한 조각 땅이 없을 터이니 이와 같은 일이 자못 많을 것이다.

오직 위에 제시한 법은 지극히 공정하고 곤란이 없다. 대충 보면 복잡한 것 같지만 실제로는 받은 농지와 면세전이 하나로 합해져서 번거롭지 않다. 전지田地와 더불어 병역을 면제하고 세를 면해주는 것이 각기 조리가 있어서 균일하지 않은 것이 없다. 그래서 인정에 맞추어 쉽게 행할 수 있는 것이다. 시험삼아 오늘의 일로 말하건대, 공신의 집은 이미 받은 농지가 있고 또 면세전이 있고 또 녹봉이 있다. 그런즉 복잡다단하다고 할 수 있으나, 실은 복잡다단하게 되지 않을 것이다. 대체로 시의時宜에 따르고 인정에 맞추어 고르게 제정하여 각기 정해진 몫을 얻는 것이 좋은 법이다.

이 사세전은 대개 옛날 땅을 나누어 봉하던 의미를 따른 것이다. 그런데 지금 대수를 한정한 것은 무엇 때문인가? 앞에서 지급한 것을 거두어들이지 않고 뒤에까지 계속 이어간다면 아무리 천하가 크다 하더라도 형세상 계속할 수 없을 것이다. 지난 역사를 돌아보건대 한나라, 진晉나라의 여러 제후들도 모두 영구히 자손에게 전해진 것은 없었고, 대개 한두 대를 지나지 못해 일을 당해서 분봉된 땅이 깎여나갔다. 지금 이미 봉건제를 회복할 수 없거니와, 무슨 일로 해서 중단되어 위아래로 다 깎여지는 것보다는 차라리 법을 제정해서 공사 간에 다 합당하도록 하는 편이 좋지 않겠는가? 그래서 이와 같이 정한 것이다. 그러나 이와 같은 일은 오직 한 시대의 법제를 어떻게 정하느냐에 달려 있으며 전제田制가 어떻게 되어야 하는 데 관계된 것은 아니다.

무릇 왕자와 공신에게는 마땅히 사세전을 주어 그 세입만 받도록 하고, 농지를 내려주는 관례를 삼가 열지 말아야 할 것이다. 본래 조목 외에 별도로 토지를 내려주는 것을 말한다. 만약에 이 길을 한번 열어준다면 후일의 폐단은 구할 수 없게 될 것이다. 고려의 전제가 무너진 것은 대체로 이 때문이었다.

도량형

두곡斗斛의 제도는 예로부터 지금까지 모두 10두斗로 1곡斛을 삼았는데, 오직 우리나라는 15두로 1곡을 삼았다. 이는 우리 풍속을 따라서 수치를 셈하려 한 것이지만, 15두를 1곡으로 한 것은 본디 일반적인 법이 아니다. 이 때문에 회계하는 데 딱 떨어지지 않아 불편할 뿐 아니라, 이를 써서 농지의 면적을 계산하자면 역시 똑 떨어지지 않는다. 그러므로 10두를 1곡으로 하는 방식으로 계산을 해야 마땅할 것이다. 이하는 모두 이를 따른다. 이에 대한 설명은 '도량형度量衡'조에 모두 나와 있다. 곡이란 석石이다. 옛날에는 곡을 석이라고 한 예가 없었는데, 진秦나라 이후로 곡을 석이라고 쓰기도 했다. 이는 그대로 석으로 써도 무방하다.

토지제도 규정

경묘법

1.

무릇 농지는 결부법結負法을 바꾸어 경묘법頃畝法으로 정한다.

우리나라의 결부법은 본래 지엽적으로 나가 근본을 잃어버린 제도이다. 공전제公田制를 시행하고자 하면 더욱이 경묘법으로 바꾸지 않을 수 없다. 대개 경묘법이란 각 경지의 면적을 동일한 단위로 하되 세제에 차등을 두는 것이니, 이는 땅을 본위로 한 것이다. 결부법은 각 등급에 따라 세액을 동일하게 해서 땅의 넓이는 일정치 않을 수 있으니, 이는 세를 위주로 한 것이다. 지금 우리나라는 전지田地에서 오직 세만 받아들이고 병정은 따로 뽑아간다. 농지를 가지고 있는 자가 꼭 역을 지는 것이 아니요, 역이 있는 자가 꼭 농지를 가지고 있는 것이 아니다. 농지와 사람이 두 갈래가 되었는데도 여전히 결부법을 쓰고 있다. 공전법은 사람에게 농지를 고르게 나누어주고 농지를 셈하여 병정을 내는 제도이니, 농지를 소유한 자는 반드시 역이 있고 역이 있는 자는 반드시 농지가 있다. 곧 농지와 사람이 하나로 합해져 있다. 반드시 경묘법을 써서 경계를 바로 한 뒤라야 균등하게 될 수 있다.

옛날 경묘법의 방식 이미 위에서 나왔는데 다음과 같이 정한다.

6척尺을 1보步로 하고, 매 1보는 6척이므로 사방 넓이를 계산하면 36척. 100보를 1묘畝로 하며, 넓이는 3600척. 100묘를 1경頃으로 한다. 넓이는 36만 척.

중국에서 지금 쓰는 경묘법의 방식 옛날 법에는 100보를 1묘로 했는데, 진秦·한漢 이후로는 240보를 1묘로 했다.

5척을 1보로 하고, 매 1보는 5척이니 사방의 넓이를 계산하면 25척. 240보를 1묘로 하며, 넓이는 6000척. 100묘를 1경으로 한다. 넓이는 60만 척.

살피건대 옛날에는 6척을 1보로 했는데 지금은 5척을 1보로 하고 있다. 그래서 이법里法[31]은 옛날에는 300보로 1리를 삼았으며 지금은 360보로 1리를 삼고 있다.

우리나라에서 지금 사용하는 결부법의 방식

농지를 6등급으로 구분하여 매 등급에 따라 전척田尺[32]을 달리한다. 모

---

31 이법 거리를 이수(里數)로 계산하는 법. 1리는 기준척이 무엇이고 또 그 길이가 얼마인가에 따라 시대마다 달랐는데, 여기서 옛날에 300보를 1리라고 했던 것은 『춘추곡량전(春秋穀梁傳)』에 나오며, 지금 360보를 1리로 한 것은 후세에 바뀐 법이다.

두 사방 10척을 1부負로 하고, 100부를 1결結로 한다.

각 등급의 1결은 각기 그 전척을 사방 100척으로 하여 넓이는 1만 척이 된다.

매 1결의 1등전은 지금 중국의 농지 38묘에 준한다.

척의 길이는 주척周尺으로 4척 7촌 7푼 5리에 준한다.

2등전은 44묘 7푼에 준한다. 척의 길이는 5척 1촌 7푼 9리에 준한다.

3등전은 54묘 2푼에 준한다. 척의 길이는 5척 7촌 3리에 준한다.

4등전은 69묘에 준한다. 척의 길이는 6척 4촌 3푼 4리에 준한다.

5등전은 95묘에 준한다. 척의 길이는 7척 5촌 5푼에 준한다.

6등전은 152묘에 준한다. 척의 길이는 9척 5촌 5푼에 준한다.

이는 본조本朝 초기에 고려의 옛 제도에 의거해서 가감해 정한 것이다. 먼저 옛 제도에 의거해서 57묘의 결은 상상년上上年의 경우 매 등급의 소출량을 살펴 정한다. 1등전은 나락[皮穀] 80석[즉 전석全石]이 나오면 20분의 1로 세율을 정하여 그 세는 30두가 되며, 매 등급에 따라 소출의 12석을 체감하여 2등전이면 세가 25두 5승이요, 3등전이면 세가 21두이고, 4등전이면 세가 16두 5승이고, 5등전이면 세가 12두이고, 6등전이면 세가 7두 5승이다. 또한 이 수치에 의거해서 미루어 계산을 하면 다시 20두로 같은 기준에 따라 결을 정하여 1등전은 38묘이고, 차츰 그 농지를 늘려가서 6등급에 이르면 152묘가 된다.

안설

살피건대 옛날에는 정치가 백성을 보호하는 데 있었다. 때문에 힘을 헤아려서 농지를 정해주어 모두 농지 100묘를 받았다. 후세에 농지는 오직 세를 거두어들이기만 하였으므로, 그런 까닭에 조세의 수량에 따라 같은 등급은 같은 결로 정했다. 이런 까닭에 경묘법은 모두 땅의 넓이는 같되 비옥도에

32　**전척** 양전척(量田尺). 논밭의 넓이를 재는 데 쓰던 자이다.

따라 세에 차등이 있었다. 이는 농지를 위주로 한 것이다. 경이다 묘다 하는 것은 모두 땅의 면적을 가리킨다. 결부법은 세로 내는 것은 다 같게 하되 비옥도에 따라서 땅은 넓고 좁음이 있었다. 이는 조세를 위주로 한 것이다. 결이다 부다 하는 것은 모두 조세의 수치를 가리킨다. 고금의 법제가 뜻이 달랐던 것을 여기서 볼 수가 있다.

경묘법과 결부법의 이해득실을 논해보자면, 경묘법은 농지의 면적을 정확히 파악하기에 용이해서 여러 등급에 따른 세액이 각기 다르더라도 농지가 세수에서 탈루되는 폐단이 없지만 담당 관청에서 살피지 못하면 계산의 착오가 생길 우려가 있다. 결부법은 세수의 양은 용이하게 파악할 수 있어서 여러 등급의 농지가 뒤섞여 있어도 계산이 복잡한 번거로움이 없지만 담당 관청이 아무리 밝더라도 농지가 세수에서 탈루되어 살피기 어렵게 된다. 무릇 경묘법은 본체本體(땅 자체)에 의거한 것이고, 결부법은 기능적으로 접근한 것이다. 땅의 실상을 분명히 파악해서 계산하면 수치가 목전에 드러나서 그 가운데서 응용할 수 있다. 편의만 취해서 경계를 바로 하는 원칙을 잃어버린다면 근본이 벌써 문란해져서 바르게 될 수가 없다.

결부법도 면적을 헤아리는 것이 없지는 않으나, 한갓 장부상에 올라 있을 뿐이요 따라서 농지의 면적이 균일하지 않고 길고 짧고가 제멋대로라서, 계산하는 법을 담당관도 다 살필 수 없는데 하물며 농민에게야 말할 것이 있겠는가? 관에서 다 살피지 못하고 농민은 도무지 알 도리가 없으니 서리가 쉽사리 농간을 부릴 수 있는, 살피기 어려운 법으로 여러 서리들의 농간을 다스리려 하니 형세가 불가능한 것이다. 이 때문에 뇌물과 청탁에다가 온갖 탈루와 속임수의 폐단이 생기지 않는 것이 없어 마침내는 부세 또한 고르지 않게 되는 것이다.

또한 살피건대 농지를 구획하여 만드는 데 경묘법보다 좋은 것이 없고 결부법보다 좋지 않은 것이 없다. 설사 공전법을 행하지 않는다 하더라도 결부법은 경묘법으로 바꾸어야 할 것이다. 대체로 토지의 면적이 한결같은 기준으로 정리가 되면, 분배되는 넓이도 분명해지고 등급의 정밀하지 않은 것 또한 쉽게 드러나서 바로잡을 수 있다. 지금의 결부법으로 말하면 일시에 급작스레 등급을 나누어 합당하게 되지 못하기 쉽고, 기왕에 숫자를 합쳐서 결을 만들었기 때문에 잘못된 것도 드러나기 쉽지 않다. 비록 이를 알게 되더라도 또한 추가로 바로잡자면 폐단이 있게 된다.

지금 등급이 합당하지 않게 되어 농민들이 불균등해지는 일이 많은데, 세미稅米를 납부하는 즈음에 다만 결에 따라 똑같이 치는 까닭에 농민들은 불균등해지는 괴로움을 겪고 등급을 잘못 정한 것을 잊어버리는 수가 많다. 그래서 만약 이를 고쳐 정하려고 하면 토지대장에 글자로 이미 배열되어 있기 때문에, 한 곳을 고치려면 그 아래 여러 결도 모두 다 차례로 고쳐야 한다. 이것이 폐가 되는 이유이다.

만약 그 토지에서 나오는 생산량을 가지고 조세租稅를 정하면 등급이 이미 분명해지고 규정이 일정하게 되어서 관리나 농부도 모두 자연히 알 수 있을 것인데, 무슨 살피기 어려운 걱정이 있을 것인가?

혹자는 "결부법은 삼한三韓 이래로 통용해온 법이어서 지금 바꾸자는 주장을 받아들이기 어렵다"라고 말하는데, 이는 그렇지 않다.

일찍이 보건대 고려 태조가 이르기를 "태봉泰封의 군주(궁예를 가리킴)가 백성에 탐욕을 부려 1경의 토지에서 조세 6석을 받았다"[33]라고 하였다. 또 「박영규전朴英規傳」에 "고려가 신검神劍을 평정하고 나서 영규에게 사전賜田 1000경을 내렸다"[34]라고 나와 있다. 이를 보면 '결부'란 명사는 그 뒤에 나온 것 같다. 또 고려 문종文宗 때에 정한 양전量田의 보수步數는 여러 등급의 땅과 모두 다 같다. 부세賦稅는 땅의 등급에 따라 경중이 있었으니,[35] 땅이 넓

---

33 『고려사(高麗史)·지(志)·식화(食貨)』에 보인다.

34 『고려사·열전(列傳)·제신(諸臣)』에 보인다.

35 『고려사·지·식화』에, "문종(文宗) 23년(1069)에 양전(量田)의 보수(步數)를 정하였다. 토지 1결은 방(方) 33보(步)【6촌(寸)을 1분(分)으로 하고, 10분을 1척(尺)으로 하며, 6척을 1보로 한다.】, 2결은 방 47보, 3결은 방 57보 3분, 4결은 방 66보, 5결은 방 73보 8분, 6결은 방 80보 8분, 7결은 방 87보 4분, 8결은 방 90보 7분, 9결은 방 99보, 10결은 방 104보 3분이다"라고 하였다.

고 좁은 데 따른 규정만 있었다.

결부법은 필시 고려 중엽 이후에 나온 것이요 삼한시대에 이미 썼던 것은 아니다. 또한 의론이 합당한가 그렇지 않은가만 논해야 할 것이요 어찌 삼한시대부터 비롯되었는지 여부를 따질 것이 있겠는가?

혹자는 또 말하기를, "우리나라는 산골이 많고 물과 토질이 고르지 못하기 때문에 경묘법을 시행할 수 없다"라고 한다.

이는 하나만 알고 둘은 모르는 말이다. 지면이 높고 낮고 넓고 좁고 하더라도 측량해서 몇 묘인지 정하는 것은 마찬가지이다. 더구나 여전餘田의 방식36도 있으니 1묘, 반 묘라도 곤란할 것이 없다. 천하 어디에 결부법으로 할 수 있고 경묘법으로 할 수 없는 농지가 있겠는가? 이 점은 밝은 사람을 기다리지 않더라도 알 수 있는 것이다.

또 누군가 주장하기를, 오래 써온 법을 고치면 백성이 불편하게 여긴다고 하는데, 이는 더욱 그렇지 않다. 결부로 하든 경묘로 하든 기준을 바꾸는 것뿐이다. 백성이 세로 납부하는 것은 실상 마찬가지이다. 오직 임금과 재상이 행하지 않을까 걱정스러울 따름이다. 민간에서 무슨 불편함이 있겠는가?

경묘법은 시행하는 초기에 번거로움을 면할 수 없겠으나, 이는 처음 양전量田할 때 정도이다.

○ 촉蜀 지역은 산과 계곡으로 평평하지 않은 것이 우리나라보다 더 심하지만 그 때문에 경묘법을 실시하기에 불편했다는 말은 들어보지 못하였다. 제갈공명이 한 말에 "성도成都에 박한 땅 15경이 있다"37라는 것이 있으니, 이를 보면 경묘법을 썼던 것을 알 수 있다.

---

36 **여전의 방식** 여전은 농지의 넓이를 측량할 때 특정 단위면적에 이르지 않는 자투리의 농지. 이러한 농지들을 모아서 하나의 단위면적을 만들 수 있으며, 따라서 여전이 경묘법을 시행할 수 없는 이유가 되지는 못한다고 하였다.

37 『삼국지(三國志)·촉서(蜀書)·제갈량전(諸葛亮傳)』에 수록된 제갈량의 표문(表文)에 나오는 문장으로, 자신의 청렴함을 강조하는 문맥에서 제시된 것이다. 그는 "성도에는 뽕나무 800그루와 메마른 밭 15경이 있으니 자제들이 먹고 입을 것은 진실로 넉넉하다"라고 말한 바 있다.

일찍이 주자의 「경계장經界狀」[38]을 상고해보니, "보수步數로 측량하여 농지의 1묘마다 고하를 9등급으로 나누는 데 따라 세로 내는 돈[産錢]〔'산産'은 세출稅出을 가리킴〕을 몇 문文으로 계산해 정한다"라고 하였다. 그런즉 중국은 비록 정전제를 행하지 않았다 하더라도, 그 토지제도는 보를 기준으로 묘를 정해서 9등급으로 나누어 세를 거두었음을 알 수 있다. 우리 동방은 예로부터 일마다 중국을 따라가지 못하는 것이 안타깝다. 모름지기 변통을 한 연후라야 『논어論語』에서 이른바 "제나라가 한번 변하면 노나라의 경지에 이를 수 있다"[39]라는 말처럼 될 수 있을 것이다.

또 살피건대 강항姜沆의 『간양록看羊錄』에는 일본의 전제가 수록되어 있다. 일본 사람들은 우리나라의 5척의 길이 정도 되는 것을 1간間이라고 하는데, 55간을 1정町, 36정을 1리里로 하고 있다. 일본에서 1리는 우리나라의 10리 정도의 길이이다. 논을 '타[田]'라 하고 밭을 '하따께[畠]'라고 한다. 나라 전체를 66주州로 나누었는데, 동서는 415리이고 남북은 80리〔즉 일본의 리里〕이다. 향郷〔성지城池가 있는 곳을 '향'이라 함〕[40]이 9만 2000개소, 촌村이 10만 9856개소이다. 그 나라의 논은 89만 9160정町이고 밭은 11만 2148정이 된다. 인구는 남자는 199만 4828인, 여자는 290만 4820인이다.

그리고 보면 일본은 섬나라의 야만이지만 능히 농지를 측량하여 경계를

---

38 주자의 「경계장」 원제는 「조주경계장(條奏經界狀)」이다. 농지의 경계를 바르게 하는 문제를 조목조목 아뢴 글이라는 뜻. 『회암집(晦庵集)』 권19에 실려 있다.

39 『논어·옹야(雍也)』에 나온다. 공자(孔子)는 제나라에 비해서 노나라가 도덕적으로 더 바른 나라라고 생각하였다. 그래서 제나라가 한번 변하면 노나라가 될 수 있고, 거기서 한번 더 변하면 도(道)에 이를 수 있다고 말했던 것이다.

40 향 일본 나라(奈良)시대 이후 율령에 따른 지방 행정의 최하위 단위. 리(里)는 50호를 하나의 단위로 하고 리마다 이장(里長)을 두었다. 715년에 리를 향(郷)으로 개칭해, 리 아래에 새롭게 설정한 2~3개의 리를 두는 향리제(郷里制)로 바꿨다. 그러나 리가 곧 폐지되어 향만이 남게 되었기 때문에 향이 지방 행정의 최하위 단위가 되었다.

정했으며 농민의 숫자를 분명히 파악한 것이다. 예의지방禮義之邦으로서 섬나라만도 못해서야 되겠는가?

일본은 신하가 공이 있으면 땅을 베어 주기를 봉건제와 같이 했으며, 농민이 땅을 지키는 자에게 농지를 받아 농사를 지어 세를 납부했다. 무릇 1000석의 땅을 받은 자는 정병精兵 50인을 기를 수 있고 1만 석의 땅을 받은 자는 정병 500인을 기를 수 있다. 이런 비율로 해나간다. 그런데 이는 농사짓지 않는 군사들을 계속 양성하기 때문에 농민에게서 거두어들이는 것이 아주 많다.

2.

무릇 농지를 제정함에 있어서는 모두 사각형으로 나누어 경頃을 이루도록 한다.
구릉지로 높고 낮고 하더라도 무방하다. 그 고저에 따라 모두 사각형으로 나눌 수 있다. 아무리 산골이라도 아주 비좁은 곳이 아니면 역시 이와 같이 해서 측량할 수 있다.

다만 산기슭이나 물이 가까운 곳으로 지형이 솟아 있거나 기울어 있어 사각형을 그을 수 없는 곳에는 그 지형을 따라 개방법開方法[41]으로 자르고 붙여서 만들며, 그렇게 해도 이루기 어려운 곳은 혹 수십 묘, 혹 1~2묘로 여전餘田을 만든다. 전佃 (4경의 단위)으로 만들 수 없는 곳은 그 땅에 따라 3경, 2경, 1경으로 하며, 1경도 못 되는 곳은 그 이랑의 수에 따라 여전을 만든다.

산지와 늪지대와 자갈밭으로 경작할 수 없는 곳을 제외하고 모두 측량하여 몇 경인지 계산한다. 혹 경작자가 없어 진전陳田이 된 것을 황荒이라 하며 오래 묵은 것을 구황久荒이라 한다. 이런 모두를 전적田籍의 각 경頃 아래에 기록하기를 지금의 전적에서 하는 방식과 같이 한다. 그런데 지금 양전하는 주무 관서에서는 매양 결손이 생길까 우려하여 억지로 결수를 더하기 때문에 측량하는 감색監色은 일부러 등급을 올려 결수를 불릴 뿐 아니라 산기슭

---

41 개방법 수학에서 다항방정식을 이용해 제곱근을 구하는 방법. 여기서는 토지의 면적을 계산하는 방법을 가리킨다.

이나 숲이 있는 지역에는 진결陳結을 많이 올려서 그 수를 충당한다. 이는 대체로 농지의 경계가 바르지 않기 때문에 상하가 서로 부정을 저질러서 그렇게 된 것이다. 만약 결부법을 경묘법으로 바꾸어 한결같이 측량을 하면 경계가 분명해져 위아래가 모두 정확한 땅을 갖게 될 것이니, 모두가 실제를 따르도록 힘쓰고 누락을 엄격히 금지하여 일관된 법이 있음을 알게 할 것이다.

문

결부법은 조세를 내는 것뿐만 아니라 백성의 먹을 것이 나오는 곳이다. 만약 지금의 결부법에 의거하되 적절히 조절하여 경계를 수정해 정하면 어떠한가?

답

100묘란 1부一夫가 경작할 수 있는 능력을 헤아려서 주는 것이다. 『국어 國語』에서 이르기를 "선왕들은 능력을 보고 농지를 배당하되 원근을 고려하였다"라고 했는데, 그 주에 "'능력을 본다'는 것은 1부夫가 경작할 수 있는 100묘를 준다는 뜻이다"라고 하였다. 상등전上等田이라고 가꾸기 어렵고 하등전下等田이라고 가꾸기 쉬운 것이 아니다. 그런즉 애초에 넓고 좁고를 둘 것이 없다.

또한 무릇 경계를 바로 하여 나누는 수량을 분명히 하고자 하면 반드시 척도를 고르게 한 연후라야 나누는 수량이 분명하게 될 수 있다. 지금 농지의 등급은 오직 조세에 차등만을 둔 것으로, 그것이 잘못되었으면 곧 고쳐야 할 터인데 그런 일을 할 수 있는 사람을 얻기도 어렵거니와 더구나 경계가 한번 바르다고 정해져버리면 뒤에 추가해서 바로잡는 일이 어려운 것이다.

가령 이와 같이 한다면 일시의 소견으로 늘리고 줄여 경을 정하게 된다. 그러나 일시에 늘리고 줄이며 허다한 농지를 영구히 고르고 적합하게 하는 것은 성인聖人이라도 한 지역의 땅에서 제대로 해낼 수 없는 것이다. 하물며 지역이 천 개, 만 개에 이르고 관리를 맡은 자가 꼭 성인이 아닌데야 말할 것 있겠는가? 이미 위에서 정확히 근거할 기준이 없고 아래에서 사욕이 끼어들어 위아래가 서로 의심하고 다투면 쟁투가 무수히 일어나 문란을 걷잡을 수 없게 될 것이다. 이것은 어째서인가? 법이 제대로 된 법이 아니기 때문이다. 대체로 법이란 간이함을 귀하게 여기며, 일이란 정돈된 데 달려 있다. 간이하지도 않고 정돈되어 있지도 않은데 사람마다 스스로 사욕을 추구하지 않는다는 것은 고금에 그 이치가 없는 것이다.

　백성의 빈부는 오로지 농지에 달려 있는 것이 아니요, 사람이 부지런하고 게으른 것, 날씨의 변화에다 또 농사가 매년 풍흉이 바뀌는 데에도 크게 관계된다. 성인이 사물에 대처하는 방도는 균일하게 해야 할 것은 균일하게 하고 힘써야 할 것은 힘쓰는 것일 따름이다. 만약에 사방의 토지가 크게 구별이 있어서 휴경休耕을 하지 않으면 수확이 있을 수 없는 곳이 있는 경우, 땅을 두 배로 주어 번갈아 갈도록 해도 될 것이다. 경묘經畝로 정하는 데는 한결같이 보척步尺으로 하지 않을 수 없다. 만약 농지의 등급에 따라 더 주거나 덜 주거나 하면 본의는 백성에게 고르게 하려고 한 것이지만 불균등한 문을 크게 열어서 일시에 폐단을 일으킬 뿐만 아니라 만세에 해악을 끼치게 될 것이다.

경계

3.

경頃을 제정할 때 도로와 하천 따위가 있을 경우 모두 이것을 경계로 하여 경을 만든다.

　농지 사이에 있는 샛길이나 작은 도랑의 경우 그것을 두 경의 경계에 옮겨두도록 한다. 그러나 큰 길이나 시내의 경우 모두 이것을 경계로 하여 경을 만들되, 혹 경을 이루기에 땅이 부족하다면 여전餘田으로 만들어도 괜찮다. 개울물에 영향을 받을 우려가 있는 곳은 형세의 경중을 헤아려 경계 밖에 1~2보 정도의 땅을 남겨둠으로써 결손에 대비한다.

　○ 측량할 때 여전이 있는 곳은 보步의 차례에 따라 재되, 개울, 도로, 구릉을 넘어가더라도 지세가 합쳐질 수 있는 곳에는 여전의 묘畝 수를 살펴 다시 여전을 만든 뒤 통틀어 경 하

나를 만들어도 괜찮다. 이렇게 한 뒤에야 경을 만들 수 없는 곳이 많은 산협 지대에서 자투리가 많아 가지런히 하기 어려운 폐단을 면하게 될 것이다.

문

한 경 내에 논에는 두렁이 많고 밭에는 구렁과 돌무지, 옮길 수 없는 샛길이 있을 경우 어떻게 하는가?

답

이러한 경우 작고 세세한 곳은 사소하여 경작하지 않는 땅이 되어 다투는 일이 많지 않을 것이니 지금처럼 그대로 두고 논할 것이 없다. 지금 비록 경작지를 따라 결을 계산하고 경계를 바로잡지 못하더라도 논두렁과 밭의 돌무지 따위는 계산하여 제하지 않으니, 형편상 어찌할 수 없는 것이다. 작고 세세한 곳이 아닐 경우에도, 인력으로 개수할 수 있는 곳은 현재 농지에 정리되지 않은 부분이 많을지라도 모두 경의 면적에 넣어두어야 하며 가감해서는 안 된다.

두렁과 구렁, 돌무지 따위는 농지를 제정하고 나서 오랜 시간이 지나면 자연히 점차 인력으로 파내고 메워서 평평하게 만들 수 있는 곳이 많을 것이다. 현재 농지 중 아직 정리되지 않은 곳이 많다 하더라도, 경계가 한번 이루어지면 백대百代가 지나도 고치기 어려운 법이다. 이것을 고치면 장차 영원한 해가 될 것이니 보수步數를 더해서는 안 된다. 이러한 곳은 다만 경작할 수 없는 땅을 계산하여 조세를 감해주고 또 측량할 때 등급을 낮게 정하여 우대해야 할 것이다.

인력으로 어찌할 수 없는 곳은 부득이 그 수를 헤아리고 보수步數를 더하여 경을 만든다. 그러나 이렇게 하면 폐단이 생기기 쉬우므로 반드시 그 이유를 명백히 밝혀 토지대장에 주註로 달아둠으로써 토지대장의 해당 경 아래에, "경 내에 있는 논두렁, 구렁, 암석, 샛길, 버려진 땅이 몇 묘 몇 보이므로 몇 묘 몇 보를 더한다"라는 식으로 주를 단다. 후일 참고할 수 있도록 해야 할 것이다.

그 면적이 크고 장애물이 많은 곳은 마땅히 여전으로 삼아야 하니 이러한 예를 적용하지 않는다. 대저 보를 더하여 경으로 만드는 것은 농지법의 변례

變例이니, 부득이한 경우가 아니면 함부로 이렇게 해서는 안 된다.

문

법이란 획일적이 돼야 한다. 구역 내에서 경작할 수 없는 곳이 있을 경우 세를 면제해주는 것이 마땅하겠지만 그 때문에 경계를 늘리거나 줄여서는 안 될 것이다. 무릇 이와 같은 곳에서 인력으로 할 수 있는지 여부는 따질 것 없이 일정하게 넓이를 잰 그 결과대로 획정하며, 쓸 수 없는 땅이 많더라도 모두 여전으로 하는 것이 마땅하다.

답

그와 같이 하는 것이 경묘법의 원칙이지만, 이는 백성의 생계에 크게 관계되는 문제이다. 만약 하나의 원칙만 고집해서 융통성을 두지 않으면 백성의 재산이 줄어드는 일이 필시 많아질 것이다. 또한 산골의 땅은 여전이 십에 팔구나 되니 또한 매우 곤란하다. 삼대三代 시절 나라를 분봉分封하는 것을 보면, 50리나 70리로 정했다고 하지만 산천이 평평하기도 하고 험하기도 하여 고정적으로 정할 수 없었다. 그런 까닭에 모두 농지로 계산을 했고 그냥 땅으로 계산하지 않았던 것을 여기서도 볼 수 있다.

4.

경계는 가지런히 하도록 힘쓴다. 또한 일시에 이루어지도록 하기 위해 너무 급히 서두를 것이 없다. 처음 측량할 때에 푯말에 따라 대개 구획을 정리하고 해마다 농한기에 전부田夫가 각자 차차 논둑과 도랑을 만들도록 하되, 논둑을 만들거나 도랑을 파거나 돌을 쌓을 때에는 각각의 형편에 따르되, 매 경頃의 경계에는 작은 논두렁과 도랑을 두고 매 전佃의 경계에는 큰 논두렁과 도랑을 둔다. ○ 측량할 즈음에 작은 논두렁과 도랑을 만들 곳은 1보 반을 남겨두고, 큰 논두렁과 도랑을 만들 곳은 3보를 남겨둔다. 일반도로로 말하면, 국로國路[42]는 12보, 관로官路[43]는 9보, 향로鄉路[44]는 6보, 이로里路[45]는 3보로 할 것이다. **수령과 경차관敬差官[46]이 들판을 돌아다니며 점검할 것**

---

42 "변방의 요지에서 서울로 가는 길." ─ 원주

이다.

매년 가을에 수령은 지금 도로를 정비하는 예와 같이 순찰을 하며 경차관도 점검을 하여 법대로 하지 않는 자에 대해서는 처벌할 것이다.

○ 또한 각 면에서는 자기 면의 전적田籍 1건을 베껴 내되 전척田尺과 함께 보관해두고, 사람마다 언제나 간편하게 볼 수 있게 하여 저마다 각기 자기의 경계가 이르는 곳을 알 수 있도록 한다.

안설

살피건대 요즘 사람들은 여러 가지 일에 있어 너무 급하지 않으면 온통 잊어버리고 그만두고 만다. 참으로 이렇다면 아무리 작은 일이라도 이룰 수 없다. 더구나 농지의 경계는 나라의 생민에게 만세의 큰 사업이자 큰 이익이 아니겠는가? 참으로 실심實心으로 점진적으로 행하여 잊어버리거나 그만두지 않으면, 시행한 처음부터 곧바로 효과가 나타날 것이다. 6~7년이 지나고 나면 저절로 경계가 주밀하고 견고하게 되어 영구히 보전될 것이다.

문

경계가 일시에 확정되지 않으면 서로 간에 사적으로 침범하고 갈라 먹는 폐단이 없지 않겠는가?

답

백성이 각자 배정을 받게 되면 몇 년 사이에 어찌 서로 침범할 것인가? 지금 경계를 정한 것이 없어도 백성이 각자 가진 것이라 서로 침범하지 않거늘, 이 문제는 지나치게 염려할 필요가 없다. 대체로 사람들의 마음은 잊어버리고 그만두지 않으면 너무 급하게 서두르는 것이다. 이는 아예 손도 안 쓰거나 조장하는 것이 아니겠는가?[47]

---

43 "관부와 관부, 진과 진, 역과 역 사이에 서로 통하는 길."— 원주

44 "면(面)에서 관부로 통하는 길."— 원주

45 "마을 사이에 통하는 길. 이는 응당 큰 논두렁과 도랑에서 나와 그 넓이가 같음."— 원주

46 경차관 조선시대 지방에 파견되어 특정 임무를 수행한 중앙의 관리. 주로 국방·외교상의 업무, 재정·산업상의 업무, 진제(賑濟)·구황의 업무, 옥사·추쇄(推刷)의 업무 등을 맡았다.

또 살피건대 『주례』에는 이렇게 나와 있다.[48]

"농지를 구획함에 있어서 부夫 사이에 수遂가 있고 수 위에 경徑이 있으며, 10부에 구溝가 있고 구 위에 진畛이 있으며, 100부에 혁洫[49]이 있고 혁 위에 도涂가 있으며, 1000부에 회澮가 있고 회 위에 도道가 있으며, 1만 부에 천川이 있고 천 위에 로路가 있다."

"수와 구와 혁과 회는 모두 하천으로 물을 통하게 하는 것이다. 수는 너비와 깊이가 각기 2척이요, 구는 배가 된다. 혁은 구의 배이며, 회는 너비가 2심尋, 깊이가 2인仞이다. 경과 진과 도涂와 도道와 로는 모두 수레나 도보로 국도國都에 통하는 길이다. 경은 소와 말이 통과할 수 있고, 진은 큰 수레가 통과할 수 있다. 도涂는 승거乘車[50] 한 대가 통과할 수 있는 길이고, 도道는 두 대가 통과할 수 있는 길이며, 로는 세 대가 통과할 수 있는 길이다."

성인이 마련한 제도는 거룩하도다. 지금 이와 같이 모두 갖추어 시행할 수는 없다 하더라도 봉·구封溝와 경·도徑道[51]로 경계를 삼지 않을 수 없을 것이다.

또 살피건대 옛사람들의 큰일은 전적으로 여기에 달려 있었으니, 이른바 '구溝·혁洫에 힘을 다한다'[52]라는 것이 이를 두고 이른 말이다.

---

47 이 대목은 『맹자·공손추(公孫丑) 상』에서 원용한 것이다. 일을 너무 서두르느라고 여물지 않은 곡식의 이삭을 뽑아 올리거나 반대로 곡식을 가꾸기를 망각하여 김을 매지 않아서도 안 된다고 했다. 조장은 '알묘조장(揠苗助長)'의 준말이다.

48 이하의 내용은 『주례·지관(地官)·수인(遂人)』에 나온다.

49 혁 중국 고대의 농지구획법인 구혁법(溝洫法)하에서의 수로 중 하나이다. 『주례·지관·수인』에 따르면, 10부(夫)에 도랑인 구(溝)와 도로인 진(畛)을 두고 100부에는 혁(洫)과 도(涂)를 두며, 1000부에는 회(澮)와 도(道)를 두고 1만 부에는 천(川)과 로(路)를 둔다고 되어 있다.

50 승거 사람이 타는 수레를 가리키는 말. 안거(安車)라고 일컫기도 했다.

51 경도 앞에서 든 경, 진, 도(涂), 도(道), 로 가운데 둘이다. 반계는 당시 조선의 현실에서 길을 다섯 가지로 구분짓기 어려우므로 두 가지만 설정한 것으로 보인다.

52 『논어·태백(泰伯)』에 나온다.

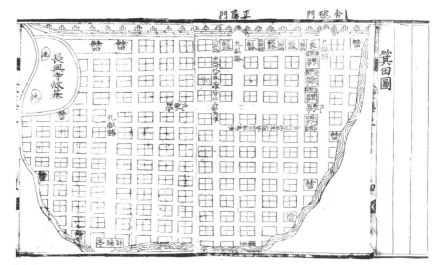

「기전도箕田圖」

한백겸이 평양성 밖의 기자유전箕子遺田을 보고 『구암유고』 상권(1640)에서 은나라 전제를 설명하며 수록한 그림.

또 살피건대 구암久庵 한백겸韓百謙[53]의 「기전도설箕田圖說」[54]에는 이렇게 나와 있다.

"평양의 기전箕田은 70묘를 1구區로 하고 4구를 1전田으로 하였다. 곧 '전田 자형'이다. 구와 구 사이의 길은 너비를 1묘로 하며, 전과 전 사이의 길은 너비를 3묘로 한다."

그렇다면 4구를 한 단위로 하는 것 또한 옛 성인의 제도이다.

---

53 한백겸 1552~1615. 자는 명길(鳴吉), 구암은 그의 호. 생원시에 합격하여 호조참의, 파주목사 등을 역임했다. 학자로서 이름이 있었고, 저서로 『구암유고(久庵遺稿)』, 『동국지리지(東國地理志)』 등이 있다.

54 「기전도설」 『구암유고』에 실린 것으로, 원제는 「기전유제설(箕田遺制說)」이다. 기전은 기자(箕子)가 평양에 있으면서 시행했다고 하는 유적으로, 한백겸이 이에 대해 본격적으로 논하기 시작했다.

농지 지급

5.

무릇 백성이 나이가 20세 이상[55]이 되면 농지를 지급한다. 백성의 집에 아들이 여럿인 경우 나이 16세 이상인 자는 따로 여전을 주는데, 만일 20세가 된 자와 같이 온전한 경지를 받기를 원하는 경우 또한 허용한다.

사士는 학교에 들어가면 지급한다. 나이가 20세가 되지 않은 자는 반드시 20세가 되기를 기다린다. ○ 외사外舍에 있는 자들로 세적世嫡 및 유친有親·유음有蔭의 부류[56]에 대해 각기 그 규정에 따라 지급하며, 나머지는 모두 2경을 지급한다. 내사內舍에 들어간 이후로는 예에 따라 더해 준다.[57]

관직을 옮김에 따라 마땅히 받아야 할 자는 그 품직에 따라 더해 준다. 6품, 3품과 같은 경우를 말한다.

이속吏屬에 대해서는 역을 맡을 때 지급한다. 소사小史(즉 小吏)가 된 자는 나이가 20세 미만이라도 역시 허용한다.

안설

살펴건대 1부夫의 집은 위로 부모를 모시고 아래로 처자를 거느리므로 5구口에서 8구까지를 기준으로 해서 농지 1경을 지급한다. 아들이 여럿인 경우 나이가 16세 이상이 되면 여전을 주되 장년이 되어 가정을 갖게 된 다음에 별도로 1경을 지급하니, 이것이 옛날의 제도이다. 대개 조세와 군액軍額은 농지를 받은 데 따라서 그 안에서 인정人丁의 수가 많고 적음에 관계없이 각기 다 고르게 한다.

55　〔두주〕'以上' 아래에 다른 본에는 '乃可' 두 글자가 있다.

56　세적 및 유친·유음의 부류　세적은 벼슬아치의 적장자, 유친은 종친, 유음은 음직에 속하는 자를 뜻한다.

57　외사와 내사　내사는 학교에 기숙하는 정식 학생으로 내사생(內舍生)이라 하였다. 이에 대해 청강생에 해당하는 것을 외사생(外舍生)이라고 하였다.

6.

무릇 농지를 받아야 할 자는 각기 그 규정에 따라 모두 받고자 희망하는 곳을 관에 신고하고 획정하여 받는다.

응당 받아야 할 자도 필시 빈 곳이 있어야만 바라는 대로 받을 수 있다.

○ 무릇 농지는 관이 마음대로 지급해서는 안 되며, 응당 받아야 할 자의 희망을 받아들이고 관에서는 다만 그대로 처리할 따름이다.

○ 묵은 땅을 뒤에 받는 경우 관에서 다시 측량해서 획정해주며, 표를 붙여서 장부에 올리고[58] 따로 기록해둔다.

7.

무릇 정전제를 실시하여 농지를 나누어주는 처음에는 각기 원래 경작하던 자가 그대로 받는다. 그리고 한 경頃 내에 여러 사람의 것이 들어 있으면 땅이 많은 자에게 지급한다.

면적이 같은 경우 직역職役이 높은 자에게 준다.

○ 옛날에는 한때에 나란히 받는 경우 가난한 자를 우선시하고 부자를 뒤로 했다. 무릇 한 농지에 대해 서로 희망하고 이유도 같은 경우에는 그 호 내에서 사람 수가 많은 자를 우선시하며,[59] 사람 수가 같으면 좋지 않은 농지를 받은 자의 아들에게 우선권을 준다. 호구戶口는 호적을 따르고,[60] 농지의 등급은 전적田籍을 참고한다.

8.

무릇 대소인원은 각기 자기가 사는 고을에서 농지를 받는다. 서울에 사는 사대부들이 지방에서 받기를 원하면 허용한다.

병역에서 면제되는 신분에 있는 자가 이사하는 경우 본 고을에서 입안立案[61]을

---

58 "토지대장의 해당 농지 아래." — 원주
59 "사람이 많더라도 따로 농지를 받은 자는 셈하지 않는다." — 원주
60 "호적에 오르지 않은 자는 따지지 않는다." — 원주

내주며 옮겨간 고을에 문서가 도착한 뒤에 농지를 받는다. 서울에 살면서 지방에서 농지를 받은 경우 경부京府에서 장부에 올리고 입안을 내준다. 받아들이는 고을에서 문서가 도착한 뒤에 시행하여 중복해서 받는 폐단이 없도록 해야 할 것이다.

사세전賜稅田을 받는 자도 이와 같이 하며, 호조에서 장부에 올린다.

○ 무릇 농지를 받는 자는 많고 적고 간에 두 지역에서 받는 일이 없도록 할 것이다.

농지 환수

9.

무릇 농지를 받은 자가 사망하면 땅을 환수한다.

대부와 사는 사망하고 3년 후에 농지를 교체한다. 장례를 지낸 후에 문서를 제출하고, 3년을 기다려 다시 관에 보고하고 농지를 교체한다. 증광생增廣生[62]도 마찬가지이다.

군민軍民[63]은 사망하고 100일 후에 농지를 교체한다. 이 경우는 늙어서 군역에서 제외되지 않은 채로 죽은 자에 해당한다. 무릇 군민은 사망하고 100일 후에 관에 보고하고 농지를 교체한다. ○ 무릇 봄과 여름에 교체되는데 이미 파종이 된 농지를 받게 된 경우는 그해 추수에 한해서 앞서 소유했던 사람에게 준다.

그 자손이 물려받은 경우, 응당 받아야 할 규정 외에는 정해진 규정은 사 4경, 군민 1경 같은 것이다. **다른 사람이 받도록 허용한다.** 동거하는 친족이 받기를 원하면 다른 사람에게 가는 것을 허용하지 않으며, 한 동리 사람이 받기를 원하면 다른 동리 사람에게는 허용하지 않는다. ○ 아무리 친척이라도 같은 동리에 살지 않는 경우, 같은 동리 사람에게 허용한다.

고아나 독자, 어린아이의 경우, 독자가 아니라도 장성한 형이 없는 경우도 마찬가

---

61 입안 개인의 청원에 대해 관에서 발급하는 문서. 토지나 가옥, 노비 등의 매매, 이전, 양도, 상속 등을 비롯하여 각종 민원에 대해 관이 공증한 공문서를 통칭한다.

62 증광생 증광시(增廣試)에 합격한 자를 의미하는데, 당시의 제도로서는 생원과 진사가 이에 해당한다.

63 군민 군역을 지는 백성. 즉, 일반 백성 중 15세 이하와 60세 이상은 군역을 지지 않기 때문에 군민의 대상에서 제외된다.

지이며, 무남독녀로 출가하지 않았거나 부모 없이 어린 손자가 홀로 있는 경우도 마찬가지이다. **그 부친의 농지를 이어서 지급하며** 사 이하의 아들에게는 전부 다 지급하며, 대부의 아들 또한 4경을 지급한다. ○ 2품 이상 및 공신, 청백리, 전사자 부류로 모친이 부친의 농지를 유지하는 자는 따로 논하지 않는다. **나이 20세가 되기를 기다려서 각기 규정에 따라 지급한다.** 사대부의 자식으로 20세가 되어서도 글을 읽지 않고서 학교에 들어가지도 못한 자는 민民에 대한 규정대로 받으며, 딸의 경우 출가를 하면 환수한다.

자손을 두지 못하고 사망하여 처만 남은 경우 구분전口分田을 지급한다. 무릇 구분전을 지급하는 경우 대부와 사는 각기 그 농지의 절반을 지급하는데, 예컨대 6품 이상의 처는 4경, 사의 처는 2경, 증광생 및 충의위忠義衛·충순위忠順衛64의 처는 1경으로 하는 등이다. 군민軍民과 이례吏隷의 처는 20묘를 지급한다. 증광생 이상의 처가 받은 토지에서는 병兵을 내지 않는다. 충의위 이하의 처는 농지를 계산하여 보가保價65를 납부한다.

10.

정2품 이상으로 자신이 사망하고 처가 남아 있는 경우 농지의 절반을 지급한다. 이는 자손이 있다 하더라도 그 농지의 반을 지급하는 것을 이른다. **공신, 청백리, 절사節死한 자나 전사자의 처에 대해서는 온전히 지급한다.** 아래로 전사한 군인에 대해서도 그 남편이 살아 있을 때와 한결같이 하되, 만약 다른 사람에게 개가한 경우는 환수한다.

안설

살피건대 부인은 남편이 죽으면 자식을 따르게 되므로 집을 맡을 의무가

---

64 충의위·충순위 충의위는 조선시대에 3공신의 자손을 우대하기 위해 만든 중앙군으로, 오위(五衛) 중 충좌위(忠佐衛)에 소속된 병종(兵種)이다. 또한 충순위는 3품 이상 관료의 자손을 위해 설치한 중앙군으로 오위 중 충무위(忠武衛)에 소속된 병종이다.

65 보가 군역에는 정군으로 복역하는 것과 군포(軍布)·군미(軍米)·군전(軍錢) 등을 내는 방식으로 참여하는 것이 있는데, 후자를 담당한 자를 보인(保人)이라고 한다. 보가는 보인이 부담할 미(米)·포(布)·전(錢) 등의 값을 뜻한다.

없다. 그런데 국가가 공경公卿을 대우하는 것은 범인凡人과 다르니, 국사를 함께하며 노고를 같이하여 백성에 대해서 공로가 있기 때문이다. 공훈과 덕이 특히 훌륭하고 충성, 청렴, 절의가 뚜렷한 자에 대해서는 더욱더 후하게 하지 않을 수 없으니, 사자死者의 공적을 추모해서 살아 있는 사람들에게 베푸는 것이다.

문

대부와 사는 살아서는 그 몸이 나라에 대부나 사로서 역할을 하니, 비록 병역을 지지 않더라도 이는 병역을 지는 것과 마찬가지이다. 그 자신이 죽고 나면 그의 처가 그 농지의 반을 지급받았더라도 병역은 져야 하지 않겠는가?

답

선왕의 도는 옛일을 잊지 않는 법이다. 그래서 백성의 덕이 후한 데로 돌아가는 것이다.[66] 이 때문에 말이 늙어 죽더라도 휘장으로 잘 싸서 장사를 치러주었으니, 이 뜻을 생각하지 않을 수 없다. 더구나 남편이 죽고 자식도 없이 종신토록 수절하는 부인이라면, 이 어찌 인륜에 마땅히 잘 권장할 바가 아니겠는가? 또한 형세로 말하더라도, 받은 농지 안에서 다 병을 내도록 하면 비록 농지가 있다 하더라도 가정을 유지하기가 어려울 것이다. 지금의 상황으로 말해 사대부가인 과부의 집에서 데리고 있는 하인들이 모두 군역에 배정된다면 과연 일이 어떻게 되겠는가?

11.

무릇 군사로서 60세 이상이 되면 역이 면제되며 농지를 환수한다.

자손과 친척으로 대신 역을 지게 되는 경우 농지를 교체하도록 한다. 자손이 없는데 농지를 그대로 가지면서 보부保夫[67]가 되기를 원하는 자는 허용한다. 70세 후에는 구분전

---

66 원문은 '民德歸厚'. 『논어·학이(學而)』의 '신종추원(愼終追遠)'장에 나오는 표현으로, 망자를 잘 대접해야 백성의 마음이 후덕하게 된다는 뜻이다.

67 보부 즉 보인(保人). 군에 직접 복무하지 아니하던 병역 의무자. 정군 한 명에 대하여 두 명에서 네 명씩 배당되며 베나 무명 따위를 나라에 바쳤다.

20묘를 지급하며, 나머지 농지 80묘는 역을 대신하는 자에게 지급한다. 구분전 20묘도 보가保價의 5분의 1을 보태어 내게 한다.

○ 무릇 역이 있는 관리나 관노도 모두 60세가 되면 역에서 면제해주고 농지를 환수한다. 자손도 없고 의탁할 곳도 없는 경우 구분전을 예에 따라 지급한다. 무릇 일찍이 역이 있었는데 폐질廢疾로 역이 면제되고 의탁할 곳이 없는 자도 동일하다.

○ 무릇 구분전을 가지고 있으면서 나머지 농지를 가족이나 같이 의탁해 사는 사람이 물려받기를 원하면 허용한다. 그리고 사망한 뒤에 전부를 그 앞으로 돌린다.

무릇 홀아비, 과부, 고아, 독자나 폐질자는 관에서 별도로 보호해야 할 일이지만 전제田制에 있어 지급하고 환수하는 문제는 한결같이 질서정연하게 처리하는 것이 옛날의 법이다. 다만 기왕에 한전법限田法을 쓰게 되면 농지를 지급받는 것에 차등이 있어 여덟 농부가 함께 참여하는 정전법과는 다소 다름이 있을 수 있다. 또한 호소할 데 없는 자의 경우 모두 다 관에 의존하기는 어렵고, 그 안에 보호를 받지 못하는 자가 많이 있을 수밖에 없다. 그래서 당나라와 고려의 제도를 아울러 취해서 이와 같이 제도를 정한 것이다.

병역
12.
병사를 농지를 바탕으로 내게 되면, 대오를 편성하는 것은 반드시 마을 단위로 되어야 한다.

기병, 보병, 속오군束伍軍은 각기 유사한 종류대로 부대를 편성하지만, 이 또한 마을 단위로 조직해야 할 것이다.

○ 농지를 따져서 병사를 내더라도, 군적軍籍과 성명과 연령과 용모의 특징이나 거주 등은 지금의 예와 같이 할 것이다.

○ 옛날에는 농지에서 병사를 냈던 까닭에 대오가 마을로 정해지고 군정軍政은 교郊[68]에서 이루어졌다. 무릇 한 대오에 있는 사람은 이웃과 서로 의지하고 친척과 서로 연대하며

거처를 함께하고 출입을 같이하니, 인의로 서로 돕고 구제하며 옷만 보고도 구별하고 소리만 들어도 알아볼 수 있었다. 이 때문에 지키기는 견고하고 싸우면 이기게 된다. 옛 전제가 폐지되면서부터 이후로 군사를 통괄하는데 군정軍丁을 찾아내서 잡히는 대로 집어넣는다. 이 때문에 한 고을에서도 동면 사람이 서면 사람과 뒤섞여 편성되고, 한 도에서도 남쪽 지역 사람과 북쪽 지역 사람이 뒤섞여 편성된다. 비록 대오를 같이한다 하더라도 형세가 잘 유지될 수 없으며 서로 친숙하지 않기 때문에 뜻과 마음이 어울리지 못해서 도망자는 종적을 숨기고 옮겨가는 자는 간교한 행위가 용납된다. 평소에 이미 군제가 문란하기 때문에 긴급한 상황에 다다라서는 달아나고 무너져서, 아무리 능력이 있는 자라도 어찌할 도리가 없다. 이 전제를 시행해서 대오를 편성할 때 의당 한결같이 마을 단위로 해야 할 것이다.

13.

기병과 보병 상관없이 4경頃에 1인을 낸다. 보병은 번상番上[69]을 하고, 기병은 말을 키워 대비하며 번상은 하지 않는다.

무릇 백성은 모두 1경씩 받는데, 4경頃에서 네 명의 부夫 가운데 1인이 정병正兵이 되면 세 사람은 보부가 된다. 보부는 1인당 매년 쌀 12두나 베 2필을 내서 정병을 돕는다. 보병은 8조로 나누어 번상하며, 한 보부로부터 걷은 쌀을 제하여 번상을 할 때에 매달 급료로 6두를 지급한다. 기병은 스스로 전마戰馬를 준비하고 번상은 하지 않으며, 자기 있는 곳에서 연습한다. 매월 두 차례 활 쏘는 연습을 하고, 봄과 가을로 진 치는 훈련을 한다.

공·사천公私賤[70]으로 외거外居하며 농지를 지급받은 자는 속오군束伍軍[71]이 된다. 그래서 2경에 1인을 내고 역시 번상은 하지 않으며, 자기 있는 곳에서 연습하기를

---

68 교 주나라 제도에 국도에서 100리 혹은 50리 되는 지역을 교라고 일컬었다. 여기서는 리(里) 보다 상위의 행정단위를 가리키는 것으로 보인다.

69 번상 순번에 따라 번소(番所)에 들어가는 것으로, 군역을 지는 것을 말한다.

70 공·사천 공천·사천을 아울러 일컫는 말. 공천은 관 소속의 노비, 사천은 개인 소유의 노비.

71 속오군 조선 후기 동안 운영된 공사(公私)의 천인 및 양인이 함께 편성된 혼성부대. 임진왜란 직후 지방군을 재정비하는 과정에서 도입된 군제로, 척계광(戚繼光)의 『기효신서(紀效新書)』에 소개된 속오법을 바탕으로 하였다. 영조 대 이후 공·사천으로만 구성되게 되어 '천례군(賤隷軍)'으로 불리기도 하였다.

지금 관례와 같이 한다.

공·사천으로 외거하는 자 또한 농지를 지급하지 않을 수 없는데, 우리나라 제도에 천인은 정병이 될 수 없다. 그래서 별도로 속오군을 편성하는데, 4경 안에 양민이 없는 경우 속오군 2명을 내며 각기 1명의 보부를 두어 돕도록 한다. 쌀이나 베를 납입하는 것은 정병·보부의 예와 마찬가지이다. 속오군에 편성된 자는 공천의 경우 모두 신공身貢[72]을 면제하고 사천의 경우 1필을 덜 걷도록 하며 보정保丁은 마찬가지이다. 이 나머지는 「병제」에 자세히 나와 있다.

○ 무릇 병사는 속오법束伍法으로 편제되지 아니함이 없지만, 지금 양민은 기병이나 보병의 정병이 되며 공·사천으로 부대를 편성한 경우 속오군으로 일컫고 있다. 그래서 우선 지금의 관행대로 일컫은 것이다.

문

별도로 속오군을 세울 필요가 없이 정군正軍에 합쳐서 4경 내에서는 정병正兵으로만 편성하는 것이 옳다.

답

전제와 병제를 완전히 결합하여 정병으로 하는 것이 실로 당연한 일이다. 그렇지만 노비법이 바뀌지 않았는데, 먼저 뒤섞어서 문란을 일으키는 것은 옳지 못하다. 만약 전부 다 정병으로 삼으면 응당 하나로 부대를 편성해야 하는데, 하나로 부대를 편성하면 공사 간에 구애를 받고 불편한 일이 아주 많을 것이다. 별도로 속오군을 두는 것은 오늘날 시행하기에 장애가 없도록 함이다.

문

이 법에 따르면 교사校士[73] 이상은 모두 병사로 나가는 것을 면제받게 되

---

72 신공 공노비 및 사노비가 소속 관서 또는 상전에게 신역(身役)을 대신하여 매년 바치는 공물. 공노비 중 납공노비(納貢奴婢), 사노비 중 외거노비(外居奴婢)가 신공을 바쳤다.

73 교사 향교에 재적하여 시험을 볼 자격을 가진 이로 군역의 의무에서 면제될 수 있는 특권이

니, 이는 각각 보솔保率[74]을 지급받는 셈이다. 노비법은 개혁하는 것이 마땅한데, 게다가 사천私賤으로서 병사로 나가는 것을 양민처럼 하면서 신공을 완전히 면제받지 못하면 상대적으로 괴롭게 되지 않겠는가.

답

노비의 세습법은 본디 왕정王政에서 응당 개혁해야 할 것이지만, 형세가 곧장 개혁하기 어렵다. 노비법을 개혁하지 못했다고 농지를 주지 않을 수는 없으니, 비록 옛날보다는 가벼워졌다 하지만 상대적으로 괴로운 것은 면할 수 없다. 이 또한 사세事勢로 보아 참으로 어쩔 수 없는 일이다. 지금의 계책으로서는 의당 종모법從母法[75]을 일률적으로 시행하여 노비가 지나치게 많아지는 폐단을 없애면 선왕의 제도는 가히 회복할 수 있을 것이다.

여기에 관한 설명은「병제」및 '노비'조에 밝혀져 있다.

14.

수군은 기병·보병의 예에 따라 매 4경당 1인을 낸다. 연해의 수영水營이나 진鎭에 가까운 지역에서 획정할 것이다.

무릇 수군은 능로군能櫓軍[76]이나 조졸漕卒[77] 모두 정원이 있는데, 각기 연해 부근으로 획정하여 숫자를 채운다. 그다음에 그 나머지로 육군을 삼으며, 절대로 지금처럼 산간지역의 여기저기서 징발하지 않을 것이다.

있다.

74 **보솔** 보인(保人)과 솔정(率丁)을 아울러 이르는 말.

75 **종모법** 노비 간 혹은 양천교혼(良賤交婚) 소생의 신분·역처(役處)·상전(上典)을 결정함에 모계를 따르도록 한 법.『경국대전』에는 양천교혼의 소생은 그 신분과 귀속처를 천인계를 따르도록 규정되어 있다. 17세기까지 양녀(良女)로서 노처(奴妻)가 되는 경우가 많았는데, 위 규정이 여전히 적용되어 이들의 자녀는 천인이 될 수밖에 없었다. 이로 인해 양인의 수가 감소하여 사회적 문제가 되었던바, 노비종모법이 제기된 것이다. 그 취지는 노비를 줄이고 양인 인구를 늘리는 데 있었다.

76 **능로군** 천인과 양인을 함께 편성한 수군. 임진왜란 후 병역의 대상자인 양인 숫자가 감소됨에 따라 천인에게도 병역을 지우면서 재편된 부대이다. 보병·기병의 속오군과 마찬가지이다.

77 **조졸** 조군(漕軍)과 같은 말. 세곡을 운반하는 배에서 노역을 담당하는 자.

○ 능로군 또한 연해 부근의 공·사천에서 징발하되, 1경에 1인으로 하고 보인은 없다. 생업을 바다에서 전적으로 영위하면서 경지를 받지 않은 자는 양인이나 천인을 물론하고 두 사람에 1인을 징발한다. 1인은 보인으로 정하되 해마다 쌀 6두 혹은 면포 1필을 바쳐서 돕는다.

○ 조졸은 3경마다 1인을 징발하되 2인은 보인으로 삼는다. '조운漕運'조 및 「병제」에 자세히 나와 있다.

문

무릇 병사를 낼 때 모두 농지를 바탕으로 하는데, 능로군에 대해서는 농지를 받지 않았는데도 나가게 하는 것은 무엇 때문인가?

답

배를 타는 병사는 물에 익숙한 자가 아니면 배정할 수 없다. 바닷가에 사는 사람은 고기 잡고 소금 굽는 일을 전업으로 하며 농사를 짓지 않는 사람이 많은데, 대체로 바다의 이득으로 살아갈 수 있어 농사짓는 이득에 버금가기 때문이다. 그런데 고기 잡고 소금 굽는 것을 업으로 하는 자들 또한 배가 있어야 하고 어살[魚箭]이 있어야 하며 소금가마가 있어야 하니, 이를 바탕으로 소득을 얻을 수 있는 것이 농업이 땅이 있어야 하는 것과 마찬가지이다.

지금 도감의 경병京兵[78]들은 서울 사람들로 모집하여 정하되 일정한 녹을 주며 농지는 지급하지 않는다. 도감의 경병은 본디 근세에 두었던 제도인데, 만약 그대로 두고 폐하지 않으면 응당 이같이 해야 할 것이다.

15.

각 면의 권농勸農,[79] **면주인**面主人,[80] **각처의 사후**伺候,[81] **차비군**差備軍,[82] **목자**牧

---

78 "곧 경포수(京砲手)와 마대(馬隊)." ── 원주
79 권농 각 면에서 행정 실무를 맡은 사람.
80 면주인 조선시대에 특정한 면과 다른 행정구역 사이를 왕래하면서 물건을 전달하거나 행정 서류 업무를 수행하던 사람.
81 사후 수행원이나 척후병 등의 임무를 맡은 자.

子,⁸³ 진부津夫⁸⁴와 여러 능陵의 수호군守護軍,⁸⁵ 각처 금산禁山⁸⁶의 산지기, 사직단社稷壇과 여단厲壇⁸⁷의 단지기, 연무청鍊武廳의 청지기 부류는 모두 1경을 지급하고 보포保布를 면제한다.

옛법에 무릇 농지에서 모두 병사를 내는데 오직 그 자신이 직임이 있는 자는 병으로 나가는 것을 면제한다고 되어 있다. 대체로 직임이 있으면 이는 병으로 나가는 것과 같기 때문이다. 모두 1경이란 곧 매 경에 병사 1인을 낸다는 것이요, 그 경의 보포를 면제한다는 것은 곧 병사를 내는 것을 면해준다는 것이다.

○ 수호군, 목자, 산지기, 단지기 등은 각기 정해진 수가 있고 모두 가까이 있는 농지로 획정해주며, 증감하거나 바꾸지 않는다. 봉수군烽燧軍 또한 이와 마찬가지다.

○ 수호군은 농지를 1경 지급하고 원세原稅 20두분斗分을 면해주며 보인을 주지 않는다. 참봉에 대한 공궤供饋나 제관祭官에 대한 접대는 모두 다 공비公費로 하며, 지금처럼 수호군에게 내도록 책임지워서는 절대로 안 된다. 해당 조항에 자세히 나온다.

○ 각 면의 면주인에게는 1경을 지급하며 원세 20두분을 면해준다.

○ 무릇 산림과 해택海澤, 제언堤堰, 도로, 교량 등의 각종 감고監考⁸⁸들은 병역을 지지 않는 자⁸⁹로 뽑아 정하며, 경부頃夫의 역을 면해준다. 무릇 산지기와 감고 등은 다만 자기의 소임을 살피도록 할 따름이요, 절대로 이것저것을 뜯어내지 않으며 또한 초하루와 보름에 점고를 하지 않는다.

---

82 **차비군** 각종 잡무를 맡기기 위해 선발한 병졸.

83 **목자** 나라에서 운영하는 목장에서 소나 말을 기르는 일에 종사하던 자.

84 **진부** 강의 나루에서 관 소속의 선박을 조종하는 등의 임무를 맡은 자.

85 **수호군** 수릉군(守陵軍). 능원(陵園)의 관리·수호를 맡은 자.

86 **금산** 벌목을 금지하기 위해 지정된 산을 가리키는 말. 사방에 입산을 금하는 표를 세웠다.

87 **여단** 객사하거나 전염병 등에 의해 죽은 혼령을 위로하기 위한 목적으로 설치한 제단. 서울에는 북교(北郊)에 있었으며, 지방의 각 고을에도 여단이 있었다.

88 **감고** 조세의 징수 및 출납 등에 관한 실무를 담당하는 직책. 감고서원(監考書員), 감고색리(監考色吏), 감고색장(監考色掌) 등의 명목이 있었다.

89 "즉 보부(保夫)." — 원주
    여기서 보부는 군역을 지지 않는 보인을 뜻함.

16.

무릇 서울 안에서 군직軍職을 받은 자 및 지금의 여러 위사衛士 부류는 각기 해당 규정에 따라 농지를 지급한다.

군직을 받은 자는 오늘날 실직實職은 아니지만 소임이 있는 것을 일컫고, 여러 위사는 지금의 사복司僕, 우림위羽林衛[90] 따위이다. 각기 해당 규정을 따른다 함은 이미 실직을 수행하는 경우 본직을 따르고, 본래 내사생內舍生, 무과 급제자, 유음有蔭 등은 4경을, 본래 증광생, 충의위, 충순위는 2경을, 그 나머지는 1경을 지급한다는 것 같은 따위이다. 무릇 실직이 아니라 함은 재임 시에 단지 녹이 있을 따름이요, 농지를 지급하는 데 해당하지 않는 것이다.

각 고을의 향관鄕官과 향정鄕正,[91] 향관은 전직 7품 이하 및 선사選士,[92] 영학생營學生[93]과 내사생으로 번에서 면제된 학생 중에서 선임한다. 향정은 그 면의 내사생, 증광생으로 번에서 면제된 학생 중에서 선임한다. 「군현제」 및 「학제」에 자세히 나온다. **장관將官과 군관軍官의 부류도 모두 이와 유사하다.**

각 고을의 장관은 전직 관인 및 무과 급제자, 증광생으로 번에서 면제된 학생, 유친有親,[94] 유음, 충의위, 충순위 중에서 선임한다. 군관도 이와 같다. 무릇 차임된 자로서 재임 시 본번本番이 있는 자는 본번을 면제해준다. 이는 「군현제」 및 「병제」에 자세히 나온다.

○ 군직軍職은 본래 마땅히 줄여야 한다. 궁정의 숙위宿衛는 의당 무과 합격자를 제수하여 내금위內禁衛로 삼으며, 기타 우림위, 사복 등 여러 가지 종류의 직들은 응당 폐지해야 할 것

---

90 사복·우림위 사복은 사복시(司僕寺)의 준말로 자주 쓰였으나 여기서는 겸사복(兼司僕)을 가리킨다. 겸사복과 우림위는 모두 중앙의 친위대인 금군(禁軍)의 하나이다.

91 향관과 향정 향관은 향청의 좌수(座首)와 별감(別監)을 일컫고, 향정은 향청이나 향교 등에서 실무를 맡아보던 향임(鄕任)을 말한다.

92 선사 지방에서 선발하여 중앙의 교육기관이나 벼슬자리에 추천해 올리는 인재.『예기·왕제』를 참고하면, 선발되는 단계에 따라 수사(秀士), 선사(選士), 준사(俊士), 조사(造士) 등으로 구분하여 호칭하였다.

93 영학생 감영에 설치한 교육기관의 학생.『반계수록』의 「교선지제(敎選之制)」를 보면, 국가의 최고 교육기관으로 태학(太學), 서울의 중학(中學), 각 도 감영의 영학(營學)을 설치할 구상을 하고 있었다.

94 유친 왕족과 같은 집안인 종친을 가리키는 말.

이다. 여기서 우선 현재 상황에 의거하여 말한 것이다.

17.

무릇 여전餘田[95]〔즉 여경餘頃〕은 각각 부근의 여전을 합산해서 병을 낸다.

여전 또한 통산하되 1경을 기준으로 정한다. 보포를 응당 면제받아야 할 자는 제외하고, 부근의 여전을 통산해서 매양 1경 정도로 하여 함께 한 보가를 낸다. 4경을 기준으로 정병 하나를 낸다.

○ 온전한 1경 안에서 혹 나누어 주어 1부夫의 수량에 차지 않는 경우에는 아울러 이 예에 따르도록 한다.[96]

여리경
18.

무릇 사람들이 살아서 취락을 이루는 곳에도 역시 대략 경법頃法을 적용한다. 명목을 '여리경閭里頃'이라 하며 세를 포布로 정하고 병兵을 내는 것을 제외한다.

사람들이 사는 곳을 '여리'라 한다. 여리경은 농지의 등급을 따질 것 없이 매 1경에 해마다 포 3필을 낸다. 삼이 나오는 고장은 마포麻布로 낸다.

누에를 치는 고장의 경우 명주로 내는데, 명주 1필은 포 2필에 준한다.

○ 여리경 내에 사는 가호들은 면적을 계산하여 함께 내며, 만약 면적이 1필에 미치지 못하는 경우는 근방의 농지를 합쳐서 내게 한다. 무릇 마포와 명주는 모두 승척升尺[97]의 정식이 있다. 뒤에 나와 있다.

○ 흉년이면 1필을 감해주고, 큰 흉년이면 2필을 감해준다. 명주는 각기 포의 절반 비율로 한다.

---

95 여전 곧 1경이 되지 못하는 농지.
96 〔두주〕만약에 경병(京兵)이 있으면 이 농지에 한해서는 모두 보포를 내도록 하여 경병에게 지급하는 것이 좋을 것이다.
97 승척 승은 우리말로 '새'라 하며 포목의 거칠고 가는 정도를 따지는 단위이며, 척은 길이를 재는 단위이다.

병을 내는 것을 제외해주는데, 이는 여리경 안에 사는 사람이 기왕에 농지를 받은 데 따라 이미 병을 낸 까닭에 이 경에서는 보포를 면제해주는 것이다.[98]

무릇 여리경은 대략 민호民戶 20가家로 정하여 1경을 둔다. 대략 1경 안에 민호 40가를 수용할 수 있으나, 20가로 정한 것은 도로〔도로는 평지의 경우 '천川' 자형으로 세 갈래 길을 내되 길의 너비는 5보를 넘게 한다. 땅이 평평하지 않은 경우에는 지형에 따라 길을 낸다. 대략 도로의 부지는 16묘를 배정한다. 만약 본래 큰길이 있으면 이를 경계로 경을 설정하며 경 안에 들어오지 않도록 한다.〕 및 가호가 더 들어올 수 있는 여분을 두기 위함이다. 백성의 집터는 본래 2묘 반으로 하되, 향촌에 살면 채소밭을 넉넉하게 배정하여 반 묘를 더 주어 3묘가 되게 한다. 사대부에 대해서는 각 품계에 따라 집터를 정해주되, 사대부의 1가는 백성의 2~3가 혹은 7~8가에 준한다. 무릇 사대부가 향촌에 살면 5묘 이상을 지급하되 또한 모두 채소밭을 넉넉히 지급한다. 등급에 따라 얼마간 첨가하여 2품에 이르러는 4묘가 된다.

40가라면 2경을, 60가라면 3경을 배정한다. 나머지가 있는 경우 16가 이상이면 1경으로 가산해서 뒤에 오는 가호에 대비한다. 그 마을들이 서로 떨어져 있으면 8가 이상만 되어도 반 경으로 해주며, 그 나머지 50묘는 우선 여전餘田으로 간주하여 시행한다.

경을 정할 때에는 주관자〔감관監官〕가 그 마을의 여러 사람과 형편을 의논하여 한다. 만약에 마을에서 이쪽저쪽으로 서로 잡아당기는 문제가 있는 경우 사는 사람이 많은 쪽을 따른다. 지금 사람이 사는 곳이 여기저기 흩어져 있어 마을을 이루지 못하는 데가 많다. 이와 같은 곳은 모름지기 부근 지역을 통합해서 셈하여 매 20호에 1경을 둔다. 만약 동편 사람들이 자기들 사는 곳에 경을 두려 하고 서

---

98 〔두주〕여리가 아직 이루어지지 못한 곳에는 우선 7등급 경지의 예에 따라서 함께 전총(田總) 안에 넣어두고 쌀이나 콩으로 세를 거두며, 여리가 이루어지기를 기다려서 법에 따라 시행하는 것이 좋을 것이다.

편 사람들도 자기들 사는 곳에 경을 두고자 하여 서로 다툼이 있으면 사람이 많은 곳에 경을 둔다.

비록 여러 경에 이르더라도 그 지형이 연계되어 있으면, 반드시 경을 이어서 두고 사이를 나누지 말도록 할 것이다.

○ 그곳의 지형이 협착하여 경을 이룰 수 없어 여전으로 만든 경우에는 역시 이에 준하여 설정한다. 50묘로 여전을 삼았다면 10가로 한 단위를 만드는 방식에 따른다. 산골의 인가가 드문 곳으로 부근 지역과 다 통합하더라도 20가를 채울 수 없는 경우 역시 10가로 반 경을 설정하는 것을 허용한다.

○ 무릇 여리경 안에 집터 외의 공지空地가 있으면, 그 경 내에 사는 자들이 우선 고르게 나누어 경작을 하거나 채소를 심게 하며 가호家戶가 이루어질 때까지 기다린다.

○ 여리경 안에 모여 살지 않는 경우, 살고 있는 집의 터가 모두 농지를 받은 경 안에 들어가 있으면 따로 농지를 받을 수 없다. 만약에 남의 경 안에 집터가 있으면 자기가 받은 농지로 그만큼의 땅을 사적으로 의논하여 서로 바꿀 수 있다.

○ 만약에 처음 정해진 여리경에서 형편에 맞지 않아 다른 경으로 옮겨주기를 원하면 들어주되, 여러 사람이 문서로 고하면 관에서는 형편을 살핀 연후에 바꾸는 것을 허용한다. 만약에 그 원하는 것을 들어주자는 자와 들어주지 말자는 자가 있으면, 많은 쪽이나 그 땅의 모양을 따라서 정한다.

○ 뒤에 만약 인호人戶가 점차 증가해서 매양 그 한도에 다다를 때 규정에 따라 1경을 추가해서 여리경을 삼는다. 한도란 20가를 단위로 1경을 설정하는데 똑 떨어지지 않으면 16가 이상에 1경을 두어 오는 사람을 기다리는 방식이다. 여전 또한 이에 준하여 설정한다.

○ 많은 사람들이 문서로 고하면 들어주되 심의를 해서 정하며, 따로 마을이 만들어지거나 지형이 부득이한 경우가 아니면 모두 모름지기 여리에 붙여서 설치한다. 공한지空閑地가 아니면 그 해당하는 경의 전부田夫로 하여금 다른 농지를 바꾸어 받도록 한다.

만약 인호가 줄어드는 경우 줄어드는 것이 과반에 이르면 그 경을 감축해서 전야경田野頃으로 만든다. 1경에 10가가 차지 않으면 반 경으로 줄이고, 반 경에 5가도 되지 않으면 아주 없앤다. 여전이 50묘 이상인 경우 이에 따라 둘로 나누어 만들고, 50묘 이하이면 하나로 만든다. 만약 여전이 80묘인 경우 8가가 차지 않으면 40묘를 빼고, 4가가 차지 않으면 또 40묘를 뺀다. 만약 원래 40묘짜리 여전인 경우 4가가 차지 않으면 곧 빼버린다. 나머지는 모두 이에 준한다. **여리경을 철거해서 공지로 만들더라도 혹 인구가 희박한 곳이면 낮추어 한 사람이라도 받는 것을 허용해준다.**[99]

사람들이 반드시 모여서 살아야만 서로 어울려 살아가며 기르고 가르치고 풍속을 가지런히 교화시킬 수 있다. 후세에는 정치를 제대로 하지 못하여 백성이 많이 영락하고 흩어져 살게 되었다. 우리나라는 더욱 심하다. 비록 일제히 정비할 수 없다 하더라도 모름지기 적절한 제도를 세워 점차 바른 방향으로 잡아가야 할 것이다. 『문중자文中子』[100]에 이르기를, "농지에 정전제를 쓰지 않고 사람들이 여리를 이루어 살지 않으면 아무리 순舜임금, 우 임금이라도 제대로 다스릴 수가 없다"라고 하였다. 이 말은 참으로 옳도다. 순 임금, 우 임금이라도 끝내 제대로 다스릴 수가 없을 것이다.

문

위의 법대로 한다면 이것은 시행하는 초기에 그 경을 설정하는 게 어렵기도 하거니와 너무 융통성이 없을 것 같다. 무릇 여리경은 관에서 꼭 설정해둘 필요 없이 한결같

---

99 〔두주〕 여리경이 폐지되어 전야경이 되는 일은 오직 큰 난리를 겪고 난 후 인민의 원 숫자가 감소한 때라야 있을 수 있고, 평시에는 절대로 있을 수 없다.

100 『문중자』 중국 수나라 때의 왕통(王通, 584~617)의 저서. 문중자는 그의 시호이며, 공자를 받들어 유학의 전통을 이은 학자이다. 그의 두 아들로 복교(福郊)와 복시(福畤)가 있는데, 부친의 뜻을 이어 이 책을 엮었다는 설도 있다. 여기에 나오는 구절은 『문중자』 권10에 나오는데, 원문은 "人不里居, 地不井受, 終苟道也, 雖舜禹, 不能理矣"로 되어 있다.

이 논과 밭에 따라 차등을 두어 세를 거두는데, 다만 1경 안에 20가 이상이 들어가는 경우 여리경이라 일컫고 보포保布는 면제하며, 10가 이상인 경우 여리경과 마찬가지로 취급한다. 그리하여 우선 1부夫의 보가保價를 함께 내도록 하고 가호가 다 차길 기다린다. 가호가 새로 유입되어 이루어지고 있는 곳은 그 숫자가 차면 여리경으로 시행한다. 예전부터 있었던 여리라도 인가가 흩어져서 수를 채우지 못하면 전야경으로 바꾸어 시행한다. 한데 모여 살지 않는 경우, 살고 있는 집터가 모두 농지를 받은 경 안에 들어가 있으면 따로 농지를 받을 수 없다. 만약에 남의 경 안에 집터가 있으면 자기가 받은 농지로 그만큼의 땅을 서로 바꾼다. 이와 같이 제도를 만들면 비록 관에서 아무 경이 여리경이 된다고 딱 정해주지 않더라도 백성이 스스로 편의를 따라 자연히 모여 살게 될 것이다. 어떻게 생각하는가?

답

그렇게 해도 또한 가능하다. 다만 법이 끝내 세워지지 않으면 촌락에 여리경이 설정되는 곳이 저절로 줄어들어 백성이 견제를 받는 일이 많을 것이다. 참으로 위의 법대로 한다면 어려울 듯하지만 실은 쉬워서 정연히 합당하게 되어갈 것이다. 만약에 그런 식대로 하면 쉬울 것 같지만 실은 어려워서 장애가 생기고 혼란하여 폐단이 많아질 것이다. 시행해보면 저절로 드러나게 된다. 왜 그런가? 무릇 향리에 사는 것은 읍내에 사는 것과 크게 다르지 않아 본디 마땅히 정해진 곳이 있어야 하는데, 지금 그 정당한 이치를 잃게 되면 원칙을 살리지 못하고 구차해지기 때문이다.

문

위에서 정한 대로 따라 하면 실로 질서정연하여 법이 서고 일이 잘될 것이다. 다만 여리경을 설정할 때 모두 설계하는 처음에 정해야 할 텐데, 무릇 여리를 만드는 곳은 필히 지형의 마땅함과 인사의 편리함을 살핀 연후에 확정할 수 있다. 그런데 감관을 맡는 자가 모두 이와 같이 박식한 사람이 되기는 어렵지 않겠는가?

답

이는 심각하게 찾고 은밀하게 따질 것은 없으며, 보통 사람 이상이면 모두 가능한 일이다. 하늘과 땅이 생긴 지 오래되었거니와, 지금 사람들이 모여 사는 지역은 자연히 지형이 편리한 곳이요, 살 수 없는 곳은 사람들이 저절로 모여들지 않는다. 다만 지금의 촌락에 의거하되 많은 사람들과 의논하여 정한다면, 대체로 모두 마땅함을 얻을 것이다. 혹시라도 적당한 곳이 아닐 경우는 또한 여러 사람들이 의논하여 문서를 제출하고 바꾸는 규정이 있으니, 역시 오류가 있어도 고치지 못할 우려는 없을 것이다.

문

그 문제는 그렇다. 다만 지금 사람이 사는 집들이 흩어져 있는데, 기왕에 여리경을 정하고 나면 일시에 집을 철거하고 옮기는 폐단이 없지 않겠는가?

답

비록 여리경으로 정해놓았다 하더라도, 모여서 살기를 원치 않는 자도 있을 터이니 또한 그 뜻을 따라야 할 것이다. 다만 여리에 사는 것이 순리요 이익이 될 터인데 순리를 등지고 이익을 버리는 것이 어찌 인정이겠는가? 오래가면 저절로 점차 바른 데로 나갈 것이다. 그러니 본디 몰아세워 이동시키는 일은 없을 것이다.

문

여리경 안에서 가옥 이외의 공지는 기왕에 나누어 경작하도록 했다. 그런데 뒤에 집을 짓는 자가 있는 경우 서로 거부하여 다투는 폐단이 없겠는가?

답

지금 아무리 사전私田으로 제 마음대로 한다 하더라도 민간의 속담에 '아무리 내 밭이라도 사람이 집 짓고 살 3부負의 땅은 주지 않을 수 없다' 하였거늘, 더구나 여리 지역으로 정해진 공전公田을 가지고 앞으로 들어와 살 자를 대비하는데 어찌 감히 거절할 마음이 생기겠는가? 거절하고 싶다 하더라도 법전에 규정이 있어 집터 몇 묘는 본디 정해져 있으니 관에 고발하면 죄가 된다. 어찌 다투는 일이 있겠는가? 이런 일은 염려할 것이 없다.

문

법이 이와 같은즉 시행하고 오래지 않아서 저절로 가호가 들어와 차게 되면 실로 '우물 정井' 자 모양으로 가옥이 들어설 것이다. 다만 여리가 이미 갖추어진 뒤에 사람이 사는 집이 점점 줄어드는 경우 10가 이상은 그대로 여리경이 되며, 인가가 점점 불어나 16가 이상이 되면 새로운 여리경을 더 설정할 수 있도록 허용했다. 그렇다면 백성이 혹 사심을 품고 일부러 옮겨서 점유하는 자가 많아질 것이니, 예컨대 원근의 20가호로 경을 만든 데서 각기 7~8가가 떨어져 나와 이들이 모여서 16가로 새로운 여리를 만드는 것이다. 이런 경우가 많아지면, 여가閭家는 도리어 드물어지고 각 가는 땅을 기준 이상으로 점유하는 폐단이 있지 않겠는가?

답

이 점은 사리로 헤아려볼 때 그렇지 않은 점이 있다. 무릇 사람들이 사는 곳은 저마다 자기의 전지田地를 따라 잡거늘 농지를 벗어나 옮겨가는 것은 인정이 아니다. 이 점이 첫째 이유다. 여리의 공터는 그곳에 사는 사람에게는 이익이 될 수 있어도 옮겨간 자에게는 이익될 것이 없다. 남에게 이익을 주면서 자신은 옮겨가는 고생을 취하는 것은 또한 인정이 아니다. 이 점이 둘째 이유다. 무릇 면내 농지의 경수頃數와 민호의 수치 및 여리경의 수치는 관부에서 소상히 알고 있는 바인데, 백성이 아무리 한통속이 되어 많이 점유하려 한다 해도 관부에서 응당 발각하고 살펴 허용하지 않을 것이다. 이 점이 셋째 이유다. 또한 새로 설치한 곳이 이처럼 비고 묵은 땅이라면 또한 무방하지만, 그렇지 않으면 그 경의 전부田夫가 어찌 남이 농간을 부리는 데 호응하여 암암리에 그 농지를 주려고 하겠는가? 필시 관에 알릴 것이다. 이 점이 넷째 이유다. 대개 지금 백성이 영락하여 흩어져 사는 것은 백성의 죄가 아니다. 농지가 이미 남의 사유로 돌아가서 형세가 이렇게 만든 것이다. 만약에 지금까지 해오던 방식을 바꾸면 본디 정상적인 마음을 가지고 살아가는 백성이 무슨 까닭으로 마음을 굽혀서 간사한 짓을 하여 함께 괴로운 일을 자초하겠는가?

성읍경

19.

무릇 성읍 안에는 역시 대략 경법頃法을 적용하여 명목을 '성읍경城邑頃'이라 하고 세와 병역을 면제하되 다만 역정役丁[101]을 낸다.

성안의 땅 또한 경법을 적용해서 세와 병역을 아울러 면제해주며 다만 2묘畝 반에 1정丁을 내어 매년 1일의 역을 지도록 한다. 경성에 대해서는 반으로 줄인다. 5묘를 기준으로 1정을 낸다.

○ 농지의 등급을 물론하고 2묘 반에 1정을 내며, 만약 2묘 반 안에 2호가 거주하는 경우 함께 1정을 낸다. 점유한 땅이 이보다 많은 경우 매 2묘 반에 1정을 더해서 낸다. 만약 빈터가 있어 경작하는 경우 경작하는 자가 역을 낸다.

○ 무릇 영營·진鎭[102]의 성안도 동일하다. 주와 현의 각 향교와 각 역도 모두 그 가까운 지역에 참작하여 경수를 정해주어 그 소속의 인원들이 거주하도록 하며 세와 병역을 면해주는 것 또한 위의 예와 같이 한다. 무릇 역역力役[103]은 흉년에는 반으로 감해주며 5묘를 기준으로 1정을 낸다. 경성은 10묘에 1정을 내며 큰 흉년에는 아울러 면제해준다.

○ 무릇 성읍경에는 시초탄빙柴草炭冰[104] 등 잡역은 모두 면제해준다. 여리경과 참점경站店頃 및 참점전站店田, 역전驛田, 진도전津渡田 등도 모두 마찬가지다.

○ 경성 가운데 시전市廛, 공랑公廊도 그 본 제도의 정수定數에 의거해서 따로 장부를 만든다.

성중의 집터 가운데 공지 및 만 3년 동안 집을 짓지 않은 땅은 누가 관에

---

101 역정 역을 부담하는 정이라는 뜻. 성읍에 사는 인원들은 노동력을 제공해야 하는 요역을 져야 하는 것으로 설정한 것이다.

102 영·진 각 도의 감영 및 군사적인 병영이나 진을 지칭함.

103 역역 노동력을 직접 징발하는 요역. 중앙과 지방의 관부는 민가로부터 정기·부정기적으로 노동력을 징발할 수 있었는데 이를 통해 각종 물자와 노동력을 조달하는 유력한 수단으로 운영되었다. 17세기 이후에는 노동력을 직접 징발하는 요역제 운영 방식이 점차 사라져 역역으로서의 대동세에 흡수되거나 잡역세(雜役稅)의 형태로 변형된 현물 납세로 전환된다.

104 시초탄빙 시초는 땔감과 말의 먹이로 쓰는 풀, 탄빙은 숯과 얼음을 말한다.

고하면 절수折受하도록 한다. 만약에 지방관으로 나가 있기 때문이거나 상을 당해서 집을 짓지 못한 경우는 들어주지 않는다.

대군은 30묘를, 왕자·군·공주는 25묘를, 옹주 및 2품 이상은 20묘를, 3~4품은 15묘를, 5~6품은 10묘를, 7품 이하와 사士 및 유음有蔭 등은 7묘 반을, 외사생과 충의위 및 충순위는 5묘를, 서민庶民은 2묘 반을 지급한다.

대체로 가옥은 자손에게 응당 전하는 것이라, 전야田野와는 다름이 있다. 경대부는 대대로 가옥을 전하기에 자손은 비록 자신의 신분에 넘치더라도 담장 내부는 철거하거나 줄이지 않아도 된다. 사와 서민이 출세하여 경대부가 되는 경우 비록 자기의 신분에 차지 못하더라도 집이 없는 빈 땅이 아니라면 빼앗아 넓힐 수 없다.

○ 각 품계의 집터의 넓이는 여리경도 마찬가지다.[105]

○ 집 뒤에 만약 산기슭이 있으면 그 밑에 사는 사람이 나누어 동산으로 삼는 것을 허용한다. 이에 대해서는 집터 내부와 함께 계산하지 않는다.

문

"옛날 서울에 대해서는 귀한 자와 어진 자와 공무를 보는 자들은 모두 면해주어 조세를 받지 않았다.[106] 이에 대해 논하지 않은 것은 무엇 때문인가?"

답

이는 부가夫家의 조세[107]가 아니요, 대지에 대한 부賦이다. 훈척으로 사세전賜稅田를 받는 자라도 실로 여기에 해당되지 않는 것이다.

---

105 여리경에서는 집터로 백성에게는 2묘 반, 사대부는 품계에 따라 차등을 두되 백성의 2~3가 혹은 7~8가에 준하는 면적을 할당했다. 또한 집터 외에도 채마밭[菜茹地]을 주었는데, 백성에게는 0.5묘를, 사대부에게는 등급에 따라 차등을 두되 2품에 이르러서는 4묘를 지급했다. 성읍경은 여리경과 비교했을 때 집터의 면적은 동일하게 규정되었으나, 거주민 모두에게 별도의 채마밭은 지급하지 않고 있다.

106 이 대목은『주례·지관·향대부(鄕大夫)』에 근거한 말이 보인다.

107 부가의 조세 가호당 부과하는 세를 지칭하는 말로 해석된다. '부가'는『주례·지관·향대부』에 보인다.

문

지금까지 서울의 땅에 대해 전혀 부賦를 부과하지 않았는데, 가볍다 해도 부를 내게 하는 것은 무엇 때문인가?

답

무릇 일이란 무슨 일이고 차등을 두는 것이 마땅하다. 대체로 부는, 주거지는 농지보다 가볍게, 도회지는 시골 마을보다 가볍게, 서울은 주·군보다 가볍게 하는 것이 당연한 일이다. 만약 전적으로 부를 없애면 타당함을 잃는 것이다. 지금 서울의 땅에는 부역이 없다. 그런고로 서울에 사는 인구가 10만에 가까운데 공적인 일에 보탬이 없어서 가령 성곽을 보수하는 등의 작업도 으레 지방의 백성을 불러서 쓴다. 가령 대상大喪이 나서 발인하는 데 이르러는 5리 안통의 상여꾼이 동원되는바 이름하여 '차력借力'이라 한다. 그런데 무식한 사람들이 더러 법규 이외의 일이라고 원망을 한다. 서울 사람들에 대해서는 의당 우대를 해야겠으나 여기에 이르러 과연 사리에 맞다고 할 것인가? 이뿐만이 아니라, 일이 이미 여기에 이른 까닭에 민간의 요역 등의 일이 서울 사람에게는 전혀 생소하게 되었다. 습속을 이룬 것이 오래되다보니 귀천과 대소를 막론하고 오로지 안일과 사치에 마음이 팔려서 민간의 일이 어떤지 전혀 모르고 있다. 이 어찌 서울의 인정이라고 유독 다르겠는가? 법으로 정한 것이 그렇게 만든 것이다. 옛날에 태자로 하여금 오래 민간에 들어가보도록 했던 것은 민간의 일을 익숙히 알도록 하려는 뜻이었다. 옛사람들이 일을 법제로 정한 것은 모두 이 뜻을 잊지 않기 위함인데, 그렇게 말한 것은 옛 뜻과 차이가 있다. 이는 인심이나 세상 도리의 시비나 변화에 있어서 일대 중요한 문제이니, 생각하지 않을 수 없다.

문

그렇지 않다. 이는 국초에 수도를 건설할 때에 새로 이거하여 모여든 자들을 우대했던 것인데, 그렇게 하지 않았으면 사람들이 서울로 많이 모여들지 않았을 것이다.

답

과연 그렇다. 무릇 신설하는 군현에도 응당 복제復除[108]를 하여 모여들도록 해야 할 터인데, 하물며 서울이야 말할 것 있겠는가? 응당 10년 혹은 20년을 한정해서 복제를 하여 부역을 면해주도록 할 것이요, 이를 고정된 법으로 삼을 것은 없다.

참점경

20.

참점站店[109]이 있는 곳을 이름하여 '참점경站店頃'이라 한다. 세와 병역을 면제해 주고 호전戶錢만 내도록 한다.

농지의 등급은 따질 것 없고 매 1경에 20호로 정해서 매 1호에 돈 40문文을 해마다 납부하도록 한다. 쌀로는 2두斗에 해당한다. ○지금 쌀 1승升은 돈 2문에 해당하는 것으로 정해져 있다. **풍년이나 흉년에 관계없이 항구적으로 정한다.** 만약에 한 경 내에 20호가 차지 않으면 빈 호戶의 터와 묵은 땅에 대해서는 세를 부과하지 않으며, 경작하는 자가 있으면 그에게 세를 납부하도록 한다. ○ 매 30리에 **참점을 하나씩 두되, 혹 15리라도 가능하다.**

이 참점경에는 도로가 아울러 가운데 들어가는데, 도로의 폭은 18보로 하고 양옆으로 도랑을 내서 너비 각 2보로 한다. 도랑 밖으로 점사店舍를 짓고, 점사 밖으로 거실을 배치한다. 대개 1호가 차지하는 터는 점사와 거실을 합하여 남북 10보, 동서 37보로 한다. 점사의 폭은 2간, 매 1간은 2보로 하며, 처마까지 포함해서 터의 폭은 5보가 된다. 길이는 4간이다. 두 참점이 나란히 있는 경우 그 사이에 공지空地는 5보로 하여 똥을 쌓아두는 곳으로 하며 화재를 방지하기도 한다. 길에 대면한 한 모서리는 담장으로 둘러서 길 쪽을 막는다. 점사와 거실의 사이 또한 공지 5보를 둔다. 거실의 터는 남북으로 10보, 동서로 24보로 한다. 도로와 가옥은 극히 다듬어져 보이도록 힘쓴다. 길옆으

---

108 복제 부역을 면제해서 특혜를 주는 것을 이르는 말. 복호(復戶)라고도 한다.
109 "속칭 주막이다." — 원주
    참점은 곧 역점(驛店)으로, 역참에 딸린 주막을 말한다. 반계는 상설점포 체계를 논의할 때 이 참점이라는 용어를 사용하기도 했다.

로 장터를 둔다. 그 지형이 불편한 데는 지형에 따라서 혹은 한쪽으로 길을 내고 한쪽으로 점사와 거실을 짓는다. 너비를 자르고 길이를 이어서 경을 만들되, 1경이 차지 않는 경우 여전의 예에 의거해서 처리한다. 장터를 여는 곳 또한 지세에 따라 편의한 장소로 설정한다. 무릇 참점은 사방으로 둘러 담장을 쌓고 남북으로 이문里門을 설치하여 아침과 저녁으로 열고 닫는다.

참점경은 크고 작은 길에 따라 정하되, 4경에 이르더라도 반드시 연이어 하나의 담을 두른다.

21.

참점에 사는 호구는 각기 농지 1경씩을 받으며 보포는 면제한다.

각기 그 참점에 이어 가까운 곳을 지급하되, 크고 작은 길을 구분해서 농지의 넓이를 헤아려 정해준다. 무릇 대로는 40경, 중로는 30경, 소로는 20경으로 한다. 서쪽에 의주로 통하는 도로는 80경, 동래로 통하는 도로는 40경으로 한다. 또한 포자전鋪子田**110**을 정해주어 매 1참에 대로는 2경, 중로 이하는 1경으로 하고, 서쪽에 의주로 통하는 도로는 4경, 동래로 통하는 도로는 2경을 준다. 모두 땅의 경계로 구획해 정하되, 묵히거나 개간하는 등으로 변동하지 않도록 한다.

참점 모식도

참점의 폭과 길이[단위는 보]: 37×10

	居室 24×10		5×10	4×1
				店舍 4×8
				4×1
37×3				
	居室 24×10		5×10	4×1
				店舍 4×8
				4×1

---

110 포자전 포자는 점포를 일컫는 말로, 점포를 운영하는 호에 지급하는 농지를 뜻한다.

참점경 1경 모식도

참점경 내 좌우 참점의 면적[단위는 보]: $37 \times [(10 \times 10) + (3 \times 9)] = 4,699$
→ 좌우의 합 = 9,398 ⇒ 약 1경(10,000)

참점 1		참점 11
공지		공지
참점 2		참점 12
공지		공지
참점 3		참점 13
공지		공지
참점 4		참점 14
공지		공지
참점 5		참점 15
공지	도로	공지
참점 6		참점 16
공지		공지
참점 7		참점 17
공지		공지
참점 8		참점 18
공지		공지
참점 9		참점 19
공지		공지
참점 10		참점 20

* 도로 가장자리에 난전[정기시전] 시행. 위치는 가변적.
* 읍세에 따라 참점경 내에 1~4개의 포자鋪子 설치.

22.

포자鋪子를 개설하는 경우 또한 농지 1경을 지급하며 보포保布는 면제해준다.

각각의 여러 고을, 여러 감영·병영·진, 여러 역, 여러 참점에 모두 포자를 세우며 사람을 모집하여 합당한 자를 택해 개설하도록 한다. 농지 1경을 지급하고 보포를 면제하되, 다만 포세鋪稅를 납부하도록 하며 돈 240문[쌀 12두에 준함]으로 정한다. 주州와 현縣에는 그곳의 형편이 번성한가 쇠잔한가를 헤아려 혹은 서너 곳 혹은 한두 곳을 설치하며, 역驛과 진

鎭 역시 이와 같이 농지를 헤아려 지급한다. 읍내에 참이 있는 곳에는 참점에 겸해서 포자를 설치하며 따로 두지 않는다. 처음 포자를 세울 때 관에서 포자의 건물을 지어주고 지붕을 기와로 덮음. 미곡米穀도 대여해주되, 한결같이 모두 본값대로만 하고 햇수도 너그럽게 정해주어 돈으로 상환하도록 한다.

○ 이 농지를 지급하는 포자 외에 또한 민간에서 사설로 포자를 세우는 것도 허가해주는데, 이에 대해서는 포세를 받지 않는다.

○ 1경씩 경작하는 두 호가 함께 포자 하나를 개설하려고 하는 경우 들어주며, 그 세로 포자 두 개에 해당하는 세를 받는다. 무릇 포자호鋪子戶와 참점호站店戶는 모두 경부頃夫들이 지는 잡역을 면제해준다.

무릇 참점은 30리 내지 15리에 하나씩 둔다. 읍내나 역내에는 반드시 참점을 설치하여 모두 읍이나 역에 잇닿아 있도록 한다. 이 농지를 지급한 호구 이외에 만약 와서 참점을 세우려고 하는 자가 있으면 또한 잡역〔시초역柴草役, 빙정역氷丁役, 경부역頃夫役 등〕을 면해주고 연이어 가까이 살도록 한다. 그 사는 집터는 참점경과 한가지로 시행한다. 이 농지를 지급하고 참점을 열도록 한 이외에 혹 다른 곳에 개인적으로 모여서 참점을 만드는 경우 또한 잡역을 면해주고 아울러 참점역站店役도 면제해준다. 황당인荒唐人[111]을 기찰하는 경우 외에 급히 가는 심부름꾼이나 역졸들에게 식사를 제공하는 일은 일체 금지한다.

무릇 참점호에 새로 들어온 자는 3년의 호세戶稅를 면제해주고, 점사에 새로 기와를 인 자는 10년간 호세를 면제해주고, 아울러 1경 내의 1년 호세를 면제해주어 그 비용을 도와준다. 그 액수는 경 내의 호수가 많고 적음에 따른다. 여행객에 대해서는, 방화전房火錢[112]을 정해서 지급하거나 각종 폐단을 금지하는 등의 일은 뒤의 기록[113]에 상세하다. 서울과 지방의 포자의 세수稅數 및 새

---

111 황당인 행동거지가 수상한 사람을 가리키는 말. 18세기 이래 이상하게 보이는 서양의 배를 가리켜 황당선(荒唐船)이라고 부르기도 했다.
112 방화전 방에 불을 때는 비용. 숙박료에 해당하는 것임.

로 설립한 포자에 세를 면제해주는 등의 일은 뒤의 기록에 상세하다.

문

우리나라는 예로부터 참이 있는 곳에 원院[114]이 있고 원이 있으면 원전院田이 있다. 그런데 여기서 원전을 정해놓지 않은 것은 무슨 까닭인가?

답

이미 참점을 설정했으면 응당 다시 참원站院이 있을 수 없다. 이른바 원이란 것은 길가에 주인이 없는 빈집이 있는 격이다. 그래서 대체로 오래가지 못해 무너지기 마련이다. 그 뜻이 비록 좋다고 하나 본래 사리의 합당함을 잃었던 것이다.

참점의 사람들은 농사에 전력할 수 없으니, 이는 응당 상공인이 농지 50묘를 받는 것에 비견할 수 있다. 그런데 시골 사람이라면 부자형제가 한 집에 살더라도 형편과 능력에 따라 또 한 호戶를 세워 따로 받을 수 있으나, 참점에서는 매 1호에 반드시 하나의 점사를 세워야 한다. 50묘를 받는 사람으로서 각기 점사 하나를 세우도록 하면 그 점은 고단孤單하고 약해져서 지금처럼 불성모양이 될 것이다. 이런 까닭에 1경으로 정한 것은 남은 인력으로 농사를 짓고 또 점사를 잘 관리할 수 있도록 하려는 것이다.

문

농지를 받은 포자에 대한 세는 겨우 신역身役의 값에 해당될 뿐이다. 농지가 없는 경우 포자의 세를 받지 않으면 포자에는 모두 세가 없는 셈이다. 이는 권장해서 일으키려는 뜻이겠으나, 만약 효과를 보아서 포자가 성행하게 되면 이익을 좇는 자들이 너무 많아져 도리어 사람들이 농사에 힘쓰지 않는 폐단이 생길 것이다. 상공업이나 시전市

---

113 이에 대한 기록은 본서 권4 「전제후록 하」 '전폐(錢幣)'조에 보인다.
114 **원** 여행자를 위하여 설치한 여관을 원(院)이라 하고, 원의 건물을 가리켜 원우(院宇)라고 하였다. 원은 공무로 이동하는 인원들에게 숙식을 제공하기도 하였고, 그밖에 상인이나 여객을 위한 숙식소로서도 이용되었다.

廛에는 모두 세가 있는데, 유독 이것에 세를 부과하지 않는 것 또한 옳다고 할 수 없다.

답

우리나라는 습속이 잘못되어서 화폐가 통하지 않고 있다. 응당 그것이 일어나 행해지지 못할 것을 근심해야 할 것이요, 지나치게 성행하여 폐단이 생길 것을 우려할 것이 없다. 또한 농지를 받은 자는 이미 전세田稅를 바쳤으며 포세는 또한 신역의 보포에 준하는 것이다. 그러니 다른 농민과 균등하여 잘못이 없다. 어찌 다시 더 무거운 짐을 지울 것인가? 가령 세월이 많이 지난 후에 습속이 변하여 지나친 폐단이 있게 되면 그때에 가서 따로 헤아려서 공평하도록 해야 할 일이다. 그러나 증가하는 것은 120전을 초과할 수 없다. 이는 시전에서 장사하는 사람들에 대해 많으면 부세賦稅를 매겨 억제하고 적으면 부세를 매기지 않는다고 한 것[115]과 같은 뜻이다.

적전

23.

적전籍田[116]은 10경頃으로 정하되, 그중에 1경은 친경전親耕田으로 삼고 9경은 백성에게 지급한다. 9경을 지급받는 농부들이 친경전을 가꾸어 수확하도록 하는 대신에 9경의 세를 면제해준다.

이와 같이 하면, 그 제도가 옛날 10부夫마다 도랑[溝]을 두는 제도[117]와 서로 비슷하며, 조경助耕[118]의 방식에서 공전公田을 9분의 1로 하는 뜻과 서로 비슷하게 된다. 이 9부夫는 병역을 내지 않고, 단지기[壇直][119]의 일을 맡도록 할 것이다.

---

115 이 논의는 『맹자·공손추 상』에 "市, 廛而不征, 法而不廛"이라는 구절이 있는바, 이에 대해 주희가 "대개 말업을 따르는 사람이 많으면 점포세로 그것을 억제하고, 적으면 굳이 점포세가 필요하지 않다"라고 풀이한 데 의거한 것이다.
116 **적전** 옛날에 임금이 친히 농사의 시범을 보이기 위해 설정한 농지.
117 **10부마다 도랑을 두는 제도** 정전제와 더불어 중국 고대에 농지를 구획하던 방식으로, 이른바 구혁법(溝洫法)이라고 한다. 『주례·지관·수인』에 규정되어 있는데, 10부(夫)에 도랑인 구(溝)와 도로인 진(畛)을 두고, 100부에 혁(洫)과 도(涂)를 두며, 1000부에 회(澮)와 도(道)를 두고 1만 부에 천(川)과 로(路)를 둔다고 하였다.
118 **조경** 옛날 적전의 예를 실시할 때에 관원들이 함께 도와서 경작을 하는 것.

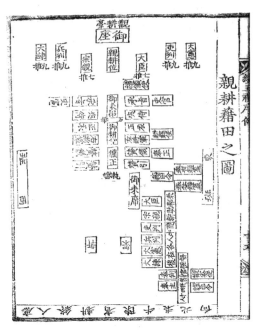

「친경도親耕圖」
국왕이 적전에서 친경하는 의례를 구현한 그림. 『국조속오례의國朝續五禮儀·서례序例』 수록.

안설

살피건대 적전은 서울에만 왕적王籍(적전의 별칭)을 둘 것이 아니요, 여러 고
을에도 각기 1경의 농지를 두어서 그곳을 맡는 관장으로 하여금 경작하도록
할 것이다. 이에 관한 설은 뒤에 나와 있다.[120]

기타 항목

24.

각 고을의 학교전學校田, 영과 진의 군자전軍資田, 역마전驛馬田은 모두 적절히 헤

---

119 단지기 선농단(先農壇) 같은 제단을 관리하는 인원을 가리키는 말.
120 본서 권7「전제후록고설 상」을 가리킴.

아려 면적을 정해 지급하고 세는 면제할 것이다.

이는 위의 사세전賜稅田의 예와 같이 하여 각기 부근의 경지에서 획정해주고 공세公稅를 면제해주며, 소속한 곳에 나가는 병역은 일반 경지와 같이 한다. 학교전과 군자전으로 정해진 경지의 면적은 아래에 나오며, 역마전은 '역제驛制'조에 나온다.

○ 각각의 향상전鄉庠田[121]의 정수는 「학제學制」에 나오며, 각 진도전津渡田과 진선전津船田 또한 적절히 헤아려 면적을 정해주는데 그 제도는 모두 이와 같이 한다.

25.

역호驛戶 또한 농지 1경을 지급하고 보포는 면제해준다.

각 역의 이졸吏卒들은 모두 정원이 있어 각기 농지 1경을 지급하고 보포를 면제해주기를 목자牧子[122] 등의 예와 같이 한다. 그 농지는 사람 수에 따라 연이어 획정해주어 다른 사람의 농지와 뒤섞이지 않도록 한다. 무릇 일정한 소속이 있고 정해진 면적이 있는 경우 모두 이와 같이 한다.

○ 찰방察訪이 있는 역에 입번立番하는 이속吏屬들은 녹이 있으므로 농지는 절반만 지급하는데, 여러 고을의 이속들의 사례와 같이 한다. 「녹제祿制」에 자세히 나온다.

26.

각 고을의 의국醫局과 각 향의 향상, 사창社倉의 부지는 모두 1경으로 정해주되 세와 병역은 면제할 것이다.

---

121 향상전 향상전은 유형원의 교선제도(敎選制度) 개혁안의 주요한 골자로, 유형원은 기왕에 군현 단위로 설치된 향교 외에도 면 단위의 학교인 향상(鄉庠)을 설립할 것을 기획하였다. 향상전은 이때 향상의 운영에 보용하기 위해 설정한 사세지로, 향상 부근의 원세 20석에 해당하는 농지에서의 수조권을 지급케 한 것이다. 이에 대한 내용은 본서 권9 「교선지제 상」의 '학교사목(學校事目)'조에 서술되어 있다.

122 목자 조선시대 나라의 목장에서 우마 사육에 종사하던 사람. 목자에게는 위전(位田) 2결(結)을 지급하고 복호(復戶)의 대상이 되도록 했으며, 근무 성적에 따라 승진과 포상의 길도 마련해주었다. 다만 그들의 신분적 지위는 노비와 거의 마찬가지였기 때문에 과중한 국역의 부담이 주어지기도 했다.

의국은 현縣에 1곳, 군郡에 2곳, 부府에는 3곳, 도호부都護府와 대도호부大都護府에는 모두 4곳으로 하는데, 한두 곳으로 합쳐서 설치하려고 하는 경우 또한 허용한다. 이에 대해서는 '군현郡縣'조에 자세히 나온다. 각 면의 향상과 사창의 부지는 모두 1경으로 정해주며 세와 병역은 면제한다. 그 경 내에 의국이나 향상, 사창을 조성하는 것 외의 나머지 땅은 호역戶役이나 세를 모두 본 소속의 처소에서 주관하도록 한다. 또한 각기 그 옆의 3호에 부과되는 보포와 경부의 역을 면해주어 향상에는 5부夫를 둔다. 수호하는 사람이 되도록 한다. 「학제學制」 및 '사창社倉'조에 자세히 나온다.

27.

유친有親과 유음有蔭에 속하는 자는 사士의 규정에 따라 농지를 지급하되〔곧 내사생內舍生〕, 유친과 유음에 속하는 자가 학교에 들어오는 경우 중복해서 받지 말도록 할 것이다.

서얼로 유친·유음에 속하는 자에게도 역시 2경을 지급한다.

승중承重[123]한 자도 적자와 같이 한다.

○ 서얼로서 사士가 된 자에게도 사의 규정에 따라 지급하며, 서얼로서 충의위忠義衛나 충순위忠順衛가 된 자에게는 충의위와 충순위의 규정에 따라 지급할 것이다.

국법에 서얼은 유음의 부류에 들어갈 수 없다고 되어 있다. 그래서 혹자는 말하기를 "지금의 법에 의해서 참여시키지 않는 것이 옳다" 하고, 혹자는 말하기를 "적서의 차별을 두는 것은 옳지 않다"라고 한다.[124] 이 두 가지 다 타당한 주장이 아닌 것 같다. 음직蔭職은 마찬가지로 덕을 보되, 거

---

123 승중 상을 당했거나 제사를 지낼 때에 손자가 아버지를 대신해서 예를 집행하는 경우를 가리킴.

124 〔두주〕종실에게 작위를 줄 때 서얼의 경우 강등해서 주니 유친이 서얼인 경우에도 또한 차등을 두어 감하는 것이 마땅하다.

기에 차등을 두는 것은 옳으나, 재주와 공부로 입학하는 자에 대해서는 그의 가문의 귀천을 논하는 것이 옳지 않다.

문

유음과 충의위·충순위는 음직이라는 점에서는 마찬가지지만, 서얼이 유음이면 감등減等을 하고 충의위와 충순위에 대해서는 마찬가지로 하는 것은 무엇 때문인가?

답

유음의 경우는 유음이란 직함만 가질 뿐인데 충의위와 충순위는 맡은 일이 있다. 실정이 자연히 차이가 있는 것이다.

토관

28.

함경도와 평안도의 토관土官[125]은 폐지할 것이다.

이에 대한 설명은 「군현제郡縣制」에 나와 있다.[126]

토관을 응당 폐지해야 한다는 것은 사리로 보아 본디 의심할 여지가 없다. 가령 농지를 정해서 지급한다면, 비록 반감을 해서 정하더라도 이미 교체된 자에 대해서 회수하지 않고 새로 임명하기를 그만두지 않을 터이니 한 고을이 장차 전부 토관의 땅이 될 것이다. 분란을 일으키는 폐해는 이루 말할 수 없을 것이다. 이 때문에 무릇 향소鄕所[127]나 장관將官[128]이나 군직軍職[129] 따위

---

125 **토관** 그 지방의 출신에게 관직을 주는 것을 이르는 말. 주로 함경도와 평안도의 변경에 토관 제도를 운용했다.

126 『반계수록 보유』 권1 「군현제(郡縣制)」의 '역대제(歷代制)'조에, "지금 양계(兩界) 주(州)·부(府)의 토관을 혁파한다【지금 양계의 토관은 이미 이서(吏胥)도, 향관(鄕官)도, 군관(軍官)도 아니다. 그저 그 명목만 헛되이 채우고 실제 일에는 간여하는 바가 없는데 그 맡은 임무를 알지 못하겠으니, 과연 어찌할 것인가?】"라는 언급이 보인다.

127 **향소** 지방 고을의 좌수, 별감 등을 지칭하는 말.

128 **장관** 지방 군현의 장교들을 가리키는 것으로 보임.

129 **군직** 군에 속하는 직임으로 천총(千摠), 파총(把摠) 등을 가리키는 것으로 보임.

는 모두 농지를 지급하는 데에 포함시키지 말 것이다.

공인·상인

29.

공상인工商人에게는 50묘를 지급하며 보포는 그 반만 내도록 할 것이다.

즉, 면포 1필 혹은 쌀 6두이다. 공상인에게는 본디 세稅로 받는 것이 1필이다. 이에 대해서는 뒤에 따로 나온다.

○ 서울 및 협소한 지방에 사는 공상인에 대해서는 농지를 지급하지 않는다.

옛날에 공상인에 대해서는 20묘를 지급했는데, 당나라 제도에서는 농부의 반만 지급했다. 지금 우리나라에서는 공상인도 농부와 거의 비슷하게 농사를 짓고 있으므로 또한 반을 감해서 지급하도록 한 것이다.

혹자는 말하기를 "공상인은 하는 일이 이익을 도모하는 것이므로 농지를 지급하지 않는 것이 타당하다"라고 하는데, 이는 그렇지 않다. 공상인들은 서울과 같이 사람이 많은 곳에서는 자기들이 하는 일로 살아갈 수 있지만, 시골에 거주하는 자들의 경우 전혀 농지를 받지 않으면 살아갈 수가 없다. 공상인에게 따로 농지를 주지 않으면 상공업이 거의 멸종하게 될 것이다. 이 때문에 옛날 제도에서도 공상인에 대한 농지가 있었다.

문

이 법은 이미 농지를 가지고 사람들에게 고르게 나누어주었기 때문에 백 가지 부역이 다 균등하게 되어서 하나도 편중됨이 없을 것이다. 그런데 오직 공상인은 호적에서 빠져나가기 쉬우니 만약 역을 피해서 농지를 받지 않는 사람이 많으면 어찌할 것인가?

답

이 문제점은 사실로 헤아리고 인정에 비추어볼 때 필시 그렇지 않으리라는 것을 알 수 있다. 토지는 천하의 큰 근본이요 큰 이로움이다. 아무리 수공업과 상업에 종사하더라도 1묘의 땅도 받기를 원하지 않는다는 것은 천하에 그럴 이치가 없다. 만약에 전혀 농업은 하지 않고 공상의 일에 삶을 의존한다는 것은 지방의 현이나 면 단위에서는 불가능하고 오직 대도시에만 있을 수 있다. 그런데 아무리 자기의 전업에 힘을 다 쏟더라도, 기구를 제작하는 자는 정해진 장소가 있어야 하고, 물화를 거치하는 자는 정해진 점포가 있어야 한다. 행상인도 사람들에게 알려진 뒤에라야 자기가 하는 일로 밥을 먹을 수 있다. 이와 같은 것을 보면 형세가 호적에서 벗어날 수 없다. 그렇지 않고 호적에서 벗어나려고 하는 자는 남에게 고용살이를 하는 길밖에 없다. 관의 호적에서 피해 나가 남의 고용살이를 하는 것을 어찌 자기의 직업이 있는 자가 즐겨 하려 하겠는가? 지금의 상황은 만 가지 일들이 다 무너져서 사람들이 기강이 없으니 호적에서 빠져나간 자가 조금은 편안하다. 한번 이름이 호적에 매여 있으면 사람은 그 고통을 견디기 어려우니, 그래서 사람들이 많이 역을 피하게 된다. 역을 피해 나간 자가 많은 까닭에 그 속에 뒤섞여서 감춰지기 쉽다. 만약에 호적에 들어 있는 경우 편안함이 있고 호적에 없는 경우 괴롭게 된다면, 사람이 누군들 편안함을 버리고 괴로움을 구하려 할 것인가? 이미 역을 피하는 자가 드물면 간간이 이탈하는 자가 있더라도 그 몸이 용납되기 어렵다. 하물며 직역이 없는 자에 대한 세가 뒤따라 나오는 데야 어찌할 것인가? 그러므로 역을 피하려는 자가 없을 줄 안다. 기왕에 역을 피하지 않으면 지방의 현이나 면 단위에서 공업이나 상업의 일만으로 살아갈 수 없는 자들이 농지를 받기를 원하지 않고 다시 어디에 의지해서 살아갈 것인가?

무당·광대·승려
30.
무당, 광대, 중 등의 부류는 농지를 받을 수 없다.

문

무당이나 광대 부류가 일반 백성으로 가장하여 농지를 받게 되면 어찌할 것인가?

답

저들을 혐오하는 까닭은 그들이 무당이나 광대의 일을 하기 때문이다. 만약 자기들의 버릇을 버리고 스스로 양민이 된다면 혐오할 까닭이 어디 있겠는가? 만약에 가장하여 농지를 받고도 자기들의 버릇을 고치지 않는다면 법에 이미 백성으로 하여금 과고과수科告科受[130] 하도록 되어 있고 또 기망欺罔의 죄로 다스리고 있으니, 어찌 이 문제를 지나치게 걱정할 것이 있겠는가? 중에 대해서도 이와 같다. 나머지는 중과 무당에 대해 금하는 조항[131]에 나와 있다.

토지문서

31.

무릇 농지를 받는 자에게는 공적인 문서를 지급한다.

무릇 전지를 지급받은 자는 각기 해당하는 관아에서 농지 장부에 의거하여 자호字號[132] 를 정해주어 문서를 작성한다. 사대부가 진급하여 농지를 더 받아서 새로 공문을 만들게 되는 경우, 원문건에 이어 합해서 한 통으로 한다. 무릇 농지를 교체하는 자는 원문건을 관에 바친다. 무릇 공적인 문건을 받는 자는 스스로 용지 반 장을 준비할 것이다. 만약에 관에서 용지의 값을 받을 때 서리가 가로막고 따로 뇌물을 요구하는 경우 푼돈이라도 모두 중한 벌로 처리한다.

○ 무릇 부모 사후에 자기 농지와 부모의 농지를 바꾸기를 원하는 자는 들어준다.

○ 각기 편의에 따라 두 사람이 서로 바꾸려고 하는 경우 들어주되, 필히 양측을 출두시킨 다음에 허락하며 농지 장부에 바꾸어 표시한다. 같은 마을이거나 거처를 옮긴 경우

---

130 **과고과수** 죄과에 대해 고발하고 죄과에 대해 처벌을 받는다는 규정으로 추정됨.

131 본서 권25 「속편 상」의 '승니무격음사(僧尼巫覡淫祠)'조에 나온다.

132 **자호** 예전에는 농지의 지번에 해당하는 것을 『천자문』의 순서로 매겼다. 그것을 자호라고 하였다.

가 아니라면 들어주지 않는다. 만약 사대부와 군민軍民[133]이 바꾸려고 하는 데 있어서 그 군의 주主와 보保[134]가 다른 마을로 옮겨 간 경우에는 들어주지 않는다.

처벌

32.

무릇 농지는 이미 배정받은 것을 빼앗을 수 없고, 받은 것을 빼앗거나 중복해서 받거나 감추거나 누락한 자는 모두 죄목에 따라 벌을 주고 바로잡도록 한다.

남의 농지를 빼앗은 자, 정해진 것 외에 더 받은 자, 두 곳에서 중복으로 받은 자, 마땅히 돌려주어야 함에도 감추거나 누락한 자, 부자父子가 관에 고하지 않고 사적으로 주고받는 자, 새로 황무지를 개간하고 관에 고하지 않은 자 등은 아울러 장형 80대에 처한다. 대부는 관직을 빼앗고 제명하여 백성으로 삼으며, 사士는 군역을 맡게 하며, 일반 백성은 변방에 보내 군역을 지게 한다. 해당 수령守令과 향정鄕正과 이정里正으로 제대로 살피지 못한 자는 각기 본 범행에 2등을 감해 적용하며, 이정이 보고하지 않은 것은 그 이정에게 죄를 주고, 이정은 향정에게 보고했으나 향정이 관에 보고하지 않은 것은 향정에게 죄를 주며, 향정은 관에 보고했으나 수령이 감찰하지 않은 것은 수령에게 죄를 준다. 부화뇌동한 자는 본 범행과 같은 죄로 처벌한다.

○ 관직을 빼앗기고 제명된 자는 전에 받은 것 중에서 다만 1경만 지급하고 나머지는 환수한다.

○ 여자가 수절을 하여 받은 농지[守信田]의 경우, 재가를 하고도 반환하지 않은 자는 같은 죄로 처벌한다. 이상에 대해서 다른 사람이 고발하고 그에게 농지를 배정하는 것을 허용한다.

---

133 군민 백성 중에서 군역을 지게 된 자를 지칭한 표현이다.
134 주와 보 백성이 지는 군역은 정군과 보인으로 구분되는데, 군역을 맡은 자는 '주', 보인이 되는 자는 '보'라고 표현한 것임.

벽골제 수문
호남지방의 대표적인 제언인 벽골제의 오늘날 모습.

안설

　살피건대 고려 때에는 농지를 은닉하거나 위법하게 차지하는 데 대해서 논자들이 모두 죽일 죄로 처벌해야 한다고 했으나 과중한 것 같다. 의당 일률적으로 위와 같이 시행해야 할 것이다.

33.

무릇 폐해진 제언堤堰 안에서 불법 경작을 하여 민전民田이 된 곳은 경頃으로 구획하여 배정하지 말고 수축修築하기를 기다려야 할 것이다.

　수리水利는 민생이 크게 힘입는 바이다. 국법에 함부로 경작하는 행위를 극히 엄하게 금하고 있다. 정사政事가 문란해진 이후로 만사가 해이해졌다. 예컨대 호남의 벽골제碧骨堤, 눌제訥堤, 황등제黃登堤는 다 제언 중에서 규모가 큰 곳으로 여러 고을이 수리를 받는 곳들이지만 지금은 다 폐해지거나 무너져서 세력가들에 의해 점유되었다. 사방 지역에 이와 같은

기자전
조선 후기 평양성과 성 밖 기자전의 모습을 그린 그림. 작자 미상 「기성도箕城圖」, 『관서지도』. 한국학중앙연구원 장서각 소장.

곳이 한정이 없다. 농지를 획정하는 즈음에 이 땅은 나누어주지 말고 민력民力이 조금 살아나기를 기다려 차례로 다시 수축을 하는 것이 옳다. 지금 호남의 세 제언 아래의 양쪽 옛 수로는 길게 들판 가운데로 50~60리나 뻗어 있는데, 모두 폐해져서 농지로 바뀌었다. 이런 곳은 그대로 남겨두어서 경으로 구획하는 속에 넣지 말아야 할 것이다.

○ 비록 전에 없었던 바이나 지금 다시 수축하여 많은 백성이 이로움을 볼 수 있는 곳은 또한 이 예에 따라야 할 것이다.

　평양의 기자전箕子田은 예전의 경계대로 보수하여 옛 유적을 보존하는 것이 마땅하다.

　그러면 세를 내고 병역을 지는 것 또한 의당 그 실제 면적대로 헤아려서 관례에 비추어 변통하여 고르게 해야 할 것이다.

전적

34.

전적田籍은 지번의 한 글자에 16경頃을 배속하고, 경에 따라 땅의 모양이나 등급이나 가로세로나 경계 표시를 나열해 적는다. 동서남북에 모두 경계를 표시하기를 지금 방식대로 한다.

그리고 각기 누가 받은 것으로 나타낸다. 기병이면 '기병 모', 보병이면 '보병 모', 사士 이상은 '학생 모 호의 노奴 모', 대부는 '모 관직 모 호의 노 모'라 하고, 왕자에 이르러서도 또한 '모 군방君房의 노 모'라고 쓴다. 교체되는 경우 또한 '모년 모월 모가 교체해 받음'이라고 쓴다.

3년마다 다시 조사해서 전적을 작성한다. 새로 개간한 땅 및 묵은 땅, 재해를 받은 땅은 매년 장부에 올린다.

군적軍籍 또한 3년을 주기로 하되, 전적을 개정한 뒤에는 이어서 군적을 개정하며, 그 가운데 궐액이 되거나 증액이 된 것은 매년 장부에 올린다.

○ 무릇 농지는 16경으로 한 지번을 삼되 모두 천자문의 차례대로 하고, 여전餘田 또한 경법으로 한데 묶어 계산하며 지금 글자 순서대로 편성하는 것과 같이 한다.

○ 무릇 전적을 개수하는 것은 응당 진·술·축·미의 해에 하기로 정한다. 대개 과거 시험이나 호적 작성을 자·오·묘·유년에 실시하므로 같은 해에 겹쳐서 하지 않는 것이 옳다.

○ 무릇 전적은 3건을 작성하여 하나는 본 고을에 보관하고 하나는 본도本道에 보내며 하나는 호조에 보낸다.

안설

살피건대 양전量田의 일은 민간에 번거롭고 소요를 일으키는 까닭에 『대전大典』에는 20년에 한 번 하는 것으로 되어 있다. 그런데 지금 전적은 세를 거두는 자료로 삼을 뿐이어서 분명치 못한 폐단은 그 폐해가 한이 없다. 하물며 공전제公田制에 있어서는 만사가 모두 농지에 근본하기 때문에 전적이 분명치 못하면 만사가 문란하게 될 것이다. 불가불 3년에 한 번씩 수정해야 할 것이다. 또한 농지를 장부에 올리는 것은 머리를 빗는 것 같아서 어지럽게 되기 전에 정리해두면 번거롭고 시끄러운 일이 줄어들 것이다. 지금 가을철에 당해서 감관監官[135]과 서원書員[136]이 나가서 실제 조사하는 것이나 별로 다름이 없다. 주자朱子의 「경계장經界狀」[137]을 보면, 진·술·축·미의 해에 전적을 바꾸는 것으로 법식을 삼았다. 그러니 중국은 공전제를 행하지 않았어도 이처럼 3년에 한 번씩 양전을 했던 것이다.

문

사대부의 이름을 모두 전적에 올리는 것은 미안한 일이 아닌가?

답

전적은 호적과 마찬가지로 국가의 큰일이요, 또 후일에 참고하고 점검해야할 것이니 명백하게 하지 않을 수 없는 일이다. 해마다 연례로 시행하게 되는 총수總數 등의 문서에는 지금처럼 노奴의 이름으로 올려도 무방할 것이다.[138]

전적 양식[139]

천자天字

매 자호마다 16경씩 올리되, 그 여경餘頃 또한 경법으로 한데 묶어 계산하여 그 수를 충당할 것이다. 만약 1경 내에 자호 밖에 나머지 땅이 있으면 아래 자호에 계산해 넣을 것이다. 지금 5결結을 한 자호로 하는데, 한 경지 안에 자호 밖의 남은 부負가 있는 경우 또한 아래 자호에 계산해 넣는다. 이런 방식으로 쭉 해나갈 것이다.

---

135 감관 궁방을 비롯한 농지를 관리하는 등의 임무를 맡은 관원.
136 서원 군현에서 주로 세무를 담당하던 아전.
137 주자의 「경계장」 『회암집』 권19 「경계에 대해 조목조목 올리는 글[條奏經界狀]」.
138 〔두주〕 '지금처럼'의 위에 다른 본에는 '사(士) 이상의 농지'라는 문구가 들어 있다.
139 〔두주〕 전적은 호조에서 양식을 인쇄해서 각 고을에 배포하고 모든 고을에서 성책(成冊)을 하도록 하여 크고 작고를 통일하는 것이 좋다. 호적과 군적도 모두 마땅히 이와 같이 할 것이다.

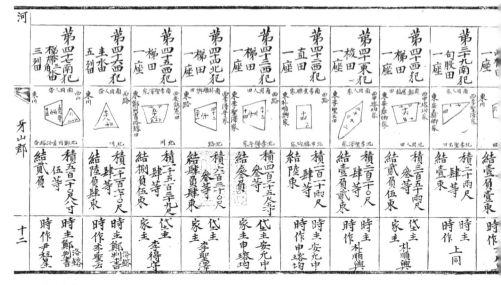

광무양안

대한제국 광무 연간인 1899~1903년에 양전을 실시하고 기록한 양안.

　제1경은 방전方田으로 몇 등급, 길이 100보, 너비 100보임. 사방 경계〔동쪽은 어디, 서쪽은 어디, 남쪽은 어디, 북쪽은 어디〕, 작년의 세액은 몇 곡斛으로, 아무개가 받음〔모년 모월 받음〕.

　○ 교체해 받은 경우, '찌지를 붙여 모년 모월에 아무개가 교체해 받음'이라고 쓰고, 식년式年[140]을 기다려 제대로 적음.

　○ 여리경閭里頃인 경우, '제1경은 방전으로 길이 100보, 너비 100보, 경계는 이러이러하며, 여리閭里'라고 쓴다.

　동쪽으로 제2경〔직전直田으로 몇 묘, 몇 등급, 길이 100보, 너비 몇 보임. 직답直畓으로 몇 묘, 몇 등급, 길이 100보, 너비 몇 보임〕 사방 경계〔동쪽은 어디, 서쪽은 어디, 남쪽은 어디, 북쪽은 어디〕, 작년의 세액〔전은 몇 곡 몇 두, 답은 몇 곡 몇 두〕, 아무개가

140　식년　과거 시험, 호적 작성 등을 정기적으로 실시하는 해를 가리키는 말. 통상 간지에 자·묘·오·유가 들어간 해가 식년이었다.

102

받음〔땅이 황폐하여 받은 자가 없으면 '황荒'이라 쓰고, 그것이 오래되었으면 '구황久荒'이라 씀〕.

남쪽으로 제3여전 몇 묘, 제전梯田으로 몇 등급〔길이 몇 보, 위쪽 너비 몇 보, 아래쪽 너비 몇 보임〕, 사방 경계〔동쪽은 어디, 서쪽은 어디, 남쪽은 어디, 북쪽은 어디〕, 작년의 세액은 몇 곡 몇 두, 아무개가 받음.

이상과 같이 세 가지를 예로 들었는데, 나머지도 모두 이로 미루어볼 수 있다. 농지가 동쪽으로 뻗어 있으면 '동'이라 쓰고 서쪽으로 뻗어 있으면 '서'라 쓰며, 각기 보수步數대로 순서를 정한다. 무릇 농지는 모두 방전의 너비 100보, 길이 100보를 기준으로 하되, 지세地勢가 그렇지 못한 경우에 자르고 보태어 사각형이 되도록 하는데, 직전이면 직전이라 쓰고 제전이나 규전圭田 등은 모두 그 형태대로 표시한다. 밭은 '전田', 논은 '답畓'이라고 쓴다. '畓'이라는 글자는 본디 우리나라에서 만든 것인데, 지금 편의한 대로 따라 쓴다.

만약 1경頃 내에 논밭이 같이 들어가 있으면 두 항목으로 나누어 쓰고, 각기 농지의 형태 및 보步·묘畝의 수와 등급을 갖추어 올린다. 전답의 면적에 대해서는 많은 것을 먼저 기입한다. 동서남북 사계를 표시하되, 밭이면 누가 받은 밭이라 하고 산이면 산이라 하며, 도로, 제방과 방죽, 시내와 도랑까지 모두 실제대로 기록한다.

각 향鄕[141]〔곧 지금의 이른바 면面〕 말단에 이상 몇 경 몇 묘 내에
　　여리전閭里田 몇 경 몇 묘 만약 성읍에 있는 면에는 위에다 별도로 성읍경이라 나열한다. ○ 참점站店 등은 별도로 아래에 나열한다.
　　간전墾田(개간한 농지) 몇 경 몇 묘 내에

---

141 우리나라에서 면에 해당하는 행정단위를 중국에서 향(鄕)이라고 일컫는데, 반계는 '향'을 택하고 있다.

사전土田 몇 경 내사생, 외사생과 상번上番에서 면제된 자도 아울러 기입한다.

9품 이상의 직관전職官田 몇 경

이례전吏隷田 몇 경

기병전騎兵田 몇 경 보保도 기입한다. 아래도 이와 같다.

보병전步兵田 몇 경

속오군전束伍軍田 몇 경

　내금위의 유친·유음과 충의위·충순위 및 진역의 이례, 수군과 조졸, 봉수군, 각처의 사후, 역호, 참호站戶, 목자, 공상 등 여러 잡색雜色 부류는 모두 낱낱이 나열해 기록한다.

황전荒田 몇 경 몇 묘[142]

○ 이상 1등전, 전田 몇 경 몇 묘 내에 몇 경 몇 묘는 간墾, 몇 경 몇 묘는 황荒.

　　　　　답畓 몇 경 몇 묘 내에 몇 경 몇 묘는 간, 몇 경 몇 묘는 황.

　　　2등전, 전 몇 경 몇 묘 내에 몇 경 몇 묘는 간, 몇 경 몇 묘는 황.

　　　　　답 몇 경 몇 묘 내에 몇 경 몇 묘는 간, 몇 경 몇 묘는 황.

　　　3등전, 전 몇 경 몇 묘 내에 몇 경 몇 묘는 간, 몇 경 몇 묘는 황.

　　　　　답 몇 경 몇 묘 내에 몇 경 몇 묘는 간, 몇 경 몇 묘는 황.

　　　4등, 5등부터 9등에 이르기까지 모두 사실대로 열거해 기록함.

○ 이상 간전에 전 몇 경 몇 묘, 지난해 세액이 몇 총總 몇 곡斛

　　　　답 몇 경 몇 묘, 지난해 세액이 몇 총 몇 곡

　그 안에 만약 사세전과 면세전이 있으면, '아무 군君의 사세전 몇 곡이라 하고, 학교전 몇 곡, 군자전 몇 곡, 역마전 몇 곡은 원세의 몇 곡을 셈해서 제하면 몇 곡이

---

142 〔두주〕 지금 비고 폐해진 곳을 모두 '진(陳)'이라 일컫는다. '진'과 '황' 두 글자는 통해서 쓸 수 있기도 하지만, 비어서 묵은 땅은 '황', 사람이 있으면서 묵은 땅은 '진'이라 한다. 그래서 매년 재해가 나거나 묵은 땅에는 '진' 자로 표기했다.

됨'이라고 표시한다.

각 고을의 문서의 맨 끝에 여러 향을 합해 통계를 내서 위와 같이 열거해 기록한다. 각 도에서도 여러 고을을 합하여 통계를 내서 마찬가지로 기록하며, 호조에서는 역시 여러 도를 통합하여 마찬가지로 기록한다.

농지 등급
35.
농지는 9등급으로 나누어 세액을 정할 것이다.
농지의 비옥도는 9등급으로 나누는데, 상상전上上田을 제1등, 상중전上中田을 제2등, 상하전上下田을 제3등으로 하며, 중상전中上田을 제4등, 중중전中中田을 제5등, 중하전中下田을 제6등으로 하고, 하상전下上田을 제7등, 하중전下中田을 제8등, 하하전下下田을 제9등으로 한다. 한결같이 그 소출의 많고 적음에 따라 정한다.

○ 농지를 9등급으로 나누는 것은 『서경』 「우공禹貢」편에 보일 뿐 아니라, 본디 그러해야 할 것으로 바꿀 수 없는 법이다. 중국 역대에도 모두 9등급을 썼는데, 우리나라에서는 6등급만 써서 소략함을 면치 못하고 있다. 의당 9등급으로 정해야 할 일이다.

지금 우리나라의 제도는 토지 등급의 고하를 6등급으로 나누고 있다. 6등에서부터 1등까지 생산량의 많고 적음이 서로 다르기가 4배나 된다. 그렇게 많은 차이를 두지 않아서 조세가 고르지 못하게 되며 게다가 백성의 신역身役 또한 편중되어 편하고 괴로운 정도가 일정치 않아 아무리 균등하게 하고 정사를 공평하게 하고자 해도 방도가 없다. 기왕에 농지를 백성에게 고르게 나누어주고자 할진댄 신역도 모두 고르게 해야 할 것이다. 전세田稅의 무겁고 가벼운 것은 필히 토지의 품질에 따라 크게 고르게 한 연후에 의당 9등급으로 나누어야 할 것이다. 5배로 차이를 두어야 그 실상에 적합할 것이다.

지금 9등으로 나누어 그 등급을 마련磨鍊[143]한다.

먼저 볍씨 1곡斛을 뿌리는 땅을 기준으로 지난해 매 등급의 소출된 피곡皮穀의 양으로 헤아려 정한다. ○ 10두斗를 곡이라 하는데, 곡은 석石과 같다.

소출 100곡을 1등전으로 한다. 지금 전석全石 50석.

○ 지금 우리나라 관행에 15두를 1곡이라 하며 이를 평석平石이라 칭하는데, 관부에서 쓰고 있다. 또 20두를 대곡大斛이라 하여 이를 전석이라 칭하며, 민간에서는 으레 피곡 20두를 1석으로 한다.[144]

소출 90곡을 2등전으로 한다. 지금 45석.

소출 80곡을 3등전으로 한다. 지금 40석.

소출 70곡을 4등전으로 한다. 지금 35석.

소출 60곡을 5등전으로 한다. 지금 30석.

소출 50곡을 6등전으로 한다. 지금 25석.

소출 40곡을 7등전으로 한다. 지금 20석.

소출 30곡을 8등전으로 한다. 지금 15석.

소출 20곡을 9등전으로 한다. 지금 10석.

문

여기 9등급에서 1등급까지의 차이를 5배로 하면 4배로 하는 것에 비해 분명히 더 정밀해지는 것이다. 다만 지금 농지의 품질이 5배로 차이 나는 데 그치지 않아 1두를 파종하는 땅에서 1석이 나지 못하는 곳도 있으며 7~8석이 나는 곳도 있다. 1석은 곧 20두로 전석이다. 이 책에서는 본래 10두를

---

143 마련 이두어로 갖추어 대비한다는 의미.

144 세종 때에 제정된 도량형으로, 단위는 흡(合), 승(升, 되), 두(斗, 말), 석(石, 섬)의 구분이 있었다. 10흡이 1승, 10승이 1두, 15두가 1석이 된다. 또한 전석과 평석의 구분이 있는데 전석은 20두, 평석은 15두로 정해져 있었다. 석과 곡(斛)은 통해서 썼다.

1곡으로 계산하였는데, 여기 이 단락에서는 시속을 좇아서 말한 것이다. 관습화된 것을 따라서 사람들이 쉽게 이해할 수 있도록 하였다. 그럼에도 5배로만 한다면 실제로 충분치 못한 점이 있지 않겠는가? 9배로 법식을 정해놓고 1, 2등급과 9등급은 평소에 쓸 필요 없이 다만 등급만 정해놓아서 그 토질이 다 좋아지기를 기다리는 것이 바람직하지 않겠는가?

답

처음에 나도 역시 그렇게 생각했다. 그래서 시험삼아 마련해보아 실제 사리에 맞지 않은 줄 알았다. 무릇 일이란 자신이 직접 경험한 연후에야 비로소 깊이 알 수 있으니, 막연히 공중에 띄워놓고 쉽게 말할 수 없는 것이다. 만약에 소출이 7~8석 되는 땅으로 1, 2등급을 삼으면 6, 7등급에 이르러서는 소출이 3~4석 되는 땅이 될 것이다. 1, 2등급은 실로 평상시에는 있을 수 없는 것이기 때문에 6, 7등급이 상용이 될 수밖에 없는데, 소출이 3~4석이 되는 땅도 늘 있는 것이 아니다. 이 점이 실제에 맞지 않는 것이다.

대개 소출이 7~8석이 되는 땅은 온 나라에 걸쳐서도 한두 곳에 불과하며, 4~5석이 나올 수 있는 곳도 찾아보기 아주 드물다. 4~5석으로 1, 2등급을 삼을 수 있으니 상용이 되기에는 타당치 않다. 거의 있을 수 없는 곳에 근거해서 많은 백성으로 하여금 과중한 세를 납부하게 되는 해를 입게 하느니보다는, 차라리 일반적인 상황을 표준으로 하여 한두 사람이 세를 가볍게 내는 혜택을 입게 하는 편이 낫다.

또한 소출이 1석도 되지 못하는 땅에 대해서도 말할 수 있다. 저 7~8석이 나오는 땅은 한낱 토지의 힘만이 아니요, 역시 기후가 적합하고 인력이 충분히 들어간 때문이다. 이 점으로 따져보건대 기후조건이 적합하고 사람의 노력이 충분히 들어가면, 아무리 토박한 땅도 소출이 1석도 못 되는 일은 없을 것이다. 농지에서 1석도 나오지 못하는 것은 큰 흉년이 든다거나 재해로 손상을 입는 경우일 것이다. 이런 때문에 연분법^{年分法}[145]이나 재상법災傷法[146]으로 고르게 해야 하는 것이다. 다만 이 5배의 법에 의거해서 땅의 등급을 정밀하게 하되 풍흉에 따른 구분을 분명히 하면 대체로 균등하게 될 것이다. 이밖에 달리 타당한 것이 있을지 모르겠다.

또 살펴보건대, 이른바 소출이 7~8석이 되는 곳은 온 나라에 오직 남방의 한두 곳뿐이며, 그 한두 곳도 기껏 몇 말을 파종할 수 있는 땅에 불과하다. 그 옆으로 연해 있는 논도 꼭 그와 비슷하지 않고 보통의 땅이 많다. 이 법은 1경 내에서도 비옥하고 척박한 땅이 섞여 있으니 그 토품土品의 고하를 헤아려서 적절히 등급을 정할 것이요, 더욱이 이를 법식처럼 하여 5배를 넘도록 하는 것은 옳지 않다.

다시 한 마지기의 토지를 상년上年, 중년中年, 하년下年으로 구분하여 셈하되 그 등급을 다음과 같이 정한다. 밭에 대해서도 콩이나 팥 등 그 소출이 반에 불과하더라도 의당 이 수량대로 정할 것이다.

상년에 10곡〔지금 5석〕, 중년에 8곡, 하년에 6곡이 나는 땅을 1등급으로 정한다.

상년에 9곡, 중년에 7곡 2두, 하년에 5곡 4두가 나는 땅을 2등급으로 정한다.

상년에 8곡, 중년에 6곡 4두, 하년에 4곡 8두가 나는 땅을 3등급으로 정한다.

상년에 7곡, 중년에 5곡 6두, 하년에 4곡 2두가 나는 땅을 4등급으로 정

---

145 **연분법** 해마다의 농작 상황을 등급화한 것으로, 기준 세액을 풍흉에 따라 조정하여 수취하기 위한 방식이다. 예컨대 세종 공법(貢法)의 경우 연분을 상상년에서 하하년까지의 9등급으로 마련했다.

146 **재상법** 해마다의 풍흉을 파악하는 것과는 별개로, 재상(災傷)을 입은 개별 필지에 대한 파악도 이루어졌는데, 이것이 재상법이다. 급재(給災) 또는 재면(災免)이라고 부르기도 한다. 예컨대 『경국대전·호전(戶典)』 '수세(收稅)'에 따르면, 전재상전(全災傷田)과 전진전(全陳田)은 면세하고, 반이 넘게 재상을 입은 전지는 그 정도에 따라 60~90%를 감세하였다.

한다.

상년에 6곡, 중년에 4곡 8두, 하년에 3곡 6두가 나는 땅을 5등급으로 정한다.

상년에 5곡, 중년에 4곡, 하년에 3곡이 나는 땅을 6등급으로 정한다.

상년에 4곡, 중년에 3곡 2두, 하년에 2곡 4두가 나는 땅을 7등급으로 정한다.

상년에 3곡, 중년에 2곡 4두, 하년에 1곡 8두가 나는 땅을 8등급으로 정한다.

상년에 2곡, 중년에 1곡 6두, 하년에 1곡 2두가 나는 땅을 9등급으로 정한다.

여기서 상년, 중년, 하년으로 나누어놓은 것은 풍흉을 통틀어서 하는 것은 옳지 않고, 다만 본 농지의 결실이 가장 좋으면 상년, 중간 정도면 중년, 평년작 이하면 하년으로 할 것이다.

여기서 이른바 하년이란 평년작 이하의 해이고, 극심한 흉년이나 재해를 입은 경우를 이르는 것은 아니다. 만약 극심한 흉년이나 재해가 들면 세를 거두는 것 또한 상·중·하로 나누어놓은 데 따르되 별도로 감해주거나 면제해줄 것이니, 여기에 함께 거론할 수가 없다.

지금 6등으로 나누는 것은 법을 제정한 본의가 정해진 기준이 없는 것은 아니로되, 양전의 관리는 자세히 알지 못하고 저마다 자기 생각대로 올리고 내리고 한다. 그래서 호남의 1등전은 영남의 1등전과 서로 다르며, 이 고을의 6등전은 저 고을의 6등전과 서로 다르다. 사방 주·군의 같은 등급의 농지를 비교해보면 토질의 좋고 나쁜 것이 실상 아주 다른 것이 많으니, 이는 그 당시 조목을 자세히 다 밝힐 수 없었던 데 까닭이 있다.

가장 좋은 땅이 1등급, 그다음이 2등급이 되어서 아래로 5등급, 6등급에 이르기까지 사람들은 확실히 알고 있지만, 어떠한 땅이 최상의 땅이 되고 어떠한 땅이 그다음 등급이 되고 어떠한 땅이 아래 등급이 되는지는 사람들이 적실히 알 수 없다. 그래서 이렇게 된 데 이른 것이다.

무릇 전제田制 및 이와 같은 조목은 측량해서 농지를 정할 때에 중앙과 지방에 반포하여 사신使臣[147]·수령守令·감관監官·색리色吏·전부田夫·만민萬民 등이 모두 등급을 나누는 본뜻을 환히 알도록 하여 등급을 나눌 때에 실상에 어긋남이 없도록 해야 할 것이다.

지금 민속에서는 20두를 1석으로 하는 것이 관습이 되어서 10두를 1석으로 하는 데 대해서는 알지 못하고 있다. 도량형의 제도는 의당 잘 따져서 개정을 해야 하는데, 지금 거행하는 전제에 있어서는 위에 마련한 석수石數를 우선 의당 지금의 석으로 고쳐서 마련하고 시행하여 농민으로 하여금 쉽게 이해하도록 하는 것이 옳다.

연분·재상

36.

연분年分은 3등급으로 나누어 세를 거둔다.

결실에 대해서 10분에서 5분 이상에 이르기까지 나누어 3등급으로 한다. 극실極實이면 상년이 되어 거기에 준해서 세를 거두고, 중실中實이면 중년이 되어 10분의 2를 감해주고, 평년작 이하는 하년이 되어 10분의 4를 감해준다.

○ **재해를 만나는 경우**, 홍수와 가뭄, 바람과 서리, 병충 등의 재해로 손실이 과반이 되는 것을 재해라 한다. **재해를 입은 비율에 따라서 수를 나누어 세를 감해준다.**

재해가 10분의 6이 되는 경우 세를 10분의 6 감해주고, 재해가 10분의 7이 되는 경우 세를 10분의 7 감해주고, 재해가 10분의 8이 되는 경우 세를 10분의 8 감해주고, 재해가

---

147 사신 왕명을 받고 외국이나 지방에 파견된 신하. 국내에 파견된 사신은 관직 끝에 '사(使)' 자가 붙는 관직으로, 안찰사(按察使)·관찰사(觀察使)·체찰사(體察使)·어사(御使)·병마절제사(兵馬節制使)와 같이 사실상 정규 관원으로 기능하는 사신과 사건이 있을 때마다 파견되는 임시 사신이 있다. 사신은 왕의 명령을 대행하므로 일반 관원과는 다른 대우를 받았다. 즉, 각종 의례에서 자신의 품계와는 관계 없이 높은 대우를 받았으며, 사신이 지나갈 때면 관찰사와 지방관이 반드시 영접해야 했다.

10분의 9가 되는 경우 세를 10분의 9 감해주며, 온통 재해를 입은 경우 면세를 해준다.

○ 무릇 연분와 재해에서 감해주는 비율은 각각의 본래의 등급을 적용한다. 가령 1등전의 1경이면 상년에는 세 10곡, 중년이면 세 8곡, 하년이면 세 6곡을 받는다. 그런데 10분의 6의 재해는 4곡, 10분의 7의 재해는 3곡, 10분의 8의 재해는 2곡, 10분의 9의 재해는 1곡을 받는다. 또 가령 9등전의 1경이면 상년에는 세 2곡, 중년이면 세 1곡 6두, 하년이면 세 1곡 2두를 받는다. 그런데 10분의 6의 재해는 8두, 10분의 7의 재해는 6두, 10분의 8의 재해는 4두, 10분의 9의 재해는 2두를 받는다. 전재全災[148]의 경우 여러 등급의 전지에 대해서 모두 그 세를 면해준다.

위의 문제에 있어서 대풍년이 아니면 상년으로 정해서는 안 되고, 풍년이 아니면 중년으로 정해서는 안 되며, 평년작 이하이면 대체로 하년으로 정해야 할 것이다. 대흉년이 되면 대부분 재해로 정해질 것이요, 재해로 정해진 농지는 의당 그 비율에 따라서 세를 감해줄 것이다. 대개 상년이 항상 있을 수 없는 것은 1, 2등급의 농지가 늘 있을 수 없는 것과 마찬가지다.

안설

살피건대 지금 연분을 9등급으로 나누는 규정은 상세하지 않은 것은 아니다. 그러나 연분의 하지상下之上 이하는 곧 재해가 10분의 6 이상이 되는 것이니, 사실상 한 가지 일이지만 두 가지를 다 적용하는 셈이다. 그래서 재해의 등급을 이미 10분의 9까지 인정해주고 연분 또한 하지하下之下까지 이를 수 있으니, 이는 한 농지에 대해 중첩해 감해주는 셈이다. 근세에 세정稅政이 문란해져서 연분을 으레 하지로 정하고 있으니, 이른바 재해란 것은 도리어 법 밖의 법이 되고 있다. 이 때문에 재해를 인정해주는 해에는 나라에 세를 거두어들일 곳이 없으며, 재해를 인정해주지 않는 해에

---

148 전재 수확을 전혀 기대할 수 없을 정도의 재상(災傷), 혹은 그러한 농지. 이런 경우는 전부 면세를 했다. 앞의 '재상법' 참조.

는 재해를 입은 자가 온통 억울하게 된다. 근세에는 때문에 재해를 인정해주지 않는 해가 있는데, 이 또한 옛 제도가 아니다.

이를 보면 연분 9등의 법은 치밀하게 하려다가 오히려 성글게 되는 것임을 알겠다. 지금 일반적인 부세賦稅는 지극히 가볍고 잡역이 도리어 무거워 고르지도 않고 공평하지도 않으니, 뇌물이 버젓이 행해지는 폐해는 모두 여기에 원인이 있다. 연분을 3등급으로 하고 거기에 붙여 재해를 정해주는 것이 오히려 더 좋겠다.

여러 등급의 1경에 대해 세를 거두는 수치

소출의 20분의 1을 받는데, 피곡 1곡에서 쌀 5두가 나는 것으로 기준을 삼는다.

○ 지금 피곡은 1곡에 쌀 5두가 나오지 않는 경우가 많으므로, 대략 15분의 1을 받고 있다. 관에서 15분의 1을 거두어들이면 수납輸納하는 과정에서의 비용을 따져보더라도 민간에서 납부하는 것은 10분의 1이 넘게 된다.

1경의 등급	작년 수확량	세미稅米			6분재	7분재	8분재	9분재
		상년	중년	하년				
1등	400곡 (지금의 200석)	10곡	8곡	6곡	4곡	3곡	2곡	1곡
2등	360곡	9곡	7곡 2두	5곡 4두	3곡 6두	2곡 7두	1곡 8두	9두
3등	320곡	8곡	6곡 4두	4곡 8두	3곡 2두	2곡 4두	1곡 6두	8두
4등	280곡	7곡	5곡 6두	4곡 2두	2곡 8두	2곡 1두	1곡 4두	7두
5등	240곡	6곡	4곡 8두	3곡 6두	2곡 4두	1곡 8두	1곡 2두	6두
6등	200곡	5곡	4곡	3곡	2곡	1곡 5두	1곡	5두
7등	160곡	4곡	3곡 2두	2곡 4두	1곡 6두	1곡 2두	8두	4두
8등	120곡	3곡	2곡 4두	1곡 8두	1곡 2두	9두	6두	3두
9등	80곡	2곡	1곡 6두	1곡 2두	8두	6두	4두	2두

위의 세稅로 거두어들이는 실제 수치 안에서 조세漕稅[149]와 유세留稅[150]

로 구분을 해야 한다. 유세는 겨울에 받아들이며, 조세는 봄에 받아들인다.

조세는 서울로 운송해 가는 부분이니, 지금의 전세田稅와 같은 것이다. 유세는 본 고을에 남겨두어서 경상비로 쓰는 부분이니, 지금의 대동유하미大同留下米151와 같은 것이다. 대소 관리의 녹봉과 제반 경비에 들어가는 비용을 헤아리고, 또 과외의 수요로 저축해둘 것을 헤아려서 유세의 수치를 잡을 것이다. 만약에 경상으로 들어갈 것이 3000곡이라면 유세의 분량은 4000곡으로 정하여 과외의 예상치 못한 수요에 대비해야 한다. 연말에 쓰고 남는 것이 있으면 매양 상평창常平倉152으로 귀속시켜서 전란과 흉년에 대비할 일이다. 그 나머지는 조세가 된다. 두 가지는 정해진 구분을 두어 유세는 겨울에 본 고을로 납입하고, 조세는 봄에 창倉153이 있는 곳으로 납입한다.

○ 서북과 동북 변경 같은 곳은 전세田稅를 전부 남겨서 군량미로 삼으며 서울로 운송하지 않는다. 그럼에도 역시 필히 겨울과 봄으로 구분하여 징수할 것이다.

문

이 9등급 아래로 또 따로 한 등급을 두어서 원세原稅 15두를 비율로 삼아 등급 밖의 아주 척박한 농지에 적용하면 어떠한가?

답

토지의 등급에 대해서는 이미 위에서 논했다. 설령 저처럼 척박한 땅이 있다 하더라도 응당 재災로 처리가 되어 따로 등급을 두지 않아도 자연히 세를 감하게 될 것인데, 무엇 때문에 다시 번거롭게 등급을 설정할 필요가

---

149 **조세** 중앙정부에 올라가는 세. 배로 운송하기 때문에 조세라고 한다.
150 **유세** 세 중에서 본 고을의 제반 경비에 쓰기 위해 남겨두는 부분을 지칭하는 말.
151 **대동유하미** 대동미 중에서 중앙으로 올려보내지 않고 남겨두는 부분을 가리키는 말.
152 **상평창** 물가 조절을 위해서 설치한 기구. 항시 양곡을 비치해두어서 곡가(穀價)의 등락에 대비하는 것이다.
153 **창** 중앙으로 올라가는 세곡을 수합하기 위해 설치한 창고를 가리킴. 전라도에는 법성창, 경상도에는 마산창이 있었다.

있겠는가? 만약 꼭 두지 않아도 되는데 따로 한 등급을 두게 되면 그 번거로운 폐단이 또한 작지 않을 것이다. 위의 도표는 실로 지극히 공정하여 바꿀 수 없는 법식인데, 만약에 다시 또 보태고 빼고 하게 되면 공평함을 잃어 도리어 백성을 해치는 단초를 열게 될 것이다.

무릇 세를 거두어들이는 폐해는 참으로 백성에게 피해를 끼치는 큰 문제요, 지나치게 가벼우면 이 또한 정당한 법이 아니다. 경상의 쓰임에 부족함이 있으면 필시 항목 밖의 거두어들임이 있게 되어 백성은 거듭 고통을 당할 것이다. 때문에 10분의 1의 세를 거두는 것은 천하의 적정한 방도이다. 많으면 걸桀의 법이고, 적으면 맥貊의 법이다.[154]

○ 위에서 9등급 100묘에 원세를 20두로 한 것은 본디 가벼운 줄로 알았지만 혹시 실제 소출이 계산한 것보다 적을 우려가 있으니, 그렇게 되면 세를 가볍게 해줬다고 하더라도 백성은 실제로 곤란하게 되니, 고민하지 않을 수 없다. 고려의 제도를 보건대 1결의 세가 30두요, 하전下田 1결은 이 법에서 90여 묘인데, 공적으로나 사적으로나 모두 부족하지 않았다. 이와 같은 것을 본 다음에 마음이 편안해졌다. 후세에 정사가 어지러워져서 조정에서는 규정 밖의 부세를 많이 정하며, 탐관들은 따라서 포악하게 되고, 토호들은 이익을 독차지하며, 교활한 아전들은 뇌물을 요구하여 백성을 해치는 일들이 하나가 아니었다. 그러므로 백성은 삶을 영위하는 데 즐거울 수 없었다. 결단코 위의 규정이 실로 공정하여 여기에서 보태고 빼고 할 수 없음을 알고, 오직 응당 양입위출量入爲出을 생각하여 삼가 조금이라도 과외의 잡역을 부과하는 일이 없어야 할 것이다.

지금 밭에 대해서는 으레 재결災結을 인정하지 않고 있는데, 이는 심히 옳지 않다. 재해가 든 해에는 밭이나 논을 물론하고 모두 사실대로 재결을 인정해야 할 일이다. 또 한 경頃 내의 농지가 혹 재해의 경중이 다르더라

---

154 걸은 중국 은나라의 마지막 임금으로 포악한 정치를 행하였으며, 맥은 변방의 나라이다. 『맹자·고자(告子) 하』에서 걸이 백성에게 세를 많이 뜯어낸 것도 나쁘지만, 맥이 세를 적게 받은 것도 좋지 않은 방도라고 비판하였다.

도 논과 밭으로 나누어져 있거나 또는 두 사람이 나누어 받은 것이 아니라면, 그 경중을 헤아려서 같은 기준으로 정해야 할 것이요, 그 안에서 재해의 등급을 다르게 정해서는 안 된다. 곧 시속에서 이른바 내재內災이다. 이는 농지의 등급을 나누는 예와 마찬가지이다.

또 살피건대 이전 시대에는 재해에 대해서 8분 이하는 모두 면세를 하였는데, 이는 실로 백성을 위한 뜻이었다. 그런데 8, 9등급의 농지라면 8분재八分災의 세수는 전재全災와 별 차이가 없다. 1등전이라면 8분재의 세수는 20두가 되니, 9분재를 두어 8분재와의 차이를 고르게 하지 않을 수 없다. 그렇지 않으면 한 경 안에서 구역을 나누어 재해를 지정한 다음에라야 될 것이다. 그런데 내재內災의 법은 교활한 아전들이 사욕을 취하는 것이 더욱 쉬워지고 장부가 번거롭게 되니, 전정田政의 문란은 모두 여기에 원인이 있게 된다. 실로 전정이 문란해지고 부세로 거두어들이는 것이 공평치 않으면 백성을 위한다 하는 것이 곧 백성을 해치는 것이 되니, 이것이 바로 내재의 법을 결코 행할 수 없고 9분재를 쓰지 않을 수 없는 까닭이다. 더구나 9분재는 면세해주는 것은 아니더라도 10분의 1을 취하는 것은 실상 그대로이다. 백성과 더불어 풍흉에 다 함께 대처하는 참으로 지극히 공평한 방법이다. 옛 정전법 또한 이와 같았다. 대체로 법을 만드는 것은 지극히 공정한 데 이르러야 한다. 백성을 각별히 도와주려고 한다면, 오직 그 시기에 맞추어 마땅함을 헤아려야 한다.

문
만약에 진황陳荒[155]과 재결災結을 인정하는 경우 수세는 응당 감해주어야 할 일이다. 해당 경에서 보부保夫와 보포保布는 어떻게 해야 할 것인가?

---

155 진황 경작하지 않고 묵은 농지를 진전(陳田) 또는 진황이라 한다. 이런 경우에 원칙적으로 면세를 하게 되어 있다.

답

공전법公田法에서는 농지를 계산하여 병을 낸다 하더라도, 이는 다만 농지에 맞추어 사람을 배정하는 것일 뿐이다. 군역이란 본디 신역身役[156]에 해당하는 것이므로 재해와는 관계가 없다.

조세와 유세, 두 종의 세액을 배분하는 것은 상세히 심의하여 정하지 않을 수 없다. 만약에 유세의 부분을 적게 했다가 주州·현縣에 일이 생겨 비용을 마련하도록 독책을 받으면, 그로 인해 폐해가 생기게 된다. 부세 외의 징수와 규정을 벗어난 부역이 없을 수 없어 백성은 중복해서 징수를 당하고 나라도 병들게 될 것이다. 이 점은 처음부터 응당 가장 깊이 우려해야 할 바이다. 또한 주·현에 여유가 있는 것은 서울의 창고에 물자가 비축되어 있는 것과 다름이 없다. 필히 온 나라에 모두 저축이 있는 연후라야 전란과 흉년에 우환이 없을 것이다.

농지 등급의 산정

37.

무릇 농지의 등급을 정할 때에는 반드시 토질의 비옥도를 자세히 조사하고, 또 모름지기 논은 수원이 있는가 없는가를, 밭은 평탄하냐 건하냐 습하냐를 살펴보아 일일이 실상대로 등급을 정해야 할 것이다.

말하자면 논의 토질이 본래 6등급에 해당하는데 수원이 부족한 경우, 등급을 낮추어 7등급으로 하는 등이다. 모두 응당 그 실태를 헤아려서 정할 것이다.

○ 지금 사람들이 사는 마을 주변의 땅은 으레 1등전으로 하며, 역驛이 있는 주변의 땅은 많이 높은 등급으로 정하여 결수를 맞추는데, 이런 일은 매우 타당치 못하다. 역 주변의 땅도 응당 실정대로 하며, 여리경에 대해서는 이미 앞에 나와 있다.

---

156 신역 인신(人身)에 부과되어 수행하는 역이다. 곧 군역이나 부역, 공·사노비의 노동 등이 이에 해당한다.

38.

한 경 내에서 비옥하고 척박하기가 달라서 둘로 나뉜다면 양쪽을 헤아려 중간 치를 잡아서 등급을 정할 것이다.

지금 한 농지 안에서 한쪽은 비옥하고 다른 쪽은 척박하더라도 두 등급으로 나누지 않는다.

○ 비록 한 경 내라 하더라도 논과 밭이 함께 들어 있으면 각기 그 실태대로 등급을 나눌 것이다.

논과 밭은 모두 응당 소출의 많고 적음을 살펴서 규정에 따라 등급을 정할 것이다. 무릇 밭은 논에 비하여 차별이 있기 마련이다. 밭은 1년에 2번 벌어 먹더라도 밭의 소출은 끝내 논의 소출에 미치지 못한다. 1등급의 밭을 1등급의 논과 비교해보고 9등급의 밭을 9등급의 논과 비교해보더라도, 모두 다 밭이 논에 미치지 못한다. 이 때문에 논이 아무리 척박하여도 9등급이 드물고 밭은 아무리 비옥하여도 1등급이 없다. 땅을 헤아려서 등급을 정하는 자는 의당 이 점을 알아야 할 것이다.

39.

1, 2등급은 설정만 해두고 거기에 해당하는 땅이 있기를 기다릴 것이요 매 도道 마다 꼭 둘 것은 없다. 3, 4등급 역시 매 고을마다 둘 것이 없다. 나머지도 모두 이 로 미루어 한결같이 그 실제대로 할 것이다.

1, 2등급은 전혀 없으며 3, 4등급은 더러 있으나 어디에나 있는 것은 아니다. 대개 그 땅의 소출이 많고 적은 실제에 따라서 정하면 자연스럽게 공평하게 될 것이다.

○ 바다나 호수에 제방을 쌓아 만든 농지는 아무리 땅이 좋더라도 일반 농지에 견주어 2등급을 낮추어 정할 것이다.

40.

토질의 등급은 처음에 정한 것이 혹 정밀하지 못한 점이 있는 경우 추가로 바로 잡도록 허용해야 할 것이다.

부세의 경중과 민생의 고락은 전적으로 농지의 등급을 정하는 데 달려 있다. 혹시라도 고르지 못하면 영구히 무한한 피해가 있을 것이라 모름지기 정밀함을 다한 연후에 그만둘 것이다. 만약에 정밀하지 못한 것이 있으면 백성이 관에 신고하도록 하되 온 동리 사람들이 여러 농지와 비교하여 공론이 올라오기를 기다린 다음, 수령이 몸소 답사하여 사실 여부를 살피고 관찰사에게 개정할 것을 보고할 것이다.

○ 법이 기왕에 시행된 지 오래되어 거의 공정하지 않음이 없는 다음이라면 필히 식년式年을 기다릴 것이요 바로 바꿀 것을 허락해서는 안 된다.

41.

새로 개간한 땅은 첫해에는 세를 면해준다. 한전閑田과 진전陳田으로 받은 것은 여기에 해당하지 않는다. **수목이 숲을 이룬 곳은 2년간 세를 면해준다.** 이는 평지로서 항구적으로 경작을 할 수 있는 땅을 가리킨다. 산에 불을 질러 곡식을 심은 곳은 여기에 해당하지 않는다. **바다나 호수에 제방을 쌓아 만든 농지는 3년 동안 세를 면해준다.** 무릇 새로 개간하여 세를 거두어들이지 않는 경우 또한 병兵을 내지 않는다.

부세 산정

42.

무릇 부세賦稅는 논에는 벼로 밭에는 좁쌀이나 콩으로 받는다.

무릇 밭에 대한 세는 좁쌀이나 콩으로 내는데, 10분의 4는 좁쌀로 10분의 6은 콩으로 한다.

○ 나라의 쓰임으로 말하건대 좁쌀이 더 필요하고 콩은 쓰이는 곳이 많지 못하다. 그렇지만 좁쌀이 많으면 밭을 가지고 있는 자는 세가 너무 무거울까 걱정이 되는 까닭에 이렇게 정한 것이다. 만약 사방의 각처에 곡식이 나는 것이 같지 않아 좁쌀과 콩에 경중이 없는 지역이 있다면 응당 다시 적절함을 따라 편한 대로 할 것이다. 지금 관행이 관서지방의 밭은

10분의 4는 좁쌀로 10분의 6은 콩으로 세를 내며, 영북嶺北¹⁵⁷으로 말하면 3분의 2는 좁쌀, 3분의 1은 콩으로 내고 있는데, 백성에게 어떻게 하는 것이 편리한지 여부는 알 수 없다. 만약 과연 토지에 적절하고 백성에게 편하여 균등을 취하는 뜻에 맞는다면, 이와 같이 변통을 하는 것 또한 좋다.

전세로 받는 콩의 경우 국가 경비에 소요되는 것 외에는 예로부터 명주 및 면포, 마포麻布, 저포苧布 등으로 계산해서 상납하는 규정이 있었으니, 이와 같이 해도 좋을 것이다.

43.

산에 불을 질러 좁쌀을 심은 땅은 해마다 그 경작하는 땅을 헤아리되 경묘법에 따라 세를 거둔다.

무릇 산에 불을 질러 좁쌀을 심은 땅은 평지의 땅에 비해 세가 조금 가볍기 때문에 유민들이 다투어 몰려든다. 지금 좁쌀 1승升을 뿌리는 땅이라면 좁쌀 2두를 세로 내도록 한다. 그런데 남북의 토질이 같지 않아서 곡식을 뿌림에 배고 성글고가 달라 일괄해서 말할 수 없고, 역시 일괄해서 등급을 정할 수 없다. 그 땅의 넓이에 따라 법에 의해서 경묘를 셈하며 그 등급을 책정해서 세를 거두는데, 위로는 3등을 넘지 않고 아래로는 7등까지 내려오지 않게 한다. 이는 남북의 토지를 일괄해서 정할 수 없기 때문에 이와 같이 한 것인데, 한 고을 내에서도 두 등급을 쓰는 것이 불편할 것이다.

○ 오로지 화전火田만 벌어먹고 호적도 없는 자는 한호閑戶¹⁵⁸로 취급하여 3일의 역을 내도록 하고, 또 경묘법으로 1경이 되면 1부夫를 내어 1일의 역을 지도록 한다.

안설

살피건대 화전은 법이 응당 금해야 할 것이니, 유민이 역을 도피하는 근거지가 될 뿐만이 아니다. 산림과 천택川澤은 각기 용도가 있어서 모두 적의한

---

157 영북 마천령 이북으로 주로 함경도 지역.
158 한호 나라에 역을 지지 않는 민호를 가리키는 말.

용처가 있으니 재목이 자라지 않고 짐승이 살 곳을 잃게 되면, 왕도의 정치라 할 수 없다. 산골짜기에 밭이 적은 곳으로 원래 살던 백성이 벌어먹고 살고 있거나 산비탈이라 해도 밭으로 벌어먹을 만한 곳 외에는, 모든 산 중턱 위로는 응당 불을 질러 경작하는 행위를 금해야 할 것이다.

44.

무릇 전지는 매년 9월 초에 절기에 따라서 함. 수령이 연분年分**의 등급을 심의하여 정한다.** 읍내와 사방의 면을 각기 등급에 따라 나눔. **관찰사는 다시 심의하여 계문**啓聞[159]**하고, 의정부, 육조, 한성부가 함께 의논하여 다시 계문하고 세를 거둔다.** 연분 3등과 세를 거두는 숫자는 위에 나온다. ○ 평안도의 청천강 이북 고을 및 함경북도는 3분의 1을 감해주며, 서북[160]의 최변경 고을 및 제주도의 세 고을은 반으로 감해준다.

○ **재상전**災傷田**과 병으로 인해서 경작을 하지 못해 완전히 진전이 된 경우 아울러 전부**田夫**의 보고를 받고 나서 향정**鄕正**이 직접 조사하여 8월 보름 전에 수령에게 보고하며,** 전부가 만약에 사고로 인해서 스스로 보고를 하지 못한 경우 통장과 이정이 보고하며, 통장과 이정이 미처 보고하지 못한 경우 향정이 문서를 만들어 보고해도 좋다. **수령이 또한 직접 조사해 사실을 확인하고 관찰사에게 보고한다.**

관찰사는 장부에 올린 다음 보고한 바의 입안立案**을 수령에게 돌려주고, 9월 초에 숫자대로 계문한다.** 파발 및 현령懸鈴[161]으로 함. **그리고 즉시 차관**差官[162]**을 파견해서 미리 뽑아서 기다렸다가 즉시 보낸다.** 농지에서 거두어들이기 전에 각 도를 좌우로 나누고 땅이 넓은 곳은 3~4곳으로 구분한다. 하나일 경우 지금의 예에 따라 도사都事를 그대로 차임한다. **위의 장부에 올린 것과 입안된 것을 증빙으로 삼아 살펴보고 재심하여 계문하고 조세를 정한다.** 온통 재상전이 되거나 진전이면 면세를 해주고,

---

159 계문 신하가 임금에게 보고하는 것을 가리키는 말.
160 서북 과거 국토의 서북방 국경을 끼고 있는 지역을 이르는 말. 일반적으로 평안도와 함경도를 아울러 서북 지역이라고 하는데, 경우에 따라 평안도와 황해도를 지칭하기도 한다.
161 현령 공문을 보낼 때 급한 정도에 따라 방울을 다는 것. 가장 급한 경우 세 개까지 달았음.
162 차관 임시로 파견하는 관원.

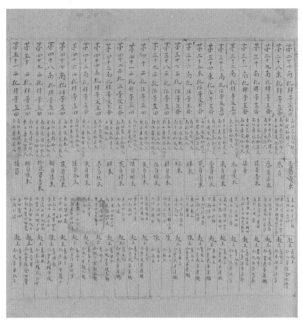

경자양안
상주목에서 경자년庚子年(1721)에 기록한 양안

재상災傷이 절반이 넘은 경우 10분의 6에 이르면 10분의 6을 면세하고 10분의 4의 세를 거둔다. 10분의 9에 이르도록 모두 이 예에 의거한다.

만일 전부가 진전과 재해를 허위로 보고하거나 해당 관리들과 공모하여 속이는 자가 있는 경우, 1묘에서 10묘에 이르기까지는 태笞 10도를 가하며, 매 10묘마다 가일등加一等을 하여 벌을 주되 장杖 100대에 그치고 변경으로 보내 병사가 되도록 한다. 그 허위로 보고한 농지는 경지가 없는 자에게 넘겨주며, 그해의 소출은 관에서 몰수한다. 수령에 대해서는 1경당 1개월 녹봉의 반을 삭감하고 매 1경이 증가됨에 따라 그대로 1개월 녹봉의 반을 더 삭감하며, 13경 이상이 되면 파출罷黜한다. 그리고 실정을 알고도 허위로 보고한 것이 1경 이상이 되면 고신告身[163]을

---

163 고신 관원에게 품계와 관직을 수여할 때 발급하던 임명장. 1품에서 4품까지는 국왕이, 5품 이하는 문반의 경우 이조에서 무반의 경우 병조에서 발급하였다. 고신을 전부 빼앗는다 함은 그

전부 빼앗는다.

○ **새로 개간한 농지 또한 관찰사에게 보고하되,** 개간 초기에 이미 관에 보고하고 장부를 만든다. 이때 수령이 열거해 기록하여 보고하며, 면세에 해당하는 것은 아울러 그 문제점을 덧붙여 기록한다. **위의 재해와 진전도 동시에 계문할 것이다.**

예전의 관례에 재상을 심사할 때 무릇 전부는 각자 자기의 농지에 팻말을 세우되 자호字號와 부수負數와 전부의 이름을 써서 표시를 하였다. 십수 년 전만 해도 이를 볼 수 있었는데, 지금은 패를 세우는 것을 볼 수 없다. 백 가지 일이 이 지경에 이르렀다!

문

지금 이른바 연분이라는 것을 수령은 무슨 일인지 알지 못하고 아래 아전들이 주관해하고 있다. 아무리 풍년이 들더라도 으레 하하下下로 등급을 매기는 것은 말할 것도 없다. 이른바 재상 문서란 것도 해마다 전적으로 양안量案을 베껴서 3부를 작성하여 위로 감영과 호조에 올리니 그 비용이 한없이 들어가서 아전들이 글씨 쓰는 역사를 감당할 수 없는 지경이다. 이것을 이렇게 둘 것인가?

답

가을에 작성하는 문서는 다만 진전陳田, 재전災田 및 신간전新墾田을 뽑아서 열거해 기록할 따름이다. 어찌 그렇게 될 것인가? 이는 본디 근세의 폐단이다.

문

실로 마땅히 그러하다. 다만 경작지를 실사할 때에 필히 양안의 사표四標[164]가 다 갖추어진 다음이라야 분명해서 의심이 없게 된다. 경차관敬差官이 순시할 때에 단지 이 문건만 가지고 있으면 혹시 간활한 아전들이 속여먹거나 적식摘埴[165]하는 폐단이 없지 않겠는가?

가 역임한 벼슬을 모두 무효화한다는 의미이다.

164 사표 사방의 경계를 표시한 것. 논밭이나 산 등의 위치를 나타내는 데 씀.

165 적식 지팡이로 땅을 두드리며 더듬는 것을 가리키는 말. '명행적식'(冥行摘埴, 어두운 곳을 지팡이로 더듬거리며 감)이라는 관용어가 있다.

답

경차관이 순시할 때에 각 고을에서는 모두 마땅히 문서를 다 갖추어 휴대하고 경계상에 나와 대기해야 할 것이다. 지금 아무리 문서를 다 베껴 올리더라도 공연히 감영에 비치해두고 경차관은 그것을 가지고 나오지 않는다. 만약 가지고 나오도록 한다면 한 도의 전안田案은 그 수량이 극히 많은데 어떻게 다 싣고 다니겠는가? 이로움이 없을 뿐만 아니라 도리어 큰 폐해만 있을 것이다.

45.

해마다 그해 각 경頃의 조세의 실수實數를 쭉 계산하여 매 10석〔10두를 1석으로 하니 곧 1곡〕에 총수總首〔시속에서 이른바 의주矣主[166]라 하는 것〕를 배정해서 조세를 납부하도록 한다. 무릇 관지官支[167]로 소요되는 땔감, 건초, 숯 및 빙정氷丁도 이와 같이 지금의 예에 따라 마련할 것이다.

예컨대 지금 8결에 건초 몇 속, 땔감 몇 속, 빙정 몇 명 등속이다.

○ 왕자와 공신의 사세전은 건초, 땔감, 숯을 아울러 본 고을이나 영·진에 납부하고, 향교전과 역전은 세를 납부하는 곳에 바친다. 목자전牧子田·참점站店·진도전津渡田은 아울러 면해준다.

문

이제 8경에 총수 하나를 두어서 조세 등의 일을 맡도록 하면 될 것이다.

답

이렇게 한다면 각 경에서 거두어들이는 것이 경중이 같지 않고 남고 부족한 것이 가지런하지 않아 일에 불편을 줄 수 있다.

---

166 의주 이두어로 '주비의 주인'이라는 말. 같은 성질의 것을 묶는 것을 주비라 하는데, 여기서는 세수를 위해 주민을 묶은 단위를 말한다. 이 집단을 대표하는 자를 의주라고 이른 것이고, 이를 곧 총수라고 칭한 것이다.
167 관지 관에서 쓰는 물자.

문

이건 실로 그렇다. 다만 처음부터 결법結法으로 하면 그대로 결법으로 쓰는 것이 타당하다. 근본은 경법으로 하면서 끝에 석石으로 쓰면 조리에 타당하지 않은 것 아닌가?

답

지금의 결법은 당초에는 결로 정했지만 해마다 진전과 재해를 제하고 실정대로 결을 정하고 보면 해마다 바뀌어 또한 본래의 결대로 될 수가 없다. 경법은 경으로 정하고 석石으로 세를 총괄하면, 이것이 원리와 응용의 마땅함이다. 사리가 의당 이러한 것이다.

문

농지를 경으로 정했으면 세를 거두는 것 또한 경으로 해야 이치가 자연스러운 것 같다. 그런데 세는 석으로 해야 타당함을 얻을 수 있다고 한 것은 무엇 때문인가?

답

무릇 사물의 이치는 원리[體]와 응용[用]이 서로 맞물리고 모난 것과 둥근 것이 서로 결합이 되어야 한다. 이런 까닭에 하도河圖는 둥근 것을 본으로 삼고 모난 것을 용으로 삼으며, 낙서洛書는 모난 것을 본으로 삼고 둥근 것을 용으로 삼는다.[168] 대개 사물이란 모두 다 이와 같은 것이다.

46.

무릇 경상비는 한결같이 경세經稅[169]로 쓰며 일체의 다른 부賦는 부과하지 않는다.

경상의 부 외에 조금도 백성에게 징수하지 않도록 한다. 지금 공납, 진상, 일체의 요역,

---

168 『주역』이나 『서경』 등에 "하수에서 도가 나왔고, 낙수에서 서가 나왔다[河出圖, 洛出書]" 등의 문자가 보이는데, 낙서를 팔괘와 홍범구주의 기원으로 생각해왔다. 송나라의 소옹(邵雍)이 하도는 원(圓), 낙서는 방(方)과 연계시켜 설명한 바 있다.
169 경세 반계가 제안했던 개념으로, 조(租)와 공물(貢物)을 통합해서 세를 부과하자는 취지였다.

쇄마刷馬,[170] 인부人夫[171] 등의 일 같은 것은 모두 경상비에서 정식으로 계산해 지출하기를 지금 경대동京大同[172]의 예에 의해서 시행할 것이다.「후록後錄」에 자세히 나온다.

부역

47.

직사職事가 없는 자를 한호閑戶라 하는데, 매 1호에 해마다 3일의 역을 지게 한다.

무릇 농지를 받지 않고 장부에 이름이 없이 노는 자를 한호라 하는데, 매년 수령은 장부를 조사해서 해마다 역을 지우되 3일을 초과하지 않도록 한다. 만일 일수를 초과하면 고르게 조정하여 나오도록 한다.

○ 한호는 일정한 업이 없이 놀며 사·농·공·상의 명부에 올라 있지 않은 자를 이른다. 홀아비, 과부, 부모 없는 고아, 자식 없는 늙은이, 장애인의 경우는 여기에 해당하지 않는다.

문

농지를 백성에게 고르게 분배하고 나면 저절로 역에서 누락되는 사람이 없을 것이다. 그런데 또 직사가 없는 자를 조사해내면 역이 있는 자의 자제로 동거하는 사람은 침해를 입을 수 있으니, 일을 번거롭게 하여 생기는 폐단이 있지 않겠는가?

답

기왕에 한호로 잡았으면 동거하는 사람은 응당 피해가 있을 수 없다. 만약에 따로 살아서 별호로 되어 있으면, 아무리 자제라도 자연히 직사가 없

---

170 **쇄마** 지방에 배치해두었다가 관용으로 사용하는 말. 이에 따른 비용을 쇄마가(刷馬價)라 했음.

171 **인부** 관용의 쓰임에 소용되는 인력. 이에 따르는 비용을 인부가(人夫價)라 했음.

172 **경대동** 대동법이 전국적으로 실시되기 전 서울 지역에 한해 시행되었던 것을 가리킨다. 반대동(半大同)이라고도 한다. 경대동의 논의는 1623년에 시작되어 1625년 2월 7일에 종결되었다. 대동법을 전국적으로 시행하기 위해 정책적 의지를 다지고 대동법을 시행하기 위한 대동사목(大同事目)을 검토했다. 결론적으로 이 경대동법은 실패하지만 이때의 경험이 이후 대동법에 대한 논의가 진척되는 데 기여하였다.

는 자가 된다. 옛날에는 농지를 받지 않는 사람이 없도록 했고 또 부가지정夫家之征[173]의 법이 있었다. 정히 전정田政을 확실히 세워 서로 침탈함이 없도록 한 것이다.

살피건대 지금 없을 수 없는 잡역들은 모두 응당 품삯을 주어서 이를 경비 속에 포함시켜야 옳을 것이다. 그런데 주州·현縣의 형세로 말하면 완전히 사람을 역役으로 부리는 방식이 없을 수 없다. 왜냐하면 문서의 발송 등의 일은 모두 경비를 들여서 할 수 없는 것이다. 그런 까닭에 지금 대동법에서는 민호民戶를 동원해서 하고 있다. 지금 민호로 역을 나가는 자들은 모두 신역身役과 전역田役을 지고 있는 자들이니, 중첩된 역을 면치 못하고 있다. 이를 한호의 부담으로 정해서 포로 내도록 하지 않고 역으로 하면, 농지가 없는 자에게 과중한 고통을 지우는 일이 없게 하는 데 그치지 않을 것이다. 본 고을에서 이런 일들이 있게 되는 경우, 또한 이런 식으로 동원하는 것이 좋다.

48.

무릇 제언堤堰과 같이 백성의 이해에 직접 관계되는 것을 수축하는 등의 일은 경부頃夫들을 동원해서 하되 매양 농지 3경에 1부夫를 매년 3일 내도록 한다. 필히 관찰사에게 보고하여 조발調發하며 수령이 마음대로 조발해서는 안 된다.

무릇 농지를 받는 자를 경부라 하니 매 3경에 1부를 내게 하고, 그 역은 3일을 초과할 수 없도록 한다면 또한 그 부역 일수를 헤아려서 아울러 내는 경부를 정한다. 만일 4일의 역이면 4경에 1부를 내도록 정하며, 8일이면 8경에 아울러 1부를 내도록 정한다. 무릇 1경 미만의 농지는 면적을 합산해서 내도록 한다.

○ 대부大夫와 사士,[174] 무선武選,[175] 장관, 군관, 충의위사, 충순위사, 여러 종류의 정군正軍,[176] 목자牧子, 역의 이졸, 무릇 관에 역을 서는 이례吏隷 등은 모두 면제된다.

---

173 부가지정 『주례·재사(載師)』에 나오는 것으로, 가호를 대상으로 부과하는 세로 이해되는데, 그 명목이나 방식에 대해서는 해석이 다양하다.

174 "외사생(外舍生)도 이 중에 포함된다."—원주

175 무선 앞에서 곧 내금위사(內禁衛士)라 한 바 있다.

176 "즉 호주(戶主). ○ 사후(伺候) 등 보인이 붙지 않는 군과 같음."—원주

○ 수령이 만약 상부常賦 이외에 조금이라도 침탈을 하거나 마음대로 경부를 조발하면 범법하는 것으로 규정하며, 감사가 이를 조사해 적발하지 못하는 때에도 죄과가 있다.

백성을 조발하여 역을 시킴에 있어서 풍년에는 3일, 평년에는 2일, 흉년에는 1일로 하되, 큰 흉년이나 전염병이 도는 해에는 면제해준다.

위에서 말한 한호의 역도 마찬가지이다. 다만 이것은 3명의 경부가 함께 3일 혹은 2일, 1일의 역을 내는 것인데, 한호는 한 사람이 3일 혹은 2일, 1일의 역을 내는 것이다.

○ 흉년이 든 경우 사람을 모집하여 곡식을 지급하게 되면 이 예를 적용하지 않는다. 이에 관해서는 '진기賑饑'조에 자세히 나온다.

옛날에 백성의 노동력을 조발하는 데는 1부에 매년 3일로 한정하였으니, 지금도 이 정도에 그쳐야 사정에 합당할 것이다. 만약 하루라도 초과하면 과중하여 불편하게 될 것이다. 시험삼아 다음과 같이 생각해보았다. 대개 옛날에는 매년 역을 3일로 정했으니 정전법에서는 1성成[177]의 농지는 사방 10리로 하는데 100정井의 면적은 900부夫가 된다. 그중에서 64정의 576부는 전세를 내고 36정의 324부는 수로[洫澮]를 다스리도록 한다. 이렇게 1동同[178] 사방 100리의 경우에도 또한 그러하였다. 이처럼 경부로 나오는 것을 제외해주고 세와 역을 면제하여 수로를 다스리는 일을 전적으로 맡도록 하였다.

지금 매 경마다 경부에게 모두 전세를 내게 하고 각각 그 경지의 두둑과 수로를 다스리도록 한 것이다. 또한 옛날에는 성곽과 도로를 정비하는 일도 모두 3일 안에 들어가 있었다. 지금은 도로를 정비하는 일을 민간에 맡겨서 각기 그 부근의 백성에게 맡도록 독책을 하고도 이를 공적인 부역 안에 넣지 않고 있다. 대체로 이 법은 모두 지금

'호주'란 편제된 호의 주인이라는 의미이다. 곧 군역을 서게 되므로 정군이라고 부른 것이다. 또 "사후 등 보인이 붙지 않는 군과 같음"이라는 보주가 달려 있는데, 이 경우 정군은 보인이 붙지 않은 것으로 보인다.

177 1성 『주례·소사도(小司徒)』에 나오는 용어로, 사방 10리의 경지에 해당한다.
178 1동 『주례·소사도』에 나오는 용어로, 사방 100리의 경지에 해당한다.

에 근거해서 타당하도록 정한 것이다. 그러므로 이와 같이 한 다음이라야 사리에 마땅하여 옛 뜻을 잃지 않게 될 것이다. 나라를 다스리는 자가 온전히 옛 제도를 회복하지 않는다면 불가할 것이로되, 한갓 옛 말만 빙자하여 그 실상을 살피지 않고 민력을 지나치게 쓰면 스스로 근본을 병들게 할 것이다.

49.

오직 성지城池 **같은 큰 역사**役事**는 군사를 조발해서 시행하되,** 전의 것을 보수하는 일이어서 역사가 그렇게 크지 않은 경우 한호나 경부를 사용한다. **동원되는 일수를 계산하여 활쏘기 연습, 조련, 상번**上番**의 일에서 면제해주며 필히 위에 보고하고 조발할 것이다. 관찰사나 절도사가 마음대로 조발할 수 없다.**

성지 같은 큰 역사가 아니면 군사를 동원해 쓸 수 없다. 무릇 군사를 부릴 때는 다만 각종 정군正軍을 조발해서 그 일수를 계산하여 활쏘기 연습, 조련, 상번에 맞추어 면제해주며 모두 관에서 급료를 지급한다. 보부保夫는 역에 동원하지 말고 보포로 돕게 하기를 일반 전례와 같이 한다. '군제軍制'조에 자세히 나온다. 관찰사나 절도사가 마음대로 조발한 경우 해당 법률에 의거해서 처리한다.

○ 제언·성지 같은 역사에 승려들을 동원할 때에는 마땅히 부역赴役의 예에 의거해서 하되, 그 일수를 헤아려 정해야 할 것이다. '태승汰僧'조에 자세히 나온다.

세적·유친·유음·충의위·충순위에 관한 규정

세적世嫡 왕자·공신의 적장자의 자손에 대해서는 대代를 정하지 않고 혜택을 준다.

유친有親 나라의 단문袒免[179] 이상의 친족, 왕비 쪽은 소공小功 이상의 친족,[180] 선왕후先王后의 친족도 같다. 세자빈 쪽은 기년朞年 이상의 친족.

---

179 단문 8촌의 친족을 가리킴. 상례에서 촌수의 멀고 가까움에 따라 복식을 달리하는데, 단문은 상의의 소매를 걷는 데서 나온 말로, 복(服)으로 가장 낮은 등급이다. 여기서 나라는 곧 국왕을 지칭한다. 8촌을 벗어나면 복이 없으며, 이는 친족으로서의 의미도 없어지는 것이다.

180 소공 이상의 친족 6촌 이상의 친족을 가리킴. 소공은 상례에서 복을 6개월 동안 입는 것을 가리킨다.

유음有蔭 공신 및 정2품 이상의 직위에 있는 자의 아들 및 손자나 적장의 증손, 당상관堂上官 이상의 직위에 있는 자의 아들 및 적장의 손자, 당하관堂下官의 여러 감監·시寺·원院의 정正과 여러 위衛의 부장副將 및 의정부·육조·대간臺諫·시종侍從·성균관 관원[모두 6품 이상]과 각 도의 도사都事·수령[각 고을의 관장官長]·교관[유학의 교도敎導·교수敎授]의 아들.

○ 당하직의 경우 필히 임기 중에 3번의 고과考課[181]를 채운 연후라야 유음으로 허용이 된다.

살펴건대 지금의 음사법蔭仕法은 아들·사위·아우·조카에까지 미치지만 다만 그 가운데에서 취재取才[182]를 했기에 별다른 문제가 없었다. 그렇기에 이렇게 하더라도 잘 잘못에 대해서는 알 수 없다. 만약 실제로 은전을 균등하게 베풀어주려고 해서 농지를 주려고 한다면, 한 사람이 관직이 경대부에 이르렀을 때 온 친족이 사대부의 농지를 받게 되니 사리에 타당하지 못할 것 같다. 비록 송나라의 임자지전任子之典이라도 은택이 형제에까지 미치지는 못했다. 옛날 세록世祿의 뜻으로 보더라도 적장자에만 미쳤고, 여러 아들에게는 미치지 않았다. 아우나 조카에까지 미치는 것은 옳은지 모르겠다. 아우가 이미 농지를 받고 형은 받지 못하게 된다면 또한 타당하지 못하다. 응당 옛 뜻을 생각해서 판단을 해야 할 것이다.

문

군신 간의 구분이 아무리 엄격하다 하더라도 수족일체首足一體의 뜻이 그 사이에 행해지지 않을 수 없다. 시험삼아 관록官祿의 제도로 말해본다면, 임금은 비록 경의 녹의 10배가 되나 대부와 사士에게도 녹이 없는 적이 없었으니, 더구나 옛 제도에는 중신重臣을 대우함이 극히 융숭하였다. 지금 공경公卿의 음사는 형제에게도 미치지 못하고 있지만 국가에서 친족에 대해 의논함은 왕비의 소공친小功親[183]까지 미치는데, 이것이

---

181 고과 관직에 있는 자에 대해서 성과를 평가하는 것.

182 취재 사람을 쓸 때 재능을 시험하여 취한다는 뜻.

183 소공친 소공(小功)을 입어야 하는 친척. 종조부모, 재종형제, 종질, 종손 등을 통틀어 이른다.

곧 옛 뜻이 아닌가?

답

음사법과 국가가 종실을 대우하는 것은 한 가지 의리이다. 이런 까닭에 종실에 음사를 주는 것은 현손玄孫에 그치며 옆으로 미치는 관례는 없다. 친족을 의논함에 이르러서는 별도의 한 가지 의리가 있으니, 신하의 경우 나라에서 그들의 친족에 대해 의논할 의리가 없다.

충의위忠義衛　종친의 여러 자손 및 공신의 여러 자손이 여기에 속한다.
충순위忠順衛　9품 이상 및 진사로서 벼슬한 사람의 아들이 여기에 속한다.
○ 위의 두 위사衛士는 물론이고, 그 서얼들도 모두 동일하다.

살피건대, 지금 충의위는 대수代數에 제한이 없다. 적장嫡長의 후손이면 한계를 두지 않는 것이 당연하다. 그 나머지는 응당 대수에 제한을 두고 영구히 이어지도록 하는 것은 옳지 않으니, 5대 혹은 7대로 정하여 한정을 짓는 것이 타당할 것 같다.

여러 영營·진鎭의 군자전 및 각 고을 학전에 대한 수량

이 제도는 앞에 나옴. 군자전軍資田으로 말하면 군사의 호궤犒饋·포상 및 군기軍器·군수軍需 등은 모두 여기에서 재원을 취한다. 학전學田으로 말하면 유생에게 소요되는 소금·장醬·어류·소채·등유燈油 및 학빈學賓[184]에게 지공支供하는 것과 학생들이 대제사에 모두 모일 때 지공되는 것 및 학교의 서책·지필·기물·재실에 까는 자리 등은 모두 여기에서 재원을 취한다.

○ 무릇 학전을 배나 넉넉하게 정해주는 것은 세 거두기를 풍흉에 따라 정하면 으레

소공은 가는 베로 지은 상복으로 소공친의 상사에 다섯 달 동안 입는다.
184　학빈　대부(大夫)나 사(士)를 불문하고 그 고을이나 혹은 이웃 고을 사람으로서 오직 학식이나 조행(操行)이 일반 학생의 모범이 될 만한 사람. 각급의 학교에서 이들을 초청해 대접하고 학덕을 베풀도록 함으로써 학생들을 감화 및 권면하였다.

하년下年에 해당하는 경우가 많고 해에 따라서는 더러 진전陳田이나 재년災年이 있기 때문이다. 역마전驛馬田 등도 모두 그러하다.

수영水營에는 농지 700곡斛을 배정한다. 만약 1등전이라면 70경이 된다. 차례대로 등급에 따라 더해가서 9등전에 이르면 350경이 된다.

○ 통영統營에 대해서는 500곡을 더 주어 1200곡의 땅을 배정하는 것이 타당하다.

첨사僉使가 있는 진鎭에는 농지 360곡을 배정한다. 1등전이면 36경이 되며, 9등전에 이르면 180경이 된다.

만호萬戶가 있는 진에는 농지 240곡을 배정한다. 1등전이면 24경이 되며, 9등전에 이르면 120경이 된다.

이들은 현재 주사舟師[185]의 수〔「병제兵制」에 나옴〕에 따라 예를 삼은 것이다. 영·진의 군사 수로 말하면 응당 증감이 있어야 하니, 다시 적절히 맞추어서 정해야 마땅하다. 경병도감京兵都監[186]의 군자전 또한 여기에 준해서 할 것이다.

문

수영이나 진의 군자전은 농지를 과다하게 정해줄 것이 없다. 만약 농지의 수량을 감한 다음 그 부근의 어전魚箭,[187] 소금가마[鹽盆] 등으로 그 수량을 맞추어 지급하면 공적으로나 사적으로 다 편리할 것이다.

답

이 말은 그럴듯하지만 그렇지 않은 점이 있다. 무릇 어전·소금가마·선척船隻 등은 그 세 또한 높고 낮고 많고 적고 하여 같지 않다. 아무리 그 수량을 헤아려 정하려 해도 균일

---

185 주사 수군(水軍)을 지칭하는 말.
186 경병도감 서울에 있는 군대를 관할하는 기구. 앞서 경포수(京砲手)와 마대(馬隊)가 여기에 소속된다고 언급된 바 있다.
187 어전 강이나 바다에 통발[箭] 같은 것을 쳐서 물고기를 잡는 시설. 어량(魚梁)이라고도 함.

어전

개울이나 바다에 나무 울타리를 치고 그 가운데에 그물을 달아두거나 통발 등의 기구를 설치하여 물고기를 잡는 장치를 어전이라고 한다. 김홍도 「고기잡이」, 『단원풍속화첩』. 국립중앙박물관 소장.

하게 맞추기 어려운데, 하물며 그 있고 없고가 사방이 같지 않은데 어떻게 이것을 항구적인 법식으로 규정해놓을 수 있겠는가? 또한 어염의 정사는 전정田政보다도 더욱 폐단이 생기기 쉽다. 만약 각 진에서 주관하도록 하면 징수해 들이는 것이 서로 같지 않아서 연해의 백성이 필시 피해를 입을 것이다. 이 때문에 잡세雜稅 거두는 권한을 나누어주어 각 진에서 각자 걷도록 하는 것은 옳지 않다.

감영에는 농지 300곡을 배정한다. 1등전이면 30경이 되며, 9등전에 이르면 150경이 된다.

병영에는 농지 60곡을 배정한다. 1등전이면 6경이 되며, 9등전에 이르면 30경이 된다.

소금가마
바닷물을 고아 소금을 만들 때에 쓴다. 김준근 「소금가마」, 19세기 말. 오스트리아 빈(Wien)민족학박물관 소장.

첨사가 있는 진에는 농지 40곡을 배정한다. 1등전이면 4경이 되며, 9등전에 이르면 20경이 된다.

만호가 있는 진에는 농지 30곡을 배정한다. 1등전이면 3경이 되며, 9등전에 이르면 15경이 된다.

병영에는 그곳 소속 군사의 보인保人이 납부하는 것과 여분의 쌀이 상당히 많이 있으므로 호궤나 포상 등의 비용으로 족히 지급할 수 있다. 여기서는 군기軍器를 마련하는 데 드는 비용만 보조하는 데 필요한 것으로 농지를 조금 배정하였다. 그러나 수영이나 진에 비교해서 오히려 여유가 있는 편이다. 육군의 첨사와 만호의 진도 모두 그러하다. 무릇 영·진에서 혹 방어 시설을 더 설치하여 방수군防戍軍[188]을 두었는데 보미保米[189]가 없는 경우, 응당 별도로 그곳에 있는 나라의 저축곡으로 급료를 주며 아울러 호궤나 포상의 비용도 추가로 치급할 것이다.

주州·군郡에는 군자전을 두지 않으니, 호궤·포상·군기 등은 모두 경상비나 상평창의 미포米布로 회감會減[190]할 것이다. 만약 환곡 제도를 혁파하지 않는다면 그 모곡耗穀[191]은 족히 여기에 쓸 수 있다. 대개 각 영·진에서 획정한 군자전은 각 고을에서 원 저축으로 회감할 수가 있다. 영·진의 군대에는 정수定數가 있으나, 여러 고을은 정해진 숫자를 가질 수 없기 때문이다.

부府와 주州의 학교에는 농지 480곡을 배정한다. 1등전이면 48경이 되며, 9등전에 이르면 240경이 된다.

도호부의 학교에는 농지 370곡을 배정한다. 1등전이면 37경이 되며, 9등전에 이르면 185경이 된다.

군郡의 학교에는 농지 260곡을 배정한다. 1등전이면 26경이 되며, 9등전에 이르면 130경이 된다.

현縣의 학교에는 농지 150곡을 배정한다. 1등전이면 15경이 되며, 9등전에 이르면 75경이 된다.

---

188 방수군 변경의 방어를 위해서 수자리를 살러 나가는 군졸.
189 보미 군역에는 정군으로 복역하는 것과 군포·군미·군전 등을 내는 방식으로 참여하는 것이 있다. 후자를 보인(保人) 또는 봉족(奉足)이라 하며, 보미는 보인이 이때 부담할 쌀을 뜻한다.
190 회감 회계상에서 주고받을 것을 따져서 처리하는 것.
191 모곡 곡식의 보관 및 분급 과정에서 손실분이 발생하게 되는데, 특히 환곡이나 조운에 있어 이를 미리 셈하여 덧붙여 징수하였던 곡식. 조선의 경우 대체로 1554년에 이르러 원곡의 10분의 1을 모곡으로 징수하는 것이 제도화되었고, 『속대전(續大典)』에 이르러 정식화되었다. 그러나 모곡 가운데 일부를 경비로 전용할 수 있게 되면서 각 아문에서는 환곡을 대거 운용했으며, 이러한 추세 속에서 부세화된 환곡은 '삼정문란(三政紊亂)'의 하나로 꼽힐 정도의 폐단을 양산했다.

지금의 부와 주는 의당 대부도호부로 고치고 도호부는 의당 부府로 고칠 것이다. 「군현제」에 상세하며, 또 '학제'조에도 나온다.

이상은 모두 다 그 부근에 구역을 획정하여 주며, 우선적으로 영·진과 학교에 속하는 농지를 다 지급한 다음에 여타 대상에 지급한다. 두 군데로 나누어지지 않도록 하되, 다시 묵히거나 개간한 것으로 하여 옮기거나 증감을 하지 말도록 할 것이다. 매년 본 고을의 수령이 다른 농지와 한가지로 연분年分과 재해를 정하되, 세稅의 경중에 따라 곡수를 계산하여 소속처에 옮겨 바치게 할 것이다. 수납할 때에는 본 고을의 수령이 친히 왕림하여 받아들이는 것을 감독할 것이다. 그해의 원 수량 및 각 항목의 지출한 수량을 매 사분기마다 각기 그 주관하는 자가 감사에게 보고하고, 학교에서 지출한 것도 또한 보고함. 병수사兵水使 또한 연말에 감사에게 보고하며, 감사는 감영에서 지출한 것까지 합하여 위에 보고한다.

이외에 지금 있는 각 아문衙門의 둔전屯田[192]은 모두 폐지할 것이다.

서울 안의 태학太學과 중학中學 및 사학四學[193]에 소요되는 것은 조세漕稅로, 각 도의 영학營學에 소요되는 것은 유세留稅로 제반 경비를 지급하며, 따로 농지를 두지 않는다.

마전麻田에 있는 숭의전崇義殿[194]에는 제전祭田 80곡의 농지를 배정한다. 또

---

192 둔전 군대나 역(驛) 등 기관에 마련된 농지로, 백성이 경작을 하고 그 소출을 군용에 충당하거나 유사시에 동원한다. 일명 둔토(屯土).

193 태학과 중학 및 사학 태학은 성균관을 가리키는데 국학에 해당하며, 사학은 서울의 사방에 설치한 학교를 가리킨다. 여기서 그 중간과정을 설정한 것이 중학인데, 이것은 반계가 상정한 것으로 당시 사학에 속해 있던 중학과는 구분된다.

194 마전에 있는 숭의전 숭의전은 고려 태조를 모시는 사당. 그곳이 경기도 마전현에 있었는데,

그곳의 수호군守護軍 20인을 정해주며, 그들에게 각기 1경의 농지를 주고 그 보포는 면해준다.

숭의감崇義監은 6품으로 정해졌으므로 응당 그 품계에 해당하는 농지를 줄 것이다. 또 숭의감에게는 따로 녹봉이 있으니 해당 직품에 따른 녹봉을 지급하고, 치사관致仕官[195]의 예에 따라 그에 대한 세는 면제해줄 것이다.

평양에 있는 숭인감崇仁監[196] 또한 이와 같이 할 것이다. 이곳은 우리 동국이 만대에 걸쳐 받들어야 할 기자箕子를 모시고 있으니, 의당 공자와 함께 높여야 할 것이다. 제수의 비용은 응당 경상비에서 지출할 것이요, 따로 제전을 둘 것은 없다.

문

여러 농지가 각기 소속이 있으면, 나중에 가서는 거두어들이는 것이 같지 않게 되는 폐단이 생기게 될 것이다. 모두 민전民田으로 만들어 각기 명목과 소속을 부여하지 않고, 각처에 소요되는 미곡의 수량을 산정하고 상·중·하의 연분에 비추어 차등을 두어 정해서 각처에 미곡을 나누어주어 쓰도록 하는 것이 편리할 것이다.

답

이 말은 참으로 옳다. 그런데 역전驛田과 진전津田은 따로 내지 않을 수 없으니, 이런 등의 농지를 제외시킨다 하더라도 명색에 따라 구분이 없을 수 없다. 이와 같은 것은 모두 정상적인 비용 외에 따로 지출할 준비를 해

현재 연천군 미산면 마전리이다.

195 치사관 나이 70세 이상으로 사직한 관원.

196 숭인감 기자(箕子)를 모시는 숭인전(崇仁殿)을 맡은 정6품 관리. 숭인전은 평양성 밖 기림리(箕林里)의 기자묘(箕子墓) 옆에 있었다. 원래 명칭은 '기자사(箕子祠)'였는데, 1612년에 '숭인전'으로 고쳐 사액(賜額)하고 선우식(鮮于寔)을 기자의 후손이라 하여 숭인감으로 임명해 그 직을 세습하게 하였다.

야 할 것이니, 수량을 정해두기 어렵다.

영과 진의 관원이나 군사는 기왕에 정상적인 녹이 있으니, 군기軍器나 호궤나 시사試射나 포상 등의 일은 수량을 정해두기 어렵다. 학교에서 정원 내의 유생은 이미 정상적으로 지급해주는 바가 있으므로, 공적으로 소요되는 비용 등의 일은 수량을 정해두기 어렵다.

만약에 수량을 정해놓으면 흉년이나 재해가 든 해에는 국가의 계정計定이 많이 축소되어 항구적인 규정이 되기 어렵다. 비록 명색에 구별이 있어 해당 부서에서 들어오는 데 따라 지출할 수 있다고 하나, 각기 연분과 재해와 수납 등의 일은 모두 해당 관아에서 총괄하면 아마도 따로 폐단이 생기지 않을 것이다. 해당 부서 또한 그해의 풍흉에 따라 계획해서 지출하면, 재해가 든 해로 들어오는 것이 적다 하더라도, 무릇 써야 할 곳에는 풍년 때와 같이 해야 할 것이다. 실로 공사公私 간에 다 편리할 것이다. 일찍이 『주례』를 상고해보건대 여러 농지에 명목의 구별이 있으니, 대체로 사리가 응당 이와 같은 것이다.

소속의 부서에 만약 연분의 경중에 따라서 다투는 폐단이 있으면 사세전의 예에 따라 본래의 전세를 한결같이 본 고을에서 거두며 고을 창고의 쌀이나 콩으로 바꾸어 줄 수도 있다.

이동

50.

백성이 좁은 지역에서 넓은 지역으로 옮겨가는 것을 허용할 것이다. 땅이 좁은데 사람이 많은 곳을 '좁은 지역'이라 하고, 땅이 넓은데 사람이 적은 곳을 '넓은 지역'이라 한다. **넓은 지역으로 옮기려는 자에게 본래 사는 곳에서 500리 밖으로 옮기는 경우 5년 동안 복復[197]을 해주고, 1000리 밖으로 옮기는 경우 8년 동안 복을 해준다.**

---

197 "전세와 병역을 다 면제해줌." —원주
　　복(復)은 곧 복호(復戶)로, 부역을 면제해주는 것을 뜻하는 용어이다.

무릇 옮겨가려는 자는 본 거주지의 관아에 고하여 입안을 발급받고 옮겨간 곳에서는 그 문서를 받아서 시행할 것이다. 한번 옮긴 뒤에는 다시 또 옮겨갈 수 없다.

죄가 있어서 유배 보내야 할 자는 비어 있는 땅으로 보낼 것이다. 죄가 있어서 옮겨가는 자는 농지만 받도록 하고 전세와 병역을 면제해주지 않는다.

문

지금 죄를 지어 유배 가는 자는 대체로 1~2년이면 돌아오게 되는데, 어떻게 이처럼 시행할 수가 있겠는가?

답

옛날에는 법령이 간단하면서도 정비되어 있던 까닭에 사람들이 죄를 범하는 것을 무겁게 여겼으며, 징계하고 상벌을 내리는 것 또한 확실히 제대로 해서 큰 죄가 있지 않으면 처음부터 귀양을 보내지 않았다. 만약 귀양을 가게 되면 그곳에 머물러 살게 했으니, 죄를 징계하고 마음을 고쳐먹을 뿐 아니라 저마다 있을 곳을 정해서 먹고살도록 했다. 후세로 와서는 정사는 번거롭고 백성은 흩어져서 사람들이 이미 죄를 범하기 쉬운데, 게다가 쉽게 유배를 보내고 사면도 잦아서 아이들 장난처럼 가거니 오거니 하여 정처가 없게 되어서 더욱 마음이 안정되지 못하니, 이것이 무슨 법령이란 말인가? 만약에 법이 바로 서면 일이 모두 다 실속이 있게 되어 지금 이런 등의 조처는 자연히 정당하게 될 것이다.

수목

51.

무릇 산비탈로 경작할 수 없는 땅에는 근방의 주민들이 뽕나무, 닥나무, 옻나무, 대, 유실수 등을 가꿀 수 있게 하고 세는 받지 말 것이다.

과실로는 대추, 밤, 감, 배, 잣 등속이 더욱 요긴하니, 각기 토질에 적합한 나무를 택하여 심을 것이다. 땅이 넓으면 고루 나누어 동산처럼 만들고, 뽕나무 등속의 과목을 심은 땅은 자손에게 물려주는 것을 허용할 것이다.

○ 만약에 땅이 평평하여 경작을 할 수 있는 곳은 옻이나 닥, 유실수 등속을 심었더라도 일반 농지와 같이 경頃으로 배정하여 등급에 따라 세를 거두되 세는 곡식이나 돈으로 할 것이다.

무릇 세를 받지 말도록 한 곳에 대해서는 일체 징세를 금할 것이다. 지금 유용한 나무를 심은 곳에 왕왕 관에서 그 생산물을 징수해 가는 일이 있는데, 이와 같은 일에 대해서는 법을 어긴 것으로 처벌할 것이다.

임업·어업

52.

산림과 시초柴草는 뭇사람들과 공유하며, 바다나 하천의 어류나 소금 등도 백성이 생업으로 삼도록 하고 독차지하는 일이 없도록 해야 할 것이다.

오직 목재를 기르는 금산禁山에는 산지기를 정하여 법에 의해 감독해야 할 것이요, 바다나 하천의 어장은 백성에게 주어 이익을 얻도록 하고 다만 법에 따라 세를 걷을 것이다. 중앙의 각 기관이나 여러 궁방宮房 및 세력가들은 일체 절수입안折受立案[198]하여 점유하고 이익을 독차지할 수 없도록 해야 한다.

○ 고려 때 제도에서 시초장柴草場은 품계에 따라 거두는 것을 정하였으니, 각기 그 결수가 있었다. 그런데 시초장과 농지는 본래 내용이 다르니 이와 같이 해서는 안 될 것이다. 의당 공적으로 하여 금하지 말고 목초나 시초는 여러 사람들이 함께 공유하도록 해야 할 것이다.

지금 여러 궁방 및 여러 중앙 기관이 지방[外方]의 어장 등을 점유한 것은 응당 모두 혁파해야 할 것이다. 그 폐단이 한이 없으니, 파견된 감관監官이나

---

198 절수입안 절수는 국가가 토지·노비 등의 각종 재산이나 수조권 등을 궁방이나 개인에게 떼어 주던 일이며, 입안은 관청에서 매매·양도·결송(決訟)·입후(立後)·절수(折受) 등의 사실을 확인해서 인증해준 문서이다.

도장道掌[199] 따위의 호칭을 쓰는 부류가 각처에 와서 자리잡고 어민들을 약탈하는 것이 이를 데 없다. 소속한 곳에 가서 바치는 것은 아주 얼마 안 되고, 세력에 기대어 약탈하는 것이 강도에 못지않다. 바닷가의 주민들이 유랑을 하고 풍속이 아주 나빠지는 것은 이 때문이다. 임금의 자녀들은 이미 나라에서 녹을 후하게 받고 있으니, 그밖에 이익을 독점하는 등의 일은 응당 곧바로 혁파하고 모두 백성에게 돌려서 생업을 삼도록 하여 제각기 세를 바치도록 해야 한다. 호조에서 이 업무를 총괄하되 본 고을의 수령이 규정대로 거두어들일 것이다.

본 고을에서 정상적으로 바치는 세 이외에 따로 징수하는 것이 있으면 농지에 대한 횡렴橫斂 죄의 예에 따라 고기 한 마리라도 모두 법을 어긴 것으로 처벌해야 할 것이요, 염철鹽鐵 등 잡세 또한 이와 같이 한다.

○ 근세에 와서 귀족이나 권세가 들이 이익을 독점하는 폐단이 점차 극에 달해서 서리들이나 토호 무리에 이르기까지 모두 본을 떠서 바닷가의 어장을 입안한다고 하며 제멋대로 주인이라 하니, 어부들은 손을 댈 곳이 없게 되었다. 그래서 반드시 사적으로 세를 낸 다음이라야 어살을 설치할 수 있게 되었으니, 이런 일에 대해서는 모두 법에 따라 죄를 주어야 할 것이다.

문

중앙의 각 기관이나 여러 궁방이 시장柴場을 지금 다 가지고 있는데, 폐지하면 그 수요에 곤란이 없겠는가?

답

여러 궁방은 이미 녹이 후한데다가 또 사세전賜稅田까지 있으니 더없이 부유하거늘, 어찌 시초가 부족할 걱정이 있겠는가? 중앙의 각 기관 또한 시탄柴炭과 거촉炬燭[200] 등의 비용을 배정하여 경상비에서 매년 지급하고 있으므

---

199 도장 도장(導掌)으로도 씀. 궁방전(宮房田)이나 관둔전(官屯田) 등을 관리하여 도조(賭租) 따위를 받아들이는 일을 담당하는 자를 가리킴.

로 자연히 가져다 쓸 수 있다. 시초를 채취하는 땅은 본디 백성과 공유하여 저마다 취해 쓰도록 해야 마땅하며, 각기 분점하여 멀리서 그 이익을 차지하는 것은 옳지 않다. 고려 때의 시과柴科 또한 옛 제도의 뜻을 살린 것이 아니다. 설령 산이나 숲을 정해서 지급한다 하더라도 수목이 자라는 곳을 어떻게 경계를 분명히 정할 수 있겠는가? 분쟁이 일어나는 폐단을 열어 빼앗고 다투는 풍조를 기르는 것이 이보다 더할 수 없다.

잡세 규정

각색의 공인[工匠], 좌고坐賈, 행상行商, 공랑公廊〔곧 시전市廛을 가리킴〕, 선척船隻, 대장간[鐵冶], 어살, 소금가마의 숫자는 각기 장부를 만들고 모두 일정한 세를 정해서 납부하도록 한다.

무릇 공인·상인 및 선척·대장간·어살·소금가마 등속은 매 3년마다 장부를 개정하여 본 조本曹와 본도本道 및 본 고을에 비치할 것이다.

○ 무릇 공인이나 상인은 오직 전업으로 하는 자에 한해서만 장부에 올려 세를 거둘 것이다. 농사를 짓는다거나 병사가 되는 등 본래의 직역이 있는 자가 혹 장인 노릇을 한다거나 무슨 일로 장사를 한다거나 하는 경우 공인이나 상인으로 취급하지 않는다.

○ 공상인으로 응당 올려야 함에도 숨기거나 빠지거나 한 자는 호적누탈戶籍漏脫의 율律과 같이 취급하고, 수령이나 이정里正이 살피지 못한 경우 호적치탈戶籍致脫의 율[201]과 같이 취급하며, 사실을 알고도 공모한 자는 공범으로 처벌할 것이다.

○ 대장간·선척·어살·소금가마 등속은 설치되는 대로 장부에 올리고 세를 거두며, 만약 훼손되거나 철거되면 본 고을에서 보고하고 세수 대상에서 제외하기를 전정田政에 있어서

---

200 거촉 횃불이나 촛불 등을 가리키는 말.
201 호적치탈의 율 호적에 누락된 경우 그 당사자 및 해당 수령을 처벌하는 데 대한 규정으로, 『경국대전·호전』의 「호적」에 기재되어 있다.

새로 개간한 곳이 전부 진전陳田이 된 예에 의거하며, 그런 중에 숨기거나 누락시킨 자는 전지은루田地隱漏의 율과 같이 취급하되 그 이득은 관에 몰수하고, 수령·향정·이정으로 부화뇌동附和雷同한 자 또한 같은 죄로 다스린다. 대장간·선척·어살·소금가마 등은 한 자리마다 농지 1경에 준한다.

○ 서울의 각사各司 및 지방의 각 감영이나 병영, 각 고을에 소속된 공인들이 있으면 역시 모두 해당 조曹에 등록한다. 다만 이들의 세는 면제해주어 위로 바치지 않는다.

공인

각색의 공상세工商稅〔곧 지금의 장인포匠人布〕는 매년 면포 1필로 정할 것이다.

매년 1명에 면포 1필 혹은 돈 120문으로 정하니, 이는 신역세身役稅이다. 서울과 지방을 막론하고 농지를 받았건 받지 않았건 모두 마찬가지이다.

○ 무릇 공인으로서 만약 관가의 일을 하는 경우 일수를 계산하여 세를 감해주고, 10일을 하게 되면 1필을 면해주며, 10일을 넘기면 모두 재료와 값을 지급한다.

○ 각 아문衙門에서 일상으로 일을 하는 공인은 세를 면해주고, 품값을 준다.

○ 나라의 제도에 사천私賤은 공인의 문서에 올리지 않게 되어 있으므로 역시 여기에 의거해서 세를 받지 않을 수 있다.

안설

『경국대전經國大典』에서 공인의 등급을 구분해서 세를 거둠에 차이를 두는 데 있어 등급을 나눈 것을 어떻게 하였는지 알 수 없다. 만약에 기술이 정교한 자나 중요한 기물을 제조하는 자를 높은 등급으로 정하였다면, 이 양쪽 사람들에 대해서는 응당 권장을 해야 할 일이요, 세를 무겁게 부과하여 억누르는 것은 마땅치 않다. 대범 공인의 일은 힘을 많이 들이지 않거나 기술이 정교한 다음이라야 능히 배의 이익을 취할 수 있다. 노력을 남과 비등하게 들이고 기술이 여러 사람과 마찬가지이면서 유독 이득을 많이 얻을 수 있는 일은 있을 수 없다. 의당 일괄해서 세를 정하되, 그 기물을 아주 정교하게 만든 자에 대해서는 헤아려 그 세를 면해주는 것이 옳다.

궁시인弓矢人·총검갑주장銃劍甲冑匠·책장冊匠·묵장墨匠·필장筆匠·각자장刻字匠·악기장樂
器匠·선자장扇子匠·능라장綾羅匠[202] 등의 기술이 있는 자와 같은 경우이다.

○『경국대전』에 서울의 공인들 또한 세가 있다고 하였다. 그러나 지금은 서울의 공인
에게 모두 일정한 세를 부과하지 않고 다만 관가에 역사役事가 있을 때 무슨 기술이 있다
하면 붙잡아다가 일을 시킨다. 그리고 관역官役이라 하면서 값은 조금 지급할 뿐이다. 지
방에서는 세가 있고 없고를 물론하고 무슨 기술이 있다 하면 곧바로 붙잡아다가 일을 시
킬 따름이다. 관가에서 이렇게 하니, 세력가나 양반들 또한 해당하는 값을 셈해주지 않
는다. 이 때문에 공인의 일을 하는 자들은 자기의 기술이 다른 사람에게 알려질까 두려
워하게 된다. 이것이 백 가지 기술이 형편없이 거칠게 되어 볼썽사나워지는 까닭이다.
때문에 온 나라에 습속을 이루어 사람들이 마음과 눈에 익숙해져서 추악한 줄도 알지 못
하고 있다.

또 살피건대 공인과 상인 또한 없을 수 없는 것은 사士와 농민의 경우와
마찬가지이다. 다만 그 일에 종사하는 자가 지나치게 많으면 농사에 해가 될
것이므로 많으면 세를 무겁게 하여 억제를 하고 적으면 가볍게 하여 물화가
통하는 길을 열어주어야 하는 것이다.

지금 우리나라는 제조하는 물건들이 정교하지 못하고 물화가 유통되지 않고 있으니
응당 세를 가볍게 해주어야 할 일이다.

또 살피건대 한漢나라 환담桓譚[203]이 말하기를, "고황제高皇帝께서는 사람

---

202 궁시인은 활과 화살을 만드는 장인, 총검갑주장은 총칼이나 갑옷을 만드는 장인, 책장은 책
  만드는 장인, 묵장은 먹을 만드는 장인, 필장은 붓을 만드는 장인, 각자장은 나무에 글자를 새
  기는 장인, 악기장은 악기를 만드는 장인, 선자장은 부채를 만드는 장인, 능라장은 비단을 짜
  는 장인이다.

203 환담 B.C. 24~A.D. 56. 중국 후한 사람으로, 자는 군산(君山)이다. 유흠(劉歆)과 양웅(楊雄)
  에게 배웠고, 참위설을 비판하였다. 광무제 때 의랑급사중(議郎給事中)을 지냈다. 중농주의를

들이 두 가지의 업을 갖는 것을 금하였으며 상인들이 벼슬을 하여 관리가 되는 것을 금하였다"라고 하였다. 무릇 백성에게 두 가지의 업을 갖지 못하도록 한 것은 옛날의 제도였다.

두 가지 업을 갖는 것은 실로 마땅히 금해야 할 바이다. 그러나 만약 모든 사람에게 명을 내려 금하도록 하려면, 아무리 법을 엄하게 하여 대처하더라도 잘되지 않을 것이다. 진실로 여기 제시한 전제田制를 시행하고 학교 제도가 갖추어져서 잘 운용되면 사민四民이 모두 저절로 업이 정해질 것이다. 업이 이미 정해지고 보면 가혹하게 침학하는 일이 없이 고르게 되고 편안해질 것이요, 스스로 자기의 업을 즐거워하고 노력을 다하여 세대가 지나도 바뀌지 않을 터이다.

대장간

지방의 대장간이나 유기장은 매 업소마다 1년에 면포 1필을 세로 부과한다.

돈으로 대납할 수 있으니, 이하도 마찬가지이다.

○ 돈은 면포 1필 당 돈 120문을 기준으로 한다. 아래도 모두 이와 같이 한다.

○ 현물로 내게 되면 정철正鐵[204]은 10근, 놋쇠는 □[205]근으로 정한다.

주철장鑄鐵場은 매 업소마다 봄에 면포 1필, 가을에 면포 1필을 세로 부과한다.

무쇠장水鐵場은 큰 작업장은 봄에 면포 2필, 가을에 면포 2필을 세로 부과하며, 중간 작업장은 봄에 면포 1필 반, 가을에 면포 1필 반을 세로 부과하며, 작은 작업장은 봄에 면포 1필, 가을에 면포 1필을 세로 부과한다.

주장하였으며, 저서로 『신론(新論)』 29편이 있다.

204 정철 무쇠를 재정련하여 순도를 높인 쇠로, 강도와 점성이 높아 병기나 악기 등을 제작하는 데 사용되었다. 참쇠, 시우쇠라고도 한다.

205 □ 원문에 누락되어 있다.

작업하는 사람이 20인에서 25인까지는 큰 작업장, 15인 이상은 중간 작업장, 14인 이하는 작은 작업장으로 규정한다.

옛 관례에 황해도·경기도·충청도에서는 무쇠로 세를 납부하도록 하되 큰 작업장에는 무쇠 100근, 중간 작업장에는 75근, 작은 작업장에는 50근으로 정하고 포나 돈으로는 거두지 않았는데, 이와 같이 해도 좋을 것이다.

살펴건대 『경국대전』에 야장冶匠과 유철장鍮鐵匠은 작업장마다 봄에는 정포正布 1필, 가을에는 미米 10두, 주철장鑄鐵匠은 작업장마다 봄에는 면포 1필, 가을에는 미 15두, 수철장水鐵匠은 큰 작업장은 봄에는 면포 1필 반, 가을에는 미 6석 8두, 중간 작업장은 봄에는 면포 1필, 가을에는 미 6석 2두, 작은 작업장은 봄에는 정포 1필, 가을에는 미 4석 6두를 세로 부과한다고 되어 있다. 여기에는 장인의 신역세 [身稅]가 포함되어 있는 것 같은데, 지금 들으니 신역가포身役價布**206**는 따로 받는다고 한다. 그런즉 과중한 것으로 생각된다.

기왕에 대장간에 정해진 세가 있으니 철을 생산하는 곳에는 그 지세地稅를 또 징수하지 말아야 할 것이다. 지금 거두어들이는 것은 일체 폐해야 한다.

위의 대장간 등에 대한 세는 농지에 세가 있는 것과 마찬가지이다. 그들의 신역에 대한 세〔곧 위의 장인포匠人布〕도 마찬가지이다. 기타 장인들은 이 가운데 들어 있지 않으니, 무릇 소금가마, 어살[魚箭], 배에 대한 세는 모두 이와 같이 할 것이다. 이밖에 옹기장이 등은 신역의 포만이 있고 옹기가마에 대한 세는 따로 부과하지 않는다.

---

206 신역가포 일정한 신역을 치러야 할 사람이 부역을 하지 않는 대신 바치는 포목.

상인

좌상[坐賈]에 대해서는 한 사람당 1년에 면포 1필을 부과한다. 돈으로 대납한다.

시전세市廛稅는 1간間마다 쌀로 봄에 2두, 가을에 2두를 납부하도록 한다. 역시 돈으로 대납한다. 쌀 1두에 돈 20문을 기준으로 하는데, 아래도 이와 마찬가지이다.

무릇 시전의 규격은 매양 남북으로 6보, 동서로 10보를 한 자리로 한다. 시속에서 1간間이라고 일컫는 것이다.

『경국대전』에는 시전에 정해진 세가 있는데, 지금은 상인들의 시전에 대해 모두 일정한 세가 없다. 사신을 접대하거나 제사祭祀, 장빙藏氷[207] 및 여러 가지 수리 등 잡역은 일에 따라 역사役事를 시키는 데 힘들고 덜 힘들고가 일정하지 않다.

맹자는 이렇게 말했다.

"시장에 대해서는 점포를 대여하고 징세를 하지 않으며, 관리를 하되 점포에 세를 받지 않으면 천하의 상인들이 모두 기뻐하여 이 시장에 와서 장사하기를 좋아하게 될 것이다."[208]

장횡거張横渠는 해석하기를, "혹은 시장의 점포에 대해서만 임대료를 받고 물화에 대해서는 징세를 하지 않으며, 또 혹은 시장 관리의 법으로 다스리면서 점포에 대해서 세도 받지 않는다는 뜻이다"라고 하였다.

대개 상업에 종사하는 자가 많으면 점포세를 받아서 억제를 하고 적으면 점포세도 받을 것이 없다는 말이다. 시전의 세는 응당 맹자의 이 말을 법으로 삼아야 할 것이다.

---

207 장빙 얼음을 채취하여 빙고(氷庫)에 저장함.
208 『맹자·공손추 상』에 나온다.

행상行商에 대해서는 매년 공문公文〔노인路引²⁰⁹을 말함〕을 발급하고 세로 면포 1필을 거둔다.

1명당 면포 1필을 받으며, 돈으로 대신할 수도 있다. 서울과 지방, 농지를 지급받는 자나 지급받지 않는 자나 모두 마찬가지이다.

○ 무릇 공문은 지금의 선척공문船隻公文의 예와 같이 하여 모두 거주지·용모·연령을 기록하여 농간을 방지할 것이다. 만약에 멀리 다니는 대상인으로 사람이 많은 경우 사람 수에 따라서 세를 내도록 한다.

도로의 요충지에는 관문을 설치하고 나루, 다리, 진鎭, 역驛에는 항시 기찰을 하는데 본디 선왕의 제도가 그러했다. 이렇게 한 다음이라야 행인을 관리하는 법이 행해질 수 있는 것이다.

지금 우리나라는 요충지에 관문이 없고, 도로나 나루터, 역 또한 느슨하여 기찰을 하지 않고 있다. 이 또한 응당 제대로 시행해야 할 것이다.

안설

살피건대, 『경국대전』에는 육로의 상인에 대해서는 노인路引을 지급하며 매달 세를 받는데, 달마다 저화楮貨 8장으로 규정되어 있다. 그런데 오늘날에는 동일인이 농사를 짓기도 하고 장사를 하기도 하여 사람들이 정해진 직업이 없어서 이렇게 된 것이다. 만약 사士·농農·공工·상商으로 각기 직업이 있으면 당연히 매년 정해진 세를 바치되, 그사이 얼마나 지속하는가, 근면한가 게으른가 등의 문제는 그 사람에게 달려 있다.

맹자가 말했다.

"문왕文王이 기岐 땅을 다스릴 때에 관關과 시市에는 기찰만 하고 세를

---

209 노인 먼 거리를 이동하는 군졸, 행상, 외국인 등에게 발급하던 통행증.

받지 않았다."²¹⁰

관은 도로의 관문이요 시는 도읍의 저자이다. 관과 시의 관리는 이상한 복장이나 이상한 말을 한 사람을 살펴보며 상인에 대해서는 세를 받지 않았다는 뜻이다.

맹자는 또 말했다.

"관문에서 기찰만 하고 세를 받지 않으면 천하의 행인들이 모두 좋아하여 그쪽 도로로 다니려 할 것이다."²¹¹

대개 행상이 이미 본 지방의 관청에 상세常稅를 바쳤으므로, 그들이 지나는 곳에는 증명서를 검사만 하고 세를 더 받지 않아야 할 것이다.

지금 서북 두 국경 지역의 감영과 동래 등지에 서울과 지방의 행상이 가면, 증명서가 있고 없고는 묻지도 않고 세만 받고 있다. 이런 일들은 응당 바로잡아야 할 것이다.

선박

선척船隻에 대해서는 매년 공문을 지급하고 세를 거둔다.

공문 또한 지금의 예와 같이 주인의 성명, 거주 및 선척의 대소와 길이와 너비가 몇 척인지를 모두 기록하여 농간을 방지할 것이다.

해선海船

대선大船 면포 6필. 돈으로 대납할 수 있음.

대차선大次船 면포 5필.

중선中船 면포 4필.

중차선中次船 면포 3필.

소선小船 면포 2필.

소차선小次船 면포 1필.

---

210 『맹자·양혜왕(梁惠王) 하』에 나온다.
211 『맹자·공손추 상』에 나온다.

영조척
조선시대에 집을 짓거나 성을 쌓는 등 큰 물건을 만드는 목공이 사용하던 척도.

이 본세本稅 이외에 어장세魚場稅, 지세地稅, 기타 잡세 등은 일체 없앨 것이다. 만약에 공적으로 시킨 일이 있으면 그 세를 헤아려서 감해주되 기준을 초과하면 관례에 따라 값을 지급할 것이다.

강선江船

대선 면포 3필.

중선 면포 2필.

소선 면포 1필.

지금 한강의 선척으로 예를 들어보자면 해주로 통하는 것은 대선이고, 단지 상류로 통하는 것은 중선 이하이다.

해선은 영조척營造尺[212]으로 길이 60척 너비 22척 이상은 대선, 선체의 머리와 꼬리 부분의 가로놓인 판을 제외하고 상면으로부터 전후좌우를 노끈으로 잰다. 이하 같음. 길이 53척 너비 19척 이상은 대차선, 길이 46척 너비 16척 이상은 중선, 길이 39척 너비 13척 이상은 중차선, 길이 30척 너비 10척 이상

---

212 영조척 부피의 측정, 병기(兵器)·선박의 건조, 건축 등에 사용한 자. 길이는 기준척과 수식에 따라 조금씩 변화했는데, 태조 때 초창할 당시 숭례문의 건축에 사용된 영조척은 32.21cm였고, 성종 때 창경궁과 명정전의 중건에 사용된 영조척은 31.07cm였다. 그러나 1430년 도량형 제도를 정비하면서 31.22cm가 되었는데, 이후 이것이 일반적으로 사용되었다.

은 소선, 길이 20척 너비 6척 이상은 소차선이라고 한다. 아주 작은 도거선끄
居船²¹³은 따질 것도 없다.

○ 동해 쪽의 크고 작은 배들은 제도가 다르기 때문에 응당 편의대로 규
격을 정할 것이다.

강선은 길이 62척 너비 11척 이상은 대선, 길이 50척 너비 9척 이상은
중선, 길이 38척 너비 6척 이상은 소선이라고 한다. 아주 작은 어선들은 따질
것도 없다.

각 나루에 있는 배들은 세를 면해준다.

위의 해선에 대해 매년 세를 1필에서 6필에 이르기까지 내도록 하였는데,
지금의 어장세, 지세 등 각종 징수를 일체 폐지하고 일정한 세를 바치도록
한 것이다. 지금 바다에서 배를 타고 고기를 잡는 데 대해서는 모두 받아들
이는 것이 있는데, 이를 어장수세魚場水稅라고 한다. 조기를 잡으면 조기세를
받고 청어를 잡으면 청어세를 받고 민어, 준치, 밴댕이, 새우젓 등 무릇 잡아
들이는 데 있어서 거기에 따라 징수를 하되, 혹은 그 현물로 하거나 혹은 쌀
이나 베로 받아들이는데, 감관監官을 정하여 바다에서 거두어들이기도 하며,
또는 장표場表²¹⁴를 발급하고 포지기[浦直]²¹⁵를 두어 징수하기도 한다. 한 차
례 거두어들이는 것이 상포常布²¹⁶ 몇 동同(1동은 50필) 이상이 된다. 매번 이
와 같이 할 것이다.

---

213 도거선 선체가 가볍고 속력이 빠른, 돛을 달지 아니한 규모가 작은 거룻배. 거도선이라고도 함.
214 장표 여기서는 어장에 대한 허가 증서를 뜻함. 장표(掌標)라고도 함.
215 포지기 포를 관리하는 사람.
216 상포 보통 품질의 포(布)를 가리키는 말.

지금 조기의 세는 대선의 경우 조기 6동을 바치는데, 1동은 1000마리이다. 그중에는 어공御供 1동이 포함되어 있는데 으레 4~5배를 받은 까닭에 10여 동에 이르고 있다. 또 알젓 4두斗에다가 인정포人情布[217] 40~50필이 있다. 청어세는 대선의 경우 18동을 받고 있다. 매양 2000마리를 1동으로 하는데, 여러 곳에서 빼앗아가기 때문에 40여 동에 이른다. 그 나머지 어세魚稅는 혹은 현물로 혹은 면포로 받는데, 많고 적고 하여 일률적이지 않지만 대체로 이와 비슷한 형편이다.

어부들은 다 바치고 나면 남는 것이 없을 뿐 아니라 혹은 빌려 보태서 바치기도 한다. 무릇 못이나 강에 대해서는 금하지 않는 것[218]이 옛날의 도리였다. 기왕에 신역이 있는데다가 선세船稅가 있고 또 고기 잡는 세까지 받아가니, 이것이 백성의 위에 있는 사람의 도리이겠는가?

더구나 그 사이에 탐욕스러운 관원과 교활한 아전 무리가 때를 타고 빼앗아가서 강도와 다름없다. 상선商船이 지나가고 머무르는 곳에는 지세地稅라 하여 받아내는 것이 있으니, 때문에 선호船戶는 닿는 곳마다 부딪히는 곳마다 뜯겨서 괴로움을 견딜 수 없는 지경이다. 이런 데 대해서는 의당 적절히 헤아려 선세를 책정하고 여러 가지로 거두어들이는 것들은 일체 폐지해야 할 것이다.

문

이와 같이 하면 선호의 역은 균등하고 바르게 되어 괴로움이 없어질 것이요, 국가 또한 새어나가는 폐단이 없게 될 것이다. 다만 지금은 본세本稅는 무겁지 않되 위에서 든 각종 잡세들은 고기를 잡는 자에게는 받고 잡지 않는 자에게는 받아들이지 않고 있다. 이제 일괄해서 다 바치게 하면 고기를 잡지 않는 자까지도 똑같이 세를 바치게 된다. 이러한 면에서 논하건대 본세를 가

---

217 인정포 포목을 바칠 때 하급 관리에게 위로비 명목으로 주는 포목인데, 사실은 관에서 강요하는 뇌물이다. 쌀을 주는 인정미(人情米)도 있다.

218 『맹자』에서 양혜왕(梁惠王)이 왕정(王政)에 대해 묻자 맹자가 그 가운데 하나로 말한 것인데, 물고기를 잡아먹는 것을 막지 아니하여 백성과 이익을 같이하였다는 것이다.

볍게 하고 지금의 어장 등의 세는 그대로 두는 것이 좋을 것도 같다.

답

이는 그렇지 않다. 무릇 파도치는 바다에 원근에서 모였다 흩어지는 고기 잡이 배들은 관에서 멀리 앉아 계산할 수 있는 일이 아니다. 멀리 앉아 계산할 수 없는 일을 사방의 교활한 아전들의 손에 맡겨 여러 가지 종류의 물산들에 대해 징수를 하고 있으니, 다 같이 속이는 것이 날로 불어나고 거두어들이는 것이 다투어 심해지고 처리하는 일이 번거롭고 혼란스럽게 되는 것은 필연의 형세이다. 이런 까닭에 거두어들이는 세가 나라에 돌아가는 것은 만분의 일도 되지 않고, 다만 온 나라의 선호들로 하여금 여러 간활한 무리들에게 탐학을 당하도록 만드니, 악폐惡弊의 정사가 이보다 더할 수 없는 것이다. 선호의 괴로움뿐만 아니라 고기 잡는 것도 늘어나지 않고 상인들이 활동하지 않으며 물가가 오르게 되는 것은 모두 여기에 까닭이 있다.

옛사람이 이르기를 '본디 천하에 일이 없는데 어리석은 사람들이 흔들어 번거롭게 만든다'[219]라 하니, 바로 이런 따위를 두고 이른 것이다. 만약 배를 가지고도 영업을 하지 않는 자가 있다면 걱정할 것이 없다. 백성이 배를 가지고 있으면 영업을 하려고 한다. 지금 사민들이 뒤섞여서 가는 곳마다 세를 뜯기고 있는 까닭에 이런 일도 있다. 그러므로 이를 바로잡아놓으면 백성으로서 어찌 배를 가지고도 영업을 하지 않는 자가 있겠는가? 설령 게을러서 일을 하지 않는 자가 있으면 벌을 주어야 할 것이요, 세를 감해주어서는 안 될 것이다.

문

이는 실로 지당하나, 사방의 사세가 꼭 같지 않은 수도 있으니 이를 어찌할 것인가?

답

사세가 같지 않음이 있으면, 또한 형편에 따라 참작하여 정할 것이다. 그

---

219 『당서(唐書)·육상선전(陸象先傳)』에 나오는 말로, 원문은 "天下本無事, 庸人擾之耳"이다.

러나 사방에서 이익을 삼는 방법이 혹 다를 수도 있다. 무릇 배를 부리는 자는 물고기를 잡지 않으면 장사를 하기 마련이며, 이익이 생기는 곳에는 그에 따라 세가 있는 법이다. 이 점은 사방 어디라도 다를 수가 없다.

문

나라에서 아무리 이런 폐단을 개혁하더라도 먼 지방의 수령이나 변장邊將들이 함부로 뜯어가면 어찌할 것인가?

답

참으로 나라에서 그 폐단을 모두 고치면 수령이나 변장들이 구실을 붙일 여지가 없을 것이니 저절로 뜯어갈 수 없을 것이다. 그런데 폐습이 오래되었으니 규정을 엄하게 세우지 않을 수 없다. 혹 어기는 자가 있어도 발각되는 대로 장률臟律[220]로 다스리면 누가 감히 법을 어기겠는가?

문

기왕의 잡세를 다 없애버리게 되면 여러 포구와 진영에서 상선을 점검하는 일도 폐할 것인가?

답

상선을 점검하는 일은 본디 간교하고 수상한 행위를 기찰하려는 것이요 잡세를 뜯어내는 것과는 관계가 없거늘 어찌 폐지할 것인가. 기찰만 하고 세를 거두지 않는다는 것이 본래 왕도의 정사였다.

어장

어장은 9등급으로 나누어 세를 정한다.

　　1등 어장 면포 18필. 돈으로 대납한다.

　　2등 어장 면포 16필.

　　3등 어장 면포 14필.

---

220 **장률** 장(臟)이란 탈취나 뇌물 등과 같은 부정한 방법으로 재물이나 이익을 취하는 행위로, 장률은 이에 대한 처벌 규정이다.

4등 어장 면포 12필.

5등 어장 면포 10필.

6등 어장 면포 8필.

7등 어장 면포 6필.

8등 어장 면포 4필.

9등 어장 면포 2필.

지금 어장은 모두 여러 궁가나 여러 상급 기관에 속해 있어 당초에 그 노속奴屬들이 들은 대로 고하는 데 따라 서울에서 세를 정하기 때문에 많고 적고 기준이 없다. 혹은 조기 12~13동同이나 어란 8~9두斗를 바치는 경우는 6승升 면포로 환산하면 60여 필疋이 되며, 혹은 6~7동이나 3~4동을 바치고 혹은 추포麤布[221] 50~60필을 바치는 경우는 6승의 면포로 환산하면 5~6필에 해당한다. 그런데 이는 모두 궁가나 상급 기관의 노속들이 와서 받아 가니, 본 기관에 들어가는 것은 반도 되지 않는다. 또 처음에 정해진 액수가 있다 하더라도 뒤에 더해지기도 하여 일정하지 않게 된다. 이런 까닭에 바닷가 백성은 단지 뇌물만 바쳐야 될 줄 알다가 떠돌기를 일삼게 되니, 어장이 오래도록 묵고 폐해져서 자손들이 대대로 인징鄰徵과 족징族徵에 시달리게 된다.

어장의 등급을 나누는 문제는 수령과 향관[222]들이 바닷가 마을에서 대표되는 사람들을 모아 매년 자세히 이익의 다소를 알아보고 공론을 참작한다. 또 그 실상을 직접 살핀 다음에 수년간의 어획량을 따져보아 10분의 1을 세로 내는 뜻을 참작하여 세액을 정해 책자로 만들어 위에 보고할 것이다. 계곡물에서 고기를 잡는 따위는 세를 징수하지 않으니 여기서 논할 것이 없다.

무릇 고기잡이의 이득은 해마다 차이가 있지만 세를 올리고 내릴 수 없다.

---

221 추포 발이 굵고 거친 베를 가리키는 말. 대개 3승(升) 정도의 포를 가리킴.

222 향관 지방 각 고을에서 수령을 보좌하는 임무를 맡은 좌수(座首), 별감(別監) 등을 가리키는 말.

농지와는 일이 달라서 해에 따라 구분하기 어렵기 때문이다. 모름지기 포나 돈으로 세를 내도록 해야, 물고기가 많이 잡히고 적게 잡히는 것에 따라서 저절로 공평하게 될 것이다. 만약 물고기로 세를 받으면 필시 풍년에는 적게 받고 흉년에는 많이 받는 폐단이 있게 된다. 포와 돈 가운데에 돈으로 하는 것이 더욱 편리하고 폐단이 없다.

소금

소금가마는 3등급으로 나누어 세를 정한다.

대분大盆은 봄에 면포 2필, 가을에 2필. 돈으로 대납할 수 있다.

중분中盆은 봄에 면포 1필 반, 가을에 1필 반.

소분小盆은 봄에 면포 1필, 가을에 1필.

지금 듣건대, 부안扶安과 무장茂長[223] 등 고을의 염세鹽稅는 소금가마의 크기를 구분하지 않고 소금가마 막幕 하나마다 매년 소금 8석 또는 소금 5승과 포 8필을 받는다고 한다. 그사이에 이것저것 거두어들이는 것까지 아울러 계산하면 17~18석에 미치고 있어 염호鹽戶는 고통을 이기지 못할 정도라고 한다.

위의 어장과 소금가마 두 가지는 우리나라 서해를 기준으로 정한 것이다. 동해로 말하면 어전이 없으며 소금을 가마솥에다 굽고 있으니 응당 가마의 대·중·소로써 적절히 헤아려 기준을 정할 것이다.

지금 어전과 소금가마의 세는 거두어들이는 것이 절도가 없다. 여러 궁과 척족 및 서울의 상사上司에서 나누어 점유하여 각기 사람을 보내 수취해 가는데다가 그 도道와 그 고을에서 또 따로 덧붙여 징수하고 아전배들도 끼어들어 침탈을 하고 있다. 무릇 여러 가지 뜯어가는 명목이 한둘이 아니어서 그 고통은 농민들에 비해 더욱 심하다. 이 때문에 바닷가의 백성이 대체로 모두 빌려간 곡식을 갚지 못하여 많이들 유랑하게

---

223 무장 지금 전라북도 고창군에 속한 바닷가 고을 이름.

된다. 인심이 나빠지고 물가도 오르게 되는 것이다. 대장간이나 여러 점포의 폐단도 대체로 다 이러하다.

이밖에 무릇 산림과 천택川澤의 이로움은 모두 백성과 더불어 그 이로움을 누리며 발전도 시킬 문제이다. 세를 징수하는 것이 마땅한 경우는 전세를 10분의 1로 부과하는 뜻에 따라 기준을 정하여 각기 경중의 타당함을 얻도록 해야 할 것이다. 전세는 10분의 1로 한다 하나 20분의 1로 해야만 실제로 10분의 1이 될 수 있다. 모름지기 이 점을 알아야 할 것이다.

무릇 산에서 나는 것과 물에서 나는 것은 모두 하늘과 땅이 만물을 내어 사람을 기르기 위한 것이지만, 역시 사람의 힘이 들어가지 않고는 얻을 수 없다. 선왕先王은 비록 산림과 천택의 관리자를 두었지만 다만 그 정령政令을 내려 엄하게 단속했을 따름이요 지금과 같이 독점하여 세를 받지는 않았다.[224]

다만 이로움이 있는 곳에는 백성이 덤벼들기 마련이다. 이로움이 큰데도 세가 없다면 백성은 허다히 본업을 버리고 말업을 일삼게 될 것이다. 또한 농사짓는 백성에게는 세가 있고 장사 같은 말업에 세가 없는 것 역시 공정한 법이 아니다. 그러므로 세는 없을 수 없으니, 만약 어전이나 소금가마나 대장간 등 상시 이익이 있는 곳에는 이익이 어느 정도인지 헤아려서 그 경중에 따라 세를 정할 것이다. 나머지 미세한 이익은 놓아두더라도 백성이 농업을 버리고 좇지 않을 터이니 일체 징수할 필요가 없다.

수레나 차茶, 술 등속은 본래 후세에 와서 이익을 도모하는 폐단이 되었다. 수레의 경

---

224 『주례』에, "산택에 대한 관직이 많이 있지만 대개 그 정령으로써 금하는 것을 맡은 것에 불과하며, 이익을 독점해서 재물을 취하는 데에 있지 않았다. 관이오(管夷吾)가 비로소 염철(鹽鐵)에 대한 부세를 두었는데 그 논의는 매우 가혹하였다[山澤之官雖多, 然大槪不過掌其政令之厲禁, 不在於征權取財也. 管夷吾始有鹽鐵之征, 觀其論苟碎甚矣]"라 한 대목에 근거해 말한 것이다.

우 우리나라에서는 사용할 줄 모르니 응당 발전을 시켜야 할 일이라 세를 부과할 필요가 없으며, 다만 서울에서 수레를 부리는 것으로 사업을 삼는 자가 있으면 응당 헤아려서 부역을 시키되 매년 며칠을 넘지 않도록 하는 것이 타당할 것이다. 차의 경우 우리나라에서는 마시지 않고 있으니 널리 마시도록 유도하는 것도 좋으며, 술은 때에 따라서 금지해야 할 것이다.

전제 하

田制 下

전제를 처음 시행할 때에 경계經界를 바로 하는 일은 오직 적임자를 얻는 데 달려 있다. 사람을 잘 택하는 문제와 노고를 보상하는 문제는 일반적인 예와 비교할 수 없으니 뒤에 따로 열거하여 밝힐 것이다.

양전 규정

인원 및 직무

경계를 측량하는 일은 오직 적절한 사람을 얻는 데 있으니 감사監司나 수령守令으로 하여금 전적으로 그 일을 주관하도록 할 것이다. 혹자는 말하기를, 감사는 해당 지역을 주관하는 관리라고 하지만 지금과 같이 별도로 균전사均田使를 파견하여 다른 업무는 주지 않고 이 일만 전적으로 맡겨 넉넉히 시간을 주어서 그 성과를 책임지도록 하는 것이 좋을 것이라고 한다. 그러나 감사에게 위임하여 일이 잘 되는 것만 못할 것이다.

한 면面마다 전직은 따질 것도 없이〔7품 이하로〕 유사儒士나 품관品官 중에 직무에 공정하고 근면한 자 두 사람을 엄격히 가려 뽑아 감관監官을 삼을 것이다. 한 사람은 측량을 맡고, 다른 한 사람은 토지의 등급을 맡는데, 다 그 면 사람이 거나 인근 면 사람으로 하되 두 사람이 함께 다니며 각기 맡은 일을 처리하면서 서로 상의하여 그 직무를 다하도록 한다. 수령과 향로鄕老가 가려 뽑아 위에 보고하여 임명할 것이다.

서기書記는 1인으로 한다. 백성 중에서 글자를 알고 근실한 자로 정하되, 감관이 적임자를 논의해 관장에게 보고하여 뽑는다. ㅇ 서기의 임무를 맡길 사람에 대해서는 이런 점을 생각해야 한다. 지금 세상의 관리 무리들은 간교한 짓을 행하고 뇌물을 받고 장부를 위조하는 짓이 버릇이 되어 골수에 박힐 정도가 되었으니, 한때의 덕화로 감화시키기 어렵다. 평소에 특별히 선량하여 그런 무리에 물들지 않은 자가 아니라면, 일을 시작할 처음부터 절대로 가까이 두지 말아야 할 것이다. 응당 촌민 중에서 글자를 아는 자를 택하여 맡기되, 그런 사람이 없으면 승려 중에서 글을 아는 자를 골라도 좋다. 이들이 서툴더라도 붓을 잡고 글을 쓸 수만 있으면 충분하다. 서툰 것은 일에 문제될 것이 없다. 계산을 하는 것은 본디 감관의 일이요, 서기에게 맡기는 것은 타당하지 않다. 서기는 법에 의거하여 측량한다.

수령은 면마다 마을마다 모두 몸소 답사하며 살펴야 할 것이다. 더욱이 토지의 등급을 정하는 문제에 마음을 써야 한다. 사신使臣 또한 고을마다 면마다 몸소 답사하며 살펴야 할 것이다. 가마나 말을 대령하지 말도록 하며 호종하는 사람도 간소하게 하고 직접 논밭을 살펴보아 문서만 고찰하는 데 그치지 말 것이다.

모두 처음부터 심사숙고할 일이요, 맡긴 업무를 끝까지 잘 이루도록 책임을 지우며, 일을 마친 다음에는 처음부터 끝까지 헤아려 포상을 할 것이다.

감관과 서기를 골라 다 선정하면 사업을 시작하기 전에 반년쯤 경계사목經界事目[1] 및 노끈으로 재고 계산하는 방법을 강습시켜 이에 정밀하고 익숙하게 된 연후에 실제 거행하도록 한다. 고을마다 청사[廳] 하나를 따로 두어서 함께 모여 날마다 강습받도록 하는데, 수령이 몸소 강의를 하게 한다. 또한 먼저 끈을 가지고 공한지에서 실습을 한 뒤에 실시할 것이다.

---

1   경계사목 농지를 측량하여 백성에게 고루 배분하는 업무와 관련한 제반 규정.

비용

측량할 때에 감관이나 서기 등 인원들의 접대비 및 초안 외에 장부를 작성하기 위해 소용되는 비용이나 용지에 대해서는 경비에서 처리하며, 민간에서 징수하지 말도록 할 것이다.

포상

관사官使가 제대로 된 사람을 얻으면 전제田制는 고르고 바르게 되어 만세의 이익을 이룰 수 있으며, 제대로 된 사람을 얻지 못하면 그 폐해 또한 만세에 이를 것이다. 그런데 맡은 일이 더욱 절실하고 긴요한 것은 감관에게 있다. 감관의 일이란 풀과 이슬을 밟고 논두둑 밭두둑을 드나들며 논밭을 계산하고 토양의 성질을 분별하여 부세賦稅를 고르게 정하는 것으로, 그 수고로움은 비할 데 없다.

그런데 걸핏하면 형벌이 가해지고 아무리 잘해도 포상이 없으니, 감관이란 명목은 천역賤役이 되고 말았다. 조정에서는 매양 극도로 훌륭한 사람을 뽑으라는 명령을 내리지만 약간의 지식이라도 있는 자는 죽으라고 회피하니, 그 일을 맡은 자는 대체로 염치없고 용렬하여 사류士類에 낄 수도 없는 자나 간활한 아전뿐이다. 때문에 전정田政이 이와 같이 엉망진창이 되었다. 참으로 한번 전제를 바로 하여 만세의 다행이 되도록 하자면, 보통의 방식과는 달리 선발을 특별히 엄중하게 하여 반드시 충실한 인재를 얻어 예우를 하고, 노고에 대한 포상을 중하게 하여 하나하나 실시해야 할 것이다.

○ 상전賞典[2]은 이렇게 실시할 것이다.

사신과 수령은 가자加資[3]한다.

수령에 대해서는 네 등급을 올려준다. 무릇 그 단계의 마지막이면 당상관으로, 당상관

---

2 **상전** 공로에 대한 포상의 규정을 뜻하는 말. 여기서는 양전(量田)의 작업에 참여한 여러 인원에 대해 공과를 평가하여 시상하는 것을 가리킨다.

3 **가자** 관인의 품계를 올리는 것을 뜻하는 말. '資'는 경력이나 신분을 뜻하는 말.

또한 가선대부嘉善大夫로 올린다. 옛 제도로 논하건대, 한 도道의 땅을 받아서 아주 잘 처리한 자는 마땅히 땅을 나누어주고 분모分茅[4]하는 전례典例가 있었다.

감관은 별수전別受田 4경을 받는다.

역시 받은 농지에 대한 군역을 지지 않는다. 즉, 본과本科 외에 따로 4경을 타는 것이니, 원래 4경을 받은 자라면 8경이 된다. 후일에 옮겨서 경대부卿大夫에 이르더라도 또한 본과의 안에 포함시키지 않으며, 모두 경을 구획하고 농지를 나누는 당초에 그 농지를 정해서 내놓고 일이 끝나기를 기다려서 받을 것이다.

○ 서기에 대해서는 영구히 경부傾夫 등의 잡역을 면제해준다. 서기의 일을 맡은 승려에 대해서는 크고 작은 공역工役이나 절 안의 잡역을 영구히 면제해줄 것이다. 권농관勸農官의 경우 한 면을 한 사람이 혼자 다 맡을 것이 없고 각 리의 이장里長이 맡게 하며, 측량할 때 끈을 잡는 일은 그곳의 전부田夫가 맡도록 한다.

만약 공로와 능력이 빼어난 자가 있으면 더욱 높여서 기용한다. 용렬하여 직무에 맞지 않거나 사심을 품고 간교를 부리는 자는 법에 의거해서 벌을 주고 따로 적합한 사람을 뽑아서 그의 임무를 대신 맡도록 한다.

측량할 때 늘리고 줄이고 했거나 농지를 숨기거나 뺏거나 등급을 불공정하게 한 자에 대해서는 모두 거기에 따른 법규가 있는데, 전부에 대해서도 같은 죄를 적용한다.

○ 위의 가자나 별수전은 특례이니, 이후로는 이를 관행으로 삼지 않는다. 경계의 일이 끝난 다음에 3년마다 하는 양전은 상례대로 할 것이다.

감관에 대해 상전을 주는 것은 오직 농지를 지급하거나 면세를 하는 두 가지가 있을 뿐이다. 깊이 생각해보건대 농지를 주는 것이 타당할 것이다. 혹자는 말하기를, 원래 세가 10곡斛이 되는 땅을 정해주고 그 사람에 한정해서 종신토록 면세해주는 것이 편의할 것이라고 하는데, 이렇게 해도 좋을 것이다. 다만 이 일은 만세의 큰일이니, 아무래도 그 상전을 특히 크게 하여 사람들에게 모두 권면하는 뜻을 알도록 할 것이다.

---

4 분모 고대의 제도로서 천자가 공신이나 제후를 봉할 때에 상징적인 의미로 백모(白茅)를 나누어준 데서 유래한 말.

이와 같이 하면 공사 간에 폐단도 많아서 받는 자도 농지를 거듭 받는 것만 못할 것이다. 또한 후세에 식견이 깊지 않은 사람들이 국가의 재정이 부족한데 공이 없이 상을 남발했다 하며 파기하여 국가의 신의를 잃게 될까 걱정이 되니, 이는 실로 작은 문제가 아니다.

경지의 도면과 대장이 작성되면 각 장부의 끝에 사신, 수령, 감관, 서기의 성명을 적어두어 공과功過의 증거가 되도록 할 것이다.

아무리 일이 오래 경과한 뒤에라도 실제로 공정하지 못했거나 직무를 제대로 수행하지 못한 일이 있으면 또한 죄를 논하여 상전을 내렸던 것을 취소할 것이다. 한 도, 한 고을에서 적임자를 쓰지 못했거나 법을 지키지 못했으면 그 해당 사신과 수령에게 책임을 지우고, 한 면에서 농지의 등급을 공정하게 하지 않고 측량의 규정을 어겼으면 해당 감관에게 책임을 지운다. 비록 자리를 옮겨서 공경公卿의 지위에 이르렀더라도 필시 공과 죄를 따질 것이다. 각기 면내의 경계와 두둑, 도랑에 대해서는 일이 이루어지는 데 한정해서 감관이 맡아 감독하도록 한다.

군역·전세 부과

○ 이상의 전제가 다 갖추어지면 측량한 전지에 근거해서 군역과 전세를 부과하는 실상을 따져서 맞추도록 할 것이다.

이수里數를 기준으로 농지의 경頃을 잡으면, 사방 1리가 9경이 된다.

1리는 길이가 300보, 1800척이다. 후세에는 5척을 1보로 하여 길이 360보로 1리를 삼았으나, 실제는 마찬가지이다.

예시1: 부안

예로 부안현 한 곳을 들어서 보자. 남북이 60리이고 동서가 30리이니, 30리에 60리를 곱하면 사방 1800리가 되는데 농지는 1만 6200경을 얻는다. 그 땅은 변산이 한 방면을 차지하는데다가 산림·천택 및 불모지며, 성읍이나 여리閻里의 지역이 1만 1200경이니, 실전實田(즉 개간해서 농사를 지을 수 있는 땅)은 5000경이 된다.

교사校士 20인에게 각기 4경씩 80경.

관리官吏, 관속官屬, 교리校吏, 교속校屬 다 아울러 196인에게 각기 50묘씩 117경. 정해진 전지에 덧붙여 들어갈 것까지 합친 것이다.

각 면의 주인 10인에게 각기 1경씩 10경.

각 면의 권농관 20인에게 각기 1경씩 20경.

각 면의 향상鄕庠[5]·사창社倉의 복부復夫[6] 80인에게 각기 1경씩 80경.

각 처處의 사후伺候[7] 171인에게 각기 1경씩 171경.

산지기 4인에게 각기 1경씩 4경.

사직지기, 여단厲壇지기 각 2인, 합 4인에게 각기 1경씩 4경.

장관청將官廳지기 2인에게 각기 1경씩 2경.

9품 이상 직관전職官田은 40경가량. 지금 9품관에서 6품관까지는 4명이 못 되지만 여유를 두어 계산한 것임.

사류전士類田(외사생 및 내·외사의 번에서 면제된 자, 무선武選,[8] 세적世嫡, 유음有蔭 등의 부류가 모두 이에 들어감)은 대략 260경. 향관鄕官, 향정鄕正, 장관將官 등은 모두 이런 부류들 가운데서 뽑아 정함.

---

5   향상 면의 각 마을에 설치하여놓은 서당. 본서 권1 「전제 상」 주 121 향상전 참조.
6   복부 국가에 대하여 부담하는 부역이나 세금 등이 면제된 사람.
7   사후 적의 동정을 살피는 등의 임무를 담당한 자.
8   무선 내금위사(內禁衛士)를 가리킴. 본서 권1 「전제 상」 주 8 참조.

각 리의 이정里正, 역리驛吏와 역졸驛卒, 진부津夫, 참호站戶 및 여러 담당자에 대해서 농지 212경가량.

이상 합계 1000경을 제하면 약 4000경이 남는다.

군역은 1000인 내로 부과한다.

기병·보병과 조군漕軍·수군水軍 도합 500인가량, 속오군 900인가량, 능로군 152인가량, 양처兩處 봉수군 48인, 민호民戶와 보인保人 아울러 4000인.

○ 이밖에 또 조군의 여보餘保로 나와야 할 자 및 바닷가에 농지가 없는 능로군이 있다.

또한 진鎭의 군자전軍資田과 학교전學校田, 역마전驛馬田, 진도전津渡田 등 항목의 면세전을 제해서 계산하면 대략 500경이 된다. 이들은 대략 300여 경이 되지만 넉넉하게 계산하여 제한 것이다. 그러면 나머지는 대략 4500경이 된다.

세를 내는 것은 하년下年의 경우에는 대략 8100곡이 된다.

지금 15두곡으로 셈하면 5400석이 된다.

○ 대체로 농지는 높은 등급에 속하는 것은 적고 낮은 등급에 속하는 것이 많으니 응당 대략 잡아서 7등급으로 기준을 잡을 수 있다. 그러나 그 사이에 진전陳田이나 재전災田도 있기 때문에 역시 넉넉하게 잡아 대략 8등전으로 계산할 것이다. 8등전은 하년이면 세액이 18두가 된다. 그런즉 8100곡이 된다. 조세漕稅와 유세留稅 두 가지 종류로 나누면, 유세는 5800여 곡이 되고 조세는 2200여 곡이 된다.

○ 이밖에 또 여리경포閭里頃布가 있는데, 대략 600여 필이다.

○ 지금 간전墾田[9]은 2000여 결이다.

재해를 당한 해에 제외해주는 것은 빼놓고, 보통 해에 쓰는 바는 혹 많고 적고의 가감은 있으나 대략 이와 같이 한다.

○ 을해년에 양전量田한 원적元籍은 7956결이고, 그 가운데 지금 경작하는 것이 3369결이다. 그때에 진전으로 되어 있던 곳이 지금은 경작을 하고 있는데, 관리나 서원 무리들이 마음대로 누락을 시켜서 단지 약간만 목록에 보인다. 그래서 매년 으레 이와 같다. 다른 고을도 모두 이러하다.

지금 군軍의 정원은 414인이다.

기병·보병·무학武學·신선新選·별파진別破陣[10]을 합하여 180인, 충순위忠順衛·충찬위忠贊衛를 합하여 16인, 어영군御營軍 114인, 수군 15인, 조군 89인이다. 호보戶保는 아울러 모두 1272인이다. 속오군이 444인, 별대別隊 36인, 봉수군 33인, 능로군 122인, 전선사포수戰船射砲手 48인이다. 위의 기병·보병·무학 등 각각의 호보에 또한 속오·별대·능로군·사포수 등까지 중첩되는 까닭에 모두 이 수치 안에 거듭해서 포함된다. 봉수군 또한 모두 늙어 제외된 자나 중첩해서 역을 진 자이다.

지금 보통 해의 전세田稅는 삼수미三手米[11]까지 아울러서 900여 석이다. 10두곡으로 치면 1350여 곡이 된다.

○ 이밖에 대동미가 매 1결마다 13두이다.

---

9   "시속에서는 시기전(時起田)이라고 한다." ― 원주
      시기전은 양안상에 파악된 농지 가운데 당해 년에 실제로 경작하고 있는 농지이다. 이와 달리 양안상에 파악되었으나 농사를 짓지 못하고 있는 농지를 진전(陳田)이라고 한다.
10 무학·신선·별파진 조선시대 군역에 편성된 인원들의 종류를 가리킴. 지금 병과(兵科)에 해당하는 것. 무학은 곧 무학군(武學軍)으로 병법과 무예를 익힌 사람들로 편성된 군대를 말하고, 신선은 새로 선발된 군사를 가리키며, 별파진은 지금 특수병과에 해당하는 명목이다.
11 삼수미 훈련도감에 소속된 삼수군(三手軍)의 운용을 위해 징수하는 명목의 세미(稅米).

삼수미는 곧 경병京兵의 군량이 되는 것으로, 경세經稅 외에 추가로 부과하고 있다. 경세는 근년으로 들어와서 연분年分은 실지대로 하지 않고 대체로 하하년으로 하고 있다. 그런 까닭에 세가 지극히 적으며 공물·잡역 등 각색 명목이 매우 많아서 모두 경세 외에 더 내고 있다. 그래서 가벼운 자는 혹 20두, 무거운 자는 70~80두에 이른다. 근년에 연해의 고을에 비로소 대동법을 시행하여 1결에 13두씩 내는 것으로 규정을 삼았다.

예시2: 전주

또 전주 같은 곳은 긴 쪽을 잘라 짧은 곳에 붙이는 방식으로 하면 사방 80리가 되니, 총면적 6400평방리이고, 농지는 5만 7600경이 나온다. 산림·천택 및 벌어먹을 수 없는 땅과 성읍경, 여리경 등 3만 2000경을 제하면 대략 실제 경작할 수 있는 땅은 2만 5600경이 된다. 이를 다음과 같이 배정한다.

교사校土 80인에게 각 4경씩 320경.

관리, 관속, 교리, 교속 합하여 282인에게 169경.

영리營吏, 영속營屬 및 영학속營學屬 합하여 256인에게 144경.

경기전속慶基殿屬 16인에게 9경.

각 면주인 40인에게 각 1경씩 40경.

각 면 권농관 80인에게 각 1경씩 80경.

각 면의 향상·사창의 복부 320인에게 각 1경씩 320경.

각 처의 사후 593인에게 각 1경씩 593경.

사직단, 여단 등의 지기를 합하여 4인에게 각 1경씩 4경.

장관청의 지기 5인에게 각 1경씩 5경.

9품 이상 직관전으로 약 226경. 현재 9품 이상의 관이 20인 미만이라 한다.

사류전으로 약 1200경.

각 이정, 역리, 역졸, 진부, 참호 및 제색전諸色田으로 약 980경.

이상 4100경을 제해서 계산하면 나머지는 2만 1500경이다.

군역을 내는 것은 대략 5375인 내에서 한다.

기병·보병이 약 2690인, 속오군이 약 5370인, 호보까지 아울러 계산하면 2만 1500인이다.

또 감영의 군자전과 학교전, 역마전, 진도전 등 항목의 면세전을 제해서 계산하면 대략 2200경이 된다. 그러면 나머지는 2만 3400경이다.

세를 내는 것은 하년의 경우에는 대략 4만 2120곡이다. 지금 2만 8080석이 된다.

○ 전주는 토질이 기름져서 높은 등급이 응당 많아 부안에 비교하면 1등을 높이는 것이 타당하다. 그러나 지금 우선 넉넉한 쪽으로 하여 또한 일괄해서 8등전으로 계산하면 4만 2120곡이 된다. 조세漕稅와 유세 두 가지 종류로 나누면, 유세는 대략 2만여 곡이 되고 조세는 대략 2만 1000여 곡이 된다.

○ 이밖에 또 여리경포가 있는데, 대략 3000여 필이다.

○ 지금 간전이 1만 4000여 결이다. 이 또한 모두 누락된 것이다.

지금 군의 정원은 이렇게 된다.[12]

지금 보통 해의 전세田稅는 삼수미까지 아울러서 5000여 석이다. 곧 7500여 곡이 된다.

○ 이밖에 공물貢物·잡역가雜役價는 모두 정해진 세의 밖이어서 일정한 수치가 없

---

12 이 부분은 원문이 누락된 것으로 보인다.

다. 무릇 여러 도의 대동법을 실시하지 않은 고을은 모두 이와 같다.

전국 단위의 수치

또한 우리나라는 남북이 2400리이고, 동서가 1000리이다. 그런데 길이와 너비가 다 일정치 않아, 자르고 붙여 계산하면 대략 길이는 2000리, 너비는 800리이다. 800리에 2000리를 곱하면 160만 평방리가 되고, 농지는 1440만 경이 나온다. 산림·천택·도로·원장園場 및 불모지와 성읍경, 여리경 등의 10분의 8을 제하면 대략 실제 경작할 수 있는 땅은 288만 경이 된다.

위에서 공경, 대부, 사士, 아전과 관노 및 역驛, 목장, 진도津渡, 참호站戶 등에 배정되는 농지, 그리고 각종 병역의 면세전을 제해서 계산하면 넉넉히 잡아 대략 40만 경이 된다. 그러면 나머지는 248만 경이다.

군역을 내는 것은 대략 62만 인 내에서 한다.
기병·보병·조군·수군을 합하여 약 31만 인, 충의위·충순위 또한 이 수치 가운데에 들어 있다. 속오군은 62만 인이 되는데, 호보까지 아울러 계산하면 248만 인이다.

또 왕자·공신에 대한 사세전賜稅田 및 각 영과 진의 군자전, 학교전, 역마전, 진도전 등 항목의 면세전을 제해서 넉넉히 잡아 계산하면 대략 35만 경이 된다. 그러면 나머지는 대략 253만 경이다.

세를 내는 것은 하년의 경우에는 대략 455만 4000곡이다. 지금 303만 6000석이 된다.
○ 일괄해서 8등전으로 계산하여 이 안에서 조세와 유세 두 가지 종류로 나누면

유세는 약 385만 곡이고, 조세는 약 70만 곡이다. 영동의 여러 고을에서는 포로 상납하고, 평안도·함경도의 국경 지역이나 중국 사행이 내왕하는 큰길에 면한 고을의 경우는 전체를 남겨두거나 혹은 조세를 헤아려서 남겨두어 본 지역의 군사와 사신을 접대하는 비용으로 쓴다. 그런데 본래의 수치는 이와 같다.

○ 그해 작황의 등급이 중년中年 이상이 되는 해에는 연분에 따라서 그 세는 자연히 증액하며, 흉년으로 기근이 든 해에는 재손災損의 정도에 따라서 응당 감세를 해야 하되 다 미리 헤아릴 수는 없는 문제이다.

○ 이밖에 여리경포는 보통 해에는 대략 40여만 필이 된다. 또 소금가마[鹽盆], 대장간, 어장漁場, 선척船隻, 시전市廛, 참점站店, 공상工商 등에 징수하는 잡세雜稅는 이 가운데 포함시키지 않는다.

○ 평시平時(곧 임진왜란 이전을 가리킴)에는 전국의 전결田結이 151만 5500여 결이었다. 충청·전라·경상 3도는 도합 100만 9700여 결이고, 그밖의 5도는 도합 50만 5800여 결이다.

지금 간전은 68만여 결이다. 대략 이와 같은데 이 모두 서원書員 무리들이 도둑질하고 누락시킨 때문이다. 5도는 평시에는 장부도 있지 않았으며 병자호란 전후로부터는 양전도 하지 않아서 문란과 누락이 더욱 심했다.

평시에는 정병正兵이 18만여 인이었다. 호보까지 아울러도 40만 인이 되지 못했다.

충순위·충찬위·정로위定虜衛 및 수군·조졸漕卒은 그 숫자가 확실치 않다. 『경국대전』을 살피건대, 수군은 원래 정수가 4만 8800인이고, 조군은 원래 정수가 5960인이라고 되어 있으나, 그때 당시에 이 수를 채웠는지 여부는 알 수 없다.

지금 정병은 5만 6175인이다. 호보까지 아우르면 18만 3258인이 된다.

충순위·충찬위·정로위는 모두 1만 527명이다. 호솔戶率까지 아우르면 1만 5604명이 된다.

어영군御營軍

수군

조군은 674인이다. 호보까지 아우르면 3026인이 된다.

속오군의 여러 종류는 16만 1920인이다. 지금 정병의 호보, 삼위三衛의 호솔은 또한 속오군의 여러 종류와 중첩이 되니 모두 이 숫자 안에 중복되어 있다.

전란이 없었던 평상시에 평년의 총 세미와 콩은 도합 30여만 석〔즉 45만여 곡〕인데, 평안도와 함경도 양쪽 경계 지역에서 본도本道에 남겨 두는 부분을 제외한 6도의 세는 26만여 석으로 서울까지 조운해 온다. 이 안에 영남의 왜료미倭料米13 8000여 석은 동래로 운반해가며, 또 포布로 바꾸어 상납하는 곳이 있다. 이하에서도 이와 유사하다.

지금 평년의 총 세액은 19만 5000여 석〔즉 29만 2500여 곡〕인데, 평안도와 함경도 양쪽 경계 지역에서 본도에 남겨두는 2만 3000여 석을 제외한 6도의 세는 17만 2000여 석으로 서울까지 조운해 온다. 이 안에 왜료미 및 포로 바꾸어 상납하는 것이 있다.

우리나라의 제도에 전세는 대체로 모두 서울로 실어오게 되어 있다. 공물, 진상 및 수령이 받는 녹봉과 지방에서 쓰는 비용들은 모두 전세에서 처리되지 않는 까닭에 으레 백성에게 중첩해서 징수하고 있다. 이 때문에 군현들에서는 제각기 규정이 다르고 경중 또한 일정한 기준이 없어서, 백성이 1결의 땅에서 내는 것은 가벼우면 20~30두斗 정도, 무거우면 80~90두 정도가 되며 그 세입稅入은 이와

13　왜료미 조선시대 왜관에 머물던 일본 사절에게 그 체재비로 지급하던 양곡. 경상도 일부 군현의 전세를 동래부로 하납하여 이를 공무역 대금 및 왜료의 재원으로 삼았다.

같다. 대개 백관百官이 받는 녹봉은 스스로 살아가기에도 부족한데, 8도의 아전이나 하례下隸 등의 경우 전혀 관에서 지급받는 것이 없어 각자 수단을 부려서 살아가게 되니, 제각기 공公을 빙자하여 사적 이익을 도모하거나 뇌물을 받고 뜯어내는 방식 가운데서 먹고산다. 근세에 이르러서는 백성의 호구가 많이 줄어들었을 뿐 아니라 아전들이 가지가지 징수하고 까닭을 붙여 간사한 짓을 행하는데다가, 정사가 아전들 손에 달려 있어 마음대로 훔치고 빼내가는 폐단이 전보다 더욱 심해져서 농지의 전결이 자꾸 누락되고 국세가 점차 축소되기에 이르렀다.

일찍이 상고해보니 중국 명조의 총 세미는 3608만 5000여 석인데 그 가운데 400만 석이 운송되어 경창京倉에 이른다. 비단은 20만 5000여 필, 명주실은 19만 7000여 근, 면화는 24만 6500여 근, 면포는 13만 800여 필, 은은 149만여 냥이다. 황폐한 것과 개간된 것의 면적을 실제대로 파악한 것인지, 과세의 비율이 옛날 10분의 1에 비해서 어떠한지 알지 못하겠다. 또 지금 두斗와 석石의 크기는 옛날의 배가 된다.

양전척

지금 양전척으로 사용하는 주척

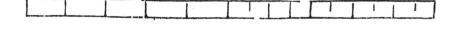

위의 도본圖本은 지금 양전척으로 사용하는 주척周尺이다. 지금의 양전척은 이 주척으로 계산하여 만들 것이다. 『가례家禮』의 도본에 나오는 주척에 비하면 9푼이 조금 안 되는 정도로 길고, 『상례비요喪禮備要』[14]의 도본에 나오는 주척에 비하면 7푼이 조금 안 되는 정도로 길며, 지금 훈련원訓鍊院

조선의 척도
반계가 사용한 주척(위)과 조선 후기 도량형을 새롭게 정비하며 만든 사각유척(아래)

보수步數의 주척에 비하면 2푼이 길다. 지금 경법頃法에서는 이 자를 사용하기로 정한다. 이 자를 쓰면, 6척이 1보가 되고, 100보가 1묘가 되며, 100묘가 1경이 되니, 1경의 땅은 사방 100보이다.

지금 여러 도본에 실린 주척을 살펴보건대 길고 짧고가 똑같지 않다. 민생의 고락과 병역 인원의 많고 적음이 오로지 여기에 달려 있으니, 모름지기 잘 살펴서 통일시키도록 힘써야 할 것이다.

이 법을 시행하는 초기에는 적절히 헤아려 백성에게 전세의 반 혹은 3분의 1이나 2를 감해주어 구溝와 혁洫[15]을 만드는 노고에 보상이 되도록 할 것이다.

이 법을 시행하게 되면 만민이 모두 제자리를 얻게 될 터인데, 오직 홀아비, 과부, 고아, 독신, 장애인, 환자에 대해서는 마음을 써야 할 일이니 위정자는 마땅히 더욱 은혜와 구휼을 베풀어야 할 것이다. 옛날 성왕聖王들이 인정仁政을 폄에 있어서 반드시 이 네 부류의 잔약한 사람들을 우선시했던 것은 대개 이 때문이다.

---

14 『상례비요』 상례에 관한 책으로, 사계(沙溪) 김장생(金長生)과 그 아들 신독재(愼獨齋) 김집(金集)이 편찬하여 간행한 것이다. 2권 1책으로 앞쪽에 도본이 실려 있으며, 예서(禮書)로서 널리 이용되었다.

15 구와 혁 농지를 정비하는 과정에서 만든 수로. 구는 작은 도랑, 혁은 큰 도랑이다. 본서 권1 「전제 상」 주 49 참조.

이웃 간에 서로 지켜주고 일가친척 사이에 서로 구해주며 재앙과 우환을 도와주고 예속禮俗을 살리고 학교를 일으키는 등 일의 절차에 대해서는 자고로 옛 제도에 있으니, 오직 마땅히 차례차례 거행하면 될 것이다. 「향약鄕約」과 「학제學制」에 자세하다.

[붙임] 토지제도에 대한 여러 가지 의론

田制雜儀付

여러 이견에 대한 논설

분가가 되는 우려에 대한 문제

문

이 법은 지당하고 더없이 좋다. 하지만 한 호戶가 받는 것은 정해져 있으니, 아들이 장성하게 되면 반드시 따로 농지를 받아야 한다. 만약 가까운 곳에 빈자리가 없으면 멀리 있는 마을에서 받아야 할 터이니 부자간에 떨어져 사는 것을 면할 수 없다.

답

옛날 정전제의 시대에는 부자가 함께 살았다. 그런데 진秦나라 상앙商鞅은 부자형제가 같이 사는 것을 좋아하지 않았던 까닭에 따로 살도록 하고 정전제를 폐지하였다. 후세의 법은 백성을 부자간에도 흩어져 살기 쉽게 하는 것이니, 실로 공전법公田法을 근심할 것이 아니다. 대개 백성이 항산恒産이 있으면 친척이 함께 살 수 있고, 항산이 없으면 부자간에도 같이 살기 어렵다. 또한 목전의 일로 비교해보면 쉽게 알 수 있다. 지금 만약 농지를 많이 가지고 있더라도 자식이 아주 많으면 필시 농지를 매입한 다음에라야 함께 살 수 있다. 그런데 근처에 매입할 농지가 없으면 부득이 먼 곳에서 사게 된다. 이는 지금도 어찌할 수 없는 일이다. 어떤 사람이 죽었을 때 사전私田이라면 꼭 팔아넘길 필요가 없지만 공전公田이라면 반드시 넘겨주어야 한다. 비록 팔려는 자가 있더라도 사전인 경우는 값을 가져야 살 수가 있는데, 공전이라면 받아야 당연한 쪽이 받을 수 있다. 그런즉 공전법이 떨어져 살기 쉽겠는가, 사전법이 떨어져 살기 쉽겠는가? 하물며 지금 농지를 많이 가진 자는 열에 하나 정도이고, 농지가 없는 자는 항시 열에 여덟아홉인데 더 말할 것이 있겠는가?

논과 밭의 불균형 문제

문

지금 우리나라 백성은 논과 밭을 아울러 가지고 있기 때문에 벼와 콩을 심어서 수요에 충당하고 있다. 만약에 구획된 농지를 정해진 대로 받게 되면 1경頃 가운데 논과 밭을 겸해서 받지 못할 수도 있을 것이다. 밭만 있고 논이 없거나 논만 있고 밭이 없는 경우가 필시 많이 생길 것이다.

답

이는 그럴 수도 있다. 하지만 공전제가 실시된 이후에도 백성은 오늘날과 서로 많이 다르지 않을 것이다. 공전의 경계를 정해주더라도 서로 원해서 바꾸는 일이 없지 않을 것이요, 각자 필요에 따라서 사적으로 서로 바꾸어 경작하게 되는 것을 가리킨다. 친척이나 이웃 동네 사이에 서로 적절하게 바꾸어 경작할 수 있다. 한 집안이 공유하는 재산으로 말하면, 아버지가 밭이 있어 아들이 논을 원할 때는 논을 지급하고 형이 논이 있어 아우가 밭을 원할 때는 밭을 지급하면 또한 적절하게 되어 조절이 될 것이다. 지금 또한 밭을 가진 자가 꼭 논을 가지고 있는 것이 아니요, 논을 가진 자가 꼭 밭을 가지고 있는 것이 아니다. 더구나 밭이건 논이건 다 없는 자가 많지 않은가?

중국의 땅을 보면 회수淮水 이북은 수천여 리가 온통 밭뿐이고 논은 찾아볼 수 없다. 우리나라로 말하면 서북지역은 논이 전무하니 이 문제에 대해서 논할 것이 있겠는가? 지금 남방의 산간 고을 백성은 오로지 밭만 경작하는 자가 많다. 김제의 동진들[東津坪]16이나 여산의 채운향彩雲鄕17 같은 곳은 들판이 연이어 있으나 온통 논뿐이요 밭은 없다. 이 모두 그곳의 백성이 자연의 형세대로 저마다 그곳의 사정에 따라 각기 논이건 밭이건 경작을 하여 서

---

16 동진들 지금 김제 지역에 동진강이 흐르는데 이곳의 평야를 가리킨다.

17 여산의 채운향 현재 논산시 채운면 지역으로, 이 당시에는 여산군에 속하였다. 여산은 지금 전라북도 익산시에 속해 있다.

로 있고 없는 것을 교역해서 필요한 것을 보충하는 것이다. 이 때문에 필요한 것을 얻지 못해서 다른 지방에 비해 곤란하다는 것을 듣지 못했다. 위에 제기한 문제는 본디 따질 것도 없으나 우선 눈앞의 일로 해명한다.

토지 부족의 문제

문

만약에 이 법을 시행한다면 땅은 적고 사람이 많을 우려가 있다.

답

이 또한 그렇지 않다. 천지의 조화는 이럴 이치가 전혀 없다. 사람이 땅 위에 살아가는 것은 고기가 물에서 사는 것과 마찬가지이니, 고기가 많아서 물이 모자란다는 말은 듣지 못했다. 과연 땅이 부족하다고 한다면, 지금 한 사람이 농지를 많이 차지하여 많은 사람들이 농지를 갖지 못하게 될 터인데 이에 대해서는 우려하지 않고, 만백성에게 균분한 후에 땅이 없어 가지지 못하는 자가 있을까 근심하고 있단 말인가?

대체로 공전이건 사전이건 막론하고 모두 일반적으로 이 땅에 이 사람들이 살아가는 것은 원래 별다른 구역이 있는 것이 아니다. 공전으로 하면 공평하면서 고르게 되고 사전으로 하면 사적으로 되어 치우치기 마련이다. 공평하게 되면 백성의 생업이 일정하게 유지되어 인심이 안정되고 교화가 이루어지며 풍속이 돈후하게 되어 만사가 다 각각 제자리를 얻게 되고, 사적이 되면 일체가 여기서 반대가 될 것이다. 또한 이 공전제를 시행하게 되면 곡식을 물이나 불처럼 얻을 수 있게 될 것[18]이니, 어찌 지금 세상과 같은 현상이 있게 될 것인가?

지금 농지가 많은 자는 남은 땅이 있어도 힘이 미치지 못하는 까닭에 두루 경작할 수가

---

18 '곡식을 물이나 불처럼 얻을 수 있게 될 것'의 원문은 '菽粟如水火'로, 『맹자·진심(盡心) 상』에 나오는 표현이다. 전후 문맥을 들어보면 다음과 같다. "맹자가 말하였다. '밭두둑을 잘 다스리고 세금을 가볍게 하면 백성이 부유해질 수 있다. 때에 맞추어 먹고 예에 맞게 쓰면, 재물을 이루 다 쓸 수 없다. (…) 성인이 천하를 다스리매 콩과 곡식을 갖기를 물과 불처럼 해주어야 하니, 콩과 곡식이 물과 불 같은데 백성 가운데 어찌 어질지 않은 사람이 있겠는가?'"

없으며, 농지가 없는 자는 벌어먹고 싶어도 땅이 없어 농사를 지을 수 없다. 때문에 농지가 많이 묵게 된다. 아무리 병작幷作[19]의 규정이 있다 하더라도 농지를 많이 가진 자는 남에게 땅을 주어 병작을 시키고 여러 곳에서 나오는 것을 널리 합치면 가만히 앉아서 먹을 수 있다. 그러므로 힘써서 일을 하려고 하지 않는다. 농지가 없는 자는 남의 땅을 갈게 되는데 매년 이어지기 어렵기 때문에 자기 것이 아니어서 거름을 주어 잘 가꿀 마음이 생기지 않는다. 이 때문에 제대로 거름을 써서 가꾸지 않는 농지들이 많아지게 된다. 이 공전제를 시행하게 되면 땅은 거칠게 되는 것이 없고 농지마다 사람들이 부지런히 일을 함으로써 농지의 생산량을 통틀어 계산해보면 지금보다 배 이상 될 것이다. 해마다 이와 같이 하면 항시 배의 수확을 얻게 될 터이니, 어찌 곡식이 물과 불처럼 흔하게 되지 않겠는가?

공자는 이르기를, "균분하면 가난이 없다"라고 하였으니, 성인의 말씀이 어찌 하나하나 곡진하지 않겠는가?

부자에 대한 일시적 배려

문

이 법을 시행한 초기에는 부자들이 괴로움을 면치 못할 것이다. 지금 편안히 살면서 공부도 하지 않고 백성에게 아무런 덕을 미치지 못하면서 논밭을 넓게 차지하여 부가 자기 면이나 고을에서 제일가는 자들은 실로 분에 넘치는 일이다. 그러나 부유한 생활에 젖은 것이 벌써 오래되어 갑자기 농지가 줄어드는 것은 인정상 견디기 어려운 바이다. 의당 너그럽게 처분하여 납속納粟을 통해 지금의 첨정僉正이나 찰방察訪 따위 같은 명목상의 직함을 주고, 실직實職의 예에 의거해서 농지를 지급하고 병역은 면제해주되, 뒤에 가서는 이것이 관례가 되지 않도록 할 것이다. 이와 같이 하면 정전제를 시행하는 것이 두고두고 폐

---

19 "지금 농지를 남에게 주어서 경작하게 하고 그 소출을 나누는 것을 시속에서 병작이라고 일컫는다."—원주

이는 곧 전답의 소유자인 지주(地主)가 작인(作人)에게 전답을 빌려주어 경작하게 하고, 소출을 작인과 나누어 갖는 농업 경영 방식이다.

해가 없을 것이요, 오래 지나면 저절로 바르게 될 것이다. 부자들 또한 시작할 때의 원성이 없어질 것이다.

답

일을 그렇게 처리하는 것은 한때의 조그만 수단에 불과하다. 실로 때를 헤아리고 형편을 살펴서 부득이한 경우에 옛사람들 또한 행하기도 했다. 그렇지만 이는 꼭 그렇게 해야 하는 것이 아닌 것 같다. 이 법을 시행하는 것은 관에서 사람의 땅을 빼앗는 일이 아니고, 백성의 수를 헤아려서 나누어 지급하는 것이니 백성이 각자 소망하여 받는 것이다. 부자들도 스스로 마땅히 자제들과 노복들에게 나누어주어서 호구에 따라 병사를 내는 데 지나지 않는다. 감소된다지만 큰 부자는 그래도 종전부터 가난했던 사람보다는 필시 나을 것이다. 이 말은 비록 여러 가지로 깊이 걱정하는 데서 나온 말이지만, 법을 시행하는 당초부터 그런 길을 열어놓으면 사람들이 다투어 욕망을 일으켜서 이익을 노리는 데 바쁠 터이니, 많은 사람들의 뜻을 한데 모으고 큰 근본을 세우는 도리가 아니다. 옛 성왕들이 새로 제도를 만들고 백성을 안정시키는 데 있어서는 다른 방도가 있는 것이 아니었다. 뜻하는 바가 천하를 위해 도모하되 자신을 위해 하는 일이 아니면 사람들은 누구나 감복할 것이다. 바른 길을 잡아서 공정하게 시행해가면 제대로 되지 않을 이치가 없다. 참으로 이와 같이 한다면 사람들은 각기 제자리를 찾아서 편안하게 분수를 지키게 될 터이니, 정당하지 않은 법을 취해서 백성이 요행을 얻도록 해서는 안 될 것이다.

한전과 매매의 문제

문

옛날 제도가 폐지된 이후로 농지는 공물公物이 아니고 백성의 사유가 되어서 부자는 농지를 한정 없이 넓게 차지하고 빈자는 송곳 꽂을 땅도 없는 상태이다. 이 때문에 부자는 점차 더욱 부유해지고, 빈자는 점차 더욱 가난해지고 있다. 시간이 오래됨에 따라 모리배들이 토지를 온통 차지하고 양민들은 온통 흩어져서 남의 땅을 빌려야 하는 처지가 되니 그 피해가 미치는 바 이루 말할 수 없는 지경이다. 그래서 지금 땅이 온통 다 사유가 되어 사람들은 각기 자기의 세전지물世傳之物로 보아 하루아침에 바꾸는 것 또한 심히 행하기 어렵다고 생각한다. 만약 사전을 그대로 두고 매매를 금하지 않으면서 오직 그 면적을 제한하여 높은 벼슬아치로부터 서민에 이르기까지 모두 한계를 정해놓되 농지가 많은 자는 매매를 허용하고 농지가 적은 자는 사들여서 채울 수 있게 한다면 또한 어떠하겠는가?

답

이 또한 먼저 경계를 바르게 하고 경작하는 민호를 분명히 해서 농지를 정호丁戶에 배정한 뒤에라야 가능하다. 그렇지 않으면 민가에서 하는 일을 관에서 모두 다 살필 수 없으니, 이름을 허위로 써서 토지 장부에 거짓 올리는 폐단을 끝내 방지할 수 없다. 그런데 경계를 바로 하고 민호를 분명히 밝히는 일은 공전제를 행하지 않고는 또한 될 수가 없는 것이다. 경계가 이미 바르게 되고 민호가 분명히 밝혀지더라도 사유를 허용하게 되면 다시 제한을 두려고 한다 해도 형세상 행하기 어려울 것이다. 대개 공전으로 하게 되면 사람들은 농지를 관에서 받게 될 것이니, 자손을 많이 낳더라도 농지가 없을까 걱정할 필요가 없고 아버지가 대부에 오르고 아들이 사士가 되더라도 그 조목은 다름이 있을 지언정 받아들이는 것은 막힘이 없을 것이다.

기왕에 사전으로 인해 관에서 지급받는 것이 없게 되면 집에 자식이 있을 터이니 미리 사둘 수밖에 없으며, 대부의 아들로 대부가 되지 못하는 자는 필시 나머지 농지를 팔 것이다. 사람이 늙고 젊고 나고 죽고 자손이 많고 적고 사고 팔기가 쉽고 어려움에 따라 인정이나 형편으로 인해서 백 가지로 곤란이 생겨 그로 인한 간사와 허위의 괴로움을 견딜 수 없는 지경에 이를 것이다. 아무리 법을 엄하게 하여 형벌을 가하더라도 범하는 자가 이처럼 많을 것이니, 반드시 시행하고자 한다면 이는 함정을 파놓고 백성을 빠뜨리면서 게다가 형벌까지 내리는 셈이다. 설령 상앙商鞅[20] 같은 사람이 정사를 맡아 한때 강하게 법을 세우더라도 형벌이 조금 해이해지면 법이 도로 무력하게 될 터이니, 이 과연 무슨 정치이고 법인가? 비록 일시 어려움이 있는 것 같더라도 안락하게 하는 도리로 백성을 부려서 한번 수고롭게 하고 길이 편안하게 한다면, 시속의 사람들은 어렵다고 여길 테지만 군자는 필히 행하려 할 것이다. 이와 같은 법은 사리를 많이 알지 못하는 자는 행할 수 없는 것인 줄로 판단하고 있다.

병작 허용의 문제

문

겸병兼幷[21]의 폐해는 예로부터 식자들이 누구나 통절히 금하려고 했으나 매양 옛날 제도를 회복하는 것이 어려웠다. 농지 소유를 제한하려는 제도가 시행되지 못하는 것 또한 이와 같다. 무릇 농지를 자기가 경작하지 않고 남에게 주어서 병작을 시키는 것은 확실히 법령을 정하여 경작자가 5분의 4를 먹고 전주田主는 그 5분의 1을 취하도록 한다. **조세는 전주로 하여금 납부하도록 한다.** 어기는 자는 관에 고발하도록 하여 법령대로 나누어주고 아울러 5분의 1의 분량을 몰수한다. 이와 같이 하면 힘써 농사를 짓는 자는 자기의 힘으로 먹고살 수 있으며 자기가 농사를 짓지 않는 잉여의 농지에서 이익을 볼 것이 없게 된다. 애써 방지하지 않더라도 겸병의 폐해는 저절로 줄어들 것이다.

답

방금 제안한 법은 그럴듯하나 가만히 생각해보면 문제가 많다. 대체로 개인적으로 서로 약속하여 정하는 것이 사고팔고 하는 것과 같아서 관에서 구획하여 정해주기 어렵다. 기왕에 농지의 사유를 허용하고 보면 다시 그 이득을 제약하려 해도 간활한 폐단이 한없이 일어날 것이다. 그래서 시행하기 어려운 것

---

20 상앙 ?~B.C. 338. 중국 전국시대의 정치가. 진(秦) 효공(孝公)에게 등용되어 부국강병책을 펼쳤다. 재상이 되어 엄격한 법치주의 정책을 펴서 진나라를 대국의 반열에 올렸다.

21 겸병 토지를 많이 차지하는 것을 가리킴. 국역 수행의 댓가로 지급받은 수조지를 반납하지 않은 채 다른 명목의 수조지를 차지하거나, 이 과정에서 타인 명의의 소유지를 탈점하는 행위였다.

이 한전제限田制보다 도리어 더하게 된다.

또한 후세에 채지采地나 세록전世祿田 같은 선비를 기르는 생계수단이 일체 폐지되어 사대부들은 각기 자기 고향에서 농지를 바탕으로 살아갈 수 있을 뿐이다. 만약에 선비를 기르는 규정을 따로 만들어놓지 않고 이와 같이 시행하려고 든다면, 대부로 관직이 없는 자나 대대로 벼슬하던 집 자제, 향리의 유생에서 관에 사역하는 이례吏隷, 고아나 과부에 이르기까지 모두 먹고살 도리가 없게 될 것이다. 이는 겸병을 하여 이익을 노리는 무리들을 혐오한 나머지 군자와 야인22의 구별을 온통 없애자는 의미가 되니, 단지 손에 농기구를 든 자만 먹고살 수가 있고 대부나 사士는 처신할 곳이 없게 될 것이다. 천하의 보편적인 의리로 보아 이럴 수 없다. 공자께서 번지樊遲가 농사에 대해 묻는 데 대답한 말23과 맹자께서 정신노동과 육체노동에 대해 사공食功을 말한 설24로 보건대 알 수가 있다. 실로 조정에 세신世臣25이 없고 나라에 공부하는 사람이 부족하게 만든다면 어찌 국가에 이로움이 있겠는가?

대부나 사는 아무래도 없을 수 없으니 기왕에 귀한 위치에 있는 자들에게 갑자기 직접 농사를 짓도록 할 수는 없다. 경작을 하지 않는 자를 먹고살기 어렵게 만든다면 그 폐단은 장차 대부의 경우 녹을 잃지 않기 위해 구차하게 될 것이요, 사의 경우 녹을 얻기 위해 다투게 될 것이며, 간활한 아전들은 몸을 바쳐 뇌물을 좇을 것이다. 그 문제점은 지금의 정도가 아닐 것이다. 염치를 다 잃어버리고 간활하고 훔쳐 먹는 것이 풍속을 이루어 그 폐해는 이루 말할 수 없게 된다. 이는 필시 이르고야 말 형세이다.

또한 그렇게 한다 하더라도 기왕에 그 농지의 소유를 제한하지 않으면 빈부

---

22 **군자와 야인** 여기서 군자는 지위가 있는 사람, 즉 사대부를 가리키며, 야인은 농사짓는 사람, 즉 농민을 가리킨다.

23 공자의 제자 번지가 공자에게 농사일에 대해서 묻자 공자는 그에 대해 소인이라고 비판하였다. 이때 소인이란 뜻은 군자에 상대되는 말로 농사일 등에 종사하는 서민을 가리키는 말이다.(『논어·자로子路』)

24 맹자가 정신노동과 육체노동을 구분지어 몸을 수고롭게 하는 사람들은 정신을 수고롭게 하는 자에 의해 부림을 당한다고 말한 바 있다.(『맹자·등문공 상』)

25 **세신** 대대로 벼슬하는 사람을 가리키는 말.

를 끝내 고르게 할 수 없을 것이다. 그리고 또 농지를 사람에게 배정하는 방식을 쓰지 않으면 부역을 회피하려는 자들이 더욱 유망流亡[26]하기 쉬워질 것이다. 대체로 공전을 회복하지 않으면 백 가지로 제도를 만들어보았자 하나도 효과를 거둘 수 없을 것이다.

단계적 시행에 대한 반론

문

공전으로 하는 것이 실로 지극히 훌륭한 방도이다. 그러나 지금 세상에 시행할 수 없다면 우선 양전量田과 호패號牌[27]를 시행하는 것이 좋지 않겠는가?

답

그렇게 하는 것이 하지 않는 것보다는 낫다. 그러나 그 두 가지는 일이 항상 번거롭고 농간을 부리는 폐단이 생기기 쉬우니 한번 노력을 들여 영구히 편안하게 되는 방도가 아니다. 시행하기 어렵기는 공전제보다 배나 되며 효과를 거두는 것은 보잘 것이 없다. 무릇 일이 부득이하게 되면 어쩔 수 없이 임시로 차선책을 취하는 수도 혹 있을 수 있다. 백성은 우리 백성이요 땅은 우리 땅이니 오직 임금과 재상이 거행하는 데 있는 것이다. 본디 부득이한 일도 아닌데 어찌 괴롭게 이와 같이 할 것인가? 대체로 지금 양전 또한 일시의 소요를 면할 수 없으며 오래지 않아 도로 불분명하게 된다. 농지는 장부에만 실어놓고 본 땅에는 경계가 분명하지 않은 까닭이다. 호패로 말하면 일시에 일이 번다한 것이 공전제를 시행하는 것과 다름이 없는데다 백성이 좋고 싫어하는 것은 공전과 다름이

---

26 유망 농민이 수탈과 고역을 견디지 못해 자신의 생활 근거지에서 도망치는 것. 유민(流民), 유랑(流浪), 유리(流離) 등으로 표현하기도 했다.

27 호패 16세 이상의 남자에게 발급하던 패. 일종의 신분증으로, 민정(民丁)의 수를 파악하여 군역과 요역 부과의 기준을 삼고 호적의 누락과 허위를 방지하기 위한 것이다. 호패의 제도는 시대에 따라 나라에서 존치했다가 폐지했다가 하기를 거듭했는데, 인조 대에는 정묘호란으로 인해 중지된 상태였고, 『반계수록』 집필 당시인 현종과 효종 대에는 논의에만 그치고 실시되지 않았다.

있다. 때문에 법령과 형벌을 엄격하게 하지 않고는 시행할 수가 없다.

대체로 공전은 부역이 있으면 농지가 있어 백성은 스스로 농지를 받기 위해 호적에 들어간다. 호패로 말하면 농지와 사람이 서로 결합되지 않아서 백성은 호적에 들어가봤자 이로울 것이 없으며 호적에서 빠져나오는 것이 유리하다. 고로 모든 백성이 다 부역을 도피하려하며 오로지 위에 있는 사람들만 호적에 들어가려고 한다. 이 때문에 법을 만들기를 필히 엄격히 하고 법을 시행하기를 필히 준엄하게 한 다음에라야 나라에 호패를 달지 않은 백성이 없게 될 것이다.

가령 일시에 시행한다 하더라도 형벌이 조금이라도 느슨해지면 법은 도로 폐지될 것이요, 또한 위에서 말한 바 한전제에서 일어난 일과 같다. 만년이 가도록 늘 시행하려고 하면 만년 동안에 일이 항시 번거롭게 될 것이다. 사람들이 이동하고 죽고 사는 것이 일정치 않은데 농지는 고정되어 바뀌지 않는 것과는 같지 않다. 공전으로 말하면 이 두 가지의 이로움을 겸하여 일거양득이 되고 더하여 빈부가 균일하게 될 것이니 만백성이 기뻐 따를 것이다. 양전과 호패의 방식은 양쪽으로 수고롭지만 그 이로움은 겸해서 얻지 못하여 기껏 하나를 얻고 두 가지를 잃게 된다. 게다가 백성이 모두 하고 싶어하지 않고 좋아하지도 않는 일이다.

무릇 요령이 있는 방식을 버리고 번거로움을 취하고, 진선무폐盡善無弊의 방식을 버리고 반쯤 이득이 있고 반쯤 폐해가 생기는 방식을 취하며, 한번 수고로우면 영구히 편안한 방식을 버리고 항상 수고롭고 폐해가 쉽게 생기는 방식을 취한다면, 이 어찌 지혜로운 자가 의당 행하는 일이겠는가? 공전의 제도는 지극히 순탄하고 지극히 간요한데 무엇을 꺼려서 행하지 않을 것인가! 제왕이 천하국가를 다스림에 있어서 이밖에 다른 법이 있을 수 없다. 만약에 후세에 끝내 시행할 수 없다면 마침내 치세를 기대할 수 없을 것이다. 진실로 영명한 군주가 결단을 내려서 시행하게 되면 고금과 화이華夷의 구분이 없을 터라 애당초 시행하지 못할 것이 없다.

기득권의 반발에 대한 반론

문

이 법은 실로 기뻐할 사람이 많겠으나 부호들은 이득을 뺏기지 않을 수 없기 때문에 분란을 일으킬 꼬투리가 있지 않겠는가?

답

이는 필시 발생할 리가 없다. 만약에 임금의 덕이 밝지 못하고 지위에 앉은 신하들이 모두 제 몸만 위하고 이익을 좇으면 비단 이 일뿐만이 아니고 백 가지 일이 희망이 없어 사직 또한 보존하기 어려울 것이다. 참으로 임금이 위에서 밝고 지위를 가진 신하들이 합심하여 나라에 몸을 바칠 생각을 해서 이 법을 시행하려고 들면 억조의 백성이 성심으로 기뻐 승복하게 될 것이니, 설령 간악하고 참람한 마음으로 이익을 독차지하려는 자가 원망을 품더라도 누구와 더불어 난을 꾸밀 것인가? 혹시 절대 그렇지 않으리라는 예상을 벗어나 난을 일으키는 자가 있다면 자연히 죽임을 당하고 말 것이다. 어찌 이런 일로 국가의 우환이 될 것인가? 예로부터 난을 일으키는 자는 대체로 자기 자신의 욕망을 좇아 음란하고 혼암한 짓을 일삼으니, 지성으로 어진 정사를 행하면서도 난을 일으킨 일은 듣지 못했다.

대체로 천하만사는 천리天理와 인욕人欲 이 두 가지 문제에 걸려 있다. 가까이 말하면 한 마음의 작은 것에서부터 시작하여 멀리 천하의 일에 이르기까지 모두 하나의 규정에 달려 있다. 사람이 진실로 천리를 보존하면 인욕은 저절로 물러서게 되어 있다. 길하여 이롭지 않은 것이 없으니[28] 어찌 일찍이 천리를 보존하면서도 몸을 해치는 것을 본 적이 있는가? 성인이 중심을 삼는 것은 한결같이 천리에 있을 따름이요, 천리가 있는 곳에는 아무리 반역자를 죽이고 토벌하는 수고로움이 있더라도 사양하지 않는 법이다.

---

28 '길하여 이롭지 않은 것이 없으니'의 원문은 '吉無不利'이다. 『주역·대유(大有)』에 나오는 말로, "하늘로부터 도움이 있어 길하여 이롭지 않음이 없다[自天祐之, 吉無不利]"라고 하였다. '하늘로부터의 도움'이란 곧 여기서 '천리'를 의미하고 있다.

순 임금이 사흉四凶을 벌준 일²⁹과 문왕이 50개국을 멸한 일³⁰과 선왕宣王이 견융犬戎을 정벌한 일³¹은 모두 이런 까닭이었다. 만약에 확실한 주견이 없이 이럴까 저럴까 하고 망설이기만 하며 간사한 자들이 혹 노여움을 품을까 우려 하면 소인을 물리칠 수가 없고, 교활한 아전들이 원망을 품을까 걱정하면 뇌 물을 막을 수가 없다. 그전 하던 대로 고식적으로 하면서 나라를 위한 도리라 고 한다면, 당나라 덕종德宗이 지방의 절도사를 그대로 계승하도록 한 것이 득 책이겠으며,³² 헌종憲宗이 여러 반란세력들을 꺾어버린 것이 실책이라고 할 것 이고,³³ 송나라 고종高宗이 화친책을 주장하다가 포로가 된 것이 옳은 일이겠 으며,³⁴ 여러 어진 신하들이 떨치고 일어나 나라를 회복하려고 한 것이 잘못일 것이다. 이런 일들로 보건대 무엇이 득책이고 무엇이 실책이며, 무엇이 안전하 고 무엇이 위태로우며, 무엇이 나라를 일으키고 무엇이 나라를 망친 일이었던 가? 각기 사례는 다르다 할지라도 이치는 하나이다. 하물며 우리 백성은 나라 에서 명을 내리면 곧 행하고 인도하면 곧 따라서 상하귀천 모두 각기 자기 분 수를 지키지 않는 사람이 없다. 더구나 도탄에서 벗어나 편안한 자리에 놓이는

---

29 사흉은 공공(共工), 환도(驩兜), 삼묘(三苗), 곤(鯀) 네 명의 흉악한 사람. 순 임금이 이 네 사람 을 죄주니 천하가 모두 복종하였다고 한다.(『서경·순전舜典』)

30 주공(周公)이 무왕(武王)을 도와 50개 나라를 멸망시킨 일이 알려져 있다(『맹자·등문공 하』). 문왕이라 한 것은 반계의 착오로 보인다.

31 선왕은 주(周)나라의 11대왕으로, 문왕과 무왕의 유풍(遺風)을 법으로 삼아 치적을 이루고 주 나라를 부흥시킨 인물이다. 그는 북방 이민족인 견융을 정벌하여 주나라의 옛 영토를 회복한 바 있다.

32 당나라 때 지역의 절도사들이 그 지위의 세습을 가로막은 조치에 불만을 느껴 반란을 일으키 자, 덕종은 이들의 세습을 인정해주었다.

33 당나라 헌종 때 회서절도사(淮西節度使) 오소양(吳少陽)의 아들 오원제(吳元濟)가 스스로 채 주자사(蔡州刺史)가 되고는 조정의 허락을 받지 못하자 반란을 일으켰는데, 재상 배도(裴度) 와 무신 이소(李愬) 등이 그를 토벌하여 평정하였다. 또 왕승종(王承宗)이 상산(常山)을 점거 하고 반란을 꾀하였는데, 백기(柏耆)를 보내 설득하도록 하자 왕승종이 덕주(德州)와 체주(棣 州)를 바치고 복종하였다.

34 송나라 고종은 북송(北宋) 휘종(徽宗)의 아들이자, 북송의 마지막 임금인 흠종(欽宗)의 동생 이다. 1127년 정강(靖康)의 변으로 휘종과 흠종이 금나라에 끌려가자 남쪽으로 피신하여 남 송(南宋)을 세웠지만, 복수를 꾀하지 않고 도리어 금나라와 화친을 맺었다.

데 있어서야 말할 것이 있겠는가? 오직 임금이 자기 자신의 사욕을 버리고 밝은 마음의 덕을 갖추지 못할까 걱정할 따름이요, 부호가 난을 일으킬까 하는 문제는 우려할 바가 아니다.

옛 제도를 변통하는 까닭

문

만약에 이 법으로 규정을 정하여 농지를 지급하고 등급을 나누어 세를 거두면 주나라의 10부夫마다 도랑[溝]을 두는 제도[35]를 시행하는 것도 안 될 것이 없다. 그런데도 지금 꼭 4경頃으로 구역을 나누는 것은 무엇 때문인가?

답

우리나라는 땅이 협소하기 때문이다. 중국이라도 또한 땅이 좁은 곳이 없지 않을 터이니, 그런 곳은 이와 같이 할 수 있다. 구역을 10부夫나 100부로 한다 해도 안 될 것은 없을 것이다. 이는 이정李靖[36]이 땅이 협소한 까닭에 팔진八陣을 육화진六花陣[37]으로 바꾼 뜻이다. 기실 팔진의 뜻은 모두 육화진 가운데 들어 있다. 꼭 4경으로 정할 것도 없고 1경·1묘라도 모두 이렇게 계산을 할 수 있으니, 요는 오직 땅의 경계를 바로 해서 사람들에게 고루 배분하고 사람 수를 밝혀 역役을 고르게 해서 항산恒産을 이루어 각기 자기의 분수에 맞도록 살아가게 하면 되는 것이다.

---

35 **10부마다 도랑을 두는 제도** 정전제와 더불어 중국 고대에 농지를 구획하던 방식으로, 이른바 구혁법(溝洫法)이라고 한다. 본서 권1 「전제 상」 주 117 참조.

36 **이정** 571~649. 당나라 초기의 인물. 당태종을 도와 공을 세웠으며 『이위공문대(李衛公問對)』라는 병서가 전하고 있다.

37 **팔진·육화진** 예로부터 중국 군대에서 써온 진법. 팔진은 본디 제갈공명이 만든 것인데, 육화진은 이를 이정이 변용한 것이다.

4경 규정의 이유

문

기왕에 차등을 두어 농지를 지급하면 1경이면 될 것이거늘, 굳이 4경으로 경계를 삼는 것은 무엇 때문인가?

답

농지 사이의 수로와 논둑길은 물을 끌어대거나 빼낸다든지 사람이나 물건이 통행할 수 있게 하기 위한 것으로, 모두 작은 데서 큰 데로 나아가게 하자면 이것이 꼭 필요하다. 또한 이 법은 지금의 형편에 맞추어 만든 것이지만 실은 삼대三代의 제도를 따라 시행할 수 없는 것이 없다. 경계가 한번 이루어지면 뒤에는 다시 고치기 어렵다. 그래서 처음부터 신중하게 하려는 것이다.

옛날에는 백성이 농지를 받고 병을 내는 것이 하나로 정돈되어 있었다. 이 법은 오늘에 적합하게 제정한 것인 까닭에 대부와 사가 농지를 지급받는 데 더하고 덜한 것이 있어 이 때문에 옛날에 비해서 미치지 못하는 점이 있다. 우리나라는 양인과 천인, 일반 군인과 속오군으로 제도를 달리할 수밖에 없기 때문에 또한 차이가 없을 수 없다.

산악과 산림의 활용

문

우리나라는 산악이나 수풀이라 쓰지 못하는 땅이 많은데 이런 곳은 어찌할 것인가?

답

성인이 제도를 제정할 때는 모두 자연스러운 형세에 의거해서 이롭게 유도하는 것이다. 진실로 그 이치에 순응해서 각기 적합함을 취해 경작할 수 있는 땅은 농지로 구획을 짓고 산악이나 수풀이라 경작할 수 없는 땅은 각기 그 형세에 따라 나무를 심는다든지 목축을 한다든지 하는 것도 좋을 것이다.

우리나라의 산간지대는 백성이 이로움을 취하는 것이 전혀 없어 대부분 버린 땅이다. 성읍과 촌락도 있는 곳이 많이 산기슭 옆이라 과수원이 될 수도 있다. 백성이 만약 대추, 밤,

감, 배나 뽕나무, 닥나무, 옻나무, 대나무 등속을 토질에 따라 적합한 대로 심어 호구마다 수백 그루에 이른다면 그 이익이 농지에서 얻는 것에 못지않을 것이다. 그럼에도 백성이 과수와 나무 가꾸기를 하지 않는 것은 왜인가? 이 또한 백성을 다스리는 자들이 닥치는 대로 침탈을 하기 때문이다.

지금 혹 고을에 밤나무 숲이 있으면 백성으로 하여금 지키도록 하면서 배나 되는 양을 뜯어가기 때문에 먼 지역에서 사다가 바치는 지경이 되었다. 그래서 백성이 밤나무를 미워하는 것이 원수처럼 되었다. 남쪽 지역 백성의 집에 혹시 유자나무가 있으면 장부에 오르고 징수를 당하여 자기의 신역身役 이외에 이 일까지 보태지게 된다. 유자나무가 썩어버린 뒤라도 징수해 가는 것은 자손 대대로 이어지고 폐해가 이웃집에까지 미치는 까닭에 유자나무 싹이 나면 서로 경계하여 뽑아버린다. 벌통 하나만 있어도 장부에 올라서 산골 백성은 벌을 치기가 어렵고, 집에 말이나 매가 있으면 장부에 오르게 되니 힘이 없는 자는 말을 키우고 매를 키우는 일도 어렵다. 하나의 명목이 있더라도 백성에게 폐해가 되는바 그 사이에서 억박지르고 독촉을 하니 아전들의 간활한 폐해가 이루 말할 수 없다.

아, 백성은 어찌 이토록 불행하여 옛날 세상에 태어나지 못했던가? 지금 과수와 나무 가꾸기의 이득으로 산골 백성이 생활의 여유를 얻도록 하고자 한다면, 필히 먼저 조정에서부터 진상받는 것을 줄이고 제거하여 핑계 댈 길을 아예 끊어버리고 법령을 분명히 해서 일체 침탈을 못하도록 해야 한다. 그런 연후에라야 백성에게 권농을 해서 살길을 얻도록 해야 할 것이요, 이런 이로움이 바탕이 될 수 있도록 해야 한다. 이와 같이 하면 무릇 사방의 지역에서 산악이나 숲이나 못이나 늪지대가 혹은 목장으로 바뀌고 혹은 재목이 자라는 땅이 되고 혹은 물고기가 노는 못이 되어 적합하지 않은 곳이 없어 백성도 혜택을 얻고 국가도 자연히 부유하게 될 것이다.

둔전제에 대한 견해
문
앞의 시대에서는 둔전제屯田制가 편리하다는 말이 많았는데 이것은 어떻게 하는 것이 타당한가?

답

둔전은 본래 군대에 주어서 비용을 줄이자는 데 큰 뜻이 있다. 그러나 평상시에는 여러 군영에서 군자전軍資田만 두고 둔전은 다시 두어선 안 되는 것이다. 군자전은 백성이 농지를 지급받아 경작하고 군사를 내는 것이니, 거기에 대한 공세公稅를 받아서 해당 영진에 납부하도록 하면 그만이다. 대개 군영에는 번군番軍[38]이 있다 하더라도 본디 변방의 방어를 위해서 무예를 연습하는 것이요, 연습을 제쳐두고 둔전으로 끌고 가서는 안 된다. 또 쟁기질하는 소나 농기구에 드는 비용이 적지 않은데 백성에게 침탈하는 일이 없지 않다. 본래 같은 땅인데 군사를 수고롭게 하고 비용을 들여서 백성에게 손해를 끼치는 것보다는, 아예 백성에게 주어 세를 거두고 군사를 내도록 하는 편이 좋지 않겠는가? 이는 이른바 집에 있는 소 한 마리를 가지고 멀리 가서 어렵게 양 다섯 마리를 사가지고 와서 소를 잃은 줄은 모르고 양 다섯 마리 얻은 것만 자랑하는 격이다. 지금 세상에 각 아문의 둔전은 모두 이런 따위이다. 그렇게 할 수 없는 것은 분명하다. 오직 변경에 위태로운 일이 있으므로 국경 근방에 있는 둔전에 동원된 사람들을 풀어버릴 수는 없겠지만, 공적으로 지급을 받는 자들은 부근의 묵은 땅을 찾아서 고법古法에 따라 둔전을 개설하여 운반하는 비용을 줄이면서 군량을 확보함이 옳다. 다만 일이 끝나면 응당 혁파하고 백성에게 농지를 나누어줄 것이다.

둔전이라 하더라도 법에 따라 적정한 면적을 배정할 것이다.

토지 기준 부세 부과의 당위

무릇 세를 정하고 역을 정함에 있어서 땅을 기준으로 하는 것보다 좋은 것이 없고 사람을 기준으로 하는 것보다 나쁜 것이 없다. 고금에 걸쳐 그러했던 사

---

38 번군 방어를 위해 교대로 올라오는 군인. 즉, 상번군(上番軍)의 준말.

실을 다 살펴볼 수 있다. 옛날에는 땅을 기준으로 세를 내고 땅을 기준으로 병역을 졌기 때문에, 사람이 혹시 사망하더라도 땅은 그 자리에 있어 경작자만 대체하면 되었다. 그런 까닭에 나라에 호구가 누락되는 폐단이 없고 백성은 가산家産이 없이 군역을 지는 일이 없었다.

후세에는 사람을 기준으로 세를 정하고 사람을 기준으로 병역을 지게 했기 때문에, 사람이 사망하거나 터전을 떠나 떠도는 문제가 있게 되었다. 그런 까닭에 당나라에서는 조세를 이웃에게 물리는 폐단이 있었고, 조租·용庸·조調[39]의 법은 비록 백성에게 농지를 주는 제도라 해도 정호丁戶를 위주로 하며, 양세법兩稅法[40]은 비록 자산을 위주로 한다고 하나 먼저 세액을 정하고 대·중·소로 호를 나누어 정했던 까닭에 모두 이 폐단에서 벗어날 수 없었다. 우리나라에서는 군역에 일족절린一族切鄰의 폐단[41]이 있다. 이는 필연적인 형세로서 그 해독이 이루 헤아릴 수 없다. 이 문제에 대한 이발李渤,[42] 구준丘濬[43]이나 근세의 율곡栗谷의 설이 있어 참고해 볼 수 있으니, 국가와 민생을 위해 계책을 세우는 자들은 의당 깊이 생각해야 할 것이다.

---

39 조·용·조 수·당 시대의 세제(稅制). 조(租)는 토지에 부과하는 곡물, 용(庸)은 사람에 부과하는 역역(力役), 조(調)는 호구에 부과하는 면포 혹은 토산물이다. 우리나라에서도 역대에 이를 조세의 기본 원칙으로 생각했다.

40 양세법 중국 당나라 중기부터 명나라 중기까지 시행되었던 조세제도. 균전법(均田法)과 이에 기초한 조(租)·용(庸)·조(調)가 폐단을 드러내자, 이를 대신하여 당나라 덕종(德宗) 때에 양염(楊炎)의 제의로 실시되었다. 1년에 6월과 11월 두 차례에 세를 징수했기에 양세법이라 불렸으며, 경지 면적에 따라 책정된 지세를 화폐로 납부하는 것을 골자로 한 것이다.

41 일족절린의 폐단 일족은 족징(族徵), 절린은 인징(鄰徵)과 통하는 말. 군역을 피해 달아나는 경우 그의 친척에게 물도록 하는 것을 족징, 이웃에 물도록 하는 것을 인징이라 하였다.

42 이발 773~831. 중국 당나라 때의 문신. 한유(韓愈)의 권유로 관직에 나가 여러 직책을 역임하다가 백록동(白鹿洞)에 은거하여 백록선생으로 불린다.

43 구준 1421~95. 중국 명나라 때의 문신. 예부상서, 문연각대학사 등의 관직으로 국정을 돌보았으며, 실록 편찬에 함께하고 『대학연의보(大學衍義補)』를 저술하였다.

이발의 논의

당나라 헌종 때에 이발이 임금께 이렇게 아뢰었다.

"신이 위남渭南44을 지날 때에 들으니, 장원향長源鄕은 전에 400호였는데 지금은 겨우 100여 호에 불과하고, 문향閺鄕은 예전에 3000호였는데 지금은 1000호에 불과하다고 합니다. 이밖에 여러 주·현들도 대체로 이와 비슷합니다. 이렇게 된 까닭을 알아보니, 모두 도피한 호의 세를 이웃에 물려서 못살게 굴자 다들 달아난 것이라 합니다. 이 모두 백성에게 뜯어내기를 일삼는 자들이 아랫사람을 수탈해서 윗사람에게 아첨을 하는 것으로, 오직 못을 말려 고기를 잡는 것만 생각하며 고기가 멸종될 것을 걱정하지 않는 셈입니다."

구준의 논의

○ 구준이 이렇게 말하였다.

"『여씨춘추呂氏春秋』45에 이르기를 '못을 다 말려 고기를 잡으면 어찌 고기를 얻지 못하리오마는 명년에는 고기가 없어질 것이다'라 하였다. 이발이 이른 바 '오직 못을 말려 고기를 잡을 생각만 하고 고기가 멸종될 것을 걱정하지 않는다'는 여기에서 나온 말이다. 후세에 백성에게 수취하는 것은 대체로 이와 비슷하여 세를 물리는 폐해가 더욱 심하여 한 번 못의 물을 완전히 말리는 정도에 그치지 않는다. 못의 물을 말리기를 두 번 세 번 하는 데 이르지 않고는 그만두지 않는다. 물의 근원이 마르고 고기 종자가 없어지지 않으면 그만두지 않는다. 왜 그런가? 보통의 사람 한 집의 재산은 겨우 한 가호의 세를 바칠 수 있는 정도이다. 가뭄이나 홍수가 들거나 전염병이 유행하게 되면 빌리거나 결손내는 것을 면치 못하는데, 게다가 남의 몫을 납부하도록 함에 있어서랴! 한 마을을 두고 말해보건대, 100호인 한 마을에서 1년에 1호는 오직 1호의 세를 낼 수 있지만, 금년에 20호가 도망하게 되면 20호의 세를 남은 80호에 부과하니 이는

---

44 위남 지금의 중국 섬서성(陝西省) 위남시 지역을 가리킨다.

45 『여씨춘추』 진(秦)나라의 여불위(呂不韋)가 여러 학자들을 모아 편찬하였던 책. 유가를 주로 하되 도가와 묵가의 설을 아울러 다루었으며, 12기(紀), 8람(覽), 6론(論)으로 분류하였다.

4호가 5호의 세를 내게 되는 셈이다. 명년에 30호가 도망치면 또 30호의 세를 70호에 물리게 되니 이는 5호가 7호의 세를 내게 되는 셈이다. 또 명년에 50호가 도망치면 또 50호의 세를 50호에 물리게 되니 이는 1호가 2호의 세를 내게 되는 셈이다. 도망친 자가 남겨놓은 세액이 날로 증가하면 남아 있는 자들에게 물리는 액수가 또 날로 쌓여서, 남아 있는 자들은 견디지 못하고 역시 모두 서로 이끌고 도망치게 된다. 한 해가 지나면 한 해만큼 더해져서 쌓이는 압박이 그만큼 심해지니, 힘없는 백성이 견딜 수 있겠는가? 백성이 살아갈 수 없을 뿐 아니라 나라 또한 나라가 되기 어렵다."

이이의 논의

우리 선조 임금 때에 율곡이 임금께 아뢴 말씀이 있다.[46]

"지금 채수債帥[47] 무리들이 방수군防戍軍[48]을 수탈하여 으레 면포綿布로 대납하도록 해서 군졸이 몇 차례 수자리를 나가게 되면 집안은 텅텅 비어서 지탱할 도리가 없어져 달아나는 자들이 줄을 잇고 있습니다. 명년에 장부를 조사해서 방수군으로 나오게 독촉하면 본 고을에서는 필시 일족으로 대신 나가도록 하는데, 일족이 또 도망치면 일족의 일족에게 대신 나가도록 합니다. 화가 만연하여 끝간 데가 없게 되니 머지않아 백성은 씨도 없어질 지경이 될 것입니다."

또 다른 데서 이렇게 말한 바 있다.[49]

"지금 여기에 도망친 백성이 하나 있게 되면 필히 일족이나 가까운 이웃이 대신하도록 하며, 일족이나 가까운 이웃이 견디지 못해서 또 달아나게 되면 역시 그 일족의 일족이나 가까운 이웃의 이웃을 끌어들여서, 한 사람이 도망치는 데 따라 화가

---

46 이하의 내용은 『율곡전서(栗谷全書)』 권5, 「만언봉사(萬言封事)」를 요약·인용한 것이다.
47 채수 빚을 얻어서 뇌물을 바치고 장수가 된 자를 이르는 말. 대개 그런 자들은 진 빚을 갚기 위해서 군졸에게 수탈을 일삼았기 때문에 쓰인 말이다. 당나라 대종(代宗) 이후로 뇌물을 바치고 장수가 되는 풍조가 성행한 데서 유래했다.
48 방수군 원문은 '防軍'. 변경의 방어를 위해서 수자리를 살러 나가는 군졸.
49 이하의 내용은 『율곡전서』 권15, 「동호문답(東湖問答)」 중의 '논안민지술(論安民之術)'을 요약·인용한 것이다.

1000호에 미쳐서 필히 백성이 씨가 없어진 다음에라야 그만두는 데 이를 것이다. 필히 이 폐해를 혁파한 다음에라야 아직 흩어지지 않은 백성이 그런대로 안정을 하게 될 것이다. 혹자는 이렇게 말한다. '오늘날 군역의 장부에 올라 있는 자들이 가호가 끊어진 경우가 반이나 된다. 이와 같은즉, 목전의 온갖 수요에 응할 수가 없게 된다. 장차 간교한 백성은 일체 역을 피하고 있다.' 이에 이렇게 말한다. '아! 이 때문에 나라가 끝내 떨치지 못하고 있다. 지금 생민들의 곤궁함은 몸이 거꾸로 매달린 상태보다 더 심하니, 만약 급히 구하지 않으면 형세가 장차 나라가 텅 빈 꼴이 된다. 나라가 텅 빈 다음에 눈앞의 수요를 어디에서 마련해낼 것인가?'"

○ 공전제公田制와 공거제貢擧制[50] 이 두 가지 사안은 시행한다 하더라도 후세에 포악한 군주나 오활한 벼슬아치나 경박하고 이익을 좋아하는 무리들이 나오면, 필시 사전私田의 방식과 과거제科擧制를 주장하여 다시 하자고 건의하는 일이 있게 될 것이다. 이는 천하국가가 잘 다스려지고 잘못 다스려지는 문제와 인심과 풍속이 크게 그릇되고 바르게 되는 문제에 직접 관계가 된다. 임금은 의당 분명히 묘훈廟訓[51]으로 만들어 후세에 전하도록 하여 중앙과 지방에 선포하기를, 중국 황제들이 오랑캐와의 화친을 경계한 유훈처럼 해야 할 것이다.

여러 가지 주척

여러 책에 나오는 주척周尺을 붙여둔다.

---

50 공거제 옛날에 인재를 나라에서 등용하는 제도로서, 각 지방에서 추천을 받아 뽑아 올리는 것이 기본이었다. 반계는 관리 등용의 제도로서 공거제의 뜻을 살릴 방안을 기획하였다. 본서 권10 「교선지제 하」 '공거사목(貢擧事目)' 참조.

51 묘훈 임금이 특별히 후대에 경계하는 말을 남긴 글.

이 여러 자들은 지금 농지를 측량하는 데는 쓰지 않고 있으나, 이 2권 끝에 붙여서 참고해볼 수 있도록 한다.

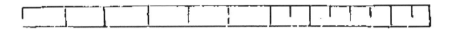

이는 『상례비요』 도본에 실린 주척이다. 『가례』 도본의 주척과 비교해보면 2촌 3푼이 길며, 지금 양전척量田尺으로 쓰는 주척과 비교해보면 7푼 남짓 짧다.

이는 지금 훈련원 사장射場의 석표石標에 새겨진 보수步數의 주척이다.[52] 지금 양전척으로 쓰는 주척과 비교해보면 2푼이 짧다.

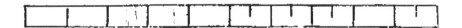

이는 우리 세종조의 주척이다. 지금 삼척부에 소장된 포백척布帛尺으로 『경국대전』에 실린 여러 자의 길이를 비교해서 얻은 것이다. 지금 양전척으로 쓰는 주척과 비교해보면 6푼이 짧고, 훈련원 석표에 새겨진 보수의 주척과 비교해보면 4푼보다 약간 짧으며, 『상례비요』 도본의 주척과 비교해보면 1푼이 길다.

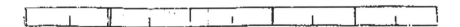

이는 지금 삼척부에 소장된, 구리로 만든 것으로 세종조 포백척의 절반이다. 여기에 연호와 월일이 새겨진 대로 다 남아 있다. 제조한 기술이 정밀하기가 추호秋毫와 같다.

---

52 『태종실록』 17년 2월 20일 기사에 훈련원 교장(敎場)의 보수를 주척으로 재도록 한 기록이 보인다.

대개 당시에 도량형을 통일해서 동척銅尺을 만들어 중앙의 각사各司와 지방의 각 고을이나 명산의 사고史庫에 두루 보관해놓았으나, 여러 번 난을 거친 때문에 지금 보존되어 있는 것이 없고 다행히 오직 여기 삼척부에 하나가 남아 있다. 그럼에도 사람들이 심상하게 보고 있어 오래지 않아서 또 이마저 없어질까 걱정이니, 탄식할 노릇이다. 지금 공사公私에 사용되는 포백척은 이것과 비교해보면 7푼 남짓 더 길다.

○ 살피건대 『경국대전』에는 이렇게 나와 있다. "주척을 황종척黃鐘尺53으로 재보면 주척은 6촌 6리이며, 영조척營造尺을 황종척에 맞추어보면 8촌 9푼 9리, 예기禮器를 제조하는 자로 황종척에 맞추어보면 8촌 2푼 3리, 포백척을 황종척에 맞추어보면 1척 3촌 4푼 8리이다." 지금 삼척부의 포백척을 얻었으므로 『경국대전』에서 비교한 수치로 미루어 황종척을 도출할 수 있다. 또 황종척으로 미루어 위의 주척을 얻은 것이다.

이는 지금 서울의 수표교水標橋54 다리에 세워져 있는 수표석水標石에 새겨진 주척이다. 위의 세종 때의 주척과 들어맞는다.

안설

살피건대 여러 예서禮書에 나오는 도본의 주척이 책에 따라서 같지 않다.

---

53 황종척 12율(律)의 기본음인 황종음을 내는 황종율관의 길이. 황종척은 모든 율관 제작의 모체가 될 뿐만 아니라 도량형의 기준이 되는 척도였다. 기장[秬黍] 낱알을 쌓아서 길이를 정하는데, 그 방식에는 두 가지가 있었다. 하나는 길이가 긴 쪽끼리 세로로 쌓는 종서척(縱黍尺)으로, 이때에는 기장알 9개[分]가 1촌(寸)이고 9촌이 1척(尺)이 된다. 다른 하나는 짧은 쪽끼리 가로로 연이어 쌓는 횡서척(橫黍尺)인데 이때에는 기장알 10개[分]가 1촌(寸)이고 10촌이 1척(尺)이 된다. 양자는 방식은 다르나 이로써 산출되는 황종척의 길이는 같다고 한다.
54 수표교 청계천의 수위를 재기 위한 표시가 되어 있는 다리. 청계천에 놓였던 유명한 다리인 광교, 장통교 다음 아래쪽에 있었던 다리가 수표교였다. 이 수표교는 청계천이 복개될 때 그 일부가 장충단공원에 옮겨졌으며, 청계천 복원 사업이 시행될 때 원래 수표교가 있던 근방에 복원되어 있다.

수표석
청계천 수표교 옆에 놓여 있던 수표석. 현재는 세종대왕기념관 옆에 있다.

양전척과 훈련원 보수 및 이 여러 자들은 모두 우리 세종 때 정해진 것이다. 생각건대 필시 주척과 같았을 것인데 지금에 와서는 이처럼 차이가 있다. 비부秘府[55]에 혹 동으로 만든 주척이 있는지 모르겠다. 중국에서 찾아보면 혹시라도 진본眞本을 얻을 수 있을까? 그렇지 않으면, 장차 치국평천하治國平天下가 실현되어 예악을 제정해서 참으로 성기聲氣의 표준[56]을 얻어 황종률黃鐘律을 정한 다음에라야 도량형이 의심할 바 없이 될 것이다.

55 비부 궁정의 도서관을 가리킴. 곧 규장각이다. 역대 왕들이 남긴 문서를 비롯하여 중요한 서책들을 보관하던 곳이다.
56 성기의 표준 음률의 높낮이의 근원을 가리킴. 그것의 기준을 정하기 위해서 물리적 표준을 세우는데, 이것을 소리의 정확한 표준으로 삼았으며 나아가서는 도량형으로 이용되었다.

권3

전제후록 상

田制後錄 上

이 편은 전제田制를 논한 데 근거해서 아울러 향당鄕黨[1]과 호구戶口 및 국가의 재정을 운영하고 인민의 생활을 향상시키는 데 관련된 제반 제도를 논의하여 붙인 것이다.

향당

향리

향리는 무릇 5가家를 1통統으로 하여 통장統長을 두며, 10통을 1리里로 하여 이정里正을 둔다.

양민으로 나이가 들었고 건실하며 정직한 자를 택하여 임명하되, 보포保布는 면제해준다.

○ 무릇 5가를 1통으로 하는데, 만약 통 외의 남은 가호가 통을 이루지 못하는 경우, 멀리 있는 촌에 나누어 붙여서는 안 되며, '여가餘家'로 일컬어서 다른 통에 붙여두었다가 5가가 다 차기를 기다린 후에 통을 설정한다. 이제里制 또한 이와 같이 한다.

서울에서는 매 10개 리에 방坊을 설치하고 방정坊正 1인을 둔다.

한 방 내의 내사생內舍生, 외사생外舍生, 면번생免番生 및 유음有蔭·유친有親 가운데 청렴 공평하고 정직한 자를 뽑아서 임명한다. 무릇 공사公事가 있는 경우 각 리마다 사람을 뽑아서 수행하되 일정한 녹을 지급하며, 「녹제祿制」에 나옴. 사후伺候 4인을 정해준다. 교외는

---

1 향당 향촌을 뜻하는 말로, 향은 면에 해당되며 당은 그보다 작은 단위. 여기서는 지방 행정의 기초 단위를 가리키고 있다.

6인으로 정해준다.

○ 대략 500가가 주거하는 지역을 1방으로 하되, 지형을 참작해서 적절히 정할 것이다. 살피건대 옛날의 당黨·비鄙[2]는 가호의 수로 제정했지만 각기 지형에 따른 구분을 두었으며, 가호가 많고 적음에 따라 늘리거나 줄이거나 하지 않았다. 『논어』에서 이른 바 달항당達巷黨[3] 역시 지형으로 나누어 이름을 붙인 것이었다. 지방의 향 또한 이와 같이 할 것이다. 사서史書에 나오는 '모군 모향 사람'이라는 데서 볼 수 있다.

지방에는 향鄕을 설치하고〔지금 면面에 해당하는 것임〕, 향정鄕正 1인을 둔다.

향정을 택하여 직무를 맡기고 녹봉을 정하는 문제는 위와 같다. 또 농사와 잠업 등의 일을 맡아보도록 하며, 사후 6인을 정해준다. 읍내의 면에는 4인으로 한다.

○ 또한 각 향에는 색부穡夫[4] 2인을 두어 향을 나누어 맡긴다. 색부는 양민 중에서 택하는데, 세를 거두고 유서諭書를 전달하며 기한에 납부할 것을 독촉하는 등의 일을 맡기며, 보포를 면제해준다.

○ 무릇 향은 개간전開墾田 500경으로 1향을 삼음이 마땅하다. 그런데 농지가 흔히 개간이 되었다가 폐해지기도 하니 의당 원적元籍을 따라서 700경으로 기준을 삼을 것이다. 모름지기 호구가 많고 적음을 헤아려서 인구가 희소하면 농지를 많이 주고 인구가 조밀하면 농지를 적게 주되, 많고 적은 한계는 600경 내지 900경을 넘지 않도록 할 것이다.[5] 또 모름지기 지형의 형편을 참작해서 1향을 정할 것이다. '군현'조에 자세히 나온다.

향약

무릇 한 향에는 또 향약정鄕約正을 두어서 향약을 이행하여 밝히도록 한

---

2 당·비 촌락 단위. 『논어』의 주에서는 500가(家)를 '당(黨)'이라 하였고, 『주례』에서는 500가를 '비(鄙)'라고 하였다.

3 『논어·자한(子罕)』에 나오는 '달항당인(達巷黨人)'을 이른 말. 달항은 마을 이름이고, 당은 촌락의 단위이다.

4 "지금 권농(勸農)에 해당한다." ─ 원주

5 "성읍이 있는 곳이나 공상인이 많이 모여 있는 곳에는 또한 면적을 줄여 잡으며, 땅이 모두 대경처(代耕處)인 경우는 면적을 더해준다." ─ 원주
   대경처는 농지가 척박해서 매년 경작하지 못하고 교대로 경작해야 하는 땅을 가리킨다.

다. 이는 '향약'조에 나온다. 서울의 방坊마다 모름지기 지금 방계坊契의 존위尊位[6]에 의거해 대부大夫와 사士를 물론하여 그 일을 맡게 하는데, 그 제도를 손질하여 향약에서 시행하는 것과 같게 한다. 옛날의 향鄕과 수遂[7]는 제도가 다름이 없었고, 지금 중국의 수도에서도 또한 약정約正을 두어 지방과 동일한 제도로 하고 있다. 명나라 태조는 천하 주州·현縣의 제도를 정하매 모두 약정을 두었으며, 수도에서는 경윤京尹이 약정을 거느리고 직접 어전에 나아가 선유宣諭를 들었다.

무릇 리里에 흘러들어온 호구戶口나 도망친 호戶가 있으면, 통장과 이정이 향정에게 보고하며, 향정은 관아에 문서로 보고한다. 방정 또한 이와 같이 한다. 반년이 지나도록 보고하지 않은 자에 대해서는 벌로 포布를 내게 한다. 숨긴 호구 1호당 벌로 포 2필을 부과하여 이정과 통장에게 책임을 지운다.

살피건대 향당 제도[8]가 갖춰진 연후에라야, 잘 낳아 기르라 할 수 있고 교령이 행해질 수 있으며 풍속이 바로잡힐 수 있다. 그렇지 않으면 아무리 성왕이 나오더라도 정치와 교화를 이룩할 수 없다.

사창사목

주자朱子의 「사창사목社倉事目」[9]에 이렇게 나와 있다.

---

6 방계의 존위 방계는 방에 속한 단위. 존위는 하급 행정단위의 장. 풍헌(風憲)과 비슷함. 방계는 조선시대에 촌락에서 돈이나 곡식을 모아 그것을 자본으로 식리하여 부락 사업을 하던 것이며, 존위는 그것을 관리하던 책임자.

7 향·수 『주례』에 나오는 수도를 중심으로 한 구역 편제. 그 위치와 범위에 대해서는 의견이 엇갈리는데, 한나라의 정현(鄭玄)은 왕성 바깥에서부터 100리까지를 '향', 그로부터 200리까지를 '수'라고 하였다.

8 향당 제도 본서 권7「전제후록고설 상」의 '향당'조에 나와 있다.

9 「사창사목」 주희(朱熹)가 사창법(社倉法)에 대해 서술한 글로, 『회암집』 권99에 실려 있다. 사창은 주희가 수(隋) 문제(文帝) 때 장손평(長孫平)의 의창제(義倉制)와 왕안석(王安石)의

"10인을 단위로 결성하여 1보保를 삼고 서로서로 유지해나가되, 보 안에서 도망친 사람이 나오면 같은 보에 속한 사람들이 함께 책임을 지게 한다."

또 이렇게 나와 있다.

"매년 12월에는 각 보에서 사수社首[10]와 보정保正·보부保副를 나누어 맡겨 옛 보의 장부를 가지고 다시 정리를 하는데, 그사이 군대에서 도망친 자를 숨겨 머물게 하거나 죄를 범하고 종적이 없이 떠도는 자가 보 안에 은닉한 경우가 있다면, 사수와 대장隊長은 사찰하여 보고하고 위사尉司[11]는 붙잡아 관아로 보내며, 그를 끌어들인 집도 끝까지 캐서 같은 방식으로 단죄한다. 다음 해 3월 이내에 정리한 보의 장부를 가지고 향관鄕官에게 나아가 제출하고 향관이 점검하는데, 누락하거나 함부로 늘려서 한 호戶나 한 사람이라도 실상에 어긋나면, 곧 고발하도록 하고 사실을 조사하여 관아에 신고하며 뿌리까지 따진다. 만약 속이고 숨긴 것이 없으면 그 장부를 가지고 인구를 계산할 것이다."

이를 살펴보건대, 사창社倉 제도를 가지고 말한 것이지만 그 민호에 대해 본래부터 결속시키고 공과 죄를 서로 보증하게 하는 것 또한 아주 주밀했던 것을 알 수 있다. 이 어찌 지금 우리나라에서 흐트러져 기강이 없는 것과 같은가? 만약 옛 제도를 시행하고자 한다면, 수령은 필히 먼저 향관을 잘 선택하며 또한 향약과 서로 표리를 이루도록 한 연후에라야 효과를 볼 수 있게 될 것이다.

청묘법(青苗法)을 참작하여 만든 제도로, 우리나라에선 이에 의거하여 곡물창고를 마련하고 사창이라 일컬었다. 이는 국가 또는 지방관, 민간의 유력자에 의해 면·리에 설치되었으며 사창의 곡식은 진휼 등의 용도로 사용되었다.

10 사수 사창의 관리자를 가리킨다. 면에서 추천을 받아 임명되었고 환곡을 출납하는 절차를 단속하는 임무를 맡았다.

11 위사 송나라 때 향관(鄕官)의 일종으로, 범죄자를 잡고 옥사를 처리하는 말단의 치안관이다.

호적

○ 호적은 3년마다〔자子·오午·묘卯·유酉년에 함〕 작성하여 호조戶曹와 본도本道와 본 고을에 보관한다. 서울은 2부를 작성하여 하나는 한성부漢城府에 두고, 하나는 호조로 보낸다. 지방은 3부를 작성하여 하나는 본 고을에 두고, 나머지는 본도와 호조에 각각 올린다. 호조는 모두 집계하여 위에 아뢴다.

호적 서식

호구 양식[戶口式]

호戶

□□부部 □□방坊 몇 번째 리里 거주   지방은 '□□향鄕 □□리里'로 함.

직 □□ 성명 □□ 나이 □□   직은 재상·조관朝官에서 공상工商·노복에 이르기까지 하는 일이 있는 바에 직이 없을 수 없다.

증조曾祖 직 □□ 이름 □□ 고故   생존자에 대해서는 '고'라고 쓰지 않음. 이는 아래 부모에 대해서도 같음.

모母 직 □□ □□씨 □□   전모前母·후모後母가 있을 때는 아울러 기재함.

　　○ 서자인 경우 먼저 적모嫡母를 기재하되 '적모 직 □□ □□씨 □□'라 하고, 또 자기의 모를 기재할 때는 '모 직 □□ □□씨 □□'라 한다. 이하의 조모와 모에 대해서도 같음.

　　○ 무릇 부인의 직은 벼슬 있는 자의 처는 법전에 모두 나와 있다. 서인庶人에 대해서는 양녀良女라 일컬음. 비婢에 대해서는 '공비公婢 □□'·'사비私婢 □□'라고 일컬음.

조祖 직 □□ 이름 □□ 모母 직 □□ □□씨 □□

부父 직 □□ 이름 □□ 모 직 □□ □□씨 □□   부친이 사망하고 모친을 집에 모시고 사는 경우, 나이가 몇 세라고 기재하며, 조모도 마찬가지임.

처 직 □□ □□씨 □□ 나이 □□   첩이 있는 경우 '첩 직 □□ □□씨 □□

나이 □□'라고 기재함.

○ 왕자王子에 대해서는 그 자신의 작위만 기록하며 나라의 계보는 기재하지 않음. 과부로 자식이 없이 호주가 된 자는 '고故 직 □□ 성명 □□의 처, 직 □□ □□씨 □□'라고 일컫고 남편의 세계世系를 기재함. 서인으로 조부와 부친의 성명을 모르는 자는 사실대로 '알지 못함'이라고 씀.

솔자率子[12] 직 □□ 이름 □□ 나이 □□

부婦 직 □□ □□씨 □□ 나이 □□ 아들이 어려서 직이 있지 않으면 직은 기재하지 않고, 아내가 있지 않으면 부婦를 기재하지 않음.

여女 이름 □□ 나이 □□ 딸이 시집을 가서 남편이 사망하여 의지할 곳이 없어 돌아와 함께 사는 경우, '고故 직 □□ 성명 □□의 처, 직 □□ 이름 □□'로 기재함. 쫓겨 온 경우도 같이 올리는데, 다만 '고'라고 붙이지 않음.

고공雇工·노비 □□ 나이 □□ 고공이나 노비에게 아내가 있어 동거하는 경우, 또한 예에 따라 아울러 기록함.

○ 만약에 솔거하는 아우나 누이가 있는 경우, 예에 따라 아울러 기록하되 자기 자녀의 위에 기재함. 만약에 아우나 조카가 죽었는데 그들의 부인이 동거하는 경우, '망제亡弟 직 □□ 이름 □□의 부婦' 또는 '망자亡子 직 □□ 이름 □□의 부婦'라고 씀. 무릇 호 내에 동거하는 자는 이가 나기 시작할 때부터 모두 기록에 올림.

맨 끝에 '호 내의 전체 합계 남구男口 □□ 여구女口 □□'로 기재한다. 가장家長이 연월과 직, 성명을 갖추어 쓰고 수결을 함.

각 향마다 끝줄에 '이상의 몇 호 내에 남구男口 □□ 여구女口 □□'로 기재한다. 각 고을의 끝줄에는 여러 향을 전부 합계하여 위와 같이 갖추어 기록

---

12 솔자 분가하지 않은 아들을 지칭하는 말.

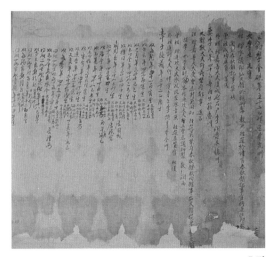

호적
1666년 김선金銑이 자신의 호적 상황을 적어 제출한 호구단자戶口單子.
한국학중앙연구원 한국고문서자료관 제공.

한다. 각 도는 여러 고을을 합계하여 또한 마찬가지로 하며, 호조에 올라가
서는 여러 도를 합계하여 역시 마찬가지로 할 것이다.

여성의 호칭

학생學生의 처는 법전에 직명이 나와 있지 않으나 응당 양녀良女라고 써
야 한다. 그 학생은 비록 벼슬을 하지는 않아도 이미 학교에 들어가서 선
비의 업을 닦고 있으므로 농農·공工·상고商賈와 직분에 다름이 있으니, 의
당 국가에서 그 칭호를 정하여 법령으로 밝히는 것이 마땅하다. 유인孺人[13]
이나 안인安人[14]의 예와 같이 하되 품계에 넣지는 않는다. 외사생外舍生·유음有
蔭·내금위內禁衛·충의위忠義衛·충순위忠順衛로 사士의 계열에 있는 자의 처
는 모두 마땅히 이와 같이 할 것이다.

---

13 유인 부인에 대한 호칭으로,『경국대전』에 따르면 9품관의 부인에게 내려주는 직첩이다. 그
    런데 일반적으로는 벼슬하지 않은 자의 사후에 그 부인에 대해서까지 썼다.
14 안인 부인에 대한 호칭으로『경국대전』에 따르면 7품관의 부인에게 내려주는 직첩이다.

첩에 대해서도 또한 마땅히 양녀라고 써야 한다. 그러나 공경公卿·대부大夫의 첩을 보통의 민과 동일시한다면 일이 또한 타당치 않다. 살피건대 당나라 제도에서 1품의 첩은 종6품으로 간주하고 2품의 첩은 정7품으로 간주하며, 그리하여 5품의 첩은 종8품으로 간주하였다. 무릇 첩을 두었다면 그 수를 보고해 올리고 고신告身을 보완하는 것을 의당 제도로 정하는데, 6품 이상의 첩은 유인으로 간주하고, 2품 이상의 첩은 단인端人으로 간주하여, 지금 우리나라 법전에 유인은 9품, 단인은 8품으로 되어 있으니, 이 품계에 의거해서 따로 명칭을 정할 것이다. 이와 같이 법령으로 밝히는 것이 마땅하다.

오늘날 제주題主[15]나 명정銘旌에서 학생의 처를 유인이라 칭하고 서인의 첩이나 부인들은 적절한 호칭이 없다. 만약에 국가가 제도를 제대로 정하면 모칭冒稱이나 가칭假稱의 폐단이 없어질 것이다.

문

사대부의 부녀에 대해서 이름을 쓰면 시속에서 해괴하게 여길 터인데 어떠한가?

답

여자에 대해서 본디 이름을 감추는 이치가 없다. 『예기』에 "여자가 결혼을 하게 되면 계례笄禮를 행하고 자를 지어 부른다"[16]라고 했다. 한漢·진晉의 역사서를 참고해보건대 후비后妃라도 그 이름을 올렸는데, 수隋·당唐 이후로는 보이지 않는다. 우리나라에서는 사대부의 부녀들은 이름을 밝히지 않고, 신주의 함중陷中[17] 같은 곳에까지도 이름 쓰는 것이 당연한지 여부로 의심을 하고 있으나, 이 점은 지금의 습속이 비속한 것이다.

---

15 제주 사후 신주(神主)에 쓰는 것을 가리키는데, 여기에 사자의 호칭이 들어간다.
16 『예기·곡례(曲禮) 상』에 나온다.
17 함중 신주나 위패의 뒷면을 사각형으로 파내고 망자의 성명, 호, 관력 등을 기록한 것.

문

『예기』에 "부인의 휘諱는 문밖에 나가지 않는다"[18]라고 했는데, 이는 어찌된 것인가?

답

이 구절은 이를 말하는 것이 아니다. 사람들이 자기 선세先世의 부인의 휘를 휘한 다고 하는 것은 그 집안 내의 일이라 집안 내에서만 행할 따름이요 밖에서는 행하지 않도록 한다는 뜻이다. 그래서 옛날에 그 나라에 들어가서는 그 나라에서 휘하는 것을 물었다고 했다. 대부의 처소에는 공휘公諱는 있고 사휘私諱는 없다[19]고 했는데, 모두 휘하는 바가 구분이 있어서. 대체로 부인은 다른 사람을 따르기 때문에, 자기 이름이 있다 하더라도 사람들이 칭할 때는 필시 그 남편 집의 칭호로 하고 곧바로 이름을 부르는 일은 없다. 그 자칭 또한 그러하니, 지금 '아무개 댁 아무개 처'라고 부르는 등이 이것이다. 존대를 해야 할 경우에도 모두 그러하니, 이른바 '부인은 이름으로 행하지 않는다'[20]는 것이다. 평상시에 통행하고 쓰이는 것은 참으로 이와 같아야 하지만, 호적에 이르러는 천하 사람의 숫자를 기록하여 임금에게 올리고 공적으로 보관하고 후세의 자손이 또한 그 세계世系와 이름을 상고할 수 있게 하려는 것이다. 일의 체모가 다름이 있으니, 어찌 이름을 숨기고 쓰지 않을 수 있겠는가?

문

이는 그러하다. 그러나 오늘날 습속이 죽어라고 싫어해서 하지 않으려 하니 어찌하겠는가?

---

18 원문은 '婦諱不出門'으로, 『예기·곡례 상』에 나온다. 이때의 휘는 이름을 휘한다는 뜻이 아니고 감추거나 금기시하는 일을 가리키는 것으로 이해된다.

19 『예기·곡례 상』에 나오는 말로, 원문은 "君所, 無私諱; 大夫之所, 有公諱"이다. 공휘는 군왕에 대해 휘하는 것이고, 사휘는 조상에 대해 휘하는 것을 가리킨다.

20 원문은 '婦人不以名行'으로, 『의례주소(儀禮注疏)·가례(嘉禮) 상』의 정현(鄭玄)의 주석에 나온다.

답

습속이란 법이 그렇게 만든 것이다. 진실로 나라에서 제도를 정하여 왕의 아들이나 딸의 이름을 모두 쓰면, 대부 아래로 누군들 싫어하고 꺼릴 이치가 있겠는가? 습속이 이미 변하고 보면, 사람들이 여자의 이름을 쓰지 않는 것을 치욕으로 여기는 것을 필시 지금 이름을 쓰는 것을 치욕으로 여기는 것과 같이 할 것이다.

○ **문**

'씨氏' 자는 본디 그 이름을 대신하는 것 같은데, 씨를 쓰고 또 이름을 쓰는 것은 왜인가? 또 씨란 존칭 같은 것인데, 서인에 이르기까지 씨를 일컫는 것은 불가하지 않은가?

답

씨를 쓰지 않으면 남녀의 구분이 없어진다. 또한 씨는 그 성姓을 구별하는 것이니, 귀천 간에 통용하는 것이 무슨 거리낄 것이 있겠는가? 대개 상고上古에 서인은 성이 없었고, 오직 땅을 나누어 나라의 봉封을 받은 자에게만 성이 내려져서 성이 있게 되었다. 중고中古로 와서 읍의 봉을 받거나 공훈이 있는 자에 대해 또한 읍의 이름으로 호칭을 하고 조상의 자字로 씨를 삼아서 그 족속을 구별지었다. 이 때문에 오직 귀족이라야 성이나 씨를 갖게 된 것이다. 주나라 말 이후로 오늘에 이르기까지, 아들이 아비의 성을 이어받는 것이 귀천에 관계없이 모두 마찬가지이니 '씨'란 글자는 단지 그 성을 일컫는 것이 되었다. 이는 후세의 왕이 제도를 새로 일으킨다 해도 바꿀 수 없는 바이다. 참으로 그 성을 구별하기 위해서라면 귀천 간에 통용하는 것이 무슨 불가한 점이 있겠는가? 만약에 씨를 존칭으로 생각한다 해도, 호적이란 임금에게 올리는 것인데 아무리 경대부의 처라 하더라도 어찌 씨를 붙일 수 있겠는가?

○ **문**

변하기 어려운 것이 풍속이다. 게다가 귀천에 구분을 두어 귀한 여자에 대해서는

'씨'를 붙이고 천한 여자에 대해서는 이름만 쓰는 것이 마땅할 것 같다.

답

만약 풍속이 갑자기 바뀌기 어렵다고 하면, 우선 그대로 두었다가 서서히 고치면 될 것이다. 그러나 만약 그대가 말한 것을 옳게 여긴다면, 그렇지 않다. 무릇 호적을 기재하는 법은 귀하건 천하건 형식을 같게 해야 할 것인데, 귀한 자는 '부인夫人'이라 쓰고 천한 자는 '아무 비[某婢]'라 쓰면 구별이 있는 것이다. 만약에 귀한 자는 이름을 쓰지 않고 천한 자는 이름을 쓰면 양식을 달리하는 것이 아닌가? 양식을 달리하고 보면 등급이나 지위를 표시하는 데 필시 분쟁의 폐단이 생길 것이다. 법을 만들면서 한결같지 않고 공정하지 않은데 능히 잘 행해지는 일은 없었다.

문

지금 사대부의 부인은 관례로 호적에 씨를 쓰지만, 딸은 씨라고 붙일 수 없는데다가 이름을 쓰기에도 곤란한 까닭에 빼고 써넣지 않는다. 논하는 자들은 딸의 경우 빼도 무방하다고 하니, 이는 괜찮은 일이 아닌가?

답

사대부의 딸은 정역丁役에 보임되지 않으니 호적에 넣을 것이 없다고 하는 것은 요즘 세상의 무식한 사람들 말이라 족히 논할 것도 없다. 호적이란 인구를 기록하는 것이다. 때문에 왕자나 왕녀의 집 또한 모두 사람 수대로 문서에 올리는 것은 예로부터 내려온 국전國典의 큰 원칙이다. 그렇지 않으면 『주례』에서 '옹주雍州는 남자 셋에 여자 둘', '양주楊州는 남자 둘에 여자 다섯'21이라 한 것 등과 같게 될 것이니, 아무리 성인이라도 어디서 살펴 파악할 수 있겠는가?

---

21 『주례·직방씨(職方氏)』에 나오는 말을 따온 것. 옹주는 중국의 섬서성 등 서쪽 지역의 고대 명칭이고, 양주는 지금 중국의 강소성(江蘇省)에 있는 지명이다. 여기서 '삼남이녀'나 '이남오녀'라 한 것은 대개 남녀의 구성비율을 나타낸 것으로 해석되고 있다.

외거노비의 분리 기재

지금 우리나라 시속時俗에 외거노비도 호적 가운데 모두 나열해 올리고 있는데, 사리에 매우 타당하지 않다. 무릇 호구란 본디 호 내의 인구를 적는 것이다. 때문에 따로 사는 자는 친아들이라 하더라도 호구를 분리하여야 한다. 자식도 호구 속에 들어가지 않는데, 하물며 노비야 더 말할 것 있겠는가? 자식을 올리지 않으면서 노비를 올리는 것은 무슨 도리인가? 무릇 호구 안에 있지 않은 노비는 아울러 올리는 것을 허용하지 말아야 할 것이다.

묻

노비법은 지금 고칠 수 없다면 외거노비도 아울러 호적에 올리도록 해서 후일의 증거로 삼는 것이 또한 다툼을 중지시키는 하나의 방법이 될 것이다. 비록 호구의 본의와는 어긋나더라도 그대로 두는 것이 무방할 것 같다.

답

만약 이 말대로라면 응당 따로 장부를 만들어 노비를 정리해놓으면 될 것이거늘, 어찌 호적에 뒤섞어 넣어 법과 기강을 어지럽게 한단 말인가? 또 기록에 올리도록 허용하고 보면, 무릇 호적법은 하나라도 누락을 시키거나 나이를 줄이고 더하는 것이 모두 죄가 된다. 법이 있어도 시행하지 않는다면 그만이지만, 진실로 일률적으로 행하고자 하면 멀리 사는 노비의 자식의 숫자나 나이는 형세상 상세히 올릴 수가 없다. 이렇게 되면 법을 굽히고 범하는 경우가 많지 않겠는가? 노비를 세습하는 법은 본래 정당한 도리가 아닌 까닭에 일마다 이와 같다.

호적 규정

1.

호적에서 탈루된 자는, 본래의 형률에 의거하는 것 외에도, 조관朝官의 경우 고신告身[22]을 내주지 않고 유사儒士의 경우 추천명단에 올리는 것을 허용하지 않는다.

2.

무릇 사대부 및 서민으로 임시로 와서 사는 자는 또한 옛 토단법土斷法[23]에 의하여 모두 거주지에 따라 호적에 올린다. 붙여서 주를 달아 '아무 해 아무 달 어느 땅에서 옮겨 왔음'이라 한다.

3.

호적 문서의 종이와 글씨 쓰는 일의 비용은 모두 경상비에서 지출한다. 매 50구口에 1두斗씩으로 기준을 정한다. ○ 지금 호적을 새로 작성할 때에 '호적지가미戶籍紙價米'라 하여 호구마다 쌀을 거두는데, 사리에 부당할 뿐 아니라 가난한 백성은 더욱 호적에 오르는 것을 꺼리니, 곧바로 폐기해야 할 일이다.

4.

무릇 세를 정함에 있어서 병兵은 농지에서 조발調發하고, 역역은 경부頃夫와 한호閑戶〔이 두 가지는 역시 일정한 수를 정하여 넘지 않게 할 것이며, 이밖에는 모두 값을 지급하고 일을 시킬 것이다〕에서 지게 하며 결단코 가구家口의 역은 없애야 할 것이다. 옛날에는 호구가 분명했는데 후세에 호적에서 빠지기를 도모하는 자가 많은 것은 오로지 이 때문이다.

고려 말에 헌관憲官[24]이 다음과 같이 아뢰었다.

---

22 고신 관직 임명장. 4품 이상의 관직인 경우에는 국왕이 교지(敎旨)로 내렸고, 5품 이하의 관직인 경우에는 문관은 이조가, 무관은 병조가, 잡관은 해당 관청이 교첩(敎牒)으로 내렸다.

23 토단법 원래 중국의 육조시대 남조(南朝)에서 시행했던 호적 정리법. 호적을 실거주지를 중심으로 작성했던 것임. 본서 권7「전제후록고설 상」주 25 참조.

24 헌관 대사헌을 가리킴. 여기에 실린 글을 국가에 올린 것은 조준(趙浚)인데, 그가 당시 대사헌으로 있었기에 이렇게 칭한 것이다. 조준의 『송당집(松堂集)』권3에 이 글이 나와 있는데, 제목이 「진시무소(陳時務疏)」로 되어 있다.

"근래 호적의 법이 무너져서 수령들은 자기 고을의 호구를 알지 못하고 안렴사按廉使는 한 도道의 호구를 알지 못하고 있어서, 백성을 징발함에 당해서 향리에서 속이고 숨기며 뇌물을 받아들여 부유하고 힘센 자들은 면제가 되고 가난하고 약한 자들이 나가는 실정이다. 그래서 가난하고 약한 호구는 고통을 견디지 못해 달아나고, 부유하고 힘센 호구는 그 고통을 대신 받아서 또 역시 빈약하게 되어 달아난다. 징발의 책임을 맡은 자는 향리들이 속이고 숨기는 것을 분하게 여겨 혹형을 마구 가하여 귀를 자르고 코를 베는 등 안 하는 짓이 없어, 향리들 또한 고통을 견디지 못하고 달아난다. 향리와 백성이 유망流亡하여 사방으로 흩어져 지방의 고을들이 텅 비게 되는 것은 호적을 제대로 작성하지 못하는 폐단이다. 원컨대 지금 마땅히 양전量田을 하여 경작하는 농지를 조사해서 경작하는 농지의 많고 적음으로 호구를 상·중·하로 정해 작성해야 할 것이다."

또 도당都堂[25]에서 다음과 같이 아뢰었다.

"옛 제도에 호적은 필히 3년에 한 번 작성하도록 했는데 근래에는 호적법이 폐지되었으니, 옛 제도를 본받아 시행해야 할 것이다. 호적이 없는 자는 고신 발급을 허용하지 않아야 한다."

살피건대 후세에는 호로 역을 정한 까닭에 나누어 상·중·하 등의 호로 하였는데, 만약 농지로 병을 내게 되면 호구를 분명히 해야 할 것이요 3등의 구분을 할 필요가 없다.

『대명률大明律』의 '호적'조에 규정된 '호적에서의 호구 탈루 문제'[26]

무릇 한 호구 전체가 호적에 올라 있지 않은 경우, 부역賦役이 있는 자는 그 가장을 장형 100대에, 부역이 없는 자는 장형 80대에 처하고 호적에 올

---

25 도당 고려 말기 국정을 총괄하는 기관으로, 원 명칭은 도평의사사(都評議使司)였다. 이 글은 『고려사』 권79 「식화지(食貨志)」에 실린 내용을 요약해 인용한 것이다.

26 이하의 내용은 『대명률』 권4 「호율(戶律)」의 제81조 '탈루호구(脫漏戶口)' 부분을 대체로 옮긴 것이다.

린다.

○ 만약 다른 사람을 숨겨 호적에 올리지 않은 경우 및 서로 짜고서 호적에 함께 있는 것으로 해놓은 경우, 부역이 있는 자는 역시 장형 100대, 부역이 없는 자는 역시 장형 80대에 처한다. 만약에 별거하는 친속을 숨겨서 호적에 올리지 않은 경우 및 서로 짜고서 호적에 함께 있는 것으로 해놓은 경우, 각기 2등을 감해서 처벌하고 숨겨진 사람도 아울러 같은 죄로 처벌하며, 다시 호를 세워 호적을 따로 만든다. 같은 집안의 형제간이나 조카 및 사위로 전부터 분거하지 않은 경우는 여기에 해당되지 않는다.

○ 현재 관의 일에 종사하는 자에 대해서는 호구를 탈락시켰더라도 다만 누구법漏口法[27]에 의거해서 처리할 것이다.

○ 만약 자기의 인구를 탈루해서 호적에 올리지 않거나 나이를 올리거나 내려 거짓으로 노약자나 장애인으로 만든 자에 대해, 1~3구口는 가장을 장형 60대에 처하고 매 3구마다 1등급을 더하되 장형 100대로 한정하고, 호적에 올린다.

○ 만약 다른 사람의 인구를 은폐하여 호적에 올리지 않은 자에 대해서는, 그 죄를 또한 위와 같이 한다. 숨겨진 사람에 대해서도 같은 죄로 처벌하며, 본 호구에 도로 들어가게 하고 호적에 올린다.

○ 만약 이장里長이 조사를 잘못하여 호구를 탈락시킨 경우, 1~5호는 태형 50대에 처하고 매 5호마다 1등급을 더하되 장형 100대로 한정한다.

27　누구법　호적에 인구가 누락된 경우에 대한 처벌 법규.

사람을 누락시킨 경우 1~10구는 태형 30대에 처하고 매 10구마다 1등급을 더하되 태형 50대로 한정한다.

본현의 제조提調, 정관正官, 수령首領, 관리官吏[28]로서 호구를 탈락시킨 경우, 10호에 태형 40대에 처하고 매 10호마다 1등급을 더하되 장형 80대로 한정한다. 사람을 누락시킨 경우, 10구에 태형 20대에 처하고 매 30구마다 1등급을 더하되 태형 40대로 한정한다.

실정을 알았던 자는 범인과 같은 죄로 처벌한다. 뇌물을 받은 자는 그 장물을 계산하여 법을 어긴 것으로 보아 중한 쪽으로 논죄를 한다.

만약 관리가 세 차례 안건을 작성해서 마쳤고 이미 이장에게 책임을 지워서 문서로 분명히 지시한 경우, 일이 발각되면 죄는 이장에게 연좌된다. 살피건대 명나라 제도는 100가家로 1리里를 정했다.

안설

살피건대 나라를 다스리는 근본은 백성의 수를 정확히 아는 데 있다. 백성의 수를 정확히 파악하지 못하면 일들이 균일하지 못하고, 일이 균일하지 못하면 아무리 정치를 잘하려 해도 잘할 수가 없다. 이 때문에 선왕들은 만민의 수를 정확히 알아서 구직九職[29]을 구분했던 것이다. 사구司寇가 천자에게 백성의 수를 파악해서 올리면 천자는 그것을 절하고 받았다.[30] 그 공경하게 여기고 중하게 여기는 것이 이와 같았던 것이다. 후세에 임금들은 능히 이 뜻을 알고 백성의 수를 생각한 이들이 드물었다. 그 농지와 마을을 고르

---

28 제조, 정관, 수령, 관리 『대명률직해(大明律直解)』에서는 이 부분을 '본 주·현 장관, 막하관(幕下官) 및 인리(人吏)'로 해석하고 있다.

29 구직 『주례·천관(天官)』에서 만민이 종사하는 바를 아홉 가지로 나누어 설명한 것을 가리킨다. 해당 부분의 원문은 다음과 같다. "以九職任萬民: 一曰三農, 生九穀; 二曰園圃, 毓草木; 三曰虞衡, 作山澤之材; 四曰藪牧, 養蕃鳥獸; 五曰百工, 飭化八材; 六曰商賈, 阜通貨賄; 七曰嬪婦, 化治絲枲; 八曰臣妾, 聚斂疏材; 九曰閒民, 無常職, 轉移執事."

30 사구는 주나라 때의 관직명으로, 추관(秋官)에 속하며 사법과 감찰을 맡는 직책이다. 이 구절은 『주례·추관(秋官)』에 나오며, 원문은 다음과 같다. "司民獻民數於王, 王拜受之."

게 하지 않고 향려鄕閭의 제도를 세우지 않으면서 형법의 지엽적인 것만 믿으려 한 것이다. 그러니 주밀할 수도 없었다.

임금이 절하고 받는다는 구절은 지금 조목 가운데 그대로 쓸 수는 없지만, 임금으로 있는 이는 마땅히 깊이 살피고 필히 행해야 할 바이다. 한성부 및 사방의 지방관들이 호적을 올릴 때에 모두 절하고 올려보내야 할 일이다.

조운선
유운홍 「세곡운반선」. 국립중앙박물관 소장.

조운

○ 조운漕運[31]은 옛 제도를 회복해야 한다. 여러 도道의 조세漕稅는 모두 해당 지역의 각 창倉에서 수납을 하여 조선漕船으로 운송하여 서울에 닿도록 할 것이다.

옛 제도에는 경기 지역 및 무릇 서울에 가까운 고을들은 경창京倉[32]에 직납하도록 하였고, 그밖의 여러 도는 형편에 따라서 조창漕倉을 설치하고 여러 고을의 세를 각기 부근의 소속한 창에 납부받아 조선과 조졸漕卒로 운반해서 서울에 이르도록 한다고 되어 있었다. 근

---

31 조운 수로를 이용하여 세곡선을 중앙으로 운송하는 것을 가리키는 말. 조운에 이용하는 배를 조선(漕船), 그 일을 담당하는 인원을 조졸(漕卒), 세곡을 보관하던 창고를 조창(漕倉)이라고 일컬었다.
32 경창 서울에서 조곡(漕穀)을 받아들이는 창고를 경창이라고 일컬었다.

세 이래로 연해의 고을들은 조창에 납부하지 않고 개인의 선박을 임대하여 서울로 곧바로 운송하는데, 일에 타당하지 못한 점이 많다. 응당 옛 제도를 회복해야 할 것이다.

연해의 고을들이 곧바로 서울에 와서 납부하는 것은 대개 정유재란 뒤에 나왔다. 그 폐단으로 말하면, 사선私船을 임대하여 거기에 실음으로써 사공과 격군이 고르지 않고 관에서 억지로 명령을 내리므로 민간에 해로움이 많으며, 제각기 배를 출발시키므로 호송을 제대로 할 수 없어서 빼앗기거나 패선敗船을 당하기 쉬워 백성에게 두 번 징수하는 일이 있을 수 있다. 이와 같은 사태는 실로 한 가지 문제가 아니요, 타당성이 없어 국가의 체모에 손상되는 것이 심하다.

그러나 지금 옛 제도를 회복하고자 하면 백성이 원하지 않을 것이다. 여러 창들의 거리가 너무 멀어 운반 비용이 배로 싣고 가는 것보다 배나 들기 때문이다. 의당 옛 제도를 회복하려면 지금 있는 창 말고도 적절히 조창을 더 세워서 백성이 운수하는 데 편하도록 하는 것이 옳다.

현재 있는 조창

· 아산牙山의 공세곶창貢稅串倉
· 옥구沃溝의 군산창羣山倉 옛날 덕성창德成倉이 함열咸悅에 있었는데, 중종 때에 이 곳으로 옮겨 군산창이 되었다. 인조 때에 다시 나누어 나암창羅巖倉을 설치하였고 지금 다시 나암으로 옮겨 성당창聖堂倉이 되었는데, 이는 응당 다시 없애고 군산창으로 합해야 할 것이다.
· 영광靈光의 법성창法聖倉
· 나주羅州의 영산창榮山倉 지금은 없어졌으나 응당 다시 설치해야 할 것이다.
　　　이상 해운창海運倉

· 충주忠州의 가흥창可興倉

- 원주原州의 흥원창興元倉
- 춘천春川의 소양창昭陽倉
- 배천白川의 금곡창金谷倉
- 강음江陰의 조읍포창助邑浦倉

　　　이상 수운창水運倉 소양창까지는 좌도, 조읍포창까지는 우도이다.

조창 증설안

- 서산瑞山에 창 하나를 설치한다.
- 부안扶安에 창 하나를 설치한다. 고을 남쪽 경계의 검모포黔毛浦에 지금 검영 창黔營倉을 설치하였는데 그대로 두는 것이 좋다.
- 해남海南의 경계에 창 하나를 설치한다. 영암 남쪽과 경계가 이어진 곳이 적당 하다.
- 순천順天에 창 하나를 설치한다.
- 사천泗川에 창 하나를 설치한다.
- 창원昌原에 창 하나를 설치한다.

안설

　살펴건대 고려 초에는 남도의 물을 끼고 있는 고을들에 12창倉을 두어 조 운에 편리하도록 했었다. 그중 연해 10곳에 창이 있었는데, 본조本朝로 와서는 일부 해창海倉만을 남겨두었을 뿐이니 무슨 까닭인지 알 수 없다. 대체로 고려 때 의종·명종 이후로 국정이 문란해져서 처음 마련했던 제도가 폐지되지 않 은 것이 드물 정도였다. 고려의 말엽에 이르러는 왜구가 횡행하여 바닷가의 고을들이 약탈을 당했던 까닭에 남도의 조세를 육로로 많이 운반했다. 공민왕 때에 도로의 원근을 헤아려 원院의 시설을 세워 그 주변의 백성이 미곡을 운 송해 오고 머물러 숙박할 수 있도록 했으니, 그때의 형편이 심각했음을 알 수 가 있다.

국초에도 이 폐단이 이어져서 연해 고을로 폐허가 된 곳이 아직 많이 복구되지 못했다. 해창을 다시 설치하지 못했던 것은 생각건대 이 때문인 것 같다. 그 이후로 그렁저렁 지내어 오늘에 이르렀다. 지금 응당 적절하게 증설을 하여 옛 제도를 회복할 것이다.

혹자는 말하기를, 해창이 드문 것은 해로의 험한 곳을 피해서라고 한다. 만약 그렇다면 본 고을에서 직접 위로 납부할 때는 그 험한 곳을 통과하지 않는단 말인가?

고려의 조창

고려는 성종 때에 이르러서 주州·군郡과 관關·역驛, 강江·포浦의 이름으로 세련되지 못한 것을 모두 바꾸었다. 그래서 전의 명칭까지 아울러 드러내서 알도록 한다.

고려 초 남쪽 도의 물을 끼고 있는 고을에 12창을 두었는데 아래와 같다.

고려의 조창[33]

	주군	조창 명칭	소재지	개정 전 포구 명칭
1	충주忠州	덕흥창德興倉	여수포麗水浦	금천포金遷浦
2	원주原州	흥원창興元倉	은섬포銀蟾浦	섬구포蟾口浦
3	아주牙州	하양창河陽倉	편섭포便涉浦	타이포打伊浦
4	부성富城	영풍창永豐倉	□□□	□□□
5	임피臨陂	진성창鎭城倉	조종포朝宗浦	진포鎭浦
6	보안保安	안흥창安興倉	제안포濟安浦	무포無浦
7	영광靈光	부용창芙蓉倉	부용포芙蓉浦	아무포阿無浦
8	나주羅州	해릉창海陵倉	통진포通津浦	치을포置乙浦
9	영암靈巖	장흥창長興倉	조동포潮東浦	신포薪浦
10	승주昇州	해룡창海龍倉	조양포潮陽浦	사비포沙飛浦
11	사주泗州	통양창通陽倉	통조포通潮浦	말조포末潮浦
12	합포合浦	석두창石頭倉	나포螺浦	골포骨浦
13	장연長淵	안란창安瀾倉	해위포海葦浦	위포葦浦

---

33 12창에 이어 장연의 안란창이 첨부되어 있는바 함께 표로 처리함.

판관 및 조졸

창에는 판관判官을 두어 주·군의 조세를 각기 가까이 있는 창에 실어 가서 이듬해 2월에 조운을 한다. 가까운 지역은 기한을 4월까지로 하고, 먼 지역은 기한을 5월까지로 하여 경창에 운송하는 일을 마치도록 한다.

각 창의 조졸에게는 본창本倉이 있는 바닷가로 획정하여 농지 1경頃을 지급하고 보인保人 2부夫를 배정하며, 해남 아래쪽으로는 조운할 때에 사람마다 쌀 5두를 지급하며 사주泗州[34] 아래쪽으로는 쌀 10두를 지급하되, 모두 원미原米로 회계하여 처리한다. 이는 일을 맡아 배에 탄 자들에 대해서만 지급하는 것이다. 순번을 두 차례로 나누어 일을 맡도록 한다.

조운할 때가 아니면 두 사람씩 돌아가면서 각기 맡은 배를 보살피며 지킬 것이다.

○ 조졸은 항시 허리에 패牌를 차는데, 그 제도는 수군과 같다. 다만 패에 '모창조졸某倉漕卒'이라고 쓰되, '조졸' 두 글자는 낙인을 찍는다. 그 정원은 배의 많고 적음에 따라 정한다.

○ 지금 조졸로서 산간지역에 사는 자는 바꾸어 정해줄 것이다. 획정한 뒤에 이사한 자에 대해 쇄환刷還[35]하는 등의 일은 수군의 예에 의거해서 조처한다.

○ 지금 수운水運을 담당한 근기 지방의 조졸은 명목을 '수부水夫'라고 하는데, 응당 칭호를 조졸로 같이 쓸 것이다. 이들에 대해 강변의 본창 부근으로 획정하여 농지 1경을 지급하고 보인 2부를 배정하며 순번을 두 차례로 나누는 등의 일은 모두 위와 같이 할 것이다.

조운선

각 창에서는 조운선漕運船의 수를 헤아려서 정할 것이다.

본창에 납부하는 평년 전세田稅의 대략을 참작해서 선척船隻의 수를 셈하여 정하는바, '모창에 몇 척, 모창에 몇 척' 등과 같이 각기 일정한 수를 정해둔다. 대개 수운을 맡은 여러 창들은 1년에 3~4회 운송을 하는데, 공세곳창의 경우는 바닷길이 멀지 않기 때문에 두 번 운

---

34 사주 지금 경상남도 사천 지역. 당시는 사천현(泗川縣)이었다.

35 쇄환 본 거주지로 불러들이는 일.

송할 수가 있으나 바닷길이 먼 곳은 두 번 운송할 수가 없으니, 이 점을 헤아려서 정해야 할 것이다. 배의 숫자가 정해지면 조졸의 숫자도 따라서 나오게 될 것이다.

배를 새로 건조하거나 수리하는 비용은 모두 관에서 지급해야 한다.

지금 조운선에 있어 조졸이나 수부 등에게 제반 비용을 자신이 마련하도록 하는 까닭에 조졸들은 고통을 견딜 수 없다. 이는 사리에 있어서 매우 부당하다. 근년으로 와서 복호復 戶가 주어졌지만 이 정도로 비용을 감당할 수 없으니, 마땅히 관에서 그 비용을 지급해주고 복호를 주는 것은 폐지할 것이다.

○ 무릇 해운선海運船은 9년을 주기로 새로 건조하되 3년 뒤에 수리하고 또 3년 뒤에 다시 수리하도록 한다. 새로 건조하는 비용은 쌀 120곡斛[지금 80석]으로 산정한다. 전병선戰兵船의 예에 의해서, 25곡은 퇴역선退役船을 처분한 값으로 충당하고 95곡만 지급할 것이다. 배에 딸린 물건들 또한 그 가운데 포함된다. 수리비는 35곡으로 산정한다. 수운에 있어서, 우도右道의 수하선水下船[36]은 □[37]년마다 새로 건조하며 □곡 내에서 □곡을 지급하고, 좌도左道의 수상선水上船[38]은 □년마다 새로 건조하되 □곡 내에서 □곡을 지급한다. 모두 각기 해당 창의 경비로 회계해서 지급하되 역시 3분의 1은 돈으로 준다. 흉년이 들면 규정에 의해서 10분의 2를 감한다.

○ 무릇 조운선에는 새로 제조하는 데 따라서 낙인을 찍는다. 만약 마음을 써서 보살피고 지키지 않아 배가 썩고 파손되거나 불에 타버리는 경우, 모두 무겁게 벌을 내려 조졸이나 수부 자신이 개비改備하도록 한다. 기한이 차지 않았는데도 새로 만들거나 수리하는 경우 자비로 처리하도록 하고, 정해진 기한이 다 차면 그 비용을 지급할 것이다.

---

36 우도의 수하선 이 경우 우도는 경상우도를 지칭하며, 수하선은 강물을 따라 내려오는 배를 지칭하는 것으로 보인다. 경상우도 지역은 수운을 이용하여 진주 쪽으로 내려와 해운을 이용하게 된다.

37 원문에 '缺'로 표기되어 있어 '□'으로 표시한 것임. 이하 같다.

38 좌도의 수상선 이 경우 좌도는 경상좌도이며, 수상선은 강물을 거슬러서 올라가는 배를 지칭하는 것으로 보인다. 경상좌도 지역은 배로 낙동강을 거슬러 올라가 조령을 육로로 넘고, 다시 배로 남한강을 따라 운반하게 된다.

『경국대전』에 이렇게 나와 있다.

"해운을 위한 조운선은 영산창에 53척, 법성창에 39척, 덕성창에 63척으로 도합 155척이며, 조졸은 도합 5960인으로 2개조로 나누어 근무한다. 수운을 위해서 우도에는 수하선 20척에 수부가 290인, 좌도에는 수상선 51척에 수부가 306인으로 역시 2개조로 나눈다."

지금 이 수치로 계산해보건대 해운의 조운선 1척마다 조졸이 36인 남짓이 되며, 2개조로 나누면 매 1개조는 18인이 되고 나머지는 바로 통령統領·천호千戶[39]의 숫자가 된다. 이와 같이 하면 조졸에게는 보인 2명만 붙여주고 농지의 세를 면제해주지 않더라도 괴롭다고 여기지 않을 것이다. 오늘날 조졸이 견딜 수 없도록 쇠잔하게 되고 괴로운 것은 본래 정해진 인원이 줄어져서 교대가 없어지고 관에서 백 가지로 뇌물을 받고 침탈하는 때문이다. 의당 옛법대로 하고 관에서 배를 만드는 비용을 대주는 것이 마땅하다. 수운으로 말하면 수하선 1척마다 수부는 14인으로 정하고 수상선은 1척마다 수부 6인으로 정할 것이다. 2개조로 나누면 너무 적은 것 같은데 과연 어떠한지 모르겠다.

지금 듣건대 조운선이 군산창에는 15척, 법성창에는 26척, 나암창에는 10척, 아산창에는 예전에는 없었는데 지금은 16척이 있다고 한다. 한 배에 조졸이 16인, 보인까지 합해서 48인이라고 하는데, 이는 원래 숫자를 줄여 1개조로 한 것이다. 그래서 주보主保[40] 1인에게 각각 1결을 급복給復하며, 새로 배를 건조하는 해에는 급복을 더한다고 한다. 수운에 대해서도 이렇게 한다고 한다.

고려 정종靖宗 때 12창과 조운선의 숫자를 정하였다. 석두창石頭倉, 통양창通陽倉, 하양창, 영풍창, 진성창, 부용창, 장흥창, 해룡창, 해릉창, 안흥창 등에는 각기 6척을 두는데, 모두 초마선哨馬船[41]으로 배 1척에 1000석을 싣는 것이었다. 덕흥창에는

---

39 통령·천호 지방에 소속된 하급 무관직인데, 조운선의 관리 역할도 맡았다. 조운선 10척에 통령 1인, 30척에 천호 1인을 배치하는 것으로 규정되어 있다.

40 주보 보(保)를 관장하는 사람.

41 초마선 원래 군선(軍船)의 일종이었는데, 조운선으로 이용되던 용량이 큰 배였다.

20척, 흥원창에는 21척을 두는데, 모두 평저선平底船[42]으로 배 1척에 200석을 싣는 것이었다.[43]

무릇 조운선은 해운에 있어서는 초마선을 쓰는데[길이 70척, 너비 22척. ○ 영조척으로 배의 사방 둘레를 따라 계산한 것임. 이하 같다], 적재량은 800곡이며[지금 533석 5두. ○ 최대 적재량은 1500곡까지 가볍게 싣는 쪽으로 하여 800곡으로 정한 것이다.] 1척마다 조졸의 정원은 36인으로 한다.

2개조로 나누는데 1개조에 18인이 승선하게 된다. 이밖에 또 영선領船[44] 및 판관判官과 이속·관노 등 약간 명이 탄다.

○ 배마다 영선 1인을 두는데, 영선은 보인 1명을 더해 주며, 창倉의 판관이 골라서 해운사海運使에 보고하여 정한다. 조운할 때에 운항을 조심하지 않아 파손·침몰시킨 경우, 영선에 대해서는 처음엔 장 100대에 처하고 두 번째는 온 집안을 변방으로 이주하게 하며, 조졸에 대해서는 각기 장 100대에 처한다. 만약 태풍을 만났거나 인력으로 어찌할 수 없었을 때는 이 규정을 적용하지 않는다.

○ 압령판관押領判官이 배 5척을 파손·침몰시킨 경우 6개월의 녹봉을 반으로 줄이며 10척인 경우 고신告身을 전부 빼앗는다.

○ 수운에 있어서는 우도는 평저선으로 하여[길이 □척, 너비 □척] 적재량 □곡으로 하며 1척마다 조졸[지금은 수부라고 부름] □명으로 정한다.

2개조로 나누는데 1개조에 □인이 승선하게 된다.

○ 영선 등에 대해서나 다른 여러 가지 일은 모두 위와 같으며, 좌도 또한 마찬가지이다.

좌도는 평저경선平底輕船으로 하여[길이 □척, 너비 □척] 적재량 □곡으로 하며 1척마다 조졸 □명으로 정한다. 2개조로 나누는데 1개조에 □인이 승선하게 된다.

---

42 평저선 바닥이 평평한 배라는 뜻으로, 수운에서 사용되던 선박을 가리키는 것으로 추정된다.
43 "여기서는 모두 1석(石)이 15두(斗)이다." ─ 원주.
44 영선 각 조운선에서 조졸을 거느리고 운송하는 자.

시행 및 처벌

정월 초순에 비로소 창을 열어 2월 보름 전에 세를 거두어들이는 일을 마칠 것이다. 가흥창의 영남 여러 고을의 세는 2월 말까지 다 거두어들이도록 한다. 해당 관원은 먼저 선척과 조운을 점검한다.

모두 3월 이내에 배를 출발시키며, 수운의 경우는 2월에 처음 배를 출발시킨다.

○ 무릇 배를 운항할 때에 법에 따라 선단을 이루어 운항하며, 기계 등속을 구비하여 뜻밖의 사고에 대비할 것이다. 배를 출발시키는 날짜는 연해의 각 진과 각 고을에 통보할 것이다.

○ 조운선이 통과하는 연해 각 고을 경내에 암초가 있는 곳에는 길고 큰 나무로 푯대를 세우되 '아무 고을의 무슨 암초'라고 표시한다. 푯대는 아무리 조수가 가득 차더라도 가라앉거나 꺾이지 않도록 하여 배에 탄 사람들이 멀리서 바라보고 미리 피할 수 있도록 한다. 각 진에서는 병선兵船을 경계 내에 보내서 대기하고 있다가 앞길을 인도하며 순서에 따라 문서를 교부하여 후일의 증빙을 삼도록 한다. 여기에 마음을 쓰지 않은 진장鎭將에 대해서는 위에 아뢰어 죄를 준다.

○ 고의로 배를 파손시키거나 훔친 사실이 명백한 경우 전량을 추징하며, 일이 의심스러운 경우 3분의 2를 추징할 것이다. 불가피하게 파선당한 것이 명백한 경우 추징을 하지 않으며, 훔친 자로부터 뇌물을 받은 사실이 입증되는 경우 도적의 와주窩主[45]로 논죄한다.

○ 전세田稅를 배에 적재할 때에 사물私物을 함께 싣는 경우, 영선 및 물주와 아울러 온 집안을 변방으로 이주시키고 사적으로 실은 물건은 관에서 몰수하며, 검거를 하지 못한 관리는 위에 아뢰어 죄를 주되, 정황을 알고 저지른 일이면 가중 처벌하는 조항을 적용할 것이다.

○ 조졸이 특별한 사정이 있는 경우 같은 보保에 들어 있는 사람을 관에 보고하고 대신 보낸다. 사적으로 대신 보내면 대신 보낸 자와 대신 간 자 모두 장 100대에 처하고, 이를 검거하지 못한 관리는 파출한다. 그래서 축이 난 미곡은 대신 배에 탄 자에게 징수한다.

○ 영선으로서 조운할 때에 조졸을 침탈해서 미포를 거둔 자는 장 100대에 처한다.

---

45 와주 도적과 결탁하여 그의 편의를 보아주고 이득을 취하는 자를 일컫는 말.

○ 조운하는 곳 근처에서 장사하는 행위는 일체 금하며, 이를 범한 자에 대해서는 가지고 있는 물건을 관에서 몰수한다. 편의를 제공한 자 및 검거하지 않은 관리 또한 처벌한다.

조운선이 도착하면 호조의 당상堂上이 승지와 함께 점검을 하고 위에 보고한다.

창관倉官[46]이 납입되는 것을 계량할 때 해운사와 압령판관 또한 함께 앉아 수량을 검사한다.

○ 경창에서 때에 맞추어 받아들이지 않아 조졸들을 오래 지체시키는 경우, 해당 관원은 중한 쪽으로 처벌한다.

○ 조졸에 대해서 배가 도착하여 점고를 받은 날부터 돌아가는 날까지 따로 급료를 지급한다. 즉, 아산창과 조읍포창은 5일, 군산창은 8일, 법성창은 10일, 영산창은 14일, 가흥창은 4일의 급료를 지급하되, 1인당 하루에 쌀 2승升으로 규정한다. 다른 창에 대해서도 이와 같다. 판관을 따라왔다가 돌아가는 하인으로 정해진 수 내의 인원에 대해서도 또한 마찬가지이다.

○ 무릇 세미를 받아들일 때 쓰는 용기는 법에 의거해 정해서 낙인을 찍고 사용할 것이다. 용기에 속임수를 써서 공정하지 않게 하면, 납입을 감시하는 관원에 대해 중한 쪽으로 처벌한다. 각 창의 양곡을 되는 용기는 3년마다 경창에 가져오게 하여 점검을 한다.

○ 운송한 세미에 결손이 발생한 것은 그 배에 탄 인원들에게 변상하도록 한다. 영선에 대해서는 조졸의 배로 징수함. 무릇 세미 1곡에 모미耗米[47] 1승을 지급하여[이른바 '가승加升'이다. 지금은 백성에게 부가하여 걷고 있는데, 이는 원래의 세미에서 감해줄 것이다.] 운반하며 축이 난 것을 충당하도록 한다. 운반해 온 세미의 양이 찬 경우, 모미를 납부하지 않도록 하여 조운을 조심스럽게 잘한 데 대한 포상이 되도록 한다. 또 지금 각 창에서 배에 실어 오는 비용과 경강京江에 도착하여 창고에 집어넣는 마가미馬價米[48]

---

46 창관 경창(京倉)에 소속된 낭관(郎官).
47 모미 곡식의 보관 및 분급 과정에서 손실분이 발생하게 되는데, 특히 환곡이나 조운에 있어 이를 미리 셈하여 덧붙여 징수하였던 곡식. 일명 가승미(加升米)라고도 한다. 본문의 경우는 조운의 과정에서 발생하는 손실분을 보충하기 위해 징수된 것이다.
48 마가미 운송하는 데 들어가는 비용. 곧 중간 운송비를 가리킴.

모두 백성에게 붙여서 징수하고 있다. 배에 싣는 데 추가되는 비용은 지금처럼 백성에게 거둔다 하더라도, 창고에 집어넣는 마가미는 원래의 세미에서 감해줄 것이다.

고려의 제도는 세미를 조운함에 있어 기한 내에 발선하였는데 풍랑이 심해 초공艄工[49] 3인 이상, 수수水手[50] 및 잡인雜人 5인 이상과 함께 미곡이 바다에 침몰한 경우 손실분을 징수하지 않는다. 기한을 넘겨 발선을 하여 초공과 수수 3분의 1이 물에 빠져 죽은 경우 그 고을과 색전色典,[51] 초공, 수수 등에게 골고루 징수해 받아낸다고 하였다.

또 고려 문종文宗 7년에 삼사三司[52]에서 이렇게 아뢰었다. "옛날 제도에 세미 1석에 모미 1승을 거두었습니다. 지금 각 지역 12창의 세미를 운반해서 경창에 납부하는데, 여러 차례 수로와 육로를 통과하느라 결손이 발생한 것이 실로 많아 운송하는 자들이 징수·변상을 당해 괴롭습니다. 청하옵건대 1곡에 모미 7승을 더 받아야 합니다" 하여 제가制可를 받았다. 문종 33년에는 "공사公私의 조운 미곡을 초공과 수수 등이 배가 침몰했다고 핑계 대고 자기들끼리 나누어 가진 경우 모두 다 추징한다"라고 판결하였다.

직무 규정

해운판관海運判官은 승격해서 해운사海運使[정3품]로 한다.

압령관押領官은 각 진鎭의 만호萬戶를 차출해 정하지 말고[지금 만호를 차출하는 것은 진을 설치하여 불우의 사태에 대비하는 뜻에 아주 어긋난다], 창에 판관을 두되[창마다 정원 하나를 둔다] 해운사 낭관의 예와 같이 하여 압령을 담당하도록 한다. 첨사僉使, 만호 및 수사水使는 각기 자기의 경내에서 병선을 보내 호송할

---

49 초공 배를 부리는 사람, 즉 사공.
50 수수 조졸이나 수부를 일컫는 말.
51 색전 담당 관리. 조운에 관련된 실무를 맡은 아전을 지칭했음.
52 삼사 고려시대의 관제로 전곡(錢穀)의 출납과 회계를 담당한 기구.

것이다. 호송을 잘 거행하지 않은 자는 압령판관이 조사하여 다스릴 것이다.

먼저 아랫사람을 징치하고 관찰사 및 해운사에게 보고한다.

○ 법령에 "조운선이 통과할 때 각 경내의 수사, 첨사, 만호는 병선을 거느리고 나가서 호송을 한다"53라는 조항이 있다. 그런데 여러 창에 조운선이 지나가는 것이 한두 번이 아니니, 진장鎭將의 일로 말하면 항상 자기 수역에서 대기하기도 어렵고 때에 맞추어 나가기도 어렵다. 요즘의 관례대로 수사, 첨사, 만호 등이 모두 병선을 정해 보내어 호송하도록 하는 것이 타당할 것이다. 또한 조운선의 해로를 경계에 따라 나누어 정하는 것은 전적으로 진장에게 맡기며 본 고을 관장에게 위임하지 말 것이다.

간혹 두 진 사이의 거리가 200여 리나 되어 각기 담당 구역이 너무 멀면, 이런 곳은 해당 지역의 관장에게 맡기는 것이 좋을 것 같다. 그런데 수진水鎭으로 말하면 이미 항시 근무하는 수군이 있고 또 항시 대기하는 병선이 있다. 본 고을에는 이처럼 정해진 것이 없으니 포민浦民 약간 호를 잡아서 그들의 신역身役을 면제시켜주고 윤번에 따라 가서 호송하는 일을 하도록 하며 또한 배 1척을 따로 정해놓아야만 일반 백성을 침탈하는 폐단을 없앨 수 있다. 이렇게 해야만 일을 시행할 수 있다. 그렇지 않으면 지금과 같이 폐단만 더하고 이름만 있고 실제는 없는 데로 돌아가고 말 것이다.

호송을 제대로 하지 않는 경우 진장을 처벌하며, 지금과 같이 해당 고을의 백성에게 미곡을 징수하지 말아야 할 것이다. 아무리 이와 같이 하더라도 만약에 패선의 사고가 발생하는 경우, 그 고을 수령은 현장에 달려가서 포민과 진장을 불러모아 모두 협력하여 구원해내고 이 일을 상부에 보고할 것이다. 건져낸 미곡은 가까운 면의 민호에 나누어주어 말려서 납부하는 예에 따르도록 한다.

해운을 함에 있어서 각 창의 판관은 해운사가 추천하고〔1명만 추천함〕 호조에서 다시 심사하여 이조로 이관, 위에 아뢰어 임명하되 품계를 정8품으로

---

53 『경국대전·병전(兵典)·호선(護船)』에 나온다.

한다.

창이 있는 본 고을 및 사방 이웃 고을의 전직 참하관參下官[54]에서부터 내사생, 면번생 가운데 식견도 있고 청렴강직한 사람으로 엄선하여 문서를 갖추어 추천한다.

○ 녹봉은 일정하게 지급하는데, 정8품 녹을 매월 70두로 하여 해당 창의 경비에서 회계하여 지급한다. 또한 사후伺候 6인을 배정한다. 판관이 집에 있을 때에 공사로 왕래하는 경우 교대해가며 부름에 응하도록 할 것이요, 일이 없는 경우는 이렇게 하지 않는다. 창에 있으면서 세를 거두거나 배로 운반하는 때에는 또한 별도로 아전과 하인을 둘 것이다.

세를 거두어들일 때에는 각 고을의 수령과 함께 감독해서 수납할 것이다. 해운사가 당도하는 곳에서는 판관과 수령이 함께 감독하여 거두어들인다. 배에 나누어 실을 때도 해운사와 함께 감독하여 싣도록 한다. 해운사가 오지 않은 경우 역시 판관으로 하여금 감독해 싣게 한다.

이에 배를 타고 세곡을 운송한다.

판관이 창에 있을 때는 서기 1인, 사령使令 2인, 급창及唱 1인, 주자廚子 1인, 통인通引 1인을 둔다. 이들에 대해서는 창을 열어 세를 거두어들일 때부터 배에 나누어 실을 때까지 모두 회계하여 급료를 지급하되, 1인당 매일 2승으로 정함. 배에 타면 또 취수吹手[55] 2인이 있는데 모두 조졸 내에서 따로 그 수를 정하여 대기하도록 한다. 역시 정해서 2교대로 정함.

서울에 당도하면 그곳의 담당 관리와 함께 양을 점검해서 납입한다.

서울에 도착하면 숙배肅拜를 하고 경창에 납입하며, 이 일을 마치면 또 하직 숙배를 한 다음 역마를 타고 돌아온다. ○ 서울에 당도하여 숙배하는 날부터 창에 납부하고 하직하는 날까지 급료는 매일 쌀 1두로 정한다.

---

54 참하관 정7품 이하로 조회에 참여하지 못하는 하급 관료를 통칭하는 말. 참외관(參外官)이라 고도 한다.
55 취수 취타수(吹打手)의 약칭으로, 나팔을 불고 북을 치는 등 군악을 담당한 군졸을 가리킨다.

매번 서산 위쪽 바다에서는 60척, 해남 위쪽 바다에서는 45척, 순천 아래쪽 바다에서는 30척이 파손이나 결손 없이 도착한 경우, 상으로 한 등급을 올려준다.

1회 운송한 배의 수가 정해진 데에 차지 않는 경우 2~3회 운송한 것까지 합해서 계산을 한다.

6회 운송을 하면 벼슬자리를 옮겨준다.

품계를 따져서 옮겨주되 다른 관직의 예와 같이 한다.

○ 조졸을 침탈하거나 미곡을 훔치거나 한 자는 위에 보고해서 중죄로 논하여 장률贓律[56]로 다스리며, 아울러 거주擧主[57]까지 처벌한다.

○ 또 각 창에 고지기 2인을 둔다. 녹을 정해서 주되 매달 쌀 6두로 한다. 녹을 관의 하인보다 감해서 주는 것은 농지를 온전히 받는 까닭이다.

○ 또한 각 창에는 모두 공무에 들어가는 종이값이나 포진가미鋪陳價米[58]가 정해져 있는데 일이 많은 곳은 10곡, 일이 적은 곳은 7~8곡으로 하며 해당 창의 경비로 회계해 지급할 것이다.

○ 판관이 창에 있을 때나 배를 탈 때의 양식, 반찬 등의 비용은 모두 녹미祿米에 들어 있으니, 채소나 소금 등의 사소한 것에 이르기까지 단 한 가지도 아전이나 조졸에게 징수하는 일이 없도록 해야 할 것이다.

수운판관水運判官은 폐지하고 창에 판관을 둔다.

수운과 해운이 다른 것은 운송하는 길의 난이도에 차이가 있기 때문이다.

---

56 장률 관리가 뇌물을 받거나 공물을 횡령한 경우 및 백성의 재물을 침탈하거나 부정축재를 한 자에 대해 적용하는 법률. 장률의 처벌을 받은 경우 그 자식과 손자들까지 의정부, 육조, 한성부, 사헌부, 승정원, 사간원, 경연관, 관찰사 등 주요 관직에서 배제된다.

57 거주 관원을 추천한 사람을 가리키는 말.

58 포진가미 포진가란 까는 자리의 값이라는 말로, 관아에서 행사가 있을 때 까는 자리 및 기타 비용을 포함한 것이다. 이를 쌀로 받는 것을 가리켜 포진가미라고 한다.

그렇지만 창을 설치하는 제도는 다를 바가 없다. 지금 창에 정해진 관원이 없고 차사원差使員[59]을 임시로 정해서 세를 거두고 있으니, 일이 타당하지 못하다.

지금 해운과 수운으로 모두 세곡을 받아서 창에 납입할 때, 감사가 임의로 도내의 수령들을 선발해서 창에 가서 머무르며 함께 세를 거두어들이는 것을 감독하도록 하니 차사원이라 하는 것이다. 그런 사이에 여러 가지 폐단이 아주 많을 뿐 아니라 수납을 감독하는 관원과 운송을 관장하는 관원이 각기 다른 사람이어서 본래부터 사리에 타당하지 못하다.

응당 해운창과 마찬가지로 하여 창에는 판관을 두어 함께 감독해서 세를 거두어들이도록 하고 그대로 운반하여 납입하는 일까지 하도록 한다.

무릇 일이 해운창과 마찬가지인데, 다만 수운과 해운은 난이도의 차이가 있기 때문에 배를 타고 각 지역의 길을 지시하는 일이 없고 운송을 맡은 관원에게 상으로 품계를 올려주는 일이 없다. 그리고 또 사령 2인이 취수를 겸하도록 한다.

○ 창에 판관을 두어 세곡을 운반하도록 했으면 지금 수운판관은 여러 창의 세곡을 운반하는 관원이 될 뿐이니 폐지해야 마땅하다. 그런데 대개 해운은 멀고 험난하기 때문에 따로 해운사를 두어 여러 도를 총괄해서 감독하도록 한 것이다. 이는 응당 호조에 직접 속하게 해야 할 것이다.

○ 판관을 골라 천거하는 일은 위의 예와 같이 한다. 다만 호조에서 천거를 하고 이조에 이관하여 임명하되, 또한 필히 그 고을이나 이웃 고을의 사람으로 해야 할 것이다.

흥원창과 소양창의 경우 세미의 양이 적으니, 영서지역은 땅이 넓기 때문에 창 하나로 통합할 수 없지만 거두어들이는 세는 적다. 본 고을의 판관이 겸임하도록 해도 무방하다.

또한 그 직함도 정해 쓰도록 한다.

○ 영서의 고을들은 본 고을의 일이 많지 않기 때문에 남방의 고을과는 다르다. 이 일을 겸해서 해도 본 일이 폐해질 우려가 없을 것이다.

---

59 차사원 특정 임무를 위해 임시로 차출하여 임명한 관원. 정3품 이하의 당하관 가운데서 차출하였으며, 줄여서 차사라고 불렀다. 대개 관찰사가 관내의 수령들 가운데서 차출하였다.

비용

조졸의 괴로움은 모두 관원이나 관청이 함부로 뜯어내는 데서 오는 것이다. 호조, 해운사로부터 창의 관원에 이르기까지 쌀 한 되, 이엉 한 장, 나무 한 가지라도 징수할 수 없도록 해야 할 것이다.

호조에서 혹 노적에 소용되는 이엉을 쓰는 경우 값을 지급하여 사서 쓰도록 한다.

○ 어긴 자에 대해서는 모두 장률로 다스린다.

○ 요즘 듣건대 조졸의 괴로움은 한 가지가 아니다. 전세를 받아들일 때에 차사원이란 자들이 지가미紙價米⁶⁰다 낙정미落庭米⁶¹다 해서, 예컨대 본디 세로 받아들이는 양이 1000석이라면 반드시 100석을 더 받는다. 해운판관 또한 사적으로 서로 나누어 먹으며, 압령하는 감독관과 아울러 아랫사람들의 양식거리까지 모두 조졸로부터 받아낸다. 그래서 이른바 압령관이라는 자도 이를 본떠서 일행을 대접하는 비용 외에 또 배 한 척마다 거두어들이는 쌀이 1석이 된다.

경강京江에 당도하면 또 뜯어가는 것들이 있다. 해운판관이 배 한 척마다 1석을 징수하고, 호조에서는 또 배 한 척마다 장목長木 20개와 이엉 2장을 거두어가며, 해운판관이 또 이와 같이 거두어 가고, 압령관이 또 이렇게 거두어 간다. 경강에 거주하는 자가 주인이라 일컬으며 곧장 배 안으로 달려들어 배 한 척마다 쌀 2~3석 혹은 4~5석을 제 욕심을 챙겨 받아간다. 대개 이런 폐습은 폐조廢朝(광해군 시기) 때에 여러 궁가宮家나 재상들 집에서 조졸이 이르렀다는 말을 들으면 혹은 도망친 노비의 일족이다, 혹은 도망친 노비의 접주接主⁶²다 뒤집어씌워 다투어 조졸들을 잡아 가두었고, 조졸들은 그 학대를 견디지 못하여 우선 세미로 뇌물을 바치고 또 달변[月利]을 내어 서울에서 쌀을 사서 창에 바치고는 돌아가서 도망친 자가 많았으며, 그 달변 또한 받아낼 곳이 없으면 경강 사람을 '아무 배의 주인'⁶³이라고 억지로 지목해서 그에게 받아내고, 그 사람으로 하여금 또 조

---

60 지가미 종이값 명목으로 거두는 쌀. 호적을 만들거나 세금을 거둘 때 장부 작성을 위한 경비라는 빌미로 백성에게 징수했던 쌀이다.

61 낙정미 곡식을 되는 과정에서 떨어진 쌀이라는 뜻으로, 세곡의 계량 과정에서 생기는 손실분을 채운다는 명목으로 백성에게 추가로 징수했던 미곡이다.

62 접주 도둑, 노름꾼, 상인 등에게 편의를 제공하고 이들을 관리하는 사람을 일컫는 말.

졸에게 징수하게 하여 이와 같이 된 것이다. 지금 이 폐단은 조금 줄어들었다고 하나 이른바 주인이란 자들이 그대로 옛 이름을 가지고 있으며 한 번도 주인이 돼본 적이 없어도 공공연하게 와서 빼앗아간다. 회량回糧[64]은 비록 법대로 지급된다고 해도 창의 아랫사람들이 으레 받아먹으니 조졸들은 이것이 있는 줄도 모른다. 그 유래가 벌써 오래되었으니 이런 등의 폐단은 마치 옛 제도처럼 여겨서 관원된 자들은 의심 없이 받아가며 조금도 부끄러워할 줄 모른다.

이밖에 경창에서 곧 받아들이지 않고 오래 경강에 대기하도록 한다거나 무릇 아전 무리들이 온갖 뇌물을 뜯어내는 폐단은 이루 말할 수 없는 지경이다. 이 때문에 조졸 한 사람이 한 번 다녀오는 데 들어가는 비용이 줄잡아도 10여 석이 된다.

또 해운판관의 구채丘債[65] 및 그 아랫사람들의 입번가立番價[66]도 모두 조졸들이 마련해 내도록 한다. 또 천호, 통령 등은 지금 해운판관이 부리는 사람에 불과한데, 배를 만들 때에 조졸로부터 쌀과 포布를 거두어 내도록 할 뿐이요 으레 한 번도 배에 타고 가지 않는다고 한다. 세미를 함부로 거두어들이는 폐단에 이르러서는 또한 끝이 없다. 본디 실어 가서 납입하는 사이에 축이 나는 것은 어쩔 수 없기 때문에 가승미加升米가 있는데, 호조에서도 으레 가승미를 받아들인다. 위아래가 서로 제 이익을 다투어 인심이 이미 무너졌기 때문에 조졸 무리들 또한 이루 말할 수 없이 간교해져서 비록 저희들이 뜯김을 당하는 줄 알면서도 또 저희들끼리도 서로 다투어 훔쳐 먹는다. 근기 지역 수부들의 괴로움으로 말하면 조졸보다는 조금 덜하다고 하지만 대체로 모두 이러하다고 한다.

육로 운송 및 유세

영남의 도로나 영동의 여러 고을 및 수로에서 먼 지역의 조세漕稅는 관례에

---

63 주인 여기서는 배를 관리하고 운영하는 사람을 지칭함.
64 회량 목적지에 갔다가 돌아오는 데 드는 비용. 노자와 비슷한 말.
65 구채 구사채(丘史債)의 준말. 구사는 본디 종친이나 공신에게 내려주는 노비를 지칭하는 말. 관원이 녹봉 외에 사사로이 부리는 구종의 급료로 지급받는 돈과 곡식·포목을 말한다.
66 입번가 번을 서는 사람에게 지불하는 비용이라는 뜻. 이 경우 조운에 동원된 하급 인원에게 지급하는 것으로 추정된다.

의해서 무명베, 삼베, 명주베[白紬] 등으로 환산하여 짐바리로 운송해서〔수레를 쓸 수 있으면 수레로 운반함〕 상납하도록 할 것이다.

모두 그 땅의 사정에 따라서 하되 영남은 무명베, 영동은 삼베, 황해도의 물에서 먼 고을은 무명베와 명주베로 할 것이다. 무릇 무명베는 6새[升]로, 삼베는 6새로, 명주베는 12새로 하되, 모두 길이는 30척, 폭은 7촌으로 하며 치밀하게 짠 것을 기준으로 삼는다. 무명베 1필은 쌀 6두에 준하고, 삼베 1필은 쌀 6두에 준하며, 명주베 1필은 쌀 12두에 준한다. 좁쌀이나 콩 같은 것은 또한 적정량으로 정하되 모두 풍흉에 관계없이 일정하도록 한다.

○ 무릇 공사에서 쓰이는 포목의 샛수[升數]나 자수[尺數]는 모두 이것으로 기준을 삼도록 한다.

○ 우리나라 제도에 포목은 35척을 1필로 하고 있다. 살피건대 옛날에 주척周尺은 40척을 1필로 했던 까닭에 4장丈이 1필이 되었다. 지금 30척을 1필로 한다 해도 포백척布帛尺으로 계산을 하면 옛날에 비해 긴 편이다.

평안도·함경도 두 변경의 고을들은 세곡을 현지에 남겨두어 군비로 충당하도록 한다. 만약 두 변경의 고을들 또한 상납을 하도록 하면 평안도의 산간 고을은 명주베로, 함경도의 고을들은 삼베로 내도록 한다. 사신들이 통과하는 지역으로 비용이 많이 들어가는 곳은 세곡을 남겨두어 거기에 들어가는 비용으로 삼도록 한다.

모두 원 세액 안에서 운송비[駄價]는 공식적으로 감하도록 한다. 지금의 대동법大同法에서 정한 바 쇄마가刷馬價[67]의 예에 의거함. 그 고을의 관장이 색리色吏[68]를 정하여 운반해 가서 납부하도록 하되, 통과하는 각 고을 또한 아전과 관노를 정하여 경내의 호송을 맡도록 한다.

무릇 세전稅錢, 여리포閭里布[69]를 상납할 때에도 모두 이와 같이 한다.

---

67 쇄마가 쇄마는 짐 운반에 동원되는 말. 쇄마가는 그 말을 이용하는 데 드는 비용이다.
68 색리 담당 아전을 지칭하는 말. 향리의 일종으로 관아나 감영에서 각종 잡무를 맡았다.
69 여리포 여리경(閭里頃)에서 세로 내는 포. 본서 권1「전제 상」에서 "여리경은 농지의 등급을 따질 것 없이 매 1경에 해마다 포 3필을 낸다"(74면)라고 하였다.

재정

경상비

○ 경상비[經費]는 한결같이 경상세經常稅로 쓰되, 그 시행은 지금 대동법의 방식과 같이 한다. 지금 규정 외의 부세賦稅는 일체 없애야 할 것이다.

일체 경세의 수입으로 모든 비용에 대한 규식을 제정할 것이다. 무릇 지금의 공물 진상과 백 가지 물품을 조달하는 것 및 주州·현縣의 각 항목의 비용은 모두 경세 가운데 포함시킨다. 인부와 쇄마까지도 모두 그 가운데 포함시켜서 털끝만큼이라도 백성에게 따로 징수하는 일이 없도록 해야 할 것이다. 이 제도를 정하는 데 있어서는 지금의 대동사목大同事目[70]에 따라 변통을 한다. 미진한 부분은 모두 하나하나 분명하게 규정을 마련하여 전국에 균일하게 행하도록 하되 고을마다 달라지는 일이 없도록 하고 백성은 잡역이 없게 한다.

○ 이는 단지 경세의 경상적인 지출에 해당하니, 본디 '대동'이라는 단어는 굳이 거론할 필요가 없다. 그런데 지금 나라의 제도가 전세田稅는 모두 서울로 운반해 오는 것이 있는데다가 별도로 공물을 진상받는 것이 있고, 또 지방관의 봉급은 경세에 들어가지 않고 따로 해당 고을에서 받아들이고 있으며, 무슨 일이 있을 때마다 모두 별도로 백성에게 부과한다. 그러므로 국세 외에 거두어들이는 것과 규정 외에 부과하는 것이 없을 수 없는 것이다. 그 폐단이 나타남에 이르러 잡역이 점차 무거워져서 경상적인 부과가 되었으니, 온 나라가 괴롭고 덜 괴롭고 또한 일정치 않게 되었다. 근세에 필요한 비용 일체를 헤아려서 전국적으로 공평하게 쌀로 내고 국가에서 법식을 제정하자는 의론이 나왔다. 이 때문에 지금 온갖 경비를 공적으로 정해서 지출하고 모든 역역力役도 공적으로 그 값을 지급하며 다시는 별도로 백성의 역역을 동원하지 않도록 하였으니, 이를 일컬어 대동법이라 하였다. 지금 만약 경세·경비를 말하기만 하고 대동법을 들어 설명하지 않으면 사람들이 제대로 살피지 못하고

---

70 대동사목 대동법 실시에 따른 시행세칙. 대동법은 1608년 경기도를 시작으로 차례로 실시되었는데, 각 지역의 사정에 맞게 세칙을 정하였다. 『호서대동사목』, 『호남대동사목』, 『영남대동사목』이 남아 있다.

단지 경세로 경상적인 비용을 충당할 줄만 알고 여러 가지 일들은 별도로 조달하고 동원할 터이니, 장차 또 경세 외에 징수하는 것이 있을 것이다. 그래서 지금 관행을 들어서 분명히 밝히는 것이다. 다만 지금 대동법은 지출을 헤아려서 거두어들이는 방식인데, 이 제안은 들어오는 것을 헤아려서 지출을 정하는 제도이다. 그런데 거두어들이는 것은 정해진 제도가 있어 갖가지로 거두어들이지 않는다는 점은 마찬가지이다.

○ 오직 제주의 전세는 서울로 조운해 오지 않고 토산품을 공물로 바치도록 정할 것이다. 다만 지금의 공물은 지나치게 복잡하고 무거우니, 의당 그 세로 들어오는 것[이는 해당 지역의 녹봉, 군자금 및 각종 경비를 제하고 계산하는 것임]을 계산해서 수량을 정해야 한다. 진상 또한 적당함을 따져서 줄여 정하되, 예물로서 바치는 것은 매년 1회로 한다. 오직 귤이나 유자 등은 잘 익을 때에 맞춰 별도로 1~2회로 정하여 바치도록 한다. 모두 목사가 이 법을 균일하게 시행하되 한결같이 정해진 법식에 따르도록 한다. 무릇 모든 물건은 다 값을 지급하여 마련할 것이요, 별도로 민간에서 징수하는 일이 없도록 할 것이다. 장인이 제조한 물건 또한 공임을 지급한다.

물품 조달·물화 유통

각 기관에 소요되는 각종 물품은 모두 필요한 수량을 헤아려서 정하도록 한다.

지금 공물의 품목과 수량으로 다시 따져서 적정 양을 정하되, 나라의 쓰임에 긴요하지 않은 것은 삭감하도록 한다. 이미 품목과 수량이 정해지면 기관마다 '무슨 물품 얼마, 무슨 물품 얼마'라고 나열하여 모두 장부를 작성할 것이다.

○ 무릇 제향에 쓰이는 물품 또한 각기 정해진 수량을 밝히도록 한다. 지금 종묘제향에 쓰이는 갖가지 소소한 물품을 전부 다 천신薦新[71]하는 것 또한 번거로운 것 같으니, 이와 같은 일은 모두 응당 일의 마땅함을 헤아려서 일정한 법식을 정해둘 것이다.

○ 임금께 올리는 물품에 관계되는 것은 모두 해당 관서인 사옹원司饔院으로 넘긴다.

---

71 천신 새로 나오는 과일이나 곡식 등속을 제사상에 올리는 것을 가리키는 말.

그리고 모두 서울에서 무비주인貿備主人[72]을 모집해 정하며 조세漕稅로 그 값을 넉넉히 지급하여 통상적인 값에 비해 배 이상 5배까지라도[倍蓰] 풍흉에 관계없이 영구적으로 정할 것이다. 쌀과 돈을 반반씩으로, 혹은 포와 돈을 반반씩으로 해서 정함.

무비주인들에게 확정된 법이 있음을 알도록 하여 미리 주선해 적절히 교역할 수 있도록 하되 남은 이득은 자신이 차지하게 하고 납입하는 데 결손이 없도록 할 것이다. 이밖의 여러 가지 물품은 모두 서울에서 구입하고, 하나라도 지방에 분정分定[73]하지 말 것이다. 감사 또한 감영 소재지에서 사들이고, 각 고을에 분정하지 말 것이다.

만약 지방에 분정하게 되면 비록 그 값을 회계하여 처리한다 할지라도 물건값의 높고 낮음은 먼 곳에서 추정할 수 있는 것이 아니다. 그런 까닭에 해당 기관에서 으레 가격을 낮게 책정하여 지급하면서도 최상품으로 요구하며, 점검하는 즈음에 담당 서리들의 농간이 천 가지 백 가지로 일어난다. 한 가지 폐단이 생기더라도 그 해는 백성에게 돌아가기 마련이다. 응당 조정에서 먼저 그 근본을 바로잡아 삼가 분정하지 않는 것으로 각 도의 법도를 삼도록 해야 할 것이다. 이를 만약 제거하지 않는다면, 이는 우리 백성을 스스로 해치는 일이요 우리나라를 스스로 병들게 하는 것이다.

문

우리나라는 중국과 달라서 물화가 유통되지 않고 있다. 때문에 각종 물화를 서울에서 사들이자면 아무리 그 가격을 후하게 책정하더라도 물화가 서울로 모여들지 않을 것이다. 그래서 각 기관이 필요할 때에 공급이 안 될 우려가 있다.

---

72 "지금의 공물주인(貢物主人)과 같이 역시 주인으로 일컬음." ── 원주
　　무비주인은 관아에서 소용되는 각종 물건을 사서 바치고 그 값을 받는 사람을 가리키는 말. 공물주인은 대동법의 실시에 따라 출현한 것으로 중앙 각 관부의 지정 납품업자에 해당한다. 공인(貢人) 혹은 공주인(貢主人), 각사주인(各司主人) 등으로도 부른다.
73 분정 중앙에서 지방의 각 고을별로 세금을 나누어 정하는 것.

답

이 말이 그럴듯하지만 실은 그렇지 않다. 각종 물화를 서울에서 사들일 수 없게 된 것이 오래되었다. 만약에 이 법을 처음 시행하면 그럴 일도 있겠으나 2~3년이 지나지 않아 뜬소문은 점차 사라지고 중앙과 지방에 걸쳐 물화가 크게 유통될 것이다. 지금까지 물화가 유통되지 않은 것은 실상 값을 치르고 교역을 하지 않은 때문이다. 우리나라는 도로 사정이 중국과 같지 않으나, 사람들이 이익을 좇고 손해를 멀리하려는 마음은 천하에 모두 마찬가지이다. 후하게 그 값을 쳐준다면 사람들은 이익이 있는 곳에 반드시 쫓아가기 마련이니, 아무리 금지하려고 해도 금할 수가 없다. 혹자의 말은 결단코 그럴 수 없다. 하물며 지금 각종 물화의 이름을 공납이라고 하지만 기실은 해당 지역에서 마련하는 것은 백에 한둘도 없고 모두 경주인京主人[74]들이 사적으로 그 값에다 더 뜯어내서 서울에서 방납防納[75]을 하고 있다. 이를 근거해보더라도 단연코 혹자의 말은 그렇지 않은 것이다.

설령 멀리 떨어진 지방의 물화를 서울에서 사들이기 어렵더라도 서울에서 무비주인에게 주는 가격을 정한 연후에 그 값을 생산되는 고을의 상납세에 준해서 제하여 주고 그 고을 관장이 조달을 맡은 사람을 뽑아 그 값을 지급하도록 한다. 그리하여 조달을 맡은 사람〔속칭 **공물부로**貢物夫老〕으로 하여금 해당 기관에 납부하도록 한다. 조달을 맡은 사람과 그 가격을 영구히 정하는 것을 서울의 예와 같이 할 것이다.

　한 도의 쇄마가는 응당 관례대로 지급할 것이다.

74　경주인　지방의 여러 군현에서 제반 연락사무를 담당토록 하기 위해 서울에 파견해둔 인원. 주로 아전층이 담당했음. 경저리(京邸吏), 경저인(京邸人) 등으로 부르기도 했으며, 이들이 업무를 보는 곳을 경저(京邸) 또는 경재소(京在所)라 하였다.

75　방납　공납의 과정에서 납부될 수 있는 공물을 강제로 막고 대신 납부하는 행위. 공물의 수취를 맡았던 중앙 각사의 서리 등이 부당한 이득을 취하기 위해 방납 행위를 일삼았으며, 이러한 폐단이 대동법 시행의 배경이 되었다.

○ 설령 부득이 지방에서 사들여야 하는 물건일지라도 응당 이와 같이 법식을 정하여 한 가지라도 지방 고을에 분정하는 일은 없어야 할 것이다.

○ 지금 대동법을 이미 시행하는 고을이라도 본 고을에서 마련하여 바쳐야 하는 물건이 있는 경우, 아무리 경사京司에서 그 값을 회계해 처리하더라도 갑자기 분정한 것이 영구히 정해지는 법은 없으며, 본 고을 또한 그 사람과 그 값을 영구히 정한 일이 없어서 관에서 제멋대로 징수한다. 그래서 으레 백성에게 사서 바치도록 하는 일이 많아 백성은 그 물건값을 받지도 못하고 끝내 첩징疊徵[76]이 되는 것을 면치 못하게 된다. 그러는 사이에 갖가지 토색과 뇌물은 이루 말할 수 없는 지경에 이른다. 아무래도 이와 같이 해야만 민폐를 제거할 수 있을 것이다.

○ 여러 도의 진상 또한 감사가 본 감영에서 법식에 따라 조달하며 여러 고을에 분정해서는 안 될 것이요, 설령 부득이 각 고을에 배정한다 하더라도 역시 위에 든 예와 같이 할 것이다.

대동법의 당위성

토산물을 공물로 바치는 것은 옛날의 법이라고 하지만 지금 이를 제도로 삼으면 폐단이 생기는 것을 면할 수 없다. 대동법이 공평하고 폐단이 없는 것만 못하다. 대체로 공물을 그 지방의 특성에 따라서 정한다고 하지만 경사에서 각 고을에 분정하고, 각 고을은 각 면의 민호에게 나누어 징수하여 명목이 통일되지 않고 품질이 고르지 않다. 이에 서울의 아전들은 고을의 아전들에게 압력을 가해서 값을 올리고, 고을의 아전들은 면의 담당자들에게 압력을 가해서 값을 올리며, 면의 담당자들은 백성에게 압력을 가해서 값을 올린다. 그리하여 고비고비마다 불어나고 고비고비마다 뇌물을 뜯어내고 고비고비마다 폐해가 증가된다. 그러는 사이에 바쁘게 쫓아다니느라 일을 폐하게 되는 자들이 얼마나 되고, 독촉을 받아 매를 맞는 자들이 얼마나 되며,

---

76 첩징 백성에게서 공물 따위를 이중으로 징수하는 것을 가리키는 말.

오고가는 데 드는 양식이며 거마의 비용은 또 얼마나 될 것인가?

이 때문에 국가에서 받아들이는 물건은 한 가지 사소한 것이라도 민간에서 드는 비용은 만 배나 되어서 억조의 백성이 피해를 보게 된다. 하물며 토산물이란 옛날에 있다가 지금은 없기도 하고 해에 따라 생산이 달라지기도 해서 먼 고장에서 사 와야 하는 폐단을 면하기 어렵다. 더구나 지금 그 지역에서 나는지 전정田丁이 얼마나 되는지도 불문하고 연산군 때 마구 거두어들였던 것이 혁파되지 않고 관행이 된 것도 있다. 또 더구나 지금 세무가 서리에게 맡겨져 온갖 일들이 뇌물로 이루어지고 있으니 더 말할 것 있겠는가? 무릇 이와 같기 때문에 무한한 욕심을 제멋대로 부리는 자는 서리들이요, 그 폐해를 깊이 받는 것은 국가와 백성이다.

대동법으로 말하면 쌀로 일정한 수량을 바치게 되어 백성은 한번 균등하게 바칠 따름이니, 무슨 폐단이 있겠는가? 가령 각 관서의 제반 물건들이 공물로 바치는 수량에 더 보태진다 하더라도 10배의 값을 더 내는 정도여서 백성이 받는 고통은 10분의 9나 감해질 수 있다. 대개 옛날 봉건제에서 제후의 나라들은 자기 지역의 부족한 물산을 공물로 받지 않을 수 없었으니, 오직 예禮에 마땅하여 이와 같이 했던 것은 아니었다.

설령 공물의 품질에 결함이 있다 하더라도 그 주인의 잘못을 책망할 따름이었고 퇴짜를 놓는 일은 결코 없었다. 그래서 백성에게 폐단이 없었던 것이다. 지금은 옛날과 달라서 서울에서 소용되는 여러 가지 물건들을 모두 지방에 배정함으로써, 마련해 내는 것은 민간이요 퇴짜를 놓는 것은 서울의 관아이다. 한번 퇴짜를 놓으면 그 피해가 한이 없다. 무릇 퇴짜를 놓는 권한을 가지고 유구무언의 백성을 상대하고 있으니, 차츰차츰 값이 오르게 되는 폐해가 어찌 없을 것인가? 이것이 대동법의 균등하고 폐단이 없는 것만 못하다는 이유이다. 비록 그러하나 옛날의 왕도에서는 백성에게 받아들이는 것으로 10분의 1의 세 외에 따로 징수하는 것은 없었다. 옛날 여러 제후국들이 공물로 받아들이는 것 또한 10분의 1의 세를 가지고 시장에서 구입한 것이었다. 여동래呂東萊의 우공공부禹貢貢賦[77]를 논한 가운데에 자세히 나와 있다. 지금 조세 외에 공납이 있는 것은 본디 옛날 법이 아니다. 필히 정상적인 세입을 가지고 지금 대동법의 관례에 따라 구입하도록 해야만 참으로 훌륭한 제도가 될 것이다.

토산물을 공물로 바치는 것은 옛날의 법이라고 하지만, 옛날 제도를 상고해보건대 지금의 이른바 공납제와는 같지 않았다. 대개 옛날에 기내畿內에선 곡식을 바치는 것이 있었고 따로 공납은 없었다. 기외畿外[78]의 여러 제후들에게는 공납이 있었는데, 그 공물 또한 자기 나라의 10분의 1의 세수로 사들여서 바치는 것이었다. 백성이 내는 것은 단지 전세뿐이었다. 지금은 전세를 납부할 뿐 아니라 또 따로 공물이 있다. 이른바 공물이란 군현에 따라서 모두 온갖 물품을 바치도록 하며 별도로 징수하여 납부받는 것이 법이 되었으니, 이와 같이 하고도 어찌 폐단이 생기지 않겠는가? 이것이 바로 공물이라는 명목은 같지만 실상은 다른 것이다.

궁정의 경비

○ 임금에게 소용되는 물품은 일정한 수량을 정하여 매년 조세漕稅 중에서 배정할 것이다. 옛날에 국군國君은 십경十卿의 녹[79]을 받는다 했으니 이 수치에 준해서 정한다.

그 수치 안에서 사옹원司饔院과 상의원尙衣院[80]의 여러 수요를 마련하여 지출하고, 그 나

---

77 여동래의 우공공부 여동래는 남송 시대의 학자인 여조겸(呂祖謙)을 가리킴. 그의 저서인 『역대제도상설(歷代制度詳說)』 중에 나오는 내용이다. 본서 권7 「전제후록고설 상」에도 이 책의 내용을 인용한 바 있다.

78 기외 주나라 봉건제에서 수도로부터 500리 이내를 기(畿)라 하였으며, 그 바깥을 기외라 하였다. 기내 지역은 천자가 직접 관할하고, 기외 지역은 제후를 봉하여 통치하였다.

79 십경의 녹 『맹자·만장(萬章) 하』에 "큰 나라인 공과 후의 나라는 땅이 사방 100리인데, 군주는 경이 받는 녹의 10배이고, 경의 녹은 대부의 4배이고, 대부는 상사(上士)의 배이고, 상사는 중사(中士)의 배이고, 중사는 하사(下士)의 배이고, 하사와 서인(庶人)으로서 관직에 있는 자는 녹이 같으니, 녹이 경작하는 수입을 충분히 대신할 만하다[大國, 地方百里, 君十卿祿, 卿祿四大夫, 大夫倍上士, 上士倍中士, 中士倍下士, 下士與庶人在官者同祿, 祿足以代其耕也]"라 하였다.

80 사옹원·상의원 사옹원은 임금의 식사와 대궐 안의 식사 공급에 관한 일을 관장하던 관서이

머지 것들 또한 일정한 수량을 정할 것이다. 이런즉 궁중의 수요는 이와 같이 해야 하므로 내수사(內需司)[81]는 곧바로 혁파해야 마땅하다.

임금에게 지공(支供)되는 바 수요는 한 아문을 두어 전적으로 그 일을 관장하게 한다.

지금 각 관서에서 매일 배정하는 규례를 없애고 사옹원에서 그 일을 전적으로 맡도록 하되, 중국의 제도에 의거해서 매년 임금께 지공하는 물자의 수량을 헤아려서 시행할 것이다. 무릇 여러 가지 물자는 모두 그 값을 다섯 배 정도로 책정하여, 본원에서 저장해둔 임금의 수요로 정해놓은 쌀이나 돈으로 주인을 정해서 지급하되 지금 공물주인에게 하는 것처럼 하고 곧장 본원에 물품을 납부하도록 한다. 장 등속과 초, 술, 젓갈 종류들은 본원에서 정밀하게 제조해서 저장해두었다가 쓰도록 하며, 각기 주관하는 자가 담당하도록 하고 해당 관원은 감독해 요리해서 올린다. 「관제(官制)」 '직장(職掌)'조에 자세히 나온다. 무릇 임금께 올리는 수라나 찬품의 가짓수는 모두 마땅히 구례(舊例)를 참작해서 일정한 법식을 정할 것이다.

살피건대 옛날에 국군은 십경의 녹을 받는데, 군(君) 및 후부인(后夫人)[82]은 의복의 비용과 시종들에게 드는 비용, 궁중의 온갖 수요 등이 그 가운데 들어가지 않은 게 하나도 없었다. 지금 이 옛 뜻을 참작해보건대 환관, 별감[83] 따위도 응당 따로 녹이 있어야 하고, 시녀들도 응당 이 수치 내에 들어가야 할 것이다.

며, 상의원은 국왕과 왕비의 의복을 만들어 바치고 내부의 보화·금보 등의 관리를 맡아보던 관아이다.

81 내수사 왕실 재정의 관리를 위해 설치되었던 관서. 이조 소속의 정5품 아문(衙門)으로 왕실의 쌀·베·잡화 및 노비 등에 관한 사무를 관장하였다.

82 군·후부인 군은 종실·외척·공신에게 주었던 작호(爵號). 후는 군주의 아내를, 부인은 제후의 아내를 가리켰다.

83 별감 궁중의 하례(下隷)로서 대전(大殿)과 중궁전(中宮殿) 등에서 잡무를 수행하는 한편 국왕이 행차할 때 시위와 선도(先導)를 맡았다.

궁녀들의 급료는 매월 2곡斛으로 정하되 상례에 따라 절감하며 겨울과 여름으로 의복의 비용을 주는 것이 마땅할 것이다. 그리고 직분이 있는 자에 대해서는 추가해 지급하는 것이 마땅하다. 또한 시녀는 응당 그 수량을 정해주는데, 이는 옛날 시녀는 모두 정해진 수가 있었으므로 무절제한 데 이르지 않도록 한다는 뜻이다.

세자전世子殿에 대해서는 응당 별도로 마련하되, 국왕에게 정해진 수치의 5분의 1로 할 것이다. 여러 왕자와 왕녀들이 장성하여 결혼을 하면 역시 모두 녹봉을 지급한다.

살피건대 옛날 천자의 태자는 채지采地를 100리로 정하여 제후가 봉을 받는 것과 같이 했으니, 세자전에 대해서 5분의 1로 정하면 넉넉할 것 같다.

대비전大妃殿에 대해서는 응당 별도로 마련하되, 국왕에게 정해진 수치의 6분의 1로 할 것이다. 대비전 시녀의 녹봉 또한 이 수치 내에 들어간다.
○ 이는 응당 마련할 때에 별도로 이 수량을 잡되 국왕에게 소용되는 수량에 합해서 처리할 것이다. 따로 나누어 지공하라고 한 것은 아니다.

선왕의 후궁에 대해서는 응당 별도로 그 녹봉이 있도록 한다.
각기 지위에 따라 의당 법식을 정하며, 기왕에 따로 녹봉을 받고 있으면, 그 궁에 속한 노비들의 의식의 비용은 그 안에서 지급하도록 한다.
○ 살피건대 이 국왕의 수요에 관계되는 조목 및 확정된 수치는 또한 마땅히 「녹제祿制」편의 첫머리에 수록되어 있다.[84]

사리로 헤아려보건대 국군과 후비, 후궁은 임금에게 소용되는 수량 내에

---

84 본서 권19「녹제」를 가리킴.

들어가야 마땅하다. 대비의 경우 응당 별도로 마련할 것이요, 선왕의 후궁에 이르러서도 별도로 녹봉이 있게 하는 것이 마땅하다.

문

옛날 성왕聖王의 제도는 천자로부터 서민에 이르기까지 각기 그 분수에 따라 먹고살아 갈 수 있게 하였다. 상하 차등을 정함에 있어서 각기 지극히 당연하지 않음이 없었다. 경 대부로 부모가 있는 경우 자기의 녹봉으로 봉양할 수 있도록 했으니, 국군에 있어 모후母后의 녹봉을 따로 정하는 것은 후세에 신하를 누르고 군왕에게 아첨하는 행위에 가깝고 옛 성왕의 지극히 공정한 제도에 맞지 않는 것이 아닌가?

답

이와 같이 논할 수 없는 것 같다. 만약 한 나라의 백성으로서 선왕을 섬기되 살아 계실 때와 같이 한다는 뜻으로 추리해보건대, 응당 이와 같이 해야 할 것이다.

안설

삼가 살피건대 예로부터 나라의 임금으로서 자기 나라를 잘 다스리고 싶어 하지 않은 자가 없었는데, 치세는 드물고 난세가 많았던 것은 무엇 때문인가? 이는 무엇보다도 법에 맞지 않는 제도로 한 나라를 다스렸기 때문이다. 우리나라로 말하면 처음부터 변방에 속해서 무릇 제도와 규정으로 시행하는 바가 당초에 합당하지 않은 것이 많아 또한 중국과 비교할 수 없다.

지금 만약 일거에 고법古法을 가져와서 경상적인 제도로 정하면, 국왕의 쓰임이 풍족해지고 음식까지도 정결하게 될 뿐 아니라 눈앞의 여러 가지 폐단이 모두 저절로 제거되고 불필요한 기관은 통합할 수 있고 불필요한 관원은 줄일 수 있으며 내수사에서의 사사로운 재물 유용 또한 없앨 수 있다. 실로 이와 같이 된다면, 만백성이 소생할 수 있고 천하의 마음이 감복할 수 있으며 부국강병이 이루어질 수 있고 교화가 베풀어져 태평 시대에 도달할 수 있을 것이다. 성왕의 하늘을 본받는 정치는 이보다 급한 것이 없고, 충신이 임금을 사랑하는 도리 또한 이보다 실효가 있는 것이 없을 것이다.

진상에 대한 문제제기

○ 각 도에서 바치는 것은 예공禮貢[85]으로 바르게 하여 지금의 진상 규정은 개정할 것이다.

그곳 토질의 적절한 것으로 위에 바치기에 마땅한 것을 간소하게 하며, 나머지는 모두 덜어내도록 한다. 무릇 물건은 모두 정해진 수량과 품목을 헤아리되 지금 매달 진상하는 폐해를 혁파하고 매년 한 차례 설날에 인사를 드릴 때에 예공으로 바치도록 한다. 그런데 그것을 준비할 적에 각각의 물건은 서울에서 정해놓은 값[86]에 의해서 본도의 경비에서 회감하도록 한다. 지방의 경비는 모두 조세에서 남겨둔 것으로 한다. 감영에서 무비주인을 정하여 그 실제 값에 준해서 지급하며, 공인工人을 쓴 경우 규정에 따라 값을 지급한다.[87] 짐을 싸고 포장하는 일은 감사가 직접 감독한다. 의당 무비주인으로 하여금 그대로 운송하는 일을 맡도록 하며, 그 도중의 쇄마에 대해서는 마땅히 상례에 의해서 값을 지급한다. 이와 같이 해서 각 고을에 분정하는 것이 없도록 하며, 병사나 수사 역시 위로 바치는 것이 없다.

○ 옛날에 제후가 그 나라에서 나는 것을 예로써 바치면 천자는 사양을 하고 징수하는 일은 없었으니, 이것이 대개 지극한 뜻이다. 무릇 여러 도에서 위로 바치는 물건은 감사가 공경스런 마음으로 준비하여 바칠 것이요 조정에서도 예로써 받아들이며, 설령 약간 결점이 있더라도 그 도의 감사에게 주의가 부족했다고 견책하는 수준에서 그쳐야지 퇴짜를 놓는 것은 옳지 않다.

임금께 올리는 물건을 바치고 받아들이는 절차 또한 마땅히 그 의식을 바르게 행해야 할 것이다. 당나라 원조元朝 의식에 역시 취할 만한 내용이 있어 참작해서 정한 것이다.

정월 초하룻날 아침에 당해서 백관이 조회를 거행함에 승지는 먼저 여러

---

85 예공 임금에게 예물로 바치는 공물을 가리키는 말.
86 "즉, 각 사에서 지급하는 바의 주인의 값." ─ 원주
87 "규정은 '공장(工匠)'조에 자세하다." ─ 원주

도의 전문箋文[88]으로 별도의 한 부를 만들어가지고 승정원에서 대기한다. 예조는 여러 도에서 올리는 물건을 가지고 온 사자[89]가 소지할 수 있는 것은 소지하도록 하고 나머지는 사람들을 시켜 모두 조회하는 자리 앞에 늘어놓게 하며, 사자는 제자리로 나아간다. 백관이 배례拜禮를 마치고 나서, 승지는 임금께 나아가서 무릎을 꿇고 전문들을 올리며, 예조 당상은 임금께 나아가서 무릎을 꿇고 여러 도의 공물을 해당 관청에 회부하기를 청하여 아뢴다. 승지가 교시를 받들고 물러나와 임금이 '그렇게 하라'라고 하셨다 하고, 예조 낭관은 받아서 문을 나가고 여러 물건을 소지한 사람들이 그 뒤를 따라간다. 백관이 의식을 마치고 물러감에 미쳐 예조 당상은 물러나서 올라온 물건들을 하교에 따라 조처한다. 의당 제향이나 손님 접대나 위에 지공하는 데 소용되는 물건의 종류를 각기 해당 관청에 나누어 맡기되 마땅히 궁정 안으로 들여야 할 것은 안으로 들이고 호조에 회부할 것은 호조에 회부하되 모두 품의를 해서 처리할 것이다. 이와 같이 하는 것이 마땅하다.

율곡栗谷은 선조宣祖에게 이렇게 아뢰었다.[90]

"오늘날 이른바 진상이란 꼭 임금께 올리는 데 합당한 것이 아닙니다. 자질구레한 물건들까지 온통 바치지 않는 것이 없습니다. 육지와 바다에서 나오는 것들을 남김없이 거두어들이는데 정작 임금께 올릴 만한 물품으로 선택되는 것은 얼마 되지 않습니다. 옛날 성인들은 한 사람이 천하를 다스렸지만 천하로 한 사람을 받들게 하지는 않았습니다. 아무리 바치는 물건이 하나하나 임금께 지공되기에 합당하다 하더라도 응당 줄여서 백성의 힘을 덜어주어야 할 것이거늘, 긴요치 않은 물건으로 백성을 괴롭히고 해쳐서야 되겠습니까?"

---

88 전문 나라에 경사나 흉사가 있을 때 신하가 임금에게 써 올리는 글.
89 "곧 배전차사원(陪箋差使員)임." ─ 원주
90 이하의 내용은 『율곡전서』 권15 「동호문답」에 나온다.

안설

살피건대 옛날 왕자王者의 제도는 임금에게 물건을 바침에 있어서 아래에서는 의로써 올리고 위에서는 예로써 받았던 것이다. 참으로 예와 의로써 거행하게 되면 일이 모두 사리에 합당할 터이니 어찌 폐해가 생기겠는가? 오로지 예와 의를 잃은 까닭에 이루 말할 수 없는 폐단이 생기게 되었다. 지금 이른바 여러 도의 진상이란 것은 대부분 임금의 식사에 소용되는 물건인데, 명목이 매우 번다하고 자질구레하기에 이를 데 없고 매달 올려야 하며 심지어는 한 달에도 두세 차례 올리게도 된다.

경기도의 경우 날마다 바치기도 한다. 이는 국초國初에 있었던 일이 아니고 중엽에 시작되었다고 한다. 또한 감사가 직접 감독할 수 없어 처음에는 여러 고을의 수령들이 감사를 대신하여 감독을 하더니, 수령도 모두 감독을 하지 못해 지금은 경기도의 여섯 찰방이 교대해가며 하는 형편이다.

세수는 모두 일상으로 거두는 세 외에 별도로 여러 고을에 나누어 징수하는 것이 있고, 여러 고을은 또 민간에 뜯어내게 된다. 그래서 그 사이에 단계마다 더 거두는 것이 생기고 굽이굽이에 폐해가 증가되어 말할 수 없는 지경이다. 봉진封進함에 이르러는 공연히 담당 관서에 납부할 뿐 아니라 서리들의 농간에 맡겨두게 된다.

서리들이 힘에 기대어 뇌물을 요구하는 것으로 진상만큼 심한 것이 없다. 이 때문에 진상물을 거두어들이는 데 있어서 반드시 먼저 인정포人情布[91]라는 것을 거두고, 진상물을 운반하는 데 있어서 반드시 먼저 인정포를 싣는다. 속담에 "진상은 꼬치로 꿰고 인정은 짐바리에 싣는다"라는 말이 있다. 이에 의거해보건대 그 폐단이 어떠한가 짐작할 수 있다.

의로써 위에 바치고 예로써 아래에서 받아들인다는 뜻과는 심히 배치

---

91 인정포 인정은 사실상 뇌물로 주는 것을 가리키는 말인데, 이 경우 진상품을 올리는 과정에서 따로 인정이라는 명목으로 건네게 되는 재물을 뜻한다. 포는 당시에는 돈의 대용으로 사용했다.

된다. 또한 거기에 따른 명색이 매우 번다하다. 날것과 젖은 것을 가리지 않고 춥고 덥고를 따지지도 않으며 솜에 싸고 얼음을 넣어 천리길을 운반 하는데 한낱 맛없는 물건이어서 임금이 한번도 눈길을 주지 않는 것들이 다. 이로 인해서 또한 1000호의 재산을 거덜내고 만민에게 피해를 끼치는 데 이르게 된다.

참으로 우리 임금으로 하여금 가난한 마을을 독촉하여 남자나 여자 할 것 없이 때 리고 묶어 도로에서 추위에 떨거나 더위를 먹는 등 애달프고 호소할 데 없는 이들의 참상을 한 번이라도 직접 보도록 한다면, 아무리 임금이 드시기에 합당한 물건이라도 필시 마음이 애달파 목에 넘어가지 않을 것이다. 하물며 다 썩어가는 물건이어서 사람 들이 싫어하고 뱃속에 아무런 이로울 것이 없는데 오로지 만백성을 못살게 하는 것이 아니겠는가? 이는 알기 어렵지 않다. 오직 임금은 깊은 궁전에서 비단 요 위에 앉아 '나는 백성의 주인이다'라고 생각하고 있으니, 어떻게 이 폐해에 생각이 미칠 수 있으 리오? 임금의 눈앞에서 아첨이나 떠는 신하들이 스스로 임금을 사랑하기를 나보다 더 잘하는 사람이 없다고 하면서, 나라를 병들게 만들고 덕화에 해롭다고 하여 한 사람이 라도 말을 하면 임금께 불경스럽다고 지탄하고 있다. 이것이 바로 피해가 나라에 두루 미쳐서 끝나지 않는 까닭이다.

옛날의 제왕들은 항시 나라가 다스려지지 못한 것을 자신의 근심으로 삼았다. 그리하여 감히 자신이 먹고 입을 것으로 천하에 명령을 내리지 않 았다. 이 뜻에 비추어보건대 우리나라의 제도는 어떠한가? 그런데 이 또 한 우리나라는 제도가 제대로 서지 못했기 때문이다. 중국의 제도는 제왕 에게 공급되는 물자를 위해서 전담하는 기구가 있었고 이에 소요되는 물 자는 모두 경상의 세입을 가지고 구입해서 쓰도록 했으며 각 지방에서 진 상해 올린다는 말은 듣지 못했다.

옛날의 제왕들은 소요되는 물자를 공급받기 위해 담당하는 기구가 있어서 오직 규 정에 따라 바쳤으며 천하에 따로 명령내린 바가 없었다. 삼대 이상은 말할 것도 없거 니와 한漢·당唐 이래로 역시 모두 담당 기관을 설치해서 경상의 세입에 집어넣어서 위에 바치는 문제를 전담하도록 했으며 본래부터 진상의 규정이란 없었다. 이 때문에 역대의 역사 기록에 진상이란 두 글자는 있지 않았다. 비록 당나라 덕종德宗이 자신만을 위하여 거두어들이기를 좋아해서 사적인 헌납을 요구했다는 사관史官의 기롱이 있었지만, 그 헌납하도록 한 것도 보화나 비단 등속에 불과했다. 매달 생선 같은 물건을 진상한다는 일은 기록에 드러나지 않았다. 명나라에 이르러서는 그 제도가 더욱 상세하니 세입의 은전을 가지고 광록시光祿寺에 배정해주었으며 대개 진상하는 물건도 모두 구매해서 썼던 것이요, 각 성에서 진상하여 올리는 일은 없었다. 이 때문에 중국의 각 지방 백성은 안정적으로 자기의 본업에 충실할 수 있었으며 여러 가지 물화가 서울에 모여들지 않는 것이 없었다. 서울은 날로 부유해졌고 임금에게 소요되는 것 또한 극히 풍성하고 세련된 것이었다.

우리나라로 말하면 임금이 쓰는 물자는 경상의 세입으로 사용하지 않았으며 이를 위한 전담 기구도 없었다. 안으로는 각 관청에서 날마다 배정해 올렸으며, 지금 각 관청의 공물로 임금을 위해 바치는 것은 3분의 2가 넘는다. 밖으로는 각 도에서 달마다 진상하도록 하였다. 무릇 역전驛傳[92]으로 수송함에 따라 온 나라가 피폐해지고 있다.

우리나라의 경우 임금께 제공하는 규정에 이미 경상의 세입으로 획정된 것이 없으며, 또한 전담하는 기구를 설립하지도 않았다. 날마다 배정하여 올리기 때문에 중앙의 각 관서에 임금께 제공하기 위한 기구가 매우 많으며, 매월 진상하는 까닭에 지방의 각 고을에서 진상을 위해 분주해지는 일이 아주 많다. 나라의 모든 일 중에 임금께 진상하는 일에 관계되는 것이 십에 팔구를 차지할 지경이다. 일이 번거롭고 폐해가 극심하여 백성이 명을 감당할 수 없게 되었다. 대개 그 유폐流弊는 옛 시대로부터 내려왔던 것이다. 『통전通典』에는, "고구려가 옥저沃沮를 복속시켰을 때에 바다의 생선과 소금 등속을 바치도록 책임지워 천리길을 짊어지고 와서 바치도록 했다"[93]라는 기록이

---

92 역전 역참과 같은 말. 도로상에 역을 설치하고 관원의 이동이나 물자의 수송을 담당하도록 했던 곳.
93 『통전』권186「고구려(高句麗)」에 나오는 기록이다.『통전』은 당나라 때 두우(杜佑)가 편찬한

보인다. 이 또한 그 풍속을 볼 수가 있는 것이다. 대개 중국으로 말하면 처음부터 성왕의 제도를 거쳤던 까닭에 아무리 혼탁한 시대를 만나더라도 볼 만한 점이 있었다. 우리나라로 말하면 처음부터 습속이 거칠었던 까닭에 비록 우리 조선에 이르러 전대의 누습陋習을 씻어냈다 하더라도 온통 다 바꿀 수는 없었다.

이 세수와 진상 두 가지는 다 같이 백성에게서 나오는 것이지만(경상의 세 또한 백성이 내는 것임), 저쪽은 일의 마땅함에 따라 제도를 세운 것이기 때문에 덕치德治가 저절로 드러나고 만백성이 편안히 생업에 종사하여 아무런 폐단도 없으며 임금께 제공하는 데 이르면 극히 풍성하고 세련되게 할 수 있다. 반면에 이쪽은 사사로움으로 명령을 내리기 때문에 먹고 입을 것이 주가 되어 만 가지 폐단이 생겨나서 나라는 병들고 백성은 피폐해지며 임금께 제공하는 데 이르러서까지 정결하고 적합하게 되지 못한다. 지금 진상이라 하는 것은 명분은 훌륭하지만 외형뿐이고 실제는 정결하지도 아름답지도 못하다. 효과와 득실을 따져볼 때 양자의 다름은 천양지차의 정도가 아니다. 만백성의 위에 있으면서 성찰하고 두려워해서 고칠 것을 생각하지 않을 수 있겠는가?

실로 옛 제도에 의거해서 경상의 세입으로 임금께 필요한 수량을 획정한 다음 기구 하나를 정하여 임금께 물자를 제공하는 일을 전담하도록 하기를 중국의 제도와 같이 할 것이다. 그리고 지금 일용으로 진상하는 번쇄한 물품은 모두 없애버리도록 할 것이다. 다만 참으로 공헌貢獻[94]에 합당한 것은 일정한 수량을 정해서 매년 한 차례 예물로 바치도록 한다. 후대의 명절마다 여러 차례 바치는 것은 본래 옳지 않다. 공헌 역시 임금께만 바칠 것이며 지금 다른 여러 궁전에 바치는 것은 본디 타당하지 않다. 조정 또한 예로써 받으면 아마도 고례古禮에 가까울 것이다. 정치의 도가 서고 만 가지 일이 제대

책으로, 문물제도 전반에 대해 서술한 내용이며 200권에 달한다. 옥저는 지금 함경도의 해안에 있었던 나라 이름으로, 서기 56년경 고구려에 복속되었던 것으로 추정된다.

94 공헌 나라에 바치는 것을 뜻하는 말인데, 이 경우 임금에게 예물로서 바치는 것을 가리킨다.

로 될 것이니, 태평의 기초가 여기에 있게 된다. 어찌 아름답지 않으랴!

서울 관아의 경비

○ 서울의 백관百官 및 이서吏胥·복례僕隷에 이르기까지 모두 일정한 녹을 지급할 것이다.

지금 백관의 녹은 지극히 박하여 1품이 받는 것이 매년 60석이어서 9품에 이르면 겨우 12석에 불과하다. 먹고살 수가 없어서 관례로 지방에서 바치는 것을 받는데 이름하여 '진봉進奉'이라 한다. 이것도 오직 청요직淸要職[95]에 있는 자만 받을 수 있고, 나머지는 받지 못한다. 또 각 관아에서 쓰다 남은 물자를 모두 사적으로 여러 관원들이 나누어 갖는데 이름하여 '분아分兒'[96]라 한다. 이서에 대해서는 혹 녹이 있기도 하고 없기도 하여 각 관아가 같지 않다. 그들에게 녹이라 하는 것도 혹은 포布로 값을 쳐서 주거나 매월 쌀로 6두를 지급하기도 하며, 노예에 대해서는 대체로 급료가 없다. 그런 까닭에 이서나 복례들은 모두 침탈을 하여 살아가고 있다. 일이 이미 이와 같으니 그 폐해가 미치는 바 이루 말할 수 없는 지경이다. 응당 옛 뜻을 참작하여 대관大官으로부터 이하 이서·복례에 이르기까지 모두 일정한 녹을 정해서 지급하되 조세漕稅로 나누어 지급해야 한다. 이에 대한 수량은 「녹제祿制」에 나와 있다. 정해진 녹이 이미 모두 생활하기에 충분하게 되면 지금의 진봉, 분아 따위는 모두 마땅히 금해서 없앨 것이요, 이서배들이 침탈을 하거나 뇌물을 받는 행위는 일체 철저히 없애야 할 것이다.

경대부卿大夫로부터 서인庶人으로서 관에 있는 자[97]에 이르기까지 각기 그

---

95 청요직 조선의 관제에는 청직(淸職)과 요직(要職)의 구분이 있었다. 청직은 관행상 명망이 높은 관인이 앉는 자리로 주로 사헌부, 사간원, 홍문관이 여기에 해당되며, 요직은 인사와 같은 중요한 임무를 담당하는 자리로 이조에 속하는 직위가 여기에 해당됐다. 대개 명망이 높고 요직에 속하는 경우 청요직이라 부르기도 하였다.

96 분아 관부에서 소속 관원에게 일정한 액수의 물화를 지급하는 것을 이르는 말. 분하(分下)로 쓰기도 한다. 이때 '兒'는 별뜻 없이 붙는 어조사이다.

97 여기서 서인(庶人)은 사대부가 아닌 자에 대한 범칭인데, 그중에 관직에 있는 자들이란 아전 등이 대표적인 것이다. 이들을 여항인(閭巷人) 또는 위항인(委巷人)으로 칭하기도 했다.

직분에 따라 녹봉이 있으니, 귀한 자는 충분히 제사를 받들고 친척을 도우며 천한 자도 족히 부모를 봉양하고 처자를 양육할 수 있도록 하는 데는 모두 일정하게 정해진 녹봉이 있을 뿐이었다. 어찌 일정한 녹봉 이외에 따로 토색하는 일을 허용할 것인가? 무릇 대부의 문에는 속수束脩[98]의 예물까지 완전히 끊는 것이 옛날의 제도였다. 대부가 이와 같이 하면 서리들이 토색을 하는 폐단이 저절로 없어지게 될 것이다.

각 기관에서는 모두 해당 건물의 유지에 필요한 물자를 정해서 지급하여 지금의 토색하는 폐단을 단절할 것이다.

크고 작은 기관들은 모두 공사 간에 필요한 종이, 자리, 등촉, 시탄柴炭, 횃불 등을 응당 책정하여 지급하되 모두 적정량을 헤아려서 미곡으로 정한다. 시탄은 다만 상직방上直房[99]에만 계산해준다. 조세에서 매년 초봄에 지급하여 각 기관에서는 마땅히 이것으로 쓰도록 한다. 자리 등은 해지는 데 따라 새로 준비하며 시탄, 횃불 등은 주인을 모집해 정하기를 지금의 공물주인에게 하는 것과 같이 할 것이다.

이와 같이 하면 지금 상급 기관에서 자리 등의 물건을 지방에 청구하는 일은 마땅히 먼저 금지해야 할 것이다. 무릇 송사에 쓰이는 종이의 값을 포로 받는 것을 금지하며, 법전에 따라 종이로 거두어 공적인 일에 사용하는 종이로 쓸 것이다. 또한 지금 지방에서 공적으로 납부하는 전세田稅 이하 여러 가지 물품에 종이도 포함되어 있는데, 극히 타당하지 않으므로 이는 모두 없애야 한다. 이밖에 각 관사에서 시탄, 횃불, 촛불 따위를 구차하게 징수하는 폐단도 아울러 일체 없앨 것이다. 이에 대해서는 「녹제」에 자세히 나와 있다.

안설

살펴건대 전 시대의 공해전公廨田[100]은 대개 이런 등의 비용에 쓰기 위한

---

98 속수 스승을 찾아뵐 때 예물로 바치는 것. 폐백과 비슷한 뜻이다. 속수의 원뜻은 말린 고기 한 묶음을 가리킨다.
99 상직방 숙직하는 방. 상방(上房)이라고도 함.

것이었다.

지금 각 기관에서 소요되는 위의 물품들은 심히 부족한 경우도 있고 지나치게 많아서 딴 사람이 손을 내미는 데 응하게 되는 경우도 있다. 이 모두 부당하게 뜯어낸 데서 나온 것이다. 미포를 쓰는 아문衙門에서는 으레 남은 쌀이나 포를 가지고 마련해내는 데, 이는 바로 정해진 수량보다 더 많이 거두어들인 것이다. 공물을 받아들이는 아문에서는 공물을 방납하는 자에게 징수하고 있으니 이로 인해 백성을 침탈하여 챙기게 된다. 형벌을 쓰는 아문에서는 사령들로부터 마련해내니 이로 인해 뇌물을 받는 작폐가 생긴다. 군사를 배정받는 아문에서는 서원書員[101]에게서 마련해내니 이로 인해 군사들을 침탈하여 빼앗는 것이다. 각 상직방이 있는 곳의 땔나무는 배정받은 번군番軍이 나무꾼이 짊어진 것을 빼앗아서 쓰고 있다. 이런 폐습이 규정처럼 되어서 어느 곳에서나 다 그러하다. 이 때문에 지방의 수령들이 사은숙배할 때 승정원에서는 필채筆債[102]라고 일컬으며 수령들을 붙잡아두고 포를 뜯어낸다. 이 모두가 오랜 관례처럼 되어서 지방관으로 나가는 자는 이상하게 생각하지도 않을 지경이 되었다.

서울의 여러 기관에서 쓰는 제반 비용은 모두 경상비로 사용하며, 서울의 경상비는 모두 조세漕稅로 충당함. 지금처럼 지방에 지정支定해서 받아들이는 폐단을 단절해야 할 것이다. 제반 비용은 모두 법식을 두어 경상비에서 내도록 한다. 서울에서 쓰는 쇄마刷馬, 인부 등도 역시 경상비에서 그 값을 지급하며 절대로 지방에 분정分定하지 말도록 한다.

서울의 제반 일은 마땅히 서울에서 조달하고 지급해야 하는데, 지금은 많

---

100 공해전 중앙 관청으로 하여금 해당 근무자들의 식사나 업무 수행에 필요한 비품 등의 재원을 마련케 하기 위해 지급한 민전 수세지. 태종 때부터 단계적으로 혁파되었으며, 1466년에 이르러 폐지되었다.
101 서원 지방 각 고을에서 조세를 걷는 실무를 담당하는 자. 이들의 우두머리를 도서원(都書員)이라고 불렀다.
102 필채 문서를 작성한 비용을 뜻하는 말.

이 지방에서 내도록 하고 있다. 예컨대 서울의 쇄마와 인부 등의 일 역시 으레 지방에 분정하고 있는데, 그 때문에 거두어가지고 오고가며 객지에서 머무르고 하는 사이에 그 폐단이 무궁하며 해가 만백성에 미치고 있다. 백성에게 해독을 끼치는 것이 이보다 더한 것이 없다.

중국의 사신을 서울에서 접대하는 데 드는 여러 가지 물자 또한 모두 서울에서 구입해서 사용하고, 지방에 배정하지 말도록 할 것이다.

무릇 공적 기관에서 사들이는 것도 모두 그 값을 넉넉히 책정하되 응당 각 기관에서 여러 물자의 값을 정해주는 예와 같이 한다. 곧 주인에게 지급하는 값이다. 이와 같이 한 다음에라야 여러 가지 물자들이 다투어 들어와서 구입해 마련하는 데 어려움이 없을 것이다. 그렇지 않으면 일을 제대로 하지 못하는 우환이 있을 것이니, 또한 백성을 피폐하게 하는 단서를 만들게 된다. 대저 담당자들은 다만 국고를 관리하는 데 목전에 나가는 작은 재물이 아까운 줄만 알고, 지방에 분정하는 것이 백성에게 큰 폐해를 주어 나라의 근본에 손상이 되고 있는 줄은 모르고 있다. 국정을 의논하는 자는 필히 이 뜻을 알아서 삼가 백성과 이利를 다투거나 지방에 분정하는 일을 말아야 한다.

지방 관아의 경비

○ 지방의 관원들과 이례吏隷들에게도 역시 모두 일정한 녹을 정해 지급할 것이다.

지금 지방관들은 대부분 정해진 녹이 없다. 수령은 규정된 세 외에 따로 백성에게 거두어서 살아가며 감사는 각 고을에서 받아먹고 병사·수사·첨사·만호는 방번군放番軍[103]에게 포를 거두어서 살아가며 찰방은 역졸에게 거두어서 살아간다. 이 모두 저마다 뜯어내는 것이어서 많고 적음에 제한이 없다. 서리나 복례에 이르는 팔방에 뜯어낼 곳이 없어 각자 관할하는 데서 수탈을 하여 살아가기를 서울의 서리, 복례 들이 하듯이 한다. 온 나라의 백

---

103 방번군 양민(良民)이 실제로 군역에 나가는 것을 입번(入番)이라고 하는데 이를 면해주는 것을 방번(放番)이라 한다. 방번이 되면 군역을 서는 대신에 포를 바치게 된다.

성은 어디서건 손해를 입지 않는 곳이 없게 된 까닭이다. 옛 뜻을 참작하여 대소 관원으로부터 서리·복례에 이르기까지 모두 일정한 녹을 지급하되 본처本處의 경비에서 회감會減하여 지출하도록 한다. 그 수량은 「녹제」에 나온다. 이렇게 시행하면 지금까지의 여러 가지 폐단들이 일거에 제거될 것이다. 그 관청에서 필요한 여러 가지 물품도 모두 수량을 정하여 절차에 따라 사들이며 절대로 민간에서 거두지 말도록 할 것이다.

율곡栗谷이 말하였다.[104]

"옛날에 지방 수령이 된 자는 일정한 녹봉이 있어 충분히 살아갈 수 있었다. 그 나머지 부분을 가지고 친구를 도와줄 수도 있었으며 녹봉의 많고 적음을 보아 씀씀이를 맞출 수 있었다. 지금은 그렇지 않아 수령들은 일정한 녹봉이 없는데 관에 있는 것은 한 말의 쌀이라도 나라 물건이 아닌 것이 없다. 백이伯夷 같은 사람이 관장으로 있다 하더라도 나라의 물건을 사적으로 쓰지 않고는 입에 풀칠할 방법이 없다. 이는 우리나라 법이 미비한 때문이다. 이에 군자는 이미 법을 지키는 것이 어렵게 되었다. 탐욕을 부리는 자들이 법을 어기는 것이 갈수록 더욱 심해져 나라의 부세賦稅 이외에 명목이 없이 거두어들여 백성이 견딜 수 없는 지경이 되는 것은 형세가 그렇게 만든 것이다."

율곡은 또 말했다.

"지금 백관들이 법도가 아닌 것을 서로 본받고 서리들은 문서를 조작하고 농간을 부리며 관의 복례 하나까지 조금이라도 관계되는 곳이 있으면 곧바로 뜯어내기를 일삼으니, 이는 실로 정사를 어지럽히고 나라를 망치는 고질적인 폐단이다. 그런데 옛날에는 관의 서리 무리들까지 모두 일정한 녹봉이 있어 주어진 임무에 종사하며 살아갈 수 있었다. 지금 서리들은 대부분 녹봉

---

104 이하의 내용은 『율곡전서』 권14 「송조여식설(送趙汝式說)」에 나온다.

이란 것이 없어 뜯어먹지 않고는 살아갈 길이 없으니, 이 또한 나라의 제도가 갖추어지지 못한 까닭이다. 서리들이 뇌물을 구하는 것은 실로 마땅히 철저히 금지할 것이니, 농사를 짓지 않고도 살아갈 수 있도록 급료를 지급하지 않을 수 없다."

지방의 관청에는 모두 건물에 필요한 물자〔공무에 쓰이는 종이나 자리 등속〕 및 소용이 되는 여러 가지 물건의 값을 정해서 지급할 것이다.

수치는 「녹제」에 나와 있다. 그 지역에 남겨둔 세[留稅]로 지출한다. 사신에게 들어가는 비용 또한 그렇게 한다.

각 고을에서는 모두 사신에 필요한 비용을 정해서 지급할 것이다.

대로大路와 소로小路에 따라 일의 번다하고 간소한 것을 헤아려서 정해진 수량을 지급한다. 「녹제」에 자세히 나온다. 중국에서 오는 사신과 중국으로 가는 사신, 이웃나라의 사신과 이웃나라로 가는 사신에 대해서는 별도로 회감을 한다.

지방에서 쓰는 여러 가지 비용은 모두 경상비로 할 것이요, 지방의 경상비는 모두 그곳에 남겨둔 세로 처리함. 지금 민간에서 징수하는 폐단을 없애도록 한다.

여러 가지 비용은 모두 법식을 정해서 경상비에서 나가도록 하며, 예외로 나가는 경우 만약 임시로 쓸 비용으로 정해진 것이 있으면 모두 여기서 회감하여 지출할 것이다. 쇄마가나 인부에 드는 비용 같은 일 또한 경상비에서 값을 지급할 것이요, 절대로 민간에 나누어 거두지 말아야 한다.

○ 다만 문서를 전달하는 등의 일은 한호閑戶[105]를 시키되 규정에 따라 부릴 것이다.

○ 쇄마에 싣는 무게는 한 마리에 싣는 짐을 200근〔본래 마땅히 이와 같이 해야 하는데, 지금은 저울질을 무겁게 하고 있으며 또한 돈도 통행되지 못하고 있다. 지금은 160근

---

105 한호 원래 나라에 역을 지지 않는 민호를 지칭하는 말인데, 여기서는 내야 할 부세를 납부하지 않는 자까지 가리키고 있다.

으로 정해놓고, 저울질을 바르게 하는 것과 돈이 유통되는 것을 기다릴 것이다.]으로 규정하되, 저울에 달아서 그 무게대로 지급할 것이다. 서울과 지방 모두 이렇게 한다.

지금 대동법에서 쇄마가는 이미 넉넉히 책정되어 있음에도 사람들이 따르기를 좋아하지 않는 것은 으레 관에서 짐을 무겁게 싣고서 말하기로는 한 짐이라 하는데 실제는 두 바리의 짐이 되는 때문이다. 이에 말을 키우는 백성을 장부에 억지로 올려놓고 짐을 싣게 하니 그 폐해가 한이 없다. 그러므로 필히 규정을 분명히 정해 저울에 달아서 적절히 값을 지급하도록 해야 할 것이다.

지금 각 고을에서 문서를 전달하는 일은 으레 관에 바쳐야 될 것을 못 낸 자에게 벌로 시키는데, 이 또한 무방한 것 같다.

지금 대동사목에는 여러 가지 잡역이 모두 들어 있으나, 이른바 호속미虎贖米란 것은 전과 같이 민호民戶에서 따로 징수하고 있다. 대개 호랑이를 잡도록 한 것은 본래 백성을 위해 해로움을 제거하는 데서 나왔다. 그러나 지금은 고을마다 호피虎皮를 나누어 정하고 한 고을에 2~3장을 매년 일정한 기한을 두어 바치도록 하여 집집마다 그 댓가로 쌀을 징수하고 있다. 각 고을에서 호랑이나 표범을 잡아서 바치더라도 상급 기관에서는 대체로 적다고 하여 퇴짜를 놓고 기어이 그 값을 징수하고 있다. 백성의 해로움을 제거한다고 하는 것이 곧 백성을 해롭게 하는 일이 되었다. 법의 본뜻이 과연 어디에 있는가? 다만 마을에서 각기 덫이나 함정을 만들어 호랑이나 표범을 잡기에 힘써 각자 이익을 도모하도록 하고 관에서 거두는 일은 없도록 해야 할 것이다. 만약에 병사나 수령이 군사를 풀어 잡은 경우 그 관원을 포상하고[만약에 특별한 맹수가 아니면 벼슬을 올려줄 것은 없고, 다만 쌀이나 포를 상으로 지급하여 병사들과 나누어 갖게 하는 것도 좋다.] 가죽은 관에 바치도록 한다. 만약에 호랑이나 표범이 출몰한 흔적이 있음에도 마을에서 덫이나 함정을 설치하지 않고 관원이 포위해 잡으려고 하지 않으면, 모두 중벌을 내린다. 평상시 공용의 호랑이나 표범의 가죽은 해당 관서에서 값을 지급하고 사들여서 쓰도록 한다. 이와 같이 하는 것이 타당하다.

돈의 사용

○ 이상의 각종 지출 비용은 모두 3분의 1을 돈으로 할 것이다.

임금에게 소요되는 물품으로부터 관원·이례의 녹봉 및 여러 가지 지출하는 비용도 모두 이렇게 한다. 쌀이 몇 곡斛이라면 3분의 2는 쌀로 3분의 1은 돈으로 하며, 면포가 몇 필이라면 3분의 2는 면포로 3분의 1은 돈으로 한다. 세를 거둘 때 역시 3분의 1은 돈으로 거둔다. 이는 돈을 통용한 뒤에라야 이와 같이 할 수 있다.

흉년 시의 감축

만약에 흉년을 만나게 되면 각종의 지출 비용은 모두 10분의 2를 감하도록 한다.

임금에게 소요되는 물품으로부터 관리의 녹봉 및 여러 가지 지출하는 비용도 모두 이렇게 한다.

○ 세수稅數를 통산하여 10분의 6 이하로 감소했으면 흉년으로 판정한다. 주州·군郡에서는 온 고을을 잡아서 판정하고, 감영이나 병영·수영에서는 온 도를 잡아서 판정하며, 조정에서는 온 나라를 잡아서 판정한다.

○ 큰 흉년인 경우 적절히 헤아려서 더 감하도록 한다.

처벌

서울과 지방의 크고 작은 지출 비용은 이미 모두 그 규정을 정해놓았으니, 경상적인 세 외에는 조금이라도 백성에게 더 징수하는 일이 없도록 할 것이다. 이를 범한 자는 법을 어긴 것으로 논죄를 한다.

규정 외로 징수하는 것은 본래 그에 대한 법령이 있다. 또한 각 관청에 소요되는 각종 물건에 대해서는 이미 모두 넉넉히 그 값을 지불했을 터이니, 관장으로 있는 자는 마땅히 이 뜻을 본받아 공사 간에 피해가 없도록 해야 한다. 그런데 지금은 더러 헐값으로 지급하고 강제로 팔아 납부하도록 하는 경우가 있다. 그래서 이례들이 민간에서 뜯어내 채우지 않을 수 없게 된다. 이는 이례들을 침탈해 백성에게 뜯어내도록 해서 그 값을 착복하는 것이다. 이와 같은 일은 마땅히 무거운 법령으로 다스려야 할 것이다.

재정 개혁에 대한 논의

정암靜菴 조광조趙光祖는 중종中宗에게 다음과 같이 아뢰었다.[106]

"사람이 능히 이기심을 극복하면 사욕이 없어집니다. 성종조成宗朝에는 관후한 정사를 폈기 때문에 부정한 방법으로 재물을 축적하는 죄까지도 더러 너그럽게 처리하였습니다. 뇌물을 주고받는 행동이 대체로 이때부터 시작되었습니다. 세종조世宗朝에는 만호萬戶 같은 관원도 다 청렴을 숭상하였으니 선비들의 그릇되고 올바른 태도와 정치의 잘되고 잘못됨을 이로써 가히 볼 수 있습니다. 지금 세상에 이런 폐습이 비록 심하지 않다 하더라도 모름지기 철저히 다스려서 조금이라도 범하는 일이 있을 때는 조정에 설 수 없도록 한다면 사람들은 두려워할 바를 알아서 각자 행실을 가다듬을 것입니다. 친척과 붕우 사이에 서로 주고받는 것은 뇌물로 비교할 일은 아니로되, 역시 사심으로 서로 관계되지 못하게 한다면 세상의 도리가 저절로 맑아질 것입니다."

○ 우리나라의 제도는 전세田稅와 공물貢物이 있는데, 전세는 가볍고 공물은 무겁다. 그런데 역대의 임금들은 쓰는 것을 절약하고 백성에게 취하는 것을 절도 있게 하였다. 연산군燕山君 중년부터 쓰는 것을 사치스럽게 하니 정상적인 공물로는 수요를 채울 수가 없어서 이에 마음대로 추가해 거두어들여 자기들의 욕심을 부렸다. 그 이후로 관행이 되어 고쳐지지 않고 이어져서 권력을 가진 간신들이 나라를 맡으매 정사가 뇌물로 이루어졌고 하급 관리들이 장부를 마음대로 하여 방납에서 값을 올리는 폐단이

---

106 이하의 내용은 『정암집(靜菴集)』 권3 「경연진계(經筵陳啓)」에 나온다. 연보를 참고하면 이 내용은 조광조가 참찬관으로 있던 1518년에 3월에 아뢴 것이다.

날마다 달마다 심해졌다. 이에 전세는 점차 비중이 낮아지고, 전결이 분명하지 않게 되어 누락된 것이 많은 때문에 이와 같이 된 것임. 공물은 점차 무겁게 되었다. 무릇 무슨 일이 있다 하면 또 일에 따라 나누어 배정하는 것이 많아져서 이에 공물과 잡역이 번거롭고 무겁게 되어 백성은 부역으로부터 많이 도망을 쳐서 자기의 삶을 보장하기 어렵게 되었다.

선조宣祖 초년에 영의정 이준경李浚慶이 이 폐단을 혁파하자는 주장을 했으나 행해지지 못했으며,[107] 그후에 찬성 이이李珥가 여러 차례 건백建白[108]을 하여 공물제도를 개혁하고자 했으나 끝내 시행되지 못했다. 임진 왜란 후에 영의정 유성룡柳成龍이 공물을 폐지하고 쌀로 바치도록 하여 서울에서 구입해 쓰도록 건의했으나 오래지 않아 도로 폐지되고 말았다.

임진년과 그 이듬해 전란으로 나라 형편이 거덜이 나서 군량을 마련하려고 해도 내올 계책이 없었다. 유 정승이 이에 공물제도를 변통하여 쌀로 받아들여 백성을 고통에서 구해주고 아울러 군량미를 확보하고자 했던 것이다. 그 상소는 이와 같다.[109]

"난세를 다스려서 바른 데로 돌리는 것은 군사와 군량을 확보하는 데 있다고 하나, 중요한 것은 무엇보다도 민심을 얻는 데 있습니다. 민심을 얻는 근본은 다른 데서 구할 수 없고 오직 요역과 부세를 가볍게 하는 데 있을 뿐입니다. 국가의 전세는 10분의 1로서 가벼운 편이라고 하는데, 전세 외의 일로 공물 진상 및 각종 방물方物[110] 같은 것으로 백성이 침탈을 당하는 것이 매우 많습니다. 당초에 공물을 마련하는 즈음에 전결의 숫자로 각 고을에 한결같이 공평하게 하지 않고 많고 적은 것에 대한 기준이 없습니다. 그래서 1결의 공물 값으로 미곡을 1두나 2두를 내는 경우도 있고 혹은 미곡을 7, 8두, 또 혹은 10두를 내는 경우도 있습니다. 백성의 역이 고르지 않은 것이 이

---

107 이준경이 일찍이 건의하여 정공도감(正貢都監)을 세워 그 폐단을 정리하려 하였으나 끝내 시행되지 않았는데, 이를 말하는 듯하다.

108 건백 왕에게 의견을 건의하여 아뢰는 것을 말함.

109 이하의 내용은 『서애집(西厓集)』 권5 「진시무차(陳時務箚)」에 나온다.

110 방물 임금의 탄일(誕日), 정조(正朝), 동지(冬至), 별진하(別進賀) 때 각 도의 도신(道臣)과 수신(守臣)이 각 전(殿)에 올리는 토산물이다.

와 같은데다 오고가는 도로의 운반비와 각 기관에 납부할 때에 간활한 아전들이 여러 가지로 농간을 부려서 들어가는 비용이 백배가 되어 나라에 바치는 것은 겨우 10분의 1, 2에 불과하고 나머지는 모두 다른 데로 빠져나갑니다. 진상의 폐단에 이르러서는 백성을 병들게 하는 것이 더욱 심하니 이 또한 당초에 제정한 법이 이러했던 것은 아닌데, 시행한 지 오래되고 보니 사람들의 허위가 자꾸 늘어나고 폐단이 천만 가지로 생긴 것입니다. 지금 만약 즉시 변통하지 않으면 민생이 회생할 가망은 없고 나라의 재정에 저축이 쌓일 길도 없을 것입니다.

신은 늘 생각하기를, 공물에 대해서는 응당 한 도 공물의 원수元數가 얼마인지를 모두 계산하고 또 도내 전결을 총계하여 자세히 참작해서 일률적으로 하되 쇠약한 쪽은 많이 하고 많은 쪽은 줄여서 크고 작은 고을을 물론하고 모두 한결같이 마련해야 할 것입니다. 예컨대 갑 고을에서 1결에 1두를 내면 을 고을과 병 고을 역시 1두를 내고, 2두를 내면 역시 2두를 내게 하는 것입니다. 이와 같이 하면 백성의 들어가는 힘이 일정하게 되어 내는 바도 한결같이 될 것입니다. 방물의 값 또한 이에 따라 균등하게 하되 쌀이나 콩으로 합니다. 1년마다 한 도에서 내는 방물의 수량은 전결에 따라 바치는 것을 고르게 배정하되, 1결마다 한 되나 한 홉 정도의 소량으로 하면 백성은 방물이 있는 줄도 알지 못할 것입니다.

진상 또한 이렇게 해야 할 것입니다. 모두 납부해야 할 여러 조목의 값을 쌀이나 콩으로 납부하되, 전라도는 군산창·법성창에 납부하고, 충청도는 아산창 및 가흥창에 납부하고, 강원도는 흥원창에 납부하고, 황해도는 금곡창·조읍창에 납부합니다. 경상도의 경우 전란의 화를 회복할 동안에는 본도에 납부하여 군량으로 삼도록 합니다. 함경도와 평안도는 본도에 남겨두도록 합니다. 5도의 미곡이나 콩은 모두 서울의 창으로 운반하도록 합니다. 각 관청의 공물 및 방물과 진상 들은 물품을 따져서 값을 정하되, 제용감濟用監에 모시베를 바칠 때 면포의 값으로 계산하는 예와 같이 하여 담당관이 구입해서 쓰도록 합니다. 군비가 부족하거나 국가에서 따로 조달할 일이 있는 경우, 공물 진상을 수량에 맞춰 감해주면 창고에 보관되어 있는 쌀과 콩은 번거롭게 바꾸지 않고 그대로 취하여 넉넉히 쓸 수가 있을 것입니다.”

또 이렇게 말하였다.

"신은 듣건대 명나라에서는 지방에서 진상하는 일이 없고 13성_省에서 거두어들이는 은을 광록시光祿寺에 보내서 여러 가지 진상하는 물건을 모두 구입하여 쓰도록 합니다. 만약 따로 쓸 일이 있으면 특명으로 감선減膳[111]을 해서 그 은을 쓰게 합니다. 그런 까닭에 먼 지방의 백성은 수레에 싣고 배로 운반하는 노고가 있는 줄 알지도 못하는데 사방의 공인들이 제작하는 온갖 물건이 서울에 모이지 않는 것이 없어 마치 물속에 있는 것을 찾아 얻지 못할 것이 없는 듯하여 서울의 상인들은 날로 부유해지고 농촌의 백성은 편안히 자기 직업에 종사할 수 있습니다. 이는 법을 잘 제정한 데 있으니 우리나라도 마땅히 본받아야 할 바입니다."

이에 진상 및 기타 여러 가지는 다 그대로 하고, 단 공물만 바꾸어서 쌀로 납부하도록 하여 서울에서 구입해 쓰게 된 것이다.

광해군이 즉위한 당초에 호조참의 한백겸韓百謙이 상소하였는데 이와 같다.

"우리나라 공물의 폐해에 대해 사람들이 모두 '국가의 존망이 실로 여기에 달려 있다'고 하는데 전하께서는 어찌 이를 듣지 못하셨습니까? 토산물을 공물로 바치는 것은 당초에는 다 까닭이 있었고, 오늘날처럼 백성을 병들게 하는 것이 아니었습니다. 이를 시행한 지 오래되면서 굽이굽이마다 폐단이 생겨나 종이 1권을 바치는 데 10냥을 가지고도 부족하고, 가죽 1장을 바치는 데 소 10마리를 가지고도 보상할 수 없게 되었습니다. 오늘날에 이르러서는 골수에 든 병이 되었습니다. 실로 이때에 변통하지 않으면 토붕와해土崩瓦解[112]의 형세가 곧바로 이르게 될 것이니, 아무리 훌륭

---

111 감선 나라에 변고가 있을 때, 근신하는 뜻에서 임금의 수라상 음식물의 수효를 줄이는 것을 말한다.

112 토붕와해 흙이 무너지고 기와가 깨지듯이 일이 지극히 혼란스러워 도저히 수습할 수 없는 지경을 말한다. 『사기(史記)·진시황본기(秦始皇本紀)』반고(班固)의 논평에 "진나라는 이미 오랫동안 쇠퇴하여 흙더미가 무너지는 듯하고, 기왓장이 풀어지는 듯하였다[秦之積衰, 天下土崩瓦解]"라는 표현이 나온다.

한 사람이 나서더라도 어찌할 도리가 없을 것입니다.

지난 을미년(1595)에 정승 유성룡이 이 폐단을 깊이 알아서 공물을 혁파하고 미곡으로 납부하도록 하여 필요한 여러 가지 물건을 모두 시장에서 사들여 쓰고 그 나머지로 군비에 보충하도록 하였습니다. 그 뜻은 좋았으나 그 시행 방법이 다 좋은 것은 아니어서 원망하는 자 많고 좋아하는 자 적어 마침내 얼마 가지 않아 도로 폐기되고 말았습니다. 이렇게 기회가 있는데도 새롭게 고치지 않아 지금 우리 백성의 우환이 되었으니, 신은 적이 통탄해합니다.

그가 제안한 법은 8도의 멀고 가깝고를 불문하고 농지 1결마다 쌀 2두를 내게 하여 서울로 바치도록 하고 크고 작은 공물들은 일체 혁파하도록 한 것이었습니다. 그런데 연해의 고을은 그곳에서부터 배에 싣고 상납을 하면 2두의 쌀은 어찌 가볍다 하지 않겠습니까? 산간 고을의 물에서 먼 곳은 운반하여 포구까지 나오는 비용이 본래의 수량보다 3배나 드니, 이에 산간 고을의 백성은 원망을 하게 되었습니다. 해당하는 물품을 본조本曹에서 직접 구매하는 것이 장사치들의 행위와 비슷해서 그 값을 깎는 것을 능사로 삼으니, 이에 시전의 백성이 원망을 하게 되었습니다. 그 당시는 환도還都한 지 오래되지 않아 물화들이 모여들지 않아서 급히 쓸 물건이 있는데 시전에서 살 수가 없으면 부득이 지방에 따로 배정을 하게 되었습니다. 백성은 이중으로 징수당하는 원망이 있고 관리들은 법을 믿는 뜻이 없어서 다 같이 함께 일어나서 불편하다고 원망을 했던 것입니다. 방납하는 자는 이익을 거둘 수가 없고 서리들은 간계를 부릴 수가 없게 되어서, 그 틈을 파고들어 필히 그 법을 무너뜨리고야 말겠다고 나섰던 것입니다. 원성을 들은 자들은 잘 살피지 않고 덩달아서 비난하여, 드디어 정말로 쌀로 납부하는 문제점이 공물로 납부하는 폐해보다도 더 심하다고 생각하게 되었습니다. 그래서 급할 때 필요한 것을 방납을 맡은 무리들에게 의뢰하여 저들의 농간에 맡겨 한정 없이 욕심을 부리도록 한 것입니다. 슬픕니다! 모리배들의 무한한 욕망이 어찌 끝이 있겠습니까? 가죽이 다 없어지면 털은 붙을 곳이 없다는 이 말이 불행하게도 지금과 다를 바 없습니다.

대개 그때에 일을 맡은 분의 뜻은 오로지 잉여분을 많이 취하여 군량을 보충하는 데 있었으니 백성의 부역을 공평하게 조절하는 일에는 많이 유의하지 못했습니다. 이것이 좌우의 방해를 받아서 끝내 행하지 못하는 데 이른 까닭입니다.

지금 만약 그 뜻을 취하고 그 일을 반성하여 포구까지 나오는 거리의 차이를 따져서 쌀을 꼭 2두를 납부하는 데 구애되지 말고 바다와의 거리가 2일 이상 걸릴 때는 쌀에 준해서 포로 내도록 하면 무게의 경중과 쉽고 어려운 것이 여기나 저기나 비슷하게 될 터이니, 어찌 기뻐하지 않겠습니까?

무릇 물품은 모두 후하게 쳐주어서 싯가에 비해 2배 내지 5배에 이르도록 하여 풍년이라고 더해주지 않고 흉년이라고 감해주지 않아 방납하는 무리들에게 일정한 법이 있는 줄 알고 그 중간에서 교역을 담당하여 스스로 이득을 취하게 하면, 어찌 좋아하지 않겠습니까?

그런 중에 혹 제사의 용품으로 상방尙方[113]에서 필요한 물자로 서울에서 사들이기 어려운 것들은 그것을 생산하는 고을에서 쌀이나 포의 수량을 감해주고 본색本色에서 상납을 하도록 하되, 그 늘리고 줄이는 재량을 담당자의 능력에 달린 문제로 하면 백성의 부역이 충분히 고르게 되며 오르고 내리고 쉽고 어려운 폐단이 면해질 수 있을 터이니, 어찌 불편한 일이 있을 것이며 또 어찌 행할 수 없는 일이 있겠습니까?"

이 문제를 조정에 내려 의논하도록 했는데, 영의정 이원익李元翼이 곧 조례를 상세히 제정하고 대동청大同廳[114]을 설립하여, 경기도에서 먼저 시행하게 했다. 그 법은 1결마다 상년上年·중년中年·하년下年을 막론하고 쌀

---

113 **상방** 궁중에서 소요되는 의약이나 일용품을 담당하는 관청으로, 상의원(尙衣院)의 별칭이다.
114 "곧 선혜청(宣惠廳)." ── 원주
　　선혜청은 대동법이 실시되면서 그 업무를 맡아보던 기관이다.

16두를 거두어〔봄, 가을 두 차례로 나누어 받음〕 서울로 수납하도록 한 것이었다. 공물과 진상 및 본 고을의 녹봉과 서울의 쇄마 등은 모두 이 가운데 들어간다. 오늘날 경기도 백성이 생계가 조금 나아진 것은 이에 힘입은 바이다. 전에는 공물 값만 들어갔기 때문에 1결에 2두를 거두었는데, 여기에서는 공물과 진상 및 모든 잡역까지 다 그 가운데 들어가서 1결에 16두를 받고 있다.

효종孝宗 초년에 좌의정 김육金堉이 또 대동법 시행을 건의하였으나 조정의 의론이 통일되지 않아서 충청도까지만 시행되었다. 이 법은 대개 선혜청의 규례와 같으나, 그 사이의 조목을 첨가해 정한 것이 자못 많다. 지금 김육이 정한 바의 『대동사목大同事目』 1권이 있는데, 그 절목이 온전하지 못한 점이 있다. 1결마다 쌀을 10두만 거두어들이고 이밖에 더 징수할 수 없도록 하여 백성이 매우 편하게 여기고 있다. 김육은 말년에 또 전라도까지 시행할 것을 추가해 주장하였으나 신하들 중에 원하지 않는 자가 많아서 연해 고을에만 행하고 있을 따름이요, 나머지 지역은 아직도 행하지 못하고 있다. 전라도에서는 1결마다 쌀 13두씩을 거두고 있다. 이것이 오늘날 대동법이 시행되기에 이른 과정이다.

충청도와 전라도는 매 결에 쌀을 거두는 것에 많고 적음의 다름이 있다. 이는 온 나라에 균등하게 시행하지 못하는데다가 종전에 각 도의 공물에 많고 적음의 차이가 있었던 까닭이다. 경기도는 전결에 누락이 더욱 많은 까닭에 쌀을 바치는 것도 무겁다.

대동법 반대에 대한 비판

이른바 대동법과 지금의 부역에 관한 규정의 다른 점을 대략 말해보자면, 그 필요한 바를 계산하여 거기에 해당하는 쌀을 받아서 조정에서 쓸 비용을 정하는 것이 대동법이요, 원래의 부세는 오히려 가볍지만 일마다 백성에게 거두어 한정이 없는 것이 지금의 법규이다. 지금 전제田制가 온통 문란해져서 1만 결結의 땅은 서원書員 무리들이 제멋대로 훔치고 빼먹는 데 맡겨지고, 수령된 자들도 예사로 사적인 은닉을 하고 있다.

속칭 은결隱結[115]이다. 대개 당초에는 토지제도가 명확하지 못하고 국가에서 사실대로 규명하기 어려웠으므로 탐관오리들 중에 혹 이와 같이 하는 자가 있었다. 또한 나라에서 부역을 시키는 데 일정한 규정이 없고 보니 은결을 만들어 사적으로 나누어 받는 방식이 백성에게 조금은 이득이 되었다. 이 때문에 양심적인 관리라 하더라도 은결을 남겨둘 수밖에 없었다.

일정하게 거두어들이는 세수는 1000결 미만인데, 무슨 일이 있다 하면 모두 백성에게 거두어들인다. 지금 100필이 소용되는 일이 있다 하면 100필을 제멋대로 나누어 각 도에 배정하는 것이다.

일일이 전결田結에 의거해서 계산할 것도 없이, 일이 발생하면 바로 마음대로 나누어 정한다. 이 때문에 경중의 기준이 없으며, 사방의 괴롭고 덜 괴로운 것이 크게 다른 경우가 많다.

각 도에서는 또 제멋대로 여러 고을에 나누어 배정하고, 여러 고을에서는 또 백성에게 나누어 징수한다. 이렇게 나라에서는 각 도에, 각 도에서는 각 고을에, 각 고을에서는 호주戶主[116]에게, 호주는 전부田夫에게 나누어 징수한다. 이 사이의 단계마다 더 붙여 먹고 마디마디 농간질을 하여 폐단이 한이 없다.

이 때문에 단계마다 수량을 증가시키는 것은 그때마다 나누어 정할 때 일정한 수량과 일정한 방식이 없게 되므로 백성은 원래의 수량을 알지 못한다. 그래서 간활한 자들이 그 사이를 틈타 함부로 징수한다. 또 차례대로 받아들이는 사이에 필히 잉여물이 있어야만 퇴짜 맞는 것에 대비하고 결손분을 준비할 수 있다. 그런 까닭에 탐학한 관리가 아니라도 더 받게 되는 것이다. 일이 이와 같아서 고비고비에 모두 간활을 부릴 수 있는 여지가 있으니, 이것이 간활과 남징濫徵[117]이 이루어지는 까닭이므로, 드디어

---

115 은결 양안(量案)상에서 진전(陳田)으로 파악된 농지 중에서, 이후 기경전(起耕田)이 되었음에도 진전으로 숨긴 농지이다. 누결(漏結)은 애초 양안에 파악되지 못하고 빠진 농지이다.

116 호주 국역(國役)에 종사하는 사람을 제외한 16~60세의 남자는 모두 군정(軍丁)으로 등록하고, 그중에서 정군(正軍)을 가려서 군역(軍役)에 종사하게 하고 그 나머지 군정 중에서 정군을 돕는 사람을 내는데, 이들 정군을 호주 또는 호수(戶首)라 한다.

무한한 폐단이 생기게 되었다.

만민이 바치는 것을 모두 계산하면 수십만 필 이상이 될 것이다. 한 가지 조그마한 일로 인하여 8도의 백성이 모두 시달림을 받게 되고 8도의 호주들이 너나없이 바쁘게 뛰어다니게 되며, 각 고을의 수령들은 너나없이 오고가서 공문의 번거로움과 독촉하고 몰아치는 소요와 뇌물이 광범하게 행해지는 것은 이루 말할 수 없는 지경인데, 최종으로 조정에 들어오는 것은 단지 포 100필에 그치고 있다. 한 가지 일이 이러하고 다른 일 또한 이러하며, 오늘 이러하고 내일 또 이러하니, 백성은 하루도 편안하게 쉴 날이 없다. 그리하여 인심은 날로 어지러워지고 간활한 폐해는 날로 심하게 되며, 이 때문에 관원들의 녹봉은 지극히 박해서 이들은 필요로 하는 것을 공公을 빙자하여 사욕을 취할 수 있는 물건에 많이 의지하고, 서리들 또한 모두 급료가 없어서 저들이 먹는 것은 모두 간활을 부리고 뇌물을 뜯어내는 가운데 있다.

이 때문에 관원으로부터 서리에 이르기까지 청렴한 자는 가난해서 살아가기 어렵게 되고, 탐욕스러운 자는 날로 풍요롭게 된다. 더욱 청렴하면 더욱 곤궁을 견딜 수 없이 되고, 더욱 탐욕을 부리면 더욱 부가 증대된다. 이 때문에 더러운 자가 수령이 되면 으레 하는 말이, "수령으로 6년 임기를 다 채우기를 원하지 않고 다만 한번 칙사 대접받기를 원한다"라고 한다. 풍속이 이와 같이 된 것은 제도가 그렇게 만들었기 때문이다. 그 폐해가 여기에 이르렀는데도 대동법을 시행하고자 하면 지금 실행하고 있는 대동법의 규정은 지출할 것을 보아 받아들이는 방식이고 또 미진한 점이 많지만 백성으로부터 받는 것만은 그래도 일정한 규례가 있다. 조정에 가득 찬 관리들이 모두 말하기를 "대동법은 시행되어서 안 된다"라고 하며, 양전을 시행하려고 하면 모두 말하기를 "양전은 할 것이 없다"라고 한다.

---

117 남징 부세를 함부로 징수하는 것을 가리키는 말.

아아! 조정에서 백성에게 거두어들이는 것을 제도로서 정하기를 원하지 않으며 단지 수량을 정해놓지 않으려고 하는 자들은 무식하여 분별이 없거나 나라를 저버리고 의롭지 못한 것이 매우 심하도다. 방납과 모리를 일삼는 저 서리와 관노官奴들을 어찌 족히 벌을 줄 수 있겠는가.

아무개가 감사로 있고 아무개가 수령으로 있었는데, 이들은 일찍이 겉으로 공의公議를 내세워 대동법을 저지한 자들이었다. 그들이 사적으로 하는 말을 들어보니, 감사는 "당신의 고을에 대동법이 시행되지 않게 된 것은 나의 덕이다"라고 하며, 수령은 "저의 고을에 대동법이 시행되지 않게 된 것은 사또의 덕입니다. 만약 대동법이 시행되었으면 수령은 손을 쓸 곳이 없게 될 것입니다"라고 대답하였다고 한다.

슬프다! '손을 쓸 곳이 없다'고 하니, 저 뜻이 나라와 백성을 생각하는 데 있는지, 사욕을 따라 욕심을 채우는 데 있는지 알 수 없다. 참으로 국가와 백성을 위하는 데 있다면, 나라에는 일정한 부세가 있고 관직에는 일정한 녹봉이 있으니 이것이야말로 수령이 크게 바라는 바이다. 군민軍民을 다스리고 가르치는 일이야말로 응당 힘을 다해야 할 바이어늘, 어찌 '손을 쓸 곳이 없다'고 말할 수 있겠는가. 과연 사욕을 따라 욕심을 부리는 데 있다면 이는 백성을 해치는 좀벌레이다. 탐욕을 부리는 자는 자기를 살찌우면서 국가가 범법 상태가 되는 것을 요행으로 여기는 자이니, 사리를 도모해서 국가가 혼란에 빠지는 것을 기뻐하는 간신과 무엇이 다르리오. 이들은 국법으로 용서할 수 없는 자들이다. 비록 이러해도, 저들은 본디 명사名士로 일컬어지며 당대에 명망을 얻은 자들이다. 세도世道가 쇠미해져서 사대부들의 양심이 매몰된 지 오래되었다. 그래서 매사에 저것을 기뻐하고 이것을 혐오하며, 뜻이 저기에 있고 여기에 있지 않았다.

맹자孟子는 정전제井田制를 논하여 말하기를, "제후들은 자기에게 해로울까 싶어서 모두 그 문적을 없애려고 하였다"[118]라고 하고, 또 말하기를, "포악한 군주와 더러운 관리는 으레 경계經界[119]를 함부로 여긴다"[120]라고 하였다. 여기에서 의리와 공사의

---

118 『맹자·만장 하』에 나온다.

119 경계 토지의 경계를 만들어 농민에게 토지를 고르게 나누어준다는 의미. 정전법의 원칙에 따른 것이다. 정도전은 조선의 개국을 칭송하는 노래 「문덕곡(文德曲)」에서 '경계를 바로 한다

구분이 매번 상반되는 것을 볼 수 있다.

문

여기서 제정한 법은 경상적인 세수로 모든 쓰임을 규정한 것이니 실로 지당하다. 그런데 백관의 늠록廩祿이 모두 지금보다 증가될 것이요, 서울과 지방의 서리와 노속 들까지 모두 녹祿이 있게 될 것이어서, 무릇 온갖 쓰임이 모두 경상적인 비용으로 나가게 될 것이다. 그러면 백성의 부세는 과중하게 되지 않겠는가?

답

지금 백관들은 녹봉이 박하며, 서리와 노속 들은 급료가 없다. 그럼에도 대체로 편안히 사치스러운 생활을 하니, 이는 과연 자신이 농사를 지어 생활하는 것인가? 무릇 천하에 필요한 물자는 백성에게서 나오지 않는 것이 없다. 오직 위에 앉은 사람이 조리條理에 맞게 제정하여 일의 마땅함을 얻어야 각기 자기의 분수에 편안하게 될 것이다. 그래서 부세가 고르게 되어 백성은 화합하고 국가는 다스려진다. 그렇지 않으면 일은 질서가 없어 다툼이 일어나고 훔치고 넘치는 일이 생겨난다. 그래서 거두어들이는 것이 무거워 백성은 가난해지고 나라는 혼란해진다. 비록 모두 백성에게서 나오는 것이라 하더라도 양쪽의 잘되고 잘못되는 결과는 크게 다르다.

또한 임금과 신하는 본디 백성을 위해 있는 것이요, 서리와 노속은 본디 일을 보게 하기 위해 둔 것이다. 그렇기에 모두 백성에게서 먹는 것을 얻는 것이다. 만약 백성을 헤아려서 관리를 두고 일을 헤아려서 이속吏屬을 정하면, 어찌 급료가 부족할까 걱정할 필요가 있겠는가. 마땅히 응당 해야 할 일을 생각해서 수입을 계산하여 지출을 정하면[量入爲出], 어찌 쓰임의 부족함을 걱정할 것이 있겠는가. 이 때문에 군자가 천하와 국가를 다스림에 덕을

[正經界]'라는 표현을 쓰기도 했다.
120 『맹자·등문공 상』에 나온다.

밝히고 법을 삼가 지켜서 일을 바르게 행하며 사사로운 이익을 가까이하지 않았던 것이다. 저들은 소홀하고 간략함에 힘쓰며 간활한 폐단을 길러내는 데, 그러면서도 말하기로는 '나는 백성에게 거두어들이지 않는다'라고 하는 것이니, 어둡기가 이보다 심한 것이 있겠는가. 일처리가 소홀함에 가까우면서도 백성에게 피해가 돌아가지 않는다는 이치는 천하에 없을 것이다. 이는 만절필동萬折必東[121]의 형세이다.

중국으로 가는 사신의 제반 비용

○ 중국으로 가는 사신使臣에게는 필요한 품목을 정하여 지급할 것이요, 지금의 구청求請[122]의 폐단을 없애야 할 것이다.

지금 중국으로 가는 사신은 나라에서 필요한 품목을 지급하는 일이 없으며, 각자 8도의 여러 고을에 구청을 하고 있다. 그래서 감사·병사·수사 및 각 고을 수령들이 그 관계가 서로 멀고 가까운지, 권세가 가볍고 무거운지를 따져서 뜻에 따라 여러 가지 물건을 보내게 된다. 많고 적음에 한정이 없으며 모두 세수 밖에서 마련하게 되니, 백성의 고혈을 짜낼 수밖에 없고, 운반의 수고로움이 8도에 미치게 된다. 폐단이 클 뿐 아니라 일이 또한 심히 사리에 어긋나니 의당 예조에서 정해진 수량을 지급하도록 하며, 일체 이런 폐단을 없애도록 할 것이다.

옷감

상사上使와 부사副使는 각기 공복公服감으로 한 벌〔서장관書狀官 동일. 각기 그 품계에 맞는 복식으로 함〕, 명주 8필〔서장관에게 6필. ○ 여름철에는 명주를 반으로 줄이고 모시로 대체함〕, 면포 6필〔여섯 새. 이하 같음. 여름철에는 반으로

---

121 만절필동 『순자(荀子)』에 나오는 말로, 강물이 만 번 굽어져도 반드시 동쪽 바다로 흐른다는 의미. 중국은 황하나 장강이 서쪽 고원지대에서 발원하여 황해로 빠지기 때문에 나온 말이다.
122 구청 요구하고 청구한다는 뜻. 사신으로 가게 될 경우 지방관에게 구청하는 관행이 있었기 때문에 거론한 것이다.

줄이고 정포로 대체하며, 사적으로 따라가는 자의 옷감도 이 안에 들어 있다. 이하 모두 같음), 쌀 20곡〔서장관은 15곡〕, 군관·의관·역관은 각기 명주 4필〔여름 철에는 반으로 줄이고, 백포로 대체함〕, 면포 6필, 쌀 8곡.

노비路費[123]

은 100냥, 장지壯紙 50권, 백지白紙 100권, 부채 300자루, 황필黃筆 300자 루〔크고 작은 것을 반씩 한다. 먹 또한 마찬가지이다〕, 진묵眞墨[124] 300개.

이는 사신 일행에 모두 다 소요되는 것이다. 만약 나누어 지급하기로 한다면, 상사 는 10분의 4, 부사는 10분의 3, 서장관은 10분의 2로 몫을 짓는다.

○ 사신 일행이 타는 것과 먹는 것 일체를 관에서 지급하게 되어 있지만, 국경을 넘 어간 이후로는 일체를 저쪽에서 지급하는 것이 정상적이어서 본디 별도로 소요되는 것이 없다. 다만 만 리 길의 여행에 여러 가지 소소하면서도 꼭 필요한 것들이 있어서 또한 물자가 전혀 없을 수 없다. 종이나 붓 따위는 길을 오가는 데에서 주로 소요되는 것이다. 안면으로 들어가는 것은 사적인 일에 속하는 것이어서 본래 공적으로 지급하 는 것은 부당하다고 하겠으나, 곤란한 경우를 만나지 않을 수 없으니 인정으로 쓰는 것을 전적으로 없애기 어려울 것 같다. 그래서 특별히 지급하는 것을 두니 이 모두 사 신을 우대하는 까닭이다. 뇌물이나 무역으로 들어가는 방도는 나라에서 철저히 단절 해야 할 일인데, 어찌 비용을 따로 주어서 그런 일을 하는 길을 열어놓겠는가?

○ 일본이나 여진으로 가는 사신에 대해서는 옷감 외에 노비와 같은 것은 지급하지 말 것이다. 만약에 의당 있어야 한다면 헤아려서 반으로 줄이든지 3분의 1이나 4분의 1로 정해야 할 것이다.

○ 뜻밖의 사태에 대비하는 비용으로 은 100냥을 별도로 휴대하도록 할 것이다. 혹은 적당히 헤아려 가감을 할 수 있다. ○ 이는 경상적이지는 않은 것으로, 나라의 일로 국경 밖으로 나가는데 의외의 일이 있을까 우려하여 특별히 지급해서 뜻

---

123 "반전(盤纏)이라고도 한다." ──원주
124 진묵 참먹. 품질이 좋은 먹을 가리킴.

밖의 사태에 대비하자는 것이다. 그런 일이 있으면 쓰고서 돌아와 보고할 것이요, 없으면 쓰지 말 것이다.

사신에게 필요한 비용을 공적으로 지급하지 않고 사신으로 나가는 사람이 각 지방에 구청하도록 하는 것은 당초 국가의 체모에 크게 결함이 되는 일이다. 지금은 호조에서 지급하는 것이 아주 많은데도, 호조에서 일행에게 지급하는 것은 면포, 명주, 은, 종이, 부채로부터 표피, 녹비, 청서피靑黍皮, 수달피, 은장도, 주석장도, 왜검, 지삼초枝三草,[125] 은담뱃대 등등 그 종류가 아주 많다. 대체로 병자호란 이후로 이와 같이 되었는데 저들이 백 가지로 요구를 해서 사신으로 가는 왕자나 권귀權貴들이 모두 뇌물로 가지고 가서 쓰는 것이 점점 증가하여 이렇게 되었다고 한다. 지방에 요구하는 것을 그만두지 않고 있다.

대개 구청하는 것이 이미 관례가 된 까닭에 아무도 중지시킬 사람이 없다. 더러 이를 이용하여 부자가 되기를 도모하기도 한다. 잘못된 폐해와 양반들의 풍조가 타락한 것이 여기에 이르렀으니, 의당 금하고 단절하기를 분명히 하여 이 폐습을 완전히 고쳐야 할 것이다.

예전엔 요구하는 것이 종이나 칼, 부채 등속에 그쳤는데, 근래로 와서는 백 가지 폐단이 극에 달했다. 세력이 없는 자가 요청을 하는 경우 전만 못하기도 하지만, 권귀가 요구하게 되면 온갖 물자들을 다 실어 오므로 병사兵使와 수사水使 무리들이 은과 포를 싸다 바치는 것이 400~500냥을 넘을 지경이 되었다. 지방뿐만이 아니라 서울의 군사 아문에도 요구를 하여 대장들은 몰래 군자금으로 은을 마련하여 바치기를 마치 변방에서 조공을 바치듯 하고 있다. 이 때문에 한번 사행을 가게 되면 허다히 치부致富를 하게 되니 저렇게 받은 뇌물을 시장에 파는 폐단에 이르렀다.

문

지금의 사세事勢로 말하면 저들의 주구誅求로 뇌물을 바치는 것이 이미

---

125 지삼초 담배의 일종으로 잘게 썬 담배를 가리키는 것으로 추정됨.

관례를 이루었다. 그것을 조종하는 것은 우리의 손에 달린 것이 아닌데, 나라에서 아무리 규정에 따라 지급을 한다지만 형편은 이대로 주선할 수 없는 것이니, 어찌할 것인가?

답

국가에서 규정을 만드는 것은 만세에 마땅히 행해야 할 법인데, 어찌 오늘만 생각해서 마련할 것이겠는가? 그런데 오늘날 사신으로 가는 사람들은 모두 자기의 이익을 노리고 스스로 뇌물을 바치고 있다. 실로 나에게 과실이 없으면 저들이 아무리 되놈이라 하더라도 또한 존경하며 조심할 줄 알 것이다. 뇌물을 바치지 않는 것으로 사신이 트집을 잡아 우리나라에 군사적 압박을 가하는 그런 이치는 필시 없을 것이다. 설령 부득이 뇌물을 쓴다 하더라도 응당 조정에서 그 들어가는 양을 헤아려 따로 지급할 것이요, 결코 그런 것을 8도에 청구해서 만백성의 고혈을 짜내어 뇌물을 바치는 문을 열고 국법을 어지럽게 해서는 안 될 것이다.

오늘날에 와서는 사신으로 가는 자만 요구하는 것이 있는 게 아니라 국가에서도 왕왕 요구하는 일이 있다. 지금 국가에서 건물을 세우거나 연회를 여는 등의 일로 으레 요구를 하고 있다. 국혼國婚을 하는 경우에도 또한 구청을 하고 있다. 무릇 왕이란 한 나라의 부를 차지한 존재이니 경상적인 세입이 본디 백 가지 용도로 쓰임에 충분할 것이거늘, 어찌 지방에 요구할 이치가 있겠는가? 국가로서 구청을 한다는 것은 다른 나라에 알려져서는 안 될 것이다. 이를 제거하지 않고는 관의 비리를 바로잡을 희망이 없다. 『춘추春秋』에 '천왕天王이 와서 수레를 요구하고 금을 요구했다'라고 써놓았으니,[126] 그 경계한 뜻

---

126 『춘추좌씨전(春秋左氏傳)』환공(桓公) 15년 경문(經文)에 "천왕(天王)이 가보(家父)를 노나라에 사신으로 보내와서 수레를 요구하였다"라고 하였고, 문공(文公) 9년 경문에 "모백(毛伯)이 노나라에 와서 금을 요구하였다"라고 하였는데, 이를 두고 전문(傳文)에서 모두 "예가 아니다"라고 하였다. 여기서 천왕은 주나라의 천자를 가리킨다.

이 지극히 깊다.『호씨전胡氏傳』[127]에서는 이와 같이 논했다.

"위에서 좋아하는 것이 있으면 아래에서는 필시 더 좋아하는 것이 있게 마련이니, 왕으로 있는 자가 요구함이 있으면 아래에서는 보고 본받게 된다. 대부는 반드시 요구하여 자기 집을 이롭게 하려 할 것이고, 사서인士庶人은 반드시 요구하여 자기 몸을 이롭게 하려 할 것이니, 약탈·찬시簒弑에 이르지 않고는 만족할 수 없게 된다. 옛날에 백성의 임금이 된 자는 반드시 검소한 덕을 밝혀서 백관에게 모범을 보이며 높고 낮고 오르고 내림에 각기 법도가 있어 백성의 뜻이 안정이 되면, 능히 자기 분수에 편안해서 요구함이 없고 군사와 형벌을 쓰지 않아도 되었다. 사치스러운 마음이 한번 발동함에 따라 이를 제어하지 않으면, 필시 높이 올라서 진실하지 않고 자리에서 덕을 잃는 데 이르러 염치가 다 없어지고 아첨과 뇌물이 날로 늘어나 망하는 데 빠지고 나서야 그만두게 된다.『춘추』에 쓴 바를 보면 주나라가 쇠약해진 까닭을 알 수가 있다."

아, 안타깝도다! 한 사람도 이 도리로 임금을 깨우치고 두려워하여 깊이 살펴서 쇠약한 것을 다시 일으키고 어지러움을 바로 할 방도를 생각하는 사람이 없었다.

중국 사신을 접대하는 문제

○ 중국 사신이 들어오는 도로에서 접대하는 일은 전적으로 참站이 속한 고을에 맡기며, 지금 여러 고을에서 멀리 나와 나누어 맡는 폐단을 없애야 할 것이다.

지금 여러 고을에서 출참出站[128]하는 폐단은 이루 말할 수 없으니 의당 직로直路에 있는

127『호씨전』즉『춘추호씨전(春秋胡氏傳)』. 송나라 호안국(胡安國)이『춘추』에 의거하여 존왕양이(尊王攘夷)의 사상을 논해 지은 책이다.『춘추호씨전』환공(桓公) 15년에 "천왕이 가보를 노나라에 사신으로 보내와서 수레를 요구하였다[天王使家父來求車]"라는 경문에 대한 전문에 이하에 인용한 내용이 보인다.

128 출참 다른 곳에 있는 고을에서 역참에 인원이나 물력(物力)을 보내는 일을 가리키는 말.

고을에서 대접을 맡도록 할 것이다. 만약 역참이 허술하고 성읍이 아닌 곳은 인근의 고을에서 맡도록 한다. 이 또한 영구히 한 고을에 맡기며, 고을 두 곳에 맡기거나 다른 고을로 옮기지 못하도록 할 것이다. 무릇 미리 마련할 수 있는 기용器用이나 여러 가지 물건은 모두 미리 준비할 것이요, 여러 가지 대접하는 데 들어가는 비용은 모두 경상적인 부세로 계산해서 회감會減하도록 한다. 부리는 사람이 부족한 경우, 한호閑戶의 예에 따라 출역하는 외에 참점站店에도 역을 지우고 그들에게 세를 헤아려 감해준다. 그래도 부족하면 값을 지급하여 사람을 고용한다. 무릇 역참이 속한 고을에서는 조세를 헤아려서 남겨두고 서울로 조운하지 않는다.

○ 중국 사신뿐만 아니라 지금 본국 사신도 또한 예에 따라 여러 고을에 분배하여 출참을 하는데 이 규정도 마땅히 혁파해야 할 것이다.

○ 무릇 품값으로 주는 것은 1인당 하루에 쌀 5승으로 정하되, 돈으로 일정한 법식에 준하여 지급할 것이다. 만약 운수하게 되는 경우 쇄마刷馬는 예에 따라 값을 지급한다. 지금 대동쇄마가는 한 역참마다 풍년에는 쌀 3두, 평년에는 2두 반, 흉년에는 2두로 하되, 돈으로 하게 되면 평년의 표준에 의거해 정할 것이다.

직로에 있는 고을에 이례吏隷를 충분하게 배정해주고 또 참점을 증설했으면 응당 사람을 고용하는 데 이르지는 않을 것이다. 설령 이 문제가 아주 심한 경우라도, 고용할 사람이 부족하면 고을의 군사에게 역을 시키고 이를 계산하여 번番을 감해주는 것은 무방하나, 부리는 사람이 부족하다 하여 다른 고을에 나누어 배정하는 것은 옳지 않다. 본 고을의 조세漕稅를 적절히 헤아려서 남겨두면 필시 부족할 이치가 없을 것이다. 설령 이 문제를 극단적으로 말한다 해도, 전량을 남겨두고는 혹시 또 이웃 고을의 세를 운반해 오는 것은 무방하나, 접대하는 비용이 부족하다 하여 다른 고을에 나누어 배정하는 것은 옳지 않다.

문

칙사의 접대를 여러 고을에 나누어 배정하는 것은 오래되었다. 한 고을에 맡도록 하면 그 고을의 물력物力으로써 감당하기 어렵다.

답

무릇 접대에 들어가는 물자를 모두 나라의 재정으로 회감會減한다. 100석이 들어가면 100석을 회감하고, 1000석이 들어가면 1000석을 회감하여, 오직 들어가는 데 맞게 할 따름이니, 어찌 물력이 부족하다고 걱정할 것이 있겠는가?

문

부리는 사람이 부족할까 걱정된다.

답

이례와 한호 이외에도 참점에서 세를 덜어 사람을 고용해 역을 서도록 하는 규정이 있으니, 오직 인력을 헤아리면 될 것이지 어찌 부리는 사람이 부족할 것을 걱정할 필요가 있겠는가? 직로의 고을은 이미 다른 역은 면해주고 있다. 기왕에 재력이 넉넉한 편이고, 또 이례를 더해 정해주었고, 또 참점을 증설했고, 또 역졸을 더해주었다. 칙사 일행은 40~50명에 불과하니 본디 접대에 인원이 부족할 이치가 없다. 하물며 그 고을의 전세田稅는 남겨두고 이웃 고을에서까지 취해와서 충분하게 하는 데 이르렀다.

먼 고을에서 출참을 하면 일을 나누어 맡는 것이 몇 사람에 지나지 않는데, 인부를 조발하고 온갖 물건을 거두어 모아 멀리 2~3일 혹은 5~6일 거리를 운반하느라 관청에서는 일을 폐하게 되고 고을 경내가 시끄러우며 만백성의 노고와 비용이 들어가서 닭과 개까지도 편치 못한 데 이르니, 그 폐해는 이루 다 말할 수 없다. 본 역참에서는 한 사람이 맡는 임무가 지역이 멀면 백 사람이 수고를 해도 미치지 못하고, 본 역참에서 한 섬이 들어가는 비용이 지역이 멀면 100섬의 비용이 들어가고도 부족하게 된다. 더구나 그 사이에 탐관오리가 그 틈을 타서 농간을 부리는 것이 또한 천백 배에 그치지 않는다. 이 때문에 출참으로 들어가는 10석의 비용이 족히 먼 고을의 천 사람을 파산하게 만들고, 출참으로 들어가는 열 사람의 역이 족히 먼 고을의 만

사람이 일을 못하게 만든다. 국가에서 직로 고을의 100석의 세를 감해주는 것으로 여러 고을의 1만 석의 재물을 쓰지 않게 하고 각 고을의 만민을 수고롭게 하지 않아도 된다. 그로 인한 득실이 과연 어떠한가?

지금 간소한 것을 버리고 번거로운 것을 취하고 쉬운 곳을 버리고 어려운 곳으로 나아가, 중국 사신을 한 번 만나서 온 나라의 백성으로 하여금 너나없이 집이 기울고 파산하여 동서로 떠돌게 만들며, 온 나라의 관리들로 하여금 너나없이 직무를 폐하고 도로에서 바쁘게 만드니, 이것이 무엇을 하자는 것인가? 마땅히 단연코 제도를 정하여 종래의 제도를 영구히 혁파하고 직로에 있는 역참 고을에 전적으로 맡기도록 해야 할 것이다.

또한 지금 중국 사신뿐만 아니라 본국의 사행에 대해서도 먼 고을에서 출참을 해서 각기 몇 사람이 나누어 접대를 하고 있다. 이는 더욱 아이들의 장난과 다름없으니 응당 속히 바꾸어야 한다. 대개 종전에 매양 한 곳에 사소한 일이 있다 하면 원근을 물론하고 바로 분정分定을 하고 있는데, 이 또한 대동법이 시행되지 않았기 때문이다.

일찍이 지평현砥平縣에서 출참하는 일을 보았는데 이러했다. 지평에 나누어 배정된 것은 매호당 인부 한두 명인데 본 고을에서 거두어들이는 것은 소 1마리, 청렴한 관리라면 다른 곳과 힘을 합해서 소 한 1마리만을 쓰겠지만 청렴하지 못한 자는 참점에 도착할 때 1마리, 참점을 떠날 때에 또 1마리를 받는다. 다른 물건도 이에 준한다. 노루 3~4마리, 닭 수백 마리, 꿩 60~70마리에 계란, 기름, 꿀, 온갖 어물, 온갖 채소와 간장류, 온갖 과일, 쌀과 국수, 온갖 그릇에서 자리, 비, 솥, 바가지 등의 범백잡물凡百雜物들을 때에 당해서 쓰고 안 쓰고를 물론하고 예비하지 않는 것이 없었다. 수백 리 밖에서 소에 실리고 말에 실려 동원되는 수량이 매우 많았다. 돼지머리며 크고 작은 차일, 방석, 병풍 등은 관에서 나온다고 하지만 동원되는 인부와 말 또한 적지 않다. 관원과 아전, 노비, 우마에 드는 양식거리도 이루 헤아릴 수가 없다. 바야흐로 거두어들이는데 채찍질의 독촉이 온 고을에 미쳐서 열 집에 아홉 집이 울음바다를 이룬다. 역참에 이르러서는 온갖 일이 다 어긋나서 탈이 나지 않는 일이 없을 지경이다.

만약 칙사가 서울에 10여 일 머물게 되면 객참에서 인부와 말이 오래 머물러 있을 수 없기에 전에 왔던 인부와 말은 돌아가고 다시 동원되어서 교대하게 된다. 양식과 여러 가지 물건들이 부족하게 되면 또 거두어 가서 이어가도록 한다. 이 때문에 백성은 한 사람도 편히 앉아 있지 못하고 천 가지 백가지 폐해가 생겨 끝 간 데 없으며 탐관오리들이 그 기회를 틈타서 농간을 부려 이루 말할 수 없이 된다. 그 폐해가 이와 같음에도 끝내 들어가는 것은 일꾼 몇 사람이 반나절 먹는 것이다. 만약에 직로의 본 고을에서 담당하도록 하면 이 몇 사람분을 더 공급하는 것은 비용에 약간 더 보태는 것만으로도 넉넉할 것이니, 어찌 이런 폐단이 발생하겠는가?

지금 지평현의 백성이 당하는 수고로움을 헤아려보면 소모되는 비용이 1000석도 넘을 지경이다. 만약 직로의 본 고을이 담당하도록 하면 하나하나 따로 마련하고 하나하나 사람을 고용하더라도 몇 석의 비용이 드는 데 불과할 뿐이다. 하물며 합해서 마련하고 겸해서 맡도록 하면 큰 어려움이 없을 것이다. 설령 지평현에서 출참을 하지 않는 대신 쌀 50~60석을 내어 직로 고을의 전세를 대납하도록 하면 직로 고을의 백성이 기대하지도 못한 일이라 기뻐 날뛸 것이요, 지평 고을 백성은 거꾸로 매달리는 듯한 고통에서 풀려나게 될 것이다. 그 득실은 이로 미루어 알 수가 있다.

칙사가 한 번 지나갈 때 이와 같이 하여 1년에 두세 번 지나가더라도 매번 이와 같이 하고 있다. 역참의 사신을 접대하는 가건물은 으레 담당 고을의 백성이 먼저 가서 짓도록 하니, 아무리 초가라도 멀리 타관에 가서 지으려면 그 비용이 백 배나 들어간다. 사신이 한 번 지나가고 나면 도로 폐기해 버리고 뒤에 또다시 새로 짓는다. 만약에 본 고을에서 담당하여 건물을 견고하게 지어놓도록 하면 이런 폐단이 생기겠는가? 기와집으로 견고하게 짓는다면 영구히 이런 폐해가 없게 될 뿐 아니라 도로의 볼거리로도 훌륭하며 여행객이 머물고 유숙할 곳으로도 쓰일 수 있다. 이것이 참점의 건물을 증설하자는 이유이다. 여기서는 한 곳을 사례로 들었으니, 여러 고을도 이로 보아 알 수 있다. 근년에 선혜청에서 여러 물자의 값을 지급한다고 하는데, 극도의 폐단은 구제되지 못했다. 이는 그대로 출참을 하는 때문이니, 곧바로 폐지해야 할 일이다.

위에서 논한 바 재물을 소모하고 백성을 수고롭게 하는 폐해는 그런 중에서 작은 부분이다. 옛날 중국의 열국 시대에는 나라마다 행인行人이나 대행인大行人[129]이라는 관직을 두어 빈객을 관장하는 일을 맡도록 하여 손님을 맞이하는 절차와 그에 따른 마초馬草를 준비하는 일을 보게 했다. 천자의 사신에 대해서는 상경上卿으로 하여금 감독하도록 하면서도 일마다 주관하는 자가 다 있었다. 그래서 의례가 한결같이 되었고 일이 질서가 있었다. 월왕越王 구천勾踐은 오吳나라를 섬김에 있어 사방 국경의 안으로는 대부 종種으로 하여금 주관하도록 하고, 그 밖으로는 범려范蠡로 하여금 주관하도록 하였는데,[130] 이 두 사람이 각기 전담을 하여 안과 밖으로 서로 어지러움이 없었던 까닭에 자립하여 큰 뜻을 이룰 수 있었던 것이다.

지금 우리나라는 저쪽에 부림을 당하면서 나라에 빈객을 주관하는 벼슬을 두지 않고 사신을 전담하는 역참의 제도를 정하지 않아 한 번 외국의 사신이 왔다 하면 안으로 재상과 육조의 백관들이 일을 폐하고 모여서 대기하지 않는 사람이 없으며, 밖으로는 온 고을의 수령과 향관, 이례吏隷로부터 만백성에 이르기까지 본업을 버려두고 정신없이 쫓아다니지 않는 자가 없다. 온 나라의 정신과 근력을 여기에 다 빼앗기고서 황황하여 서둘러대어 눈도 못 뜰 지경인데, 어느 겨를에 직무를 생각하겠는가? 이야말로 무력의 침공을 기다릴 것도 없이 나라가 저절로 무너지고 있다. 천하가 밝아진 세상에서

---

129 행인·대행인 중국 고대의 벼슬 이름으로, 국제간에 오고가는 외교의 임무를 담당한 관원. 행인은 제후국 간의 일을 담당하고, 대행인은 천자와 제후 사이의 일을 담당했다.

130 대부 종은 문종(文種)을 말하며 범려와 함께 월나라 대부이다. 이 둘은 월왕 구천을 섬기는 데 혼신의 힘을 기울였는데, 회계(會稽)에서 오왕(吳王) 부차(夫差)에게 패한 뒤 월나라 멸망의 위기가 오자, 구천과 함께 20년 동안 온 힘을 다해 부국강병을 추진하여 끝내 오나라를 멸망시켜 치욕을 씻음으로써 월나라에 큰 공을 세웠다.

도 이미 나라를 위한 방도가 될 수 없거늘, 하물며 국치를 당하고 고통을 참고 있는 오늘에 있어서랴? 의당 서둘러 이에 대한 제도를 마련하여 여러 고을에서 출참하는 일을 영구히 중지하고 오로지 직로의 고을에 맡겨서 안으로는 사신을 주관하는 일을 맡기며, 관반館伴·원접사遠接使[131]를 맡을 만한 자는 재상급에서 골라 정하되 겸임을 하도록 한다. 사신을 접대하는 여러 가지 일은 그곳 사람에게 맡길 것이다. 이와 같이 사신을 접대하는 일을 맡은 직로의 고을은 오로지 그 일을 맡고 조정의 여러 기관과 여러 도의 각 고을은 마땅히 각기 자기 임무를 수행하도록 하면 어찌 급박해서 황황하게 되는 데 이르겠는가?

문

우리나라는 중국 사신을 대접하는 데 극히 풍성하고 신중하게 하고 지공支供하는 물품의 가짓수가 매우 번다하다. 갑자기 사신이 오기라도 하면 몇 곱절의 값을 지불하고도 구입하기 어려운 경우가 있으며, 본국에서 생산되는 물건처럼 각기 담당 주인을 미리 준비해 정해주는 것처럼 할 수 없으니 별도로 백성에게 부과한 다음이라야 일을 그르치는 걱정이 없을 것이 아닌가?

답

이는 전혀 그렇지 않다. 대개 오는 사신에 대한 물품은 금이나 채단 등인데 이들은 본디 민간에서 나오는 것이 아니요, 민간에서 나오는 것이란 생선, 고기, 채소, 과일 등속에 지나지 않는다. 아무리 뜻밖에 오는 경우라도 민간에 있는 것이라면 후한 값을 내걸어 구하지 못할 까닭이 어디에 있겠는가?

---

131 관반·원접사 중국에서 오는 사신을 접대하는 일을 맡는 관원을 지칭하는 말. 관반은 서울에서 중국 사신을 상대하는 일을 맡고, 원접사는 우리나라 경내에 들어올 때 멀리 나가서 상대하는 일을 맡는데, 이는 모두 겸직으로 맡게 된다.

설령 참으로 값을 많이 주고도 얻을 수 없는 것이라면 민간에서는 더욱 얻을 길이 없다. 무릇 음식 종류는 당연히 마련할 수 있는 것만 차려야 할 것이다. 마련할 수 있는 것만 가지고도 음식을 풍성하게 하지 못할 것이 없다. 가난하기 짝이 없는 만백성에게 매우 구하기 어려운 물품들을 구하도록 해서 사치스럽게 한 번 먹다가 남길 음식으로 만들 것인가? 아무리 천자가 순행을 한다 하더라도 필시 이와 같이 하지는 않을 것인데, 이 어찌 천자를 대신해 와서 만방을 안위하는 뜻이겠으며 천자가 보내는 사신을 예우하는 도리이겠는가? 더구나 중국 사신의 행차에 대해서 전부터 접대 비용으로 들어가는 것이 실로 많지 않았는데, 유사有司들이 구례舊例라고 일컬으며 만백성에게 온갖 물건을 뜯어내어 중간에서 허비하는 데로 다 돌아가게 할 일인가?

지방관 교체 시 인마의 사용

○ 지방의 신·구관新舊官을 맞이하고 보내는 일은 그 법식을 개정해서 지금의 본 고을에서 인부와 말을 사용하는 규정을 없앨 것이다. 수령, 진장鎭將, 교관, 찰방이 부임을 하거나 떠날 때에도 역시 모두 역마를 사용한다.

감사와 병사, 수사, 도사都事, 우후虞候는 지금 사실상 역마를 타고 있다.

○ 관직을 떠날 때에 비록 산관散官[132]이라도 역시 마필과 수종하는 사람을 붙이고 있다. 이에 대한 숫자는 '우역郵驛'조에 나온다.

○ 본 지역의 하인은 각기 경계상에서 의식을 갖추어 맞이하고 전송하도록 하며 경계를 넘어서지 말 것이요, 오직 이례吏隸 3인만 서울까지 가서 맞이하고 보내고 할 것이다. 수령의 집이 시골에 있는 경우, 혹 사조辭朝[133]를 생략하고 부임을 하도록 한다거나 자리에서 떠날 때는 곧바로 자기 집으로 돌아가도록 하는 경우 맞이하거나 보내거나 한다.

○ 서울에서 맞이하고 보내는 하인은 도사와 우후는 수령과 같이 하고, 감사와 수사·

---

132 산관 품계만 있고 실직이 없는 벼슬. 이 경우는 지방관의 자리에서 물러나기 때문에 산관이 되는 것이다.

133 사조 지방으로 벼슬을 나갈 때 임금 앞에서 인사를 드리는 절차. 사은숙배.

병사는 4인, 판관·승죠·진장·교관·찰방은 모두 2인을 지급한다. 이는 응당 들어가야할 마초나 양식이 아니기 때문에 사람이 다 양식 등을 소지하고 가야 한다. 관리에 대해서는 모두 일정한 녹이 있다. 수량을 초과하는 자는 법을 어긴 것으로 처벌을한다. 본 지역의 담당하는 관리 또한 엄중하게 논죄한다.

○ 관장官長의 가솔들은 모두 사적인 인마人馬를 이용할 것이요, 다만 거리를 계산하여 노비路費를 지급할 것이다. 부임할 때에는 서울에서 지급하고, 시골에 있는 자는 그가 있는 고을의 경상비에서 회감하여 지급한다. 떠날 때에는 본고을에서 지급하도록 한다. 이 또한 본 고을 경상비에서 회감한다.

○ 본 고을의 하인 역시 그 고을 경계선에서 맞이하고 떠나보낼 것이다.

○ 노비는 100리를 단위로, 100리 미만은 말할 것 없으며, 100리 이상 200리미만은 100리로 취급한다. 나머지 경우도 이와 같다. 부윤府尹·도호부사都護府使는 쌀 30두, 부사府使·군수는 25두, 현령·판관은 20두, 군승郡丞·현승縣丞은쌀 15두를 지급한다.

모두 3분의 2는 돈으로, 3분의 1은 쌀로 지급하되, 돈으로 받기를 원하는 경우 또한그대로 들어준다.

○ 지역이 멀어 서울에서 다 지급하기 어려운 경우, 중간 지점의 고을[서쪽으로 평양, 북쪽으로 함흥 같은 곳]에서 갈라서 지급하고 다음번 돌아올 때 그곳에서 회감해도 좋다.

○ 감사와 수사·병사·진장·교관·찰방은 모두 가족을 거느리고 오래 머무르게 되면 이 예대로 할 것이다. 감사와 병사, 수사의 가솔은 30두, 첨사는 25두, 교관·만호는20두, 찰방은 15두를 지급할 것이다.

지금 맞이하고 보내는 중에 일어나는 폐해는 이루 말할 수 없는 지경이다. 인마를 조발하여 도로에서 분주하게 다니며 천 리 밖에서 쌀을 싣고반찬을 싸들고 반상에서 그릇에 이르기까지 온갖 물품을 싣고 지고 하여객지에 머물러 기다리다가 받들고 대접하여 돌아온다. 이는 형편으로 보아 결코 할 수 없는 일이다. 결코 할 수 없는 일을 사람들에게 책임지워 당연시하는 것은 우리나라의 습속이 한갓 상하의 형세만 믿고 하늘이 낸 백성의 괴로움을 생각하지 않기 때문이다. 이 때문에 한 번 맞이하고 보내는 데 따라 민생이 파손되는 것이 얼마나 되는지 알 수 없다.

인부와 말이 가서 서울에 얼마나 머물게 될지는 예정할 수 없다. 그런데 서울에서 머무는 비용이 온갖 종류이기 때문에 으레 많은 돈에 많은 물건을 싸 가기 마련이다. 민간에서 그 비용을 거두어들이는 데 1결에 몇 필의 포에 이르기도 한다. 흥덕현興德縣[134] 한 곳을 들어 말해보자면 호구가 1000호 미만인데 9년 사이에 10번이나 교체가 이루어져 관에서 지급하는 외에 백성에게 내도록 하는 쇄마가 700여 동同에 이르렀다. 백성이 내야 되는 것이 이와 같음에도 조정에서 소홀하게 여기는 것은 일반적인 정서가 눈앞에 보이는 것이 아니면 으레 쉽게 말을 하여 그 실정을 깊이 따져보지 않기 때문이다.

들건대 중국에서는 지방관이 부임할 적에 대체로 역마를 이용하고 개인의 말과 사람으로 가족을 이동시키며, 그 고을의 사람들은 단지 경계선에서 맞아들이고 보낸다고 한다. 사리로 보아서 이것이 지당한 것이다.

문

가솔은 확실히 개인적으로 사람과 말을 이용해서 이동하는 것이 마땅하나, 만약 수령을 모두 역마로 이동하게 하면 역로驛路에서 감당하기 어려울 것이다. 아주 먼 변경 외에 그 나머지 지역의 수령은 각기 해당 고을의 쇄마 수량을 정확히 산정하여 타는 말 1필, 짐 싣는 말 2~3필을 동원하고, 경상비에서 회감하여 값을 지급하며 다시는 민간에서 징수하지 말도록 한다. 이와 같이 하면 어떠한가?

답

만약에 본 고을의 인마를 쓰면 연로에 들어가는 비용 또한 그 가운데에 포함될 것이니, 이는 일의 형편상 끝내 더 증가하게 될 것이다. 아무리 공적인 값을 적정선에서

---

[134] 흥덕현 지금의 고창군에 속한 고을 이름.

정해놓더라도 법이 시행되기 어렵고 백성은 해를 입게 되어 오늘날과 다름이 없게 될 것이니, 전적으로 역마를 이용하는 것만 못하다. 각 역은 본디 도로상에 설치된 것인데 마전馬田135이나 공수供需136 등 또한 이를 헤아려서 넉넉히 배정하였으니, 이를 헤아려서 정하는 것이 어떠한가에 달려 있다. 만약 각 고을에서 들어가는 비용의 반만 이관해서 각 역에 지급해준다면 넉넉할 것이다. 한 번의 분량으로 한 번 가는 데 대비하고 두 번의 분량으로 두 번 가는 데 대비한다면 아무런 차이도 없을 것이다. 대개 고을에서 맡든지 역에서 맡든지 어느 곳이고 백성의 힘이 들어가니, 국가적으로 보면 실제는 마찬가지이다. 그러나 저것과 이것을 규정함에 있어서 편의와 득실은 서로 크게 다른 것이다.

조중봉趙重峯137의 『동환봉사東還封事』에 이렇게 나와 있다.

"우리나라에서는 지방관을 임명할 때 대체로 모두 구차하게 편의대로 충원하여 아랫돌 빼다가 윗돌 고이고 아침에 보냈다가 저녁에 바꾸는 식으로 하고 있다. 간혹 앉은 자리가 따뜻해지기도 전에 간활한 자들의 술수에 빠져서 장부를 찢고 재물을 훔치는 사태가 일어난다. 그리고 새 관장을 맞이하고 옛 관장을 떠나보내기 위해 사람과 말이 동원되어 천릿길을 분주하게 달리느라 백성의 재산을 거덜내고 있다. 이는 중국에는 없는 폐해이다. 중국은 지방관이 되어 나갈 때에 아무리 만 리 밖으로 부임하더라도 개인적으로 말과 사람을 부려서 가솔이 내려가며, 말 한 필, 사람 하나라

---

135 마전 즉 마위전(馬位田). 역마를 기르기 위한 재원을 마련하기 위해 설정한 농지. 역마를 기르는 입마자(立馬者)에게 말마다 일정 면적의 자경무세전(自耕無稅田)을 지급하였는데, 이는 해당 농지를 직접 경작하여 그 소출을 모두 취득하게 하는 방식이다. 대개 큰 말은 7결, 중간 말은 5결, 작은 말은 4결을 지급받았다.

136 공수 즉 공수전(公需田). '公須田'으로도 표기함. 각 주(州)·부(府)·군(郡)·현(縣)과 역(驛) 등의 관청에 경비 명목으로 지급해주는 농지.

137 조중봉 조헌(趙憲, 1554~92)을 가리킴. 본관은 배천, 자는 여식(汝式), 중봉은 그의 호. 율곡 이이와 우계 성혼의 문인으로서, 임진왜란 때 의병장으로 활약한 인물이다. 『동환봉사』는 그가 중국에 사신으로 다녀와서 나라에 올린 책이다.

도 관의 힘을 빌리지 않는다. 이 때문에 폐해가 백성에게 미치지 않아 백성이 자기 재산을 온전히 지킬 수 있다. 또한 지금 새로 임명된 사람이 목민관으로서 적절치 않다면 곧바로 교체하는 것이 옳거늘, 으레 떠나는 날에 당해 비로소 위에 아뢰어 파직을 시킨다. 멀리서 올라온 관속들이 달빛[月利]을 내어서 신관新官이 떠날 때까지 머물러 기다리게 된다. 이런즉 집에 돌아오면 농지와 노복을 팔아 달빛을 갚느라 가산은 벌써 거덜이 나고 만다. 한 해에 파직을 당하는 자가 한둘이 아닌데 관장 하나를 맞으러 오는 자는 100명에 그치지 않는다. 1년 중에도 이 때문에 먹고살 수 없게 된 자가 몇백 명이 된다. 이를 조그만 일이라 하여 고치려고 하지 않을 것인가?"

안설

또 살피건대 법과 제도를 개정하는 것은 본디 어려운 일이 아니다. 다만 윗사람이 시행하려고 하지 않는 것이 어렵게 되는 까닭이다. 아무래도 부득이해서 지금의 쇄마를 그대로 쓴다면 의당 말의 마릿수를 확정하여 〔『경국대전』에 "수령은 6품에 정해진 말의 마릿수로 하고, 가솔에 대해서는 부府와 주州는 20필, 도호부都護府는 17필, 군 이하는 15필로 정하며 따라가는 사람은 말의 숫자에 비례한다"라고 되어 있다. 응당 이 규정으로 헤아려 정할 것이다.〕 경상비에서 그 값을 지급하는 것이 옳다.

이와 같이 하면 먼 지방에서 올라온 많은 곤궁한 관속들이 서울에서 머물러 구걸하고 빌리느라 파산하는 일까지 막을 수는 없겠으나, 전지田地의 부역은 정해진 제도에 어긋나지 않게 될 것이다.

지금의 『대동사목大同事目』에 이렇게 나와 있다.

"임기가 다 되어 교체되는 수령의 쇄마는 대동미에서 지급한다. 자주 교체되기에 이른 것은 고을 백성의 불행이 된다 하여 쇄마가를 민간에 책임지워 징수한다."

정치를 담당한 자들이 관리를 잘 택하지 못하여 자주 교체되게 하였으니 이런 처사부터 이미 생민을 크게 저버린 것이다. 이 점을 전혀 생각하지 않고 '고을 백성의 불행'이라고 돌려서 계속 곤란을 당하게 만들고 있다. 이 어찌 백성의 위에 있는 관원들이 할 말이겠는가?[138]

회계 처리

○ 서울과 지방에 여러 가지 물품을 출납하는 수량은 사계절로 나누어 회계하여 계문啓聞을 한다.

중앙에서는 해당 조曹에서 계절마다 첫 달 초에 각 사司에서 앞의 3개월 동안 지출한 바의 수량을 회계해서 수치를 정리하여 계문한다. 지방에서는 각 수령이 계절마다 첫 달 초에 앞의 3개월 동안 지출한 바의 수량을 회계해서 감사에게 보고하여 회감한다. 감사는 여러 고을의 것을 합하여 해당 조에 올려보내고, 역시 위와 같이 하여 계문을 한다. 무릇 회계를 계문할 때에 따로 계본啓本[139]을 작성할 필요 없이 다만 그 장부들을 연속해 붙이고 계목啓目은 도로 해당 조에 내려보낸다.

○ 병영兵營과 각 진鎭의 군자전軍資田, 학교전學校田의 세입은 각기 주관하는 장수 및 교관이 매년 봄·가을의 초에 앞의 6개월 동안 지출하고 쓴 수량을 회계하여 감사에게 보고하고, 감사는 1년의 지출을 통합해서 계문을 한다.

○ 중앙과 지방의 경상비는 모두 쓰고 나머지를 남겨두어 병란과 흉년에 대비하도록 한다. 속포贖布[140]나 공수公收[141] 등은 본 기관과 본 고을에 공적인 비용으로 쓰는 외에는 역

---

138 『대동사목』에서는 수령의 정기 교체에 들어가는 영송(迎送) 비용을 대동미를 재원으로 하여 지급토록 하였다. 그런데 비정기 교체의 경우에 들어가는 영송 비용은 따로 가호(家戶)를 대상으로 추가 징수케 하였다. 그러다가 과세 불균의 폐단을 고려해서 전결(田結)에서 징수하도록 바꾸었다. 결국 비정기 교체 시의 영송 비용은 대동세와 별도로 추가 징수하도록 되었으므로, 반계가 이 점을 들어서 백성에게 고통을 안겨주었다고 말한 것이다.

139 계본 중앙과 지방의 아문에서 국왕에게 직접 보고하거나 건의하기 위해 올리던 문서이다. 문서의 사안에 따라 중대한 일에 대해서는 계본을 작성하였고, 작은 일에 대해서는 형식이 더 간소화된 계목을 작성해 올렸다.

140 속포 죄를 면해주는 대가로 받아내던 포. 백성이 국가에서 규정한 중죄에 미치지 못하는 죄

288

시 예비해둔다. 매년 예비해둔 수량은 연말에 해당 조와 감사가 회록會錄[142]을 하고 위에 계문한다. 매년 말에 중앙에서 공속公贖[143]이 있게 되면 여러 기관에서 해당 조에 갖추어 보고하며, 해당 조에서는 회록을 하여 위에 계문한다. 지방에서는 각 고을에서 감사에게 갖추어 보고하고, 감사는 회록하여 계문하고 해당 조에 장부를 보관한다.

○ 무릇 공증문서의 수수료[144]는 법전에 정해진 바의 권수에 의거해서 백지白紙로 납부받아 공적인 일에 쓰는 종이로 사용할 것이다. 각 고을에서 서울로 각종 물품을 납부하는 데 드는 수수료[作紙]는 모두 다 없앨 것이다.

　　율곡은 이렇게 말했다.[145]

　　"각 기관의 속포는 그 기관의 술값과 고깃값으로 들어가는 데 불과하다. 청컨대 중앙의 각 기관과 지방의 감사·수령이 받는 속포와 수수료는 모두 호조戶曹에 귀속시켜야 할 것이다. 논하는 자들이 이는 사소한 데 가깝다고 틀림없이 말할 테지만, 그렇지 않다. 속포는 본디 공적인 물건이요 서리들이 마음대로 쓸 것이 아니다. 어찌 사소한 것이라 하여 쓸데없는 데 허비하도록 내버려둘 것인가?"

　　또 이렇게 말했다.[146]

　　"지금 각 기관의 속포는 모두 쓸데없는 데 소모되고 있다. 만약에 해당 조에서 수납하

　　를 범한 경우, 처벌하지 않는 대신 돈이나 포를 받았다. 돈으로 받는 경우 속전(贖錢)이라 일컬었다.

141　공수　국가에서 곡물을 비롯하여 각종 세(稅)의 형태로 거두어들이는 것을 말한다.

142　회록　회안(會案)에 기록하는 일. 회계 장부를 회안이라고 하는데, 각 지방 관청 및 중앙 아문에서는 관할하는 물품들을 관리하기 위해 이 장부에 기록하는 것을 회록이라 하였다.

143　공속　공적 기관에 예속된 상태에 있는 자를 속량시키는 조처를 뜻하는 말인데, 구체적인 상황은 미상.

144　공증문서의 수수료　원문은 '斜出作紙'이다. 사출은 '빗출'이라는 이두어로 관에서 공증하는 일을 가리키는 말이다. 이와 같은 뜻으로 '빗기[斜只]'라는 말도 있다. 작지는 '질지'라는 이두어로 수수료에 해당하는 것이다.

145　이하의 내용은 『율곡전서』 권4 「의진시폐소(擬陳時弊疏)」에 나온다.

146　이하의 내용은 『율곡전서』 권15 「동호문답」에 나온다.

여 관리하도록 하면 한 해에 1만여 필 가까이 될 것이다. 이는 부세 외에 따로 거두는 것이 아니요, 쓸데없이 되는 것을 돌려서 쓸모 있게 하는 것이니, 별것 아니라 하여 소홀히 버려둘 수 없다."

『경국대전』에 여러 가지 물품의 출납되는 수치는 서울과 지방에서 절기별로, 연도별로 회계하여 계문한다는 조문[147]이 들어 있다. 지금 병조兵曹의 보병가포步兵價布[148]는 본조의 당상관이 임의로 쓰고 있다. 혹은 술과 고기 값이 되고, 혹은 친구들에게 혼사·상사喪事의 비용, 의약품의 비용, 전송의 비용 등으로 쓰고 있는데, 하루에도 수백 필이 들어감에도 거리낌이 없다. 국가는 그 원 수치와 쓰는 수치에 대해서 알지도 못하고 있다. 관원이 이와 같거늘 아래의 이속들을 어찌 책망할 수 있겠는가? 공조工曹의 공장가포工匠價布는 그 수치가 또한 매우 많은데, 그것이 사적으로 소비되는 것 또한 보병가포와 같다. 다른 기관에 있어서도 대체로 마찬가지이다. 국가에서 군민의 고혈을 다 짜내서 공공연히 비루한 관원들과 간활한 이속들에게 넘겨주어 마음대로 사사로이 쓰도록 하면서 모르고 있다. 모르겠다, 이런 폐해가 어느 때부터 이렇게 되었는지.

안설

옛날 국가의 재정을 운용하는 법에 대해 논한 것을 상고하건대, "천하의 매년 세입을 총합해서 넷으로 나누어 4분의 3은 지출의 용도로 정해두고, 4분의 1은 병란과 흉년에 대비하여 저축해두도록 할 것이다"[149]라고 하였다. 이 뜻이 매우 타당하니, 나라를 맡은 자는 이 점을 몰라서는 안 될 것이다.

---

147 『경국대전·호전(戶典)』에 나온다.
148 보병가포 군적에 보병으로 있는 사람이 군역을 나가는 대신 내는 베를 일컫는 말. 줄임말로 보병포 또는 보포라고도 했다. 보병은 말을 타는 기병에 대해 도보로 작전에 임하는 군인을 일컫는 말이었다. 보병가포에 대해서 기병가포가 있었다.
149 『예기·왕제』에 대한 진호(陳澔)의 주에 나오는 말이다.

국상[國恤] 및 본 고을 관장의 상喪에 대한 별도의 부세 조

경상적으로 내는 부세 외에는 무슨 일이건 다시 백성에게 부세를 매길 수 없으나, 오직 국상과 본 고을 관장의 상에 대해서는 마땅히 따로 부세가 있어야 할 것이다. 그래서 여기에 별도로 이에 대한 조목을 설정하였다. 이것 외에 백성에게 뜯어내는 것은 한 자의 베, 한 되의 곡식이라도 모두 법을 어긴 것으로 논죄를 한다.

국상에는 매 1총總[150]에 쌀 1두를 내게 한다. 왕대비와 왕비의 상에는 반으로 줄인다. ○ 서북의 국경 지역 고을은 내지 않으며, 그 나머지 지역은 각종 사세전賜稅田, 면세전免稅田에서도 다 낸다.

길에서 가까워 부역에 동원되는 지역에서는 역시 총의 수에 의거하여 쌀을 공제해주고, 그 쌀의 양에 준해서 역정役丁을 차출한다. 1인당 사환부使喚夫는 매일 쌀 5승으로 정하고, 역부는 참작해서 조금 더 지급하는 것으로 정한다. ○ 크고 작은 여러 가지 역役은 각 고을에 분정分定하는 일이 있더라도, 또한 모름지기 총의 수에 의거하고 일을 요량해서 분정하며, 더하거나 겹쳐지게 해서는 안 될 것이다.

응당 들어가야 하는 여러 가지 물품을 만일 서울에서 사들이기 곤란한 경우, 그것이 생산되는 고을에 나누어 정해주고 역시 그 값에 준하여 바쳐야 할 쌀을 공제해주도록 한다. 이 역시 총의 수에 의거하여 물품의 양과 값을 분정한다. 모든 물건은 값을 후하게 주며, 쇄마가는 상례를 따른다.

이 나머지 지역에서는 혹은 쌀로,[151] 혹은 포布로[152] 수납輸納하게 하고,[153] 여러 가지 물품을 구입하거나 장인工匠과 인부를 모집하는 값 및 장사나 제사에 들어가는 여러 가지 물품의 비용 등에 보태도록 한다. 3년 이내에는 이들에 대

---

150 "매년 실수미(實收米) 10곡(斛)을 1총(總)으로 한다." ─ 원주
    실수미는 실제 수확한 쌀을 의미한다. 원래 결부법에서는 10짐[負]이 1총인데, 1짐을 실수미 1곡으로 산정한 것 같다.

151 "쌀과 돈을 반씩으로 함." ─ 원주

152 "포와 돈을 반씩으로 함." ─ 원주

153 "선가(船價), 태가(駄價) 등 또한 이 숫자 내에서 공제함." ─ 원주

해서는 따로 징수하는 일이 없도록 할 것이다. 무릇 비용은 저축된 것을 헤아려 우선 쓰고, 거두어들이는 대로 보충해도 좋을 것이다.

지방관 재임 중 사망한 자

무릇 지방관으로 재임하던 중에 본인이 사망한 경우, 그곳에서 초상初喪의 비용을 마련해주어서 운구한다. 지금 거기에 들어가는 비용을 헤아려 수량을 책정하되, 초상의 제구諸具 및 발인 시에 필요한 것으로 상여와 가마 끄는 말, 짐을 운반하는 인부와 말을 마련하는 등의 값을 이른다. 본가에 돌아간 이후의 일은 여기서 거론하지 않는다.

○ 무릇 지방관으로 있다가 말미를 얻어 집으로 돌아가서 본인이 사망하면 여기서 거론하지 않는다.

○ 모친과 처의 상사에는 각기 반으로 줄여서 지급하는데, 역시 임지에서 초상이 난 경우에 한정한다.

관직명	초상 시 지급 비용
감사監司	쌀 100곡斛
도사都事154	70곡
부윤령府尹令	90곡
도호부사都護府使	80곡
부사府使	70곡
군수郡守	60곡
현령縣令	55곡
통판通判·판관判官	50곡
군승郡丞·현승縣丞	45곡
병사兵使	90곡
수사水使	80곡
우후虞候	60곡
첨사僉使	55곡
만호萬戶	50곡

교도教導	50곡
교수教授	45곡
찰방察訪	45곡
참하관參下官 이하	45곡

수령과 부관은 전결田結의 총수로 수합하며, 감사와 도사는 해당 도에서 수합하되 역시 전결의 총수로 한다. 모두 원수元數[155] 안에서 쌀과 돈을 반씩 평상의 규정과 같이 한다. 아래도 마찬가지이다. 준비해야 하는 것은 먼저 관에 비축되어 있는 것으로 쓰고, 나중에 수합하여 보충한다. 후임자가 부임하지 않았다면, 발인을 하기 전까지는 월봉을 살아 있을 때와 같이 지급한다. 아래도 마찬가지이다.

○ 병사, 수사, 우후, 첨사, 만호, 교관, 찰방은 모두 그곳의 경상비에서 획정해 지급한다.

○ 무릇 본가가 500리 밖에 있는 경우 모두 5분의 1을 더해주고, 1000리 밖에 있는 경우 5분의 2를 더해주며, 200리 내에 있는 경우는 3분의 1을 줄여서 지급한다.

무릇 조정의 신하로서 지방에 나갔다가 객사하는 경우, 당상관은 60곡, 당하관은 45곡을 지급한다.

어사御史는 당하관이라도 당상관과 같이 취급한다.

○ 재상급 이상으로 군국軍國의 중대한 일로 왕명을 받고 지방으로 나간 경우는 이 정해진 제한에 해당되지 않는다.

---

154 "마땅히 올려서 참리(參理)로 삼는다."― 원주
　　반계의 관직 개정안에서 도사는 참리로 개정해야 한다고 되어 있다(본서 권9 「교선지제 상」 참조). 참리는 종3품에 해당하는 직분이다.
155 원수 원장부의 전답 수, 즉 양안상에 파악된 농지의 수를 의미하는 것으로 보인다.

○ 그곳의 경상비로 회감을 한다. 또한 도중에 필요한 쇄마를 지급하되, 당상관은 4필, 당하관은 3필로 한다.[156] 또 호위하는 인마와 도중에 필요한 식량을 지급하되, 당상관은 25명, 당하관은 20명, 말은 다같이 6필로 한다.[157]

이외에 도중에 백성을 동원하여 담지擔持하는 것은 일절 금지해야 한다.

사람이 상여를 메는 것을 우리말로 '담지'라 한다. 담지의 폐해는 예장禮葬[158]부터 이하 모두 마땅히 금지해야 한다. 이에 대해서는 '상장'조에 자세히 나온다.

지금 재임 중에 사망하는 자가 종종 있다. 그럼에도 나라에 정해진 제도가 없어 일시의 형세에 따라 후하거나 박하게 된다. 혹은 상을 당한 집에서 욕심을 부려 한 고을의 힘을 다 짜내서 온 백성에게 피해를 끼치고도 부족하게 여기는 자가 있다. 그런가 하면 자식도 없거나 세력이 없어 본고을에서 호송하기에 조심하지 않는 경우도 있다. 국경을 지키는 장수가 멀리 변경에 나가서 죽었는데 아무도 돌보는 사람이 없이 되어 여러 해를 초빈草殯[159]에 있으면서 돌아오지 못하는 경우도 있다. 의당 분명히 규정을 정해놓아야 할 일이다.

---

156 "이 경우의 말은 짐바리를 운반하는 것이요, 운구하는 말이 아니다. 운구하는 말을 마련하는 값은 정액 가운데 들어 있다." — 원주

157 "식량은 1인당 매일 쌀 3승, 말은 콩 4승으로 정해져 있다. '상장(喪葬)'조에 자세히 나온다." — 원주

158 예장 국가의 공식적인 장례. 종친은 종2품 이상, 문무관은 종1품 이상 및 공신이 사망했을 때 시행하는 장례 절차.

159 초빈 임시로 관을 이엉이나 풀로 덮어두는 것. 고빈(藁殯) 혹은 초장(草葬)이라고도 함.

상평창·사창

상평창

○ 서울 및 주州·현縣에는 모두 상평창常平倉을 설치하여 법에 의해 양곡을 팔고 사들이는 방식[糶糴]으로 지금의 환자[還上] 제도를 바꾸어야 할 것이다.

서울 및 각 고을에는 모두 상평창을 설치한다. 그 고을에 지금 있는 환자미곡 및 비축된 재물과 포백을 옮겨서 상평창 자본을 삼도록 한다. 옛날 상평법常平法[160]을 본떠 곡식이 흔할 때는 값을 올려서 사들이고, 곡식이 귀할 때는 값을 낮춰서 내놓는다. 그리하여 곡가가 떨어져도 농민이 손해를 보지 않고 곡가가 올라가도 백성이 곤란을 당하지 않도록 한다.

○ 상평법은 오직 미곡 및 포와 돈과 은으로 운용하고, 추포麤布와 기타 잡물은 허용하지 않는다. 매매에 있어서 그 값을 늘 넉넉히 책정해주어 싯가에 비해 대략 3분의 1을 더해주는 것으로 관례를 삼도록 하되, 가령 싯가가 쌀 2두라면 3두로 정해주는 방식. 억지로 배정하지 말 것이다. 억지로 배정하는 것에 대해서는 해당 관리를 모두 법률에 따라 처벌한다. 양곡을 팔고 사들일 때에 서울에서는 해당 관부에서 대신에게 품의하고 계문하여 시행할 것이요, 지방에서는 수령이 감사에게 아뢰고 시행할 것이다. 매년 말에 모두 회록하여 계문한다. 각 고을에서는 연말에 감사에게 갖추어 보고하며, 감사는 회록하여 계문하고 해당 조에 장부를 보관한다. 감영, 병영, 통제영, 수영 등 여러 기관에서도 각기 상평창을 설치하고 법에 의해 양곡을 팔고 사들일 것이다. 지금 여러 고을에 흩어 보관해둔 환자곡을 적절히 헤아려 위로 이관시킨 외에는 그대로 본 고을 상평창의 비축미로 충당할 것이다.

○ 살피건대 '조糶'와 '적糴'이라는 글자의 의미는 본디 팔고 사는 것을 가리킨다. 쌀을 팔아서 물건을 사는 것을 조라 하고, 물건을 팔아서 쌀을 사들이는 것을 적이라 한다. 지금 우리나라 사람들이 모두 환자로 대여받는 것을 조, 환자를 갚는 것을 적이라 하고 있으니,

---

160 상평법 한(漢)나라 선제(宣帝) 때 경수창(耿壽昌)이 대사농중승(大司農中丞)이 되어 모든 변방 고을에 창고를 만들어두고, 곡식이 흔할 때는 비싼 값으로 사들이고 곡식이 귀할 때는 싸게 팔도록 한 방법이다.

그 글자의 본뜻을 알지 못하고 있다. 대체로 변방의 견문에 젖어서 이런 것이다.

상평창 관련 논의

안설

살피건대 고려 때 양경雨京[161]과 12목牧에 상평창을 설치하여 해마다 풍흉에 따라 양곡을 팔고 사들이는 일을 시행하였다. 백성에게 곡식이 남아돌면 가벼운 값으로 사들였고, 백성에게 양곡이 부족하면 비싼 값으로 방출하였다.[162] 본조의 『경국대전』에도 중앙과 지방에 상평창을 설치하여 곡식이 귀하면 값을 높여서 포를 사들이고, 곡식이 흔하면 값을 낮추어서 포를 팔도록 했다. 지금은 단지 서울을 빼놓고 8도에서는 한 고을도 시행하는 곳이 없으니, 이는 나라의 법전에 어긋나는 것이다.

살피건대 환자[還上] 제도는 사람들에게 이로움이 없다고는 말할 수 없으나 그 이로움은 심히 적고 그 해로움은 심히 크다. 지금 백성이 살 곳을 잃어버릴까 걱정하고 탄식하는 것은 대체로 환자의 폐해가 그렇게 만든 것이다. 이는 왕안석王安石의 청묘전青苗錢[163]과 비교해봐도 그 폐해가 다르지 않다. 소철蘇轍은 청묘법에 대해서 이렇게 말했다.

"백성에게 돈을 빌려주면 나가고 들어오는 사이에 아전들이 농간을 부리더라도 법으로 금할 수 없으며, 돈이 백성의 손에 들어갔다 하면 아무리 선량한 백성이라도 이치에 맞지 않게 쓰는 일을 면하기 어렵다. 그 돈을 반환할 때가 되면 아무리 부자라도 기한을 어기기 쉬우니, 이렇게 되면 반드시 형벌을 가하게 되어서 주·현에서는 일이 많아진다. 당나라 유안劉

---

161 양경 개경(개성)과 서경(평양)을 지칭하는 말.
162 『고려사』 권34.
163 청묘전 왕안석의 신법 중 하나인 청묘법을 가리킴. 매년 봄가을에 관에서 돈을 빌려주고, 가을에 돈이나 곡식을 받아들인 제도.

晏[164]이 국가 재정을 맡았을 때, 일찍이 대여하는 법이 없어서 원망하는 자들이 있자, 유안이 말했다. '백성이 요행으로 돈을 얻게 되면 나라에 복이 될 것이 없고, 관리로 하여금 법에 따라 독촉하게 하면 백성에게 편익이 될 수 없다. 내가 비록 대여를 하지 않더라도, 사방 각지의 풍흉에 따른 곡가의 비싸고 헐함을 일찍이 챙기지 않은 적이 없다. 곡식이 흔하면 필히 사들이고 곡식이 귀하면 필히 판매하였다. 이렇게 해서 사방 각 지역에 아주 귀하고 아주 흔하게 되는 병폐가 없어졌다. 어찌 대여할 필요가 있겠는가?' 유안이 말한 것은 한나라 때의 상평법이다."

참으로 상평법을 이와 같이 시행한다면 이보다 좋은 제도는 없다. 또 소식蘇軾은 이렇게 논했다.

"청묘법으로 돈을 방출하는 것은 예로부터 금하였는데, 지금 비로소 그것을 법으로 정하여 매년 꼭 시행하고 있다. 비록 억지로 배정하지 않는다고 하나, 이는 헛된 조문條文이다. 설령 실제 억지로 배정하지 않는다 해도, 그 사이에 쓰겠다고 원하는 민호는 으레 고단하고 가난하여 갚을 수 없는 사람일 터이니, 집안이 여유가 있으면 어찌 관청과 거래를 하려고 하겠는가? 갚지 못해 벌을 받기에 급해지고 보면 달아나는 데로 이어지고, 사람이 달아나고 나면 이웃 사람에게 받아내는 것은 형세상 필연적인 일이다. 저 상평법은 또한 지극한 방도이다. 지키는 바는 간략하지만 미치는 바는 광범하다. 가령 1만 가家의 고을에 1000곡斛의 곡식이 있다면, 곡식이 귀할 때 1000곡이 시장에 있어서 물가가 저절로 고르게 된다. 한 시장의 값이 고르게 되면 한 나라의 식량이 저절로 풍족해지니 바가지를 들고 구걸하는 폐해가 없고 이정里正이 백성을 몰아치는 노고도 없을 것이다. 지금 만약 청묘법으로 바꾸어서 집집마다 1곡을 빌려주면, 1000호 밖에 누가 그 주림을 구해줄 것인가? 상평으로 관에서 운영하는 돈이 적다고 걱정하

---

164 유안 중국 당나라 숙종 때 인물. 안사(安史)의 난(안녹산安祿山의 난)으로 궁핍해진 국가 재정을 회복하는 데 공이 있었음.

여 저 법을 버리고 이 법을 만들면 잃는 바가 더욱 많으며 관은 관대로 결손이 나고 백성은 백성대로 피해를 입게 된다. 이때 와서 후회한들 어떻게 할 것인가."

지금 살펴건대, 소식의 다른 논설은 실로 타당성을 잃은 것이 많으나, 이 말은 실정에 매우 절실하니, 참으로 만세의 통론通論이다. 오늘날 환자법의 해독은 희녕熙寧[165] 연간보다 더 심할 뿐 아니라, 적폐가 수백 년 동안 쌓였음에도 더욱더 행하려고 들면서 변통할 줄을 모르니 무엇 때문인가?

청묘법에서 억제하지 않는다는 것이 비록 헛된 조문이라고 하나, 그래도 그 청묘법에서는 원하는 대로 하여 억지로 배정하지 않았다고 한다. 지금의 환자로 말하면, 이 법을 제정할 때부터 벌써 억지로 배정하였으니 다시 논할 것도 없다.

또 한위공韓魏公[166]이 청묘법에 대하여 논한 말이 있다.

"신臣이 청묘법에서 돈을 방출하라는 조서를 살펴보건대, 거기에는 가난한 백성에게 은혜를 베푸는 데 중점이 있어서 그들의 유력자들이 겸병을 하거나 어려운 것을 이용하여 많은 이자를 요구하지 않도록 하려는 것이요, 관가에서는 이자를 받아내려고 하는 것이 아니었다. 지금 조문에 향호鄕戶 1등 이하는 모두 바로 돈 100관貫을 빌려가도록 하고, 3등 이상은 다시 더 빌려갈 수 있도록 하였다. 상등호上等戶는 곧 종래의 유력자인데, 지금 많이 1000관을 빌려가도록 하고 1300관을 바치도록 하면, 이는 관청에서 돈을 놀려서 이자를 취하는 것이다. 또 조문에 비록 억지로 누르는 것을 금한다고 하였으나 상호上戶를 택하여 우두머리[甲頭]로 삼아 임명한다고 하였다.

165 희녕 북송 신종 때의 연호(1068~77). 왕안석이 청묘법을 실시하던 시기이다.
166 한위공 북송 때의 유명한 재상인 한기(韓琦). 위공은 위국공(魏國公)의 준말로 그의 봉호. 왕안석의 반대파 인물이었다.

백성은 어리석어 멀리 생각지 못하기 때문에 청할 때는 매우 쉽고 갚을 때는 매우 어려워진다. 그러므로 법령이 발표된 후부터 위아래가 모두 두렵고 의혹을 갖게 된다. 모두들 이르기를, '만약 억지로 배정하지 않으면 상호는 필시 청원하지 않고 하호下戶와 먹고살기 어려운 객호客戶들은 청원을 하더라도 필시 바치라는 독촉을 받게 되면 견디기 어려울 것이다. 그것을 받아내려면 반드시 형벌을 가하고 독촉을 하거나, 관련된 서수書手[167]와 전압典押[168]과 기호장耆戶長[169]을 억눌러서, 이웃에 고루 배정하여 물리는 일이 있게 된다'고 한다.

지난해에 하북河北지방이 풍년이 들어서 쌀이 1두斗에 70~80전錢에 불과하였는데, 만약 이때를 이용해서 많이 거두어들였다가 귀할 때를 기다려 방출했다면 옛 제도에 부합하여 결함이 없을 뿐만 아니라 아울러 백성이 실제로 은혜를 입게 되며 또한 족히 그 나머지 이익을 얻을 수 있었을 것이다. 지금 여러 창倉이 바야흐로 곡식을 사들이려고 하는데, 제거사提擧司가 벌써 그것을 급히 중지시키고 있다. 그 뜻은 사들이려는 돈을 돌려서 청묘전으로 삼으면 3분의 1을 이자로 얻어서 자기의 공로로 삼을 수 있기 때문이다. 어느 겨를에 이 백성의 오랜 우환을 돌볼 수 있겠는가?

예를 들어, 섬서陝西에서 이 법을 시행했더니 관에서도 이득이 있고 민에서도 편리했다고 한다. 이는 전운사轉運司에서 군량미에 결손이 있던 터에 마침 겨울부터 봄 사이에 비와 눈이 적절히 내리고 밭에 보리 싹이 잘 자라 풍년이 예상되었기에 일시에 시행해서 성과를 본 것이다. 지금 담당 관서를 설치해서 매년 시행할 법으로 삼으려고 하는데, 어찌 섬서 지방에서 일시적으로 시행해본 것과 비교할 수 있겠는가?"

---

167 서수 향서수(鄕書手). 주로 잔글씨를 쓰는 일을 맡았던 하리(下吏).
168 전압 감옥의 관리를 맡은 아전.
169 기호장 기장(耆長)이라고도 한다. 차역(差役)의 일종으로 도적을 체포하는 일을 맡았다.

사마온공司馬溫公[170]이 여혜경呂惠卿과 더불어 황제 앞에서 청묘법에 대해 다음과 같이 논하였다.

"사마온공이 말하기를

'청묘법으로 이잣돈을 방출하는 것은 평민 사이에서 하더라도 하호下戶를 뜯어먹어서 주림과 추위 속에 떠돌게 만들기 쉬운데 하물며 지방관이 법도로써 억누르는 데야 말할 수 있겠는가?'

라고 하자, 여혜경이 대답하기를

'청묘법은 원하는 자에게 주고 원하지 않는 자에게는 강제하지 않는 것이다.'

라고 하자, 사마온공이 이렇게 말했다.

'어리석은 백성은 돈을 얻는 것이 좋은 줄 알지 그 돈을 갚는 때의 피해는 알지 못한다. 지방관만 강제하지 않는 것이 아니요, 부민 또한 강제하지 않는다.'

황제가 '섬서 지방에서 이를 행한 지 오래되었으나 백성이 해롭게 여기지 않고 있다'라고 하자, 사마온공이 이렇게 말했다.

'저는 섬서 사람인데, 그 제도가 해가 되는 것을 보았지 이로운 것은 보지 못했습니다. 조정이 애초에 허용하지 않았을 때에도 담당관이 백성을 해롭게 하였는데, 더구나 법으로 허용하면 어떻게 되겠습니까.'"

두 분의 말이 매우 분명하니, 그 이로움과 해로움은 알기 어렵지 않다.

문

오늘날 환자 제도는 그 폐해가 많다고 하지만, 백성의 궁핍을 구제하는 데 도움을 주는 바가 없지 않다. 만약 완전히 폐지하면 어떻게 될지 알 수 없다.

---

170 사마온공 중국 북송 때의 사마광(司馬光, 1019~86). 온공은 그가 온국공(溫國公)에 봉해졌기 때문에 붙은 칭호. 구법당의 대표적인 존재. 『자치통감(資治通鑑)』을 편찬했다.

답

만약 상평법이 없다면 환자 제도를 폐기하기 어렵다고 하겠으나, 상평법이 있으니 환자 제도의 폐기는 이해로 보아 의심할 것이 없다. 대개 환자 제도는 이로움은 적고 해로움은 크며, 상평법은 이로움은 있고 해로움은 없으며, 편리함은 있고 폐해는 없다. 나라를 위해서 이로움이 있고 해로움이 없는 것을 버리며, 이로움이 적은 것을 취하고 해로움이 큰 것을 취하는 자를 어찌 지혜롭다고 하겠는가? 환자 제도는 비록 '백성의 궁핍에 도움을 주는 점이 없지 않다'지만, 먼저 기일에 앞서 백성에게 준 뒤에 책임지고 갚도록 하니, 형벌을 엄하게 가해서 바치도록 몰아치지 않을 수 없다. 이에 이정里正과 서리胥吏들이 독촉하고 다그쳐 읍내와 마을에 소란스러운 폐해가 있고, 관에서 나가고 백성이 받아들일 때에 결손이 많이 발생하는 폐단이 있고, 소원을 묻지도 않고 억지로 배정하는 폐단이 생기고, 가난한 백성이 도망을 하여 친족과 이웃에 대신 받아내게 하는 폐단이 있고, 아전들이 간활을 부려 백성이 거짓으로 받고 함부로 침탈을 당하는 폐단이 있는 등, 일어나는 백 가지 폐해는 일일이 다 들 수도 없다. 이 때문에 잡혀서 갇힌 자가 감옥에 가득하고 온 경내로 채찍질·매질을 해대는 데 이르니, 한갓 사람을 화禍의 그물에 잡아넣을 뿐 백성을 이롭게 하는 본뜻은 도무지 없다. 백성은 본래 아무 일이 없었는데 해마다 피해를 보고, 관은 본래 아무 일이 없었는데 해마다 소란이 일어나니 이 어찌 좋은 법이겠으며 이 어찌 백성의 부모 된 뜻이 되겠는가. 상평법으로 말하면, 풍년에도 농민을 해롭게 하지 않고 흉년에도 백성을 해롭게 하지 않아 위아래 모두 이롭고 공사 모두 폐해가 없으니, 제도의 좋은 것은 이보다 나은 것이 없다.

환자 제도로 해마다 받아들이는 곡식은 본디 민가에서 저장해야 할 곡식이요 여유분을 두어 흉년에 보충하려는 것이 아니다. 한갓 일만 번거로워지며 백성의 재물을 축내고 관리들의 간활함만 길러줄 뿐이니 실로 공사 간에 이로움이 없다. 이해가 이와 같은데도 사람들이 당장 없애야 한다는 데에 많이 의심을 갖는 것은 기왕에 습속처럼 이뤄진 데 익숙하여 눈앞의 문제에 어두워졌기 때문이다. 옛날 제도에 환자가 있다는 말을 들어보지 못했다. 옛날에 요동지역에도 환자가 없었지만 백성이 모두 넉넉하여 풍요로움을 즐기고 굶주리는 사람을 구제해주었으니, 환자 제도가 없는 편이 오히려 효과가 있음을 이를 통해서 볼 수 있다. 지금 서울에는 환자 제도가 없는데, 만약에 환자를 설치하게 되면 서울의 관청은 번거로워지고 백성은 피해를 입게 될 터이니, 장차 어찌할 것인가? 사창의 제도로 말하면 지금 마을 안의 계곡契穀[171]과 같기 때문에 유익함이 있고 백성에게 편한 것이다.

문

환곡은 군용으로 쓰기 위한 것이다. 만약에 환자곡이 없으면 군량미가 필요할 때 어떻게 대처할 것인가?

답

조세로 본 고을에 남겨둔 것과 상평곡常平穀 모두 국가의 저축 아닌 것이 없으니, 환곡 또한 백성에게서 나오는 것인데 어찌 꼭 이 항목만 따로 징수하고 환자라는 이름을 붙인 후에야 군량이 될 것인가? 게다가 지금 환자란 매년 겨울 끝 무렵에 받아들이고 봄에 도로 지급을 하니 관의 창고에 머물도록 하는 것은 2~3개월에 불과하다. 말은 군량에 대비한다고 하나 실제는 군용에 대비하기 어렵게 되어 있다.

문

지금 여러 고을에 본 고을의 환곡이 있고 또 상급 기관의 환곡이 있어 그 수량이 점점 늘어나 백성이 받는 폐해가 더욱 심해졌다. 만약 이를 다 폐기하면 백성은 도탄에서 벗어날 수 있다. 다만 감사와 병사가 각 고을을 순회하여 당도할 때 써야 할 곳이 있을 텐데 어찌할 것인가?

---

171 계곡 계의 방식으로 운용하는 곡식. 이 경우 마을 공동체에서 자율적으로 운용하는 형태이다.

답

만약 그것이 공용에 관계된 것〔군사의 일로 시상을 하는 것 등〕이라면 본고을의 공적인 비축에서 응당 사용해야 할 재물 아닌 것이 없고, 본읍에서 조세로 남겨둔 것과 상평곡은 법전에서 사용하도록 허용하고 있는 것으로 연말에 회감하여 보고할 것이다. 만약 사적으로 사용하는 것이라면 감사와 병사는 본디 여러 고을에 사적인 비축이 있을 이치가 없다.

문

비록 환자법을 폐지한다 하더라도 흉년에는 백성에게 대여해야 할 터이니, 자연히 다시 환자가 있게 될 것이다.

답

만약에 일정하게 정해진 법이 없으면 흉년에는 다 구휼할 수 없는 경우 대여하게 될 것이다. 흉년에 구휼을 하는 것은 또한 마땅히 상평곡으로 나누어주되 일거리를 만들어 품삯으로 지급할 것이요, 기댈 데 없는 자에게는 거저 구휼하고 나서 농지를 빌려줄 수도 있다. 그러나 받아들이는 어려움은 한때에 그칠 것이요, 매년 시행이 되어 한없는 폐해를 일으키지는 않을 것이다.

창고에 곡식을 오래 쌓아두면 묵은 것은 새것으로 바꾼다는 규정이 있다 해도 민간에 억지로 배정하지 않을 수 없다. 이는 대개 곡식을 오래 놓아둘 수 없기 때문이다. 일찍이 상고해보건대 전하는 기록에 '옛날에 나라에는 9년의 비축이 있어야 한다'라 하였고,[172] 또 '곡식을 10년을 보관할 수 있다'라고도 했다.[173]

---

172 『예기·왕제』의 "나라에 9년의 비축이 없으면 부족하다고 하고, 6년의 비축이 없으면 급하다고 하고, 3년의 비축이 없으면 그 나라는 나라가 아니라고 하는 것이다. 3년을 경작하면 반드시 1년 치 양식의 비축이 있어야 하고, 9년을 경작하면 반드시 3년 치 양식의 비축이 있어야 한다[國無九年之蓄曰不足, 無六年之蓄曰急, 無三年之蓄曰國非其國也. 三年耕, 必有一年之食, 九年耕, 必有三年之食]"라는 대목을 염두에 두고 한 말이다.

우리나라 여러 고을의 창고에 있는 곡식은 대체로 오래 놓아둘 수 없다. 북쪽 땅은 남쪽과 차이가 있다지만 그래도 오래가지는 못하고, 남쪽은 몇 년이 못 가 모두 먹을 수 없는 것이 된다. 비록 토양의 기운이 낮고 습하기 때문이지만 또한 창고를 만든 방식이 허술하여 오래 보관할 수 없어서다. 무릇 창고를 지을 때 의당 그 지역의 높고 건조한 곳을 택하여 흙을 견고하고 치밀하게 쌓고 벽돌을 만들어 창고의 바닥을 2중 혹은 3중으로 깔아서 중국의 창고는 모두 이와 같이 되어 있다. 습기가 차는 것을 방지해야 한다."

오늘날 각 지방의 외창外倉[174]들은 더욱 형편없다. 공적인 비축이라고 하여 관에서 맡고 있으나 읍내 밖에 두어서 항상 공사 간의 폐해가 이루 다 말할 수 없는 지경이다. 난리를 만나고 보면 헛되이 버려진 것이 된다. 창고는 읍내에만 두고 지금의 외창은 마땅히 모두 없애야 할 것이다. 만약에 환자 제도를 폐지하면 이는 저절로 바뀔 것이다.

문

상평법은 참으로 좋은 제도이긴 하지만, 다만 혹 불행히 탐학한 관리가 물가의 고하에 따라 상관을 속이고 재물을 훔치면 어찌할 것인가?

답

이는 때에 관계되는 폐단이요 법의 폐단이 아니다. 그런데 탐학한 관리란 모두 사람들이 아는 것을 두려워한다. 지금 가격을 시장에 널리 알려 원근이 다 듣도록 하면, 아무리 속이려 해도 쉽지 않을 것이다. 설령 훔치고 숨기려 해도 국가가 재물의 손해를 입는 정도이지 백성에게 마구 해독을 끼치게 되지는 못할 것이다.

---

173 전국시대 소진(蘇秦)이 육국의 종약장(從約長)이 되기 전에 초(楚)나라 왕을 만나서 패왕(霸王)의 위업을 이룰 수 있는 강대국이라고 추어올리며 합종책(合從策)을 설득한 내용 중에 나오는 말이다.(『사기·소진열전蘇秦列傳』)

174 외창 각 고을에서 환곡 등을 보관하기 위하여 읍내 밖에 설치한 관용 창고.

문

상평법으로 쓸 때 혹시 곡식을 방출하게 되는 경우 공평하지 못해 부호에게 이익이 치우치면 어찌할 것인가?

답

이 문제는 지금 환자에서도 역시 그런 폐단이 있으니, 관장으로 있는 자는 응당 공명하게 고루 방출해야 할 것이다. 실로 관장 자신이 치우치거나 사욕을 부리는 경우 거기에는 법률이 있다. 지금 법전의 방납죄防納罪는 범한 자나 따른 자 모두 극히 엄하게 벌을 받게 된다. 대개 법이란 본디 적임자를 얻어서 시행되는 것이다. 혹시 비행을 저지르는 자가 있다면 조정에서는 발각되는 대로 처벌을 하고 다시 어질고 유능한 자를 택하면 될 것이다. 만약에 적합한 사람을 얻지 못한다는 것을 전제로 해서 제도를 논할 수는 없다.

사창

사창社倉은 사민士民들에게 알려서 각기 그 향鄕[175]에서 고법古法에 의거하여 건립할 것이다.

나라 안에 알려서 인사들에게 알아듣게 타이르고 각기 그 향에 사창을 건립하여 흉년에 대비하도록 한다. 만약에 자기 향에 설립하기를 원하는 자가 있다면 본관에게 공문을 올려 적당한 양의 상평곡을 대여받고, 기한을 여유 있게 십수 년으로 잡아서 이자로 받아들인 쌀이 넉넉하게 된 다음에 대여받은 수량을 상환할 것이다. 만약에 부잣집에서 쌀을 내어 사창의 기본으로 삼기를 원하는 자가 있으면 또한 편의대로 하고, 이자로 받아들인 쌀이 대여받은 수량이 되면 상환을 한다. 받아들이고 나누어주는 규약은 주자朱子의 사창 제도에 의거하되 변통을 할 경우 모름지기 그곳의 풍속을 참작해서 편의에 따라 규정을 만들기를 지금의 계契의 규약처럼 할 것이다. 규약이 만들어지면 관장에게 고해 인정을 받고 준수해나가되 향약과 합쳐서 한 항목의 일로 삼도록 한다. 향약의 구성원 중에 그 지역의

---

175 "곧 지금의 면." —원주

토착민이거나 들어와 사는 조관朝官이나 선비로 행실이 있고 부지런한 자를 택하여 그 일을 주관하게 하되, 향의 부로父老들과 공동으로 조치해간다. 본관은 다만 협조하여 일으켜줄 뿐이요 직접 간여하거나 관장하지 말 것이다. 사창 세우기를 원하지 않는 곳은 억지로 세우게 해서는 안 된다.

○ 사창을 설립하는 자에게는 창고를 지을 땅 1경을 지급해주고 거기에 해당하는 세와 병역을 감면해준다. 지급받은 곳에 창고를 짓고 난 나머지 땅의 호역戶役[176]과 세는 모두 본 창고에서 맡는다. 또 3부夫를 정해 복復[177]을 해주고 창고를 지키게 하며 집사執事의 일을 맡도록 한다. 만약에 그 향에 현재 사용하지 않는 외창이 있다면 아울러 그 시설을 그대로 사창으로 이용하도록 하며, 창고를 새로 짓는 경우 적당히 경부頃夫를 급여해서 그 일을 돕도록 한다. 무릇 사창에는 반드시 대청을 만들어 그 향에서 회의를 하거나 일을 처리하는 곳으로 이용할 것이다.

문

사창법은 실로 편리하고 좋지만 백성이 세우기를 원하지 않으면 어찌할 것인가? 세우더라도 향리에서 늘 적합한 사람을 얻기 어려워 제대로 운용하지 못해 실패하게 되면 어찌할 것인가?

답

조정에서 이미 명령을 내리고 수령이 성심으로 권유하여 침해를 받지 않게 되면 필시 응하는 사람이 있을 것이다. 사람들이 이익을 보고 고통을 당하지 않으면 그대로 제도가 될 것이다. 만약 적합한 사람을 얻지 못해 폐지되고 잘못되는 경우가 있다면, 이는 때에 관계되는 폐단이요 법의 폐단이 아니다. 설령 잘되거나 잘못되거나 하더라도 해마다 백성에게 해독을 끼치지는 않을 것이요, 백성이 해를 면하게 되면 안정이 되어 농사에 힘써 집집마

---

176 호역 가호를 대상으로 부과하는 부역.
177 "보포와 경부의 역을 면해줌." — 원주
    복復은 즉 복호復戶로, 호역을 면제해주는 것이다.

다 여유가 있게 될 것이다. 또 상평곡으로 백성에게 도움을 주면 흉년에도 살아나서 지금의 환곡 제도에 비할 바 아닐 것이다.

일찍이 상평법과 사창법 이 두 가지는 아울러 세우는 것이 아주 좋다고 생각하였다. 뒤에 전해오는 기록을 상고해본바 옛날 현인의 말씀에 "상평창은 주州·부府에 설치하고 의창義倉¹⁷⁸은 향鄕·사社에 설치한다"라고 했으니, 훌륭한 법이라고 하겠다. 이에 훌륭한 법은 고인들이 이미 말씀을 하신 줄 알겠으니 오직 거행하는 데 달려 있을 뿐이다.

구휼

○ 황정荒政은 옛날 법에 의거한다. 『주례周禮·대사도大司徒』에는 황정 12가지로 만민을 흩어지게 하지 않고 모여 살게 한다고 하였다.

1. 저장된 것을 나누어줌.[散利]
2. 조세를 가볍게 함.[薄征]
3. 형벌을 느슨하게 함.[緩刑] 백성이 춥고 배고픔에 쫓기면 죄를 범하기 쉽기에 형벌을 느슨하게 하는 것임.
4. 부역을 쉽게 함.[弛力]
5. 산림천택의 금지를 풀어줌.[舍禁]
6. 관문과 저자의 세를 면제해줌.[去幾]

---

178 의창 흉년 들 때 빈민을 구제하기 위하여 지방에 설치한 곡물창고이다. 장손평(張孫平)이 개황(開皇, 수隋 문제文帝의 연호. 581~600) 3년에 탁지상서로 있으면서 문제에게 주달하여 민간에서 매년 가을에 호당 속맥(粟麥) 1석 이하를 내게 해서 항간에 쌓아두어 흉년에 대비하도록 하고 이를 이름하여 의창이라 하였다.(『수서隋書·장손평열전長孫平列傳』)

7. 예절을 간소화함.[眚禮]

8. 상례喪禮를 모두 간소화함.[殺哀]

9. 악기를 쓰지 않음.[蕃樂]

10. 혼례에도 예를 다 갖추지 않음.[多昏]

11. 귀신을 찾기.[索鬼神] 제사를 폐지한 곳을 찾아서 지내도록 하는 것임.

12. 도적을 제거하기.[除盗賊]

『예기禮記·왕제王制』에 이렇게 나와 있다.

"나라에 9년의 저축이 없으면 '부족不足'이라 하고, 6년의 저축이 없으면 '급急'이라 하고, 3년의 저축이 없으면 '나라가 나라가 아니다'라고 한다. 3년을 경작하면 필시 1년분의 식량이 남고, 9년을 경작하면 필시 3년분의 식량이 남게 된다. 30년을 통해서 아무리 가뭄과 홍수의 재해가 있다 하더라도 백성이 굶주린 기색이 없어야만 천자가 식사할 때에 매일 음악을 연주하는 법이다."

또 『예기·옥조玉藻』에 이렇게 나와 있다.

"흉년이 든 해에 천자는 소복素服을 하고 소거素車를 타고 식사 때 음악을 연주하지 않는다."

『춘추호씨전春秋胡氏傳』에 이렇게 나와 있다.

"옛날에 재난을 구제하는 정사가 있었다. 나라에 흉년이 들면, 창고를 열어 진휼하거나 곡식을 옮겨 상통하게 하거나 백성을 이주시켜 먹게 하거나 죽을 쑤어서 굶주린 자들을 구제하거나 공사를 일으켜서 실업한 사람들을 모아 일을 하게 한다. 또 형벌을 완화하고 금지를 풀어주며 부역을 중지하고 부세를 줄여주며 귀신을 찾아 모시고 도적을 없애며, 활쏘기를 연기하고 연회를 중지하며 궁정 안의 도로를 정비하지 않고 예물을 줄여서 구비하지 않

308

았다. 비록 가뭄과 홍수가 심하더라도 백성은 굶주린 기색이 없었다. 재난에 대비하는 바가 이와 같이 지극했던 것이다."

안설

살피건대 하늘과 사람의 기운은 실로 서로 감응을 하니, 사람이란 천지의 마음이다. 그러므로 기운이 조화되는 것과 어긋하는 것에 사람이 감응하게 된다. 옛날에 위에 있는 사람이 정사를 잘 처리하고 가르침을 밝게 펴면 백성은 기뻐 복종하였고, 탄식하고 근심하는 마음이 없으면 바람이 순조롭고 기운이 고르게 되어 저절로 수재와 가뭄, 병충해, 서리의 피해 등이 없었다. 또한 농사에 힘쓰고 절약하며 관이나 민간의 축적이 본디 잘 준비되어 있으면 불행히 흉년을 만나더라도 흉년 구제에 힘을 다해서 진심으로 구휼을 하기 때문에 백성이 굶주려 떠도는 우환이 없었다.

『주례』의 흉년 구제 12조목에 맨 먼저 '산리散利'와 '박정薄征'이 나와 있다. 산리는 공적으로 저장된 재물을 나누어주는 것이고, 박정은 백성의 조세를 경감해준다는 뜻이니, 이것이 흉년 구제의 기본 방향이다. '형벌을 느슨하게 하는 것[緩刑]' 이하의 10개 조목은 모두 흉년에 백성을 구제하는 요점이요 급무이다. 비록 그러하나 필히 성심으로 하고 또 필히 때에 맞추어서 한 다음에라야 실질적인 혜택이 백성에게 미칠 것이다.

또 살피건대 굶주리는 백성을 모아 공사를 일으키는 일은 진휼의 긴요한 방법이다. 상례대로 비축한 곡식을 풀거나 의지할 데 없는 노약자들에게 거저 지급하는 외에는 의당 이 법을 겸하여 써서 진휼을 할 것이다. 관에서 재물을 일시적으로 나누어주는 것이 아니라 장기적인 효과를 거둘 수 있으며, 그 일로 먹을 것을 얻는 백성 또한 일시의 도움을 받고 뒤에 갚아야 하는 걱정도 없으니, 공사 간에 양쪽 다 이로운 것이 이보다 좋은 것이 없다. 이렇게 하지 않으면 창고를 열더라도 가난한 백성은 얻어먹지 못하는 사람이 많을 것이요, 얻어먹더라도 빚을 져서 달아나면 후에 다른 사람들까지 피해를 입는 것을 면할 수 없을 것이다.

공사 가운데 농전農田의 수리 사업은 가장 중요한 일이다. 이런 일은 백성을 위해 멀리 생각하는 사람이라면 일을 당해서 자연히 알 수 있을 것이다.

문

흉년에 조세와 부역을 면제해주는 것은 옛날의 제도이다. 지금 도리어 공사를 일으키려 하는 것은 무엇 때문인가?

답

지금 말하는 것은 백성에게 부세를 내도록 하고 인력을 조발하는 것이다. 그런 것을 면제해주지 않으면 백성은 굶어 죽을 것이다. 창고를 열어 식량을 지급하고 백성을 모집하여 공사를 하는 것은 굶주린 백성을 구제하고 이로움을 일으키는 일이라 일거양득이다. 이야말로 선왕의 훌륭한 제도이다. 이 또한 「전제고설 하」에 나온다.

문

흉년의 군정軍政 또한 변통을 해야 하지 않겠는가?

답

흉년의 재난이 심하지 않으면 응당 평상시의 법을 바꾸지 말 것이다. 전세와 녹봉은 감하거나 줄인다 하더라도, 군정에 있어서는 변통을 말아야 한다. 만약에 큰 흉년이 들면 서울과 지방의 번군番軍에게 번의 기간을 반으로 줄여준다. 한 번 서는 번의 기간을 둘로 나누면 한 사람이 1개월을 서게 된다. 그런즉 번을 서는 기간은 평상시에 비해서 반을 줄여주는 것이 된다. 보인保人에게 거두는 것 또한 반(즉 6두斗)을 감해주는 것이 좋다. 변방의 중요한 지역이어서 군사를 줄일 수 없는 경우, 마땅히 창고에서 2달의 급료를 보충해 줄 것이다. 기병, 속오군 등도 활쏘기와 진법 연습의 반을 중지할 것이다. 활쏘기와 진법의 연습을 중지하게 되면 보인에게 거두어들이는 것 또한 반으로 줄여준다.

제언

○ 제언堤堰은 수령이 매년 봄과 가을에 관찰사에게 보고하고 수축할 것이요, 신축하는 곳은 임금께 아뢸 것이다.[179]

무릇 제언을 수축하거나 신축하게 되면 그 공사에 몇 명이 들어갈 것인가를 계산한 후에 경부頃夫를 조발하여 쌓을 것이다. 흉년에는 곡식을 풀어 백성을 모집하여 쌓도록 한다.

○ 제언의 내부와 외부에 나무를 많이 심어서 터지거나 무너지지 않도록 한다. 제언의 수목을 베는 자는 장杖 80대에 처하며, 마음대로 제언을 경작하는 자는 장 100대에 처하고 온 가족을 변경으로 추방하며 경작해서 얻은 이득은 모두 관으로 몰수한다.

예로부터 민생에 크게 도움이 되는 것은 수리水利만 한 것이 없다. 전부터 있었던 제언으로 지금 황폐해져서 복구를 해야 할 곳이나 옛날에 있었던 것은 아니라도 많은 백성에게 이로움이 있어 새로 축조하기에 알맞은 곳은, 관찰사가 각 고을의 수령에게 명해 직접 답사하여 보고하도록 하고 또한 백성이 문서를 올리는 것도 허용한다. 그런 다음 그 이익의 크고 작음, 공역工役이 얼마나 들 것인가를 직접 심사한 다음에 법에 따라 인부를 동원하여 축조를 한다. 혹 진휼을 해야 할 때라면 곡식을 지급하고 백성을 모집하여 축조한다.

지금 보건대 김제의 벽골제碧骨堤,[180] 고부의 눌제訥堤,[181] 익산과 전주 사이

---

179 '신축하는 곳은 임금께 아뢸 것이다'라는 구절은 주해 부분에 들어 있으나, 내용으로 미루어 본문에 이어 번역하였다.
180 "전라도, 충청도의 이름을 호남·호서라 한 것은 이 벽골제에서 유래한 것이다." ──원주

의 황등제黃登堤[182]는 제언으로서 규모가 커서 한 지방에 크게 이익을 끼치는 곳이다. 예전에 온 나라의 힘을 다해서 축조를 한 것인데 지금은 다 폐해지고 말았다. 그런데 무너진 곳은 수십 장丈에 불과해서 거기에 들어갈 인력을 계산해보면 1000명이 10일 정도 하는 작업량에 불과하다. 처음 쌓을 때와 비교해보면 1만분의 일도 되지 않을 텐데, 한 사람도 나라에 건의하는 자가 없으니 매우 안타까운 일이다. 만약에 이 세 곳의 제언을 1000경頃의 물을 저장하는 저수지로 만들면, 노령 이북은 영구히 흉년이 없어져서 호남지역이 중국의 소주蘇州·항주杭州에 비견될 수 있을 것이다. 노령 이북이 영구히 흉년이 없어지면 온 나라에 오래도록 크게 이익이 될 것이다. 우리나라의 조세는 호남에서 나오는 것이 반을 차지하고 있다.

국가의 재정을 담당한 자는 마땅히 깊이 생각해야 할 바이다. 이밖에 부안의 백석곶白石串, 광주의 경양지景陽池,[183] 밀양의 수산제守山堤,[184] 평양의 □□ 등, 이와 같은 곳도 모두 마땅히 조사해서 수축을 해야 할 것이다.

벽골제는 전라북도 김제군 부량면(扶梁面)에 있었으며, 현재는 석조수문(石造水門), 기념비 등이 남아 있다.

181 눌제 지금의 전라북도 정읍군 고부면(古阜面) 안에 있었음. 『신증동국여지승람(新增東國輿地勝覽)』의 고부군(古阜郡) 산천(山川)에 눌제천(訥堤川)이 보이고, 또 고적(古跡)에 눌지(訥池)가 보이는데, 그 주에는 "고을 서쪽에 있었는데, 지금은 폐하여 전지(田地)로 만들었다"라고 되어 있다.

182 황등제 전라북도 익산시 황등면에 있는 제방.

183 경양지 광주에 있었던 큰 제언. 원문에는 '경양지'라는 글자가 빠져 있는데 내용상으로 보아 보충한 것임. 경양지는 근래에까지 축소된 규모로 남아 있었는데, 1930년대와 1960년대 말 두 차례에 걸쳐 매립되면서 현재는 사라졌다.

184 수산제 경상남도 밀양 수산현에 있는 저수지로 제방의 길이는 728보(步)이고 둘레는 20리가 되며 벽골제·의림지(義林池)와 함께 우리나라 3대 저수지로 불린다.

수목

○ 백성의 집에는 뽕나무나 과일나무 등을 심도록 하며, 심지 않은 자에 대해서는 처벌을 한다.

양반이나 서민을 따지지 않고 각기 뽕나무 및 대추, 밤, 감, 배 등과 여러 가지 과일나무들을 토질에 맞게 심도록 한다. 매년 봄에 수령은 검사를 하여 각기 가지고 있는 터가 2묘畝 반인데 5주株가 되지 못하거나 5묘 이상인데 10주가 되지 못하면 벌을 준다. 매호에 벌은 한 사람이 하루 동안 관의 부역을 하는 것으로 한다.

○ 시전市廛으로 빈 땅이 없는 곳이나 바닷가로 나무가 자랄 수 없는 곳, 그리고 새로 이사 와서 3년이 되지 못한 자에 대해서는 처벌하지 않는다. 옻나무[漆]나 닥나무[楮], 대 등을 많이 심은 자 또한 벌을 주지 않는다.

이 법령이 처음 시행될 때에 과일나무를 많이 심어 잘 가꾼 민호가 있으면 수령은 권장하는 뜻에서 상을 주는 것도 좋다. 상은 상평곡이나 상평전을 주거나, 혹은 경부頃夫의 역을 면제해주는 식으로 한다.

지금 과일 등은 으레 그것이 나는 곳을 장부에 올려 바치도록 해서 관에서 쓰고 있다. 그런데 백성이 거두는 것이 관에서 가져가는 양을 채우기에도 부족하며, 그 나무가 없어졌더라도 계속 바치도록 독촉해 마지않아 대대로 내려오는 부역처럼 되었다. 백성은 그 괴로움을 견디기 어려울 지경이다. 그래서 민간에서는 과일나무를 심지 말라고 경계하며 혹 저절로 나는 것이 있다고 해도 부리나케 뽑아버리고는 관가에서 알지 않을까 겁을 낸다. 대동법을 시행해서 관에서 소용되는 기름이나 꿀, 과일 등은 자연히 그 값이 배정되어 있어 응당 시장의 가격에 따라 사서 쓰게 될 것이다. 반드시 먼저 전의 폐단을 철저히 고친 연후에 이 법을 시행할 수 있다. 조금이라도 침학하여 징수하는 일이 없고 또 법으로 권장을 하게 되면 백성은 과일나무 심기에 힘써서 저마다 각기 대대로 이익을 얻을 것이다.

동·서의 잠실蠶室[185]에서 뽕나무를 재배하는 것, 장원서掌苑署의 여러 과원에서 과일나무를 심는 것 및 도성 안팎의 벌목을 금하는 것, 그리고 지방의 산에 출입하는 것을 금지하고 벌목을 금지하는 등의 일은 모두 법전에 따라 시행할 것이다.『경국대전』에 자세히 나와 있다.

각 관아의 관사 내에 나무를 심되 오동나무, 괴목나무〔괴목나무는 두 종류가 있는데 모두 심을 수 있다〕, 은행나무, 소나무, 잣나무, 버드나무, 뽕나무, 과일나무 등 모두 30그루 이상을 심어서 장부에 올리고 가꾸도록 한다.

무릇 나무의 그루 수는 공조工曹에서 매년 봄에 장부에 올리고 이 수를 채우지 못한 경우 해당 관원을 처벌한다. 공조와 본 관아의 관원이 공동으로 검사하여 만약 베이거나 훼손된 것이 있으면 벌을 주고 베어버린 자는 거기에 해당하는 나무를 대신 심도록 한다.

○ 무릇 과일 종류는 각기 그 관아에서 이용하며, 공조와 장원서에서 손대지 못하도록 한다. 재목 종류도 마찬가지이다. 지방의 관청에 있는 것은 상급 기관에서 역시 손을 댈 수 없다.

각 고을의 관아에는 오동나무, 괴목나무, 은행나무, 소나무, 잣나무, 버드나무, 뽕나무, 과일나무 등을 모두 100그루 이상 심어서 장부에 올리고 가꾼다.

각 고을에서 토질에 따라 적합한 나무를 심는다. 관찰사는 매년 장부에 올리고 정해진 수량을 채우지 못하는 경우 그 수령에게 벌을 준다.

○ 괴목나무·은행나무·소나무·잣나무·버드나무 등을 또 성 내외의 관도官道 양쪽에 나

---

185 동·서의 잠실 동잠실은 지금 서울의 잠실 일대를 말하며, 서잠실은 1420년 세종이 부왕인 태종을 위해 고쳐 지은 연희궁에 설치한 잠실도회(蠶室都會)를 세조가 서잠실이라고 한 데서 유래한다. 동잠실과 서잠실 사이에 있는 현재 잠원동에 나중에 신잠실이 생겼는데, 이 세 곳을 삼잠원(三蠶院)이라고 했다.

란히 심고 가까이 사는 사람에게 보고 지키도록 분부하고, 만약 베는 자가 있으면 죄를 다스리고 그 나무를 대신 심도록 한다.

○ 관부에 동산을 만들 만한 곳이 있으면 동산을 만들어 과일나무·옻나무·오동나무·가래나무·소나무·대 같은 것을 심게 한다.

○ 또 닥나무밭·왕골논·약초재배전을 만들게 한다.[186] 또 신우대는 생산되는 곳에 가꾼다.[187] 모두 장부를 작성하여 본 도道와 본 고을에 두며 관찰사가 순회할 때에 이를 검사한다.

이 또한 관에서 먼저 실시한 다음에 백성에게 시행하도록 한다.

우리나라의 닥나무는 종이를 만들기에 적합하지만, 무겁고 털이 일어나서 왜닥나무처럼 가볍고 광택이 나며 치밀하지 못하다. 일상으로 인쇄한 서책에 지금 더러 전하는 것이 있는데 왜닥나무로 만든 종이가 많이 있어 지극히 보배로우나, 지금은 점차 다 없어지고 있다. 일찍이 듣건대, 조종조에서 역대의 여러 임금들이 그 종자를 구해 번식시키려 하여 지금 남방의 바닷가에 더러 있다고 하나 사람들이 널리 심을 줄 모르고 있다. 여러 고을들에 모두 그것을 심고 백성에게 권유하여 널리 심도록 하는 것이 좋다.

이는 백성에게 많이 심도록 권유할 뿐이요, 꼭 처벌할 것은 없다. 의당 국가에서 항상 받아들이는 책 만드는 종이 중에 그 부분의 수량을 정해 값을 후하게 주고 사들이도록 한다. 이와 같이 하면 인쇄하는 책이 정교하고 촘촘하게 될 뿐 아니라 오래 지나면 자연히 그것을 많이 심게 될 것이다.

○ 예전에 백성이 사용한 것은 명주·삼·칡·거친 베였고, 고려 말에 비로소 면화씨가 들어와서 점차 8도에 퍼져서 백성이 크게 도움을 받게 되었다. 지금 보건대, 면포의 이득은 삼베에 비해서 10배도 넘는다. 무릇 물자가 이로움을 일으킬 수 있는 것은 모두 이와 같다.

---

186 "심을 수 있는 곳에 모두 심는다." ─ 원주
187 "신우대는 한 해를 경과해서 베어 쓰며, 또 땅을 골라 옮겨 심는다." ─ 원주

권4

전제후록 하

田制後錄 下

화폐

동국통보 제작

돈을 통용할 것이다.

무릇 돈은 두석豆錫으로 주조한다.[1] 그 모양은 둥글고 구멍은 모나며 무게는 1돈[錢]이 되게 하고 '동국통보東國通寶'라는 글자를 넣는다. 지금 중국에서 통용되고 있는 돈과 같게 하되 정밀하고 보기 좋게 테두리는 둥글게 하고 들어가는 글자는 단정하고 분명하게 할 것이다. 처음 주조할 때에는 혹 지금의 예에 따라 도감을 설치하더라도 오랜 뒤에는 그대로 사섬시司贍寺에 위임하여 돈을 주조하는 일을 전적으로 관장하도록 한다. 여러 종류의 돈을 만들지 말고 오직 단일 품종으로 주조하여 통행하도록 할 것이다.

○ 전국의 경상적인 세수는 400만~500만 곡斛이니 주조하는 돈의 양은 10만~20만 관貫이 되어야만 통용할 수 있다. 만일 700만~800만 관을 주조하는 데 이르면 골고루 넉넉하게 쓰일 수 있을 것이니 이후로는 다시 상시 주조할 것이 없다.

지금 중국에서 통용되는 여러 돈을 상고해보건대, 개원통보開元通寶[2]는 대략 무게가

---

1 "두석은 본래 구리를 녹여서 만든 것이다. 무릇 놋쇠, 주석 종류를 옛날에는 통칭 '동(銅)'이라 불러왔다." —원주
　두석은 놋쇠를 가리키는데 당시 돈을 만드는 재료였다.
2 개원통보 개원(開元)은 당나라 초기의 연호(713~41)로, 이때 주조된 금속화폐이다.

9푼, 원풍통보元豐通寶[3]는 7푼, 가우통보嘉祐通寶[4]는 8푼, 천희통보天喜通寶[5]는 1돈, 만력통보萬曆通寶[6]는 1돈 2푼, 숭정통보崇禎通寶[7]는 8푼이다. 그런데 개원통보는 시간이 오래됨에 따라 마모가 많이 되었는데, 필시 당초에는 1돈의 무게였을 것이다. 예로부터 지금까지 개원통보의 무게가 가장 적절하여 영구히 통용할 수 있다고 한다. 살피건대, 『당서·식화지』에 개원통보의 무게는 1돈이라고 나와 있다. 두우杜佑[8]는 이르기를, "1냥은 24수銖이다. 지금의 저울로는 눈금 하나가 옛 저울에 비해 3배가 된다. 지금 돈은 옛 저울로 달면 7눈금 이상이다. 옛날 오수전五銖錢[9]에 비해보면 두 눈금 이상이 더 많다"라고 하였다. 그렇다면 지금의 저울은 당나라 때의 저울과 같다. 지금의 저울로는 1돈쭝으로 정하는 것이 타당하다.

돈은 비록 물화를 유통하도록 하는 권한을 가진 것이기는 하나 필히 주조하기를 정밀하고 보기 좋게 한 연후라야 멀리 통행할 수 있다. 우리나라는 제조하는 것이 모두 거칠다. 지난번에 기관을 설치해서 주조한 돈이 매우 조악해서 가소로울 지경이었다. 일찍이 세종조를 보건대 대체로 제조한 것이 극히 정묘하지 않은 것이 없어서 중국의 제품을 능가할 정도였다. 이 역시 세도世道의 성쇠에 관계된 것이다. 지금 돈을 제조하려면 응당 장영실蔣英實과 같은 사람을 찾아서 주조하는 일을 전적으로 감독하도록 하며 훌륭한 공인을 모집하여 정교하게 되도록 힘써야 할 일이다. 보조 공인들 역시 주 공인으로 하여금 직접 택하도록 하며 모두 급료를 넉넉히 주고 오래도록 일을 맡도록 해야 한다. 지금처럼 하지 말고 관원들에게 맡겨서 아래에서 기획해 실행하도록 함으로써, 위로부터 아래에 이르기까지 단계마다 일이 이루어지는 것을 맡겨두고 때에 따라 성과를 평가하여

3　원풍통보 원풍(元豐)은 북송 신종(神宗)의 연호(1078~85)로, 이때 주조된 금속화폐이다.

4　가우통보 가우(嘉祐)는 북송 인종(仁宗)의 연호(1056~63)로, 이때 주조된 금속화폐이다.

5　천희통보 천희(天禧)는 북송 진종(眞宗)의 연호(1017~21)로, 이때 주조된 금속화폐이다.

6　만력통보 만력(萬曆)은 명 신종(神宗)의 연호(1573~1619)로, 이때 주조된 금속화폐이다.

7　숭정통보 숭정(崇禎)은 명 의종(毅宗)의 연호(1628~44)로, 이때 주조된 금속화폐이다.

8　두우 735~812. 당나라 때 인물로, 덕종(德宗)부터 헌종(憲宗) 때까지 재상을 지내고 『통전(通典)』을 저술하였다.

9　오수전 한(漢) 무제(武帝) 원수(元狩) 4년(B.C. 119)에 처음 주조된 화폐. 수대(隋代)까지 통용된 화폐로 국내에서도 출토된 사실이 있다.

중국의 화폐
①개원통보 ②원풍통보 ③가우통보 ④천희통보 ⑤만력통보 ⑥숭정통보 ⑦오수전
(윗줄 왼쪽부터 오른쪽과 아래의 순)

상을 주거나 벌을 주는 것으로 권장을 하거나 징계를 할 것이다. 이와 같이 하면 모든 공인들이 힘을 다해서 저마다 자기의 능력을 발휘할 터이니, 어찌 정교하게 되지 않을 이치가 있겠는가?

돈 200문文을 은 1냥에 준하도록 한다.

화폐 규정

1.

무릇 전세를 거둘 때 쌀과 돈을 함께 받도록 할 것이다.

3분의 2는 쌀로, 3분의 1은 돈으로 받는다. 포로 받는 경우 역시 포 3분의 2, 돈 3분의 1로 받는다.

임금에게 소요되는 물품으로부터 백관百官, 이례吏隷, 군사의 녹봉 및 온갖 지출 비용 또한 쌀과 돈을 함께 지급한다.

역시 3분의 2는 쌀로, 3분의 1은 돈으로 한다. 포로 지급하는 곳 역시 포와 돈을 함께 지급한다.

○ 조세를 거둠에 있어서는 비록 3분의 1은 돈으로 받는다 하더라도 처음 시행할 때에 돈이 먼 지방까지 두루 유포되지 못할 수도 있으므로 처음에는 10분의 1 혹은 5분의 1로 정해주고, 점차 돈이 충분히 유포되기를 기다린 다음에 3분의 1의 정해진 양을 거두는 것이 사리에 적합할 것이다.

2.

서울 5부部 여러 방坊의 도로 및 지방의 여러 고을, 진鎭, 역驛, 참站에 모두 상점을 세울 것이다. 무릇 큰 마을에도 역시 상점을 설치하는 것을 허용하여 백성이 돈을 사용하는 이로움을 일으키도록 한다.

무릇 상점은 각 방의 도로 양옆으로 적절히 헤아려서 수를 정할 것이며, 주州·군郡의 읍내에는 혹 상점 서너 곳을 적절히 헤아려서 허용할 것이다. 진이나 역·참 등에도 역시 이에 맞추어 수를 정한다. 이 제도는 상편上篇에 자세히 나와 있다. 점포를 세울 사람을 모집함에 있어서는 근면하고 착실하여 일을 맡길 만한 사람을 택하여 법에 따라 점포를 설치하되, 모두 관에서 건물을 짓는다. 미곡이나 여러 물자는 넉넉히 빌려주어 밑천을 삼도록 하며, 값을 기한을 여유 있게 해주고 공평한 값으로 쳐주어 돈으로 상환하게 한다. 지방에서는 예에 의거하여 농지를 받도록 하되, 외촌의 경우 개인적으로 상점 세우기를 원하는 자 또한 마을에서 그 일을 돕도록 한다. 이에 대해서는 영구히 상점세를 면제해줄 것이다. 미곡을 대출받기를 원하는 자 또한 모두 시행해줄 것이다.

○ 무릇 상점의 건물을 지을 때에는 기와로 지붕을 덮고 마루와 부엌의 그릇 따위는 아무쪼록 정갈하도록 하며, 깃발이나 탁자 또한 한결같이 제도에 맞추고 빌려주는 미곡은 대동미의 남은 쌀이나 상평곡의 저축된 것을 적절히 헤아려서 지급한다.

○ 상점에서 관가와 교역하는 것은 한결같이 공평한 값으로 하고, 양반이나 서리들이 작폐하는 때에 1문 이상을 토색하면 고발을 하도록 하여 중하게 다스린다. 이를 밝히는 조목을 판에 새겨서 문 위에 걸어둔다.

3.

지방에서 세를 돈으로 내는 것은 각기 총수總首[10]로 하여금 수합해서 납부하도록 한다. 관에서는 색리色吏를 정하여 서울로 실어 가서 바치도록 한다. 서울과 지방에서 방납防納하는 자는 『경국대전』의 '방납률防納律'에 의거해서 논죄한다.

장형杖刑 80대에 도형徒刑 2년으로 처하고 그 물건은 관에서 몰수한다.[11] 방납하는 일을 들어준 수령은 제서유위율制書有違律[12]로 논죄한다.

○ 무릇 돈을 주조하는 수량은 통행할 수 있는 만큼 주조하되, 금년에 처음 돈을 통행한다고 가정하면 금년 정월부터 녹봉과 각 항목의 지출을 모두 법에 의해 섞어서 지급하고 백성으로 하여금 가을의 세는 돈으로 거둔다는 것을 미리 알도록 할 것이다. 그러면 지방의 백성도 역시 돈을 구하려 할 것이니 서울의 돈이 자연히 8도로 유포될 것이다. 이렇게 하는 것만 믿을 일이 아니요, 각 도의 경상세의 총량을 계산해서 여름과 가을 사이에 관전官錢의 적정량을 헤아려서 수송할 것이다. 한 도의 한두 곳 혹은 서너 곳에 집결처를 정하고 관에서 돈으로 환산하는 값을 정해서 공시하여 백성이 바꿔가도록 하되 여유 있게 시행할 수 있도록 하는 것이 옳다. 한 해를 이와 같이 하여 돈이 유통되도록 열어주면, 이후로는 이렇게 하지 않아도 저절로 돈이 널리 유포될 것이다.

4.

사적으로 돈을 주조하거나 만들어진 돈을 녹여서 다른 기물을 만든 자는 옛 형률에 따라 처단할 것이다.

한대의 법에 사적으로 돈을 주조한 자는 사형에 처한다고 했다. 당대의 법은 사적으로 돈을 주조하면 발의한 자와 공모한 자들의 우두머리는 모두 교수형에 처하되 먼저 장

---

10 총수 본서 권1 「전제 상」 123면 참조.
11 『경국대전·형전(刑典)』의 '금제(禁制)'조에 나옴.
12 제서유위율 『대명률·이율(吏律)』에 나오는 법률. 관리로서 왕명을 어기거나 자기의 직무를 태만하게 처리한 데 대해 적용되는 죄목이다.

100대에 처한다. 종범과 장소를 제공한 주인은 유형流刑에 노역을 가하되 각기 장 60대에 처한다. 또 주전鑄錢한 곳의 이웃에 사는 사람은 1년을 유배 보내고, 방정坊正과 이정里正은 장 60대에 처한다. 고발한 자가 있으면 죄인의 가산으로 상을 주며, 공범자로서 자수하면 면죄를 해주고 예에 따라 보상을 한다고 되어 있다.

5.

도로의 참점站店은 정해진 규정이 있으니,[13] 편안히 쉬고 갈 수 있도록 하되 대소의 공적인 행차 이하는 모두 한결같이 방화전房火錢[14]을 내도록 할 것이다.

아침 식사나 저녁 숙박에 하루 묵는 데 1인당 돈 1문文을 낸다. 말을 소지한 자는 1필당 1문을 추가한다. 풍년이나 흉년이나 변동이 없다.

○ 지금 양반들은 다닐 때에 으레 방화전을 내지 않는데 사리에 극히 맞지 않다. 공사公私의 행차와 귀천을 막론하고 모두 마땅히 규정대로 내야 할 것이다. 본 고을의 수령이 머무는 경우라도 반드시 낱낱이 준해서 내야 한다.

환관이나 변방의 장수, 군관 들이 다니며 폐단을 일으키는 일은 일체 철저히 단속할 것이다. 무릇 돈을 내지 않고 폐를 끼치는 경우, 안 낸 것이 1문 이상이면 모두 중죄로 다스린다.

무릇 참점의 임무는 황당인荒唐人[15]을 기찰하는 것이다. 또 왕명을 띠고 급히 가는 경우〔도사都事나 선전관 등〕 및 역졸로 모시고 갔다가 교체되어 돌아오는 자들에 대해서는 식사를 1차 제공한다. 사신을 모시고 갈 때에는 관에서 음식을 대접한다. ○역졸이 사적으로 오고가는 경우는 해당하지 않는다. 밤에 통과하는 사신의 행차는 횃불로 인도하도록 한다. 한 번 행차에 4자루가 넘지 않도록 한다. 이밖에 일체의 노역은 모두 제공할 것이 없다.

환관, 변방의 장수, 군관 등이 폐단을 일으키는 것은 모두 초료草料[16] 때문이다. 무릇 초

---

13 참점에 대한 규정은 본서 권1 「전제 상」 84~89면에 나옴.
14 방화전 본서 권1 「전제 상」 주 112 참조.
15 황당인 본서 권1 「전제 상」 주 111 참조.

료는 각 고을, 각 역에서 제공하도록 하며, 참점에서는 제공하지 말도록 할 것이다. 지금 상여가 지나갈 때 상두꾼을 동원해야 하면 본 고을의 색리들이 모두 참점 사람들을 강제로 동원해서 횃불꾼으로 삼고 있는데, 이 폐단은 의당 철저히 막아야 할 것이다. 무릇 법령을 어기고 전과 같이 작폐하는 자는, 벼슬아치나 양반의 경우 부리는 하인을 붙잡고 보통 사람은 그 본인을 붙잡아 관에 고하고 처벌하도록 한다. 수령이 마음대로 처리할 수 없는 경우 감사에게 보고하여 처치하며, 감사가 마음대로 처리할 수 없는 경우는 왕에게 보고하고 처치한다. 무릇 금지, 단속하는 사항들은 분명히 조목을 세워 판에 새겨 참점의 남쪽과 북쪽의 대문에 걸어놓을 것이다.

문

양반과 상민에 대해 똑같이 방화전을 내도록 하는 것은 풍속을 바꾸기 어렵겠으며, 또한 귀한 사람을 귀하게 여기는 뜻으로 보아 구분을 두는 것이 타당할 것이다.

답

귀한 사람을 귀하게 여기고 어진 사람을 존경하는 것은 실로 사리의 당연한 바이다. 그런데 상민들이 양반을 존경하지 않고 업신여기고 대들면 참으로 죄가 있는 것이다. 그러나 값을 치르고 댓가를 받는 일에 있어서 어찌 귀하고 천함의 차이가 있겠는가? 우리나라는 오직 '귀천' 두 글자로 억누르기를 일삼는 까닭에, 양반이라 하면 도처에서 폐해를 일으킨다. 도로변에 사는 사람은 양반을 싫어하고 괴로워하여 자기 사는 집을 작고 초라하게 만들기에 힘쓰고 있으니, 이 어찌 양반의 부끄러움이 아닌가? 장인들이 만드는 기물이 추악한 것은 관에서 억지로 시키는 까닭이며, 읍내 장터에 장사꾼들이 오지 않는 것은 관에서 거래를 할 때 어거지로 사들이는 까닭이다. 이런 등의 일은 반드시 풍속이 바뀐 다음이라야 일이 모두 마땅하게 되며, 참으로 귀한 사람을 귀하게 여기는 뜻이 세상에 행해지게 될 것이다.

16　초료 소나 말에게 먹이는 풀과 같은 사료를 가리키는 말.

6.

무릇 새로 모집한 참호站戶는 3년의 참호세를 면제해주고, 새로 설립한 상점
[鋪子]은 5년의 점포세[鋪子稅]를 면제해준다.

참호세와 점포세의 수량은 상편에 나온다.[17] 대체로 모두 보포는 면제해주고 참호세와 점
포세만 받는다. 참호세는 1호당 매년 돈 40문을 받으며, 점포세는 서울에 관에서 상점을 만
들어준 경우 매년 돈 120문을 받는다. 관에서 상점 건물만 지어주고 농지는 지급하지
않았기 때문에 세를 감해주는 것이다. 지방에서 농지를 지급받은 상점에 대해서는 세를
240문 받는다. 읍내 밖의 촌락에 있는 사적으로 세운 상점에 대해서는 세를 받지 않는다.

○ 여러 고을과 영·진·역·참의 상점에 지급하는 농지는 모두 정해진 수량이 있으므로,
농지를 지급받지 않은 상점은 사적인 것으로 취급한다.

정전제가 시행되지 못한 단계에서, 신역身役이 면제된 자에 대해서는 농지를 지급받은
상점의 예에 준한다. 신역이 있는 자로서 사적으로 상점을 세운 자에 대해서는 곧 읍내
밖의 촌락에 있는 사적인 상점의 예와 같이 한다.

문

우리나라는 풍토가 중국과 같지 않기 때문에 아무리 돈을 쓰려고 해도 돈
이 통행되기 어렵다.

답

이는 매우 그렇지 않다. 돈이 통행하지 않는 것은 그럴 수 없어서가 아니
요, 사람들이 통행시키지 않기 때문이다. 실로 위에 있는 사람이 이해를 참으
로 알아서 결단하여 시행하되 재촉하지 말고 흔들지도 말고 몇 년을 기약해
보면 수문을 열어 물을 흘려보내는 것처럼 자연히 활발하게 통행될 것이다.
그리하면 나라가 부강해지고 백성이 윤택해지며 거칠고 쓸모없는 땅이 변해

---

17 본서 권1「전제 상」84~89면에 나옴.

서 중화의 문물이 발전한 지역처럼 되어 영구히 만세의 이로움이 될 것이다.

우리나라에서 전후에 돈을 통행시키려 하다가 성공하지 못했던 것은 모두 시작했다가 바로 그만둔 때문이다. 이는 전세를 돈과 섞어서 받지 않았기 때문이다. 세를 거둠에 있어서 돈과 함께 받지 않고 돈을 통행시키려 하는 것은 제방을 막아놓고 물이 흘러내리도록 하는 것과 마찬가지다.

우리나라에서는 돈이 사용되지 않고 있는데, 이 제도를 시행한 초기에 사적으로 주조하는 것을 허용하면 돈을 만들어내기 쉬울 것이다. 그러나 돈이란 위에서 전국의 이익을 조절하고 물화가 정체되어 있는 것을 소통시키는 수단이다. 만약 화폐를 사적으로 주조하는 길이 한번 열리게 되면, 뒤에는 아무리 엄한 형벌과 무거운 법으로 다스리더라도 몰래 주조하는 자가 한없이 생겨날 것이요, 간교한 자들이 이익을 마음대로 주무르며 서민들도 다투어 일어나 논밭을 버리고 주전하는 데로 달려갈 것이다. 그 폐해는 다시 구할 도리가 없게 된다. 오직 공적인 주조만 하고, 사적인 주조는 절대로 허용하지 말 것이다. 또한 동전의 경중을 적절하게 하여 법에 맞게 제조한 다음에라야 오래 유통할 수 있다. 돈이 조잡하고 얄팍하게 되도록 맡겨두어서는 안 된다. 옛사람들이 돈을 만드는 데 있어서 동銅을 아끼지 않고 비용이 드는 것을 아까워하지 않았던 것은 그 뜻이 깊다고 하겠다.

물화의 표준가

지금 고금의 통행하는 예와 우리나라의 형편을 참작하여 법식을 정하되, 조세를 받아들이고 녹봉을 지급하는 일 및 원래 정해진 지출 비용은 이대로 영구하게 집행하며 풍년과 흉년에 따라서 증감이 되도록 하지 말 것이다. 공사 간에 사용하는 데 있어서는 돈 200문을 은 1냥에 준하도록 하여 이렇게 한번 정해진 대로 바꾸지 말며, 나머지는 모두 그때의 물화의 귀천에 따라가도록 할 것이다.

백미 1두斗는 면포 5척, 돈 20문, 은 1전에 준한다.

면포 1필[18]은 백미 6두, 돈 120문, 은 6전에 준한다.

돈 20문은 백미 1두, 면포 5척, 은 1전에 준한다.

은 1냥은 백미 1곡斛, 면포 1필 20척, 돈 200문에 준한다.

지금 돈의 재료인 두석의 값은 서울에서는 은 1냥에 두석 25~26냥이고 상목常木[19] 1필은 두석으로 3냥이다. 동래에서는 상목 1필에 두석 4냥 남짓을 준다. 그러나 물가는 때에 따라 귀천이 있으므로 만약 돈을 주조할 때에 위에서 구입하게 되면 구리와 주석 또한 저절로 귀해질 것이다.

문

돈 40문을 은 1전, 쌀 1두에 준하도록 하는 것이 합당할 것이다.

답

만약 돈이 널리 통용되어 그때의 형편에 맞출 수 있다면 이렇게 해도 안 될 것은 없다. 오직 그 시기에 따라 물화의 실상에 적절히 맞도록 법식을 정해야 할 것이다. 이와 같이 정해놓는다 하더라도 한번 정해진 뒤에 또한 모름지기 영구히 바꾸지 않아야 한다. 대체로 돈의 법식을 정할 때 돈의 가치를 재료의 값과 공임에 견주어 서로 차이가 나지 않도록 하여 몰래 돈을 주조하거나 돈을 훼손하는 폐단이 없도록 하는 것이 옳다.

중국의 돈을 통용하도록 한다 하더라도 역시 모름지기 가치를 일정하게 정하여 가치의 차이가 있도록 해서는 안 된다.

---

18 "6승, 길이 30척, 너비 8촌." — 원주

19 상목 법정 규격을 갖추지 않았거나 품질이 열악하여 세납용이 아닌 일상생활 혹은 민간 거래의 교환 수단으로 사용된 면포를 일반적으로 일컫는 말.

문

중국에서 통용되는 돈은 1두의 쌀이 대략 수백 전錢 이상이 되니, 이 때문에 돈 수십만 전을 저장해두어도 부자가 되지 못한다. 지금 정해놓은 돈의 법식은 중국과 너무 다른 것이 아닌가?

답

이는 중국의 후대 말폐末弊이니, 경계로 삼고 본받지 말아야 할 것이다. 대체로 역대에 주전하기를 그만두지 않아 돈은 점차로 많이 쌓이고 물화는 그만큼 늘어나지 않은 까닭에, 물화는 귀중해지고 돈은 흔해지게 되었다. 돈이 많아질수록 더욱 부족하다고 해서 자꾸 더 주조하게 되어 여기에 이른 것이다. 한나라 시대에 곡식이 흔할 때는 혹 1곡에 수십 전이 되기도 했다. 전국시대 위魏나라의 이회李悝[20]가 말하기를, '곡식 1곡에 30전이 된다'라고 했으니, 옛날에는 돈이 귀했음을 알 수 있다. 돈이 가치가 있으면 능히 물화와 균형을 이루어 통용되는 데 막힘이 없게 된다. 비록 돈이 적다 하더라도 많은 것 같아서 이 때문에 민가에서는 곡식을 저장해두어 농업과 상업이 상보적인 관계를 이룰 것이다.

일찍이 듣건대 옛날 요동지역에서는 엽전 60개를 은 1전에 준하도록 했는데, 청나라 사람이 요동을 점거한 이후로 엽전 40개를 은 1전으로 책정하여 통행시켰다. 대략 은 1전은 풍년에는 속미粟米[21] 3두, 곡식이 귀한 경우에는 1두에까지 이르렀다. 속미 1승은 풍년에는 돈 2문, 곡식이 귀하면 6문에까지 이르렀다. 그런데 요동지역의 말[斗]은 크기가 커서 1두면 우리나라의 2두에 해당한다. 이로 미루어보면 명나라 돈의 가치는 송·원 시대처럼 가볍지 않았던 것이다. 돈의 가치는 또한 위정자들이 정하는 데에 따르는 것이다.

우리나라는 화폐가 통용되지 않았는데 유독 개성부만 근세에 처음 사용하였다.[22]

---

20 이회 중국 전국시대 위나라 인물로 이회(里悝)라고도 한다. 상평창을 처음으로 창설하여 나라의 부강을 가져왔으며, 중국 형법의 모체가 된 『법경육편(法經六篇)』을 편찬하였다.
21 속미 곡식의 범칭. 주로 곡식을 세로 바치거나 거래하는 데 이 말을 썼다.
22 『동국여지지(東國輿地志)』권1 「경도(京都)」에 『개성부지(開城府誌)』를 인용하여 "국내에서는 화폐가 통용되지 않는데, 개성부에서만 유독 화폐를 사용한다"라고 한 내용이 있다.

당초에는 엽전 30문을 은 1전에 준하도록 했고 뒤에는 50문으로 하다가 또 70문이 되었으며, 지금은 100문이 되는 데 이르렀다. 대개 전국적으로 시행이 되지 않으면서 개성부 한 곳만 썼기 때문에, 전후로 주조하는 것이 모두 한 부에 모이게 되었고, 또 정부에서는 돈을 쓰지 않으면서 장사하는 사람들이 사적으로 물화를 사고파는 데 썼기 때문이다. 일찍이 을해·경인년 조정에서부터 돈을 통행시키려고 할 때에,²³ 먼저는 쌀 1승에 두석전荳錫錢 1문으로, 적동전赤銅錢(구리로 만든 돈)으로는 2문으로 정했다. 뒤에 한 가지 물건으로 만들도록 하여 쌀 1승에 돈 3문으로 정했던 것이다. 그러다가 통행이 잘 안 되기 때문에 올려서 5문으로 정했고, 7문으로 하는 데까지 이르렀다. 녹봉을 돈으로 지급하더라도 본 녹봉 외에 추가로 지급하는 약간을 돈으로 주는 정도였다. 돈으로 세를 거두거나 녹봉을 지급하지 않고 또 규정을 정해 출납을 하지 않으면서 민간에서 사적으로 사용하는 것에 쓰려다가 얼마 지나지 않아 통용되지 못하고 그만두게 되었던 것이다. 이런 사례들은 증거로 들어서 말할 것이 못 된다.

추포 금지

추포麤布를 금할 것이다.

공사 간에 사용되는 것은 모두 6승의 치밀하게 짠 면포 30척²⁴을 1필로, 15척을 반필로 할 것이다. 지금의 추포는 일체 금지하여 못 쓰게 한다.

○ 우리나라의 화폐는 오직 포와 저화楮貨²⁵가 쓰였는데, 이른바 저화는 오늘날에는 전혀 보이지 않는다. 면포의 올은 본래도 성글었는데 근래로 와서는 날로 거칠어져 겨우

---

23 을해년은 인조 13년(1635), 경인년은 효종 1년(1650)이다. 을해년에는 상평청에서 마련한 규정에 따라 돈의 통행을 시도했다가 병자호란으로 중지되었다. 경인년은 김육의 건의에 따라 서쪽 지역에서 돈의 통행을 시도했던 해이다.

24 "이는 세종조의 포백척으로 정한 것이다." —원주

25 저화 종이로 만든 화폐를 일컫는 말. 고려 말, 조선 초에 사용되었는데, 이것은 크기가 길이 1척 6촌, 너비가 1척 4촌으로, 가치는 1매당 쌀 1되 정도였다.

1, 2승에 미칠 정도라, 성근 그물 같아서 포라고 할 수 없는 지경이다. 물가가 뛰어오르는 것은 곧 이 때문이다. 비단 공사 간에 쌓아두어봤자 백에 하나도 쓸모가 없다.[26] 면화는 사람들이 살아가는 데 도움이 큰 것이고, 면포는 여자들이 하루 수고를 들여야 만들어지는 것이다. 도움이 되는 것을 파손하고 공력을 허비하여 아무짝에도 쓸모없이 버려지는 물건을 만들고 있으니, 어찌 백성이 굶주리고 추위에 떨어 도적이 되지 않을 수 있겠는가? 의당 일체 금지해야 할 것이다.

미리 명령을 내려 백성이 이런 추포를 만들지 못하도록 하며, 기왕에 짜놓은 것 또한 올을 다 풀어서 다시 짜도록 해야 할 것이다. 서울과 지방의 장시에서 엄히 금지하고, 감시해서 추포를 가지고 있는 자는 필히 태형을 가하고 그 추포는 끊어서 돌려준다. 금방 금지했다가 금방 그만두는 식으로 하지 말아 추포를 영구히 사용하지 못하도록 해야 한다. 비록 그러하지만, 이는 필히 돈을 주조하여 쓰도록 한 다음에라야 명령이 쉽게 행해질 수 있다.

공장 금지

○ 공장空場[27]은 금할 것이다.

○ 여러 주·현의 읍내 외의, 무릇 외처外處의 공장은 단연코 없애야 한다. 다만 각 진鎭과 역驛[28] 및 도로상의 역참으로 읍내에서 30리 밖 떨어진 곳에는 또한 장시를 개설할 것을 허용한다. 그밖의 공장은 일체 없애도록 한다.

○ 무릇 장시에는 관에서 장세場稅를 징수하지 말도록 하여 종전의 폐습을 철저히 바꿔야 할 것이다.

---

26 "지금 이 추포 30필은 6승 면포 1필에 해당한다." ─ 원주
27 공장 여기서 공장은 무질서하게 열리는 장을 가리킨다. 진이나 역·참에 장시를 개설하도록 하면서 공장을 금해야 할 것으로 강조했다. 공장은 후일 널리 발달한 오일장의 초기 단계를 지칭하는 듯한데, 공장을 강력히 금지하는 대신 규모를 갖춘 장시로 유도하려는 의도로 보인다.
28 "찰방이 소재하는 본 역." ─ 원주

우리나라는 땅이 척박하고 백성이 적어 물산들이 집결하지 못하고 있다. 더구나 지방에서는 5일에 한 번 장시가 열리는데, 촌사람들이 모여 사고팔고 하다가 흩어질 따름이다. 도회지 시전에 상주하며 전적으로 장사를 하여 이익을 보는 경우와 실체가 전혀 다르다. 다만 싸움을 벌이거나 간사한 짓을 하는 자들을 금할 것이요, 팔고 사고 하는 백성에게 세를 뜯어내서 될 것인가? 지금 주·현에서는 으레 관리들이 나가서 장세場稅라는 명목으로 장터에서 온갖 물건들을 빼앗아 관으로 들여오니 일이 극히 이치에 맞지 않는다. 관가가 이와 같으니 아전 무리들이야 어떤 짓인들 못할 것인가? 의당 장세는 철저히 금할 것이다. 종전에 관리들이 폐해를 일으키는 버릇은 일체 금지할 것이다. 근래 공장이 더욱 많아지는 것은 또한 관청의 근처를 싫어해서 피하려는 때문이다.

문

공장이 없으면 흉년이 들 때에 백성이 곤란을 당할 것이다.

답

이 말은 그럴듯하지만 전혀 그렇지 않다. 자세히 살피고 알아본즉, 백성의 곤궁과 풍속의 타락이 날로 심해지는 것은 모두 여기에 까닭이 있다. 이것이 점포[鋪子]나 상점[廛肆]과 사정은 비슷하지만 이해는 상반되는 것은 어째서인가? 사람도 전업으로 하는 것이 아니요, 장소도 관부에서 멀리 떨어져 동쪽에 모였다가 서쪽에서 만나거나 하여 대체로 무뢰배들이 많으며, 술주정하고 싸우기를 일삼아 거리끼거나 조심하는 바가 없는 까닭이다. 이 때문에 교역에는 마음이 없고 오로지 방탕으로 일을 삼는 자들이 절반이나 된다. 소잡기를 함부로 하고 무리 지어 술을 마시며 풍속을 해쳐서 도적이 되는 길을 열어놓고 있다. 이런 것이 풍속이 되고 보면 흉년에 백성이 굶주려 떠돌며 걸식하는 자들까지도 술과 고기를 낭비하게 될 터이니, 이 때문에 백성은 더욱 곤궁해지고 풍속은 더욱 야박해질 것이다. 위정자는 불가불 엄히 금지하여 없애지 않을 수 없다.

문

공장을 모두 없애버리면 읍내에서 멀리 떨어진 시골 마을도 있을 터인데 어찌할 것인가?

답

읍내에서 멀리 떨어진 곳이라 하더라도, 중간에 필시 역·참이 있을 것이니 장시가 없을 것을 걱정할 필요가 없다. 더구나 상점이 열리고 점포가 서게 되면, 교역이 모두 정해진 곳에서 이루어질 터이니, 또한 날짜를 세며 장이 열리기를 기다리는 폐단이 없어질 것이다.

[붙임] 국조 명신들의 여러 가지 폐정론

國朝名臣論弊政諸條附

율곡 이이의 폐정론[29]

　백성을 구하는 일은 폐단을 혁파하는 데 달려 있다. 지금 도망친 백성이 하나 있게 되면 반드시 그의 일가[一族]나 이웃[切鄰]에 책임을 지운다. 그 일가와 이웃이 견디지 못하게 되면 역시 달아나는데, 그러면 또 일가의 일가와 이웃의 이웃에 책임을 지우게 된다. 한 사람이 달아나면 그 우환이 천 집에 미쳐서 마침내는 백성의 씨가 없어진 뒤에 끝나게 되는 데 이르고 만다. 이 때문에 예전에 백 집이 되던 마을이 지금 열 집도 안 되고, 전해에 열 집이 되던 마을이 지금 한 집도 없어, 읍내와 마을이 쓸쓸하여 밥 짓는 연기를 볼 수 없는 지경이 되었는데, 안 그런 곳이 없는 지경이다. 만약 이 폐단을 고치지 않으면 나라의 근본이 무너져서 나라가 나라 꼴이 아니게 될 것이다. 이 폐단을 혁파하고자 하면 응당 사방의 군郡·읍邑에 명령을 내려 호적대장을 조사해서 유망流亡한 호가 있으면 바로 그 이름을 삭제할 것이다. 일가와 이웃에 책임을 지우지 않게 되면 국가가 손실을 보는 것은 도망간 한 호에 있을 뿐이요, 흩어지지 않는 백성은 그대로 안정이 될 것이다. 백성을 먹고살도록 하며 자식을 기르도록 하면 호구가 번성하여 차지 못하던 군액軍額이 얼마 가지 않아서 충원이 될 것이다.

　혹자는 말한다.

　"오늘날 군액의 장부에 빈 호구가 절반이나 되는데, 만약 그대의 말대로 하면 목전의 백 가지 수요를 맞출 수 없을 터이니 어찌할 것이오?"

29　이하의 내용은 『율곡전서』 권15 「동호문답」 중 '논안민지술'에 나오는 것이다.

세속 사람들의 소견이 매양 이와 같다. 이것이 나라의 형편이 끝내 떨치고 일어나지 못하는 까닭이다. 오늘날 백성의 곤궁함이 거꾸로 매달려 있는 형세보다 더 심하다. 만약 긴급히 구하지 않으면 곧 나라가 텅 빌 것이다. 나라가 빈 다음에 목전의 수요는 어디서 만들어낸단 말인가? 이는 반드시 오고야 말 사리이다. 군액이 줄어들지 않아야 하는 중요한 이유는 군대의 실제 숫자가 채워져야 불의의 사태에 대비할 수 있기 때문이다. 지금 달아난 호의 군역은 단지 일가에 책임을 지워서 거기에 해당하는 포를 징수할 따름이다. 혹여 긴급한 사태가 생겨 군사를 동원하게 되면 일가 사람은 끝내 창을 들 수 없을 것이다. 댓가로 받는 포로 끝내 사람을 모집할 수도 없을 것이니, 어찌 빈 장부를 가지고 백성에게 실제로 해를 입도록 할 것인가? 고금의 잘못된 정사가 실로 한두 가지가 아니지만 일찍이 일가나 이웃에 책임을 지워서 나라를 망치게 만드는 일은 보지 못했다.

우리나라의 잘못된 정사는 어느 때부터 시작되었는지 알 수 없거니와, 이는 실로 천고에 없었던 우환이라 후세 사람들이 들어선 안 될 일이다. 『서경』에 이르기를, '형벌은 자손에 미치지 말도록 하고, 포상은 후세로 이어지도록 할 것이다'[30]라고 했다. 우리 백성이 유망하는 것은 살아갈 수 없을 만큼 어려운 때문이니, 은혜를 베풀기도 겨를이 없거늘 도리어 가혹한 정사로 아직 흩어지지 않은 백성을 흩어지게 만든단 말인가. 이 어찌 어진 군자가 할 노릇이겠는가?

혹자는 말한다.

"그대의 말이 옳다. 다만 교활한 백성이 다들 군역을 피하면 군액에 한 명도 남지 않는 데 이를 텐데 어찌할 것인가?"

그럴 이치는 반드시 없다. 무릇 백성이 고향을 떠나 일가를 버리고 정처 없이 떠돌게 되는 것은 모두 절박하여 부득이한 데서 나오는 것이다. 저들이

---

30 『서경·대우모(大禹謨)』에 나온다.

아무리 교활하더라도 재산이 있어 살아갈 수 있으면 누가 고생하며 떠돌이가 되는 길을 좋아할 것인가? 만약 일가와 이웃에 책임을 지우는 우환이 없고 단지 자기 일신의 역役만 지게 되면, 백성은 편안히 생업을 즐겨 불과 물의 화에서 벗어난 듯할 터인데, 어찌 모두들 역을 피해 달아날 이치가 있겠는가? 이 법을 혁파하고 나면 마땅히 군·읍에 영을 내려 한정閑丁들을 파악하도록 하여 군액의 부족한 수를 충원하고, 여외旅外[31]의 군사를 모두 없애 정군正軍을 보충할 것이다.

신설한 군영에 대해서는 『경국대전』에 실린 것이 아니거나 한역閑役의 장부에 이름이 올라 있고 국가에 이익됨이 없는 것은 모두 조사해내서 군에 충원하여 병조兵曹의 관원으로 하여금 이 일을 전부 관장하도록 하면 반드시 실수實數를 얻게 될 것이니, 군적軍籍을 담당하는 기구를 따로 설치하지 않더라도 군적의 일이 마무리될 것이다. 그런 다음에 다시 한정을 찾아내서 얻는 대로 보충을 하여 매년 세초歲抄[32] 때마다 군·읍으로 하여금 병조에 군적을 올리도록 하고, 예적隷籍[33]은 해당 관서에 올리도록 한다. 여기에 실수만 기록하고 이름만 있는 것은 다 삭제한다. 한정을 잘 찾아내서 10호 이상 증가시킨 경우 상을 주며, 달아난 호구가 새로 발생하여 군액의 숫자가 5호 이상 감소되면 죄를 주어 혹은 파직을 시키고 혹은 강등을 시키되, 심한 자는 무겁게 다스린다. 호구의 증가와 감소가 비슷한 경우 불문에 부치며, 정사를 맡은 지 3년에 호구가 늘지 않는 자에 대해서도 또한 처벌을 한다. 실로 능히 이와 같이 시행하면 수령들은 법이 두려워 마음을 다해 백성을 보호할 것을 생각하여 10년 이내에 민생이 넉넉해질 것이요 군액도 다 충원이 될 것이다.

---

31 여외 군대의 편제에 있어서 정원 외의 인원. 려(旅)는 군대 편제의 단위로 125명의 병사로 구성되었다.

32 세초 매해 6월과 12월에 병조(兵曹)에서 군역 액수의 결원을 조사하여 보충하는 일. 이조(吏曹)에서 죄가 있는 관리를 조사하여 왕에게 보고하는 일을 뜻하기도 한다.

33 예적 노비 명단을 기록한 장부.

옛날 월왕越王 구천句踐은 5천의 병졸로 회계에 있었으니[34] 형세가 지극히 허약했다고 하겠다. 그런데 10년 동안 인구를 늘리고 또 10년 동안 훈련을 시켜서 부국강병을 이루어 능히 강성한 적을 멸망시킬 수 있었다. 하물며 우리가 당당한 만승萬乘의 나라로서 만약 인구를 늘리고 훈련을 시키는 방도를 다한다면, 어찌 나라가 평화롭고 백성이 부유해서 크게 풍속이 바뀌는 효과가 없겠는가?

○ 지금 이른바 정군正軍·보솔保率·나장羅將[35]·조례皁隷 등 인원들의 여러 가지 역을 서는 방식이 혹은 장기간 번을 서거나 혹은 2번으로 나누거나 혹은 3번으로 나누거나 6, 7번이 되기도 한다. 경우에 따라서는 침학을 견디지 못해 달아나기도 하며, 경우에 따라서는 자못 생업에 종사하여 살아가기도 한다. 다 같이 나라의 백성인데 어찌 피차간에 괴롭고 즐겁고를 같지 않게 한단 말인가? 오늘날 필요한 계책은 대신과 해당 관서가 헤아려 판단하여 길고 짧기를 맞추어서 일체의 역이 모두 번을 서거나 쉬거나 하는 데에 공평하게 하여 심히 괴롭고 심히 편안한 폐단이 없도록 하면, 유망流亡한 사람들이 다시 돌아오고 백성이 투탁投託[36]을 하여 역을 피하며 꾀를 부리는 일이 없을 것이다.

○ 권간權奸[37]이 국정을 어지럽힌 이후로 위아래가 오직 뇌물로 일이 이루

---

34 춘추시대에 월왕 구천이 오왕(吳王) 부차(夫差)에게 대패한 뒤, 5천의 군사를 거느리고 회계산에 올라가 머물렀던 일이 있었다.

35 나장 경아전(京衙前) 중 하나로 병조와 의금부 등에 배속되었다. 관원의 시종, 죄인 추포, 문초 시의 매질, 귀양 가는 죄인의 압송 등의 일을 맡았다. 신분은 양인이지만 하는 일이 험악하였으므로, 칠종천역(七種賤役)의 하나로 여겨져 기피되었다.

36 투탁 양민이 과중한 부역이나 부세를 견디지 못하고 그 자신 혹은 자신의 소유지를 다른 사람이나 기관에 예속시키는 일.

37 권간 권세를 부리는 간흉을 일컫는 말. 여기서는 연산군에서 중종, 명종에 이르는 사화(士禍) 정국의 시기에 권력을 장악하여 국정을 어지럽힌 부류들을 가리키고 있다.

어지기 때문에, 관작은 뇌물이 아니면 오르지 못하고 송사는 뇌물이 아니면 판결이 나지 않고 죄도 뇌물이 아니면 면할 수 없어 백관들이 서로 그릇된 법도를 본받고 서리들이 붓대를 들고 온갖 재주를 부리는 데 이르렀다. 온갖 물자를 관에 납부하는 즈음에 좋고 나쁜 것을 가리지 않고 많고 적은 것을 따지지 않으며 오직 뇌물로 등급을 가려서 취하고 버리고 하며, 조례 하나에 이르기까지 조금이라도 맡은 일이 있으면 곧장 빼앗는 것을 일삼는다. 이뿐 아니라 형옥刑獄의 중요한 일도 교활한 아전의 손에 맡겨두고 뇌물을 보아서 옳고 그름을 정하니, 이는 실로 정사를 어지럽히고 나라를 망치는 병폐였다. 오늘날 권간들은 이미 사라져서 공론이 자못 통행하여 조정에는 옛날의 악습이 조금 고쳐졌다지만 이서들의 간활함은 전에 비해 더욱 심하다.

이 병폐를 고치려 하면 응당 모든 신료들에게 엄히 신칙하고 장물에 대한 법을 거듭 분명히 해서 무너진 기강을 일으켜 세워야 할 것이다. 그리하여 조정이 엄숙해져서 사람들이 저마다 경계하고 두려워할 줄 안 다음에 침탈을 하고 뇌물을 받는 습관을 일체 금하며 숨겨진 문제들을 적발해서 실정을 파악하고 백성이 호소하는 것을 허락하여 그들의 억울함을 살펴볼 수 있도록 한다. 만약에 서리와 사령의 무리들이 뇌물을 받고 침탈하는 일이 발각되는 경우, 포 1필 이상이면 전가사변全家徙邊[38]의 법률로 다스려 육진六鎭의 빈 땅을 채우도록 하면, 뇌물을 받는 악습을 대번에 없앨 뿐 아니라 변방을 방어하는 데도 도움이 될 것이다. 그런데 서리들이 뇌물을 탐하는 일을 근본적으로 없애려면 농사를 짓지 않고도 먹고살 수 있도록 봉급을 지급해야 할 것이다. 옛날 부府·사史·서胥·도徒[39]에게 모두 일정한 녹봉이 있어 위에서 받는 것으로 살 수 있었다. 오늘의 서리들은 따로 녹봉이 없으므로 침탈을 하

---

38 전가사변 죄인과 함께 죄인의 전 가족을 변경으로 이주시키는 형벌 제도. 세종 때 제정이 되었다가 영조 때 폐지되었다.

39 부·사·서·도 옛날 행정 실무를 맡은 하급 관원 일체를 가리키는 말. 『주례·천관』에 각각의 직무가 규정되어 있다.

지 않으면 굶고 추위에 떠는 것을 면하기 어렵다. 우리나라의 제도가 불완전한 것이다.

○ 지금 진상進上이라고 하는 것은 모두 임금께 올리기에 꼭 적합한 것이 아니다. 소소한 물건까지 다 바치지 않는 것이 없고 수륙의 물산들을 남김없이 긁어모으는데, 참으로 임금께 필요한 것을 골라내자면 역시 얼마 되지 않는다. 옛날 성왕들은 1인이 천하를 다스렸지, 천하로 1인을 받들었던 것이 아니었다. 아무리 진상하는 물건이 하나하나 임금께 바치는 데 적합하더라도 역시 마땅히 양을 줄여서 백성의 힘이 펴질 수 있도록 해야 할 것이다. 더구나 긴요치 않은 물건 때문에 백성을 해치는 데 있어서야 말할 것 있겠는가? 이 폐단을 고치려면 응당 대신과 해당 부서에 명하여 진상의 명목을 모두 가져다 놓고 긴요하고 긴요치 않은 것을 따져서, 오직 임금에게 꼭 필요하여 남겨두어야 할 것만 취하고 나머지 긴요하지 않은 물건들은 모두 다 덜어내야 한다. 비록 임금께 올리기에 적합한 것이라 하더라도 그 수목數目이 지나치게 많은 것은 수량을 줄여야 할 것이다. 무릇 이와 같이 하면 우리 임금의 백성을 사랑하는 은혜로움이 밑에까지 미칠 수 있어, 오직 정당한 공물만을 바치도록 했던 주나라 문왕의 그 아름다움을 오늘에 살릴 수 있을 것이다.

혹자는 말한다.

"그대의 말과 같이 한다면 애민愛民만 알 따름이요 군왕을 받듦을 알지 못하는 것이니, 신자臣子의 도리가 아니다."

아! 세속 사람들의 소견이 매양 이와 같다. 이것이 성상의 덕을 우러러 받들지 못하는 까닭이다. 충신은 대도大道로써 임금을 사랑하며 소소한 정성으로 받들지 않는 법이다. 나라를 잘 다스리고 백성을 넉넉하게 만들면 우리 임금이 얻는 바가 많다. 어찌 구구한 물건을 더 하고 줄이는 것으로 우리 임금께 손해가 되고 이익이 되고 하겠는가?

옛날 순 임금이 칠기漆器를 만들자 여러 신하들이 나서서 간쟁을 하였다.[40] 이를 보면 천자의 귀함으로도 칠기를 쓰지 않았던 것이다. 그대의 말에 비추어 순 임금 때의 신하들은 자기 임금을 사랑하지 않았다고 말할 수 있다. 그렇지만 순 임금은 천하의 성군이요, 순 임금 때의 신하들은 천하의 훌륭한 보필이었다. 이 어찌 세속의 녹록한 무리들과 더불어 이런 문제를 논할 수 있겠는가?

○ 우리나라는 역대로 방납을 금하는 것이 매우 엄격하여 백 가지 공물에 대해 오직 백성으로 하여금 직접 관사에 납부하도록 하였다. 여러 관사의 관원들 또한 임금의 이 뜻을 받들어 서리들에게 속임을 당하지 않아 물건값을 많이 올리거나 납부하는 것을 가로막는 우환이 없어 백성도 공물에 곤란을 당하지 않았던 것이다.

세도世道가 점차 떨어지고 폐습이 날로 늘어난데다 간활한 아전과 관속 무리들이 사적으로 온갖 물건들을 준비해놓고 공사 간에 농락을 하여 백성이 바치는 것을 가로막아 아무리 정교하고 아름다운 물건을 가지고 왔더라도 끝내 바치지 못하도록 하고 필히 자기들이 사적으로 준비한 물건들을 바치게 한다. 그런 연후에 그 값을 백배나 뜯어내어 나라의 기강을 퇴폐하게 만드는데도 단속하지 못하고 있다. 이렇게 된 시일이 벌써 오래되어 나라의 쓰임은 조금도 증가하지 않고 민간에서는 짜던 베까지 다 끊어 바치는 형편이 되었다.

근래 아무리 이 폐단을 고치려 해도 요령을 얻지 못하고 있다. 그리하여 백성에게 자기들이 납부하도록 하기만 하고 적절한 대책을 마련하지 못하고 있다. 백성이 스스로 마련할 수 없게 된 것이 이미 오래되어 하루아침에

---

40 당 태종이 순 임금이 칠기를 만들자 간언하는 이가 10명이나 되었다는 것의 의미를 묻자, 저수량(褚遂良)이 사치의 조짐을 금하는 취지라 대답한 바 있다.(『신당서新唐書』 권80 「저수량 열전褚遂良列傳」)

방납이 폐지되었음을 듣게 되더라도, 물건을 마련할 방도가 없어서 도리어 높은 값으로 사게 될 수밖에 없다. 그래서 지난날 방납하는 무리들에게 사적으로 사게 된다. 저들이 깊이 감추고 틀어쥐고 있어서 배의 값으로 받게 되어 방납이란 명목은 폐지되었다 하더라도 방납의 실상은 도리어 더 심해진 것이다.

혹자는 말한다.

"이 폐단을 고치려고 하면 어떤 계책을 내야 할 것인가?"

달인達人은 일에 다다라 좋은 계책을 내고 때에 맞추어 적절하게 처리한다. 어찌 상례와 구습에 구애되는 자가 할 수 있겠는가? 내가 해주海州에서 공물을 바치는 법을 보니, 매양 농지 1결당 쌀 1두를 거두어 관에서 직접 그 물건을 준비하여 서울에 바치고 있다. 민간에서는 쌀을 내는 것만 알 따름이요, 값이 오르는 폐단은 대체로 알지 못하고 있었다. 이는 실로 오늘날 백성을 구하는 좋은 법이다. 만약 이 법을 가지고 사방에 쓰도록 한다면, 방납의 폐단은 오래지 않아 스스로 혁파될 것이다.

혹자는 말한다.

"우리나라의 군郡·읍邑 가운데 충실하기로 해주와 같은 곳이 없다. 어떻게 8도의 군·읍으로 하여금 모두 해주를 본받도록 할 수 있겠는가?"

지금까지 해오던 상례를 바꾸지 않으면 실로 그대의 말과 같이 될 것이다. 만약 대신 및 해당 관사로 하여금 8도의 지도와 호적을 가져다 놓고, 인구와 전결田結의 많고 적음, 물산의 풍부하고 빈약한 것을 조사해서 각기 공물을 다시 부과하여 그 괴롭고 수월함을 조절하며 공물에서 국가의 쓰임에 긴요하지 않은 것들은 헤아려서 삭감하도록 함으로써 8도의 여러 군·읍들이 마련해내는 공물을 모두 해주처럼 1결에 1두로 한 다음에 이 명령을 내리면 어찌 행할 수 없는 일이 있겠는가?

이이가 선조에게 아뢴 말[41]

우리 역대의 임금들은 비용을 절약해서 백성에게 거두어들이는 것을 아주 가볍게 했습니다. 그런데 연산군 중년부터 비용을 과도하게 써서 정상적으로 받아들이는 것을 가지고는 수요에 공급하기 어려웠습니다. 부가해 거두어들여서 그 욕구를 충족시켰던 것입니다. 신은 지난날에 고로故老들에게 이런 말을 듣고 그대로 믿지 못했습니다. 그러다가 전에 승정원에 있을 때 호조의 공물 장부를 가져다가 살펴본바, 제반 공물들은 모두 홍치弘治 신유(1501) 연간에 부가된 것인데 지금에 이르도록 그대로 쓰고 있습니다. 처음 시점을 상고해보니 연산군 때였습니다. 신은 저도 모르게 책을 덮고 '홍치 신유년은 지금으로부터 74년 전인데, 그 이후로 성군이 위에 계시지 않았던 바 아님에도 이런 법이 어찌하여 고쳐지지 않았던가?'라 하고 크게 한숨을 쉬었습니다. 그 이유를 따져보면 70년 사이에 온통 권간權奸들이 국정을 요리하여 몇 분의 군자가 조정에 있었다 해도 뜻을 펼 수가 없었고, 큰 화가 으레 따라다녔으니 어느 겨를에 이 문제를 논의할 수 있었겠습니까? 그러니 오늘에 이를 수밖에 없었던 것입니다.

또한 물산은 때에 따라 바뀌기도 하며 인구와 전결田結은 때에 따라 증감을 합니다. 지금 여러 고을에서 바치는 물산 가운데 그 고을 소산이 아닌 것이 많아서, 마치 나무에 올라가 고기를 얻으려는 것같이 다른 고을에 가서 사 오거나 서울에 가서 사 오게도 됩니다. 백성이 들이는 비용은 백 배나 늘어나는데 나라의 비용은 넉넉해지지 않습니다. 게다가 호구는 점차 줄어들고 전야는 점차 황폐해지고 있습니다. 왕년에 백 사람이 바치던 것을 지난해에는 열 사람에게 바치도록 책임지우고, 지난해에 열 사람에게 바치도록 한 것을 금년에는 한 사람에게 책임지우고 있습니다. 그러니 형세가 필시 한 사

---

41 이하의 내용은 『율곡전서』 권5, 「만언봉사」에 나온다.

람도 없이 된 연후에 끝날 것입니다.

지금 공물법을 개정하자는 말이 나오면 의론하는 자들은 으레 조종祖宗의 법이니 경솔히 개혁할 수 없다고 주장하는데, 아무리 조종의 법이라도 백성이 곤궁하기가 여기에 이르렀다면 바꾸지 않을 수 없습니다. 더구나 연산군 때의 악법인데 말할 것 있겠습니까? 바라옵건대 전하께옵서는 사려가 깊고 일을 잘 아는 신하를 택하여 그 일을 전담하도록 하되 대신이 지도하도록 해야 할 것입니다. 연산군 때 부가되었던 것들을 모두 제거하고 조종의 옛법을 회복해야 합니다. 그리하여 여러 고을의 물산이 나오고 나오지 않고, 전결이 많고 적고, 호구가 늘어나고 줄어들고를 따져 헤아리고 조절해 정하여 한결같이 균평하게 하면 백성의 삶이 거꾸로 매달린 상태에서 풀려나는 것 같아질 것입니다.

이이가 황해감사로 있을 때 올린 장계[42]

진상하는 물건들이 번다하고 과중해서 온 도의 백성이 산에서 사냥하고 물에서 고기를 잡느라 날마다 겨를이 없어 논밭이 황폐해지고 가옥이 무너져도 수리하지 못한 나머지 먹고살기 어려워 떠돌며 안정하지 못하고 있습니다. 진상하는 것이 만약 그 땅에서 나는 물건이 아닌 경우 사람 수대로 뜯기게 되니 멀리 다른 고장으로 가서 사 오느라 열 배나 노력이 듭니다. 어금니 있는 노루[牙獐], 큰 노루[甫獐]를 바쳐야 하는 데 이르러는, 여러 마리를 잡아도 그런 종류가 아니면 사냥을 그만둘 수 없습니다.

신은 생각하옵건대 만약 약용으로 진상하는 것이라면, 의당 내의원內醫院에 납부를 해야 할 것이지 사옹원司饔院에 납부하는 것은 당치 않습니다. 노

---

42 이하의 내용은 『율곡전서』권5, 「진해서민폐소」에 나온다.

루면 마찬가지인데 굳이 어금니 있는 노루나 큰 노루를 구하는 것인지, 신은 참으로 그 이치를 알지 못하겠습니다. 또 사슴 혓바닥, 사슴 꼬리 같은 것은 본디 맛있는 물건도 아니어서 진상하기에 맞지 않은 것인데 모두 돈을 주고 서울로 가서 사 오게 되니, 허다히 귀족 집에서 사게 되어 그 값이 뛰어오르며 왕왕 한 번 바쳐진 물건이 돌고 돌아 다시 바쳐지는 수도 있습니다. 이야말로 백성의 고혈을 짜내는 일로 귀족들이 이익을 끌어모으는 바탕이 될 뿐입니다. 생각이 여기에 미치매 통곡하지 않을 수 없습니다.

또한 본도에서 서울까지는 며칠이 걸리는 거리인데, 따뜻한 날씨에 날것을 진상하면 아무리 아침에 마련해서 저녁에 포장하더라도 봄과 여름에는 변질되기 마련입니다. 필히 예비를 하여 얼음저장고에 보관했다가 날짜가 지난 뒤에야 도회처의 관원에게 보내기 때문에, 처음 포장을 할 때 벌써 상당히 상하게 됩니다. 더구나 수백 리 길을 지나 서울에 도달하게 되는데 말할 것 있겠습니까? 만약 미리 준비했다가 부패하게 되는 것이 문제가 있다 하여 그때에 다다라 급히 준비하려고 하면 마련하기 어렵게 되는 경우가 많은 것은 형편상 필연적인 일입니다. 무릇 사람을 불가능한 일로 책망을 하며 죄를 주고 벌을 주면 어찌 성왕의 정사라 하겠습니까? 전날 포장을 해서 진상을 하고 아무 탈이 없었던 것은 사옹원의 관리에게 뇌물을 쓴 데 불과할 뿐, 물건이 변하지 않았던 것이 아닙니다.

바라옵건대 백성의 숨은 고통을 깊이 살피사 성상의 뜻으로 결단하여 생사슴고기나 납저臘豬를 적절히 줄여서 5~6마리만 감해주더라도 백성에게 끼치는 은택은 클 것입니다. 어금니 있는 노루나 큰 노루 따위는 따로 이름을 정할 것이 없고, 다만 산 노루를 잡히는 대로 진상하도록 하면 사냥하는 괴로움이 조금은 줄어들 것입니다. 사슴 꼬리나 사슴 혓바닥은 그 맛이 별로인 점을 알아서 전부 제외해버리면 멀리 가서 배의 값을 주고 사 오는 걱정이 조금 덜어질 것입니다. 만약 본도로 하여금 10월 이후부터 2월 전까지는 생것을 진상하도록 하고, 3월 이후부터 9월 이전까지는 본도에서 나는 생것을 경기도에서 나는 말린 것으로 바꾸도록 하면, 올라오는 물건들이 임금께서 드시기에 합당할 것입니다. 이렇게 하면 여러 군·읍에서 으레 당하게 되는 질책을 면할 수 있을 것입니다. 무릇 이 몇 가지는 성상께서 마음을 쓰시면 손바닥 뒤집듯 쉬운 일인데 백성에게는 뼈에 사무치는 은덕이 될 것이오니, 이 점을 염두에 두시와 나라의 근본을 공고히 하신다면 더없이 다행이겠습니다.

중봉 조헌이 중국을 다녀와서 선조에게 올린 상소[43]

신이 듣자옵건대, 중국의 천자가 드시는 음식물은 모두 백성이 바치는 부세賦稅에서 나오는데, 은으로 거둔 것을 상선감尙膳監에 보관해두고 태감太監이 날마다 은을 꺼내 저자에서 물품을 사들여서 감독해 요리하여 올린다고 합니다. 무릇 중국은 사람과 말이 많이 있는데다가 수운이 발달하여 산해진미가 신선한 그대로 바쳐질 수 있는데도, 으레 부세를 은으로 받고 시장에서 구입을 합니다. 대개 천자의 마음이 생것을 바치도록 하면 천리만리 운반해 오는 수고가 조운하는 비용의 배나 드는데, 은으로 하면 말 600필로 운반하는 수고를 말 1필로 운반할 수 있습니다. 이 법이 한번 정해지면 백성은 곱절이나 납부하게 되는 걱정이 없게 되고, 역에는 무거운 것을 운반하는 수고가 없어지며, 시전에 온갖 물화가 갖추어져서 값에 따라 은으로 계산하여 자연히 임금이 드시는 음식에 부족함이 없게 될 것입니다. 이것이 바로 중국의 인민이 날로 부유해지고 나라가 태평하고 튼튼하게 되는 까닭입니다.

우리나라의 백성은 경상의 공물 외에 또 진상이 있어 여러 가지 물종들을 사서 바치는 괴로움 때문에 백성이 곤궁하게 되고 원한이 극도에 이르러 크

---

43 이하의 내용은 『중봉집(重峯集)』 권4 「의상십육조소(擬上十六條疏)」에 나온다. 이 글은 『동환봉사』에도 실려 있다.

게 국가의 우환이 되고 있는 점은 이루 다 기록할 수 없는 지경입니다. 전하께서는 하찮은 일이라 하여 소홀히 여기지 말아야 합니다. 한 가지 폐단이 만민이 살 곳을 잃게 만드니 실로 그냥 두고 보면서 구제할 방도를 생각하지 않아서는 안 되는 문제입니다.

　대개 진상하는 물종에는 전에까지 생산되던 것이 지금은 끊어진 것도 있는데, 있고 없고 묻지도 않고 일체를 마련해내도록 책임지우니 겨우 아침저녁 끼니를 이어가는 백성이 양식을 지고 며칠 걸리는 거리에 가서 배의 값을 주고 사 오게 됩니다. 고기 한 마리 값이 그곳에서는 쌀 몇 되에 불과한데, 멀리 있는 사람이 애타게 구하다보면 필히 너덧 말을 들여야만 사가지고 올 수 있습니다. 품을 팔아서 마련하기 어려우면 부득이 농지를 잡히고 지출할 수밖에 없습니다. 그 지방의 산물이라 하더라도 경주의 전어錢魚[44]는 명주 1필로 바꾸어야 하고, 평양의 동수어凍秀魚[45]는 정포正布[46] 1필로 바꾸어야 합니다. 여러 고을의 진상품의 물가가 이러한 것이 어찌 여기에 그치겠습니까?

　더구나 운수하는 과정에서 담당 아전에게 들어가는 양식과 서울 이속들에게 바치는 뇌물도 한결같이 백성에게서 나옵니다. 한겨울이 아니면 얼음을 함께 넣게 되어 무거워지므로 말의 등이 온전치 못하게 됩니다. 그래서 역마로 계속할 수 없어 백성의 소를 동원하게도 됩니다. 여러 도의 역참에서 크고 작은 사신의 행렬에 왜인倭人과 야인野人까지 왕래를 하여 또한 견딜 수 없게 되니, 민호가 열 집에 아홉 집이 비는 지경이 됩니다.[47] 우리나라가 국

44　전어　전어의 어원에 관해서는 서유구(徐有榘)의 『난호어목지(蘭湖漁牧志)』의 다음 대목을 참조할 수 있다. "전어는 고기에 가시가 많지만 육질이 부드러워 씹어 먹기가 좋으며 기름이 많고 맛이 좋다. 상인들이 소금에 절여서 서울로 가져와 파는데 신분의 높고 낮음을 떠나서 모두 좋아하므로 사는 사람이 값을 생각하지 않고 사기 때문에 '전어(錢魚)'라고 한다."

45　동수어　수어(秀魚)는 숭어로, 겨울에 잡아서 얼린 숭어를 동수어라고 하였다.

46　정포　조세 수취 등과 같은 공용에서의 기준으로 삼았던 오승포(五升布)를 가리킨다. 승(升)은 날실 80가닥이므로, 오승포는 한 폭에 날실 400가닥을 넣어 짠 것이며, 길이는 35자였다.

47　왜인은 일본을 가리키고 야인은 여진을 가리키는데, 조선왕조는 중국과는 '사대', 일본과 여진과는 '교린'의 외교를 하였다. 그런데 임진왜란 이후로는 일본과 외교 관계를 재개하면서

가로서 훗날 장차 어떻게 왕명을 전달하겠습니까?

『서경』의 「우공」편을 상고해보건대, 청주靑州·서주徐州·형주荊州·양주揚州는 다 바다를 끼고 있지만 오직 청주만 해산물을 공물로 바치도록 되어 있고, 장강長江·회수淮河·황하黃河·한수漢水에 물고기가 없는 곳이 없지만 오직 회이淮夷[48]만 물고기를 바쳐서 제수에 쓰도록 했을 따름입니다. 옛날 밝은 임금이 먹는 것 때문에 천하 백성을 병들게 하지 않았던 것이 이와 같았습니다. 이런 점으로 미루어보건대, 먼 길에 생것을 진상하는 것은 단지 제수 용도에 그쳐서 가난한 백성과 쇠잔한 역참의 사람들을 소생할 수 있게 하였던 것입니다. 이것은 의당 성군聖君의 정치가 마땅히 먼저 힘써야 할 바입니다.

경기도에서는 생선과 생꿩을 진상하는 것이 이 지역 백성의 큰 고통이 되고 있습니다. 신이 고로古老에게 들어본바, 국초에는 실로 그렇게 정하지 않았다고 합니다. 장헌대왕莊憲大王(세종)께선 고기잡이 백성 300호로 하여금 돌아가며 어물을 바치도록 하여 세 끼의 생선을 올리는 데 그치게 하였다 합니다. 그때에 생선 값은 가장 큰 것도 쌀 한 말이 되지 못했습니다.

강정대왕康靖大王(성종) 만년에 손순효孫舜孝(1427~97)가 경기도 감사로 있었는데, 마침 중국 사신이 와서 오래 머무를까 하여 생선과 꿩을 민간에서 많이 거둬들여 영접하는 데 쓰려고 하였습니다. 그런데 사신이 곧 돌아가는 바람에 생선은 쓸 곳이 없게 되었으나 매일 단자單子[49]로 셈하여 사옹원으로 보냈습니다. 마련한 생선이 다 떨어지는데 손순효는 임기가 다해 떠날 날이 가까워지자 자기 자신에 그칠 것으로 생각하고 백성에게 다시 거둬들여 진상을 하였습니다. 그런데 손순효에 이어서 부임한 감사는 손순효가 시행한 일을 신臣이 어찌 감히 폐할 것인가 생각하여 이내 관례가 되었습니다.

부터 일본인은 동래까지 오도록 했으며, 청나라가 들어서면서 사실상 따로 여진과는 외교 관계가 없게 되었다. 여기서 거론한 것은 그 이전의 상황이다.

48 회이 회수 지역의 이족(夷族)을 가리키는 말.
49 단자 보내는 물품의 명단. 원문은 '單字'로 되어 있는데 '單子'와 같은 말로 보았다.

오늘에 이르러서는 생선을 바치는 부담은 점차 무거워져서 혹은 4결結에 생선 한 마리를 내도록 정해지게 되었습니다. 4결만으로도 마련하기 어려우면 8결에서 마련하도록 정해지게도 되었습니다. 생선 진상으로 매 결에 2두斗를 받으면 도합 16두의 쌀로 생선 한 마리를 사는 것이 됩니다. 사전四殿[50]에 진상하는 것이 매일 몇 마리가 되는지 알지 못하니, 각 고을에서 가져가는 것은 매일 16두의 몇 곱절이 되는지 알지 못합니다.

무릇 16두라면 가난한 백성 8~9명이 한 달 먹고 살 식량입니다. 1결에 2두를 내도록 하면 아주 가벼운 듯하나, 봄과 여름으로 양식이 다 떨어진 판에 빌릴 곳도 없는데 이임里任들이 한 번 독촉해서 마련하지 못하면 곧 몸이 묶여서 갇히게 됩니다. 헐벗고 굶주린 아낙네들이 머리털을 쥐어뜯으며 마련하지 못해 부르짖는 형상을 보고도, 측은하게 여기는 성군의 마음으로 어찌 차마 백성의 원성을 사면서 눈앞의 밥상 위에 음식물을 가득 벌여놓을 수 있겠습니까? 비린내 나는 물건을 좋아하지도 않으면서 날마다 가난한 백성 수십 호의 반년의 양식을 소비하는 것은 결코 문왕文王의 정당한 공물[51]이 아닙니다. 원하옵건대 전하께서는 장헌대왕이 정하신 바 고기잡이 백성 300호만 남겨두시고, 손순효가 바친 바는 일체 그만두도록 명하셔야만 경기도 백성이 그런대로 소생할 수 있을 것입니다.

효종황제孝宗皇帝[52]가 즉위한 처음에 매일 진상에 오르는 음식에서 양 한 마리, 닭 한 마리를 감하도록 명을 내렸습니다. 무릇 양과 닭을 올리는 것은 성화成化 연간(1465~87) 이전에도 규정에 들어 있었는데, 효종황제의 마음이 상에 벌여놓은 음식물이 너무 사치스러워 늙고 병든 백성이 고기를 못 먹을

---

50 사전 대전(大殿), 대비전(大妃殿), 중전(中殿), 동궁전(東宮殿)을 가리킨다.
51 문왕의 정당한 공물 『서경·무일(無逸)』에 주공이 성왕을 훈계하여 "문왕께서 감히 놀러 다니며 사냥하는 것을 즐기지 아니하여 여러 나라에서 정부(正賦)로 바치는 것만 받으셨으니, 문왕께서 천명을 받음은 중년이었으되 국가를 향유함이 50년이었습니다"라고 한 데서 따온 말이다.
52 효종황제 명나라 9대 황제로, 연호는 홍치(弘治, 1488~1505)이다.

까 염려했던 것입니다. 자식으로서 아버지의 제도를 바꾼다 해서 불효라고 생각하지 않았던 것입니다.

무릇 우리나라에서 임금이 드시는 상이 지나치게 된 것은 처음에 신하들이 잘 보이려고 한 데서 시작되었는데, 폐해가 이처럼 만백성에게 미쳤습니다. 하물며 연산군의 황음한 시절에 여러 가지 진상하는 물종들이 많이 늘어났음에 있어서야 말할 것 있겠습니까?

지난가을에 이이李珥가 이에 대해 아뢰었으나, 끝내 윤허를 하지 않으셨습니다. 이 일을 먼저 처리하지 않고 수령들이 마구 거두어들이는 것을 금지하고자 하신다면, 또한 어렵지 않겠습니까? 때문에 세수를 가볍게 하고 음식을 간소하게 하라는 하교를 매년 내렸음에도 백성이 은택을 입지 못하는 것입니다.

○ 또 이러한 내용이 있다.

신이 보건대, 압록강 서쪽에서 순천부順天府(북경을 가리킴)에 이르기까지 바위산이나 척박한 구릉이 아니면 경작하지 않는 곳이 하나도 없어서, 촌村·둔屯·읍邑·리里에 닭과 개의 소리가 연이어 들리고 소·말·돼지·양이 산과 들판에 떼를 지어 있으며 집집마다 아들딸을 많이 두어 빈부에 따라서 저마다 안정된 생활을 누리고 있었습니다. 영평永平과 계주薊州는 사람과 물산이 더욱 풍성하고 통주通州에서 황성에 이르기까지 건물이 끊이지 않고 이어져 있으며 사람들의 어깨가 부딪치고 수레바퀴가 닿을 지경이었습니다. 북방의 땅은 본디 불모지로 일컬어졌는데 지금 이와 같이 된 것은, 대개 명나라가 나라를 위한 계책이 깊고 원대하여 나라를 견고하게 하는 것이 백성의 안위에 달려 있는 줄 알아 이 백성을 편히 기르는 데에 지극한 마음을 두루 썼기 때문입니다. 수령들의 녹봉 역시 달마다 은전으로 지급하여 저자에서 물건을 사들여 쓰도록 하고 민간에서 계란 한 개 베 한 자도 거두지 않았으며, 전세와 신역 이외에 다른 요역은 일체 없었습니다. 아무리 탐학한 수령이라도 법을 어겨서 백성의 재물을 빼앗지 못했습니다. 그래서 인구가 늘어나고 토지가 개간될 수 있었습니다.

우리 동방은 안타깝게도 서북의 경계로부터 서울에 이르기까지 기름진 들판이 많이 개간되지 않았습니다. 전에 사람이 살던 곳이 지금 잡초가 우거져 있고 집에 소나 말 한 필을 기르는 자도 열에 한두 집이 되지 않으며, 아들딸을 여럿 둔 백성 또한 찾아보기 드문 형편입니다. 어찌 천지가 만물을 낳는 숫자가 우리나라 땅에만 특별히 부족하게 되었겠습니까. 대개 폐단을 일으키는 제도가 오래되어 마구 뜯어내기를 갖가지로 하여 8결에 포를 해마다 3필을 바치는데 또 봉족奉足⁵³의 값으로 매년 5필을 바치게 되며, 호를 편성한 크고 작은 통統의 권농勸農이나 이정里正⁵⁴을 맡은 자들이 한 달에도 여섯 번 점호를 나와, 하나라도 빠지는 집이 있으면 벌로 포를 내게 하고, 관속官屬이 더러 매일 한번 점호를 나와서 빈집이 있으면 벌로 포를 내게 합니다. 일족의 역에 대해서도 멀고 가깝고 친하고 친하지 않고를 따지지 않고 한 사람이 3~4인의 빠진 값을 내게 되니, 베틀에 짜는 베를 다 빼앗기게 되어 어른들도 바지저고리를 갖추어 입지 못하는데, 어린아이들의 포대기야 생각할 겨를이 있겠습니까. 이것이 백성과 아이들이 추위에 떨어도 보호하기 어려운 까닭입니다.

관에 납부하는 조세와 사적인 부채를 납부하기도 매우 어려운데, 1두斗의 세를 4두로 내야 하는 경우도 있습니다. 본창本倉에 납부하는 것이 4두인데 먼 곳에서 운반하다보면 그 비용이 4배나 되고, 방아를 찧어 납부하느라 매년 8두가 들어갑니다. 거기다가 꿩과 노루를 진상하는 값으로 호마다 5두를 바치고 보면 양식이 벌써 떨어져 한 해를 넘길까 걱정하게 됩니다. 그런즉

---

53 봉족 즉 보인(保人). 군역을 지게 되는 인원을 정족(丁足), 경제적으로 보조하는 인원을 봉족
   이라 한다.

54 이정 5가를 1통(統)으로 묶는 단위에서 5통을 관장하는 자.『명종실록』에 의하면, 5가구(家
   口)로 하나의 소통(小統)을 만들고 5소통으로 하나의 중통(中統)을 만들며 2중통으로 하나의
   대통(大統)을 만든다고 되어 있다.(명종 13년 윤7월 16일조)

소를 팔게 되는데 그러고도 생계를 이어가기 어렵습니다. 이것이 백성이 굶주리는 아이를 살려내기 어려운 까닭입니다. 아! 소는 봄이 되면 논밭을 갈려고 기르는 것인데 지금 굶지 않고 살아나기 위해 소를 팔게 되고, 자식을 기르는 것은 늙으면 봉양을 받으려는 것인데 굶어 죽게 하는 데 이르고 있습니다. 구휼해줄 사람이 없어 바야흐로 죽어가는 즈음에, 또 군역에 결원이 발생하거나 노비가 도망친 중에 책임을 져야 하는 가까운 이웃이어서 묶여서 감옥에 갇히게 됩니다. 그래서 좋은 땅과 좋은 논밭을 생각할 겨를도 없이 많이들 바가지를 차고 멀리 달아나는 것입니다.

또한 함경도 한 지방에서 진상하는 대포俉布[55]는 100필도 되지 못하는데, 한 도내에서 실로 관채官債를 먹은 자에게 으레 세포細布 1필을 거둡니다. 소금가마에 거두는 세는 해마다 1석이면 충분히 쓸 수 있는데 해마다 4석을 거둡니다. 또 장지壯紙 4권까지 징수해서 염호鹽戶들은 견디지 못해 가마를 철거한 지 이미 오래되었는데도 장부를 조사해서 세를 거두어 할아버지의 역까지 지게 합니다. 함경도 지역을 개척한 처음에는 들에 민가가 드물고 산에 수목이 많아 담비 가죽이 나왔던 까닭에 그것으로 진상을 하도록 했던 것입니다. 지금은 담비는 아주 씨가 말랐는데도 바치는 것은 그대로여서 달리 얻을 곳이 없기 때문에 서울에서 배의 값을 주고 구하는 실정입니다. 한 지방의 고통이 이보다 더할 수 없습니다. 다른 지역의 민원 또한 이와 같으니 어찌 한량이 있겠습니까? 백성이 날로 유랑하게 되는 것은 실로 이 여러 가지 폐단을 제거하지 않는 데 까닭이 있습니다. 아! 진상의 일이 이러한데다 고을마다 관장에게 후한 녹봉을 주는 까닭에 백성이 살 곳을 잃고 나라의 근본이 무너진 것이 이 지경에 이르렀습니다.

만약 임금께서 참으로 백성이 다 흩어지면 나라가 보존될 수 없음을 아신다면, 먼저 긴요치 않은 진상을 제거하며 연산군 때 더해진 물종들을 일체

---

55 대포 마포(麻布)의 일종.

없애도록 전국의 수령들에게 거듭 경계하여 백성에게 감히 해독을 끼치지 않도록 해야 할 것입니다. 정상적인 공납과 부세는 원래의 수량만 거두는 데 그치며 거듭 거두는 것을 못하도록 해야 합니다. 그리고 관아에서 쓰는 물건은 일정한 수량을 정해주고 사신에게 바치는 것 또한 정해진 품목대로 하여 한 자의 쌀, 한 자의 포도 함부로 백성에게 거두지 못하도록 할 것입니다. 한 번이라도 어기면 장률로 처벌하거나 변방으로 추방할 것입니다. 인구를 증식시키는 근원 또한 막거나 끊지 말아, 여자가 장성했음에도 시집을 가지 않으면 죄를 주어야 합니다. 남자는 홀아비가 되지 않고 여자는 외롭지 않아서 백년 동안 낳고 기르며 저마다 평안히 살 수 있도록 된다면 우리나라 8도에 빈 땅이 없이 장차 저절로 풍요롭게 될 것입니다.

○ 또 이러한 내용이 있다.

신은 듣자옵건대, 중국은 중앙의 부部·부府의 연리掾吏로부터 지방의 진鎭·읍邑의 서리에 이르기까지 무릇 관에서 일을 보는 자는 문생門生·사수寫手·조례皀隷·뇌자牢子의 무리에 이르기까지 월봉月俸〔은 2냥 반〕이 없는 자가 없습니다. 한 사람이 관에 있으면 집에 있는 자제가 4~5명이라도 모두 따로 정해진 역이 없다고 합니다. 이는 실로 주周나라의 부府·사史·서胥·도徒의 녹이 하사下士와 같다는 뜻입니다. 우리나라는 중앙의 서리書吏·조례皀隷·전복典僕으로부터 지방의 아전衙典·서원書員·사령使令에 이르기까지 하루도 관에서 떠나지 못하니 그 괴로움이 막심한데도 1전의 봉급도 받지 못합니다. 농사지을 겨를이 없는데다가 공인이 된다거나 장사가 될 길도 없으니 입을 것이나 먹을 것이나 도무지 나올 곳이 없습니다. 그러니 도적질을 하려 해도 겨를이 없고 구걸을 하려 해도 틈이 없으니 이것이야말로 관장을 속이고 술수를 부리며 백성을 위협해서 재물을 요구하고 장부를 뜯어고치고 재물을 훔치며 창고에 들어가 곡식을 축내고도 염치를 돌아보지 않는 까닭입니다. 만약 법을 무겁게 해서 형벌을 엄히 내려 그 폐단을 막으려 한다면, 간사한 꾀가 백 가지로 나오는 것을 이길 수 없을 것입니다. 그들이 먹고 살 계책을 열어주고 염치를 가르쳐 간사한 짓을 하지 않도록 해야 하지 않겠습니까?

논자들은 으레 말하기를, "국가의 재정이 고갈되었으니 많은 재화를 얻어서 수많은 이서吏胥들의 급료를 나누어주는 것은 어렵다고 한다"라고 합니다. 신은 적이 생각하옵건대, 수많은 이서들이 급료를 받지 못해서 여러 가지로 간사한 짓을 꾸며 나라의 일을 그릇되게 하는 것이 얼마나 되는지 알 수 없고, 국가의 재물을 훔치는 것이 얼마나 많으며, 군민軍民의 살림살이를 망치는 것이 얼마나 됩니까? 어차피 저들의 사기를 당할 터이면 도적맞을 재물을 나누어 저들의 급료를 고르게 지급해서 저들이 나라를 그르치고 백성에게 해를 끼치지 말도록 한다면, 설령 법을 범하는 자가 있다 하더라도 나라에서는 그들을 꾸짖을 말이 있게 되고 저들도 스스로 자기의 죄에 승복할 것입니다. 『홍범洪範』에 이르기를, "무릇 저 관인들은 부유하게 한 뒤라야 착하게 될 수 있다"라고 하였습니다. 춥고 배고픈 것이 심각한 상태에서 간사한 폐해를 일으키지 않기를 바란다면 아무리 고요皐陶가 법을 집행한다 하더라도 그의 명철함을 시행할 곳이 없을 것입니다.

바야흐로 지금 놀고먹는 자들이 아주 많은데다가 각 기관 공물의 작지가作紙價 및 각 도 관리의 형속포刑贖布[56]를 거두어서 저장하는데, 이는 관원의 친구들이 가져다 쓰는 것이 되는 데 불과합니다. 이 또한 공적인 물건이니, 만약 합해서 회계하여 부당하게 나가는 비용을 절약하고 당연히 써야 될 곳에 쓴다면, 여러 기관의 아전과 졸개들의 급료가 부족할 것을 걱정할 필요가 없습니다. 또한 지방의 고을이 가령 원곡元穀[57]이 1만 석이 되는 곳이라면 비모費耗[58]는 1000석에 이릅니다. 매년 400석을 예기치 못한 쓰임에 대

---

56 형속포 속죄(贖罪), 속신(贖身), 속공(贖貢), 속량(贖良) 등의 댓가로 바치는 포(布)를 말한다. 형포(刑布)라고도 함.
57 원곡 세수로 거두는 곡식의 원액을 가리키는 말.

비해 남겨둔다면 600석을 50인의 1년 급료로 나누어줄 수 있습니다. 월급은 조租 1석. 더구나 10만 석의 곳이라면 비모가 1만 석에 이를 터이니, 해마다 6000석을 빼놓으면 500인의 급료로 줄 수 있습니다. 그런데 이 부분은 회계에 올려지지도 않고 한갓 수령의 사적인 용도로 돌아가고 있습니다. 백성이 내는 곡식을 많이 얻을 수 있게 되더라도 이것이 한 사람의 사욕을 충족시키는 데 들어가서 수많은 사람들을 춥고 배고프도록 한다면, 이 어찌 하늘의 마음이겠습니까?

대개 중국의 제도를 보면, 예부禮部처럼 삼당상三堂上이 좌기坐起하는 곳이라 하더라도 서리는 9인에 그치며, 의儀·제制·사祀·제祭[59]의 네 관서에도 각기 9인이 있을 뿐입니다. 지방의 서리는 숫자가 응당 이보다 적습니다. 무릇 중국은 인물과 물산이 번성하고 업무가 번다하지만 높은 관인이 부리는 사람도 사무를 보고 일을 처리하는 데 그치지, 한 사람의 서리라도 대동하여 길거리에서 사람들의 눈길을 끄는 일이 없습니다. 우리나라의 인구와 물산은 요동과 계주의 한 지역만도 못한데, 서울이나 지방의 여러 관원들은 눈앞에 모시는 사람들이 가득함을 몹시 좋아하여 한 아전이 처리할 일을 서너 명의 아전에게 나누어 맡기어 단지 떠들썩한 것만 좋아할 뿐이며 일은 실제로 잘 처리하지 못하고, 나가면 반드시 벽제하는 소리가 길에 가득하기를 구하며, 구종驅從이 적으면 가는 곳마다 탄식을 일으킵니다. 아! 허세가 지나쳐서 온갖 일이 잘못되는 것이 이와 같습니다.

참으로 중국의 제도를 본받는다면, 먼저 육조의 이졸들의 수를 감하며 여러 관청과 지방의 고을들도 이처럼 감원해서 그 정원을 확정해야 합니다. 만약 여기에 남아돌고 저기에 부족한 것이 있으면 적절히 옮겨 충원을 하되 일을 맡길 만한 사람만 남겨두어서 급료를 헤아려 지급하면, 사람들은 자기 일

---

58 비모 세수로 거두는 곡식에 손실이 발생할 것을 예상해서 추가해 거두는 부분을 가리키는 말. 일명 모미(耗米). 통상 원곡의 10분의 1을 비모로 거두었음.

59 의·제·사·제 의례, 제도, 산천 제사, 종묘 제사를 뜻하는 것으로 보인다.

을 하여 먹게 되고 나라의 쓰임도 매우 공평하게 되어 서리는 자기 임무를 성실하게 하고 공무 또한 맑아지게 될 것입니다.

이이가 누군가의 물음에 답한 형식의 말[60]

혹자가 율곡에게 물었다.

"그대는 백성을 구제하는 일이 폐해를 개혁하는 데 달려 있다고 하는데, 오늘날의 폐해 가운데 무엇이 백성에게 가장 큰 우환이 된다고 생각하는가?"

율곡의 대답은 이러했다.

"일족一族과 절린切隣의 폐해가 첫째요, 진상의 번거롭고 무거운 폐해가 둘째요, 공물·방납의 폐해가 셋째요, 부역이 공평하지 않은 폐해가 넷째요, 이서들의 주구誅求의 폐해가 다섯째이다. 이 다섯 가지는 특히 심한 것을 든 것이다. 오늘날의 폐해가 어찌 여기에 그칠 것인가? 새로 양전量田을 하지 않음으로써 농사를 짓지 않아 묵은 땅이 세를 징수하는 대상이 되고, 불교가 그대로 남아 있어서 놀고먹는 백성이 땅으로 돌아오지 않는다. 불시의 수요를 모두 시전 상인에게 마련하도록 하니 시전 상인들이 수탈을 당하고, 함부로 빼앗는 것이 방내坊內[61]에 두루 미쳐서 방내의 사람들이 골수가 빠지며, 명목 없는 세가 각 고을에 넘쳐나서 뜯겨지는 것이 공부貢賦보다도 무겁고, 종모법從母法을 양녀良女에게 쓰지 않아서 양민들이 전부 다 사천私賤이 되며,[62] 불필요한 관원이 많아 부풀려진 비용이 늘어나고, 민호가 점차 줄어드는데 군현의 수가 너무 많다. 오늘날 세상에 있는 폐해를 다 들어 말하자면

---

60 이하의 내용은 『율곡전서』 권15 「동호문답」에 나온다.

61 방내 방(坊)은 서울의 행정구역의 명칭으로 지금 동에 해당하는 것이다.

62 노비제도에 있어서 모계의 신분을 따르도록 하는 규정을 종모법이라고 한다. 노(奴)가 양인 여자와 결혼하는 경우 종모법에 의해 그 자녀가 양민이 되어야 함에도, 실제로는 노비로 취급 되므로 이를 문제점으로 지적한 것이다.

하루를 가지고도 부족하다.

오늘날 세상을 다스리는 도리로 논하면 지금의 정사를 바꾸지 않고는, 아무리 요堯·순舜이 위에 있고 고皋·기夔[63]가 아래에 있다 하더라도 나라가 잘되고 못되는 데 아무런 도움이 되지 못할 것이요, 몇 년이 지나지 못해 백성은 필시 고기가 썩듯이 되어 나라가 무너지는 형세에 이를 것이다. 게다가 크게 우려할 일이 있으니, 지금 백성의 힘을 헤아려보건대 사람들이 거의 숨이 넘어갈 정도로 죽어가는 형편이어서 평소에 지탱하는 것도 어렵거늘, 혹시 외적의 침입이 남과 북에서 있게 되면 필시 태풍이 낙엽을 쓸어가는 듯되고 말 것이다. 백성이 이미 이 지경이 되었는데 나라는 어디에 의지할 것인가? 생각이 여기에 미치매 나도 모르게 통곡을 하게 된다.”

안설

살피건대 오늘날에 당면한 폐해는 위에 개관해보았다. 실로 조목조목 들어서 진술하고자 하면 하루를 가지고도 부족할 것이다. 아무리 그렇다 해도 모든 일에는 본本과 말末이 있다. 근본이 바로 서면 실제 나타나는 여러 문제들은 저절로 바로잡히게 된다.

무릇 정전제를 바르게 시행하여 농지에서 병兵을 내도록 하면, 일족과 절린의 폐해는 없앨 것을 기약하지 않고도 저절로 없어지게 될 것이다. 온 나라에 대동법을 널리 시행해서 한 해에 임금이 소요하는 물자의 수량을 일정하게 정해놓으면, 진상공물의 폐해는 개정할 것을 기약하지 않고도 저절로 개정될 것이다. 임무를 헤아려서 서리의 수를 책정하여 각기 자기 직무를 수행하도록 하고 각기 자기의 봉급이 있도록 하면, 담당하는 일이 고르지 않고 서리들이 착복하는 폐해가 고칠 것을 기약하지 않고도 저절로 고쳐질 것이다. 백성의 재산이 고르게 되고 부역이 공평하여 규정 외에 함부로 침탈

---

[63] 고·기 순 임금 때의 명신인 고요(皋陶)와 기(夔)를 가리킴. 고요는 법관이었고, 기는 음악에 밝았다고 한다.

하는 일이 없게 되면, 인구가 늘어날 것을 기약하지 않고도 저절로 증가하게 될 것이다. 이와 같이 한 다음에라야 정치와 교화가 이루어져 치적이 나타나게 된다. 이와 같이 하지 않으면 아무리 인정仁政을 행하려 해도 빈말이 될 따름이다.

그러하나 이 모두 다스리는 법이다. 다스리는 법은 혼자 행할 수 없으며 반드시 임금은 먼저 어진 신하를 얻어서 좌우에 두고 훌륭한 인재를 널리 구하여 여러 자리에 배치한 다음에라야 행할 수가 있는 것이다. 대신을 선택하는 근본은 또한 한 마음의 덕을 밝히는 데 있으며, 마음을 밝게 하는 요령은 오직 성학聖學에 있다. 대저 법이란 목수의 먹줄과 같고 대장장이의 모형模型과 같다. 이른바 먹줄이 먹줄이 되지 못하고 모형이 모형이 되지 못하면, 아무리 천하의 훌륭한 공인工人이라 하더라도 한 채의 집, 하나의 그릇도 만들지 못할 것이다. 세상의 훌륭한 공인에 대해 말하면서 먹줄과 모형은 필요 없다고 말하다니, 생각이 더없이 부족하다.

전제고설 상

田制攷說 上

경전의 정전제 논의

『주례』

『주례周禮』에 이렇게 나와 있다.[1]

대사도大司徒는 천하 토지의 지도로 구주九州 지역의 면적을 두루 알아 산림·천택·구릉·분연墳衍·원습原隰의 물산들을 분별하며, 여러 나라의 도읍과 지방의 수를 분변하고, 기내畿內와 외방의 구역을 획정하였고, 사직에 담장을 설치하여 전주田主[2]를 세우고, 각기 그 땅에 적합한 나무로 그 사직과 그 땅의 명칭을 결정한다.

정현鄭玄은 이르기를, "토지의 지도란 지금 군국의 여지도와 같은 것이다. 낮은 곳의 평평한 땅을 '연衍', 높은 곳의 평평한 땅을 '원原'이라 한다. 강疆은 경계이고, 구溝는 땅을 파서 막는 것이고, 봉封은 흙을 쌓아 경계를 짓는 것이다. 사직은 후토后土 및 전정田正[3]의 신이요, 전주는 후토와 전정이 의지하는 바이다. 시인은 이를 일러 전조田祖[4]라 하였다. 여기에 마땅한 나무는 소나무, 측백나무, 밤나무 같은 것이다"라고 하였다.

---

1 『주례·지관』에 나오는 내용을 발췌·인용한 것이다.
2 전주 제사를 지내 받드는 밭의 신. 곧 사직에 심는 나무를 가리킨다.
3 후토·전정 후토는 토지를 맡은 장관을, 전정은 농정(農政)을 맡은 장관을 가리킴.
4 전조 전설상의 처음 농업을 시작한 사람으로, 곧 신농씨(神農氏)를 이른다. 시인이라 함은 『시경·소아(小雅)·보전(甫田)』의 "거문고 타고 북을 치며 전조를 맞아들인다[琴瑟擊鼓, 以御田祖]"라는 구절을 두고 일컬은 것이다.

토질에 맞는 방식으로 십이토十二土의 산물을 가려내고 백성이 살아가는 곳을 살펴서 이롭고 해로운 것을 알아내 인민을 부유하게 하며, 조수鳥獸도 번성하게 하고 초목도 자라나게 하고 땅에서 살아가는 일을 맡도록 한다. 십이토十二土란 국토를 12방邦으로 나눈 것이다. 부阜는 성하다는 뜻이다. 임任은 땅에 나아가 살아가는 데서 백성이 각자 능한 바에 따른 것을 가리킨다. 십이양十二壤의 산물을 가려서 그 종자를 알아내 농사짓고 나무 기르고 원예하는 것을 가르친다. 양壤 또한 토이다. 무릇 도都·비鄙를 세워 지역을 정해 두둑과 도랑을 만들고 그 실수室數로 마련해준다. 불역지不易地는 가호당 100묘畝를, 일역지一易地는 가호당 200묘를, 재역지再易地는 가호당 300묘를 지급한다.

도都와 비鄙는 왕의 자제와 공경대부의 채지采地인데, 그 경계 안을 도라 하고 비는 사는 곳을 말한다. '실수로 마련해준다'는 것은 구丘와 전甸 등을 이른다. 불역지란 해마다 농사를 짓는 좋은 땅을 가리키는데, 그러므로 한 집에 100묘를 지급한다. 일역지란 한 해를 건너뛰어서 농사를 짓는 땅을 가리키는데, 토박하므로 한 집에 200묘를 지급한다. 재역지란 두 해를 휴경休耕하고 다시 심는 땅을 가리키는데, 그러므로 한 집에 300묘를 지급한다.

이에 지직地職을 나누고 지수地守를 정하며 지공地貢을 제정하고 직사職事를 구분해준다. 그렇게 해서 땅의 법을 삼아 백성이 나라의 정령政令을 따르도록 한다. '지직을 나눈다'는 것은 구직九職에 마땅한 바로 나눈다는 뜻이요, '지수를 정한다'는 것은 형록衡麓이나 우후虞候[5] 등을 이르는 것이요, '지공을 제정한다'는 것은 구직의 사람이 세로 바치는 것을 이르며, '직사를 나누어준다'는 것은 명령을 받은 바에 따라 각기 그 직무를 맡도록 한다는 것이다.

소사도小司徒는 토지를 구획하여 전야田野를 정목井牧하였다. 9부가 1정井이 되고, 4정이 1읍邑이 되고, 4읍이 1구丘가 되고, 4구가 1전甸이 되고, 4전이 1현縣이 되며, 4현이 1도都가 되며, 토지의 일을 맡겨서 공부貢賦를 내도록 하

---

5   형록·우후 형록은 산림을 지키는 관리를 말하는 것으로, 형록(衡鹿)이라고도 한다. 우후는
     산택(山澤)을 지키는 관리를 말한다.

니, 대개 세를 바치는 일이다.

이는 도와 비를 제정하는 것을 이른 것이다. 채지에 정전제를 실시하는 것은 향鄕·수遂에서 국도國都를 중히 여기는 것과는 다르다. 소사도는 구획을 하여 5구五溝, 5도五塗의 경계[6]를 세운다. 그 제도는 '정井'자형으로 하기 때문에 그 이름을 취한 것이다. 정사농鄭司農[7]은 "정목이란 『춘추전』에서 이른바 '정은 비옥한 땅이요 목은 습하거나 언덕진 땅'이다"라 하였다. 정현은 말한다. 습하거나 언덕진 땅에는 9부夫가 1목牧이 되며, 2목은 1정에 해당한다. 지금 도와 비를 만들고 민전民田을 지급하는데, 불역지, 일역지, 재역지가 있어 통산해서 둘이 하나에 해당하도록 한다. 이것을 일러 정목井牧이라 한다.

옛날 하나라 소강小康이 우사虞思에 있을 때, 농지는 1성成이 있었고 사람은 1려旅가 있었다고 했다. 1려의 사람들로 농지는 1성이라고 했으니, 정목의 법은 예전부터 있었던 것이다. 9부夫가 1정이 되는데, 그것은 사방 1리로 9부가 경작하는 땅이다. 4정이 1읍이 되면 사방 2리요, 4읍이 1구가 되면 사방 4리이며, 4구가 전이 되면 1전은 사방 8리이다. 네 쪽에 1리씩을 더하면 사방 10리가 되어 1성이 된다. 도합 100정에 900부가 되니, 그 가운데 64정 576부는 전세田稅를 내고, 36정 324부는 혁洫[8]을 다스리는 일을 맡는다. 4전이 1현이 되면 사방 20리가 되고, 4현이 1도가 되면 사방 40리가 되며, 4도는 사방 80리가 된다. 네 쪽에 10리씩을 더하면 사방 100리가 되어 1동同이 된다. 도합 1만 정에 9만 부이니, 그 가운데 4096정 3만 6864부는 전세를 내고, 2304정 2만 736부는 치혁을 맡고, 3600정 3만 2400부는 회澮를 다스리는 일을 맡는다. 정전의 법은 1동에서 갖추어진다.

지금 도에서 그치는 것은 채지에서 받는 것이 모두 4분의 1인 때문이다. 그 제도는 세 등급이 있다. 100리국里國은 대개 4도가 있으니 1도의 전세가 왕에게 들어가고, 50리국은 대개 4현이 있으니 1현의 전세가 왕에게 들어가며, 25리국은 대개 4전이 있으니 1전의 전세가 왕에게 들어간다. 토지의 일이란 농경·목축·산림을 이른 것이다. 공貢은 구곡九穀과 산택의 자재를 이른 것이다. 부賦는 수레를 내고 요역을 바치는 것이다. 『사마법司馬

---

6 5구, 5도의 경계 5구는 여러 도랑을, 5도는 크고 작은 도로를 가리킨다.
7 정사농 본서 권1 「전제 상」 주 12 참조.
8 혁 중국 고대의 농지구획법인 구혁법(溝洫法)하에서의 수로 중 하나. 「전제 상」 주 49 참조.

法』⁹에 나와 있다. "6척이 1보가 되고, 100보면 1묘가 되고, 100묘면 1부가 되고, 100부면 1옥屋이 되고, 3옥이 1정이 된다. 정이 10이면 1통通이 되는데, 1통에는 말 1필에 30가家로 사土 1인, 도徒 2인이 있다. 통이 10이면 1성이 되는데, 1성은 100정 300가로 혁거革車 1승乘, 사土 10인, 도徒 20인이 있다. 성이 10이면 1종終이 되는데, 1종은 1000정 3000가로 혁거 10승, 사 100인, 도 200인이 있다. 종이 10이면 1동이 되는데, 1동은 사방 100리에 1만 정 3만 가로 혁거 100승, 사 1000인, 도 2000인이 있다.

지금 『춘추전春秋傳』을 보면, "습고隰皐에는 목축을 하며, 연옥衍沃에는 정전을 한다"¹⁰라고 하였다. 임요수林堯叟¹¹의 주에 "습고는 물가의 저습低濕한 지대로 목축하기 좋은 땅이며, 연옥은 평평하고 좋은 땅이므로 정전을 시행할 수 있는 곳이다"라고 하였다. 명나라 학자 구준丘濬은 또 이르기를, "『주례』에서 '전야에 정전을 실시하고 목축을 한다'는 것은 경작할 수 있는 땅에는 정전을 하고, 짐승을 기를 수 있는 땅에는 목축을 한다는 것이다"라고 하였으니, 정현의 설과는 다름이 있다.

재사載師는 임토任土의 법을 관장하며 토지에 관한 일들을 가려보아[物] 지직地職에 제공하여 정령을 기다린다. '임토'란 그 지력地力과 형세가 능히 생육할 수 있는 바를 맡기는 것이요, 또 공부貢賦를 정해주는 것이다. '물'이란 물物을 가려보아 땅의 마땅한 바의 일을 알아서 농사, 목축, 산림에 제공하여 맡도록 하는 것이다. 전리廛里는 국중國中의 땅에 맡기고, 장포場圃는 원지園地에 맡기고, 택전宅田·사전士

9 『사마법』 춘추시대 제(齊)나라의 사마양저(司馬穰苴)가 지었다는 병서로, 『사마병법』이라 하기도 한다.
10 『춘추좌씨전』 노양공(魯襄公) 25년조에 나오는 구절.
11 임요수 송나라의 경학가. 조선 세종 때의 집현전에서 『춘추좌전』에 대한 제가의 학설을 정리하여 1440년에 『춘추경전집해(春秋經傳集解)』를 간행하였는데 이 책은 두예(杜預)의 집해본을 위주로 하면서도 '부주(附註)' 항목을 설정하여 송나라 학자인 임요수와 주신(朱申)의 학설도 채록했다. 임요수의 견해는 바로 여기에 채록된 의견으로 보인다.

田·고전賈田은 근교近郊의 땅에 맡기고, 관전官田·우전牛田·상전賞田·목전牧田은 원교遠郊의 땅에 맡기고, 공읍전公邑田은 전지甸地에 맡기고, 가읍전家邑田은 초지稍地에 맡기고, 소도전小都田은 현지縣地에 맡기고, 대도전大都田은 강지疆地에 맡긴다.

정사농은 이르기를, "전廛은 저자 가운데 공지로 가게가 없거나 성중의 공지로 주택이 없는 곳이다. 백성의 주택을 택宅이라 하니, 택전이란 더 늘어날 것에 대비하는 것이요, 사전이란 사대부의 아들들이 받아서 경작하는 땅이다. 고전賈田이란 상인이 받는 농지요, 관전이란 공가에서 경작하는 농지요, 우전牛田이란 공가의 소를 기르는 땅이요, 상전賞田이란 상으로 받는 농지요, 목전牧田이란 육축六畜[12]을 기르는 땅이다"라고 하였다.

정현은 이르기를, "전리란 지금 읍리邑里의 거주지이니, 전은 백성이 사는 구역이요 리는 사는 곳이다. 포圃는 과일이나 열매 등속을 가꾸는 곳이니 늦가을에 가운데 장場을 만들며, 포에 울타리를 세우는 것을 원園이라 한다. 택전이란 벼슬에서 은퇴한 집이 받는 농지이다. 『의례·사상견례士相見禮』에서는 이르기를, '택이란 방국邦國에 있어서는 시정지신市井之臣이요, 초야에 있어서는 초모지신草茅之臣이다'라고 하였다. 사士는 '사仕'로 읽는데, 사 또한 농지를 받는다. 이를 일러 규전圭田이라 한다. 『맹자』에 이르기를, '경卿 이하는 반드시 규전이 있는데, 규전은 50묘이다'라고 하였다"라고 하였다.

고전은 저자에 있는 상인들이 받는 바의 농지요, 관전은 서인庶人으로 관에 있는 자가 그 집에서 받는 바의 농지요, 우전·목전은 목축하는 집에서 받는 바의 농지이다. 공읍은 육수六遂의 나머지 땅을 말하니 천자는 대부를 시켜 다스린다. 이로부터는 모두 이같이 한다.

가읍은 대부의 채지采地이고, 소도는 경의 채지이고, 대도는 공의 채지로, 왕의 자제들의 식읍食邑이다. 강은 500리까지의 왕기王畿의 경계이다. 모두 맡긴다는 뜻의 임任을 쓴 것은 땅의 모양이 실제로 도형처럼 반듯하고 고르지 못하므로 농지와 채읍을 받는 자는 원근에 걸쳐 모두 제도와 같이 할 수 없으니 그 생육한 바와 공부貢賦를 여기에서 바르게 하려는 것이다. 전리·장포·택전·사전·고전·관전·우전·상전·목전의 아홉 가지 또한 공통으로 1부夫

---

12 육축 소·말·돼지·양·닭·개 등의 여섯 가축을 가리킨다.

를 주니, 농사짓는 사람의 반의 땅이 된다.

『한서·식화지食貨志』에서 이르기를, "농민은 호구당 1인이 농지를 받고 나서 그 집의 여러 남자들은 여부餘夫가 되어 또한 인원수대로 농지를 받는다. 사·공·상의 집에서 농지를 받는 것과 같이 5구口가 농부 1인에 해당하도록 한다"라고 하였다.

무릇 임지任地에 있어서는 국도의 주택[國宅]에는 세가 없고, 원전園廛에는 20분의 1, 근교에는 10분의 1, 원교에는 20분의 3의 세를 부과하며, 전지甸地·초지稍地·현지縣地·도지都地에는 모두 10분의 2를 초과할 수 없다. 오직 옻나무에 대한 세는 20분의 5이다.

정사농이 이르기를, "임지는 토지를 지급하여 부세를 내게 하는 것이다. 국도의 주택이란 도성 안의 집을 가리킨다"라고 하였다. 정현은 이르기를, "무릇 관 소유의 집이란 관리가 쓰는 것이다. 주나라의 세제는 국도에서 가까운 데는 가볍고 먼 데는 무거웠다. 가까운 곳은 부역이 많기 때문이다. 원지와 전리 또한 가볍게 한 까닭은 전리는 곡식이 없고 원지는 이익이 박하기 때문이다"라고 하였다.

무릇 집에 가꾸는 것이 없는 자는 이포里布가 있고, 땅에 경작을 않는 자는 옥속屋粟[13]을 내며, 백성으로 직분이 없는 자는 부세夫稅와 가세家稅를 내도록 하되, 정사농이 이르기를, "집에 가꾸는 것이 없다는 것은 뽕나무나 삼 같은 것을 기르지 않는 것이요, 이포는 너비 2촌, 길이 2척으로 화폐로 사용하여 물건을 교역할 수 있는 것이니 포천布泉이라고도 하는 것이다"라고 하였다. 정현은 말하기를, "집에 가꾸는 것이 없는 자는 1리 25가의 포천을 벌로 내고, 땅을 놀리는 자는 3가의 세곡을 벌로 내며, 백성으로서 하릴없이 직분이 없는 자는 부세와 가세를 낸다고 하였다. 부세는 100묘의 세이고, 가세는 수레나 수레꾼을 내고 요역에 동원되는 것이다"라고 하였다. 때때로 그 부세賦稅를 징수한다.

---

13 옥속 『주례·지관·재사(載師)』에 나오는 세목이다. '불경자(不耕者)'에게 징수한다고 했는데, 이에 대해 정현은 토지를 경작하지 않고 놀리는 자에게 부과한 벌로 이해했다. 이에 이견도 있는데, 정약용은 토지를 경작하지 않고 놀리는 자도 납부해야 하는 세목, 즉 직역자에게 보편적으로 부과된 일종의 직업세로 보았다.

여사閭師는 무릇 직사職事가 없는 자에게 부포夫布를 내도록 한다.

장재張載[14]는 이렇게 말했다.

"부세夫稅와 가세家稅는 한 집에 여부餘夫가 1인이 넘지 않는 경우 부夫라 하며, 여부가 모두 다해 3인, 혹은 2인이거나 혹 두 집에 5인이 되는 경우를 가家라고 하는 것 같다."

오징吳澄[15]은 이렇게 말했다.

"백성이 직사가 없다고 하는 것은 하는 일 없이 노는 자를 이름이니, 이런 자에게는 벌을 준다. 한 집의 역역力役의 세를 내도록 하되, 병졸이나 수레로 요역을 지도록 하는 것을 이름이다."

마단림馬端臨[16]은 이렇게 말했다.

"옛사람들은 놀고 먹으며 농사를 짓지 않거나 장사치 일을 하는 사람들에 대해서는 모두 정규의 법 이외에 따로 법을 만들어 억제하였다. 일을 하지 않는 자에 대해서는 부포를 내도록 하되, 혹은 부세와 가세를 다 내도록 하였다. 부포는 정규적인 것으로 부세와 가세를 같이 내도록 하는 것은 억제하기 위한 것이다. 부세와 가세의 풀이는 응당 장횡거의 설과 같이 해야 할 것

---

14 장재 1020~77. 북송 때 학자. 횡거(橫渠)선생으로 일컬어졌다. 정호(程顥)·정이(程頤)의 외숙으로 성리학의 기초를 세운 인물로 꼽힌다. 정전제를 시행하고자 노력하며 『정전의(井田議)』를 저술한 바 있다.

15 오징 1249~1333. 원나라 때 학자. 초려(草廬)선생으로 일컬어졌다. 허형(許衡)과 병칭되었고, 주자학의 입장에 있었으나 육상산(陸象山)의 학문도 융합하려는 태도를 보였다. 대표 저술로 『오경찬언(五經纂言)』이 있다.

16 마단림 1254~1323. 남송에서 원초에 걸치는 학자. 학문을 폭넓게 하여 『문헌통고(文獻通考)』를 편찬했다. 『문헌통고』는 총 348권으로 고대로부터 송대까지의 역대 전장제도를 논한 내용이다.

이다. 정현의 주에서 말한 대로 1부가 100묘의 세를 내도록 한다면, 받은 농지도 없으면서 세는 농지를 받은 것과 같으니 지나치다고 하지 않겠는가!"

수인遂人은 나라의 '야野'[17]를 관장하여 토지의 지도로 전야田野를 구획해서 현縣과 비鄙의 형체의 법을 조성한다. 5가家를 1린鄰, 5린을 1리里, 4리를 1찬酇, 5찬을 1비, 5비를 1현, 5현을 1수遂로 제정한다. 모두 일정한 지역을 설정하여 육로와 수로를 만들어 각기 정령政令과 형금刑禁을 관장하도록 하되, 세시歲時에는 인민을 조사해서 전야를 지급하며, 병기를 연습하도록 하고 농사일을 가르친다. 형체를 구획한다는 것은 모두 나누어 경계를 제정하는 것을 가리킨다. 무릇 야野를 정리함에 있어서는 1부夫의 사이에 수遂를 두고, 수의 옆에 경徑이 있으며, 10부에 구溝가 있고, 구 옆에 진畛이 있으며, 100부에는 혁洫이 있고, 혁 옆에는 도涂가 있다. 1000부에는 회澮가 있고, 회 옆에는 도道가 있으며, 1만 부에는 천川이 있고, 천 옆에는 로路가 있어서, 이런 식으로 기畿에 도달하게 한다.

10부夫는 2린鄰의 농지이고, 100부는 1찬의 농지이며, 1000부는 2비의 농지이고, 1만 부는 4현의 농지이다. 수·구·혁·회는 모두 물이 개천으로 통하는 것이다. 수는 너비와 깊이가 각 2척이고, 구는 그 배이고, 혁은 구의 배가 되며, 회는 너비 2심尋, 깊이 2인仞이다. 경·진·도涂·도道·로는 모두 국도로 수레와 사람이 통과하는 곳이다. 경은 우마가 다닐 수 있고, 진은 큰 수레가 다닐 수 있고, 도涂는 승거乘車 1량이 다니는 길이며, 도道는 승거 2량이 함께 다닐 수 있고, 로는 승거 3량이 함께 다닐 수 있는 길을 말한다. 도涂의 야도野涂는 환도環涂와 같이 하는 것이 맞다. 1만 부는 사방의 길이에 있어 33리에 '1/2리보다 적은 거리'를 합한 것에 해당하며, 1만 부가 9개이면 사방 1동의 면적이다.

남묘南畝로 그림을 그려보면 수는 종從이고 구는 횡橫이며, 혁은 종이고 회는 횡이어서, 회가 아홉이 되면 천川이 되어 그 외부를 두르게 된다. 산릉山陵·임록林麓·천택川澤·구독溝瀆·성곽城郭·궁실宮室·도항涂巷의 3분의 2를 제외하고, 그 나머지는 이와 같이 하여 기畿에

---

17 "교외(郊外)를 야(野)라 하니, 이 야는 전지(甸地)·초지(稍地)·현지(縣地)·도지(都地)를 이름이다."—원주

이르도록 한다. 그 가운데 도都비·鄙가 있다 해도 수인遂人이 모두 그 땅을 주관하도록 한다.

○ 야도와 환도 등의 제도는 『주례·동관冬官·장인匠人』에 상세히 나와 있다.

사가司稼는 나라의 들판의 곡식을 관장하여 순찰하되 곡식의 품종을 분별하여 그 종류와 적당한 토지를 두루 살펴 표준을 정해서 읍리邑里에 게시하며 들을 돌아다니면서 작황을 살펴보고 그해 농작의 등급을 상하로 구분지어 염법斂法[18]을 산출한다. 그리고 만민의 식량을 공평하게 하면서 극히 어려운 사람들을 구휼하고 징세를 고르게 하는 일을 맡는다.

주자朱子는 이렇게 말했다.

"향鄕·수遂에는 공법貢法을 쓴다 하더라도 들에 나가 작황을 살펴서 그해의 풍흉을 상·중·하로 구분하여 염출하는 법을 산출하면, 또한 구애될 것이 없다."

장인匠人은 구溝와 혁洫을 만들되 보습은 너비 5촌으로 하여 보습 두 개로 짝[耦]을 짓게 해서 한 짝으로 파고들어, 너비 1자, 깊이 1자 되는 것을 천畎[19]이라고 한다. 밭머리를 배로 해서 너비 2자, 깊이 2자 되는 것을 수遂라고 한다.

옛날에 보습[耜]은 쇠붙이 하나로 되어 있으며 두 사람이 함께 가는 것이었다. 밭두둑 가운데를 천畎이라 하고 천의 위를 벌伐이라 하는데, 벌이라고 하는 것은 갈아 헤치는 것을 말한다. 지금 보습을 보면 윗부분이 두 쪽으로 갈라져 있는데, 옛날의 그 모양을 형상한 것이다. 전田은 1부가 경작하는 농지는 100묘이니, 사방 100보의 땅이다. 수란 부夫[20] 사이에 있는 작은 물길이며, 수遂 옆에 역시 경徑이 있다.

---

18 "염출하는 법이란 풍년에는 정해진 대로 하고, 흉년에는 손실이 나서 10의 2~3이 줄어들었다면 실제로는 반을 감해주는 것이다." ── 원주

19 "옛날의 '畎' 자." ── 원주

20 여기서 부(夫)는 1부가 경작하는 100묘의 땅을 가리킨다. 즉, 정전제에서 정(井)으로 구분된 사이에 있는 물길이 수(遂)이다.

9부가 정井이 되는데, 정과 정 사이에 너비 4척, 깊이 4척으로 구溝를 만들며, 사방 10리를 성成으로 만드는데 성과 성 사이에 너비 8척, 깊이 8척으로 혁洫을 만들며, 사방 100리를 동同으로 만드는데 동 사이에 너비 2심, 깊이 2심으로 회澮를 만든다.

이는 기내畿內의 채지采地 제도이다. 9부夫로 1정井을 삼으니, 정이라는 것은 사방 1리요 9부가 경작하는 농지이다. 채지에서 정전을 제도화하는 것은 향鄕·수邃와 공읍公邑에서와 는 다르다. 3부로 옥屋을 삼으니, 옥이란 갖추어진다는 뜻이다. 1정 가운데 3옥 9부가 있어 3·3은 9로 맞춰져서 부세를 내며 함께 구溝를 관리한다. 사방 10리를 성成으로 정하여 성 가운데 1전甸을 두며, 1전은 사방 8리로 전세를 내고, 그 가 쪽의 1리가 수로 혁洫을 관리한 다. 사방 100리를 동으로 정하여 동 가운데 4도都 64성을 두는데, 이는 사방 80리로 전세 를 내고, 가 쪽의 10리는 수로 회澮를 관리한다. 채지는 300리, 400리, 500리 가운데 들어 있다. 『주례·지관·재사載師』에는, "원전園廛은 20분의 1, 근교近郊는 10분의 1, 원교遠郊는 20분의 3, 전지와 초지와 현지와 도지는 모두 10분의 2를 초과하지 못한다"라고 하였으니, 이것은 전세를 이름이다. 모두 가까운 곳을 가볍게 먼 곳을 무겁게 한 것이다.

등滕 문공文公이 맹자에게 나라를 다스리는 법을 묻자, 맹자는 이렇게 답하였다.[21]

"하후씨夏后氏는 50묘로 공법貢法을 썼고, 은나라는 70묘로 조법助法을 썼고, 주나라는 100묘로 철법徹法을 썼다고 했는데, 그 실상은 모두 10분의 1을 세로 내는 것입니다. 철徹 이란 관철한다는 뜻이요, 조助란 돕는다는 뜻입니다. 용자龍子[22]는 이르기를, '농지를 다스 리는 데에는 조법보다 좋은 것이 없고, 공법보다 좋지 않은 것이 없다. 공법이란 몇 해 동안 의 수확량의 평균을 잡아서 경상세로 삼은 것이다'라고 하였습니다."

또 등 문공이 맹자에게 정전제에 대해서 묻자, 이렇게 답하였다.

"야지野地는 9분의 1로 조법을 시행하고, 국중國中은 10분의 1로 하되 스스로 내도록 하 고, 경卿 이하는 반드시 규전圭田을 두되 규전은 50묘로 하며 여부餘夫에게는 25묘를 주면

---

21 이하 『맹자』를 인용한 대목은 모두 「등문공 상」에 나온다.

22 용자 『맹자』에 나오는 고대의 현인으로, 토지에 대해 평균 수확량을 기준으로 세금을 부과하 는 공법(貢法)을 비판하였다.

됩니다. 사망하거나 옮겨가도 향鄕을 벗어나는 일이 없도록 하고, 향의 농지는 정전井田을 함께하며, 사람들이 나가거나 들어오거나 서로 사이좋게 지내고 수망상조守望相助[23]하며, 질병에 걸렸을 적에 서로 간호해주면 백성이 화목하게 될 것입니다. 사방 1리로 한 정井을 만드는데, 1정은 900묘이며 그 가운데를 공전公田으로 삼고, 8가家가 각기 100묘씩 경작하며, 함께 공전을 돌보고 공적인 일을 다 마친 뒤에 사전私田을 돌본다고 하였습니다. 이는 관에 있는 사람과 야인을 구별하는 것입니다."

맹자는 또 말하였다.

"『시경』에 이르기를, '우리 공전에 비가 내려 우리 사전에 미쳤도다'라고 하였습니다. 오직 조법에만 공전이 있으니, 이를 통해 보건대 주나라도 조법을 썼던 것입니다."

노나라 애공哀公이 유약有若에게 묻기를, "흉년이 들어 쓰임이 부족하면 어찌합니까?" 하자, 유약은 대답하기를, "어찌 철법으로 하지 않습니까?" 하자, 애공은 "10분의 2를 세로 받아도 오히려 부족한데, 어떻게 철법으로 할 수 있겠습니까?"라고 하였다.[24]

그리고 『춘추春秋』에 선공宣公 15년 가을에, "처음 묘에 세를 받았다"라고 했고, 『좌씨전左氏傳』에는 "예가 아니다. 곡식을 세로 내는 것은 조법을 넘어서는 안 되는 것이니, 백성의 재물을 넉넉하게 해주기 위한 조처이다"라고 하였다.

이 여러 가지에 대해 세상 사람들은 어긋나고 의혹스럽다고 말한다. 『주례·지관·재사』 및 『사마법』으로 논하건대, 주나라 제도의 기내는 하나라의 공법을 썼기 때문에 농부는 세를 내고 공전은 없었다. 『시경』과 『춘추』와 『논어』와 『맹자』를 통해 논하건대, 주나라는 방국에는 은나라의 조법을 써서 공전제를 하고 농부의 세를 받지 않았다. 공법이란 자신이 받은 바의 농지를 경작하며 세곡을 바치는 것이요, 조법이란 백성의 힘을 빌려서 공전을 경작하고 또 거두어들이도록 하는 것이다.

기내에 공법을 쓰는 까닭은 향·수와 공읍의 관리들이 아침저녁으로 백성의 일에 종사하여 공적으로 하도록 독촉하고 사적으로 돌보지 못하도록 하려는 것이다. 나라에서 조법을 쓴 까닭은, 제후는 한 나라의 정사를 마음대로 하기 때문에 탐학을 부려 백성에게 거두어들

---

23 수망상조 지켜주고 망을 보아주어서 서로 도와주는 것.
24 『논어·안연(顔淵)』에 나온다.

이는 것을 절도 없이 할 수 있기 때문이다. 주나라의 기내 지역에는 조세에 경중이 있음에도 제후들이 그것을 가리켜 철이라 한 것은 통상 그 비율을 10분의 1로 정했기 때문이다. 맹자가 이르기를, "들에서는 9부에서 1부의 세를 내고 국중은 10분의 1을 낸다"라고 하였으니, 이를 보면 방국에서도 안과 밖의 법을 달리했던 것이다.

모두 천川에 도달하는데 각기 그 이름을 적어준다. 도달한다는 것은 이른다는 뜻이니, 물길이 천에 이르면 다시 더 들어갈 곳이 없음을 말한 것이다. 그 이름을 적는다는 것은 물이 흘러나온 곳을 표시한다는 것이다.

진부량陳傅良[25]은 이렇게 말했다

"수인遂人은 5구溝의 제도를 말하면서 수遂에서 시작하였고, 장인匠人은 5구의 제도를 말하면서 묘畝에서 시작하였다. 묘는 구溝가 아니요, 종자를 뿌리는 땅이다. 1묘는 3천畎이요, 1부는 300천이다. 천이 종縱이면 수遂는 횡橫이요, 수가 횡이면 구溝는 종이다. 구를 통해서 혁洫에 도달하고 혁을 통해서 회澮에 도달하는데, 종이 되고 횡이 되는 것은 마찬가지이다. 논자들은 또 구와 혁은 물이 통하도록 하기 위해 설치한 것이라고 한다. 그러나 구와 혁은 농지에서 물길을 열려면 열 수 있어서 물이 넘치는 우환이 없으며, 막으려면 막을 수 있어서 가뭄의 근심이 없게 된다. 때에 맞추어 열고 막으니, 구와 혁의 쓰임이 어찌 물이 통하는 데에만 그칠 것인가?"

주자는 이렇게 말했다.

"구혁제溝洫制는 10을 단위로 삼았고, 정전제는 9를 단위로 삼았기 때문에, 결코 합치될 수 없다. 그런데 후세의 학자들이 전제를 논하면서, 정전제와 구혁제를 뒤섞어 하나로 보려고 했기에 시행될 수 없었다. 정현鄭玄의 주

---

25 진부량 1137~1203. 송대 성리담론을 반대하고 경세치용(經世致用)을 중시한 영가학파(永嘉學派)의 일원으로 장식(張栻), 여조겸(呂祖謙) 등과 교유했다. 경전에 두루 해박하여 『주례』, 『춘추』, 『좌전』과 『모시(毛詩)』에 주해를 남겼고, 보모각대제까지 역임했다.

에서는 이 두 제도를 구분지었으니, 옳다."

균인均人이 고르게 하는 정사를 맡는다 함은 무릇 역정力征[26]을 고르게 하는 것을 말한다. 해에 따라 풍년이 드는 해에는 고르게 3일을 동원하고, 중간 해에는 고르게 2일을 동원하며, 흉년이 드는 해에는 고르게 1일을 동원하며, 크게 흉년이 드는 해에는 역정을 면제한다.

『한서』

○ 반고班固의 『한서漢書·식화지食貨志』에 이렇게 나와 있다.

옛날에는 보步로 재고 묘畝를 설정해서 경계를 바로잡았다. 6척尺이 1보가 되고, 100보가 1묘가 되고, 100묘가 1부夫가 되며, 3부가 1옥屋이 되고, 3옥이 1정井이 된다. 1정은 사방 1리의 넓이이니 이것을 9부라 하여 8가家가 함께 경작을 한다. 각기 사전 100묘와 공전 10묘를 받게 되어 모두 880묘가 된다. 나머지 20묘에는 농막을 지어 나가거나 들어오거나 서로 사이좋게 지내며, 지키고 망을 보아주어 서로 돕고, 질병에 걸렸을 때 서로 간호해준다.

백성에게 농지를 지급하되 상전上田은 1부에 100묘, 중전中田은 1부에 200묘, 하전下田은 1부에 300묘를 준다. 매년 경작하는 경우 바꾸지 않는 상전이며, 1년을 휴경하는 경우 1번 바꾸는 중전이며, 2년을 휴경하는 경우 2번 바꾸는 하전으로, 3년마다 바꿔 경작하여 자연스럽게 땅이 좋고 나쁜 처지를 바꾼다.[27]

농사짓는 민호民戶당 한 사람이 농지를 받게 되면 그 집의 여러 남자들은 여부餘夫가 되어 또한 인원수에 따라 농지를 받는다. 사士·공工·상商의 가호에서 농지를 받을 때는 5인이 농부 1인[28]의 몫을 받는다. 이는 농지를 공평하게 갖

---

26 "공사(公事)에 역(役)을 동원하는 것이니, 예컨대 성곽, 도로, 수로를 보수하는 것 등이다." ─ 원주
    역정이란 곧 인력을 부역에 동원하는 것을 지칭하는 말이다.
27 "'바꿔[更]'는 3년이 되면 다른 집의 땅을 바꾸어줌으로써 토지의 비옥하고 척박한 차이를 고르게 함을 말한다." ─ 원주

도록 함을 뜻하니 본받을 만한 것이다.

산림, 늪지, 언덕, 불모지는 각기 비옥하고 척박하며 많고 적은 것으로 차등을 두어 부賦[29]와 세稅[30]를 내도록 한다. 세는 공전의 10분의 1 세와 공인, 상인, 산림관리인에게서 받아들이는 것이다. 공인, 상인, 산림관리인이 농사를 짓지 않음에도 세를 내도록 하는 이유는 공인은 기술로 제작하는 것이 있고, 상인은 장사를 하여 이익이 있고, 산림관리인은 산림과 천택川澤에서 나는 것을 취하기 때문이다. 부로 들어오는 것으로는 거마, 갑병甲兵, 사도土徒의 역役에 대해서와 창고에 보관해두었다가 상으로 내려주는 비용에 충당하며, 세로 들어오는 것으로는 교사郊社 · 종묘宗廟의 제사와 천자의 봉양, 백관의 녹봉과 기타 여러 가지 일에 들어가는 비용으로 지급한다.

백성이 나이 이십이면 나라에서 농지를 받고 육십이면 나라에 반환한다. 칠십 이상이 되면 나라에서 부양하며 10세 이하는 나라에서 길러준다. 11세 이상은 나라에서 힘써 일하도록 한다. 힘쓰도록 권면하여 일을 익히도록 하는 것이다.

곡식을 심을 때는 필히 다섯 종류의 종자를 섞어서 심어 재해에 대비하도록 할 것이다. 밭 가운데는 나무가 있어 곡식이 자라는 데 방해가 되지 않도록 할 것이요, 힘써 갈고 자주 김을 매고 수확하기를 마치 도적이 들어오는 것처럼 할 것이다. 도적이 들어오는 것처럼 하라는 말은 일을 아주 급하게 하라는 뜻이니 바람이나 비로 인해 손상이 있을까 두려워해서다.

농막의 주위로 뽕나무를 심고 텃밭에 채소를 심고 오이, 호박, 과일 등속을 밭[疆場]에 심는다.[31] 『시경 · 소아 · 신남산信南山』에 "밭 가운데 농막이 있고, 밭에는 오이가 있다[中田有廬, 疆場有瓜]"라는 구절이 있는데 이를 이름이다.

---

28 "1인당 20묘를 받음." ― 원주
29 "부는 사람 수를 계산해서 재화를 내도록 하는 것." ― 원주
30 "세는 농지의 소득에서 받아들이는 것." ― 원주
31 원래 여기에 "至此易主, 故曰易"이라는 주석이 있는데, 이는 『한서(漢書)』에 원래 '疆易'으로 되어 있기 때문에 달려 있던 주석이다. 『반계수록』에서는 '疆場'이라 하였으므로 이 주석 부분은 번역하지 않았다.

닭, 돼지, 개 등속을 때에 맞춰 잘 기르고 여자들이 누에 치고 길쌈을 부지런히 하면 나이 오십 된 사람은 비단옷을 입고 나이 칠십 된 사람은 고기를 먹을 수 있다.

밭에 있으면 려廬라 하고, 읍에 있으면 리里라 한다. 5가家가 1린鄰이 되고, 5린이 1리가 되고, 4리가 1족族이 되고, 5족이 1당黨이 되고, 5당이 1주州가 되며, 5주가 1향鄕이 된다. 1향은 1만 2500호이다. 인장鄰長은 하사下士가 맡으니 이로부터 단위에 따라 1등급씩 올라가서 향의 장은 경卿이 된다. 리에는 서序[32]를 설치하고 향에는 상庠을 설치하되, 서에서는 교육을 실시하고 상에서는 예를 닦아 교화를 밝힌다.

봄에는 백성을 모두 들로 나가게 하고, 겨울에는 모두 읍으로 들어오도록 한다. 봄에 백성이 나갈 때, 이서里胥[33]는 아침에 우숙右塾에 앉아 있고 인장은 좌숙左塾에 앉아 있되, 문 옆에 있는 집을 숙이라 하는데, 문 옆에 앉아 있는 것은 독촉하여 힘쓰도록 하고 늦게 오고 일찍 오는 것을 파악하여 게으름을 방지하려는 것이다. 다 나가기를 마친 다음 돌아가며, 저녁에도 똑같이 한다. 들어올 때는 반드시 땔나무를 지고 오되 무겁고 가벼운 것을 서로 나누어 늙은이는 지지 않도록 한다. 겨울에 백성이 들어오고 나서 부인들은 같은 골목 사람들이 서로 어울려 밤에 길쌈을 하면 한 달에 45일의 효과를 얻을 수 있다. 필히 서로 모여서 일을 하도록 하는 까닭은 불을 밝히고 때는 비용을 줄일 수 있고 기술 수준을 함께 올려 습속이 어울리도록 하려는 것이다.

---

32 서 중국 고대의 교육기관. 『맹자』에 상서학교(庠序學校)에서 가르친다고 하고는 상(庠)은 기르는 것[養], 서(序)는 활쏘는 것[射]이고, 은나라 때에는 서(序)를, 주나라 때에는 상(庠)을 두었으며, 학교는 공통되게 설치했다고 했다. 한편 『예기·왕제』에는 "유우씨(有虞氏)는 국로(國老)는 상상(上庠)에, 서로(庶老)는 하상(下庠)에 두어 봉양했다"라고 했다.

33 "맹강(孟康)은 '이서는 지금의 리의 관리와 같은 것이다'라고 하였다." — 원주
    맹강은 중국 삼국시대 위나라의 학자. 맹자의 18대손으로, 『한서음의(漢書音義)』 등을 저술했다.

반고의 『한서·형법지刑法志』에 이렇게 나와 있다.

옛날에는 정전제井田制에 의거해서 군사상의 구역을 정하였다. 토지의 사방 1리里가 1정井이 되고 10정井이 1통通이 되고 10통은 1성成이 되니 1성은 사방 10리이다. 10성이 1종終이 되고 10종이 1동同이 되니 1동은 사방 100리이다. 10동이 1봉封이 되고 10봉이 왕기王畿가 되니 왕기는 사방 1000리이다. 그러므로 4정이 한 읍邑이 되고 4읍이 한 구丘가 되니 한 구는 16정이요, 군마軍馬 1필匹, 소 3두頭를 둔다. 구 넷이 한 전甸이 되니 한 전은 64정이요, 군마 4필, 병거 1승乘, 소 12두, 갑사 3인人, 보졸 72인을 두어 군사상의 준비를 갖추니, 이를 승마법乘馬法이라고 한다.

1동은 사방 100리인데 대략 1만 정으로 산천山川·침척沈斥[34]·성지城池·거주지·공원·도로의 용지로 3600정을 제외하고 6400정을 부역을 지는 몫으로 정해서 군마 400필, 병거 100승을 내게 되니 이것이 경대부卿大夫의 채지采地[35]로서 큰 것이다. 이를 백승지가百乘之家라고 이른다. 1봉은 사방 316리로 대략 10만 정인데 부역을 지는 몫으로 6만 4000정을 정해서 군마 4000필, 병거 1000승을 내게 되니 이는 제후로서 큰 것이다. 이것을 천승지국千乘之國이라고 이른다. 천자의 왕기王畿는 사방 1000리로 대략 100만 정이 되어 부역을 지는 몫으로 64만 정을 정해서 군마 4만 필, 병거 1만 승을 내게 된다. 그런고로 만승 천자라고 일컫는다.

군마·거도車徒·간과干戈를 미리 갖추어놓고 봄에는 군사를 출동시켜 사냥을 하며 여름에는 야영을 나가 사냥을 하고 가을에는 병기를 손질해서 사냥을 나가며 겨울에는 크게 사열을 하고 사냥을 한다. 모두 농한기를 이용해서 훈련하는 것이다.

---

34 "침척(沈斥)은 염분이 많은 질척거리는 땅." — 원주
35 "채(采)는 벼슬이니 벼슬로 인해 지급받는 땅이기 때문에 채지(采地)라고 한 것이다." — 원주

『예기』

○ 『예기禮記·왕제王制』에 이렇게 나와 있다.

농부의 경작지를 100묘로 정하되 100묘의 몫은 상농부上農夫는 아홉 식구를 먹여 살리고 그다음은 여덟 식구를, 그다음은 일곱 식구, 그다음은 여섯 식구, 그다음은 다섯 식구를 먹여 살린다.

진씨陳氏[36]가 이르기를, "정전제에서는 1부가 100묘를 받는데 비옥한 땅을 받은 자는 상농부가 되고 척박한 땅을 받은 자는 하농부下農夫가 된다. 그래서 부양하는 가족의 많고 적음이 있는 것이다"라고 하였다.

○ 방씨方氏[37]가 이르기를, "이는 100묘의 몫을 말한 것이고 맹자는 100묘의 땅을 거름을 주어 가꾼다고 말하였으니, 대개 나누어 고르게 하는 것은 법에 달려 있고 거름을 주어 가꾸는 것은 힘에 달려 있으니 법은 위에서 나오고 힘은 아래에서 나오는 것이다. 위의 두 가지 말이 또한 서로 갖추어져 있다 하겠다"라고 하였다.

사공司空은 자를 가지고 땅을 측량해서 백성을 산천과 저습지·못을 살펴 거주하게 하되 사계절을 맞추고 지역의 원근을 헤아려서 사업을 일으켜 맡긴다. 『서경書經』에 이르기를, "사공은 국토를 관장해서 자를 가지고 땅을 측량해서 지역의 원근을 헤아린다"라고 하였다. 대개 읍성 지역의 성곽·주택의 구역을 정하는 것이다.

무릇 백성이 주거함에 있어 땅을 헤아려서 읍邑을 제정하고 땅을 측량하여 백성을 살게 하니, 땅에 읍을 만들고 백성을 거주하도록 함에 필히 서로 참작해서 적합하도록 했다. 9부夫가 1정井이 되고 4정이 읍邑이 되는데 농지는 일정한 제도가 있고 백성은 정해진 살 곳이 있어 치우치거나 잘못되는 폐단이 없다. 땅이나 읍이나 거주지, 이 세 가지가 서로 잘 맞아서 작은 것으로부터 확대되어 크게는 온 천하가 다

---

36 진씨 진부량을 가리킴.
37 방씨 송나라 학자 방각(方慤)으로, 자는 성부(性夫)이다. 육경을 연구하여 정현(鄭玄)의 『예기주(禮記注)』와 공영달(孔穎達)의 『예기정의(禮記正義)』의 성과를 계승해 『예기집해(禮記集解)』를 완성하였다.

제대로 될 것이다. 이것이 정전井田이 좋은 법이라고 말하는 까닭이다. 빈 땅이 없고 노는 백성이 없으며 먹는 것을 조절하고 때에 맞춰 일하며 백성이 모두 자기 처소에서 편안하고 일을 즐겁게 하고 힘쓰기를 권장하며 임금을 받들고 어른을 가까이할 줄 안 연후에 학교를 일으킬 것이다. 소학小學과 대학大學을 세운다는 말이다.

사방 1리의 땅이면 농지는 900묘가 된다. 100보는 1묘가 되니 이는 길이 100보, 너비 1보이다. 100묘는 1부夫가 되니 이는 1경頃인데 길이·너비 각 100보이다. 3부가 1옥屋이 되니 이는 3경인데 너비 300보 길이 100보이다. 3옥이 1정井이 되니 900묘로 길이·너비 각 1리이다. 맹자가 이르기를, "사방 1리가 1정이 되는데 1정은 900묘이다"라고 하였다.

사방 10리는 사방 1리가 100개이니 농지는 9만 묘가 되며, 사방 100리는 사방 10리가 100개이니 농지는 90억 묘가 된다. 사방 10리가 1개면 농지는 9만 묘가 되니, 사방 10리가 10개면 농지는 90만 묘가 되며 사방 10리가 100개가 되면 농지는 900만 묘가 된다. 지금 90억 묘라 한 것은 1억이 10만이고 10억이 100만이니, 90억은 곧 900만 묘인 것이다.

산지·임야·천택·강하·성곽·궁실·도로로 3분의 1을 제외하면 그 나머지가 60억 묘이다. 이는 사방 100리를 기준으로 삼고 그 나머지를 백성에게 주는 것이다.

옛날에는 주척周尺 8척을 1보步로 했으며 지금은 주척 6척 4촌寸을 1보로 하고 있다. 옛날의 100묘는 지금 동전東田[38] 146묘 30보이며, 옛날의 100리는 지금 121리 60보 4척 2촌 2푼이다.

『예기』의 주소註疏에 이렇게 나와 있다.

"옛적에 8촌을 1척으로 하였는데 주척 8척을 1보로 하였으니, 1보는 6척 4촌이다. 지금 주척 6척 4촌을 1보로 하면 1보 52촌이 된다. 지금 1보로 옛날 1보를 비교해보면 매 1보에

---

38 "이른바 '東南其畝'와 같은 것이다." ── 원주
   이는 『시경·소아·신남산』에 나오는 구절인데 육국(六國)의 농지를 총칭하는 말이라고 한다.

12촌이 남게 된다. 이것으로 계산하면 옛날의 100묘는 지금의 농지 152묘 71보 남짓이 되어서 여기 146묘 30보와는 서로 맞지 않는다. 또 지금의 1보는 옛날의 1보보다 12촌이 남으니 이것으로 계산해보면 옛날의 100리는 지금의 123리 115보 20촌이 된다. 그러므로 여기서 말하는 121리 60보 4척 2촌 2푼과 또 서로 맞지 않다. 또한 경문이 어긋나서 쓸 수가 없다."

○ 살피건대 위 『예기』의 주소에서 계산한 것 또한 착오가 있으니, 이렇게 해야 한다. 옛날에는 8촌이 1척이 되는데 주척으로 8척은 1보步가 되니 1보는 6척 4촌이다. 지금 주척으로 6척 4촌은 1보가 되니 1보는 5척 1촌 2푼이다. 이러고 보면 지금의 1보와 옛 1보를 비교해보면 1보당 1척 2촌 8푼이 남는다. 이렇게 계산해보면 옛날 100묘는 지금의 농지로 156묘 25보 1촌 6푼에 10분의 4가 된다. 이렇게 되면 앞의 146묘 30보와 맞지 않으며, 리里 또한 이와 같이 추산할 수 있다.

○ 주자는 이렇게 말했다.

"주척의 수치는 자세히 듣지 못했다. 살피건대 예제禮制에 주나라에서는 10촌을 1척으로 하였는데, 전국시대에 법도가 혼란스럽게 된 것이 많았다. 혹자는 주척으로 8촌이면 1보는 다시 8·8은 64촌이 된다고 하는데, 이렇게 계산을 하면 옛날의 100묘는 지금의 156묘 25보에 해당하고, 옛날의 100리는 지금의 125리에 해당한다."

또 『예기·왕제』에서 이렇게 말했다.[39]

옛날에 공전公田에는 자법藉法을 실시하고 세를 받지 않았으며, 『맹자』에서는 "은나라 사람은 70묘를 주어 조법을 실시했으니, '조助'란 '자藉'와 같은 뜻이다"라고 했다. 백성의 힘을 빌려 공전을 경작하는 일을 돕도록 하고 사전私田에 대해서는 세를 받지 않았다는 뜻이다. 저자[市]에는 전廛에 대한 자릿세를 받고 따로 세를 받지 않으며, 전廛은 저자의 가옥이란 뜻인데, 그 전에 대해서 자릿세를 부과하되 거기서 파는 재화에 대해서는 세를 징수하지 않는다는 뜻이다. 관문에서는 기찰譏察을 하되 세를

---

39 이하에서 주석 부분은 진호(陳澔)의 『예기집설(禮記集說)』에서 인용한 것이다.

받지 않으며, 관문을 설치하는 까닭은 수상한 복장을 했거나 이상한 말을 쓰는 사람을 기찰하는 것이 주된 목적이니, 통과하는 물화에 대해서 세를 징수하지 않는다는 뜻이다. 산림이나 천택에는 적절한 시기에 맞추어 들어가도록 하고 금하지 않는다. 산이나 물에서 산물을 채취하는 것에 대해서는 그 들어가는 시기를 정해놓았는데, 백성과 더불어 그 이로움을 함께하려는 뜻이다. 맹자가 이른바, 못이나 하천에는 금함이 없다는 말이다.

무릇 규전圭田에는 세를 받지 않으며, 규전이란 녹봉 외에 받는 농지로 제사에 소용되는 것이다. 여기에 세를 받지 않는다는 것은 어진 사람을 후하게 대접하는 까닭이다. '규圭'라고 한 것은 결백하다는 뜻이니, 『주관周官·제도』에 이르기를, "규전은 경卿으로부터 사士에 이르기까지 모두 50묘를 지급하는데 이는 오로지 주로 제사에 쓰이는 까닭에 세가 없는 것이다"라고 하였다. 농지와 주거지는 팔지 못하며 묘지는 청구하지 못한다. 농지와 주거지는 나라에서 받은 것이기 때문에 팔 수가 없으며, 묘지는 일족一族이 장사 지내는 순서가 있으므로 다른 사람이 청구할 수 없는 것이요 자기 또한 마음대로 줄 수가 없다. 그러므로 묘지에 대해서 다투는 경우 '묘대부墓大夫'가 그 송사를 담당한다.

민력民力을 동원하는 것은 1년에 3일을 넘지 않도록 한다. 민력을 쓰는 것은 성곽, 도로, 수로, 궁묘宮廟를 정비하는 일 같은 데이다. 『주례』에 풍년에는 3일, 평년에는 2일, 흉년에는 1일을 동원한다고 했다. 군대에 동원하는 일은 여기에 해당하지 않는다. 무릇 백성을 동원함에 있어서 일은 노인을 기준으로 시키고 먹는 것은 젊은이를 기준으로 먹인다. 힘은 느슨하게 쓰게 하고 먹는 것은 풍족하게 하는 것이다.

『시경』

○ 『시경詩經·소아小雅·신남산信南山』에서 이렇게 노래했다.

"저 훌륭한 남산이여, 우 임금이 다스린 곳이로다. 언덕과 습지를 개간하여 증손曾孫[40]이 농사를 짓는도다. 우리 경계 우리 물길 밭이랑 동으로 남으로 펼쳐져 있네."

주자는 『시경집전』에서 이렇게 말했다. 유씨劉氏는 "그 수遂가 도랑에 동쪽으로 들어가면 이랑은 남쪽에 있고, 그 수가 도랑에 남쪽으로 들어가면 밭이랑은 동쪽에 있다". 이 시는 공경公卿으로 농지를 받은 자가 농사에 힘써 자기 집의 종묘의 제사를 받드는 것을 서술한 내용이다. 이 남산은 본디 우 임금이 다스린 곳이기에 언덕과 습지가 개간되어 우리가 경작할 수 있게 되어 있어 이에 구역을 지어서 지형과 수세水勢에 적절하도록 하였기에 혹은 밭이랑이 남쪽에 혹은 밭이랑이 동쪽에 있음을 표현한 것이다.

『시경·소아·대전大田』에서 이렇게 노래했다.

"구름이 하늘에 일어나더니 비가 촉촉이 내리네. 우리 공전公田에 먼저 뿌리고 우리 사전私田에도 내리기를."

구름이 일어나기 시작하여 하늘에 가득해지면 비가 많이 내리는데, 비가 촉촉이 내리면 천천히 땅에 들어간다. 공전이란 사방 1리가 1정井이 되는데 정은 900묘요, 그 가운데를 공전으로 정한다. 8가家가 각기 100묘씩을 사전으로 경작하며, 공전은 함께 가꾼다. 이 시는 농부들이 노래한 것이니, 농부의 마음이 공전을 먼저 생각하고 사전을 뒤에 생각하는 까닭에 구름이 일어나는 것을 바라보면서 '하늘이여 우리 공전에 먼저 뿌리고 우리 사전에도 내리기를!'이라며 임금의 은덕에 기대어 그 나머지 혜택을 입기를 표현한 것이다.

『시경·주송·희희噫嘻』에서 이렇게 노래하였다.

"아! 아름답다, 성왕成王이시여! 이미 너희에게 밝게 임하셨도다. 우리 농부들을 거느리고 백곡을 파종하였도다. 너희 사전을 부지런히 갈아 30리[41]를 마쳤도다. 너희 농사짓기에 힘써 만백성이 짝을 지어 갈았도다."

이는 농관農官을 경계한 시이다. "너희에게 밝게 임하셨도다[昭格爾]"함은 대개 성왕이

---

40 "증손은 제사를 주제하는 자를 일컫는다." — 원주
  곧 후손을 가리킨다.
41 "30리는 만부의 농지로 사방에 개천이 있고 안으로 사방 33리 남짓인데, 30리라고 한 것은 대략의 수를 들어 말한 것이다." — 원주
  다음의 풀이 부분에서 '일천(一川)의 사람들'이라고 한 것은 '30리'에 있는 만부를 말한다.

처음 전관田官을 설치하고 일찍이 경계하여 명한 말씀이다. 너희 전관들은 마땅히 이 농부를 거느리고서 밭 갈고 백곡을 뿌려 그로 하여금 사전私田을 크게 경작하도록 하되 모두 그 일을 열심히 하도록 함으로써 만인이 짝이 되어 함께 밭갈이를 하라는 뜻이다. 대개 밭갈이는 본디 두 사람이 짝을 지어 하는 것인데 여기서는 '일천─川'의 사람들을 모두 합하여 말한 것이므로, 만인이 나와서 울력하고 마음을 가지런히 하기를 두 사람이 한 짝을 이룬 듯이 하라고 한 것이다. 이는 필시 향鄕·수遂의 관리나 사가司稼의 무리로서, 그 직책은 만부萬夫로 경계를 삼는 것이다. 구溝·혁洫에는 공법貢法을 쓰고 공전이 없으므로 사전이라고 말한 것이다. 소씨蘇氏[42]는 이르기를, "백성은 '우리 공전에 먼저 뿌리고 우리 사전에도 내리기를'이라 하고, 임금은 '너희 사전을 부지런히 갈아 30리를 마쳤도다'라고 노래하였으니, 그 상하의 사이에 서로 충성을 하고 사랑을 하는 것이 이와 같았다"라 하였다.

『맹자』

○ 맹자가 양혜왕梁惠王에게 말하였다.[43]

"5묘의 집 주위에 뽕나무를 심게 하면 50세 된 사람이 비단옷을 입을 수 있고, 닭, 돼지, 개 등을 기르되 번식시키는 시기를 놓치지 않으면 70세 된 사람이 고기를 먹을 수 있으며, 100묘의 농지에 농사철을 빼앗지 않으면 몇 식구의 가족이 굶주리지 않고, 학교 제도를 정비해서 효제孝悌의 뜻을 가르치면 늙은이가 도로에서 이고 지고 하지 않을 것입니다. 70세 된 사람이 비단옷을 입고 고기를 먹으며 백성이 굶주리고 추위에 떨지 않는데도 왕 노릇을 못한 자 아직까지 없었습니다."

주자는 이에 대해 다음과 같이 풀이했다.

"'5묘의 집'은 1부夫가 받는 땅인데, 2묘 반은 전야田野에 있고 2묘 반은 읍내에 있다. 밭 가운데 수목을 심지 않도록 한 것은 곡식에 방해가 될까 염려해서니 담장 아래로 뽕나무를

---

42 소씨 소철(蘇轍)을 가리킨다. 그의 저서 『시집전(詩集傳)』에 "雨我公田, 遂及我私, 交相愛也"라는 구절이 있다.

43 『맹자·양혜왕 상』에 나온다. 주석 부분은 『맹자집주(孟子集註)』에서 인용한 것이다.

심어 누에 치는 일에 공급을 하도록 한 것이다. 사람이 50세가 되면 노쇠하기 시작하는데 비단옷이 아니면 따뜻하지 않기에 오십이 못 된 자는 비단옷을 입을 수 없도록 하였다. 시기라고 한 것은 동물이 새끼를 배고 기르고 할 때를 말한 것으로 예컨대 초봄에는 희생을 함에 암컷을 쓰지 않는 따위이다. 사람이 70세가 되면 고기를 먹지 않고는 배가 부르지 않으니, 아직 칠십이 못 된 자는 고기를 먹을 수 없도록 한 것이다. 100묘의 농지는 또한 1부가 받는 땅이니, 이렇게 되면 경계가 바르게 되어 '우물 정' 자 모양으로 고르게 되어서 농지를 받지 못하는 집이 없게 될 것이다. 무릇 백성은 의식이 족하지 못하면 예의를 차릴 겨를이 없으며, 등 따습고 배부른데도 가르치지 않으면 금수에 가까울 것이다. 그런 까닭에 넉넉하게 해준 다음에 효제를 가르치면 사람들이 어버이를 사랑하고 어른을 공경하여 그 수고로움을 대신할 줄 알게 되어 도로에서 이고 지고 하지 않게 될 것이다. 이는 법제法制와 품절品節[44]의 상세함을 다하고 재성보상財成輔相[45]의 도리를 지극하게 이루어 백성을 인도하는 이것이 왕도의 완성이라고 말한 것이다."

○ 맹자가 제나라 임금에게 고한 것도 이와 같은데, 다만 '몇 식구의 가족[數口之家]'이 '여덟 식구의 가족[八口之家]'으로 되어 있다."

조씨趙氏[46]가 이르기를, "'제민지산制民之産'이라 한 것은 삼정三政의 근본이요, 항상 살아가는 방도이다"라 하였다.

정자程子가 이르기를, "맹자가 논한 왕도는 오직 이와 같으니, 핵심이라 할 수 있다"라 하였다.

등滕 문공文公이 나라를 다스리는 방도에 대해서 물으매, 맹자는 이렇게 말

---

44 품절 등급과 차서를 살펴 매기고 절제(節制)를 가하는 것을 말한다.
45 재성보상 재성은 헤아려서 성취시킨다는 뜻이며 보상은 돕는다는 뜻으로, 『주역·태괘(泰卦) 상(象)』에 "천지의 기운이 서로 어울리는 것이 태괘이다. 임금이 이를 보고서 천지의 도를 헤아려 이루고, 천지의 적합한 공효(功效)를 도와서 백성을 다스린다"라고 한 데서 온 말이다.
46 조씨 조기(趙岐, 109~201). 후한의 경학자. 그의 『맹자장구(孟子章句)』는 현전하는 가장 오래된 『맹자』 주석서이다.

했다.

"백성이 살아가는 방도는 일정한 재산이 있으면 항심恒心이 있고, 일정한 재산이 없으면 항심이 없습니다. 참으로 항심이 없으면 날뛰어 중심을 잃고 비뚤어지고 사치하여 못할 짓이 없게 됩니다. 죄에 걸려든 뒤에 따라서 형벌을 주면 이는 백성을 그물질해서 잡아들이는 셈입니다. 어찌 어진 사람이 자리에 있으면서 백성을 그물질하여 잡아들일 수 있겠습니까? 이런 까닭에 어진 임금은 필히 공손하고 검소하며 아랫사람을 예로 대하고 백성에게 거두어들일 때는 제한을 두었습니다. 하夏나라는 50묘씩 주어 공법貢法을 실시했고, 은殷나라는 70묘를 주어 조법助法을 실시했으며, 주周나라는 100묘를 주어 철법徹法을 실시했는데, 실제로는 모두 10분의 1을 받았던 것입니다. 주나라의 철법이란 통한다는 의미이고, 은나라의 조법이란 빌린다는 뜻입니다.

주자는 이에 대해 다음과 같이 풀이했다.

"하나라 때에는 1부가 농지 50묘를 받아서 1부마다 5묘의 수입을 계산하여 나라에 바쳤다. 은나라 사람은 정전의 제도를 처음 실시하니, 630묘의 땅을 9등분으로 구획하여 1구區를 70묘로 하였다. 그 가운데를 공전으로 삼고 그 밖으로는 8가家가 각기 1구씩을 받도록 했다. 다만 그들의 힘을 빌려서 공전을 경작하도록 하고 사전에 대해서는 세를 받지 않았다. 주나라 때는 1부가 농지 100묘를 받았는데, 향·수에는 공법을 적용하여 10부夫에는 구溝가 있게 하고 도·비에는 조법을 적용하여 8가가 한 정井이 되어, 경작하는 것은 공통으로 힘을 써서 하고 수확은 땅의 넓이를 계산하여 나누었기 때문에 철徹이라고 하는 것이다. 실제로는 모두 10분의 1을 받았다고 한 것은 공법의 경우 모두 10분의 1로 상수常數를 삼았고, 오직 조법에서는 9분의 1이라고 하는데 은나라 제도는 상고할 수가 없다. 주나라 제도에서는 공전 가운데 20묘를 농막으로 삼아 1부가 경작하는바 공전은 실제로 10묘로 계산이 되니 사전 100묘를 합치면 11분에서 1분을 취하는 것이 된다. 대체로 10분의 1보다는 가벼운 것이다. 가만히 생각해보면 은나라 제도 역시 응당 이와 비슷할 터이니, 14묘로 농막을 세우면 1부가 실제로 경작하는 공전은 7묘가 되니, 이 또한 10분의 1을 넘지 않는다."

용자龍子[47]는 '농지를 다스리는 데 있어서는 조법보다 좋은 것이 없고 공법貢法보다 더 나쁜 것이 없다. 공법이란 여러 해 수확의 평균을 잡아서 일정하게 세를 부과한 까닭에, 풍년에는 곡식이 넘쳐나 많이 취해도 지나치지 않다 할 것이거늘 작게 취하고, 흉년에는 밭을 다 쓸어 모아도 부족한데 꼭 채워서 거두어 간다. 백성의 부모가 되어서 백성으로 하여금 쉴 없이 한 해가 다 가도록 일을 해도 자기 부모를 봉양할 수 없게 만들며, 거기다가 빌려준다는 명목으로 괴로움을 더 끼쳐 늙은이들을 구렁텅이에 빠져들도록 하니 백성의 부모된 뜻이 어디에 있는가?'라고 하였습니다. 무릇 세록世祿의 제도는 등滕나라에서 이미 시행하고 있는 것입니다.

주자는 이에 대해 다음과 같이 풀이했다.

"맹자는 일찍이 문왕이 기산岐山에서 다스릴 때에 농사짓는 사람은 9분의 1의 세를 내도록 했고, 벼슬하는 사람은 세록을 받도록 했으니, 이 두 가지는 왕정의 근본이다. 지금 세록은 등나라에서 이미 시행하고 있거니와 조법은 시행되지 않고 있는 까닭에 백성에게 수취하는 것이 한계가 없는 실정이다. 대개 세록이란 농지를 지급하여 공전公田의 수입을 받아 먹도록 한 것이니, 실로 조법과 표리관계를 이루고 있다. 군자와 소인[48]이 각기 정해진 업이 있어 위아래가 모두 편안하도록 하기 위한 것이다."

그러므로 아래의 글에서 조법을 말한 것이다.

『시경』에서 '비가 우리 공전에 먼저 뿌리고, 우리 사전에도 내린다' 하였으니, 오직 조법은 공전에서만 시행할 수 있습니다. 이를 통해 보건대 주나라도 역시 조법이 있었습니다."

위의 시는 『시경·소아·대전大田』에서 인용한 것이다. 당시 조법은 모두 폐기되어서 문서 기록이 남아 있지 않고 오직 이 시편에서 주나라에서 조법을 사용했던 것을 볼 수 있기 때문에 인용한 것이다.

등 문공이 필전畢戰[49]을 시켜 정지井地를 실시하는 데 대해서 물으매, 맹자는

---

47 용자 『맹자』에 나오는 고대의 현인. 앞의 주 22 참조.
48 군자와 소인 여기서 군자는 위의 통치자를 가리키며, 소인은 아래의 피치자를 지칭하고 있다.

다음과 같이 대답하였다.

"그대의 임금이 어진 정치[仁政]를 행하기 위해 그대를 골라 보냈으니 그대는 반드시 힘써야 할 것이오. 무릇 인정은 토지의 경계로부터 시작이 됩니다. 경계가 바르지 않으면 정전이 고르게 되지 않고 곡록穀祿이 공평하게 되지 않습니다. 이 때문에 포악한 군주와 비루한 신하들이 필시 경계를 소홀히 보게 됩니다. 경계가 바르게 되면 농지를 분배하고 녹봉을 제정하는 일은 앉아서 이루어질 것입니다.

정지井地란 곧 농지를 '우물 정' 자로 구획하는 것이다. 경계는 땅을 정리하여 농지로 구획하는 일이니, 도랑과 길을 내고 나무를 심어 구획을 짓는 것이다. 이 법을 쓰지 않으면 농지는 정해진 구분이 없어 힘센 자들이 겸병을 하게 된다. 그래서 정지가 공평하지 않게 된다. 부세도 정해진 법이 없어 탐욕을 부리고 포악한 자들이 이에 따라 많이 취하는 까닭에 곡록도 공평하지 않게 된다. 인정을 시행하고자 하는 자가 반드시 이 일로부터 시작을 하는 까닭이니, 포악한 군주와 비루한 관리들은 반드시 소홀히 보아 폐지하려고 든다. 정전을 바로잡게 되면 농지를 분배하고 녹봉을 제정하는 것이 수고로움이 없이 정해질 수 있다.

무릇 등나라가 지역이 좁지만 군자도 있고 야인野人도 있는데, 군자가 없으면 야인을 다스릴 수 없고 야인이 없으면 군자를 기를 수 없습니다. 등나라가 비록 지역이 좁지만 거기에도 또한 군자로서 벼슬하는 자도 있고 농사짓는 자도 있다. 이 때문에 농지를 분배하고 녹봉을 제정하는 법은 어느 하나도 폐할 수 없음을 말한 것이다. 청컨대 야野의 지역[50]에는 9분의 1로 조법을 시행하고, 국중國中에는 10분의 1로 하여 스스로 부세賦稅를 내게 하십시오.

이는 농지를 분배하고 녹봉을 제정하는 원칙이다. 야인을 다스리고 군자를 기르도록 하

---

49 필전 등 문공의 신하로, 등 문공이 그를 시켜 맹자에게 정전제에 대해 물었으며 그에게 정전제 시행을 주관하도록 하기도 했다고 한다.

50 야의 지역 야(野)는 기내의 농지 중에서 채지로 지급된 도·비를 가리킨다. 다음에 나오는 국중(國中)은 도성과 인접한 농업지대로서 국가의 직접 수세지를 의미한다. 『주례』 등에는 양자에 있어 농지 구획 및 수취의 방식 등에 차이가 있다고 전하는데, 그 특징 및 범위에 대해 선유들이 여러 견해를 제시한 바 있다.

는 까닭이다. 야野는 교외의 도都·비鄙 지역이다. '구일이조九一而助'는 공전을 두어서 조법을 시행하는 방법이다. 국중이란 교문郊門[51]의 안으로 향·수의 땅이다. 농지를 정지井地로 지급하지 않고 다만 구溝·혁洫을 만들어[52] 10분의 1을 스스로 납부하도록 한 것이니, 대개 공법貢法을 쓴 것이다. 주나라의 이른바 철법徹法이란 대개 이와 같다. 이를 통해 추정해보건대 당시에는 조법만 시행되지 않았던 것이 아니요, 공법 또한 10분의 1에 그치지 않았다.

경卿 이하에 대해서는 반드시 규전圭田을 지급하는데 규전은 50묘입니다. 이는 으레 지급하는 세록世祿 이외에 또 규전을 둔 것이니, 군자를 우대하려는 것이다. '규圭'는 깨끗하다는 뜻이니, 제사를 받드는 데 쓰기 때문이다. 세록에 대해 말하지 않은 것은 등나라에서 이미 시행하는 것이었고, 다만 이 점이 미비했을 따름이다. 여부餘夫에 대해서는 25묘를 지급합니다.

정자程子는 이르기를, "1부夫는 위로 부모를 받들고, 아래로 처자를 거느려 5구口에서 8구를 표준으로 잡아 농지를 100묘씩 지급하는데, 아우가 있으면 여부라고 한다. 그가 나이 16세가 되면 따로 농지 25묘를 주며, 장성하기를 기다려 결혼한 다음에 다시 100묘의 농지를 지급한다"라고 하였다. 내(주자를 가리킴)가 살피건대, 이는 으레 지급하는 100묘 이외에 따로 여부전餘夫田을 둔 것이니, 야野 지역에 사는 사람들을 넉넉하게 해준 것이다.

사망하거나 옮겨가도 향을 벗어나는 일이 없도록 하고 향鄕의 농지는 정전井田을 함께하며[53] 나가거나 들어오거나 서로 사이좋게 지내고, 지키고 망을 보아주어 서로 돕고, 질병에 걸렸을 때 서로 간호해주면 백성이 친목하게 될 것입니다.

사방 1리里가 1정井인데, 정은 900묘畝이고, 그 가운데가 공전公田이 되고, 8가家

---

51 교문 교관(郊關)이라고도 하며, 교외 지역을 가리킨다.

52 구·혁을 만들어 이른바 구혁법(溝洫法)으로, 일정한 농지를 구획하여 가로와 세로 각각 10개씩으로 묶어서 수로와 도로를 만드는 방식이다. 『주례·지관(地官)·수인(遂人)』에 따르면, 10부(夫)에 도랑인 구(溝)와 도로인 진(畛)을 두고 100부에는 혁(洫)과 도(涂)를 두며, 1000부에는 회(澮)와 도(道)를 두고 1만 부에는 천(川)과 로(路)를 둔다고 되어 있다.

53 주자의 원주에는 "동정(同井)이란 여덟 집[八家]이다"라고 하였던바, 정전제에 의거해서 여덟 집이 함께 거주한다는 뜻으로 보았다.

는 모두 사전私田 100묘를 받으며 공전을 함께 경작합니다. 공전의 일을 마친 뒤에 사전의 일을 하게 되는바, 야 지역의 사람이 군자와 구별되는 까닭입니다.

이는 정전제의 틀을 상세히 말한 것이니, 곧 주나라의 조법이다. 공전은 군자의 녹이 되는 것이고, 사전은 야인野人들이 받는 것이다. 공전을 먼저 하고 사전을 뒤에 하는[先公後私] 것은 군자와 야인을 구별하는 이유이다. 군자에 대해 말하지 않은 것은 야인에 의거해 말하면서 글을 생략했을 따름인 것이다. 위에서 야 지역과 국중의 두 가지 법을 말했는데 여기서는 야 지역만 상세히 한 것은 국중의 공법貢法이 그때에 이미 시행되고 있는데 다만 취하는 것이 10분의 1을 초과해서이다.

이는 그 대략을 말한 것인데, 윤택하도록 하자면 임금과 그대에게 달려 있습니다."

정지井地의 법은 제후들이 모두 문서를 없애버렸으므로 여기서 말한 것은 그 대략만을 특별히 든 것이다. 윤택이란 시대에 맞춰 알맞게 제정하여 인정에 부합하고 풍속에 적절하도록 해서 선왕의 뜻을 잃지 않는 것이다.

혹자가 주자에게 야의 지역에서는 9분의 1로 조법을 시행하고 국중에서는 10분의 1로 하여 스스로 부세를 내도록 한 데 대해서 물으매, 주자가 이렇게 대답하였다.

"국중에서는 향鄕·수遂의 법을 시행하여 5가家를 1비比로 하고, 5비를 1려閭로 하고, 4려를 1족族으로 하고, 5족을 1당黨으로 하고, 5당을 1주州로 한다는 것과 같다. 또한 5인을 1오伍로 삼고 5오를 1량兩으로 삼고 4량을 1졸卒로 삼고 5졸을 1려旅로 삼고 5려를 1사師로 삼고 5사를 1군軍으로 삼는 것과 같다. 모두 5를 기본 단위로 하여 5로 계속 위로 올라가기 때문에, 저 9분의 1 법을 시행할 수 없는 것이다. 그래서 단지 10분의 1로 해서 스스로 부세를 내도록 하였다. 만약에 향·수에서 정목井牧[54]의 법을 시행하여 차례로 1가家에서 1인의 병사를 내면 또한 5가를 1비比로 삼아 비에 1개의 장長을 두는 것으로 끝낸다. 정목의 법에서는 차례로 하여 30가에 이르면 바야흐로 사士 10인, 도徒 10인

---

54 정목 토질에 따라서 농사짓는 땅과 목축하는 땅을 구분하는 것을 가리키는 말이다. 여기서 정(井)은 농경지, 목(牧)은 목축지에 해당한다.

을 내도록 한다."

주자는 또 말하였다.

"『맹자』의 이 두 대목은 대체로『주례』의 제도에 있는 것이다. 야 지역은 전甸·초稍·현縣·도都를 이른 것이니 9분의 1 법을 시행했고, 국중에는 10분의 1 법을 시행하였으니 왕성王城에서는 풍년과 흉년을 쉽게 살펴볼 수 있기 때문이다."

쌍봉雙峯 요씨饒氏[55]는 이르기를, "도都·비鄙에서는 조법助法을 썼고 향鄕·수遂에는 공법貢法을 썼으니, 이는 주나라가 하와 은 2대의 법을 겸용했던 것이다. 정전법은 평탄한 곳에서 행할 수 있었으니, 생각건대 예로부터 강남은 공법을 시행하였다"라고 하였다.

안설

○ 살피건대 규전에 대해 맹자는 "경卿 이하는 반드시 규전圭田을 지급하는데 규전은 50묘이다"라 했고, 『예기·왕제』에서도 "규전은 세가 없다"라 했는데, 그 주에는 "규圭는 깨끗하다는 뜻이니 제사를 받드는 데 쓰기 때문이다"라고 되어 있다.

옛날에 경·대부·사에게는 모두 녹전祿田이 있었다. 정전의 가운데를 공전公田으로 하여 8부夫의 힘을 빌려서 경작을 하였다. 향·수에서 구혁溝洫한 땅은 모두 백성이 지급받는 농지여서 10분의 1 세를 내는 것이다. 이것은 으레 지급하는 녹전 이외에 또 규전을 둔 것으로, 규전이란 필시 경·대부·사의 집에서 각자 받는 바의 전지田地요, 전부田夫의 힘을 빌리지 않는 것이다. 그 뜻은 임금에게 적전籍田[56]이 있는 것과 마찬가지이다. 그렇지 않으면 50묘라는 면적은 이미 100묘를 9구區로 나누는 것이 성립할 수 없는 것인데 8가의 조력이 있을 수 있겠는가? 향·수의 구·혁의 제도와 같은 것이라고 말한다면 50묘로서 10분의 1세를 내게 되니 또한 아주 얼마 안 되어 모양을 이룰 수 없다. 게다가 하나같이 녹전과 같고 다른 규정이 없었다고 한다면 경·대부·사의 녹전으로 들어오는 것은

---

55 쌍봉 요씨 남송 때의 경학가인 요로(饒魯, 1194~1264)를 가리킴. 쌍봉은 그의 호. 주자의 학문을 계승하였고, 저서에『요쌍봉강의(饒雙峯講義)』가 있다.
56 적전 본서 권1「전제 상」주 116 참조.

본래 모두 제사를 받들기에 충분한데, 어찌 굳이 따로 규전을 두어 명목을 달리한 것인가? 또한 어찌 경 이하로 차등이 없이 하나같이 모두 50묘로 했는가? 무릇 녹전은 모두 공적인 세에서 들어오는 것이라 본디 세를 내는 것이 없거늘, 또 어찌 규전에 세가 없다고 말한 것인가?

이런 점들을 통해 추정해보건대, 그 뜻은 필시 이러했을 것이다. 『주례』의 정현 주에서 벼슬하는 자 또한 농지를 받았으니 이른바 규전이다 한 것[57]을 보고 더욱 분명해서 의심할 바 없는 줄 알았다. 대개 옛날 제도에 벼슬하는 자는 농사를 짓지 않는 까닭에 모두 녹전이 있었다. 그럼에도 규전이 있었던 것은 농사일을 잊지 말고 제수로 바치도록 한 것이니, 그 뜻이 아주 깊다 하겠다. 옛날 사람들의 제도는 모두 이처럼 충분히 좋았다.

맹자는 또 말했다.

"농사짓는 자가 거두는 땅은 1부에 100묘이다. 100묘를 거름 주어 가꾸면 상농부는 9인을 양육할 수 있고, 그다음 농부는 8인을 양육할 수 있고, 중농부는 7인을 양육할 수 있고, 그다음은 6인을 양육할 수 있고, 하농부는 5인을 양육할 수 있다."

한 부부가 농지 100묘를 경작하여 거름을 주고 가꾸되, 거름을 많이 주고 부지런히 하는 자는 상농부이니 거기서 거두는 것으로 9인을 기를 수 있으며, 그 아래로 차차 힘을 쓰는 것이 가지런하지 않은 까닭에 5등급이 있는 것이다.

맹자는 또 말했다.

"옛날에 문왕이 기岐 땅을 다스릴 때에 농사짓는 자에 대해서는 정전제를 썼고 벼슬하는 자에게는 세록이 있었다. 관문과 저자에서는 기찰은 하되 세는 거두지 않았고, 못이나 어장에서 고기 잡는 것을 금하지 않았고, 죄인은 그 처자식을 연루시키지 않았다. 늙어서 아내가 없는 자를 '환鰥'이라 하고, 늙어서 남

---

57 『주례·지관·사도(司徒)』에 대한 정현의 주에서 "사는 '사(仕)'로 읽는다. 벼슬하는 자 또한 농지를 받았으니, 이른바 규전(圭田)이다"라 한 대목이다.

편이 없는 자를 '과寡'라 하고, 늙어서 자식이 없는 자를 '독獨'이라 하고, 어려서 부모가 없는 자를 '고孤'라 했으니, 이 네 가지 사람은 천하에 의지할 데 없는 곤궁한 백성이다. 문왕이 정사를 시작하여 인정을 베풀 때에 반드시 이 네 백성을 우선시하였다."

사방 1리를 1정으로 삼아 그 농지는 900묘로 한다. 그곳을 '우물 정' 자로 구획하여 경계를 9구區로 만드니, 한 구는 100묘가 된다. 그 가운데 100묘를 공전으로, 밖의 800묘를 사전으로 삼는다. 8가가 각기 사전 100묘를 받고 공전은 함께 가꾸니, 이는 9분의 1의 세를 내는 셈이다. 세록이란 선왕의 세상에서는 벼슬한 자의 자손들은 모두 가르쳤는데 가르쳐서 재목이 이루어지면 벼슬을 하도록 했던 것이다. 만일 관직에 쓸 재목이 못 되더라도 또한 그 세록은 잃지 않도록 했다. 대개 그의 선조가 일찍이 백성에게 공덕이 있었던 까닭에 이처럼 보답을 받도록 했으니 지극히 충후한 뜻이다. 관문은 도로에 있는 문이요, 저자는 도읍에 있는 저자이다. 기譏는 살핀다는 뜻이고, 정征은 세를 거둔다는 뜻이다. 관문이나 저자의 관리들은 이상한 옷을 입고 이상한 말을 하는 사람을 살피되 장사들에게 세를 징수하지 않은 것이다. 연못과 어장은 백성과 더불어 이익을 함께하는 장소이기 때문에 금하지 않았던 것이다. 죄인을 처자식에게까지 연루시키지 않는다는 것은 죄인에 대해 악을 징치하는 것은 그 자신에게 한정하고 처자에게 미치지 않도록 한다는 뜻이다. 선왕이 백성을 기르는 정사는 각기 처자를 지도하여 자기 집의 늙은이를 봉양하고 어린이를 잘 기르도록 하는 것인데, 불행히도 환·과·고·독이 된 사람은 부모·처자의 보살핌이 없으니 더욱 동정하고 돌보고 해야 하기 때문에 반드시 우선시한 것이다.

맹자는 또 이렇게 말했다.

"어진 이를 높이고 능한 자를 기용하여 출중한 사람이 자리에 있으면 천하의 인사들이 모두 기뻐 그 조정에 서기를 희망할 것이다. 저자에는 전에 대한 자릿세를 받되 따로 세를 받지 않거나 법으로 다스리되 자릿세를 받지 않으면, 천하의 장사하는 사람들이 모두 기뻐 그 저자에 물화를 보관하기를 희망할 것이다.

전은 저자에 있는 집이다. 장자張子(張載)는 이르기를, "혹은 저자의 전에는 자릿세를 내

도록 하고 물화에 대해서는 부세를 부과하지 않으며, 혹은 시관市官이 법으로 다스리되 그
전에는 자릿세를 내지 않도록 했다. 대개 상업을 좇는 자들이 많으면 자릿세를 내도록 하여
억제하고, 적으면 자릿세를 받을 필요가 없다"라고 했다.

관문에는 기찰을 하되 세를 받지 않으면 천하의 여행자들이 모두 기뻐 그곳
의 도로로 다니기를 희망할 것이다. 이에 대한 풀이는 앞에 나와 있다.

경작자에 대해서는 공전을 가꾸는 데 조력하게 하고 세를 받지 않으면 천하
의 농부들이 모두 기뻐 그곳 농지에서 경작하기를 희망할 것이다. 다만 노동력
만 내서 공전의 경작을 돕도록 하고 사전에 대해서는 세를 받지 않는다. 주거지[廛]58
에는 부포夫布와 이포里布를 받지 않으면 천하의 백성이 모두 기뻐 그 고장의
백성이 되기를 희망할 것이다.

『주례』에 "집에 가꾸는 식물이 아무것도 없는 자에게는 이포를 부과하며, 백성으로 직
분이 없는 자는 부세夫稅와 가세家稅를 내도록 한다"라고 나와 있다.59 정현은 이에 대해서
"집에 뽕나무와 삼을 심지 않는 자는 벌을 주되 1리里 25가家의 포를 내도록 하며, 일정한
직업이 없는 자는 벌을 주되 1부夫 100묘의 세와 1가家 역역力役의 세를 내도록 한다"60라
고 하였다. 당시 전국시대에 일체를 시택市宅의 백성에게 수취하여 이미 주거지에 대해 세
를 부과하고 또 이 부포와 이포를 내도록 하는 것은 선왕의 법이 아니었다.

참으로 능히 이 다섯 가지를 시행하면 이웃나라의 백성이 부모처럼 우러러
볼 것이다. 자제를 거느리고 부모를 공격하는 자 인류가 생긴 이래로 성공한

---

58 주거지 원문의 '전(廛)'은 두 가지 뜻이 있는데, 하나는 '시전'을 가리키고 다른 하나는 '민
거'를 가리킨다. 앞에서는 전자의 뜻으로 썼고, 여기서는 후자의 뜻으로 쓴 것이다.

59 이하에 주자가 인용한 정현의 주해에서 확인되는데, 정현은 경문에서의 '이포(里布)', '옥속
(屋粟)', '부가지정(夫家之征)'을 모두 일종의 벌로 부과하는 세로 풀이했다. 이와 같은 독법
은 후대의 유학자들에게 대체로 전승되었으나, 이와 다르게 해석한 경우도 있었다. 대표적으
로 정약용을 들 수 있는데, 그는 이상의 부세가 비록 세 가지 명을 어겼다 하더라도 면제되지
않고 반드시 납부해야 했던 세목으로 간주했다.

60 이 부분에 대한 정현의 원래 주해는 다음과 같다. "玄謂宅不毛者, 罰以一里二十五家之泉, 空田
者罰以三家之稅粟, 以共吉凶二服及喪器也. 民雖有間無職事者, 猶出夫稅家稅也. 夫稅者, 百畝之
稅, 家稅者, 出士徒車輦, 給繇役."(『주례주소周禮註疏』)

392

경우가 있지 않았다. 이와 같으면 천하의 무적이며, 천하의 무적은 천리天吏[61]이다. 그러고도 왕 노릇을 못할 자 있지 않았다."

『좌전』

○『좌전左傳』에는 이렇게 나와 있다.[62]

"초나라의 위엄蔿掩이 사마司馬로 있는데, 자목子木이 그에게 부세의 일을 맡기고 군사를 사열하도록 하였다. 위엄은 각처의 토질을 기록하고〔토지에 적당한 작물을 조사·기록하는 것〕, 산림을 헤아리며〔산림에서 나는 목재를 조사하여 나라의 쓰임에 공급하는 것〕, 숲과 늪을 관리하고〔숲과 늪을 종합해서 백성이 불을 지르지 못하게 하는데 이는 사냥할 곳을 정비하려는 것〕, 높은 산과 언덕진 곳을 구별하며〔지형을 구분하여 묘지로 삼으려는 것〕, 토박한 땅을 표시하고〔토박한 지역을 표시하여 부세를 가볍게 해주기 위한 것〕, 물이 흘러넘치는 곳을 조사하며〔물이 범람하는 곳을 조사해서 조세를 감해주려는 것〕, 둑과 못을 살피고〔그곳에 물이 얼마나 담길지를 조사하는 것〕, 언덕과 제방의 땅에는 따로 작은 경정頃町을 만들며〔언덕이나 제방 사이의 땅[63]은 정방형으로 정전井田을 할 수 없기 때문에 따로 소규모로 경정을 만드는 것〕, 습고隰皐에는 목축을 하고〔습고는 물가의 낮고 습한 곳이니 목초나 짐승을 기르는 땅으로 이용하는 것〕, 평평하고 좋은 땅[衍沃]에는 정전을 시행한다. 『주례』와 같이 정전을 실시하는데, 6척을 1보로, 100보를 1묘로, 100묘를 1부夫로, 9부를 1정으로 하는 것이다. 그리고 각기 수입을 헤아려서 부세의 법을 제정한다. 구토九土[64]에서 들어오는 것을 헤아려 부세를 정리한다.

---

61 천리 이에 대한 조기의 주석에 의하면 '하늘이 시킨 관리'라고 하였다. 진사도(陳師道)는 이에 대해서 "어진 사람이 아래에 있으면 천민(天民)이라 일컫고, 어진 사람이 위에 있으면 천리(天吏)라 일컫는다"라 풀었다.(『이구理究』)

62 『춘추좌씨전』 노양공 25년조에 나온다.

63 원문의 '堤防閒地'는 '노는 땅' 혹은 '사이의 땅'으로 해석할 수 있는데, 사고전서본 『춘추좌전주소(春秋左傳注疏)』나 정약용(丁若鏞)의 『경세유표(經世遺表)』에 '間地'로 표기되어 있는 것에 준하여 '사이의 땅'으로 해석하였다.

64 구토 각종 지형 및 토질을 범칭하는 말.

병거兵車를 부과하고, 주나라 제도에 64정을 1전甸으로 하여 장곡長轂[65] 1승과 융마戎馬 4필, 소 12두, 갑사甲士 3인, 보졸 72인을 낸다. 초나라 제도는 상고할 수 없으나 또한 이를 보아 유추할 수 있다. 말을 등록하며, 말의 모색毛色과 나이를 기록해두어 군용에 대비한다. 갑사와 보졸, 갑옷과 방패를 수대로 납부하도록 한다. 다 이루어진 다음에 자목에게 넘겨주었으니, 이는 예禮이다."[66]

『춘추공양전』

○『춘추공양전春秋公羊傳』에 이렇게 나와 있다.

"옛날에는 어떻게 세를 10분의 1로 하였던가? 10분의 1의 세는 천하의 꼭 맞고 바른 것이다. 10분의 1보다 더 받으면 대걸大桀이나 소걸小桀[67]이 되고, 10분의 1보다 적으면 대맥大貉이나 소맥小貉[68]이 된다. 10분의 1의 세는 천하의 꼭 맞고 바른 것이다. 10분의 1의 제도가 행해지게 되면 칭송하는 소리가 일어날 것이다."[69]

이에 대해 하휴何休[70]는 다음과 같이 풀이하였다.

---

65 장곡 규모가 큰 병거.
66 "나라를 다스리는 예를 얻었다. 초나라가 이 때문에 흥성했다는 말이 전한다. ○『좌전』 노양공 25년조." ─ 원주
67 대걸이나 소걸 걸(桀)은 하나라의 마지막 왕이자 폭군이었다. 53년 동안 왕위에 있으면서 갖가지 포악한 짓을 저지르고 주지육림(酒池肉林)의 향락을 일삼다가, 탕(湯)이 이끄는 상(商) 부족에 의해 멸망했다. 여기서 대걸, 소걸로 달리 표현한 것은 그 정도의 차이를 나타내기 위함이다.
68 대맥이나 소맥 맥은 맥족이 세운 나라. 맹자에 따르면 맥국에는 오직 기장만이 자라며, 성곽과 궁실, 종묘와 제사에 예가 없으며, 제후들의 폐백과 음식 대접도 없으며, 백관과 담당 관리도 없기 때문에 수취가 가벼웠다고 한다. 여기서 대맥, 소맥으로 달리 표현한 것은 그 정도의 차이를 나타내기 위함이다.
69 『춘추공양전』 노선공(魯宣公) 15년조. 원문을 참고로 제시한다. "〔經〕初稅畝. 〔傳〕初稅畝. 初者何? 始也. 稅畝者何? 履畝而稅也. 初稅畝, 何以書? 譏. 何譏爾? 譏始履畝而稅也. 何譏乎始履畝而稅? 古者什一而藉. 古者曷爲什一而藉? 什一者, 天下之中正也. 多乎什一, 大桀小桀, 寡乎什一, 大貉小貉. 什一者, 天下之中正也, 什一行, 而頌聲作矣."
70 하휴 129~82. 후한 말기의 학자. 자는 소공(邵公). 저술로『춘추공양경전해고(春秋公羊經傳解詁)』가 있다.

394

"'칭송하는 소리'란 태평을 노래하는 소리이니 제왕의 훌륭한 정치이다. 『춘추』의 경과 전에 수만 가지 가리키는 뜻이 무궁하지만 여기에서 유독 칭송하는 소리가 일어난다고 한 것은 백성이 먹는 것을 근본으로 하기 때문이다. 무릇 춥고 배고픔이 닥치고 보면 아무리 요·순이 정치를 하더라도 민간에 도적이 없을 수 없으며, 독점을 하여 빈부 격차가 커지면 아무리 고요皐陶 같은 신하가 법을 제정하더라도 강한 자가 약한 자를 능멸하지 않도록 할 수 없다. 이 때문에 성인은 정전법을 제정하여 가구대로 나누어주었던 것이다.

한 부부가 농지 100묘를 받아 부모처자를 양육하여 5구口가 1가를 이룬다. 공전公田은 10묘가 되어 곧 10분의 1 세라고 하는 것이며, 농막은 2묘 반이다. 무릇 8가에 9경頃을 배정해서 함께 1정井을 이루기 때문에 '정전'이라고 하는 것이다. 정전의 의의는, 첫째 땅의 기운을 온전히 이용하며, 둘째 한 집도 빠지게 하지 않고, 셋째 풍속을 한 가지로 하며, 넷째 잘하는 자와 못하는 자가 어울려나가도록 하고, 다섯째 재화를 통하도록 하는 데 있다. 곡식을 심을 때 한 가지 곡식만 심지 않도록 하니 재해에 대비하려는 것이요, 농지 가운데 나무를 심지 못하도록 하니 곡식에 피해가 있는 것을 방지하기 위한 것이다. 농막 둘레로 뽕나무와 갈대, 갖가지 채소를 심고, 암탉 5마리 암퇘지 2마리를 키우며, 밭두둑에는 오이와 과일 등속을 심고, 여자들은 누에를 치고 길쌈을 한다. 그러면 늙은이는 비단옷을 입을 수 있고 고기를 먹을 수 있으며 죽은 자도 장사를 지낼 수 있다. 한 집에 다섯 식구가 넘으면 '여부餘夫'라고 하는데, 여부는 대체로 농지 25묘를 받는다. 10정井이 함께 병거兵車 1승을 낸다.

사공司空은 농지의 높고 낮음과 좋고 나쁨을 신중하게 구별하여 3등급으로 나눈다. 상전上田은 해마다 경작하는 땅이요, 중전中田은 2년에 한 번 경작하는 땅이요, 하전下田은 3년에 한 번 경작하는 땅이다. 기름진 땅을 혼자만 가지고 즐길 수 없고, 척박한 땅을 혼자만 가지고 괴로워할 수 없다. 그렇기에 3년에 한 번씩 땅을 바꾸고 사는 곳도 바꾸면, 거두는 곡식과 들어가는 힘도 공평하게 될 것이다. 병거는 본디 정해져 있으니, 이는 민력民力을 고르게 해서 나라를 강하게 하는 방도이다. 밭에 있으면 려廬라 하고 읍에 있으면 리里라 하며, 1리는 80호戶이고, 8가家가 공히 1항巷을 이룬다. 마을 가운데 교실校室을 설치하고 나이 많고 덕이 높은 자를 뽑아 이름하여 '부로父老'라고 부른다. 그중에 건강하고 언변이 있는 자를 이정里正으로 삼되, 모두 농지를 배로 받게 하고 말을 탈 수 있게 한다. 부로는 삼로효제三老孝悌[71]의 관속官屬에 비견되고, 이정은 서인재관庶人在官[72]의 이속吏屬에 비견된다.

백성은 봄과 여름으로는 밭에 나가고 가을과 겨울로는 들어와서 성곽을 지킨다. 농사지을 때 봄에 부로 및 이정은 아침에 성문을 열고 초소[塾]에 앉아 늦게 나가 뒤처진 자는 나가지 못하도록 하고, 저녁에 땔나무를 가지고 오지 않는 자는 들어올 수 없게 한다. 오곡을 전부 거두어들이면 백성은 모두 자기 집에서 살아간다. 이정은 길쌈을 독려하되 같은 항巷에 사는 남녀들은 밤에 서로 같이 길쌈을 하여 밤중까지 한다. 그러므로 여자의 길쌈 일은 한 달에 45일의 효과를 얻을 수 있다. 길쌈 일은 10월부터 시작하여 이듬해 정월 말까지 한다.

남녀가 원한이 있는 바를 서로 어울려 노래 부르니, 굶주린 자는 먹는 것을 노래하고 괴로운 자는 하는 일을 노래하게 된다. 남자는 나이 육십, 여자는 나이 오십에도 자식이 없는 자는 관에서 의식衣食을 제공한다. 민간에서 시를 채집하도록 하되, 향에서는 읍으로 올리고 읍에서는 나라로 올리고 나라에서는 천자에게 들리도록 한다. 그러므로 임금은 문밖을 나가지 않고도 천하의 고통을 모두 알 수 있으며, 대청에 앉아서도 사방의 실정을 알 수 있다.

10월에 농사일이 끝나면 부로가 교실에서 가르치는데 8세된 자는 소학小學에서 배우고 15세 된 자는 대학大學에서 배운다. 그들 중에 우수한 자는 향학鄕學으로 옮기고, 향학에서 우수한 자는 상서庠序로 옮기며, 상서에서 우수한 자는 국학國學으로 옮겨가게 한다. 소학에서 배우는데 제후는 소학의 우수한 자

---

71 삼로효제 한(漢)나라 때의 관직명. 백성의 불편함을 물어 삼로, 효제, 역전(力田) 등의 관직을 두었다고 한다. 주로 교화의 직임을 담당하였다.

72 서인재관 서인으로서 관직이 있는 자를 가리킨다.

를 해마다 뽑아서 천자에게 보내며, 대학에서 배우는데 그중에 우수한 자를 이름하여 '조사造士'라 한다. 행실이 같고 능력이 비슷하면 활쏘기로 구별을 한 다음에 벼슬을 준다. 사士는 재능으로 나아가고, 임금은 공적을 평가하여 관직을 준다.

3년을 경작해서 1년의 저축이 있고, 9년을 경작해서 3년의 저축이 있고, 30년을 경작해서 10년의 저축이 있게 되면, 아무리 요 임금 때의 홍수와 탕 임금 때의 가뭄을 만나더라도 백성은 눈앞의 근심이 없고 천하가 다 자기 일에 즐겁게 종사할 것이다. 그래서 칭송하는 소리가 일어난다고 하였다." 『춘추공양전』 선공 15년조.

안설

내가 살피건대, 하휴의 설은 반고의 『한서·식화지』에 실린 바와 대체로 같은데, 그중 10정井에서 1승乘을 낸다거나 1리를 80호로 하는 등은 조금 다름이 있으니, 응당 『한서·식화지』가 옳다고 보아야 할 것이다.

또 살피건대, 역대 성왕聖王들의 정전제에 관한 기록에 자못 자상하게 나와 있다. 그런데 『주례』 수인遂人과 장인匠人의 직임을 살펴보면, 향鄕·수遂의 지역에서는 농지를 정전으로 만들지 않고 지급했다. 다만 구溝·혁洫을 만들어 10부夫에 구를 두고 각자 10분의 1의 부賦를 바치도록 했다. 오직 도都·비鄙[73]와 기외畿外의 지역에 정전을 만들어서 8가家를 하나의 정井으로 설정하고 공전을 협조하여 경작하도록 했다. 그런즉 주나라 때에는 농지를 모두 다 정전으로 구획했던 것은 아니었다. 이 때문에 맹자가 등滕나라에서 역시 야野지역에서는 9분의 1로 조법助法을 시행하고, 국중에서는 10분의 1로 하여 스스로 부를 내도록 하라고 말한 것이다. 다만 농지의 경계를 바르게 구획해서

---

73 "곧 이른바 채지(采地)이다." ── 원주
　　 기내(畿內)의 일부로서 왕 및 공경대부가 받는 땅을 채지라 하며, 그 바깥이 기외(畿外)가 된다.

1부夫에게는 필히 100묘畝씩 주고 백성에게 반드시 10분의 1을 취했다. 이 설은 모두 이러했다.

이상은 경전에서 논한 정전 제도이다.

진·한 이후의 정전제 논의

'개천맥'에 대한 주자의 논의

○ 진秦나라 효공孝公 3년(B.C. 359)에 위앙衛鞅[74]을 기용하여 법령을 바꾸고, 12년(B.C. 350)에 정전을 폐지하고 천맥阡陌을 열었다.

주자朱子는 이렇게 말했다.[75]

"'폐정전廢井田 개천맥開阡陌'에 대해서 논자들은 모두 '개開'의 뜻을 개설의 '개'로 보아 진나라가 정전을 폐하고 비로소 천맥을 두었다고 보았는데, 이는 그 일의 실상을 파악하지 못한 것이다. 천맥에 대해 옛날 사람들은 농지에 있는 길로 생각하였으니, 대개 밭두둑을 따라서 각기 넓고 좁고를 정하고 종과 횡으로 나누어 사람과 물건이 통할 수 있도록 한 것이다. 즉,『주례』에서 이른바 수遂 위의 경徑, 구溝 위의 진畛, 혁洫 위의 도涂, 회澮 위의 도道이다. 그런데『풍속통風俗通』에서는 '남북을 천, 동서를 맥'이라 했으며, 또 '하남河南지역에서는 동서를 천이요 남북을 맥이라 한다'라고 하였다. 두 가지 학설이 같지 않은데, 지금『주례·지관·수인』에 '농지를 묘畝로, 농부를 가家로 세우는 것으로 상고해보건대, 응당 뒤에 논하려는 설로 바로잡아야 할 것이다.

---

74 위앙 진나라 효공에게 기용되어 법을 개혁했던 인물. 일반적으로 상앙(商鞅)이라 일컬어졌으며, 일명 상군(商君)이라고도 불렸다. 그에 대한 사적은『사기·상군열전』에 나와 있다.

75 『주자대전(朱子大全)』권72「개천맥변(開阡陌辨)」을 발췌·인용한 것이다.

대개 맥陌이란 일백 백百 자의 뜻이니, 수遂·혁洫이 종으로 되어 있으면 경徑과 도涂 또한 종으로 되어 수의 사이는 100묘, 혁의 사이는 100부夫가 되어 경과 도가 맥이 되는 것이다. 천阡이란 일천 천千 자의 뜻이니, 구溝·회澮가 횡으로 되어 있으면 진畛과 도道 또한 횡으로 되어 구의 사이는 1000묘, 회의 사이는 1000부가 되어 진과 도가 천이 되는 것이다. 천맥이란 이름은 여기에서 나왔다. 1만 부夫에 천川을 두는 데 이르러는 천 위의 로路가 그 밖을 둘러 있다. 『주례·동관·장인』의 정전제와 더불어 수·구·혁·회 역시 마찬가지로 사면으로 둘러 있으니, 천맥이란 명칭은 종과 횡으로 되어 있는 데 따라서 붙여진 것으로 생각된다.

그런데 수는 너비 2척, 구는 너비 4척, 혁은 너비 8척이며, 회는 너비 2심尋인즉 1장丈 6척이다. 경徑은 우마가 통행할 수 있고, 진畛은 큰 수레가 통행할 수 있고, 도涂는 승거乘車 1대가 통행할 수 있고, 도道는 승거 2대가 통행할 수 있으며, 로路는 승거 3대가 통행할 수 있으니 거의 2장丈이 된다. 이렇게 되면 수륙으로 땅을 차지하여 농지가 들어가는 것이 자못 많을 수밖에 없다. 선왕의 뜻은 이를 헛되이 버린다고 아까워하지 않았다. 왜냐하면 경계를 바로 해서 빼앗고 다투는 것을 정지시키고 때에 따라 물을 저장하고 내보내서 가뭄과 홍수를 대비하여 영구한 계책을 세우고자 하면 그렇게 하지 않을 수 없었기 때문이다. 그 뜻이 깊다 하겠다.

상군商君은 조급한 마음으로 구차한 정책을 시행하였기 때문에, 다만 농지가 경계로 묶여 경작하는 자가 100묘로 제한을 받게 되는 것만 보고 인력人力이 다 발휘되지 못하는 것을 문제로 보았다. 그리고 또 천맥이 차지하는 땅이 너무 넓고 농지로 쓰지 못하는 땅이 많은 것만 보고 땅의 이익이 버려지는 것을 문제로 보았다. 천맥을 다 터서 금하거나 한계를 두는 것을 없앰으로써 백성이 겸병하고 매매하는 것을 허용해서 인력人力이 다 발휘되도록 하였다. 버려진 땅을 개간하여 온통 농토를 만들어 조그만 면적의 땅도 버려지지 않도록 해서 땅의 이익이 다 실현되도록 하였다. 그러한즉 '개천맥開阡陌'의 '개開'는 파괴하고 없애버린다는 뜻이요, 새로 설치·건립한다는 뜻이 아니다. 이른바 '천맥阡陌'이란 곧 삼대三代의 정전제에서도 있었던 것이요, 진나라 때 설치된 바가 아니었다. 한나라 때는 삼대와의 거리가 멀지 않아서 이 명칭이 아직 남아 있어 남은 자취로 상고할 수 있는 것이 있었다. 당시의 임금과 신하들이 추구하고 강구해서 회복하지를 못했으니, 어찌 애석하지 않은가!"

동중서의 건의

○ 한나라 무제武帝 때 동중서董仲舒[76]가 황제에게 아뢰기를,[77]

"진나라는 상앙의 법을 써서 삼황오제의 제도를 고쳐 정전제를 없애고 백성이 매매를 할 수 있도록 함으로써 부자는 농지가 한없이 넓었고 가난한 자는 송곳 꽂을 땅도 없게 되었습니다. 한나라가 흥기하면서도 그대로 따라 바꾸지 않았습니다. 옛 정전법은 비록 갑자기 시행하기는 어렵다 하더라도 의당 조금이나마 옛날에 가깝게 하여 백성의 명전名田[78]에 제한을 두어 백성의 부족함을 넉넉하게 하며 겸병의 길을 막아야 할 것입니다. 그리고 노비를 없애서 함부로 살해하는 폭력을 제거하며 부세를 가볍게 하고 요역을 덜어준 연후에라야 훌륭한 정치라 할 수 있습니다."

라고 했으나 끝내 채택되지 못했다.

---

76 동중서 중국 전한(前漢)의 유학자. 『춘추공양전』을 연구하여 유교적 명분론에 기초한 '춘추필법(春秋筆法)'을 확고히 했다. 또한 무제 때 지어 올린 '천인삼책(天人三策)'이 채택되었으며, 이로 인해 유교의 국교화에 큰 기여를 하였다.

77 『한서·식화지 상』에 나오는 동중서의 발언을 요약·인용한 것이다.

78 "명전(名田)이란 농지를 점유한다는 뜻이다. 각기 한계를 만들어 부자가 한도를 넘어서지 못하도록 하는 것이다." ─ 원주

      이는 『한서』에 대해 안사고(顔師古)가 붙인 주석이다. 박지원(朴趾源)이 농지 소유에 제한을 두어야 한다는 뜻의 글 제목을 「한민명전의(限民名田義)」라고 붙인 바 있다.

사단의 건의

○ 한나라 애제哀帝 초년에 사단師丹[79]이 보정輔政을 맡아 다음과 같이 건의하였다.

"옛날 성왕聖王들은 모두 정전제를 실시한 다음에 정치가 공평하게 될 수 있었습니다. 지금 여러 대를 내려오며 평화가 계속되었으나, 세력 있고 부유한 관리와 백성이 재산이 무척이나 많아 가난한 사람들은 더욱 빈곤하니, 의당 어느 정도 제한을 두어야 합니다."

황제가 이 건의를 내려보내 의논하도록 하자, 승상 공광孔光과 대사공大司空 하무何武가 조목조목 아뢰었다.

"제후왕諸侯王·열후列侯들은 모두 자기 나라 안에서 명전名田을 얻고, 장안長安에 있는 열후 및 공주들은 현과 도에서 명전을 얻으며, 관내후關內侯[80] 이민吏民의 명전은 모두 30경을 넘을 수 없도록 하고, 제후왕의 노비는 200인, 열후와 공주는 100인, 관내후 이민은 30인을 받도록 한다. 기한은 3년을 한정하여 범한 자는 관에 몰수해 들인다."

이때에 농지와 주택, 노비의 값이 떨어져서 귀족과 척신 등 측근자들이 모두 불편하게 여겼다. 또한 조서를 내려 후일을 기약하도록 했는데, 마침내 흐지부지 시행이 되지 못했다.

옛날에는 100보步를 1묘畝로 하였는데, 한나라 때는 240보를 1묘로 하였다. 옛날의 100묘는 한나라 때의 41묘에 해당하고, 옛날의 12경頃은 한나라의 5경에 해당한다.

안설

살피건대 정전제를 회복할 수 없다면 응당 한전제限田制를 시행해야 할 터인데 이마저도 행해지지 못하여 끝내 좋은 정치가 펼쳐질 길이 없었다. 그래

---

79 사단 전한의 원제에서 애제에 이르는 시기에 활동했던 인물. 여기에 인용된 그의 건의 내용은 『한서·식화지 상』에 나온다.

80 관내후 진·한 시대에 관직의 하나. 관내후는 당시 수도인 함곡관(函谷關) 이내에 있는 제후라는 뜻에서 붙여진 것인데, 후세에 수도 시장의 의미를 띠기도 했다.

서 동중서가 한 무제에게 말하였고 애제 때는 사단이 조목조목 건의를 하였으나, 마침내 측근들에 의해서 흐지부지되었던 것이다. 이에 주자는 『자치통감강목資治通鑑綱目』에서, "백성의 명전을 제한하라는 조서는 결국 시행되지 못했다"라고 썼으니, 대개 이 점을 깊이 애석하게 여긴 것이다. 다만 제한을 하는 방법이 장차 어떻게 제정되어야 할 것인지를 알지 못하였다.

만약에 땅으로 근본을 삼아 경계를 바로 하고 사람에 따라 농지를 받도록 하며 이렇게 하여 조세를 균등하게 하고 병역을 내게 하면, 비록 정전제를 그대로 하는 것은 아니더라도 실제로 정전제의 뜻을 얻게 된다. 이렇게 제도를 한번 정하면 백 대가 가도 폐해가 없을 것이다. 만약 사람을 본위로 하여 인정人丁을 뽑아서 역을 정하고 인구를 계산해 나누어주면, 늘거나 줄기도 하여 일정치 않아서 땅을 나누는 경계가 확정이 되지 못한다. 비록 일시적인 효과는 있다 하더라도 도로 폐기되는 것을 면할 수 없으니, 수나라와 당나라의 균전제均田制가 바로 이런 것이다. 땅을 본위로 하는 것과 사람을 본위로 하는 것이 말은 비록 서로 가깝지만 시비득실을 따져보면 서로 천양지차가 있으니, 국가를 기획하여 정사를 행하는 자는 마땅히 깊이 생각해야 할 점이다. 후세에 혹 토지를 마음대로 사적으로 소유하여 매매를 허용하면서 제한을 두자는 주장, 이는 그렇게 될 이치가 없다. 근세에 구준丘濬[81]의 의론이 이런 종류인데, 이는 결코 시행되기 불가능한 말이다.

순열의 논의

○ 순열荀悅[82]이 다음과 같이 말했다.

"옛날 문제文帝 13년(B.C. 167) 6월에 조칙을 내려 농지의 조세를 감면해주었

---

81 구준 1421~95. 명나라 때의 주자학 계통의 학자. 『대학연의보(大學衍義補)』를 지은 것으로 유명하다.

82 순열 후한 말엽의 학자. 조조(曹操)의 부름을 받고 기용이 되었으며 『삼국지』에 나오는 순욱(荀彧)의 종형이다. 저술로 『전한기(前漢紀)』, 『신감(申鑒)』 등이 있다. 본문에 인용된 대목은 『전한기』 권8에 실려 있다.

다. 옛날에는 10분의 1 세를 내도록 하였으니 천하의 공평하고 바른 것이었다. 지금 한나라 사람은 농지에 100분의 1 세를 내기도 하니 아주 적다고 할 수 있다. 그러나 힘센 부자들이 농지를 더욱 많이 차지하여 부세 명목으로 태반이나 가져가서, 관은 100분의 1의 세만 거두고 부민富民이 태반이나 가져가는 것이다. 국가에서 베푸는 은혜는 삼대보다 더 융숭한 셈인데, 부강한 자들의 횡포는 진秦나라 때보다 더 가혹하다. 이는 나라의 은혜가 아래로 통하지 않고 임금의 위복威福을 부강한 자들이 나누어 차지하는 셈이다. 지금 근본을 바로 하지 않고 조세만 없애기로 힘쓴다면 곧 부강한 자들의 밑천을 대주는 꼴이 될 것이다.

무릇 토지란 천하의 대본大本이다. 춘추의 의리로 보면 제후는 봉토封土를 독차지할 수 없고, 대부는 나누어 받은 땅을 독차지할 수 없다. 지금 호민豪民들이 농지를 점유하여 혹은 수백수천 경頃에 이르고 부는 왕후를 초과하니, 이는 혼자서 봉토를 독차지하는 격이요, 매매를 마음대로 하니 이는 땅을 마음대로 하는 격이다. 효무제孝武帝 때에 동중서가 일찍이 말하기를, '의당 백성의 농지 점유를 제한해야 한다' 했고, 애제哀帝 때에 이르러는 '백성의 농지 점유를 제한하니 30경을 초과할 수 없다'라고 하였는데, 비록 그 제도는 있었지만 끝내 시행되지 못했다. 그런데 30경 또한 공평한 것이 아니다.

또 무릇 정전제는 백성이 많을 때에 시행해야 마땅한 것이고, 땅은 넓은데 사람이 희소하면 적합하지 않다. 그런데 땅이 적은데 폐지하고 백성이 많은데 시행하려 하고 있다. 땅이 이미 많아 부강한 자들에게 들어가 있는데, 기어이 규제하려고 들면 원망의 마음이 두루 일어나게 되니 분란만 생길 것이요 제도는 시행하기 어렵게 될 것이다.

이를 통해 보건대, 고조高祖가 천하를 안정시킨 처음이나 광무제가 중흥한 직후에는 인구가 희소한 편이었으니 개혁하기 쉬웠을 테지만 정전법으로 나아가지 못했다. 의당 사람의 수로 농지를 배정해서 소유하는 한계를 세우고 백성이 경작하게 하며 매매를 할 수 없도록 하여 가난한 사람들을 넉넉하게 하고 겸병을 방지했어야 할 것이다. 이렇게 제도의 장본張本을 만드는 것이 또한 마땅하지 않았겠는가? 비록 고금의 제도가 다르고 때에 따라 덜어지고 보태지는 것이 있다 하더라도, 제도의 대략은 결국 마찬가지이다."

두우의 논의

○ 두우杜佑는 이렇게 말하였다.[83]

"곡식은 인민의 생명을 맡은 것이요, 토지는 곡식이 생산되는 곳이요, 인민은 임금이 다스리는 바이다. 곡식이 있으면 국가의 쓰임이 갖추어지고, 토지를 분변하면 인민의 의식이 풍족하게 되고, 인민을 잘 살피면 요역이 고르게 될 것이다. 이 세 가지를 아는 것이야말로 정치라 할 수 있다. 무릇 토지는 온갖 것을 받아들여서 버리는 일이 없고 한번 자리잡으면 옮겨가지 않으며 안정하여 움직이지 않아 자라나고 번식하지 않는 것이 없다. 성인은 여기에 근거해서 정전井田을 설정하고 여리閭里를 만들어 백성의 수와 부역의 제도를 관찰하였으니 환히 볼 수가 있다.

진나라 효공孝公이 상앙商鞅의 정책을 쓰고부터 경계를 허물고 천맥阡陌을 세움으로써 한때의 이익을 얻기도 했지만 겸병이 더욱 심하게 일어났다. 진나라가 망하고 천맥이 폐지되고부터는 또 살피고 조사하는 일이 있게 되었다. 그런데 살피고 조사하는 일이 편의대로 이루어지게 되었다. 편의대로 하는 일은 문서에 기대게 되는데, 문서가 워낙 방대하기 때문에 으레 많은 사람들의 노력에 의지하게 되었다. 많은 사람의 노력에 의지한즉 정사가 아전들에게서 나오고, 정사가 아전들에게서 나오게 된즉 사람들은 믿을 수 없게 되었다. 무릇 믿을 수 없는 법을 행하면서 수많은 아전들에게 이 정사를 맡겨서 인사의 많고 적은 것들을 정리하고 땅에서 나는 많고 적은 이익을 밝히려고 들면, 아무리

---

83 『통전(通典)』 권1 「식화(食貨) 1·전제 상」에서 인용한 것이다.

신불해申不害[84]와 상앙이 형벌로 감독하고 대요大撓와 예수隷首[85]의 셈법으로 총괄을 하려 하더라도 또한 상세한 것을 잡을 수 없을 것이다. 이 방도를 바꾸지 않고 이로움을 구하려 하는 것은 있을 수 없다.

춘추의 의리로 보면 제후는 봉토封土를 독차지할 수 없고 대부는 나누어 받는 땅을 독차지할 수 없다. 만약 부호가 농지를 과다하게 점유하여 그 부가 공후와 비등하게 되면 이는 봉토를 독차지하는 것이요, 매매를 마음대로 하면 이는 농지를 독차지하는 것이다. 유민流民이 없도록 한들 또한 어렵지 않겠는가?"

안설

살피건대 여기에 나오는 견해는 모두 '개천맥開阡陌'의 '개'를 '개치開置'의 '개'로 보고 있으니, 진나라에 와서 정전제를 폐하고 처음 천맥을 두었다고 생각한 것이다. 두우의 말 또한 이 설을 따라서 천맥은 진나라 제도로, 정전은 고법古法으로 생각했다. 또한 백거이白居易가 이른바 "땅이 넓고 사람이 드문 경우 의당 천맥을 시행해야 하고, 지역은 좁은데 인구가 많으면 정전을 회복해야 한다"라고 말한 것과 마찬가지이다. 대개 고제古制를 깊이 살피지 못한 것이다.[86]

정호의 논의

○ 북송의 신종神宗 때에 정명도程明道가 글을 올려 열 가지 일을 논했는데, 경계經界에 대해서 이렇게 말했다.[87]

"하늘이 백성을 낳으매 임금을 세워 그들을 다스리도록 했는데, 필히 항산恒産을 마련해주어서 삶을 두터이 누리도록 하였습니다. 그런즉 농지의 경계를 바르게 하지 않을 수 없으며, 정전제를 고르게 시행하지 않을 수 없었습니다. 이것이 정치를 하는 대본大本입니다. 당나라까지도 구분전口分田의 제도가 있

---

84 신불해 중국 전국시대 법가에 속하는 사상가.
85 대요·예수 전설적인 인물로, 중국 황제(黃帝) 때 천문과 수리에 밝았던 신하로 전해진다.
86 앞서의 반계의 설에서 확인되었다시피, 반계는 '開阡陌'을 '삼대 경계법의 폐기'로 해석하였다.
87 『이정전서(二程全書)·명도문집(明道文集) 2』「논십사차자(論十事箚子)」에서 인용한 것이다.

었는데, 지금은 온통 무법이 되었습니다. 부자가 고을을 넘어서서 땅을 차지하는데도 제지하지 않고, 가난한 자가 떠돌이가 되어 굶어 죽는데도 돌보지 않고 있습니다. 다행히 백성이 많은데 먹고 입는 것이 부족한 자는 한이 없고, 인구가 날로 늘어나는데도 대책은 세우지 않고 있으니, 입고 먹는 것이 날로 줄어들고 떠돌다 죽는 사람이 날로 많아지고 있습니다. 이것이야말로 국가 흥망의 결정적인 계기이니, 어찌 바로잡을 도리를 도모하지 않을 수 있겠습니까?"

○ 혹자가 "정전제는 지금 가히 행할 수 있습니까?"라고 묻자, 정자는 이렇게 대답했다.

"어찌 옛날에 행할 수 있었는데 지금 행할 수 없으리오? 사람들이 하는 말들이 지금 사람은 많고 땅은 좁다고 하나, 그렇지 않다. 비유하건대 산 위에 허다한 초목들이 살아가고 있는데, 천지 사이에 허다한 생물들도 항시 이와 비슷하다. 어찌 땅은 좁고 사람은 많을 이치가 있겠는가?"

또 누군가 묻기를, "옛날의 100묘畝는 지금의 41묘 남짓입니다. 만일 토지로 계산해본다면 그 거두는 바가 9인의 식량을 제공하기에도 부족할 것 같습니다"라고 하자, 정자는 이렇게 대답했다.

"100묘를 가지고 9인이 먹고살기에는 역시 부족하나, 온 천하로 계산해보면 또한 가능하다. 집에 9인이 있는 경우 16세가 되면 따로 농지를 받게 되며, 그 나머지는 모두 늙거나 어리거나 하기 때문에 먹고살 수가 있는 것이다. 그러고도 부족한 경우 돕는 정사가 있고 향당에서 도와주는 의리가 있기 때문에 또한 먹고살 수 있다."

정자는 또 말했다.

"옛날에는 100보步를 1묘로 삼았으니, 100묘는 지금의 41묘에 해당한다. 옛날에는 지금의 41묘의 농지를 가지고 8명의 가족이 굶주리지 않을 수 있었던 것이다. 지금은 옛날의 250묘를 가지고도 오히려 부족하다. 농부가 농사를 부지런히 짓고 게을리 짓는 차이가 바로 이러하다."

정자는 또 말했다.

"지금의 세율은 10분의 1보다도 가벼운데, 오로지 거두어들이는 것을 불법적으로 하고 공정하지 않게 하고 있을 따름이다."

정호·정이와 장재의 토론

이정二程이 일찍이 장자후張子厚와 정전제에 대해 논하여 이렇게 말했다.[88]

"지형이 반드시 넓고 평평하지 않더라도 사각형으로 그릴 수 있으면, 계산법을 적용하여 땅의 면적을 적절히 맞추어서 농민에게 지급하면 된다."

장자후는 이에 말했다.

"반드시 먼저 땅의 경계를 바로 해야 하니, 경계를 바로 하지 않으면 그 법이 끝내 안정되지 않을 것이다. 지형에 높고 낮음이 있는 것은 상관없이 사방의 푯말만 볼 것이요, 그 중간의 땅이 평평하지 않거나 비옥하지 않더라도 백성에게 주는 데는 안 될 것이 없을 것이니, 땅을 받는 입장에서도 다툼이 많지 않을 것이다. 또한 기울고 가파른 곳은 땅이 매우 좋지 않으니, 경계는 반드시 남과 북을 바르게 해야 한다. 가령 땅이 넓고 좁고 뾰족하고 경사지고가 있다 하더라도, 경계는 산과 하천의 굴곡이라도 피할 수 없으니 그 농지는 '우물 정' 자로 할 수 있는 곳에는 정전을 해야 할 것이다. 정전을 제대로 만들 수 없는 곳에는 혹 5~7부夫, 혹 3~4부, 혹은 1부로 해서 각기 그 실제 면적대로 받을 수 있도록 한다. 그러고도 혹시 1부로 할 수 없는 곳 또한 100묘로 합산을 해서 주어도 안 될 것은 없다. 이와 같이 하면 경계는 산이나 하천을 따라서 모두 획정해주는 데 곤란할 것이 없다. 실로 이와 같이 획정하면 아무리 포악한 군주나

---

88 이하의 내용은 『성리대전(性理大全)』 권69 「치도(治道) 4」 부분에서 발췌·인용한 것이다. 여기서 이정은 정호(程顥, 1032~85)와 정이(程頤, 1033~1107) 형제를 가리키는데, 이때의 상황은 정호·정이와 장재(張載)가 만나서 정전제에 대해 논한 것이다.

탐학한 관리가 나오더라도 또한 몇백 년이 지나도 이 제도의 기초를 무너뜨릴 수 없을 것이다. 경계가 무너진 것은 오로지 진나라 때에만 있었던 것이 아니요, 오래전부터 점차 무너졌던 것이다."

또 말했다.

"정전제는 지금 민간의 토지를 취해서 빈부를 고르게 하는 방법이니, 원하는 자는 많고 원하지 않는 자는 적을 것이다."

정이천程伊川이 말했다.

"이에 대해서 백성이 원망하거나 노여워하는 것을 가지고 말할 것이 없고 옳으냐 그르냐를 논해야 할 일이니, 모름지기 위아래가 모두 원망과 노여움이 없어야만 바야흐로 행할 수 있다."

다른 한 본89에는 '점차 무너졌던 것이다[漸有壞矣]' 아래에 다음과 같은 말이 있다.

혹자가 말했다.

"정전에 대한 논의는 가볍게 할 수가 없으니 비웃음을 사거나 논란이 있을까 두렵다."

장자후가 말했다.

"비웃고 논란이 있으면 이로움이 있다. 만약 누군가 그 논의를 들으면 자기의 공으로 삼을 수 있을 것이다."

장자후가 말했다.

"만약 시행하는 자가 있으면 그만이고, 1전廛을 받아서 백성이 되기를 원하는 자가 있으면90 또한 다행일 것이다."

정명도가 말했다.

"정전제는 지금 민간의 토지를 취해서 빈부를 고르게 하는 방법이니, 원하는 자는 많고 원하지 않는 자는 적을 것이다."

---

89 이 대목은 『성리대전』에 보이지 않으며, 『이정전서』 3책에 실린 「유서(遺書)」 권10, '낙양의론(洛陽議論)'에 실려 있는 부분을 인용한 것이다.

90 '전(廛)'은 일반적으로는 점포를 가리키는 말인데, 여기서는 일반 백성이 사는 곳을 가리킨다. 이 표현은 『맹자·등문공 상』에 나온다.

정이천이 말했다.

"이에 대해서 백성이 원망하거나 노여워하는 것을 가지고 말할 것이 없고 옳으냐 그르냐를 논해야 할 일이니, 모름지기 위아래가 모두 원망과 노여움이 없어야만 바야흐로 행할 수 있다."

정이천이 말했다.

"정전법에 대한 논의는 잘 갖추어져 있으니, 어떻게 실행할까 하는 방법에 달려 있다."

장자후가 말했다.

"어찌 감히 그렇게 할 수 있겠는가? 나는 이에 관한 저술이라도 하고 싶으니, 이를 취하는 자가 있기를 바랄 뿐이다."

정이천이 말했다.

"당시에 행하지 못하더라도 후세에 행해지게 되면 마찬가지다."

장자후가 말했다.

"'한갓 선한 것만 가지고는 정치가 될 수 없고, 한갓 법만 가지고는 저절로 행해질 수 없다'고 하였으니 모름지기 그것을 행하는 방법이 있어야 하며, 또 아무리 어진 마음이 있고 어질다는 평을 듣더라도 정치를 실행하지 않으면 선왕의 도가 될 수 없으니 모름지기 선왕을 본받아야 한다."

정이천이 말했다.

"맹자가 이에 대해 하신 말씀이 훌륭하다. 아무리 눈의 능력을 다 쓰더라도 어떻게 사각형, 원, 직선 등을 그릴 수 있겠는가? 반드시 규구規矩가 있어야 한다."[91]

○ 장자張子는 이렇게 말했다.[92]

"천하를 다스림에 있어서 정전제를 쓰지 않고는 끝내 평천하를 이룰 수 없다."

---

[91] 여기서 규는 원을 그리는 곡자, 지금의 컴퍼스에 해당하는 것이며, 구는 직각자이다. 맹자가 아무리 눈이 밝더라도 이 두 가지 도구가 없으면 원이나 사각형을 그릴 수 없다고 하면서 요·순 같은 훌륭한 군주라도 정전제라는 방법을 쓰지 않고는 선정을 베풀 수 없다고 말한 바 있다.(『맹자·이루 상』)

[92] 『장자전서(張子全書)』 권4「주례(周禮)」에 나온다.

여대림의 논의

○ 남전藍田 여씨呂氏[93]가 이렇게 말했다.[94]

"장자張子가 강개한 마음으로 삼대의 정치를 회복하기에 뜻을 두어 백성을 다스림에 있어서 먼저 힘써야 할 일을 논하는데 경계를 급선무로 여기지 않은 바 없었다. 그 법제를 강구하여 훌륭하게 갖추었으니 요컨대 오늘날에 시행할 수 있는 것이었다. 만약에 나를 쓰는 사람이 있다면 이 정전제를 시행할 것이다. 장자는 일찍이 이렇게 말하였다. '인정仁政은 반드시 경계로부터 시작을 해야 한다. 빈부를 고르게 하지 않고는 백성을 가르치고 기르는 데 방법이 없으니, 아무리 잘 다스리고자 해도 제대로 되지 않을 것이다. 세상에 이를 시행하기 어렵다고 문제를 삼는 자들은 으레 부자의 농지를 빼앗는다고 말들을 하는데, 이 법을 시행하면 기뻐할 자들이 많다. 실로 이 일을 처리함에 있어서 방도가 있으니 몇 년의 기한을 두면 한 사람 형벌을 가하지 않고도 정전제를 회복할 수 있다. 진짜 문제는 다만 위의 사람이 행하지 않는 것이다.'"

남전 여씨는 또 이렇게 말하였다.

"옛날 백성에게 수취함에 있어서는 공법貢法, 조법助法, 철법徹法의 세 가지가 있었다. 몇 년 사이 작황의 평균을 잡아서 일정한 값을 정하는 것이 공법이고, 1정井의 농지에서 경작을 하는 8가家가 각기 100묘를 경작하고 공전 100묘를 공동으로 경작하는 것이 조법이며, 공전을 따로 설정하지 않고 한 해의 농사가 끝나기를 기다려서 일률적으로 10분의 1로 정해서 100묘를 경작하는 자들에게 받는 것이 철법이다."

---

93 남전 여씨 북송 때의 유학자 여대림(呂大臨, 1046~92). 자는 여숙(與叔). 서안 남전 출신으로, 여대충(呂大忠), 여대균(呂大鈞), 여대방(呂大防)과 더불어 '남전의 여씨 4현'으로 불린다. 저서로 『고고도(考古圖)』, 『석문(釋文)』 등이 있다.

94 이하의 내용은 『맹자집주·등문공 상』, 『근사록(近思錄)』 등에 보이는데, 원 출전은 여대림이 지은 「장횡거행장(張橫渠行狀)」이다.

양시의 논의

구산龜山 양씨楊氏[95]가 이렇게 말하였다.[96]

"옛날 성왕들은 비比·려閭·족族·당黨·주州·향鄕을 설치하여 군정軍政을 마련했다. 백성이 집에 있을 때는 힘써 농사짓는 농민이 되었고, 나가면 적군에 맞서는 군사가 되었다. 대개 그 시대에는 천하에 농지를 지급받지 않는 사람이 없었던 까닭에 가난한 사람이 없이 고르게 살았다. 사람들은 자기 힘으로 먹고 살 줄 알 따름이라, 게을러 일을 하지 않거나 간사하고 법을 어기는 백성은 그 사이에 용납될 곳이 없었다."

호굉의 논의

○ 오봉五峯 호씨胡氏[97]는 이렇게 말하였다.[98]

"천지가 열린 이래 만물이 생겨나 날로 번창하고부터 인도하지 않으면 어지럽게 되고 다스리지 않으면 다툼이 일어난다. 윤리를 돈독하게 하는 것은 인도하는 방도요, 봉토封土·정전井田을 정비하는 것은 다스리는 방도이다. 봉토와 정전을 먼저 정해놓지 않으면 윤리를 돈독하게 할 수 없다. 요堯 임금은 천자가 되매 이를 근심하여 순舜에게 맡아보도록 했으며, 순舜은 재상이 되매 혼자 할 수 없기 때문에 이를 근심하여 우禹에게 맡아보도록 했던 것이다. 우는 국내를 두루 시찰하며 8년 동안을 분주하게 돌아다니면서 토지의 비옥하고 척박한 등급을 가려서 정하였고, 정전제를 실시할 곳과 목축지로 쓸 땅을 헤아려

---

95 구산 양씨 북송 때의 유학자 양시(楊時, 1053~1135). 자는 중립(中立)이며, 정호·정이 형제의 제자로서, 구산에 살아 구산선생으로 일컬어졌다.

96 『성리대전』권69「치도 4」에 나온다.

97 오봉 호씨 북송 때의 유학자 호굉(胡宏, 1106~61). 자는 인중(仁仲), '오봉'은 그의 호. 아버지인 호안국(胡安國)과 함께 벽천서원과 문정서원을 세워 이학(理學)을 강학하였으며, 이로부터 호상학파(湖湘學派)가 형성되었다. 저서로『지언(知言)』,『오봉집(五峯集)』등이 있다.

98 호굉의『지언』권4의 내용을 발췌·인용한 것이다.

제정해서 백성에게 나누어주었으며, 공公·후侯·백伯·자子·남男의 봉토를 정해 주었다. 그런 연후에 오륜이 베풀어져서 만백성이 다스려졌으니, 이는 하후씨夏候氏가 왕천하王天下를 하는 방도[99]였다.

후에 왕정王政을 보좌하는 인재가 나오지 않으매 사람들은 강자가 약자를 침탈하고 꾀 있는 자가 어리석은 자를 속여서 우 임금의 제도는 붕괴되고 문란해져서 걸桀에 이르러는 천하가 대란大亂의 지경에 이르렀다. 이에 탕湯 임금이 바로잡아 그 차례를 밝히고 제도를 펴며 봉토를 바로 해서 우 임금의 왕도王道를 회복하니 질서가 바로잡혔다. 이것이 은殷나라가 왕천하를 하는 방도였다.

후에 왕정을 보좌하는 인재가 나오지 않으매 사람들은 강자가 약자를 침탈하고 꾀 있는 자가 어리석은 자를 속여서 탕 임금의 제도는 붕괴되고 문란해져서 주紂에 이르러는 천하가 대란大亂의 지경에 이르렀다. 이에 무왕武王이 주를 정벌하여 그 차례를 밝히고 제도를 펴며 봉토를 바로 해서 탕 임금의 왕도王道를 회복하니 오륜을 행할 수 있게 되었다. 이것이 주周나라가 왕천하를 하는 방도였다.

후에 왕정을 보좌하는 인재가 나오지 않으매 사람들은 강자가 약자를 침탈하고 꾀 있는 자가 어리석은 자를 속여서 무왕의 제도는 붕괴되고 문란해졌다. 먼저 제齊나라에서 변했고, 뒤에 노魯나라에서 변했으며, 진秦나라에서 크게 무너져서 인정仁政이 뒤집혀지매 천하의 정치가 없어진 것이다. 인정이 이미 없어지매 천하를 가진 자가 왕 노릇을 할 수 없는 것은 사람의 죄요, 하늘이 내린 벌이 아니었다. 그 이후 인정이 없어진 것은 하늘이 내린 것이요, 사람이 저지른 것이 아니다. 슬프다! 누가 지금부터는 삼왕의 재능을 이을 자가 없다고 하는가? 문제는 세속의 유자들이 왕도정치의 근본을 알지 못하는 데 있다."

---

99 여기서 하후씨는 우 임금을 가리킴. 왕천하는 천하를 왕도로 다스린다는 뜻에서 쓴 말이다.

또 이렇게 말했다.[100]

"어진 마음은 정치를 하는 근본이요, 농지를 고르게 나누어주는 것은 정치를 하는 선무先務이다. 전리田里[101]가 공평하지 않으면 아무리 어진 마음을 갖더라도 백성이 그 은택을 입을 수 없다. 정전제는 성인이 농지를 공평하게 지급하는 중요한 방도이다. 은혜로운 뜻이 이어지고 간악한 무리가 용납되지 않으며 사람들이 적더라도 흩어지지 않고 많더라도 어지럽게 되지 않으며, 부세賦稅가 정해지고 군정軍政 또한 밝혀질 것이다. 삼왕이 왕도를 펼 수 있었던 것은 천하에 전리의 제도를 잘 마련할 수 있었기 때문이다. 정책이 세워지고 인정이 시행되면 보통의 남녀들이라도 옷 한 벌, 밥 한 그릇일망정 자기 옷을 벗어서 입혀주고 자기 먹을 것을 내서 먹여주는 것같이 하게 될 것이다. 이렇게 되면 만물에 이르기까지 실로 섭리燮理의 법이 이루어져서 천지간의 조화와 육성이 저절로 이루어지는 공을 도울 수 있을 것이다."

○ 호씨는 또 이렇게 말했다.

"정전법이 시행된 다음이라야 어질고 어리석음을 가려볼 수 있어 배우는 데 있어서는 들뜬 선비가 없고, 농사짓는 데에는 들뜬 농민이 없이 사람마다 각기 적절한 장소를 얻어서 놀고먹는 자들이 없을 것이다. 임금은 경卿에게 임臨하고 경은 대부에게 임하고 대부는 사士에게 임하고 사는 농農·공工·상商에 임하여 위로부터 받는 것은 분수와 제도가 있어 많고 적음이 공평하게 되어 가난하고 곤란한 자들이 없을 것이다. 사람들이 땅을 받아서 대대로 지키며 서로 빼앗거나 이익을 도모하여 땅을 바꾸는 일이 없다. 서로 빼앗거나 이익을 도모하여 땅을 바꾸는 일이 없으면 다투고 빼앗는 송사가 없게 되고, 다투고 빼앗는 송사가 없으면 형벌이 줄어 백성이 안정되며 형벌이 줄어 백성이 안정되면 예악禮樂이 정비되고 화기和氣가 일어날 것이다."

---

100 『성리대전』 권69 「치도 4」에 나온다.
101 전리 농지와 사람이 사는 곳을 아울러 이르는 말.

범진의 논의

○ 화양華陽 범씨范氏[102]가 말했다.[103]

"정전제가 폐지된 뒤로부터 빈부가 고르지 않게 되었다. 후세에 백성의 재산을 능히 조절해서 사람들을 잘 살아가도록 하고 장례를 잘 치러서 유감이 없도록 하지 못하였다. 법을 세우는 자들은 일찍이 부자를 억제하여 더러 가난한 사람을 도우려고 하지 않은 것은 아니었지만, 부자들이 겸병을 할 수 있었던 것은 가난한 자들이 스스로 살아갈 수 없는 데에 원인이 있었던 것을 알지 못했다. 후세에 정치를 담당하는 자들은 비록 삼대의 제도는 회복할 수 없을지라도 노동력의 동원을 줄여주고 부세를 적게 하며, 농업에 힘쓰고 상업을 제약하며 검박을 숭상하고 사치를 제거하며 농지의 점유에 제한을 두고 곤궁한 자를 양육하여 가난한 자를 족히 자립할 수 있도록 하고 부자들이 겸병을 할 수 없도록 해야 한다. 이는 천하를 고르게 하는 근본이다. 그렇지 않고는 아무리 법령을 세우더라도 한갓 형식에 지나지 못할 터인데, 어떻게 세상을 다스리는 데 유익함이 있겠는가?"

호인의 논의

○ 호치당胡致堂[104]이 말했다.

"당나라 제도에 녹을 먹는 집은 백성과 더불어 이익을 다투지 못한다고 되

---

102 화양 범씨 북송 때의 학자 범진(范鎭, 1007~88)을 가리킴. 자는 경인(景仁), 시호는 충문(忠文). 그가 화양(華陽) 사람이기 때문에 출생지를 밝혀 화양 범씨라고 한 것이다. 벼슬은 한림학사(翰林學士)를 역임했으며 촉군공에 봉해졌다. 왕안석의 신법을 반대하여 구법당(舊法黨)으로 분류되는 인물이다. 저서에 『정언(正言)』, 『국조운대(國朝韻對)』, 『범촉공집(范蜀公集)』 등이 있다.

103 『성리대전』 권69 「치도 4」에서 발췌·인용한 것이다.

104 호치당 북송 때의 학자 호인(胡寅, 1098~1156)이며, 자는 명중(明仲). 호가 치당(致堂)이어서 호치당으로 일컬은 것이다. 구산(龜山) 양시(楊時)에게 수학한 후 형록학파(衡麓學派)를 창설하였으며, 관직은 휘유각직학사(徽猷閣直學士)에 이르렀다. 저서로 『독사관견(讀史管見)』이 있다.

어 있다. 이는 염치로써 사대부를 대접하는 아름다운 정사이다. 그런데 옛날에 벼슬하는 자들은 대대로 녹을 받았던 까닭에 벼슬을 하면 농사를 지을 수 없었다. 후세에는 사람을 쓰는 것이 신중하지 않아서 승진을 시키고 축출하고 하는 것이 일정치 않으니, 이 제도가 행해질 수 없을 것임에 틀림없다. 벼슬을 하는 자에게는 품계에 비추어 농지를 지급하는데, 나아가 기용이 되면 녹을 받아 그 수고로움에 보상이 되게 하고 물러나 쓰이지 않게 되면 농지가 있어 살아갈 수 있게 한다. 큰 죄를 진 연후에라야 농지와 주거를 회수하였다. 이와 같이 하면 백성과 이익을 다투지 못하게 하는 법이 행해질 수 있고 염치廉恥의 풍조가 더욱 권장될 것이다."

살피건대, 이 두 조문은 다시 한전제限田制에서 논하게 된다.

주자의 「정전유설」

○ 주자朱子는 「정전유설井田類說」을 지어 이렇게 논했다.[105]

한漢 문제文帝 13년(B.C. 167) 6월에 농지의 조세를 감면해주었는데, 이에 대해 순씨荀氏[106]는 다음과 같이 논하였다.

"옛날에는 10분의 1 세를 내도록 하였으니 천하의 공평하고 바른 것이었다. 지금 한나라 사람은 농지에 100분의 1 세를 내기도 하니 아주 적다고 할 수 있다. 그러나 힘센 부자들이 농지를 더욱 많이 차지하여[107] 부세 명목으로 태반이나 가져가서, 관은 100분의 1의 세만 거두고 부민富民이 태반이나 가져가는 것이다. 국가에서 베푸는 은혜는 삼대보다 더 융숭한 셈인데, 부강한 자들의 횡포는 진秦나라 때보다 더 가혹하다. 이는 나라의 은혜가 아래로 통하지 않고 임금의 위복威福을 부강한 자들이 나누어 차지하는 셈이다. 지금 근본을 바로 하지 않

---

105 『주자대전』권68 「정전유설」에서 발췌·인용한 것이다.

106 순씨 후한의 인물인 순열(荀悅)을 가리킴. 여기에 실린 내용의 일부는 본권 402~404면에 나온 바 있다. 앞에서는 진한(秦漢) 시대의 전제에 대한 논의에서 인용되었던 것인데, 여기서는 주자의 「정전유설」에 실려 있어서 재인용된 것이다.

107 "여기에는 빠진 글자가 있는 것 같다." ─ 원주

고 조세만 없애기로 힘쓴다면 곧 부강한 자들의 밑천을 대주는 꼴이 될 것이다.

무릇 토지란 천하의 대본大本이다. 춘추의 의리로 보면 제후는 봉토封土를 독차지할 수 없고, 대부는 나누어 받은 땅을 독차지할 수 없다. 지금 호민豪民들이 농지를 점유하여 혹은 수백수천 경頃에 이르고 부는 왕후를 초과하니, 이는 혼자서 봉토를 독차지하는 격이요, 매매를 마음대로 하니 이는 땅을 마음대로 하는 격이다. 효무제孝武帝 때에 동중서가 일찍이 말하기를, '의당 백성의 농지 점유를 제한해야 한다' 했고, 애제哀帝 때에 이르러는 백성의 농지 점유를 제한하여 30경을 초과할 수 없게 하였는데, 비록 그 제도는 있었지만 끝내 시행되지 못했다. 그런데 30경 또한 공평한 것이 아니다.

또 무릇 정전제는 백성이 많을 때에 시행해야 마땅한 것이고, 땅은 넓은데 사람이 희소하면 적합하지 않다. 그러나 백성이 적을 때 폐지하고 백성이 많을 때 시행하려 하면, 땅이 많다 해도 줄지어 부강한 자들에게 들어가 있다. 그래서 마침내 규제하려 들면 원망하는 마음이 두루 일어나니, 분란만 생기고 제도는 시행되기 어렵게 된다.

이를 통해 보건대, 고조高祖가 천하를 안정시킨 처음이나 광무제가 중흥한 직후에는 인구가 희소한 편이었으니 개혁하기 쉬웠을 테지만 정전법으로 나아가지 못했다. 의당 사람의 수로 농지를 배정해서 소유하는 한계를 세우고 백성이 경작하게 하며 매매를 할 수 없도록 하여 가난한 사람들을 넉넉하게 하고 겸병을 방지했어야 할 것이다. 이렇게 제도의 장본張本을 만드는 것이 또한 마땅하지 않았겠는가? 비록 고금의 제도가 다르고 때에 따라 덜어지고 보태지는 것이 있다 하더라도, 제도의 대략은 결국 마찬가지이다.

『한서·식화지』에는 다음과 같이 나와 있다.

'옛날에는 보步로 재고 묘畝를 설정했다. 6척尺이 1보가 되고, 100보가 1묘가 되고, 100묘가 1부夫가 되며, 3부가 1옥屋이 되고, 3옥이 1정井이 된다. 1정은 사방 1리의 넓이니 이것을 9부라 하여 8가家가 함께 경작을 한다. 한 지아비와 한 지어미가 사전私田 100묘와 공전公田 10묘를 받게 되어 모두 880묘가 된다.

나머지 20묘에는 농막을 지어 나가거나 들어오거나 서로 사이좋게 지내며, 지키고 망을 보아주어 서로 돕고, 질병에 걸렸을 때 서로 간호해준다.

백성에게 농지를 지급하되 상전上田은 1부에 100묘, 중전中田은 1부에 200묘, 하전下田은 1부에 300묘를 준다. 해마다 바꿔 경작하여 땅의 좋고 나쁜 처지를 바꾼다.

하휴何休가 말하기를, "사공司空은 농지의 높고 낮음과 좋고 나쁨을 신중하게 구별하여 3등급으로 나눈다. 상전上田은 해마다 경작하는 땅이요, 중전中田은 2년에 한 번 경작하는 땅이요, 하전下田은 3년에 한 번 경작하는 땅이다. 기름진 땅을 혼자만 가지고 즐길 수 없고, 척박한 땅을 혼자만 가지고 괴로워할 수 없다. 그렇기에 3년에 한 번씩 땅을 바꾸고 사는 곳도 바꾼다"라고 하였다.

그 집의 여러 남자들은 여부餘夫가 되어 또한 예에 따라 인원수대로 농지를 받는다. 사士·공工·상商의 가호에서 농지를 받는 것은 5구口가 농부 1인의 몫을 받는다. 부賦와 세稅를 내도록 하는데, 부는 사람 수를 계산해서 재화를 내도록 하는 것이고,[108] 세는 공전의 10분의 1 세와 공인, 상인, 산림관리인에게서 받아들이는 것이다. 부로 들어오는 것으로는 거마, 갑병甲兵, 사도士徒의 역役과 창고에 보관해두었다가 상으로 내려주는 비용에 충당하며, 세로 들어오는 것으로는 천자를 봉양하고 백관의 녹봉과 기타 여러 가지 일에 들어가는 비용으로 지급한다. 백성이 나이 이십이면 나라에서 농지를 받고 육십이면 나라에 반환한다.

곡식을 심을 때는 필히 다섯 종류의 종자를 섞어서 심어 재해에 대비하도록 할 것이다. 밭 가운데는 나무를 심지 말아서 곡식에 방해가 되지 않도록 해야 할 것이요, 힘써 갈고 자주 김을 매고 수확하기를 마치 도적이 들어오는 것처럼 서둘러야 할 것이다.

농막의 주위로 뽕나무를 심고 텃밭에 채소를 심고 오이, 호박, 과일 등속을

---

108 "'賦謂計口發財'라는 여섯 자는 반고 『한서·식화지』의 안사고(顔師古) 주에 있는 것임." — 원주

심는다. 닭, 돼지, 개 등속을 때에 맞춰 잘 기르고 여자들이 누에 치고 길쌈을 부지런히 하면 나이 오십 된 사람은 비단옷을 입고 나이 칠십 된 사람은 고기를 먹을 수 있다.

5가家가 1비比가 되고, 5비가 1려閭가 되고, 4려가 1족族이 되고, 5족이 1당黨이 되고, 5당이 1주州가 되며, 5주가 1향鄕이 된다. 1향은 1만 2500호이다. 비장比長은 하사下士가 맡으니 이로부터 단위에 따라 1등급씩 올라가서 경卿에 이르면 대부가 된다. 려에는 서序를 설치하고 향에는 상庠을 설치하되, 서에서 가르치고 상에서 예를 닦아 교화를 밝힌다.

봄에는 백성을 모두 들로 나가게 하는데, 시에 이르기를, '나의 처자식이 들밥을 이고 저 남쪽 이랑으로 나오니 권농관이 기뻐하도다'[109]라고 하였다. 겨울에는 모두 읍으로 들어오도록 하는데, 시에 이르기를, '아아! 우리 처자식들아! 한 해가 바뀌었으니, 따뜻한 집으로 들어가세'라고 하였다. 봄에 백성이 나갈 때, 여서閭胥는 아침에 좌숙左塾에 앉아 있고 비장比長은 우숙右塾에 앉아 있되 다 나간 다음에 돌아가며, 저녁에도 똑같이 한다. 농민들이 들어올 때는 반드시 땔나무를 지고 오되 무겁고 가벼운 것을 서로 나누어 늙은이는 지지 않도록 한다. 하휴는 이르기를, "늦게 나와 뒤처진 자는 나가지 못하도록 하고, 저녁에 땔나무를 소지하지 않은 자는 들어올 수 없게 한다"라고 하였다.

겨울에 백성이 들어오고 나서 부인들은 같은 골목의 사람들이 서로 어울려 밤에 길쌈을 하면 한 달에 45일치의 효과를 얻을 수 있다. 꼭 서로 모여서 일을 하게 하는 것은 불을 밝히고 지피는 비용을 절약할 수 있고 기술 수준을 함께 올려 습속이 어울리도록 하려는 뜻이다. 남녀 간에 제자리를 얻지 못하는 자는 서로 노래를 불러 자기의 감정을 표현하기도 한다.

겨울철에 여자餘子[110]들 또한 학교에 같이 있도록 한다 8세에 소학小學에 들어가서 육갑六甲과 방위方位, 오행五行과 글씨 쓰고 셈하는 것을 배우며 이때 비

---

109 『시경·빈풍(豳風)·칠월』에 나오는 구절. 아래도 마찬가지임.
110 "군역에 들어가지 못하는 자는 여자(餘子)가 된다." — 원주

로소 가정에서 어른과 아이의 예절을 알도록 한다. 15세에 대학大學에 들어가서 선왕의 예악을 배워 조정의 군신의 예절을 알도록 한다. 그들 중에 우수한 자는 향학鄕學으로 가게 하고, 향학에서 우수한 자는 국학國學에 가도록 한다. 소학에서 공부를 하매 제후는 해마다 소학에서 우수한 자를 천자에게 뽑아 올리며, 대학에서 공부를 하매 그중에서 우수한 자는 이름하여 조사造士라 한다. 행실이 같고 능력이 비슷하면 활쏘기를 시켜서 구분을 하여 벼슬을 준다. '향학' 다음에 서술된 부분은 하휴의 설을 보태고 빼고 해서 수정한 것이다.

초봄의 1월, 모여 생활하다가 흩어질 무렵에 목탁을 두드리고 도로에 돌아다니며 시를 채집하여 태사太師에게 바치고 음률을 붙여 천자에게 보고한다. 하휴는 이르기를, "남자는 나이 육십, 여자는 나이 오십에 자식이 없는 자는 관에서 의식衣食을 제공한다. 민간에서 시를 채집하도록 하되, 향에서는 읍으로 올리고 읍에서는 나라로 올리고 나라에서는 천자에게 들리도록 한다"라고 하였다.

3년을 농사지어 1년의 저축이 있게 된다. 그래서 3년의 풍년이 들면 이 공적을 이루게 된다. 그러므로 왕이 된 자는 3년마다 고적考績을 하는 것이다. 9년을 농사지어 3년의 먹을 것이 남으면 업적을 위에 올리는데, 이를 '등登'이라 한다. 그래서 3차 고적을 하여 쫓아내고 진급시키고를 결정한다. 재차 등을 하면 '평平'이라 하는데 6년의 먹을 것을 비축하고, 세 번 등을 하면 '태평泰平'이라 하는데 그 기간이 27년이고 9년의 먹을 것을 비축할 수 있게 된다. 그렇게 된 연후에 지극한 덕이 흘러넘치고 예악이 이루어질 수 있다. 그러므로 '만약 왕자王者의 정치를 제대로 하여 한 세대가 지나면 인정仁政이 이루어진다'[111]라고 했으니, 이를 이르는 것이다.' '9년' 이하의 글은 반고의 『한서·식화지』를 수정해서 인용한 것이다.

『서경』에 이르기를, '하늘의 질서에 예가 있고, 하늘의 형벌에 죄가 있다'[112]라고 하였다. 그러므로 성인은 하늘의 질서에 의거하여 오례五禮를 제정하고

111 『논어·자로』에 나온다.
112 『서경·고요모(皐陶謨)』에 나온다.

하늘의 형벌에 의거하여 오형五刑을 제정해서, 사마司馬의 관직을 세우고 육군六軍의 부대를 설치하였으며 정전제에 의거하여 군역과 부세를 제정하였다. 토지는 사방 1리를 1정井으로 하고, 10정을 1통通으로 하고, 10통을 1성成으로 하니 성은 사방 10리이다. 10성은 1종㣬[113]이 되고, 10종은 1동同이 되니 1동은 사방 100리이다. 10동이 1봉封이 되고, 10봉이 기畿가 되니 기는 사방 1000리이다. 땅은 4정이 1읍邑이 되고, 4읍이 1구丘가 되는데, 1구는 16정에 군마 1필, 소 3두를 두도록 한다. 4구가 1전甸이 되어 64정인데, 군마 4필, 병거 1승, 소 12두, 갑사 3인, 보졸 72인을 두도록 한다. 모든 군비를 갖추도록 하니 이것이 사마법司馬法[114]이다.

1동은 사방 100리인데 대략 1만 정으로 산천山川·갱참坑塹·성지城池·읍거邑居·공원·도로의 용지로 3600정을 제외하고 6400정을 부역을 지는 몫으로 정해서 군마 400필, 병거 100승을 내게 되니, 이것이 경대부卿大夫의 채지采地로서 큰 것이다. 이를 백승지가百乘之家라고 이른다.

1봉은 사방 316리로 대략 10만 정인데 부역을 지는 몫으로 6만 4000정을 정해서 군마 4000필, 병거 1000승을 내게 되니 이는 제후로서 큰 것이다. 이것을 천승지국千乘之國이라고 이른다. 천자의 왕기王畿는 사방 1000리로 대략 100만 정이 되어 부역을 지는 몫으로 64만 정을 정해서 군마 4만 필, 병거 1만 승을 내게 된다. 군마·거도車徒·간과干戈를 미리 갖추어놓고 봄에는 군사를 출동시켜 사냥을 하고 여름에는 야영을 나가 사냥을 하고 가을에는 병기를 손질해서 사냥을 나가며 겨울에는 크게 사열을 하고 사냥을 한다. 모두 농한기를 이용해서 훈련하는 것이다.

5국國이 1속屬이 되는데 속에는 장長이 있으며, 10국이 1련連이 되는데 련에는 수帥가 있다. 30국이 1졸卒이 되는데 졸에는 정正이 있고, 210국이 1주州가 되

---

113 "『한서·형법지』에 '㣬'은 '終'으로 되어 있다." ─ 원주

114 사마법 사마는 『주례』에 나오는 관직명으로 정전제와 군제를 연계시킨 제도이다. 이 부분은 『한서·형법지』를 인용한 것인데, 앞에서는 '승마법(乘馬法)'으로 지칭하기도 하였다.

는데 주에는 목牧이 있다. 목에는 연수連帥가 있으니 해마다 병거를 점검하고, 졸정卒正은 3년마다 도徒를 점검하고, 군목群牧은 5년마다 여도輿徒를 크게 검열한다. 이는 선왕의 나라를 다스리고 무위武威를 세우고 병사를 충분히 갖추는 대략이다.[115] '목에 연수가 있다'는 말 아래는 모두 『한서·형법지』에 의거한 것이다."

주자의 논의

주자朱子는 이렇게 말했다.[116]

"풍호豊鎬[117]는 낙읍洛邑[118]에서 거리가 300리이고, 장안長安은 관할지역이 600리이다. 왕기王畿 1000리에 또한 옆으로 긴 곳이 있으니, 오늘날 구획해서 정방형으로 만드는 것과 같지 않다. 정전제 역시 이런 유와 비슷할 듯하니, 정방형으로 구획해서 정하는 것을 고집할 것은 없다."

주자는 또 말했다.[119]

"철법徹法은 8가가 모두 힘을 합해서 900묘를 경작하여 수확할 때는 묘대로 계산해서 고루 나누되, 백성은 10의 9를 취하고 공가에서는 10분의 1을 취한다. 조법助法으로 말하면, 8가가 각기 100묘를 경작하고 함께 힘을 합쳐 공전公田을 경작하니, 이것이 조법과 철법의 다른 점이다."

주자는 또 말했다.[120]

"전제田制는 모름지기 먼저 구溝·혁洫을 바로 해야만 바야흐로 확정된다."

---

115 이 마지막 문단은 본디 『예기·왕제』에 나온다.
116 『주자어류(朱子語類)』 권86 「예(禮) 3」, '주례(周禮)·지관(地官)'에서 인용한 것이다.
117 풍호 주나라 초기의 도읍지로서 지금 서안(西安)의 서북쪽에 위치해 있다.
118 낙읍 주나라 유왕(幽王)이 학정을 일삼다가 견융(犬戎)에게 죽임을 당한 후, 평왕(平王)이 동쪽으로 옮긴 도읍이다.
119 『주자어류』 권42 「논어 24」, '안연편 하·애공문어유약장(哀公問於有若章)'에서 인용한 것이다.
120 『주자어류』 권86 「예 3」, '주례·지관'에서 인용한 것이다.

주자는 또 말했다.[121]

"오대五代 때 후주後周의 세종世宗[122] 또한 천하를 맡을 도량이 있었다고 할 수 있다. 원진元稹[123]의 「균전도均田圖」를 보자마자 곧 감동하여 개혁할 뜻을 두었던 것이다."

『오대사五代史』의 「논論」에 다음과 같이 나와 있다.[124]

"세종이 일찍이 밤에 글을 읽다가 당나라 원진의 「균전도」를 보고 감동해서 탄식하여 '이는 세상을 다스리는 근본이니 왕자의 정치는 여기서부터 시작이 된다' 하고, 이에 조칙을 내려 그 도법圖法을 반포하여 관리와 백성으로 하여금 먼저 그것을 학습하도록 하였더니 1년 정도 되어서 천하의 농지가 크게 고르게 되었다. 그의 규모와 뜻이 광대했던 것이 이와 같았다."

임훈의 『본정서』

○ 송나라 건염建炎(1127~30) 연간에 임훈林勳[125]이 『본정서本政書』를 올려서 이렇게 말했다.

"우리나라의 병사와 농업의 정사는 대체로 당나라 말기의 제도를 따르고 있습니다. 지금 농민은 가난하여 할 일을 잃어버린 자가 많고 군사는 교만하여 쓸모가 없습니다. 땅의 이로움을 많이 잃어버리고 자원과 경비가 부족하여 굶주린 백성과 도망친 병졸들이 대체로 도적이 되고 있습니다. 이는 모두 근본에 관한 정책이 제대로 되지 않은 까닭입니다. 의당 옛날의 정전제를 본떠서 백성으로 하여금 1부夫가 농지 50묘를 점유하도록 하고, 그보다 많이 가지고 있는

---

121 『주자어류』 권136 「역대 3」에서 인용한 것이다.

122 오대는 당과 송의 사이에 있었던 시대. 그 하나인 후주(後周)의 황제인 세종은 성명이 시영(柴榮, 921~59)으로 훌륭한 군주로서 평가받는 인물이다.

123 원진 779~831. 당나라 때 문인으로, 백거이(白居易)와 함께 일컬어지는 인물이다.

124 『오대사(五代史)』 「주본기(周本紀)」 제12에 나온다.

125 임훈 생몰년 미상. 1115년에 진사가 되었고 저술로 『본정서』, 『비교서(比較書)』 등이 있다. 그에 대한 전기가 『송사(宋史)·열전(列傳)』에 있으며, 여기의 내용은 그것을 인용한 것이다.

집에서는 농지를 더 매입할 수 없도록 해야 합니다. 농사지을 땅이 없거나 게을러 농사를 짓지 않는 자들을 모두 몰아 농사짓는 일에 붙잡아두고 남은 농지를 경작하도록 하여 곡식이건 돈이건 섞어서 10분의 1의 세를 내도록 합니다.

우리 송나라의 양세兩稅로[126] 바치는 수량은 당나라에 비해서 7배나 증가하였습니다. 지금 이 제도는 매 16부夫를 단위로 1정井을 삼아서, 대략 100리로 잡으면 3400정이 되어 대체로 세미는 5만 1000곡斛, 돈은 1만 2000민緡[127]이 됩니다. 1정마다 병사 2인에 말 1필을 부담시키면 대략 병사는 6800인, 말은 3400필이 됩니다. 매년 5분의 1을 취해서 상번上番의 액수로 삼아 동원되는 사람에게 지급합니다. 별다른 일이 없을 때에는 4번 교대로 관부의 위병을 서도록 하고 궁궐의 숙위宿衛[128]를 서도록 합니다. 이렇게 하면 백성은 35년에 1번 병사로 동원이 됩니다. 번상에는 매년 식량이 1만 9000여 곡, 돈이 3600여 민이 들어가는데, 평온한 때에는 4분의 3이 감해져서 모두 1동同[129]의 조세로 충당이 됩니다. 이렇게 10년을 시행하면 백성의 인구세, 관에서 거두는 주세酒稅와 차, 소금, 향반香礬의 독점적인 것들을 모두 해제하여 백성에게 도움을 줄 수 있을 것입니다."

『본정서』는 모두 13편인데 내용이 매우 갖추어져 있다.

『본정서』의 대략은 고법古法을 점차 회복하고자 한 것인데, 내용은 다음과 같다.

"5[130]척尺이 1보步가 되고 100보가 1묘畝가 되며 100묘가 1경頃이 되고 9경이 1정井이 되니, 1정은 사방 1리里이다. 10정이 1통通이 되고 10통이 1성成이 되니, 1성은 사방 10리

---

126 양세 즉 양세법. 중국 당나라 중기부터 명나라 중기까지 시행되었던 조세제도. 균전법(均田法)과 이에 기초한 조(租)·용(庸)·조(調)가 폐단을 드러내자, 이를 대신하여 당나라 덕종(德宗) 때에 양염(楊炎)의 제의로 실시되었다. 1년에 6월과 11월 두 차례에 세를 징수했기에 양세법이라 불렸으며, 경지 면적에 따라 책정된 지세를 화폐로 납부하는 것을 골자로 한 것이다. 본서 권2 「전제 하」 주 40 참조.

127 민 돈의 단위. 통상적으로 동전 1000개가 1민이다.

128 숙위 궁궐의 경비를 담당하는 일.

129 동 평방 100리의 땅을 가리킴.

130 "5는 응당 6이 되어야 할 것이다." —원주

이다. 10성이 1종終이 되고 10종이 1동同이 되니, 1동은 사방 100리이다. 1동의 땅은 대략 1만 정井으로 실제는 9만 경頃이 된다. 여기서 3분의 2는 성곽, 시정市井, 관부官府, 도로, 산림, 천택과 자갈밭 같은 불모의 땅 등이고, 경작을 할 수 있고 농민들이 살 수 있는 곳을 정하자면 3400정이니 실제는 3만 600경이다. 1경의 땅을 2부夫가 경작하게 되니 1부의 땅은 50묘가 되고 여부餘夫 또한 마찬가지이므로, 2부의 땅을 합치면 100묘가 된다. 100묘의 수확은 평년에는 쌀 50석이요, 최고 풍년에는 쌀 100석을 수확할 수 있다. 2부는 그것으로 몇 식구의 가족을 양육함에 여유가 있다.

8경의 세는 모두 쌀 16석, 돈 3관貫[131] 200문文이다. 이렇게 하는 것을 10분의 1 세라고 한다. 1정에는 1부의 세를 감면해주고 그 사람을 농정農正으로 삼아서 권농, 경작, 부세의 일을 담당토록 하며, 다만 15부의 세를 거두니 총계하면 3400정의 세가 되어 쌀로 5만 1000석 돈으로 1만 2000관[132]이 된다. 이것으로 1동同에서 거두는 비율로 정한다. 1경의 거주지는 그 땅이 100묘인데, 16부로 나누니 1부의 집은 5묘이며 16부의 택지를 총합하면 그 땅이 80묘가 된다. 나머지 20묘에는 사학社學[133]과 장포場圃를 만들어 한 정의 사람들이 함께 이용하여 아침저녁으로 모여 자제들을 가르치도록 한다. 그런데 빈부가 고르지 않아 가지런히 하기는 쉽지 않아서 여유가 있는 데서 빼앗아 부족한 데 보충해주면 백성이 경동할 것이다. 지금 의당 법을 세워서 1부로서 50묘 이상을 점유한 자를 '양농良農'이라 하고, 50묘가 못 되는 자를 '차농次農'이라 하며, 땅이 없어 한민閑民이 된 자들과 게으르고 농사를 짓지 않는 자들을 모두 몰아서 '예농隷農'[134]이 되게 한다. 양농 1부는 50묘로 정전正田을 삼고, 그 나머지는 연전羡田을 삼는다. 정전농은 농사짓는 것을 그만둘 수 없고 반드시 몸소 경작을 해야 한다. 연전이 있는 가호는 땅을 더 살 수 없고 파는 것만 가능하게 한다. 차농의 경우는 농지를 팔 수 없고, 예농과 마찬가지로 모두 연전을 사들여서 1부에게 요구되는 농지를 채우면 양농으로 승격될 수 있다. 무릇 차농과 예농으로 농지를 매입할 수 없

---

131 관 동전 1000문이 1관이 된다.
132 1만 2000관 이 대목을 계산해보면, 15부의 세는 3관이 되므로 3400정에게 거두는 돈은 1만 200관이 되어야 한다. 계산상의 착오로 생각된다.
133 사학 지방의 학교. 사(社)는 행정구역으로 우리의 면에 해당한다.
134 예농 여기서는 농민을 농지에 예속시킨다는 뜻에서 쓴 개념이다.

는 자는 모두 그들로 하여금 양농의 나머지 땅을 나누어 경작하도록 하여 각기 그 1부의 경작면적과 같게 하고 매년 그 세를 양농에게 바치기를 전에 해오던 방식대로 하도록 한다. 스스로 농지를 사거나 지주로서 그 농지를 회수하는 것이 아니면 모두 본업을 바꿀 수 없게 한다. 만약 양농이 나머지 농지를 팔기를 원치 않는 경우 의당 그 자손이 성장하여 나누어 갖게 되기를 기다릴 것이요, 관은 가혹하게 빼앗아 원한을 사는 일이 없도록 한다. 조금 시일을 기다리면 저절로 합당한 제도에 맞게 될 것이다."

진량陳亮[135]이 이렇게 말했다.

"임훈의 『본정서』는 옛날을 상고하여 오늘을 징험하고 생각이 치밀하니 근실한 내용이라 하겠다. 세상에 정전제를 논하는 학자 중에 누가 임훈보다 낫다고 하겠는가? 요컨대 영걸스럽고 특출한 군주가 있어 세상을 한번 뒤바꾼 후에 순리로 나가서 이로움을 일으키면 백성을 경동시키지 않고 후세를 훌륭하게 만들 수 있을 것이다."

안설

살피건대 임훈의 『본정서』는 그 전편을 볼 수는 없으나 진량의 말이 이러하고 주문공朱文公(주희), 여동래呂東萊(여조겸)[136]도 모두 그의 설을 좋아하여 복고에 뜻을 두었다고 보았으니, 후세에 쉽게 얻어 볼 수 있는 저술이 아니다. 당시에 이 내용을 강구해서 시행하지 못했던 것이 안타깝다! 다만 그의 말이 경계를 바로 하는 것으로 우선을 삼지 않고 농지를 매매할 수 있는 것을 방편으로 허용하였으니 미진한 바가 있으며, 시행하려고 하자면 장애와 폐해가 있을 것이다.

---

135 진량 1143~94. 남송시대 학자. 자는 동보(同甫)로, 용천선생(龍川先生)으로 일컬어짐. 주희와 동시대의 인물인데, 실사실공(實事實功)을 주장하여 서로 대립적인 입장이었다. 저서로 『용천문집(龍川文集)』이 있다.

136 여동래 남송 유학자 여조겸(呂祖謙, 1137~81). 남송 무주(婺州) 금화(金華) 출신이다. 자는 백공(伯恭), 동래는 그의 호. 왕응진(王應辰) 등에게 수학하였으며, 주희(朱熹), 장식(張栻)과 더불어 '동남삼현(東南三賢)'으로 불렸다. 저서로는 『동래박의(東萊博議)』 등이 있다.

한백겸의 「기전유제설」

○ 우리나라 한백겸韓百謙은 「기전유제설箕田遺制説」[137]에서 이렇게 말했다.

"평양의 기자전箕子田은 함구문含毬門과 정양문正陽門 밖에 있는 것이 구획이 가장 분명하다. 그 제도는 모두 전田자형으로 되어 있어서, 1전田에 4구區가 있으며 1구는 모두 70묘이다. 구와 구 사이의 길은 그 너비가 1묘, 전과 전 사이의 길은 그 너비가 3묘이다. 무릇 16전이면 모두 총 64구이니, 64구 밖에 또 9묘의 길이 있다."

또 이렇게 말했다.

"대로의 안에서 가로로 보면 4전 8구가 있고, 세로로 보면 역시 4전 8구가 있다. 8·8은 64로 네모 반듯반듯하여 정히 선천방도先天方圖[138]와 비슷하다. 이를 두고 생각해보건대 이는 대개 은나라 제도이다. 맹자는 말하기를, '은나라 사람은 70묘로 조助를 했다'라고 하였다. 70묘는 본디 은나라 사람들이 농지를 분배한 제도였다. 기자는 은나라 사람이었기에 이곳의 땅을 구획해서 농지를 나누는 것은 의당 자기 조국의 제도를 모방하였을 터이니, 주나라 제도와 같지 않은 것은 의심할 바 없다. 그중에 지면이 뾰족하거나 비스듬하거나 기울어서 정방형을 이룰 수 없는 것이 더러 한두 전田이나 두세 구區가 있는데 그곳의 지형에 따라 구획하기도 했다. 이는 그 지방 사람들이 여전餘田이라고 전해 일컫는 것이다. 주나라의 정전제라 하더라도 그 땅이 쭉 곧고 평평한 곳만으로 하기 어렵다. '우물 정' 자로 하기 어렵다고 하여 버려두고 경작하지 않을 수 없으니, 그러면 그 제도는 이와 같이 하지 않을 수 없을 것이다.

그 제도에서 공전公田과 여사廬舍(농막)는 상고할 수 없다. 그러나 처음부터 그 제도는 전田 자로 하여 정井 자 모양이 아니니, 『맹자』의 이른바 가운데 공전

---

137 『구암유고(久菴遺稿)』상(上)에 실려 있다.

138 선천방도 선천팔괘도(先天八卦圖). 옛날 전설에 황하에서 출현한 용마의 등에 그림이 그려져 있었는데 복희씨(伏羲氏)가 그 그림을 해석하여 팔괘를 만들었다고 한다. 곧 이를 가리킨다. 평양에 있는 기자전의 모양이 팔괘와 비슷하다고 하여 말한 것이다.

이 있고 8가가 각기 사전 100묘를 경작하는 제도와는 이미 거리가 있다. 생각
건대 은나라 때에는 들판에 농지를 받더라도 여사는 꼭 농지 옆에 있지 않고
혹은 촌락과 성읍城邑의 가운데 모여 있고 그 공전 또한 모두 한쪽 구석의 땅
에 있어서 꼭 사전 가운데 있었던 것이 아니었다. 거름 내고 갈고 김매고 수확
하는 때 밭이 거리가 멀고 가깝고 하여 곤란하게 여기는 농민들이 있었을 것
이다. 또한 인문人文이 점차 갖추어져 길사, 흉사 등의 예절을 차리게 되어서
70묘를 가지고는 먹고살아가고 장례를 치르고 하는 데 재원이 부족하게 되기
마련이었다. 그런 까닭에 주나라가 천하를 다스리며 천도를 따르면서 사람의
욕망에 따라 더해져 100묘가 지급되었다. 또 정전법을 제정하여 8가家가 정전
의 하나씩을 사전으로 경작하고 가운데 공전을 두었으며, 봄철에는 들판의 여
사로 나가고 겨울철이면 도성 안의 집으로 돌아온다. 이리하여 그 제도가 비로
소 크게 갖추어진 것이다. 소박한 데서 인문이 향상하고 적절히 빼고 더하고
하여 개혁하는 것은 형세상 부득이하였다. 그러므로 정전제로 농지를 나눈 것
은 오래된 상고시대부터가 아니라 실로 주나라 때 시작이 되었다."

한백겸은 또 이렇게 말했다.

"정전제에 대해서는 선유先儒들의 논의가 상세하지만, 그 설이 모두 맹자를 조종으로 삼
았기 때문에 특히 주나라의 제도가 상세하며 하나라·은나라에 대해서는 상고하지 못했다.
주자가 조법助法에 대해 논한 것도 추측에서 나온 것이요 고증한 설은 아니었다. 관민關閩의
여러 학자[139]들은 모두 임금을 훌륭히 보좌할 재주를 지녔으나 말세를 만나 개연히 삼대三
代를 만회하는 일로 자기 임무를 삼아서 남은 경전을 수습하고 제도를 토론하는 등 지극히
노력을 다했으나 공중에 매달아놓고 논하는 식을 면할 수 없었다. 행여나 그 당시에 이 땅
에 발길이 미쳐서 여기 그려진 제도를 눈으로 보았다면 옛날 성왕들이 제도를 창제한 뜻을
손바닥 들여다보듯 상상할 수 있었을 텐데, 안타깝다 그렇게 할 수 없었던 것이."

---

139 관민의 여러 학자 송나라 때 학자인 장재(張載)와 주희를 일컫는 말. 장재는 섬서성의 관중
(關中)에 살았고, 주희는 복건성(福建省)의 별칭인 민중(閩中)에 살았기 때문에 일컬어진 말
이다. 관민의 여러 학자란 송대의 성리학자들을 지칭하는 표현이다.

○ 허성許筬140은 이렇게 말했다.141

"구암久菴 한 참판이 관서지방으로 가서 기자전箕子田에 이르러 그 나누어진 구역을 묘법畝法으로 대략 헤아려보니 70묘 네 구역으로 구성된 땅이었다. 무릇 70묘로 조법을 쓴 것은 은나라 사람들의 통상적인 방법이었다. 그 당시 주나라 법은 천하에 두루 미치지 못했던데다가 기자는 은나라 출신의 원로로서 동쪽 땅에 봉을 받았던 것이다. 은나라 사람이 은나라 법을 시행한 것은 그런 까닭이다. 은나라의 전제는 시대가 워낙 오래되었고 전적이 전하는 것이 없기 때문에 주자와 같은 성현으로서도 고증할 것이 없어 주나라 제도를 통해서 추측했을 뿐이라, 옛날을 좋아하고 널리 상고하는 선비는 오늘에 이르도록 유감으로 여기고 있다. 하루아침에 직접 와서 수천 년 뒤의 유적을 목격하면 어찌 유쾌한 일이 아니겠는가?"

안설

살피건대 당나라의 이정李靖142이나 두우杜佑는 다 정전제가 황제黃帝로부터 시작되었다고 하는데, 이는 모두 근거가 없는 말이다. 오직 기전箕田은 아직까지 경계가 뚜렷하여 맹자가 논한 바 은인은 70묘로 조법을 시행했다는 것과 맞아떨어진다. 은나라의 전제는 이를 통해서 단정할 수 있으며, 정전의 방식은 주나라에서 시작되었다는 것도 따라서 알 수 있다. 옛날에 이르기를 중국에서 예를 잃으면 변방에서 징험해볼 수 있다고 했으니, 참으로 그렇지 않은가?

이상은 진秦·한漢 이후의 정전에 대한 논의이다.

---

140 허성 1548~1612. 선조 광해군 연간의 인물. 자는 공언(功彦), 호는 악록(岳麓), 본관은 양천이다. 허엽(許曄)의 아들로서 허균(許筠)은 그의 아우이다. 문집으로 『악록집』이 전한다.

141 『악록집(岳麓集)』 권2 「기전도설후어(箕田圖說後語)」에서 인용한 것이다.

142 이정 571~649. 당나라 초기의 인물. 당 태종을 도와 공을 세웠으며 『이위공문대(李衛公問對)』라는 병서가 전하고 있다.

전제고설 하

田制攷說 下

후위·북제 및 수·당의 토지제도

후위 효문제의 조칙

후위後魏 효문제孝文帝 태화太和 9년(485)에 급사중給事中 이안세李安世[1]가 상소를 하여 논하였다.

"인구를 헤아려 농지를 구획하는 것은 나라를 경영하는 큰 방식이요, 성읍과 농지가 서로 어울리도록 하는 것은 나라를 다스리는 근본입니다. 정전제를 쓴 것이 유래가 오래되었으며, 곡물을 재배하는 땅과 채소를 재배하는 땅의 면적을 제한하여 구분지었던 것입니다. 그러니 어찌 토지를 묵혀두고 사람들을 놀려두게 했을 것이겠습니까? 적이 보건대, 흉년에 백성이 유리하여 농지가 많이 호족들이 차지하는 바가 되며 좋은 밭이 버려져 경작되지 않으니, 집집마다 넉넉하기를 기대할 수 있겠습니까? 의당 다시 균분을 해서 경계를 심사하여 나누어 경작하기를 기준에 맞도록 하고 능력과 하는 일이 서로 합당하게 해야 할 것입니다. 또한 분쟁이 있는 땅은 의당 연한을 정하되 오래되어 밝히기 어려운 경우는 모두 현재의 주인에게 속하게 하여 사기를 치고 망동을 부리는 짓을 단절해야 할 것입니다."

효문제는 이 제언을 깊이 느껴 받아들였다. 균전제는 여기에서 기원하였다.

---

1 이안세 443~93. 북위 때 활동한 인물. 균전제를 건의한 것으로 유명하다.

이에 효문제는 천하의 사람과 토지를 고르게 하는 조칙을 내렸다.[2]

남자 15세 이상은 노전露田[3] 40묘를 받고, 부인은 노전 20묘를 받으며, 노비는 양정良丁에 의거해서 소 1두頭에 농지 30묘를 받되 소 4마리로 제한되는데, 이들에게 주는 농지는 대체로 배로 하며 삼역전三易田은 두 배로 하여 휴경休耕을 대비할 수 있게 하였다. 반환을 받을 때에는 다 받아들이거나 일부만 받아들이거나 하였다. 사람의 나이가 장정이 되면 농지를 받고, 늙어 역에서 면제되거나 본인이 죽으면 농지를 반환한다. 노비의 소는 있고 없는 데 따라서 환수하거나 주거나 한다. 처음 농지를 받는 자의 경우, 남자는 20묘를 지급하며 뽕나무 50그루, 대추나무 5그루, 느릅나무[楡] 3그루를 심도록 한다.

『위서魏書·식화食貨』에 또 이르기를, "정해진 이외 다른 과수를 심거나 뽕나무와 느릅나무를 많이 심는 자 또한 금하지 않는다. 여러 반환해야 할 농지에는 뽕나무, 느릅나무나 대추 등 과일은 가꿀 수 없으며, 가꾸는 자는 명령을 어긴 것으로 처벌한다"라고 하였다.

뽕나무밭은 모두 대대로 전하는 세업世業으로 하여 죽은 후에도 반환하지 않고, 언제고 현재의 사람 수에 따라 남음이 있다 하더라도 받지도 반환하지도 않으며, 부족한 경우 법에 따라 받아서 심는다. 남는 경우 잉여분은 팔 수 있으며, 부족한 경우 부족분을 살 수 있다. 구분전口分田과 세업전世業田의 법이 여기서 기원하였다.

온 집안에 늙은이, 어린아이, 병약자만 있어서 농지를 받을 수 없는 경우와 나이 11세 이상으로 병든 자는 반부半夫의 농지를 지급받으며, 수절하는 과부는 과세 면제의 대상이더라도 부인전婦人田의 반을 지급받는다. 땅이 넓고 사람이 드문 곳에는 힘이 미치는 데 따라 관에서 사람을 빌려서 나무를 심도록 하며, 뒤에 와서 사는 자가 있으면 법에 따라 나누어 지급한다. 땅이 좁은 곳의 장정으로 농지를 지급받아야 하는데 다른 곳으로 옮겨가려 하지 않는 경우 그

---

2 이하 효문제의 조칙은『위서(魏書)·식화(食貨)』에 나온다.
3 "나무를 심지 않는 땅을 '노전'이라 한다." —원주

집의 뽕나무밭을 정전正田 몫으로 삼도록 하며, 또 부족할 경우 그 집안사람의 몫에서 감해주도록 한다. 옮겨가기를 원하는 자는 빈 땅을 찾아가는 것을 허용하며 다른 지역으로 가는 것도 막지 않는다. 땅이 충분한 곳에는 까닭 없이 옮겨갈 수 없도록 한다. 장정이 되어 농지를 받는 경우 항상 가까운 곳으로 해준다. 여러 백성을 다스리는 관원은 각기 가까운 데로 공전公田을 지급한다. 자사刺史는 15경頃, 태수太守는 10경, 치중治中과 별가別駕는 각기 8경, 현령縣令과 군승郡丞은 6경을 지급하되, 벼슬이 바뀔 때 팔아먹는 자는 법의 적용을 받도록 한다. 직분전職分田은 여기에서 기원하였다.

백성은 한 남자와 여자가 명주 1필〔삼이 생산되는 고장에서는 포 1필〕, 곡식 2석을 납부[調]하도록 했다. 나이 15세 이상으로 결혼하지 않은 자 4명을 기준으로 한 남자, 한 여자의 조調를 내고, 노奴로 농사일을 맡고 비婢로 길쌈을 맡는 자 8명은 결혼하지 않은 자 4명에 해당하도록 하며, 소 10두는 노비 8명에 해당하도록 한다. 대강 잡아 10필 중에서 5필은 공조公調로 하고, 2필은 조외調外의 경비로 하며, 3필은 내외 백관의 봉급으로 한다. 나이가 팔십 이상인 사람의 경우, 아들 하나는 역을 지지 않도록 해준다.

북위는 본래 향당鄕黨의 법이 없어서 백성이 숨기거나 거짓으로 보고하는 일이 많아 30가家, 50가 비로소 1호戶가 되었다. 그래서 전의 제도로는 호마다 명주 2필, 솜 2근, 명주실 1근, 곡식 20석을 납부하고, 또 사람마다 명주 1필 2장丈을 주州의 창고에 보관해두어 조외調外의 경비로 사용했다. 후에 또 호가 증가하매 명주 3필, 곡식 2석 9두를 납부하여 관사官司의 녹봉으로 사용했다. 태화 10년에는 이충李沖[4]의 말을 좇아 5가를 1린鄰으로, 5린을 1리로, 5리를 1당으로 하여 인장鄰長, 이장里長, 당장黨長을 세우고, 매호에 명주 2필, 곡식 2석을 납부하도록 했다. 백성이 처음에는 고통스럽게 여기고 호강豪强들은 더욱 원치 않았다. 이윽고 납부하는 것이 10의 8, 9가 줄어들어서 위아래가 모두 편안하게 여겼다.

4　이충 북위 효문제 때 인물. 벼슬은 상서복야(尙書僕射)에 이름.

북제의 농지 지급 규정

○ 북제北齊는 농지를 지급하는 규정을 만들었는데 북위 때의 제도를 따른 것이었다. 장정이 되면 농지를 지급하고 늙으면 반환하며 매매를 할 수 없도록 했다. 문선제文宣帝는 기주冀州·정주定州·영주瀛州[5]의 농토가 없는 사람들을 옮기려고 하면서 이들이 옮겨가기를 좋아한다며 유주幽州[6]의 광활한 지역에 배치했다. 무성제武成帝 때에는 또 남자는 대체로 18세에 농지를 주고 조租와 조調를 바치도록 하고 20세에 징발하여 군대에 충원하고 60세에 군역을 면하도록 하였으며 66세에는 농지를 반환하고 조租와 조調[7]를 면해주었다.

경기 지역은 공전公田으로 설정되었다. 공전을 받은 사람은 1품 이하 우림위羽林衛·호분위虎賁衛[8] 이상의 관원들로 각기 차등이 있었다. 경기에서 100리 밖의 지역은 한 남자는 노전露田 80묘, 부인은 40묘를 받으며, 노비는 양인과 같이 받고, 소는 60묘에 4마리로 한정된다. 장정 1명당 영업전永業田 20묘를 지급하여 뽕나무밭[桑田]을 만들도록 하며, 토질이 뽕나무에 적절하지 않은 경우 마전麻田을 지급하여 상전법桑田法과 같이 한다. 대체로 한 남자와 한 여자는 비단 1필, 면화 8냥兩, 간조墾租 2석, 의조義租[9] 5두를 납부하며, 노비는 양인에 준해서 반을 납부하고, 소는 포 2척, 간조 1두, 의조 5승을 납부한다. 간조는 중앙으로 보내고 의조는 군에 납부하여 홍수와 가뭄에 대비한다. 노비는 관에서 항상 부려먹는 까닭에 양인의 반을 납부하도록 한 것이다.

송효왕宋孝王[10]이 편찬한 『관동풍속전關東風俗傳』에 이렇게 나와 있다.

---

5   기주·정주·영주 지금 중국의 하북성(河北省) 남부 지역.

6   유주 하북성의 북쪽 지역.

7   조·조 수·당나라 시대의 세제(稅制). 조(租)는 토지에 부과하는 곡물, 용(庸)은 사람에 부과하는 역역(力役), 조(調)는 호구에 부과하는 면포 혹은 토산이다.

8   우림위·호분위 제왕의 호위를 담당하는 직책.

9   간조·의조 북제 때의 조세제도로서 간조는 중앙정부에 의조는 지방정부에 납부한 것이었다.

10   송효왕 남북조시대 북제의 인물. 저작으로 『조사별록(朝土別錄)』, 『관동풍속전(關東風俗傳)』 등이 있다.

"그때에 강자는 약자를 능멸하여 권세를 믿고 빼앗아 부유한 자는 땅이 온 들판으로 뻗어 있는가 하면 가난한 자는 송곳 꽂을 땅도 없게 되었다. 옛날 한나라 때는 백성을 모집하여 농지가 있는 곳으로 옮겨 땅이 버려지지 않고 기름진 땅이 되도록 했는데, 북제에 이르러는 이런 데는 전혀 생각이 미치지 못하고 있다. 비록 당년에 임시로 정한 제도를 만들어 잠시 시행한 적도 있었으나, 문서를 가지고 다투어 30년이 지나도 싸움이 끝나지 않는 경우가 있었으니, 이는 주고받는 것이 원칙이 없었던 때문이다. 하사한 농지라는 것도 공전 및 여러 가지 함부로 내려준 땅을 이르는 것이었다. 위나라 때의 직분전職分田은 귀천을 불문하고 한 사람에게 1경頃을 목초지로 쓰도록 주는 것이었다.

선무제宣武帝[11]가 출정을 나간 이후 비로소 영사전永賜田을 시작으로 하여 마음대로 매매를 할 수 있도록 허용했다. 또 천보天保 연간(550~59)으로 와서는 증요曾遙가 남의 땅에 압력을 넣어서 공적인 장부에 포함시켰다. 무평武平 연간(570~76) 이후로는 여러 귀족이나 외척 및 총애하는 집에 땅을 마음대로 내려주었다. 또 하천이나 산과 못가에 경작할 수 있는 비옥한 땅이 있으면 모두 세력 있는 자에게 혹은 빌려주고 혹은 내어주고 하여 일반 백성은 한 이랑도 얻지 못했다.

그 고발을 하여 상을 받는 일이란 이러하다. 법령에 따라 구분전口分田 이외에 사들이거나 은닉한 땅이 있을 때 서로 고발을 하여 밝혀지면 이 땅을 상으로 주는 줄 알고, 가난한 자가 남의 재물이 탐나서 잉여분이나 몰래 매매한 사실이 없는데도 거짓으로 남을 고발하는 것이다. 그 장정 몫의 구분전은 고발자에게 넘어간다. 그러면 고발을 당한 자는 땅을 잃어 곧 달아나버린다.

노전에 대해서는 매매를 허용하지 않았으나 사고팔고 해도 무거운 벌이

내리진 않았다. 가난한 호구들은 부세를 납부하지 못해 많이 농지를 팔고, 춘궁기가 되면 곤란해져서 몰래 달아나는 데 이른다. 또한 게으른 사람이 있어 농지가 있는데도 노력을 다하지 않고 밖에 나가 떠돌면, 삼정三正[12]이 그의 구분전을 팔아서 부세를 납부하게 된다. 근래 종종 이런 사람들을 불러들이는 규정을 만들어놓고 달아나고 흩어진 농민들을 안정시키려고 하지만, 잠시 돌아오는 이들이 있더라도 얻은 땅을 바로 팔고 땅이 없어지면 도로 달아난다. 이는 전토를 매매할 수 있도록 허용한 때문이다. 농지를 널리 점유한 자는 법에 따라 처리한다. 노비가 농지를 청구하면 양인과 비슷하게 지급하며, 농지가 없는 양인 호구는 땅이 있는 노비나 소와 비등하게 하였다. 천보 연간에 송세량宋世良[13]이 나라에 글을 올려 부자의 소와 땅을 가난한 자에게 먼저 지급하자고 청하였는데, 당시 조정에서는 그의 말이 이치에 맞다고 일컬었다."

수나라의 토지제도

○ 수나라 문제文帝는 여러 왕 이하 도독都督에 이르기까지 모두 영업전永業田을 지급하되 각기 차등을 두었다. 많이 받는 자는 100경, 적게 받는 자는 30경이었다. 정남丁男과 중남中男[14]의 영업전과 노전은 모두 후제後齊의 제도를 따랐다. 경관京官에 대해서는 또한 직분전職分田을 지급하되, 1품에 있는 자는 5경을 지급하며 5품에 이르면 3경이 된다. 그 아래로도 매 품계에 50묘로 차등을 두어 9품에 이르면 1경이 된다. 외관外官에 대해서도 각기 직분전이 있으며, 또 공해전公廨田을 지급하여 경비에 쓰도록 한다. 정남은 한 명마다 조세[租]로 곡식 3석, 부세[調]로 뽕나무를 심는 경우 비단 1필과 명주솜 3냥, 삼을 심는 경우

---

12 "곧 방정(坊正), 이정(里正), 촌정(村正)이다."—원주

13 송세량 후위(後魏)의 인물. 송효왕의 숙부. 저서로『자략(字略)』5편과『송씨별록(宋氏別錄)』10편이 있다.

14 정남·중남 정남은 21세 이상부터 59세까지의 남성, 중남은 16세 이상부터 20세까지의 남성이다.

마포麻布 1필과 삼 3근을 바친다. 독신인 장정과 노복은 반을 내고, 역은 매년 30일을 넘지 않도록 한다. 관직이 있는 사람과 효자, 순손順孫,[15] 절부節婦는 역을 면제해주며, 후일에는 부세로 내는 비단 1필을 감해서 2장丈으로 해주었다.

개황開皇 9년(589)에 전국의 총 경지 면적이 1940만 4267경이었다. 개황 연간의 호구 수가 총 890만 7536호였으니, 개간된 농지의 면적으로 따지면 매호당 경지 2경 남짓을 받게 된다. 개황 12년에 호구가 해마다 증가하였다. 서울 지역 및 삼하三河[16] 지역은 토지는 좁은데 인구가 많다 하여 논하는 자들이 광활한 지역으로 옮겨 조절을 하자고 하였다. 황제는 특사를 각 지방에 보내 천하의 농지를 고르게 하였으되, 비좁은 지역의 경우 한 사람이 20묘를 받는 데 그쳤고 노약자는 그보다 적었다. 대업人業 연간(605~18)에 경작지가 5888만 4040경이었다.

살피건대 그 당시 호구 수가 890만 7536호였으니, 매호당 평균 경작지는 5경 남짓이 된다. 아마도 『수서隋書』의 기록이 사실과 다른 것 같다.

당나라의 토지제도

○ 당나라 때 농지를 지급하는 제도는 대개 너비 1보, 길이 240보를 1묘로 하고, 100묘를 1경으로 하였다. 진秦·한漢 이래로 240보를 1묘로 하였으니 당나라 때 시작된 것이 아니었고, 당시의 형식을 갖춘 것이다. 정남丁男과 중남中男에게는 농지 1경을 지급하는데, 그중에 80묘는 구분전口分田이 되고 20묘는 영업전永業田이 된다. 중환자와 장애자에게는 40묘를, 홀로 된 처와 첩에게는 30묘를 지급하였다. 농지가 많아 사람들에게 충분히 지급할 수 있는 곳은 관향寬鄕, 그럴 수 없는 곳은 협향狹鄕이라 하는데, 협향에서 농지를 지급하는 것은 관향의 구분전에서 반을 감한다. 해를 걸러서 경작해야 하는 농지의 경우 구분전을 배로 지급하도록 한다. 친왕親王으로부터 자작·남작에 이르기까지와 1품에서 기

---

15 순손 조부모를 잘 받들어 모시는 손자. 효손과 같은 말.
16 삼하 여기서는 하내(河內), 하동(河東), 하남(河南)을 가리키는 것으로 보인다. 이곳은 황하(黃河)를 끼고 있는 지역으로, 지금의 하남성(河南省)과 산동성(山東省) 지역이다.

위騎尉의 직품까지는 모두 영업전을 지급하되, 각기 차등을 둔다.

직품	지급 면적		직품	지급 면적
친왕親王	100경		상주국上柱國	30경
직사관職事官 · 정1품	60경		주국柱國	25경
군왕郡王 · 종1품	50경		상호군上護軍	20경
국공國公 · 정2품	40경		호군護軍	15경
군공郡公 · 종2품	35경		상경거도위上輕車都尉	10경
현공縣公 · 정3품	25경		경거도위輕車都尉	7경
종3품	20경		상기도위上騎都尉	6경
후작侯爵 · 정4품	14경		기도위騎都尉	4경
백작伯爵 · 종4품	10경		요기위驍騎尉 · 비기위飛騎尉	80묘
자작子爵 · 정5품	8경		운기위雲騎尉 · 무기위武騎尉	60묘
남작男爵 · 종5품	5경			

* 산관散官 5품 이상은 직사관에게 지급하는 것과 같이 한다.
* 관작과 훈공을 겸하여 모두 지급해야 할 경우 오직 많은 쪽을 따르고 이중으로 지급하지 않는다.

　모든 영업전은 아들·손자에게 물려주도록 하여 환수하는 범위에 들어가지 않았다. 죄를 범해서 이름이 제외된 아들·손자가 물려받은 땅도 소급해 환수하지 않았다. 5품 이상의 영업전은 협향에서 다 받을 수 없는 경우 거리가 떨어진 관향에서 받되 주인이 없는 거친 땅으로 충당하도록 했다. 음사전蔭賜田[17]을 사서 충당하려는 자는 협향이라도 허용하였다. 6품 이하의 영업전은 본 고을에서 받도록 하고 공전公田을 환수해서 충당하도록 한다. 관향에서 받기를 원하는 자 또한 허용한다. 관작이 면직되게 되면 거기에 따라 소급해 환수한다. 완전히 면직이 되지 않은 경우 강등된 데 따라 추심한다. 관에서 제명된 자는 구분전의 예에 의거하여 지급한다. 만약 그 집 안에 관작이 있거나 나이가 젊어 구분전을 받아야 할 자가 있는 경우 아

17　음사전 음직으로, 즉 조상의 공훈에 의해 벼슬하는 경우에 내리는 농지를 가리키는 말.

울러서 돌려주는 것을 허용하며, 그리고 남은 것이 있으면 소급해 환수하도록 한다. 관작 때문에 응당 영업전을 받아야 하는데도 청구하지 못했거나 다 지급받지 못했는데 본인이 사망한 경우, 자손은 소급해 청구할 수 없다. 여러 작위를 계승하는 자는 오직 부조父祖의 영업전을 이어받으며, 따로 지급해줄 것을 청할 수 없다.

원택지園宅地[18]는 양인 호구의 경우 3구□ 이하에 1묘를 지급하고 매 3구마다 1묘를 추가해주며, 천인 호구의 경우 5구에 1묘를 지급하고 매 5구마다 1묘를 추가해주되, 모두 영업전과 구분전의 제한에 포함시키지 않는다. 서울 및 주州·현縣의 도성의 원택은 이 사례에 들어가지 않는다.

여러 경관京官의 직분전職分田은 1품에서 9품에 이르기까지 차등을 두는데, 1품 12경, 2품 10경, 3품 9경, 4품 7경, 5품 6경, 6품 4경, 7품 3경 50묘, 8품 2경 50묘, 9품 1경. 모두 서울에서 100리 이내의 지역에 지급한다. 100리 밖에 지급받기를 원하는 자가 있으면 역시 허용한다. 여러 주 및 도호부, 친왕부의 관인의 직분전 또한 차등을 둔다. 2품은 12경, 3품은 10경을 지급하되, 품계마다 경관에 비해 1경을 더한다. 진鎭·수戍·관關·진津·악岳·독瀆 등 외지의 감관監官 또한 그 품계에 따라 차등을 두되, 품계마다 경관에 비해 1경을 감한다.

상부 절충도위折衝都尉는 6경, 과의도위果毅都尉는 4경, 장사長史·별장別將은 각 3경을 지급하며, 중부와 하부의 관리는 차례로 체감을 한다. 각 역驛의 농지는 모두 가까운 곳으로 지급하며 말 1필당 농지 40묘를 지급하고, 전송마傳送馬[19]는 1필당 20묘를 지급한다.

모든 평민이 본인이 사망하고 가난해서 장례를 치를 수 없는 경우 영업전을 파는 것을 허용한다. 관향으로 이주하기를 원하는 자는 모두 구분전을 파는 것도 허용한다. 무릇 땅을 사는 자는 본래의 규정을 넘어설 수 없고, 땅을 판 자는

---

18 원택지 당나라 때 균전제에서 농지 이외에 택지 및 과수와 채소를 심는 밭을 아울러 가리키는 말.
19 전송마 연락의 임무를 맡은 역에 속한 말을 가리키는 말.

새로 다시 청구할 수 없다. 무릇 땅을 매매하는 경우 모두 관장하는 관서의 문서가 필요한바, 연말에 가서 양쪽의 문서를 정리하되, 만약 문서가 없는 경우 재산은 몰수하고 땅은 본래의 주인에게 돌려주었다.

각종 공상업에 종사하는 자들에 대해서는 영업전과 구분전은 각기 반을 감해 지급하며, 협향에 거주하는 경우 아예 지급하지 않았다. 나라를 위해 죽은 자에 대해서는 그 자손이 아직 성인이 되지 않았더라도 회수하지 않는다. 또한 전쟁에서 부상을 당한 이나 중환자와 장애자에 대해서도 회수하거나 감소시키지 않고 종신토록 벌어먹게 하며, 모든 구분전을 지급함에 있어서 되도록 멀리 떨어지지 않고 가까운 쪽을 경작하도록 했다. 도성 안에 사는 사람으로 본 고을에 농지가 없는 자는 떨어진 고을에서 받는 것을 허용하였다. 또 서울에 있는 여러 관서 및 전국의 부府·주州·현縣·감監·절충부折衝府·진鎭·수戍·관關·진津·악岳·독瀆 등의 공해전公廨田은 각기 차등을 두어 지급한다.

여러 직분전에 밭은 3월 30일, 논은 4월 30일까지를 기한으로 정해, 그 이전에 체직 보고를 올린 자는 아울러 뒷사람의 몫으로 하고 그 이후에 체직 보고를 올린 자는 앞사람의 몫으로 한다.

천보天寶 연간(742~56)에 지급받아야 할 농지는 1430만 3862경 13묘였다.

살피건대, 천보 14년(755)에 호수戶數가 890만 남짓이었으니, 개간된 농지로 계산해보면 1호당 1경 60여묘가 된다.

매호 1정丁에 매년 부과되는 세는 조租로 곡식 2석과, 토지에 적합한 바에 따른 조調의 명목으로 견絹이나 시絁[20] 2장과 명주솜 3냥이다. 누에를 치는 지방이 아닌 경우, 마포麻布 2장 5척과 삼 3근으로 대신한다. 만약 한 호구당 필疋, 단端, 둔屯, 려綟[21]를 채울 수 없는 경우 이웃끼리 모아서 채우도록 한다.

---

20 견·시 비단의 종류. 견은 품질이 곱고, 시는 거친 것의 차이가 있다.
21 필·단·둔·려 여러 옷감의 단위. 여기에 다음과 같은 원주가 달려 있다.
    "법령에 준하여 포백은 모두 너비 1척 8촌, 길이 4장으로 1필을 삼으며, 포는 5장(丈)을 1단

해마다 역은 20일로 한다. 윤년에는 2일을 추가한다. 역으로 동원되지 않는 경우 그 삯은 1일에 3척을 거둔다. 견絹·시絁는 각 3척, 포는 3척 7촌 5푼. 일이 생겨서 역이 추가되는 경우, 15일이면 조調를 면제해주고, 30일이면 조租와 조調를 다 면제해준다. 역에 동원된 날이 적은 경우 역을 선 날에 따라 면제해준다. 정역正役[22]은 통산해서 50일을 초과할 수 없도록 한다.

수해, 한발, 병충해, 상해霜害 등의 재해로 손상이 10분의 4 이상인 경우 조租를 면제해주고, 10분의 6 이상인 경우 조租와 조調를 면제해주고, 10분의 7 이상인 경우 과역課役을 모두 면제해준다.

무릇 민호民戶에 대해서는 그 재산을 헤아려서 9등급[23]으로 나눈다.

조調로서 받는 삼에 대하여 매년 지출하는 것은 여분이 있는 경우 1근을 줄여서 곡식 1두를 바치도록 하여 조租와 함께 받아들였다. 강남의 여러 지역의 조곡租穀은 모두 포로 돌려서 바치도록 하기도 했다.

또한 관내 여러 지역의 용조傭調와 자과資課[24]는 모두 싯가에 준하여 속粟으로 바꾸어 미米로 취하며 서울까지 보내서 지출에 맞추도록 했다. 거리가 멀어 운송할 수 없는 경우 저장해두었다가 가까운 지역의 군량으로 충당한다. 하북과 하남 지역과 같이 배가 통하지 않는 경우, 조곡 대신에 견絹으로 내도록 하여 관중의 조調와 자과를 대신하도록 했다.

관리에 임명되어 과역課役에서 면제된 자는 증명서가 도착하기를 기다려 면제를 해주었다. 증명서가 도착하지 않았더라도 고신告身[25]을 증험하여 확실한 경우 또한 면제해준다.

관향으로 이주하기를 원하는 모든 사람들은 본 거주지에서 1000리 밖이 되

으로 하며, 면은 6냥을 1둔으로 하고, 사(絲)는 5냥을 1순(絢)으로 하며, 마는 3근을 1려로 한다." ── 원주

22 "정역이란 20일 동안 용(傭)으로 동원되는 것을 말하는데, 공장(工匠)도 마찬가지이다." ── 원주

23 "처음에는 3등급으로 정했으나 충분치 않다고 하여 조절하여 9등급으로 정한 것이다." ── 원주

24 자과 당나라 때 세제(稅制)의 하나로, 산관(散官) 및 각종 색역(色役)들이 역을 대신하여 납부하는 돈.

25 고신 관리들에게 지급하는 임명장에 해당하는 것. 교지(敎旨), 직첩(職牒) 등으로도 불렸다.

면 복호復戶 3년, 500리 밖이면 복호 2년, 300리 밖이면 복호 1년의 혜택을 주며, 한번 이주한 후에는 다시 옮길 수 없다.

민民은 나이 16세가 되면 중남中男, 20세가 되면 정남丁男, 60세가 되면 노정老丁으로 분류된다. 나라의 녹을 받는 집은 민과 더불어 이익을 다툴 수 없으며, 공인·상인이나 기타 잡류는 사士의 대열에 낄 수 없다.

두우杜佑는 이렇게 말했다.

"국가의 농지에 대한 제도가 이처럼 갖추어져 있었으나 개원開元·천보天寶 이래로 법령이 해이해져서 무너지고 겸병의 폐단이 한나라 성제成帝·애제哀帝 연간에 못지않게 심했다."

마단림馬端臨은 이렇게 말했다.

"부세는 반드시 농지에 의거해서 정하는 것이 고금에 바뀌지 않는 법이다. 삼대三代의 공법貢法, 조법助法, 철법徹法 또한 농지에 의거해서 부과했던 것이요, 별도로 호구에 부과하는 것은 있지 않았다. 대체로 사람들에게 농지를 나누어주며 별도로 호부戶賦는 있지 않았던 것이 삼대의 제도이고, 사람들에게 농지를 나누어주지 않고 호부를 가볍게 해준 것은 양한兩漢의 제도이다. 농지를 나누어주었다는 명목으로 호부를 무겁게 하였는데, 농지를 지급하고 안 하고가 일률적이지 않았고 부세가 과중해진 것은 다시 가볍게 할 수가 없었다. 그리하여 백성의 병통이 심각하게 되었으니, 위나라에서 당나라 중엽이 그러했다."

지금 살피건대, 한나라는 호부를 계산하는 법이 있었으나 대체로 농지에 부과하는 것을 본위로 했으며, 진晉나라 무제가 오吳를 평정한 이후로 비로소 호구에서 조를 받는 규정을 만들어 정남의 호구에서는 해마다 견 3필, 면 3근을 바치도록 하고, 여女[26]와 차정남次丁

---

26 여 이 경우 정녀(丁女). 성년의 여자를 가리킴.

男[27]의 호에 대해서는 반을 바치도록 했다. 이 이후로 모두 고치지 않고 그대로 시행했다.

안설

살피건대 균전제는 후위後魏 시대에 비롯되었으나 뒤에 북주北周·북제北齊·수隋로 내려오면서 혹은 시행되고 혹은 폐기되고 하다가, 당나라에 이르러 그 제도가 비로소 정비되었다. 그사이에 약간의 변동이 있어 일정치 않았으나 대체로 비슷했다. 그런데 농토로 기본을 삼지 않고 인정人丁으로 기본을 삼았다. 그런 까닭에 농지를 계산하여 제도를 정해 경계를 바로 하지 않고, 인정에 기준해서 역을 정하고 호구를 계산하여 나누어주었던 것이다. 또한 그 부과하는 조목이 복잡해서 늘리고 줄이는 것이 정상이 아니었다. 무릇 경계가 정해지지 않으면 분쟁이 일어나기 쉽고, 조목이 복잡하면 문서로 살피기가 어렵다. 살피기 어려운 문서를 가지고 많은 백성의 분쟁을 공평하게 하려고 하면 가능하지 않을 것이다. 이것이 일시 시행되었다가 마침내 도로 폐기되었던 까닭이다.

대개 사람은 땅이 없으면 살아갈 수 없고, 땅은 사람이 없으면 경작이 되지 않는다. 그런데 땅이란 한 곳에 고정되어 옮길 수 없는 것이요, 사람은 늘 움직이고 죽고 살고 하여 일정할 수가 없다. 이 때문에 농지를 기본으로 하여 나누어주는 것을 명백하게 하면 사람은 그 가운데 있으니 저절로 고르게 되는 것이다. 농지에 근본을 두지 않고 사람을 파악하려고 하면 들쭉날쭉하고 빠져 달아나기도 하여 살필 도리가 없다. 이는 치세와 난세가 나누어지는 까닭이요, 모든 일의 근본이다. 아! 진실로 정밀히 사고하고 분명히 징험하지 않으면, 성인이 농지를 기본으로 부세를 내도록 한 법이 실로 만세에 바꿀 수 없는 제도임을 누가 알겠는가?

이는 일의 형세가 이럴 뿐 아니라 천리가 이와 같아 정靜을 바탕으로 동動을 제정하는

---

27 차정남 연령상 정남에서 벗어난 남자를 차정남이라 일컬었음. 시기에 따라 다른데, 위진시대의 경우 13~15세 및 61~65세를 가리켰다.

이치이다. 성인은 천리를 다했던 까닭에 그 제도가 이와 같았으니 반드시 먼저 형체가 있는 것을 기준으로 하여 제정했던 것이다. 무릇 모든 것은 조리를 세우고 수치를 명확히 해서 제정한다는 것이 다 이 의미이다. 그런 까닭에 학술을 논함에 '치지는 격물에 있다'[28]라고 하였지, '치지하여 격물한다[致知而格物]'라고 하지 않았던 것이다.

또 살피건대, 당나라 제도는 인정人丁으로 기본을 삼았던 까닭에 농지의 비옥도를 구분하지 않고 민호를 9등급으로 나누었다. 기왕에 민호로 조세를 부과했던 까닭에 유망流亡한 자가 있게 되면 형세상 필시 이웃 사람에게 배정해서 징수했다. 당나라 이발李渤은 이렇게 말했다.

"신이 장원향長源鄉을 지날 때 보니 옛날 400호이던 곳이 지금은 100호이고, 격현향關縣鄉은 옛날 3000호이던 곳이 지금은 1000호에 불과합니다. 이밖에 여러 지역도 대체로 이와 비슷합니다. 이렇게 된 까닭을 살펴보니 모두 도망한 호의 부세를 이웃에 배정해서 강제 징수했던 까닭에 다 도망친 것이었습니다."

대체로 부세를 민호에 부과하는 폐단은 이러하다. 백성의 빈부는 일정치 않은데 상호上戶는 경감해주기가 어려우므로 호적으로부터 도망치는 자가 많다. 관에서도 다 믿을 수가 없기 때문에 이웃에 배정하는 것은 형세상 필연적인 일이다. 만약에 농지를 기준으로 부세를 내도록 해서 풍흉에 따라 세를 부과하면 사람이 혹 도망치더라도 농지는 대신 경작할 자가 있다. 어찌 이런 폐단이 있겠는가? 오늘날에는 인정을 파악해서 군사를 정하기 때문에 한 명이라도 도망자가 있으면 이웃과 친족에게 물릴 수밖에 없다. 이웃과 친족이 그 괴로움을 이기지 못해 또 도망을 친즉, 다시 또 그 이웃과 친족으로 확대되어 해독이 팔방으로 미쳐 화禍가 그칠 날이 없다.

---

28 치지는 격물에 있다 『대학장구(大學章句)』 경1장에 "그 뜻을 성실히 하고자 하는 자는 먼저 그 앎을 지극히 하였으니, 앎을 지극히 함은 사물의 이치를 궁구함에 있다[欲誠其意者, 先致其知, 致知在格物]"라 하였다.

무릇 세를 농지를 기준으로 하지 않으면 필시 세를 이웃에 배정하는 폐단이 있게 되고, 군역을 농지를 기준으로 하지 않으면 필시 이웃과 친족에게 군역을 부과하는 폐단이 있기 마련이다. 만약에 위아래로 잘 다스려져서 폐단이 없게 하고자 하면, 반드시 경계를 바로 하여 세를 납부하고 병역을 부과하는 데 농지를 기준으로 해야 할 것이다.

이상은 후위·북제 및 수·당의 전제에 대해 논한 것이다.

고려의 토지제도

고려의 전제田制는[29] 대체로 당나라의 제도를 본떠서 경작하는 농지의 수량을 총괄하여 비옥도로 나누어 문무백관으로부터 부병府兵[30]·한인閑人[31]에 이르기까지 과전科田을 모두에게 지급하였으며, 본인이 죽으면 아울러 공公에 반납을 하도록 했다.

부병의 경우 20세에 처음 지급받고 60세가 되면 반납을 하는데, 자손이나 친척이 있으면 농지와 병역을 교체해준다. 정丁이 없는 경우〔자신이 병이 있는 자 또한 농지를 교체하는 것을 허용함〕감문위監門衛[32]에 소속시키며, 70세 이후에는 구분전口分田 5결을 지급하고, 나머지 농지는 환수한다. 자손이 없이 죽은 자 및 전사한 자의 처 또한 모두 구분전을 지급한다. 또 공해전公廨田을 두어서 장택莊宅, 궁원宮院,[33] 여러 관서, 주州·현縣과 관館·역驛에 지급하는데 각기 차등이 있다.

---

29 이하 고려의 전제에 대한 서술은 『고려사·식화지』의 「전제(田制)」편을 발췌·정리한 것이다.

30 부병 부병제(府兵制)하의 군인을 지칭하는 말로, 기본적으로 농민이면서 군인의 역할도 담당하는 사람을 가리킨다. 중국에서는 위진시대부터 당나라에 걸쳐서 부병제가 시행되었으며, 고려에서는 이 부병제를 도입했다.

31 한인 여기서는 6품 이하 관인의 자녀 중에 벼슬이 없거나 결혼하지 않은 자를 가리킴. 이들에게는 한인전(閑人田)이 지급되었다. 이는 고려 때의 제도이다.

32 감문위 고려시대 군제로서 궁성 내외의 문을 경비하는 임무를 띤 병력을 가리키지만, 실제로는 늙고 병든 예비병력이 속한 부대.

○ 태조가 처음 역분전役分田을 제정하여 통일했을 때 조정의 신하와 군사들에게 관직의 품계를 따지지 않고 그 사람의 행동의 선악과 공로의 대소에 따라 차등 있게 지급하였다. 경종 때 비로소 직관에 대한 전시과田柴科[34]를 제정하였는데, 역시 관직의 품계를 따지지 않고 인품人品에 따라 정했다.

자삼紫杉 이상은 18품계로 나누어, 1품에게 농지와 땔나무를 얻는 땅 각기 110결을 지급하고 차례로 감하여 18품에 이르면 농지 32결과 땔나무를 얻는 땅 25결을 지급하였다. 또 단삼丹杉 이상은 10품계로 나누어, 1품에게 농지 65결과 땔나무를 얻는 땅 55결을 지급하고 차례로 감하여 10품에게는 농지 30결과 땔나무를 얻는 땅 18결을 지급하였다. 비삼緋杉 이상은 8품계로 나누어, 1품에게 농지 50결과 땔나무를 얻는 땅 40결을 지급하고 차례로 감하여 8품에게는 농지 27결과 땔나무를 얻는 땅 14결을 지급하였다. 녹삼綠杉 이상은 10품계로 나누어, 1품에게 농지 45결과 땔나무를 얻는 땅 35결을 지급하고 차례로 감하여 10품에게는 농지 20결과 땔나무를 얻는 땅 10결을 지급하였다. 이밖에 잡직雜職에도 여러 품계가 있다. 이 규정에 해당되지 않는 자에게는 모두 농지 15결을 지급하였다.

목종穆宗(재위 997~1009)이 문무 양반의 전시과를 개정하였다. 문종文宗에 이르러 다시 이 제도를 재편해서 중서령·상서령·문하시중으로부터 군사軍士·한인閑人·잡류雜類[35]에 이르기까지 18과科로 나누고 100결부터 17결까지 차등을 두어 지급하는 것으로 정해진 규정을 삼았다. 그 내용은 다음과 같다.

구분	지급 면적	구분	지급 면적
1과	농지 100결	10과	농지 50결
2과	농지 90결	11과	농지 45결

---

33 장택·궁원 장택은 고려시대 왕실 직속지를 관할하는 직무를 맡은 기관으로, 내장택(內莊宅)이라고도 한다. 궁원은 후비들의 재산을 관리하는 기관을 가리킨다.

34 전시과 고려 때의 토지제도. 농경지인 전지(田地)와 땔나무를 얻는 시지(柴地)를 아울러 지급했기 때문에 붙여진 명칭이다. 경종 초년(976)에 처음 제정된 이래 몇 차례 개편이 되다가 문종 30년(1076)에 마지막으로 정비되었다. 뒤로 오면서 점차 이 제도가 문란해졌다.

35 잡류 고려 때 각 관서에 소속된 구사(驅史), 선랑(仙郎), 정리(丁吏), 방자(房子) 등을 지칭하는 말. 잡로(雜路)라고도 한다.

3과	농지 85결		12과	농지 40결
4과	농지 80결		13과	농지 35결
5과	농지 75결		14과	농지 30결
6과	농지 70결		15과	농지 25결
7과	농지 65결		16과	농지 22결
8과	농지 60결		17과	농지 20결
9과	농지 55결		18과	농지 17결

* 각 품계의 땔나무를 얻는 땅의 지급 과목은 여기에 함께 기재하지 않는다.

6품 이하, 7품 이상으로 대를 이을 자손이 없는 자의 처에게는 구분전 8결을 지급하였다. 8품 이하로 전사한 군인의 경우는 그 처에게 구분전 5결을 일괄 지급하였다. 5품 이상으로 부부가 모두 사망했는데 아들이 없고 결혼하지 않은 딸만 있는 경우 구분전 8결을 지급하고, 딸은 결혼하면 관에 반환하였다.

문종 8년(1054)에 농지의 등급을 판정하여 매년 경작하는 땅을 상등으로, 한 해 걸러 경작하는 땅을 중등으로, 두 해 걸러 경작하는 땅을 하등으로 하였다. 매년 경작하는 산의 농지 1결은 평지의 농지 1결에 준하고, 한 해 걸러 경작하는 농지 2결은 평지의 농지 1결에 준하며, 두 해 걸러 경작하는 농지 3결은 평지의 농지 1결에 준하게 하였다.

문종 23년(1069)에 농지를 측량하는 보수步數를 정하였다. 그 내용은 다음과 같다.

농지 면적	보수		농지 면적	보수
1결	사방 33보		6결	사방 80보 8분
2결	사방 47보		7결	사방 87보 4분
3결	사방 57보 3분		8결	사방 90보 7분

4결	사방 66보		9결	사방 99보
5결	사방 73보 8분		10결	사방 104보 3분

* 6촌이 1분, 10분이 1척, 6척이 1보.

태조 원년(918)에 담당자들에게 이렇게 말하였다.

"태봉泰封 군주君主[36]는 백성을 욕심대로 다스려 오로지 수탈을 일삼고 옛 제도를 준수하지 않았다. 1경 농지에 6석의 세를 매기고 역참을 관리하는 호구에 대해서는 명주실[絲] 3속을 부과하니, 마침내 백성이 농사와 길쌈을 걷어치우고 유망하는 사람이 뒤를 이었다. 지금부터 조세는 의당 그 전의 법을 쓰기로 할 것이다."

성종 11년(992)에 공전公田의 조租는 수확의 4분의 1을 거두는 것으로 정하였다. 그 내용은 다음과 같다.[37]

논水田	
등급	1결당 조세
상등	3석 11두 2승 5합 5작
중등	2석 11두 2승 5합
하등	1석 12두 1승 5합

밭旱田	
등급	1결당 조세
상등	1석 12두 1승 5합 5작
중등	1석 10두 6승 2합 5작
하등	결缺

논	
등급	1결당 조세
상등	4석 7두 5승
중등	3석 7두 5승
하등	2석 7두 5승

밭	
등급	1결당 조세
상등	2석 3두 7승 5합
중등	1석 11두 1승 5합
하등	1석 3두 7승 5합

36 태봉 군주 후고구려를 세운 궁예(弓裔)를 가리킴. 국호를 태봉이라 했다. 왕건은 원래 태봉의 신하로 있다가 궁예를 제거하고 고려의 왕이 되었다.

37 여기서 앞의 표는 본문 부분이고, 뒤의 표는 주석으로 붙여진 것이다. 양자의 차이에 대한 학계의 의견은 상이한데, 예컨대 본문과 주석을 각각 수조액의 하한과 상한으로 보는 견해가 있는 한편으로, 각각을 평년과 풍년의 수조액으로 파악하기도 한다.

문종 4년(1050)에 홍수, 가뭄, 병충해, 서리 피해 등을 재해로 규정하고 농지 1결을 10등분하여 재해가 10분의 4에 이르면 조租를 면제해주고, 10분의 6에 이르면 조와 포布를 면제해주며, 10분의 7에 이르면 조·포·역役을 모두 면제해 주도록 하였다.

문종 23년(1069)에 전세田稅를 규정하여 10부負[38]당 쌀 7합 5작을 내게 하였다. 1결일 때에는 쌀 7승 5합, 20결이면 쌀 1석을 내도록 하였다.

공민왕 5년(1356)에 다음과 같이 지시를 내렸다.

"서북 방면[39]의 농지에 대해서는 일찍이 조세를 거두어 올리지 않고 국방의 비용에 충당한 것이 그 유래가 오래되었다. 근래 들어 권세 있는 자들이 땅을 겸병하는 일이 많은데, 이제부터 관에서 점검하여 1결당 1석을 부과하여 군수로 쓰도록 하라."

공민왕 11년(1362)에 제학 백문보白文寶[40]가 다음과 같이 상소하였다.

"우리나라의 토지제도는 한나라의 법을 취하여 10분의 1 세를 거두도록 하고 있습니다. 경상도의 전세田稅는 다른 도와 동일하지만 조운漕運의 비용이 세의 곱절이 되니, 청하옵건대 원래 정해진 토지 지급분[足丁]에 7결을 더해주어 세를 내는 데 드는 비용을 충당하게 해주시기 바랍니다."

우왕 2년(1376)에 사헌부에서 병란과 흉년이 잇달아 군량이 떨어졌으므로 공신전功臣田에 대해 조세를 3분의 1만 거두고 사사전寺社田은 절반만 거두며 양전兩殿에 소속된 궁사전宮司田은 규정에 따라 거둔 것 외의 나머지를 모두 군수에 충당하도록 청하니, 이를 따랐다.

○지금 살피건대 고려 때의 세법은 전후로 여러 차례 변하고 사서史書에 분명한 기록도 없어 오늘날 자세하게 규명할 수 없지만, 백문보의 상소로 보건대 애초에는 10분의 1을 세

---

38 부 곡식의 양을 재는 단위. 10파(把, 줌)가 1속(束), 10속이 1부, 100부가 1결(結)이 된다. 이는 면적의 단위로 치환이 되어 1부가 수확되는 면적 또한 1부로 정하였다. 이를 결부법이라고 하였다.

39 서북 방면 곧 평안도와 함경도를 가리킨다. 이 지역은 국경 방어나 사신 접대 등을 이유로 조세 수입을 중앙 조정에 보내지 않고 자체적으로 운용하였다.

40 백문보 1303~74. 자는 화보(和父), 호는 담암(淡庵). 고려 공민왕 때의 인물로, 관직은 밀직제학에 이르렀다. 유고로 『담암일집(淡庵逸集)』이 편찬되어 전한다.

율로 정했던 것이다.

『고려사·식화지』의 논평

『고려사·식화지』에서 논한 말이 있다.

"태조가 삼한을 하나로 통합하자 먼저 전제를 바로 세워 신하와 백성에게 나누어주니, 국가는 안정된 제도가 있게 되고 위아래 모두 먹고사는 일에 편안했다. 문종이 공검절약恭儉節約에 힘쓰니, 집집마다 여유가 있고 사람들이 풍족하였으며 나라의 창고는 곡식이 썩어날 지경이었다. 의종·명종 이래로 권신權臣들이 나라를 제멋대로 운영하고 호원胡元[41]을 섬김에 이르러 백성에게 뜯어내는 것이 한정이 없어 온갖 부세를 거두게 되므로 호구는 날로 줄어들었다. 말년에는 정사가 문란해지고 토지문서가 불분명하게 되어 전시과는 폐해져 사전私田이 되고 세족권신들이 서로 다투어 겸병을 하여 차지한 농지가 한없이 뻗어나가 산과 시내로 경계를 삼을 지경이 되었다. 이에 양민들은 온통 거실巨室들에 예속이 되고 나라도 무너지게 되었다."

이제현의 논의

이제현李齊賢은 이렇게 말했다.[42]

"등 문공이 맹자에게 정전제에 대해서 물으매 맹자는 대답하기를, '무릇 인정은 토지의 경계로부터 시작이 됩니다. 경계가 바르지 않으면 정전이 고르게 되지 않고 곡록穀祿이 공평하게 되지 않습니다. 이 때문에 포악한 군주와 비루한 신하들이 필시 경계를 소홀히 보게 됩니다. 경계가 바르게 되면 농지를 분배하고 녹봉을 제정하는 일은 앉아서 이루어질 것입니다'[43]라고 하였다.

삼한의 땅은 사방에서 배와 수레가 모여드는 지역도 아니어서 물산의 풍

---

41 호원 몽골족의 원나라를 지칭하는 말.
42 『익재난고(益齋亂藁)』권9, 「사찬(史贊)」의 '경왕(景王)'조의 내용을 전재한 것이다.
43 『맹자·등문공 상』에 나온다.

요와 식화殖貨의 이익이 부족하니, 백성이 살아감에 있어 바라보는 것은 오직 땅에서 생산되는 것뿐이다. 그런데 압록강 이남의 국토는 대체로 온통 산이요 비옥하여 매년 경작할 수 있는 농지는 전혀 없거나 있다 해도 얼마 되지 않는다. 경계를 바로 하는 것을 소홀히 하고 보면 그 영향이 중국에 비해 만 배나 더할 것이다.

우리 태조는 신라의 쇠퇴와 혼란, 태봉의 사치와 폭정의 뒤를 이어 만사를 처음 제정하느라 겨를이 없어서 구분전의 제도를 마련하는 데 그쳤다. 4대를 지나 경종에 이르러 전시과를 설치하였으니, 비록 소략하긴 했지만 옛날 세록世祿의 의미가 있었다. 그런데 9분의 1의 조법助法과 10분의 1의 부법賦法, 군자와 소인을 구분하여 우대하는 문제는 도입할 겨를이 없었다.

그 이후로 누차 제대로 처리하려고 했으나 결국 잘 되지 못하고 말았다. 대체로 처음부터 경계를 긴급한 문제로 생각하지 못해 그 근원을 바로잡지 않고서 하류가 맑아지기를 원한다면 어떻게 가능하겠는가? 안타깝다. 당시 여러 신하들 중에 맹자의 말씀을 따라 제도를 강구해서 계발하여 힘써 실행하려는 사람이 있지 않았다."

조준의 상소

고려 말기 헌관憲官 조준趙浚[44] 등이 글을 올려 전제田制를 회복할 것을 청하였다.[45]

"무릇 인정仁政은 필시 경계로부터 시작됩니다. 국운의 장단은 민생의 괴롭고 즐거움에 달려 있고, 민생의 괴롭고 즐거움은 전제를 고르게 정하는가의 여부에 달려 있습니다. 문왕·무왕과 주공周公은 정전제로 백성을 길렀기 때문에

---

44 조준 1346~1405. 고려 말에서 조선 초에 걸치는 인물. 자는 명중(明仲), 호는 우재(吁齋)·송당(松堂), 본관은 평양. 1388년 이성계, 정도전 등과 논의하여 전제 개혁에 대해 상소한 바가 있으며, 조선의 개국공신이 되었다. 저서로 『송당집(松堂集)』 4권이 전한다.

45 『고려사·식화지』 「전제」에서 인용한 것이다. 그의 문집 『송당집』에 「논전제소(論田制疏)」라는 제목으로 실려 있다.

주나라는 천하를 800년 동안이나 지탱할 수 있었고, 진秦나라는 정전제를 훼손했기 때문에 2대 만에 망했던 것입니다.

우리 고려 태조가 삼한을 통일하고 나서 전제를 정하였습니다. 백관에 대해서 그 품계에 따라 지급하고 그가 사망하면 회수하였고, 부병府兵에 대해서는 20세에 지급하고 60세에 환수하였습니다. 무릇 사대부가 농지를 받은 경우라도 죄가 있으면 회수를 하니, 모두 다 스스로 자중하여 감히 법을 범하지 못하게 되어 예의가 일어나고 풍속이 아름답게 되었던 것입니다. 부위府衛의 병졸이나 주州·군郡·진津·역驛의 서리들도 각기 자기 땅을 벌어먹으니, 자기 고장에 정착해서 농사를 지을 수 있었으므로 나라는 부강할 수 있었습니다. 비록 요나라, 금나라가 천하를 넘보면서 우리와 국경을 맞대고 있었음에도 감히 삼키지 못했던 것은 태조께서 삼한의 땅을 나누어 신하와 백성과 더불어 그 녹祿을 함께 누려서 생활을 두텁게 하고 그 마음을 단합하도록 해서 국가의 천만세 원기元氣를 세웠던 까닭입니다.

이후로 한인전閑人田, 공음전功蔭田,[46] 투화전投化田,[47] 입진전入鎭田,[48] 가급전加給田,[49] 보급전補給田,[50] 등과전登科田,[51] 별사전別賜田[52] 등의 명목이 대대로 증가되었습니다. 농지를 관장하는 관리들이 그 번쇄함을 이길 수 없었으며, 농지를 지급하고 회수하는 법이 점차로 무너져서 간활한 자들이 틈을 타 속이고

46　공음전　고려시대 공신 및 5품 이상의 관리에게 지급하던 수조지로, 자손에게 전하는 것이 가능했다.

47　투화전　고려시대 내투(來投) 또는 귀화한 외국인에게 지급했던 토지. 이하 여러 명목의 토지는 소유지가 아닌 수조지로 이해된다.

48　입진전　고려시대 변경의 진(鎭)에 수자리를 서기 위해 들어간 자들의 가족들에게 지급하던 토지.

49　가급전　고려시대 특별한 공이 있는 관리나 군인들에게 원래의 규정을 초과하여 지급하던 토지.

50　보급전　고려시대 군사들에게 지급하던 토지.

51　등과전　고려시대 과거에 급제한 사람에게 하사하던 토지.

52　별사전　공로가 있는 왕족 및 관리에게 특별히 내려주는 토지. 사패전(賜牌田), 훈전(勳田) 등이라고도 부른다.

숨기는 폐단이 한이 없었습니다. 벼슬길에 나가고 시집간 자가 그대로 한인전을 받아먹고, 군대의 대열에 들어가지도 않은 자가 군전軍田을 허위로 받으며, 아비는 그것을 숨겨놓았다가 사적으로 자식에게 주기도 하고, 자식이 그것을 몰래 훔쳐두어 반환을 하지 않기도 합니다. 조종祖宗의 법이 이미 무너지고 겸병의 문이 열린 것입니다.

병사는 왕실을 보위하고 국경을 수비하기 위한 것입니다. 국가는 기름진 땅을 나누어서 42개 도부都府53의 갑사甲士54 10만여 명에게 녹을 주니, 의복과 식량, 병기 들도 모두 농지로부터 나왔던 것입니다. 그러므로 나라는 병사를 기르는 데 따로 비용이 들어가지 않았으니, 곧 삼대三代에는 병사를 농토에 숨겨두었다는 그 뜻입니다.

지금에 와서는 병제와 전제가 다 무너져서 매양 위급한 사태에 이르면 농부를 몰아 군졸에 충당하게 됩니다. 그래서 군대가 약해져 적의 미끼가 되며, 농민의 먹을 것을 떼어내어 병사를 먹이는 까닭에 호구는 줄어들고 고을도 망하게 됩니다. 조종이 지극히 공평하게 나누어주었던 농지가 한 집의 부자父子가 마음대로 하는 것이 되었습니다. 한 번 문밖에 나가 조정에 벼슬해보지도 않고 한 번 봉족奉足55이 되어 종군해보지도 않은 자가 비단옷 입고 좋은 밥을 먹으며 가만히 앉아서 이익을 누리고 있는 형편입니다. 반면에 밤낮으로 왕을 시위하는 신하와 누차 참전하여 수고한 병사들은 부모처자를 먹여 살릴 1묘의 땅도 얻지 못하는데, 어떻게 충성과 공훈을 세우도록 권할 수 있겠습니까.

안으로 판도사版圖司와 전법사典法司,56 밖으로 수령과 안렴사按廉使 들이 자

---

53 도부 고려시대 군대 편제 단위로, 1도부에 1000명의 병사가 배속되었다. 중앙군 편제인 6위(衛)에 총 42개의 도부가 편성되어 있었으며, 각 도부의 책임자를 영(領)이라 하였다.

54 갑사 원래 갑옷을 입은 병사라는 뜻. 고려시대에는 군인 일반을 뜻하는 말로 쓰였으며, 조선 초기에는 근위대의 성격을 가진 군사를 지칭하였다.

55 봉족 보인(保人)과 같은 말. 백성이 지는 군역에 군으로 동원되는 사람을 정정(正丁), 그 비용을 지원해주는 사람을 봉족이라고 불렀다.

56 판도사·전법사 고려시대 중앙 관서로, 곧 호조(戶曹)와 형조(刑曹).

기의 본직을 폐하고 날마다 농지에 대한 소송을 듣느라 더위와 추위를 피할 겨를이 없을 지경이 되어 문서를 조사하고 증거를 검토하며 전호佃戶를 심문하고 고로故老들에게 묻기도 합니다. 무릇 연루된 자들이 감옥에 가득 차고 관정官庭에 넘쳐서 농사를 폐하고 판결을 기다리며, 몇 달간의 문건이 산처럼 쌓이고, 1묘의 다툼이 수십 년 계속됩니다. 잠자는 것도 잊고 먹는 것도 폐하고도 판결을 내리지 못하는 것은 사전私田이 다툼의 단서가 되어 송사가 번거롭게 된 때문입니다. 아들이 부모에 대해 1묘를 요구하는 것이 혹 뜻대로 되지 않으면 도리어 원한이 생기는데, 하물며 형제간에 있어서야 말할 것 있겠습니까? 이는 사전으로 인해 인륜이 금수로 떨어진 것입니다.

근래에 이르러는 농지의 겸병이 더욱 심해져서 간교한 무리들은 점유한 농지가 고을을 넘어서 포괄하기도 하여 산과 하천으로 경계를 삼고 조상들로부터 받은 것이라 일컬으며, 남의 여러 대 가꾼 뽕나무와 살던 가옥을 몽땅 빼앗아 차지합니다. 슬픕니다, 우리 무고한 백성이 사방으로 떠돌게 되니, 이는 사전의 확대가 어지럽게 만드는 첫 번째 원인이 된 것입니다."

이행의 상소

간관諫官 이행李行[57]은 이렇게 말했다.[58]

"부호와 세력 있는 자들이 겸병을 하매 국가의 재정이 고갈되며, 조세가 배로 늘어나매 생민들이 피폐해지고, 강한 자가 약자를 집어삼키매 분쟁이 번다해지며, 골육 사이에 싸움이 나서 풍속이 무너지게 되었으니, 이 모두 사전의 폐단입니다. 부자들이 이득을 잃어버리면 원망과 비방이 그치지 않고, 사족士族이 자

---

57 이행 1352~1432. 고려 말기의 문신으로, 자는 주도(周道), 호는 기우자(騎牛子). 본관은 여주. 1371년 과거에 급제하여 대제학, 이조판서 등을 역임하였다. 조선이 개국한 이후로 출사를 거부하고 은거하였다. 저서로『기우집(騎牛集)』이 있다.

58 이하의 내용은 우왕 14년(1388) 7월 당시 좌사의대부(左司議大夫)였던 이행이 올린 상소문으로,『고려사·식화지』「전제」에서 발췌하여 인용한 것이다. 그의 문집『기우집』에「전제소(田制疏)」라는 제목으로 실려 있다.

리를 얻지 못하면 먹고 사는 것을 이어가기 어려우며, 이들이 차지한 전지가 넓고 크면 다 조사하기가 어렵고, 문서가 번다하면 정밀하게 조사하는 것이 어려우며, 간활한 아전이 숨기면 발각하기 어려우니, 이는 개혁하기 어려운 이유입니다.

비록 그러하나 일이 공정하게 처리되면 민심에 부합하여 기뻐하는 자가 많아져 원성과 비방을 잠재울 수 있습니다. 선비로서 직분이 없는 자에게는 농지를 주어 경작을 하도록 하고, 직분이 있는 자는 녹봉을 주어 경작을 대신하게 하면, 이들이 생활을 이어갈 수 있습니다. 공정·청렴하며 신망이 높은 자를 택하여 안렴사로 삼고, 청렴하고 민첩하며 재간 있는 자를 택하여 수령으로 삼도록 합니다. 수령은 각기 한 고을을 살펴서 사실을 조사·처리하도록 하고, 안렴사는 한 도道를 전부 순찰하여 수령들을 승진시키거나 파출시키도록 합니다. 이렇게 하면 토지를 명백히 조사할 수 있고 문서를 정밀하게 검토할 수 있으며 간활한 아전들의 숨은 협잡을 적발할 수 있습니다. 폐단을 구제하는 방도가 무엇이 어려움이 있겠습니까?

창고가 가득 차 저축에 여유가 있고, 녹봉이 후해서 염치를 알게 되고, 마구 거두어들이는 것이 없어져서 민생이 펴게 되고, 쟁송이 끊어져서 풍속이 순후하게 되며, 전야가 개간되고 부렴賦斂이 줄어들며, 호구가 늘어나고 요역이 균평하게 될 것입니다. 개혁의 이로움이 과연 어떠합니까? 경전에 이르기를 '경장을 하면 잘 다스릴 수 있다'[59]라 하였고, 또 '무릇 인정仁政은 반드시 경계로부터 시작된다'라 하였습니다."

안설

지금 살펴건대 조준 등의 의론은 그 뜻이 한결같이 공公에서 나왔다고 할 수 없으나 그 말의 내용은 실로 바꿀 수 없는 논리이다.

이상의 내용은 고려의 전제를 논한 것이다.

---

59 원문은 '更化則可善理'이다. 『한서(漢書)』 권56 「동중서전(董仲舒傳)」에 "更化則可善治"라는 표현이 나온다.

[붙임] 조선의 토지제도

國朝田制附

여기 「전제」편은 본디 공전제公田制를 밝히고자 한 것이므로, 후세의 사전私田에 대해서는 굳이 논할 것이 없다. 다만 우리나라의 결부법結負法은 중국의 경묘법頃畝法과는 다름이 있기 때문에 이에 대한 논의를 덧붙여 실어 그 득실을 살펴보기로 한다.

『경국대전』의 규정

우리나라의 양전법量田法은 대개 농지를 6등급으로 나누어 20년마다 다시 양전하여 장부를 작성하고 있다.

농지 등급	주척周尺에 따른 실제 면적	결부법에 따른 1결의 실제 면적
1등전	4척 7촌 7분 5리	38묘
2등전	5척 1촌 7분 9리	44묘 7분
3등전	5척 7촌 3리	54묘 2분
4등전	6척 4촌 3분 4리	69묘
5등전	7척 5촌 5분	95묘
6등전	9척 5촌 5분	152묘

* 결부법: 10척이 1파把(줌), 10파가 1속束, 10속이 1부負, 100부가 1결結. 각 등급의 농지 14부負는 중국의 농지 1묘畝에 준한다.

○ 매년 경작하는 농지를 정전正田이라 일컫고, 경작을 하다가 묵히다가 하는 농지를 속전續田이라 일컫는다. 그중에 정전이라 일컫는데 토질이 척박하여 곡식이 잘 되지 않는 땅 및 속전이라 일컫는데 토질이 비옥하여 소출이 배나 되는 땅에 대해서는 수령이 장부에 기

456

록해두었다가 관찰사에게 보고하고 양전하기로 정해진 식년式年에 바로잡도록 한다.

조세를 거두는 법에 있어서는, 농지에 대해 해마다 9월 보름 이전에 수령이 연분年分의 등급을 심의하여 정하고〔읍내와 사방의 면에 대해 각기 등급에 따라 나눔〕, 관찰사는 다시 심의하여 계문啓聞하고, 의정부와 육조가 함께 논의하여 다시 계문하고 세를 거둔다.

작황	연분年分	1결당 전세田稅	작황	연분	1결당 전세
10분分	상상년	20두	5분	중하년	10두
9분	상중년	18두	4분	하상년	8두
8분	상하년	16두	3분	하중년	6두
7분	중상년	14두	2분	하하년	4두
6분	중중년	12두	1분	면세	

* 영안도(함경도)와 평안도는 3분의 1을 경감해주고, 제주도의 세 고을은 절반을 경감해준다.

○ 새로 추가된 경작지, 완전히 재해를 입은 농지, 절반 이상이 재해를 입은 농지, 질병으로 인해 경작을 하지 못하고 완전히 묵히게 된 농지 등은 아울러 전부佃夫의 보고를 받고 나서 권농관이 직접 조사하여 8월 보름 이전에 수령에게 보고한다〔전부가 사정이 있어 직접 신고하지 못할 경우 권농관이 신고함〕. 수령은 현장에 나가 측량하여〔추가된 경작지에 대해서는 인접한 농지의 품등에 준하여 측량함〕 관찰사에게 보고한다. 관찰사는 내용을 조사하여 장부에 올린 다음 보고된 바의 입안立案을 수령에게 돌려주고, 9월 보름 이전에 그 수치를 갖추어 계문을 올린다. 조정의 관리를 파견하여 위의 장부에 올린 것과 입안한 것을 증빙으로 삼아 살펴보고 재심하여 계문하고 조세를 정한다.

완전히 재해를 입은 농지 및 완전히 묵은 농지는 세를 면해주고, 재상災傷이 절반이 넘는 경우 10분의 6에 이르기까지 10분의 6을 면세해주고 10분의 4에 대해 세를 거둔다. 10분의 9에 이르도록 모두 이 예에 의거해서 처리한다.

만일 전부佃夫가 재해를 허위로 보고하거나 해당 아전, 권농관, 서원書員 등
으로서 공모하여 속이는 자가 있는 경우, 다른 사람이 고발하는 것을 허용하
고 1부負당 각기 태笞 10대를 가하며 매 1부마다 1등급을 더해서 벌을 주되 장杖
100대에 그치고 군대에 충원한다. 허위로 보고된 농지는 고발한 사람에게 지급
하고, 화리花利[60]는 관아로 납부한다. 수령의 경우 10부 이상이면 파출한다. 그
실정을 알고도 허위로 보고한 경우 고신告身을 빼앗고 영구히 채용하지 않는다.

○ 속전 및 추가된 경작지는 경작하는 데에 따라 세를 거둔다.

○ 해택海澤[61]에 대해서는 초년初年에는 세를 거두는 것을 면해주고, 그 이후
로부터 반을 거둔다.

이상은 모두『경국대전·호전戶典』에 나온다.

세종의 개정

세종 13년(1431)에 공법貢法을 개정하여 시행하였다. 그 이전의 제도에서
농지는 상·중·하의 세 등급만 있었고, 양전하는 자는 세 등급에 따라 각기
달랐다. 상전척上田尺은 20지指,[62] 중전척中田尺은 25지, 하전척下田尺은 30지
였다. 그런데 모두 실제 면적 44척 1촌이 1속束이 되고, 10속이 1부負가 되고,
100부가 1결結이 된다. 중국의 묘법畝法에 준해보면 상등전 1결은 25묘 4분 남
짓으로 실제 면적은 주척周尺으로 15만 2568척이고, 중등전은 39묘 9분 남짓
으로 실제 면적은 주척으로 23만 9414척이며, 하등전은 57묘 6분 남짓으로
실제 면적은 주척으로 34만 5744척이다. 그러나 8도의 토질이 같지 않아서

---

60 화리 농지에 있는 작물의 소득을 가리키는 의미.『경국대전주해(經國大典註解)』에 의하면 꽃
    에서 열매가 열려서 이익을 얻는 것에 비유한 표현이며, '화리(禾利)'라고 쓰기도 한다.

61 해택 바다를 막아 만든 농지를 가리키는 말.

62 지 길이를 재는 단위의 하나.『세종실록(世宗實錄)·오례(五禮)』에 의하면, 가운데 손가락의
    가운데 마디를 1촌으로 하여 10촌을 1지(指)로 삼았다.

세 등급만으로 다 구분할 수 없었기에 차등을 두는 것이 정밀하지 못했다.

세종 26년(1444)에 그 제도를 개정하여 농지는 6등급으로 나누고, 연분年分은 9등으로 나누었다. 연분은 수확이 완전히 10분分이 차는 경우를 상상년으로 잡고, 9분은 상중년, 8분은 상하년, 7분은 중상년, 6분은 중중년, 5분은 중하년, 4분은 하상년, 3분은 하중년, 2분은 하하년으로 나누되, 풍년과 흉년에 따라 고을마다 각기 달리 책정했다. 그리고 수확이 1분밖에 안 되는 해에는 세를 면해주기로 하였다.

결법結法도 다시 정했는데, 그것은 이전의 제도에 57묘를 1결로 삼았던 데 의거해서 매 등급의 소출의 수치를 살펴 정한 것이다. 상상년에 1등전은 피곡皮穀 80석이 생산되는 것으로 하여 20분의 1을 취해서 그 세는 30두가 되며, 1묘당 거두는 것은 5승 2합 6작 남짓이 된다. 2등전은 68석이 생산되는 것으로 하여 그 세는 25두 5승이 되며, 1묘당 거두는 것은 4승 4합 7작 남짓이 된다. 3등전은 56석이 생산되는 것으로 하여 그 세는 21두가 되며, 1묘당 거두는 것은 3승 6합 8작 남짓이 된다. 4등전은 44석이 생산되는 것으로 하여 그 세는 16두 5승이 되며, 1묘당 거두는 것은 2승 8합 9작 남짓이 된다. 5등전은 32석이 생산되는 것으로 하여 그 세는 11두가 되며, 1묘당 거두는 것은 2승 1합 남짓이 된다. 6등전은 20석이 생산되는 것으로 하여 그 세는 7두 5승이 되며, 1묘당 거두는 것은 1승 3합 1작 남짓이 된다.

이 수치에 의거해서 미루어 계산하고 다시 20두를 단위로 1결을 정하면 다음과 같다. 1등전은 38묘, 2등전은 44묘 7분, 3등전은 54묘 2분, 4등전은 69묘, 5등전은 95묘, 6등전은 152묘가 된다. 상상년의 세는 20두, 상중년은 18두, 상하년은 16두, 중상년은 14두, 중중년은 12두, 중하년은 10두, 하상년은 8두, 하중년은 6두, 하하년은 4두를 책정한다.

1등전 1결의 면적은 주척으로 24만 8000척, 2등전은 26만 8200척, 3등전은 32만 5200척, 4등전은 41만 40척, 5등전은 57만 척, 6등전은 91만 2000척이 된다. 이 수치를 개방법開方法으로 계산하면 100분의 1을 취하는 셈이니,

매 등급마다 길이를 재는 자의 길이를 정할 수 있다. 1등척은 주척으로 4척 7촌 7분 5리, 2등척은 5척 1촌 7분 9리, 3등척은 5척 7촌 3리, 4등척은 6척 4촌 3분 4리, 5등척은 7척 5촌 5분, 6등척은 9척 5촌 5분이 된다. 자에 길고 짧은 차이가 있지만 모두 평방 100척이 1부가 되고, 평방 1만 척이 1결이 된다. 『세종실록』에 나온다.

안설

삼가 살피건대 우리 선대 임금들이 제도를 제정하매 이처럼 조리가 세밀하여 민생을 중히 여기고 국정을 신중하게 하며 부세를 공평하고 가볍게 하려는 뜻이 지극하였다. 참으로 이 뜻대로 실행했다면 천만세가 가도록 폐단이 없었을 것이다. 지금에 이르러 결부법은 어지럽고 부세는 불공평하게 된 것은 무슨 까닭일까? 이는 정치가 문란하고 관리들이 태만해서 그렇게 되었을 뿐 아니라, 본디 결부법은 조세를 동등하게 부과하는 데만 주안점을 두고 토지를 재는 척도를 균일하게 하는 데는 중점을 두지 않았기 때문에 쉽게 폐단이 생긴 것이다.

결부법에도 척수尺數가 없지 않지만 장부에 기재되면서 면적이 가지런하지 않고, 또 그 길고 짧은 것이 여러 가지여서 더하고 빼고 곱하고 나누는 계산법을 담당자조차도 제대로 알지 못할 지경이거늘, 백성이야 말할 것 있겠는가! 관리들도 제대로 살피지 못하고 백성은 모두 알 수가 없으니, 서리들이 농간을 부리기 용이하다. 살피기 어려운 법으로 뭇 서리들의 농간을 단속하려고 한다면 그 형세상 불가능할 것이다. 이에 뇌물과 청탁, 누락이며 속이고 숨기는 폐단이 없는 데가 없어서 결부법은 어지럽게 되고 부세는 불공평하게 된 것이다.

만약 양전하는 자를 일정하게 하여 경頃과 묘畝를 정하고 소출의 양을 계산해서 그것으로 부세를 균등하게만 한다면, 자가 통일되어 누구나 알기 쉬울 것이요 면적이 균일하여 농간이 끼어들기 어려울 것이다. 근본이 바로 서고 나면 말단은 저절로 바로잡힐 터인데, 어찌 이런 폐단이 생기겠는가? 이는 옛 성현들이 반드시 먼저 경계를 분명히 해야 한다고 주장했던 이유이다.

오직 우리 세종께서는 동방의 성군인데, 당시의 신하들이 천재千載의 기회를 만나 경계를 바로 하는 문제를 제기하여 시행함으로써 만대의 안녕의 길을 열지 못한 것이 애석하도다.

결부법이 공평하지 못해 전정田政이 무너진 이후로, 매년 답험踏驗[63]하는 폐단이 생겨나서 그 폐해가 무궁하게 되었다. 『경국대전』의 재상법災傷法까지 제대로 시행될 수 없게 되었으니, 한심한 마음을 이길 수 있으랴! 이 문제는 마땅히 한결같이 법전에 의거해서 그 폐단을 철저히 고쳐야 할 것이다. 그럼에도 지금 전정은 문란하니 반드시 자못 정돈한 다음이라야 이를 논의할 수 있다.

매년 답험하는 것은 공사 간에 수고롭고 시끄러울 뿐 아니라, 그 늘어나고 줄어들고 가볍고 무겁게 되는 것이 전적으로 서원書員의 손에 달려 있다. 뇌물의 거래가 풍속을 이루어 민폐는 이루 말할 수 없이 되고, 토지를 측량하여 결수結數를 정해준 뜻이 없어지게 되었다.

이른바 매년 답험을 한다는 것은 전부佃夫가 재상災傷을 신고하지 못하게 하고 관에서 직접 감정하도록 하는 것으로, 매년 각 면에 한산閑散 이속들을 정해 보내서 이들이 감관이다 서원이다 하는 명목으로 논으로 돌아다니며 재상의 실상을 조사한다고 하는데 마음대로 늘리고 줄이고 하여 결수를 정하고 있다.

듣건대 중국은 해마다 답험하는 일이 없고, 다만 전적으로 손상을 입었거나 수재를 입은 곳을 전부佃夫 혹은 이정里正이 문서로 신고하는 데 따라 관에서 조사하여 감면해준다고 하니, 이 또한 우리나라의 『경국대전』과

같은 방식이다.

또한 지금 시행되는 결부법은 변동이 많아서 그 폐단이 더욱 심하고 혼란스러워 교활한 아전들의 농간은 오로지 여기에서 나온다.

변동이 많다는 것은 예컨대 동면에 사는 사람의 농지가 서면·북면에 나누어져 있는데 서·북면의 전결田結을 동면으로 옮겨서 그 사람의 이름 아래 합해놓는 것이다. 천 사람, 만 사람의 농지가 여러 면에 흩어져 있는데 옮기고 합하고 하지 않는 것이 없으니, 한 고을의 전결이 거의 다 이리 가고 저리 가고 하여 문서가 이를 데 없이 혼란스럽게 된다. 간활한 아전이 그 사이에서 농간을 마음대로 부리게 된다.

의당 이런 것은 철저히 고쳐야 할 것이다. 그런데 조정에서 법전을 확실히 밝히지 않으면 수령이 아무리 엄정하고 강경하게 하더라도 방지할 수 없을 것이다.

지금 전정이 무너져서 문서가 혼란스럽게 된 것이 또한 이와 같으니, 수령들은 조사하고 규명하기 어렵다. 그래서 시속의 관리들은 으레 조사·규명한다면서 아무 실효도 없이 단지 헛된 위엄을 빙자하니, 너그러운 자는 간활한 아전들의 훔치는 길을 넓혀주고 사나운 자는 쇠잔한 백성의 결수를 올려줄 뿐이다.

또한 오늘날 전결은 서원들이 이익을 훔치는 굴이 된 지 오래된 까닭에, 서원은 이익을 온전히 차지할 수 없으므로 여러 아전들과 이익을 나누게 되고, 관장으로 있는 자 또한 서원으로 하여금 관에서 필요한 여러 물품을 사서 납부하도록 한다. 또 경차관敬差官이 사람들로부터 대접을 받고 뇌물을 얻는 것이 모두 서원에게서 나오는 것이다. 조정에서 재해를 조사하는 경차관을 파견한다 하더라도, 이들은 전혀 재해에 대해 어떻게 해야 하는지도 알지 못하고 기생을 싣고 다니며 술을 실컷 마시는 수령 한둘을 파출시켜서 사적인 혐의를 갖는 데 불과하며, 때로는 혹 서원을 잡아다 곤장을 때려서 자신의 위엄을 세울 따름이다. 경차관이 재해에 대해 어떻게 해야 하는지 알지 못하고 있을 뿐 아니라 백관들도 다 이 직무가 무엇인지 알지 못하고 있다. 그 유래가 벌써 오래되고 보니 세상에서도 또한 이를 일상의 일처럼 여기고 있다.

우리나라 제도에 정세正稅는 연분年分에 따라 정해진 방식이 있으며, 공물과 잡역은 정세 밖에서 내는데, 그것이 번다하고 간략함에 따라 괴롭고 수월한 것이 대중이 없다.

중년 이래로 관장은 사람을 가려 뽑지 않고 위아래가 서로 다 속여서 연분이 실제대로 되지 않는데, 이것이 오랜 관례를 이루어서 아무리 풍년이든 해라도 대체로 하하년으로 잡는다. 이 때문에 정세는 1결에 4두에 불과하다. 그런데 잡역은 그 명색이 점차 많아져서 가볍다 해도 20~30두 밑으로 내려가지 않고 무거우면 70~80두에까지 이른다.

연분이란 매년 수령이 논밭을 돌아다니며 살펴서 향로鄕老와 더불어 그해의 풍흉의 등급을 정하여 보고하는 것이다. 오늘날에 와서는 아무리 풍년이라도 대체로 하하년이 된다. 그래서 으레 서원들이 답험을 하여 결수를 정한다고 하여 연분이라고 말은 하지만 사람들은 연분의 실제 의미를 알지 못하게 되었다. 정세가 가벼워질수록 잡세는 더욱 번다하게 되니, 잡세가 번다하게 되면 백성에게 뜯어내는 것이 더욱 한정이 없게 된다. 이 때문에 나라가 일이 없고 수령들이 다소 청렴하던 때에는 1결에 20~30두를 내는 데 그쳤으나, 그렇지 않으면 많게는 70~80두에 이르렀다. 경기도나 서북 지방은 더러 100두에 이르기도 한다. 전결이 더욱 많이 누락·감축된 까닭이다.

우리나라 평시[64]의 전결 및 계묘년(1603)·을해년(1635)의 양전 수치[65]

충청도	
구분	전결 수치
평시 전결	252,503결 55부 8속
계묘년(1603) 원적元籍	240,744결 47부 9속
을해년(1635) 원적	258,461결 49부 8속*

* 이 중에 진황전陳荒田과 잡탈전雜頉田[66]은 127,453결 45부로, 이를 제외한 시기전時

---

64 "임진왜란 이전." —원주
65 『세종실록·지리지(地理志)』에 기록된 도별 전결 총수에 의거하면 전국의 개간지[墾田]는

起田⁶⁷은 131,372결 55부 6속이다. 화속전火粟田⁶⁸도 여기에 포함되었다.

전라도	
구분	전결 수치
평시 전결	442,189결 7부 2속
계묘년(1603) 시기전	198,672결 51부 2속
을해년(1635) 원적	335,305결 59부 3속*

* 이 중에 실제 시기전은 191,007결 86부이다.

경상도	
구분	전결 수치
평시 전결	315,026결 64부 8속
계묘년(1603) 시기전	173,902결 9부
을해년(1635) 원적	301,725결 36부 3속*

* 이 중에 실제 시기전은 193,051결 52부 3속이다.

경기	
구분	전결 수치
평시 전결	147,370결 16부 3속*
계묘년(1603) 원적	141,959결 93부 3속

* 이 중에 밭[田]은 75,653결 19부 3속이고, 논[畓]은 66,316결 97부이다.

162만 5234결이었고, 그중에서 호조에 전세를 상납하는 6도의 전결은 118만 6070결이었다. 따라서 '우리나라 평시'란 세종 대로부터 점차 전결이 감소된 이래 임진왜란에 가까운 때인 것으로 이해된다. 현전하는 계묘년(1603) 양전 및 전결 기록은 『반계수록』이 유일하며, 을해년(1635)의 경우 『인조실록(仁祖實錄)』 인조 13년 7월 24일조에 전라·경상·충청에 한하여 그 양전 및 전결 기록이 전한다.

66 잡탈전 여러 가지 문제로 인해 전결의 대상에서 제외된 농지를 가리키는 용어. 세의 부과에서 제외되었다는 의미.

67 시기전 현재 경작하고 있는 농지를 가리키는 용어.

68 화속전 화전(火田)을 가리키는 말.

강원도	
구분	전결 수치
평시 전결	34,831결 37부 5속*
계묘년(1603) 원적	33,884결 85부

* 이 중에 밭은 28,521결 2부 6속이고, 논은 6,310결 34부 5속이다.

황해도	
구분	전결 수치
평시 전결	106,832결 70부 8속*
계묘년(1603) 원적	108,211결 50부 3속

* 이 중에 밭은 78,779결 5부이고, 논은 28,053결 65부 8속이다.

함경도	
구분	전결 수치
평시 전결	63,831결 90부 1속*
계묘년(1603) 원적	54,377결 89부 7속

* 이 중에 밭은 60,900결 1속이고, 논은 2,931결 90부이다.

평안도	
구분	전결 수치
평시 전결	153,009결 13부 1속*

* 이 중에 밭은 126,810결 53부 5속이고, 논은 26,198결 59부 6속이다.

이상 평시 전결은 총 151만 5500여 결이다. 하삼도下三道는 도합 100만 9700여 결이고, 나머지 5도는 도합 50만 5800여 결이다.

평시의 부세는 쌀과 콩이 도합 30여만 석인데[10말들이 곡斛으로 계산하면 45만여 곡], 서북의 양도兩道는 세곡을 본도에서 보관해 쓰도록 되어 있으므로, 이 두 도를 제외한 6도의 세곡은 26만여 석이다.

각 기관에 납부하는 쌀, 밀가루, 기름, 꿀의 값으로 9만여 석이고, 백관에게 녹봉으로 지급하는 8만여 석, 풍저창豐儲倉[69]에서 여러 가지로 지급하는 3만여 석, 군자감軍資監[70]에서 지급하는 곡식 4만여 석, 왜료倭料[71] 8000여 석, 나머지 1만여 석이다.

살피건대 충청, 전라, 경상의 하삼도는 농지의 면적이 다른 도에 비해 몇 배나 넓은 것은 아니지만 농지의 등급이 높기 때문에 결부結負가 이처럼 현격하게 다른 것이다.

평시의 전적田籍은 임진왜란을 거치면서 호조에 남아 있는 것이 없었는데, 위의 수치는 서리書吏 김사득金士得의 집에 보관되어 있었던 문서에서 얻은 것이다. 을해년에 농지를 양전量田할 때에는 하삼도만 측량하고 나머지 5도는 측량하지 않았다.

지금 시기전時起田의 전결 수치 병술년(1646, 인조 24) 조목

경기		
구분		조세
밭	11,694결	3,118석
논	10,145결	2,972석

충청도		
구분		조세
밭	61,344결	16,358석

---

69 풍저창 궁중에서 쓰는 쌀·콩·자리·종이 등의 물품 관리를 맡아보는 호조 소속 관아. 용산강에 있었음.

70 군자감 군량미 등 군수품의 저장·관리·출납을 맡아본 관청.

71 왜료 왜료미(倭料米). 동래(東萊)에 설치되었던 왜관(倭館)에 지급했던 미곡.

논	63,282결	18,313석

전라도		
구분		조세
밭	69,672결	21,405석
논	130,765결	38,281석

경상도		
구분		조세
밭	95,048결	28,592석
논	94,526결	30,751석

강원도		
구분		조세
밭	5,406결	1,442석
논	2,850결	759석

황해도		
구분		조세
밭	35,057결	9,348석
논	9,181결	2,448석

평안도		
구분		조세
밭	42,844결	6,524석
논	4,717결	1,358석

함경도		
구분		조세
밭	44,772결	11,939석
논	2,034결	540석

전국의 8도를 총계하면 밭은 36만 5837결이고, 논은 30만 8472결이다.

그리하여 조세는 총 19만 5200여 석이다. 즉, 29만 2500여 곡이다.

해에 따라 결부의 증감이 있을 수 있지만 대략은 위와 같다. 그런데 이 또한 서원 무리들이 저들 마음대로 훔치고 누락시킨 결과이다. 하삼도 이외의 5도는 을해년에 양전을 하지 않았다. 게다가 병자호란 이후로 문서들이 온통 없어졌기 때문에 문란이 더욱 심하게 되었다.

이이의 논의

선조宣祖 때 이이李珥는 임금에게 이렇게 말하였다.[72]

"우리나라는 세는 가볍고 공납은 무겁습니다. 세로 말하면 30분의 1에 불과한데, 근래에 와서는 해마다 농사가 잘되지 않아 재해가 과반이나 됩니다. 그럼에도 서리들이 관장官長을 속이고 수령들은 명예를 구하여 세로 거두는 것은 날로 가벼워져서 맥도貉道[73]보다 더 심한 편입니다. 전대의 임금들에 비해 보면 조세의 수입이 3분의 1에도 미치지 못하는데, 경비의 수입은 하나같이 예전 법도 그대로로, 수입에 맞추어 하지 못하고 있습니다. 그래서 매년 들어오는 것을 가지고 지출을 감당할 수 없기 때문에 해마다 비축해둔 곡식을 꺼내 써서 축적된 것이 날로 줄어들어 200년 쌓아두었던 나라의 양곡이 한 해도 지탱할 수 없게 되었으니, 참으로 통탄할 일입니다. 지금 만약 이를 경계하여 증세를 하려고 하면 백성의 고혈이 이미 다 말라서 뜯어낼 길이 없습니다. 반드시 모름지기 먼저 쌓인 고통을 풀어주어서 민정民情을 위로한 연후에 세를 거두어야만 적절하다고 할 수 있습니다.

공납을 받아들이는 데 있어서 민호民戶의 쇠잔과 번성, 전결의 많고 적음, 물산物産의 유무를 헤아리지 않고, 단지 군읍의 등급의 고하로 경중을 잡고

---

72 『율곡전서』 권7 「사간원걸변통폐법차(司諫院乞變通弊法箚)」에 나온다.

73 맥도 『맹자·고자 하』에, 백규(白圭)가 맹자에게 20분의 1의 세를 거두면 어떻겠느냐고 묻자, 맹자는 그대는 맥(貉)나라의 도를 쓰려고 하느냐고 비판을 하였다. 10분의 1의 세를 거두는 것이 적정량이라고 생각했던 것이다. 이에 맥도는 백성에게 터무니없이 세를 가볍게 부과하는 것을 지칭하는 의미로 쓰였다.

있습니다. 또한 그 지역의 토산이 아닌 까닭에 방납防納을 맡은 무리들에게 값을 주고 사서 값이 뛰어오르거나 그들이 독점을 하게 되어 10배나 많은 값을 뜯어내기도 합니다. 그러므로 이익이 서리들에게 돌아가고 나라와 백성이 모두 궁핍하게 되는 것입니다. 참으로 공납 제도를 개정하여 민호와 전결의 많고 적음으로 구분해서 반드시 그 지역의 토산물을 바치도록 하면, 백성의 힘이 10분의 5~6은 덜어져서 마치 거꾸로 매달린 자를 풀어주는 것같이 될 것입니다. 그래서 합당하게 세를 거두고 양입위출量入爲出하여 매년 나머지 축적이 생기면 국가의 쓰임이 점차 풍족해지고 백성도 휴식을 취할 수 있게 될 것입니다."

○ 또 이이는 임금에게 말하였다.[74]

"예전에는 대대로 세입은 많았고 쓰는 것은 많지 않았던 까닭에 한 해를 쓰고 나면 반드시 잉여분이 있었습니다. 이와 같이 해가 지나고 보면 곡식이 썩는 것은 형세상 불가피했습니다. 그런데 지금은 1년의 세입을 가지고 지출을 감당하지 못하여 임시로 설정한 것이 날로 불어나고 불필요한 관원이 너무 많아 매년 저축해둔 것으로 경비에 충당하고 있습니다.

신은 생각건대 양입위출하여 긴요치 않은 관원과 무익한 비용을 다 혁파하고 담당 관리에게 훔침을 당하지 않는 다음에라야만 재정이 고갈되지 않게 될 것입니다. 옛날에는 10분의 1의 세를 가지고도 공적인 쓰임이 부족하지 않고 백성 또한 원망이 없었습니다. 우리나라의 전대 임금들은 9등급으로 세를 거두어 법을 만든 것이 상세하지 않았던 바 아니었으되, 시행한 것이 오래되면서 관리들은 태만하며 백성은 고분고분 말을 듣지 않고 매양 재해로 인정받는 것을 자랑거리로 삼고 있습니다. 오늘날에 와서는 하지하下之下로 상지상上之上이 되게 하여,[75] 온 나라의 농지 중 재결로 인정받지 않는 것이 얼마 되지 않습니다. 그러니 국가의 재정이 어찌 고갈되지 않겠습니까?

---

74 『율곡전서』 권8 「육조계(六條啓) 【계미(癸未)】」에 나온다.
75 원문은 '以下之下, 爲上之上'인데, 무슨 의미인지 미상.

형세가 이 지경에 이르렀으니 아무리 현명한 수령이라도 재결로 인정해주지 않을 수 없습니다. 민생이 날로 곤궁해지고 요역은 갖가지로 늘었는데, 거꾸로 매달린 것 같은 위기를 풀어주지 않고 다만 재결을 인정하지 않는 것으로 나라를 저버리지 않는 일이라고 생각한다면 가난한 백성은 더욱 살아갈 수 없습니다. 어진 군자로서 어찌 차마 할 수 있는 노릇이겠습니까?

오늘날의 계책으로서는 공납 제도를 개정하여 전역田役[76]을 10분의 7~8을 감해준 다음에 적절히 더 세를 부과해서 나라의 쓰임을 넉넉하게 하는 것만 못합니다. 그렇게 하지 않으면 공적으로나 사적으로 끝내 쓰임이 충분하게 될 날이 없을 것입니다."

---

76 전역 농지와 관련해서 농부를 동원하는 제반 역사를 가리키는 말.

권7

전제후록고설 상

田制後錄攷說 上

전제에서 상고해야 할 것은 앞에서 이미 논하였다. 여기에서 다시 향당鄕黨·호구戶口의 제도 및 농사에 힘쓰기, 과수를 심고 채소를 가꾸기, 부세賦稅, 수리水利, 백성이 비좁은 곳을 떠나 광활한 곳으로 가는 것을 허용하기, 상평창常平倉, 의창義倉, 구황救荒 등 긴요한 논의를 정리하여, 참고에 대비하도록 한다.

향당에 관한 논의

『주례』

『주례周禮』에 이렇게 나와 있다.

"대사도大司徒는 무릇 도都·비鄙를 세워 지역을 정해 두둑과 도랑을 만들고 그 실수室數로 마련해준다. 불역지不易地는 가호당 100묘畝를, 일역지一易地는 가호당 200묘를, 재역지再易地는 가호당 300묘를 지급한다. 그 육향六鄕[1]의 법은 5가家를 1비比로 하여 상호 보호하도록 하고, 5비를 1려閭로 하여 상호 받아들이도록 하고, 4려를 1족族으로 하여 상호 장례를 돕도록 하고, 5족을 1당黨으로 하여 상호 구제해주도록 하며, 5당을 1주州로 하여 상호 진휼해주도록 하

---

1   육향 『주례』 등에 서술되어 있는 권역이다. 위치와 범위는 명확하지 않으나, 대체로 정현의 설명에 따라 왕성으로부터 100리 내의 지역으로 간주되어왔다. 6개의 향이 설치되는 까닭에 육향이라 일컬어지며, 향마다 향대부를 두어 그곳의 정무를 관장하도록 하였다.

며, 5주를 1향鄕으로 하여 상호 어진 이를 손님으로 접대하도록 한다.

정현鄭玄이 이르기를, "왕국은 100리 이내를 육향으로 삼고, 그 밖을 육수六邃[2]로 삼는다. 1려는 25가, 1족은 100가, 1당은 500가, 1주는 2500가, 1향은 1만 2500가로 한다"라고 하였다.

3년이 되면 대비大比를 하며, 이 대비를 하면 나라의 비요比要[3]를 받는다. 비의 장長은 매 비에서 하사下士 1인을 두고, 려의 서胥는 매 려에서 중사中士 1인을 두고, 족의 사師는 매 족에서 상사上士 1인을 둔다. 당의 정正은 매 당에서 하대부下大夫 1인을 두고, 주의 장長은 매 주에서 중대부中大夫 1인을 두고, 향의 대부大夫는 매 향마다 경卿 1인을 두어, 각자 그 다스리는 곳의 행정 교육과 치안을 담당하게 한다.

육수六邃는 5가를 1린鄰으로, 5린을 1리로, 4리를 1찬酇으로, 5찬을 1비鄙로, 5비를 1현縣으로, 5현을 1수邃로 정한다.

육수의 지역은 원교遠郊에서부터 기내畿內에 이르는데, 그중에는 공읍公邑, 가읍家邑, 소도小都, 대도大都가 있으며, 이곳에서 린鄰·리里·찬酇·비鄙·현縣·수邃를 이루는 것은 교내郊內에 비比·려閭·족族·당黨·주州·향鄕이 있는 것과 마찬가지이다.

정사농鄭司農[4]이 말하기를, "전야의 거주지에서 그 단위의 명칭이 국중國中과 제도를 달리하는 까닭에 5가를 린鄰으로 삼은 것이다"라고 하였다. 정현은 말하기를, "명칭을 달리한 것은 서로 다른 것을 보여주기 위한 것이다"라고 하였다.

린鄰의 장長은 각 린마다 1인을 두고, 리里의 재宰는 각 리마다 하사下士 1인을 두고, 찬酇의 장長은 각 찬마다 중사中士 1인을 둔다. 비鄙의 사師는 각 비마다

2　육수 『주례』 등에 서술되어 있는 권역이다. 육향과 인접한 바깥쪽에 만들어진 공간으로, 역시 위치와 범위는 명확하지 않으나, 대체로 정현의 설명에 따라 왕성으로부터 100리 밖의 지역으로 간주되어왔다.

3　비요 대비(大比)의 결과를 정리한 문서를 가리키는 말. 『주례』에 나와 있는 제도로서 3년마다 호구 및 백성의 재산을 조사하는 것을 대비(大比)라 하였다.

4　정사농 정중(鄭衆)을 가리킴. 정중은 후한 때 인물로, 대사농(大司農)을 지냈기 때문에 이처럼 부른다. 한편 그의 후대에 정현(鄭玄)이 학자로 이름이 높았으므로, 정중을 선정(先鄭), 정현을 후정(後鄭)으로 일컫기도 한다.

상사上士 1인을 두고, 현縣의 정正은 각 현마다 하대부下大夫 1인을 두고, 수遂의 대부大夫는 각 수마다 중대부中大夫 1인을 두어, 각자 그 다스리는 곳의 행정 교육과 치안을 담당하게 한다."

관중의 논의

제齊 환공桓公이 관중管仲을 등용하매, 관중이 이렇게 말했다.

"잘 다스리는 것은 성곽에 달려 있지 않습니다. 10가家로 상보하게 하고 5가로 지키게 하여, 오伍에는 리里가 빠진 것이 없고 십什에는 가가 빠진 것이 없습니다. 그런 까닭에 도망한 자가 있어도 숨을 곳이 없고 옮겨가더라도 받아줄 곳이 없습니다. 구하지 않아도 얻을 수 있고 부르지 않아도 오게 됩니다. 그런 까닭에 사람들은 도망치려는 마음이 없고 관리는 채워 넣거나 쫓아갈 근심이 없습니다. 때문에 군주의 정사가 사람들에게 행해지고 사람들의 마음은 군주에 매이게 됩니다. 그러므로 나라를 통제하는 데 교내는 5가로 1궤軌를 만들고, 10궤로 1리里를 만들고, 4리로 1련連을 만들고, 10련으로 1향鄕을 만들고, 5향으로 1수帥를 만듭니다. 서울 안의 15향은 5가로부터 수에 이르며, 교외는 30가가 1읍邑이 되어, 10읍이 1졸卒이 되고, 10졸이 1향이 되고, 3향이 1현이 되고, 10현이 1속屬이 됩니다. 속은 5개가 있어 5가로부터 속에 이르기까지 각기 관장官長이 있어 그 사물을 맡으며 군정도 여기에 포함됩니다."

한나라의 향정

한漢나라는 진秦나라 제도에 의거해서 군현제를 실시하였다. 매 10리에 정亭을 설치하고 정에 장長을 두었다. 10정에 1향鄕을 설치하고 향에는 삼로三老·유질有秩·색부嗇夫·유요游徼를 두었다. 『풍속통風俗通』에서 이르기를, "'유질有秩'이란 처음 관직에 오른 것을 말한다. '색嗇'은 살핀다는 뜻이고 '부夫'는 부세의 의미이니, 그 부세를 고르게 하는 것이 마땅하다는 말이다"라고 하였다. 삼로는 교화를 관장하고, 색부는 송사와 부세를 담당하고, 유요는 순찰을 돌며 도적을 금기하는 것이다. 현은 대강 사방 100리인데, 백성이 조밀하면 담당 지역을 줄여주고 드물면 넓게 맡도록 한다. 향鄕·정亭 또한 이와 같이 한다. 백성 중에 나이 오십 이상으로 행실이 있고 능력이 있어 많은 사람들이 훌륭하다고 여기는 자를 뽑아서 삼로로 삼으며, 향의 삼로 중 1인을 택하여 현삼로縣三老로 삼으며, 현령과 승丞과 위尉는 일을 가르치며 다시는 요역을 부과하지 않도록 했다.

섭적葉適5이 이렇게 말했다.

"한나라 때 현縣·향鄕·정亭의 제도는 본래 상앙商鞅에 근본을 두었던 것이다. 상앙이 봉건제를 바꾸었다고 하지만, 실은 천자국인 주나라가 쇠약해지면서 큰 제후국이 옛 제도를 쓰지 않기도 했던 것이다. 제齊·진秦·초楚 같은 나라들이 자기들 편의대로 땅을 나누어 지방관을 임명했으니, 상앙 이전에도 종종 있었던 일이다.

옛날엔 100리 정도의 협소한 지역도 하나의 조정이 있었다. 후세의 관점에서 보면 백성이 번거로웠을 것 같지만, 삼로, 색부, 유요와 같은 이들은 각기 직임이 있어 백성을 가까이 하여 책임을 나누어 맡았다. 후세에 온통 아무 질서가 없이 영장令長이 사납게 독단으로 백성에게 뜯어내길 일삼는 것은 또한 상앙이 하지 않았던 바이다."

북위의 삼장제

○ 후위後魏 초에는 삼장三長을 두지 않고 오직 종주宗主6를 두어 감독하였으니, 이 때문에 숨기거나 거짓으로 채워서 50가나 30가를 1호戶7로까지 하고

5 　섭적 1150~1223. 중국 남송시대 학자. 자는 정칙(正則), 호는 수심(水心). 벼슬은 보문각대제(寶文閣待制)에 이르렀다. 그의 학문은 '사공학(事功學)'으로 일컬어지는데 주희의 성리학, 육구연(陸九淵)의 심학과 대립되는 입장이었다. 저서로 『수심문집(水心文集)』, 『습학기언(習學記言)』 등이 있다.

6 　종주 30~50가에 이르는 민가를 자신의 호 내에서 거느리며 지배하던 호족.

7 　호 여기서 호는 법제호를 가리키는 것이므로, 자연호와는 개념상 다르다.

'음부陰附'[8]라고 일컬었다. 음부에 속하는 경우 모두 관의 역이 없고 호강豪强들에 의한 착취가 공적인 부역보다 배나 되었다.

북위의 효문제孝文帝 태화太和 10년(486)에 급사중給事中 이충李沖이 삼정三正이 백성을 다스린 것은 유래가 오래되었다고 하여 이에 삼장제三長制 설치를 다음과 같이 제안하였다.

"마땅히 옛날에 의거하여 5가家에 인장鄰長 1인을 두고 5린鄰에 이장里長 1인을 두며 5리里에 당장黨長 1인을 두어야 합니다. 당장은 그 향鄕에서 강건하고 신중한 사람을 취하며, 인장은 1부夫의 부역을 면제해주고, 이장은 2부의 부역을 면제해주고, 당장은 3부의 부역을 면제해줄 것입니다. 이 세 장長이 3년 동안에 과오가 없으면 1등을 진급시키도록 할 것입니다."

태후太后[9]는 제안을 보고 좋다 하며 공경公卿들을 불러서 보고 의논하도록 하였다. 중서령 정의鄭義 등은 말하기를, "이충이 삼장을 구해 세우자는 것은 천하를 온통 하나의 법으로 다스리자는 것이어서, 말이 쓸 만한 것 같지만 사실은 행하기 어렵습니다"라고 하였다. 태위太尉 원비元丕는 말하기를, "이 법을 시행하면 공사 간에 유익할 것입니다. 지금 일이 바쁜 때에 인구를 조사한다면 신법과 구법이 가려지지 않아 민심이 원망할 터이니, 청하옵건대 이번 가을이 지나 겨울철에 이르러 서서히 사람을 각처에 보내는 것이 마땅할 것입니다"라고 하였다.

이충이 말하였다.

"백성은 제도를 따르도록 할 수는 있지만, 내용까지 알게 할 수는 없습니다. 만약 부세를 내야 할 때에 당해서 실시하지 않으면, 백성은 한낱 장을 세워 호구조사를 하는 수고로움만 알고 부역을 고르게 하고 줄여주는 이로움을 경험

---

8   음부 세력이 있는 자에 투탁하는 가호를 지칭하는 말. 중국의 후위 시대에 이것이 제도처럼 되어 있었다.
9   태후 문성문명황후(文成文明皇后) 풍씨(馮氏)로, 5세에 즉위한 효문제를 대신하여 섭정을 했다.

하지 못하기 때문에 반드시 마음에 원망이 생깁니다. 의당 부과할 때에 미쳐서 부세의 공평함을 알게 한다면, 백성이 이미 그 일을 경험하고 또 그 이로움을 얻게 되니, 사람들의 욕망에 맞추어서 행하기 쉽게 됩니다."

저작랑著作郎 부사익傅思益이 나아가 아뢰었다.

"민속이 다른데다가 험하고 쉬운 것이 같지 않은데 9품으로 나누어 보낸 것이 이미 오래되었습니다. 그런데 하루아침에 법을 고치면 시끄러울까 걱정됩니다."

태후는 이르기를, "삼장제를 실시하면 부과하는 것에 일정한 기준이 있고 부역도 공평하게 나누어지며, 숨겨진 호구도 드러날 수 있고 요행을 노리는 사람들도 없어질 것인데, 어찌 불가할 것이 있겠는가?"라고 하였다. 드디어 삼장제를 실시하니, 백성이 처음에는 모두 수고롭게 여겼고 부호들은 더욱 원하지 않았으나 이윽고 부세를 부과함이 모두 공평하고 줄어들어 상하가 편안하게 여겼다.

수나라의 향정

○ 수隋 문제文帝는 5가家를 1보保로, 5보를 1려閭로, 4려를 1족族으로 하고 모두 정正을 두도록 명을 내렸다. 경기 이외의 지방에는 여정閭正에 해당하는 이정里正을 두고, 족정族正에 해당하는 당장黨長을 두어 서로 점검하고 살피도록 했다.

소위蘇威는 "500가에 향정鄕正을 두어 민간의 송사를 처리하도록 하십시오"라고 아뢰었다. 이에 이덕림李德林은 아뢰기를, "본디 향관鄕官이 판결하는 것을 폐지했던 것은 그 지역에 친히 아는 자가 많으면 판결이 불공평할 수 있기 때문이었습니다. 지금 향정이 500가를 전적으로 다스리도록 하면 그 해가 더욱 심할까 걱정됩니다. 또한 지금 이부吏部에서 인물을 다 뽑자고 보면, 천하는 수백 현에 불과한데 600만~700만 호 안에서 수백 명의 현령을 가려내고자 하여도 적절한 인재를 얻기 어렵습니다. 그러니 한 향 내에서 능히 500가를 다스릴 한 사람을 뽑는 것은 필시 적임자를 얻기 어려울 것입니다"라고 하였다. 황제는 끝내 소위의 말을 좇아 드디어 향정을 두게 되었다.

그 10년 후에 우경칙虞慶則 등이 관동關東의 여러 도道에 나갔다가 돌아와서 다 같이 아뢰기를, "500가를 맡은 향정이 송사를 전적으로 처리하니, 사람들에게 불편하고, 편에 따라 애증이 엇갈리고 뇌물이 공공연하게 통행됩니다"라고 하였다. 이에 이 제도를 폐기하였다.

당나라의 향정

○당나라는 4가家를 1린鄰으로 하고, 4린을 1보保로 하고, 100가를 1리里로 하며, 500가를 1향鄕으로 하도록 했다. 각 리마다 정正 1인을 두어 산골짜기나 험한 지역으로 땅이 멀고 사람이 드문 곳에는 형편에 따라 헤아려 두었다. 호구를 조사하며 농사와 양잠을 권장하며 비위 사실을 감독하고 부역을 독려하는 일을 관장하도록 했다.

성읍에는 방坊을 설정하고 따로 정正 1인을 두어 방의 대문 관리와 간음·불법 행위를 감시하는 일을 관장하도록 하고, 그에 대해서는 과역課役을 아울러 면제해주었다. 전야의 지역에는 촌村을 설정하여 따로 정 1인을 두는데, 그 촌이 100가家 이상인 경우 정 1인을 더 두며 관장하는 일은 방정坊正과 마찬가지이다. 촌이 10가 이하인 경우, 대촌大村에 포함시키고 따로 촌정을 두지 않았다.

여러 이정은 현사縣司[10]가 6품 이하의 훈관勳官[11]과 백정白丁[12]으로 청렴·공평·강건한 자를 선발하여 충원하며, 그다음은 방정이 된다. 만약 그 해당 리에 사람이 없으면 이웃 리에서 뽑을 수 있으며, 촌정은 백정 중에서 취해 충원한다.

---

10   현사 현의 담당자를 가리키는 말.
11   훈관 공이 있는 자에게 내리는 벼슬. 실질적인 직무를 맡지 않는 일종의 명예직이었다.
12   백정 수·당 시기에 직위는 없지만 천인이 아닌 일반 평민에 대한 칭호.

이상의 내용은 향당鄕黨에 대해 논한 것이다.13

호구에 관한 논의

『주례』

『주례周禮』에 이렇게 나와 있다.

"대사도大司徒는 나라의 토지의 도면과 인민의 숫자를 관리하여 왕을 보좌해 방국邦國을 안정시키는 일을 맡는다."

"사민司民14은 만민의 수를 등재하는 것을 관장하여, 태어나서 이가 난 아이[生齒]15부터 모두 판적版籍에 기록한다. 국중國中16과 도都·비鄙 및 교야郊野를 분변하되 각기 남녀를 구분하고 해마다 출생자와 사망자를 올리고 내리고 한다.

사민은 3년마다 실시하는 대비大比에서 만민의 숫자를 사구司寇에게 보고한다. 사구는 초겨울 사민성司民星17에 제사를 지내는 날에 이르러 그 인구수를 왕에게 바친다. 왕은 그것을 절하고 받아 천부天府18에 올린다. 내사內史19와 사회司會20와 총재家宰21는 그것의 부본副本을 만들어 왕의 통치에 협찬을 한다."

그 정본은 천부에 올린다. 내사·사회·총재가 관장하는 것은 그 부본이다.

---

13 이상의 내용은 두우(杜佑)의『통전』권3「식화 3·향당(鄕黨)」에서 인용한 것이다.
14 "백성의 수를 주관하는 직책." — 원주
15 "남아는 8개월, 여아는 7개월이 되면 이가 난다." — 원주
16 "왕국의 안." — 원주
    여기서 왕국은 왕이 있는 나라라는 의미이다.
17 사민성 사람의 생사를 맡는 별로, 헌원(軒轅)이라는 성좌의 하나이다.
18 천부『주례』의 춘관(春官)에 속하는 관직. 조묘(祖廟)의 수호, 호적의 보관 등을 관장한다.
19 내사『주례』의 춘관에 속하는 관직. 작록 등을 관장한다.
20 사회『주례』의 천관(天官)에 속하는 관직. 국가의 육전(六典), 팔법(八法), 팔칙(八則)의 실무를 보좌하는 일 등을 관장한다.
21 총재『주례』천관(天官)의 수장이자 국정을 총괄하는 관직.

서간의 『중론』

○ 서간徐幹[22]은 『중론中論』에서 이렇게 말하였다.

"무릇 국가를 잘 다스리는 것은 여러 실적을 일으키는 데 달려 있다. 여러 실적이 일어나는 것은 일을 공평하게 시키는 데 있고, 일을 공평하게 시키는 것은 백성의 숫자를 두루 파악하는 데 있으니, 백성의 숫자를 두루 파악하는 것은 나라를 다스리는 근본이다.

선왕들은 만백성의 수가 많고 적은 것을 두루 알아서 구직九職으로 구분을 했던 것이다. 구직으로 잘 구분을 하면 수고하는 자가 드러날 수 있고, 부지런한 자와 게으른 자가 알려질 수 있다. 그러고도 일을 공평하게 시키지 못한 자는 있지 않았다. 일을 시키는 것이 이미 고르게 되면 그로 인해 위에서 마음을 다하고 아래에서는 사람들이 힘을 다하게 된다. 그러고도 여러 실적이 일어나지 않는 경우는 있지 않았다. 여러 실적이 이미 일어나고 보면 그로 인해 국가는 풍성해지고 대소의 인원들은 부족함이 없고 백성은 화목하게 되어 아래에서 원망과 증오가 없게 된다. 그러고도 고루 다스려지지 않는 경우는 있지 않았다.

그러므로 물은 근원이 있고 다스림은 근본이 있으니, 나아갈 길은 근본을 찾는 데 있을 뿐이다. 그래서 『주례』에 '초겨울에 사구가 인구수를 왕에게 바치며, 왕은 그것을 절하고 받아 천부에 올린다. 내사·사회·총재는 그것의 부본을 만든다'라고 하였던 것이니, 인구를 중시한 것이 이와 같았다.

오늘날 정치를 하는 자들은 백성을 구휼할 줄 알지 못한다. 비유컨대 땅이 없이 농작물을 가꾸라고 하면 아무리 농부가 있다 하더라도 어떻게 능히 자기의 힘을 다 쓸 수가 있겠는가? 이 때문에 선왕은 육향六鄕·육수六遂의 법을 제정하였으니, 백성을 유지하면서 기강을 세우려고 했던 것이다. 그리하여 이웃 간에 서로 보호하고 사랑하며 상과 벌이 상호 연계되도록 하였다. 때문에 들고

---

22 서간 170~217. 후한 말엽의 인물. 자는 위장(偉長). 시(詩)·부(賦)에 뛰어나 건안칠자(建安七子)의 한 사람으로 일컬어졌다. 경세론을 담은 『중론(中論)』이 전하고 있다.

나고, 살고 죽고, 좋고 나쁘고, 거역하고 순종하는 것을 다 알 수 있었다.

혼란스런 군주가 국정을 맡게 됨에 미쳐서 호구가 국가의 장부에서 누락되며 부가大家[23]가 연오聯伍[24]에서 탈락하여 역을 회피하고 유망流亡하는 자가 발생하게 되었다. 이에 간교한 마음이 다투어 생겨나 허위도 아울러 일어나니, 적으면 훔치는 행위를 하고 크면 겁탈을 하여 아무리 준엄한 형벌과 명령으로도 구제할 길이 없다.

사람 숫자는 모든 일의 출발이 되는 것이니 철저히 바르게 해야 한다. 그리하여 농지와 주거를 나누어주고, 공물과 부세를 내도록 하고, 필요한 기용器用을 제조하고, 녹봉을 마련하고, 전역田役을 일으키고, 군대를 갖춘다. 국가는 이로써 법전을 제정하고, 가문은 이로써 법도를 세우며, 오례五禮는 이로써 실천되고, 구형九刑은 이로써 시행되니, 오직 사람의 숫자를 파악하는 데 있지 않은가!"

토단법

○ 동진東晉의 애제哀帝(재위 361~65) 흥녕興寧 2년 3월 경술일에 호구를 전국적으로 조사하여 소재지를 기준으로 토단법土斷法[25]을 실시하도록 했는데, 이를 일러 '경술제庚戌制'라 하였다.

동진 효무제孝武帝(재위 372~96) 때에 범녕范甯[26]이 당시 정치에 대해서 이렇게

---

23 부가 성인 남성인 부(夫)와, 그가 혼인하여 일군 가호.

24 연오 『주례』의 편제로, 「지관(地官)·족사(族師)」에 따르면 5가(家)를 1비(比)로 10가를 1련(聯)으로 삼았으며, 5인(人)을 1오(伍)로 10인을 1련으로 삼았고, 4려(閭)를 1족(族)으로 8려를 1련으로 삼았다.

25 "토단은 서북지역의 사민(士民)이 동남지역에 우거하는 경우, 사는 곳을 토착하는 곳으로 판단하는 것이다."―원주
    중국 역사에서 북방 여러 종족의 침입으로 서진이 망하면서, 그 일부가 동남지역[江左]으로 옮겨 와서 이후 남북조시대가 되었다. 그에 따라 동진으로 온 귀족들이 강좌지역으로 이거하여 문제가 발생했는데, 토단법은 이를 해결하기 위한 조처였다.

26 범녕 339~401. 중국 동진 때의 관인학자. 자는 무자(武子). 벼슬은 중서시랑(中書侍郎)에 이르렀으며, 당시 유행하던 왕필(王弼), 하안(何晏)의 현학(玄學)에 반대하여 경학에 힘썼다. 저

482

진언하였다.

"예전에 중원을 잃어 강좌江左²⁷로 넘어왔을 때, 곧 돌아갈 기약이 있는 것으로 생각했던 까닭에 본 지역을 주注로 기록해 넣도록 허용하였습니다. 그런데 점차 세월이 지나고 사람들은 그곳에 안주하여 분묘가 줄줄이 만들어졌습니다. 그래서 실제로 여기 살면서 이곳의 호적에는 이름이 올라 있지 않습니다. 지금 의당 구역을 바로 해서 토단법으로 호적을 정리, 고시考試의 제도를 분명히 하고 민호의 편성을 정비해야 할 것입니다.

이렇게 하는 것이 어렵다고 주장하는 자들은 으레 사람들이 저마다 자기 고향을 생각하는 마음과 부역을 회피하려는 뜻이 있다고 합니다. 그러나 이는 실로 겸병을 하고자 하는 집착에서 나오는 것이니 이치에 통하는 논리가 아닙니다. 옛날에도 땅을 잃은 군주가 몸을 부친 나라의 주인에게 신하 노릇을 했고, 열국列國의 신하들 또한 자기 지위와 어긋나는 예가 있었습니다. 하늘 아래 사람들은 그 성씨의 근원이 모두 시대에 따라 바뀌는 것입니다. 어찌 지금에 이르러서 유독 불가하다고 할 것입니까."

효무제는 좋다고 하였다.

동진의 안제安帝 의희義熙 9년(413)에 송공宋公 유유劉裕²⁸가 사람들의 주거지 문제와 관련해서 표문을 아래와 같이 올렸다.

"선왕이 다스리는 제도를 마련하매, 전국의 토지에 대해 경계를 나누어 질

서로 『춘추곡량전집해(春秋穀梁傳集解)』가 있다.

27 강좌 양자강 하류의 동쪽 지역으로 오늘날 강소성(江蘇省) 일대. 동진(東晉)의 거점이자 행정구역이기도 했는데, 서진(西晉)은 내란인 팔왕(八王)의 난(300~306)과 북방 민족이 일으킨 영가(永嘉)의 난으로 멸망하였고, 이후 남쪽으로 피란 온 왕족 사마예(司馬睿, 元帝, 재위 317~22)가 남경에 도읍을 정하고 동진(東晉)을 세웠다.

28 유유 동진 말엽의 인물로, 송(宋)의 시조가 됨. 한(漢) 초원왕(楚元王) 유교(劉交)의 후예이나 가세가 빈한하였는데, 여러 차례 군공을 세워 명성을 얻었다. 특히 환현(桓玄)의 반란을 진압하여 안제(安帝)를 복위시키면서 동진의 병권을 장악했고, 이에 송공(宋公)에 봉해졌다. 뒤에 동진의 공제(恭帝)로부터 선위를 받는 형식으로 제위에 올라 국호를 송(宋)이라 하고 초대 왕이 되었다. 시호는 무제(武帝)이다.

서를 세워 모두 자기가 사는 곳에 편안하게 되었습니다. 그런고로 정전제는 삼대三代의 때에는 준수하였는데 진秦나라가 이 제도를 바꾸었고 한漢나라도 회복하지 않아 부강한 이가 겸병하는 폐단이 일어났습니다. 서한西漢 때에 전씨田氏와 경씨景氏[29] 일족을 크게 옮겨 관중關中지역을 채워서 그들도 삼보三輔[30]를 고향으로 삼고 다시는 제齊나라, 초楚나라에 매이지 않게 되었습니다. 그리하여 온 나라가 동요하지 않고 그들도 이주한 땅에 안주하게 되었습니다.

그런데 영가永嘉[31] 연간에 남방으로 넘어오면서부터 회해淮海 지역에 의탁해 있으면서 조정은 광복匡復할 계책을 도모하고 사람들은 고토故土를 생각하는 마음으로 큰 전략을 도모하느라 다른 생각을 할 겨를이 없었던 까닭에 백성을 안정시켜 통치하는 데에는 여력이 없었습니다. 대사마 환온桓溫에 이르러 인민의 근본을 세우지 않으면 다스리는 데 손상됨이 크기 때문에 경술토단법庚戌土斷法을 정해 생업을 전일하게 할 수 있도록 하였습니다. 이때에 이르러 재물이 축적되고 나라가 풍성해진 것은 실로 여기에 말미암은 것입니다.

그로부터 지금에 이르기까지 햇수가 오래 지나면서 통일된 제도가 점차로 무너져 사람들이 떠돌며 뒤섞여 살게 되면서 여오閭伍[32] 제도가 제대로 시행되지 않았습니다. 그 때문에 나라의 통치가 제대로 실시되지 않고 폐해가 그대로 있게 되었습니다. 지금 고쳐나가지 않으면 통치해갈 수 없으며, 무릇 인정은 일상적인 데 집착해 있는바 시작하기를 함께 의논하기가 어렵습니다. 부모의 나라를 고향[桑梓]이라고 이르는 것은 진실로 태어난 땅이라 공경하고 사랑하

---

29 전씨·경씨 전씨는 제나라가 멸망할 당시의 왕족이며, 경씨는 초나라가 멸망할 당시의 왕족이다.

30 삼보 한나라의 수도인 장안(長安)의 인접 지역인 경조(京兆)·풍익(馮翊)·부풍(扶風)을 지칭하는 말.

31 영가 서진 말기 회제(懷帝) 때의 연호. 이때 흉노를 중심으로 한 북방 민족이 쳐들어와서 진나라가 망하게 되었고, 진나라의 황족인 사마씨(司馬氏)가 강좌(江左)지역인 남경으로 옮겨와서 동진을 세웠다.

32 여오 려(閭)와 오(伍)를 단위로 하여 촌락의 가호를 편성하는 방식으로, 대체로 오는 5가, 려는 25가이다.

는 마음이 가는 곳이기 때문입니다.

청하옵건대 경술년의 토단법에 의거하여 애오라지 그 근본을 유지하면서 조금이나마 일이 뚜렷하게 된 연후에 인의仁義로 지도하고 위세로 고무시킨 다음 대강大江을 넘고 황하를 밟아 구주九州를 어루만지며 구토를 회복하게 되면, 근본을 그리워하는 뜻이 이에 당장 펼쳐지게 될 것입니다. 시작함에 있어서는 일시 어려움이 있겠지만 끝에 가서는 필시 잘 해결될 것입니다."

이에 경계를 따라서 토단법을 다시 실시하게 되었다.

당나라의 호적

○ 당령唐令에는 무릇 남자나 여자나 처음 태어나면 '황黃'이라 하고, 4세가 되면 '소小'라 하고, 16세가 되면 '중中'이라 하고, 20세가 되면 '정丁'이라 하고, 60세가 되면 '노老'라 하되, 매년 인구의 장부를 작성한다. 3년이 되면 호적을 3부 만들어서, 하나는 본 고을에서 보관하고, 하나는 주州에 올려보내고, 하나는 호부戶部에 올려보낸다.

역대 호구의 증감

○ 역대 호구의 증감을 보면 다음과 같다. 주周나라 무왕武王이 상商을 정벌하여 천하를 맡게 되고 주공周公이 성왕成王을 보좌하여 나라가 잘 다스려져서 형벌도 쓰지 않을 정도가 되었을 때에 인구는 1370만 4923명이었으니, 이는 주나라 역사에서 가장 번성한 시대였다.

평왕平王(13대, 재위 B.C. 770~B.C. 720)이 동쪽으로 옮긴 지 30여 년이 되는 장왕莊王(15대, 재위 696~B.C. 682) 13년은 제齊 환공桓公 2년에 해당한다. 5000리 밖으로는 천자가 직접 통치하지 못했는데, 태자太子로부터 공후 이하로 서민에 이르기까지 모두 1194만 1923명이었다.

○ 한漢나라는 고조高祖(1대, 재위 B.C. 202~B.C. 195)로부터 효평제孝平帝(14대, 재

위 1~5) 원시元始 2년에 이르러 1223만 3000여 호에 인구 5959만 4900명이었으니, 이때가 전한前漢의 역사에서 가장 번성한 시대였다.

광무제光武帝(16대, 재위 25~57) 중원中元 2년에는 427만 9600여 호에 인구 2100만 7800명이었고, 환제桓帝(26대, 재위 146~67) 영수永壽 2년에 이르러는 1607만 900호에 인구 5006만 6000명이었으니, 이때가 후한後漢의 역사상에서 가장 번성한 시대였다.

○ 사천四川 지역의 촉蜀나라 소열昭烈(유비)과 중원의 위魏나라 조조曹操와 강동의 오吳나라 손권孫權이 각기 삼국으로 나뉘어 대치하여 전쟁이 끊이지 않았을 때, 촉나라는 28만 호였고, 위나라는 66만 3400호였으며, 오나라는 52만 호였다.

진晉나라 무제武帝 태강太康 원년元年에 오나라를 통합한 이후로는 대략 245만 9800호에 인구 1616만 3800명이었다.

○ 수隋 문제文帝는 후주後周를 계승하여 360만 호를 얻었고, 진陳나라를 평정해서 또 50만 호를 거두어들여서 검약으로 다스리고 전쟁을 일삼지 않았다. 그리하여 양제煬帝 대업大業 2년에 이르기까지 18년 사이에 890만 7000여 호에 이르렀다.

○ 당唐나라 고조高祖 초년에 200여만 호였고, 정관貞觀 연간(627~49)에는 정치를 잘하여 풍년이 자주 들어서 현종玄宗 천보天寶 14년(755)에 이르러는 891만 4700호에 인구는 5291만 9300명이었다. 이때가 당나라의 극성기였다. 안녹산安祿山의 난[33]을 거쳐서 숙종肅宗 건원乾元 3년(760)에는 193만 3100호였

---

[33] 안녹산의 난 현종 천보(天寶) 14년(755)에 안녹산(703?~57)이 범양(范陽)에서 반란을 일으켜 낙양(洛陽)과 장안(長安)을 함락시키고, 이듬해에 스스로 웅무황제(雄武皇帝)를 자칭한 일. 안녹산은 당(唐) 영주(榮州) 유성(柳城)의 해족(奚族) 출신으로 본래 성은 강씨(康氏)였는

으며, 문종文宗의 개성開成 연간(836~40)에 이르러는 499만 6700호가 되었다.

마단림馬端臨은 이렇게 말했다.[34]

"한대漢代 이후로는 호구로써 부세를 정했기 때문에 아무리 극성기라도 군현과 제후국에서 올린 호구의 판적은 결국 삼대三代와 양한兩漢의 수치에 미치지 못했다. 대개 부역을 피하기 위해 서로 호구를 숨기거나 누락시켰으니, 어찌 그 수치를 신빙할 수 있겠는가?"

두우杜佑는 이렇게 말했다.[35]

"옛날 현인이 이르기를, '창고가 충실하면 예절을 알고, 의식이 족하면 영욕을 알게 된다'[36]고 하였다.

공자가 위나라에 갔을 때 염유冉有가 모시고 있었는데, 공자가 말하기를 '인구가 많구나!'라 하였다. 염유가 '인구가 많으면 또 무엇을 더해야 하겠습니까?'라 하니, '부유하게 해야 한다'라 하였다. '부유하고 나면 또 무엇을 더해야 하겠습니까?'라 하니, '가르쳐야 한다'라고 하였다.[37]

이를 보면 참으로 나라가 넉넉하면 정치가 바로 서고 집이 넉넉하면 가르침이 필요하게 된다는 것을 알 수 있다. 이렇게 하지 않고 다스려지는 경우는 있지 않았다. 무릇 집이 넉넉해지는 것은 부세를 포탈하는 데 있지 않고, 나라가 넉넉해지는 것은 부세를 무겁게 물리는 데 있지 않다. 만약에 부세

데, 어머니가 돌궐(突厥) 사람 안연언(安延偃)에게 개가하여 안씨(安氏) 성을 쓰게 되었다. 전 공으로 평로병마사(平盧兵馬使)와 영주도독(營州都督)이 되었으며, 현종(玄宗)과 양귀비(楊 貴妃)의 총애를 받아 평로·범양·하동(河東) 3진의 절도사가 되었다. 안녹산은 반란에 성공한 뒤 황제를 자칭하면서 국호를 연(燕), 연호를 성무(聖武)라고 하였는데, 그 이듬해에 아들 안 경서(安慶緒)에게 살해되었다.

34 『문헌통고(文獻通考)』「호구고(戶口考)」에서 축약·인용한 것이다.
35 『통전』권7 「식화 7·호구」에서 인용한 것이다.
36 『관자(管子)·목민(牧民)』에 나오는 구절이다.
37 『논어·자로』에 나오는 구절인데, 약간의 글자상 출입이 있다.

를 내지 않으면 땅에 붙어 살지 못해 사람들은 가난해질 것이요, 부세를 무겁게 하면 영嬴[38]을 많이 살지우고 나라는 가난해지니, 그렇지 않겠는가?

삼대 시절에 정전제에 따라 부세를 정했으나, 진秦나라가 주나라의 제도를 바꾸고, 한나라는 진나라의 법을 그대로 따랐다. 위魏·진晉 이후에 여러 가지로 명목을 붙였지만 시폐時弊는 구제하지 못했다. 동진東晉이 강남지역으로 옮겨 왔고 모용씨慕容氏, 부씨苻氏, 요씨姚氏[39]가 중원을 번갈아 차지하게 되어 사람들은 뿌리가 없어져 사리가 손상된 것이 깊었다. 드디어 토단법土斷法이 나왔으니, 재물이 풍성하게 되고 인민의 생활이 넉넉하게 된 것은 실로 여기에 까닭이 있었다. 그후로 법제가 점차로 무너지고 해이해져서 옛날의 폐단이 되살아났는데, 의희義熙 연간에 토단법을 다시 시행하여 예전의 효과가 기록에 뚜렷이 나타나 있다.

수나라가 북주北周로부터 나라를 물려받아 대업大業 연간(605~18)에 이르러는 890만 호가 되었다. 그때 서위西魏의 혼란을 겪고 북주北周, 북제北齊 등이 나누어 점거해 있었으며, 포악한 군주와 부패한 관리들이 부역을 무겁게 하여 사람들이 견뎌내지 못하고 많이 거실巨室에 의탁하게 되었다. 규제와 질서가 문란해지고 간교와 허위가 더욱 심해졌다. 고경高熲[40]은 백성이 유리流離하여 흩어지는 문제가 있는 것을 보고 수적법輸籍法[41]을 세워서 과세의

---

38 "영(嬴)이란 대고(大賈)·축가(蓄家)를 말한다. 정당한 호구가 부역을 도피하면 떠돌아서 대고·축가의 부리는 바가 되어 그들의 이익만 거두어들이는 데에 이른다. 이에 관한 말은『관자(管子)』에 보인다." — 원주

　　원주가 밝힌 근거는『관자·국축(國蓄)』으로 보인다. 대고·축가는 대상인이나 재산을 많이 갖고 있는 집을 이른다.

39 모용씨, 부씨, 요씨 중국의 남북조시대 북조에서 나라를 일으킨 임금들. 모두 북방에서 쳐들어온 민족이었다. 모용씨는 선비족(鮮卑族)으로 모용수(慕容垂)란 인물이 후연(後燕)을 세웠고, 부씨는 저족(氐族)으로 부건(苻健)이라는 인물이 대진(大秦)을 세웠다. 요씨는 강족(羌族)으로 요장(姚萇)이라는 인물이 후진(後秦)을 세웠다.

40 고경 ?~607. 중국 수나라의 개국공신. 자는 소현(昭玄). 문제(文帝)를 도와 반대 세력을 진압하여 큰 공을 세웠는데, 문제를 이은 양제(煬帝)에게 간언을 하다가 죽임을 당했다.

명목을 정하고 액수를 가볍게 해주었다.

고경이 아뢰기를, "민간에 과세함에 정해진 액수가 있으나 매년 징수하는 데는 덜어 내거나 붙이는 것이 항시 많습니다. 관리들이 제 마음대로 문서를 바꾸어 완전한 것이 없기 때문에 점검하기 어렵습니다"라고 하였다. 이에 수적輸籍하는 문서의 양식을 만들도록 청했는데, 그 법은 무릇 백성이 바치는 과세는 모두 그 숫자를 문서에 기록하여 주·현의 관리들이 함부로 넣고 빼고 하지 못하도록 한 것이다. 이 문서를 여러 주에 두루 내려보내 매년 정월 5일에 현령이 사람들을 순회하도록 하고, 각기 가까이 있는 5당黨이나 3당을 같이 1단위로 만들어 양식에 의거해서 호戶를 상하로 정하도록 했다. 이로부터 부정이 용납될 곳이 없게 되었다.

사람들에게 부객浮客[42]이 되면 부세의 태반을 권세가에게 빼앗기고 호구에 편성되어 공민公民이 되면 세를 경감받는 혜택을 입는다는 것을 알도록 하였다.

옛날 한漢 문제文帝 3년(B.C. 177)에 사람에게 부과되던 전세田稅를 면제해주었다. 순열荀悅이 논하기를, "옛날 10분의 1의 세를 거둔 것은 천하에 꼭 맞고 바른 것이었다. 한나라는 100분의 1의 세를 받기도 했으니 지극히 가볍다고 할 수 있겠는데, 권세가들의 농지 점유가 더욱 많아졌으니 부객이 부세의 태반을 갖다 바친 꼴이었다. 나라에서 베푸는 혜택은 삼대 시절보다 훨씬 후했으나, 권세가의 횡포는 진나라 시절보다 더욱 혹독했다. 이는 나라의 혜택이 아래로 내려가지 않고 위세와 복록이 권세가에 의해 나누어지는 모양이었다. 근본을 바로 하지 않으면 권세 있는 자들에게 도움을 줄 따름이다"라고 하였다. 고경이 세를 경감하는 법을 제정하고 부객이 자연히 모두 호구로 편성되었으니, 수나라 시대의 부강한 것은 실로 여기에 까닭이 있었던 것이다.

---

41 수적법 수나라 때 고경이 제안하여 만들어진 법으로, 가호를 면밀히 조사해 보(保, 5가), 려(閭, 5보), 족(族, 4려)의 단위로 편성해 장부로 만들고, 이를 근거로 조세를 징수하였다.

42 "공적인 세를 피하기 위해 세력 있는 자에게 의탁하여 전호(佃戶)가 되는 것을 가리키는 말이다." ─원주
    부객은 곧 투탁(投託)하는 현상인데, 우리나라에서는 흔히 양호(養戶)라는 용어로 표현되기도 했다. 전호는 타인의 농지를 빌려 경작하는 농민이다.

먼저 믿음을 갖게 하고 뒤에 법령을 시행하면 백성이 은혜로움을 느끼며 간활한 무리는 용납될 곳이 없게 된다. 수나라의 축적이 천하에 가득 차고 풍속이 순후하게 된 것은 고경의 힘이었던 것이다.

당나라 정관貞觀 연간(627~49)에 호구가 300만이었다. 천보天寶(742~56) 말년에 이르기까지 130여 년인데도, 겨우 수나라 때의 호수戶數와 같아진 것이다. 당나라는 서한西漢 시대보다 융성했는데, 대략 천하의 호구를 계산하면 원시元始[43] 연간보다 많아야 하는데도 호적에 오른 것은 300여만밖에 되지 않았다. 이는 곧 당나라가 인재를 뽑아 쓰는 데 있어 문예를 크게 중시한 때문에 재능과 직책이 어긋나고 법령이 정사로 인해서 폐지되는 예가 있으며 명목을 따라 실질을 구하는 뜻이 어긋나고 말을 고찰하여 일을 묻는 도리를 잃었기 때문이다. 높은 지위에 오르고 아름다운 평가가 돌아가는 곳에 경박한 떨거지와 겉치레만 좋는 부류들이 없지 않았다. 법전을 익히고 문서를 가까이하는 것을 천박한 일이라 하고, 근본에 힘쓰고 지엽을 버리는 것을 실정에 멀다고 지탄한다. 풍류를 숭상하여 서로 다투고 경쟁하며 직무는 여러 서리들에게 맡겨두니 뇌물이 관청에 공공연히 오고가서 이 지경에 이른 것이다.

무릇 옛날 다스리는 일은 사람의 수를 잘 파악하는 데 있었다. 그래야만 부리는 일을 공평하게 할 수 있어 여러 가지 공적이 일어나 국가는 풍부해지고 집도 넉넉해져서 교화가 실현되고 풍속이 가지런해질 수 있다. 그렇게 됨에 따라 재난과 질병이 발생하지 않고 변란이 생기지 않게 된다. 그래서 『주관周官』에서는 비比·려閭·족族·당黨·주州·향鄕·현縣·비鄙의 제도를 두어 정치를 유지하고 사람 사이의 기강을 바로세웠던 것이다. 인민의 수를 정리한 문서를 임금에게 바치면 임금은 절하고 받아들인다 하였으니, 그 공경하고 지키는 것이 이처럼 무거웠다.

다스리는 도리가 법도에 어긋나고 판도版圖에 누락이 많아짐에 따라 사람

---

43 원시 서한 시대 황제인 평제(平帝) 때의 연호. A.D. 1~5.

들이 새와 짐승처럼 흩어지고 달아나도 통제할 수 없었다. 집은 이에 따라 궁핍해지고 나라는 이에 따라 빈곤해졌으며, 간활한 도적들이 점차 일어나서 나라를 기울게 만들고 있음에도 깨닫지 못하고 있다. 이는 국정의 원대한 문제이다. 앞으로 다스리는 도리를 구하자면 그 근본을 여기서 찾지 않고 되겠는가?"

○ 송나라 태조 때는 오대五代의 혼란기 다음이라 호구가 96만 7300호에 불과했는데, 지방에 할거한 세력들을 평정해서 개보開寶 9년(976)에 이르러는 천하의 주·객호主客戶[44]가 309만 500호가 되었다. 신종神宗 원풍元豐 6년(1083)에 이르러는 천하의 주·객호가 1721만 1700호에, 인구는 2496만 9300명이었다. 수도를 남쪽으로 옮겨 남송南宋이 된 고종高宗 소흥紹興 30년(1160)에는 전국의 주·객호가 1137만 5700호에, 인구가 1922만 9008명이었다.

마단림馬端臨의 기록에 이렇게 나와 있다.

"서한西漢의 전성기 호구는 대체로 10호에 48명 남짓이었다. 동한東漢의 호구는 대개 10호에 52명이었으니, 주나라 때 하농부下農夫[45]에 준한다고 볼 수 있다. 당나라 때 전성기 호구는 대개 10호에 58명 남짓이었으니, 주나라 때 중차농부中次農夫에 준한다고 볼 수 있다. 송나라의 원풍 연간에서 소흥 연간에 이르기까지 호구는 대체로 10호에 20명이었다. 그렇다면 한 집이 2명에 그쳤으니, 이럴 이치가 없다. 대개 이름자를 속이고 호에서 사람을 누락시킨 자가 많았던 까닭이다."

섭적의 상소문

섭적葉適은 효종에게 올린 상소문에서 이렇게 말했다.

---

44 주·객호 주호와 객호. 주호는 그곳에 2대 이상 거주하는 가호, 객호는 다른 지방에서 이주해 왔거나 유랑하는 가호를 가리킴.

45 하농부 『맹자·만장 하』에 나오는 말. 농부의 경작 능력을 구분하여 100묘의 농지로 상농부는 9명을, 상차농부는 8명을, 중농부는 7명을, 중차농부는 6명을, 하농부는 5명을 먹여 살릴 수 있다고 하였다.

"나라를 다스리는 요체는 백성을 얻는 데 달려 있습니다. 백성이 많으면 토지가 개간되어 세수가 증대하고 부역이 많아져서 군대도 강성하게 될 수 있습니다. 토지가 개간되어 세수가 증대하며 부역이 많아져서 군대가 강성해지면, 행하는 일은 반드시 이루어지고 하고 싶은 일은 반드시 이룩됩니다. 이런 까닭에 옛날 전국시대에 서로 힘을 기울이는 것으로 가장 시급한 것이 백성을 불러모으는 것이었습니다. 상앙商鞅은 삼진三晉[46]의 농사짓기를 원하는 백성을 끌어와서 진나라 땅에 채워놓았습니다. 한나라 말기 천하가 온통 쇠잔해지고 삼국이 서로 다툴 때, 손권孫權은 산월山越[47]의 사람들을 수색해서 백성으로 삼았으며, 배를 타고 바다 건너 멀리 떨어진 곳까지 가서 섬에 사는 부족들을 포로로 잡아다 부려먹었습니다. 대개 촉나라가 망할 때에 호구가 28만이 되었고, 오나라가 망할 때에 호구가 50여만이 되었으며, 위나라도 100만 호가 되지 못했습니다. 천하 전체를 잡아도 한나라 때 몇 군郡의 호구를 당할 수 없는 정도였습니다. 그런즉 인민의 많고 적음으로 인해 나라의 강약이 결정되는 것은 예로부터 그러했습니다.

지금 천하의 주州·현縣에서 현재 공납을 바치는 사람만 두고 말하건대, 이미 모집해서 병사가 된 자 수십, 수백만 인 말고도 그 나머지로 중이나 도사가 된 자 및 역을 서면서 도첩度牒[48]을 받지 않은 자가 또 수십만 인입니다. 이와 같은 것은 다 말할 것도 없이 호구가 번창하고 출생자가 늘어나서 거의 전성기에 이르러 강대하고 부유한 모양이 의당 천하의 무적인 것입니다. 그런데 인구가 한쪽에 치우쳐 고르지 못하고 세력에 붙어 나라에 가까이하지 않아 이 때문에 농지를 개간하는 이로움이 없고 세입이 늘어나지 않고 있습니다. 부역에 나오는 사람은 많지 않고 군사도 강하지 않아 도리어 빈약한

---

46 삼진 춘추전국시대 진(晉)나라가 한(韓)·위(魏)·조(趙) 세 나라로 나뉘었는데, 이를 삼진이라 일컬었다.

47 산월 중국 고대에 장강(長江) 이남 지역에 거주했던 종족의 명칭. 월족(越族)의 일부였다.

48 도첩 불교의 승려에게 발급하던 신분증명서. 중국 남북조시대에 시작되었고 당나라 때 정착된 제도. 도첩을 받은 자에 대해서는 세와 역이 면제되었다.

모습이 밖에 드러나고 있습니다. 백성이 아무리 많아도 쓸 곳을 알지 못하고 제가 살다가 제가 죽도록 놓아둘 따름입니다. 주·현에서는 또 정남丁男과 중남中男에 근거해 비단 값으로 따져서 받아갑니다. 이는 그 뜻이 백성은 이 땅에서 마땅히 살아갈 자들이 아니라고 하여 마구 뜯어내는 것입니까?

무릇 전 시대에는 백성을 불러모으기도 심히 어려웠고 많아질 날을 기다려 쓰려고 하다가 끝내 그렇게 되지 못하였습니다. 지금 국내외의 일을 해보고자 함에 이미 번창해진 백성을 거느리고 북쪽으로 향하면 누가 감히 싸우려고 나서겠습니까?[49] 일찍이 이런 뜻을 제창한 논자도 없었으니, 이는 너무도 근본을 모르는 것입니다.

신은 생각해보건대 백성이 있으면 필히 땅을 개간하도록 해야 하니, 땅이 개간되면 백성은 넉넉해지고 세수도 증가하며 백성은 거주지에서는 역을 서게 되고 나가면 병사가 될 수 있습니다. 지금은 그렇지 않아 그들이 궁하게 살며 초라한 모습으로 벌어먹을 땅도 없도록 만들고 있습니다. 그들 중에 어리석고 재주가 없는 자는 떠돌이가 되거나 품팔이가 되며, 잇속에 밝고 힘깨나 쓰는 자는 장사치가 되거나 도둑이 되어 구차하게 먹고살며 가정을 이루지도 못하고 있습니다. 풍년이 들어 즐거운 해에도 시장에는 곡식이 귀해 백성은 한 말 한 되의 곡식을 구해도 얻을 곳이 없어 항상 걱정하고 있습니다. 대체로 세와 역이 관에서 직접 관리되는 것이 3분의 1도 되지 못합니다. 농지가 있는 자는 스스로 개간하지 않고, 개간을 할 수 있는 것은 자기 농지가 아닙니다. 이것이 아무리 호구가 늘어나고 출생자가 많아져도 나라에서 이들을 얻어 쓰지 못하는 원인입니다.

오월吳越 지방[50]의 번영은 가까이 당나라 말엽부터입니다. 인민이 집중되

---

49 당시 남송은 금나라에 중원을 빼앗기고 남방으로 쫓겨와 있었다. "북쪽으로 향하면"이란 구토를 회복하기 위해 나서는 것을 의미하는 말이다.

50 오월 지방 현재 중국의 강소성, 절강성 지역을 가리키는 말. 춘추전국시대에 오나라와 월나라가 이곳에 있었기 때문에 이렇게 일컬어진다.

어 15주州의 인구는 지금 천하의 반에 해당하고 있습니다. 이곳의 토지로 헤아려보건대 수용하기에 부족하니 어깨가 부딪치고 소매가 걸릴 지경이어서 살 곳이 걱정되어 편안치 못합니다. 반면에 형초荊楚 지방[51]은 들판이 묵어서 수풀로 덮여 있어 천 리에 마을을 찾아보기 어렵습니다. 오월 지방의 백성을 나누어 형초 지방으로 이동시키면 농지는 더 개간이 되고 백성은 스스로 살기에 족하게 될 것입니다. 그러면 이들을 부역에 쓸 수도 있고 군사로 동원할 수도 있으며, 재부財賦를 다스리기에 힘쓰지 않아도 저절로 부유하게 될 것입니다. 신은 생각기에 오늘날의 임무로서 이보다 중요한 것이 없다고 봅니다."

마단림馬端臨은 이렇게 말했다.[52]

"천자로부터 서민에 이르기까지 각기 직분이 있다. 군자가 공경公卿의 벼슬을 맡는 것이 그의 직분이요, 서민이 군사가 되는 것이 또한 직분이다. 이 때문에 옛날에는 직職을 가리켜 역役이라고 부른 예는 없었다. 옛날에 역이라 이르는 것이란 혹은 군사를 일으키면 방패와 창을 잡고 칼날과 화살을 무릅쓰는 것을 역이라 했고, 혹은 토목공사에 동원되어 삼태기나 삽을 들고 일을 하게 되는 것을 역이라 했다. 공자가 '백성을 부리되 때에 맞추어 하라[使民以時]'라고 한 것이나 『예기·왕제王制』에 이른바 '1년에 백성을 부리는 것은 3일을 넘지 말라[歲不過三日]'라고 한 것은 모두 이 역이었다. 후세에는 향鄕·정亭·군사軍士 등의 직으로 지극히 힘들고 천한 것이었으니, 매 맞고 채찍질당하고 힘들어 쓰러지는 모습과 비교해보건대 몸으로 군사나 토목 요역에 동원되는 것과 다름이 없었다. 그래서 직이 역이 되어 군역, 신역이라고 일컫게 되었다."

○ 이상의 내용은 호구戶口를 논한 것이다.

---

51 형초 지방 현재 중국의 호북성(湖北省), 호남성(湖南省) 지역을 가리키는 말. 춘추전국시대에는 이곳에서 초나라가 부강하였고, 한나라 때는 호북성 지역을 형주로 칭했기 때문에 이렇게 일컬어진다.

52 『문헌통고·호구고(戶口考)』에서 축약하여 인용한 것이다.

권농에 관한 논의

『서경·무일』

주공周公은 「무일無逸」편을 지어 다음과 같이 일렀다.

"군자는 무일無逸[53]로 생활의 신조를 삼았다. 먼저 농사일의 어려움을 알고 나서 안일을 취하면 소인[54]이 어디에 의지하는지를 알게 될 것이다."

"문왕文王은 허름한 옷을 입고 몸소 도로 닦는 일과 농사짓는 일을 하였다."

곽 문공의 간언

○ 주나라 선왕宣王[55]이 즉위하매 적전籍田 1000묘를 가꾸려 하지 않았다. 이에 괵虢 문공文公이 이렇게 간하였다.[56]

"옳지 않습니다. 대저 백성의 큰일은 농사에 있으니, 상제에게 올리는 자성粢盛[57]이 여기에서 나오고, 백성이 번성하게 되는 것도 여기에서 나오며, 국사의 제반 공급도 여기에 있고, 화합과 친목도 여기에서 일어나며, 필요한 재물이 늘어나는 것도 여기에서 시작되고, 돈후하고 순수·견고한 품성도 여기에서 이루어집니다. 이런 까닭으로 후직后稷[58]이 큰 관직입니다. 옛날 태사太史[59]는 시기에 맞추어 토지를 살피는바 양기가 쌓이고 가득 차서 흙 속의 기운이

---

53 무일 편안함을 취하지 않는 생활 태도, 즉 근면을 가리킴. 『서경(書經)』의 편명 「무일」은 이 말을 취한 것이다.

54 소인 여기선 군자에 상대되는 말로 소민(小民)과 같은 뜻이다.

55 선왕 주나라의 11대 왕(재위 B.C. 827~B.C. 782)으로, 문왕과 무왕의 유풍을 받아 선정을 하였다. 그러나 만년에는 괵 문공의 간언을 듣지 않는 등 정치에 태만하였으며, 이후 서북 만족(蠻族)의 침입을 받아 서울을 동쪽의 낙양(洛陽)으로 옮기게 되었다.

56 『국어(國語)·주어(周語) 상』에 나온다.

57 자성 신에게 올리는 곡식. 자(粢)는 원래 서직이었고, 성(盛)은 담은 그릇을 뜻한다. 여기서 상제는 하늘, 즉 천제(天帝)를 가리킨다.

58 후직 순 임금 때 농사를 담당했던 신하. 주나라 때에 이를 관직명으로 따서 썼으니, 여기서는 관직을 뜻한다.

59 태사 주나라 때 국가의 전적과 천문·역법을 담당하던 관리.

발양되며 농상성農祥星[60]이 입춘 날 새벽에 정남쪽에 오고 해와 달이 천묘성天廟星[61]에 위치해 있으면 흙이 풀어지게 됩니다. 이보다 9일 먼저 태사가 후직에게 고하되, '지금부터 초길初吉[62]에 이르기까지는 양기가 아울러 올라와 흙의 기름기가 움직이니 흙을 뒤집고 풀어주지 않으면 땅의 맥이 온통 막혀서 곡식이 번성하지 않게 됩니다'라고 합니다. 후직이 이 말로 왕에게 고하기를, '태사가 양관陽官[63]을 거느리고 우리 사사司事[64]에게 명하되, 지금부터 9일 사이에 흙 기운이 다 움직일 터이니 왕은 불제祓除[65]를 거행하고 감농監農하기를 소홀히 말 것입니다'라 합니다.

왕은 이에 사도司徒로 하여금 공경公卿과 백관百官과 서민에게 모두 알리게 하고, 사공司空은 적전에 단을 쌓게 하고, 농대부農大夫에게 명하여 모두 농기구를 준비하도록 합니다. 농사를 시작하기 5일 앞서서 고인瞽人[66]이 온화한 바람이 이르렀다고 고하면, 왕은 즉시 재계하는 곳에 나아가고 백관들은 업무를 보고 각기 3일 동안 재계를 합니다. 왕은 이에 목욕하고 예주醴酒[67]를 마십니다. 농사일이 시작되는 날에 이르러 울인鬱人이 울창주鬱鬯酒를 올리고 희인犧人이 예주를 올리며[68] 왕이 울창주를 땅에 뿌리고 떠나는데, 백관과 서민이 모두 따

<hr />

60 "곧 방성(房星)." — 원주
　고대 천문학에서 농사를 시작할 시기를 알려주는 것으로 인식하여 '농상(農詳)'이라 하였다.
61 "곧 영실성(營室星)." — 원주
　28수 중 하나인 실수(室宿)로, 태묘와 국가 의례를 상징하는 별이다.
62 초길　음력 초하루, 또는 초하루부터 8일까지를 뜻한다. 여기서는 후자의 뜻인 것으로 보인다.
63 "곧 춘관(春官)." — 원주
　춘관은『주례』의 6관 중 하나로 후대의 예조에 상응하며, 의례와 제사 등과 관련한 제반 관직과 사무를 관장한다.
64 "농사의 일을 맡은 관직." — 원주
65 불제　봄을 맞이하여 재앙을 물리치는 행사. 보통 정월 삼사(三巳)에 지낸다.
66 고인　원래 맹인을 뜻하는 말로, 이들에게 음악을 담당하게 했다고 하며, 이에 이후로 악관(樂官)을 가리키게 되었다.『서경·윤정(胤征)』에 "고가 북을 연주하였다[瞽奏鼓]"라는 구절이 보인다.
67 예주　술의 일종. 누룩이 적게 들어가서 단맛이 있으며, 제사 등에 두루 사용되었다.
68 울인과 희인은 주나라 때에 제사를 관장하던 관리로, 울인은 울창주를 올리는 일을, 희인은

릅니다. 적전에 다다라 후직이 감독을 하고 선부膳夫와 농정農正[69]이 적전의 의식을 거행하는데, 태사가 왕을 인도하면 왕은 공경히 이행합니다.

왕은 1발壙[70]을 갈며 차례대로 3배씩 갈아서[71] 서인庶人이 1000묘를 가는 것으로 마칩니다. 그리고 후직은 일의 성과를 살피는데 태사太史가 그것을 감독하고, 사도는 백성을 살피는데 태사太師는 그것을 감독합니다. 일을 마치매 재부宰夫는 음식을 준비하고 선재膳宰는 그것을 감독하고, 선부는 왕을 인도합니다. 왕은 태뢰太牢를 받으며, 역시 차례대로 그것을 맛보아 서인에 이르면 먹는 것을 마칩니다.

이날에 고瞽[72]가 음관音官들을 이끌고 풍토를 살핍니다.[73] 적전의 동남쪽에 곳집을 세우고 거두어들인 것을 모아 저장을 하며 때때로 농가에 배포합니다. 후직은 백성에게 두루 경계하여 농사를 관리하고 협력하도록 하며, '밤낮의 길이가 비슷한 춘분철이 되어 우레가 치고 생물들이 움직이기 시작하는데 땅을 경작할 준비가 되지 않았으면 그 처벌은 사구司寇에게 달려 있다'라고 하고, 이에 그 무리[旅]에게 명하여 '시행하라'고 합니다. 농사農師가 먼저 하고, 농정農正이 두 번째로 나가고, 후직은 세 번째, 사공司空은 네 번째, 사도는 다섯 번째, 태보太保는 여섯 번째, 태사太師는 일곱 번째, 태사太史는 여덟 번째, 종백宗伯은 아홉 번째로 나가며, 왕은 크게 시행합니다. 또한 김매고 거두어들이

예주를 올리는 일을 주로 맡았다고 한다. 울창주는 울금향을 이용해서 만든 술. 강신(降神)을 청할 때 사용했다.

69 "선부는 왕의 음식을 맡아 좋은 음식을 제공한다. 농정은 전대부(田大夫)로 적전의 예를 거행하여 신에게 제를 지내고 농사를 위해 기원하는 일을 주관한다." — 원주

70 "'1발(壙)'은 한 보습으로 간다는 의미이다. 왕은 대칭이 있을 수 없기 때문에 보습 하나로 가는 것이다." — 원주

71 3배씩 갈아서 원문은 '三之'이며, 여기에 다음과 같은 원주가 달려 있다. "왕은 1발로 하며, 공은 3발로 하고, 경은 9발로 한다." — 원주

72 고 즉 고인. 앞의 주 66 참조.

73 12율의 율관으로 흙에서 일어나는 바람을 살핀다는 뜻인데, 고대에는 바람이 흙에서 일어난다고 생각하여 율관을 땅 밑에 두고 바람을 관찰하였다. 바람이 온화하면 토기(土氣)가 곡식을 기르기에 좋다고 생각하였다.

는 것도 이와 같이 합니다.

　백성이 농기구를 모두 다 들고 나서서 농사일을 신중히 하고 부지런히 하되 밭두둑을 정비하고 날마다 호미를 들고 일을 적기에 늦지 않게 하면, 재산이 궁핍하지 않게 되고 백성이 서로 화목하게 됩니다. 이때에 임금의 일은 오직 농업에 힘써 관에서는 다른 이득을 구하는 일이 없이 농사의 성과만 구하게하고, 세 계절은 오직 농사에 힘쓰도록 하며 한 계절은 군사훈련을 하게 하는것입니다. 그런고로 싸움에 나서면 위세가 있고, 앉아서 지키면 재화가 생겨서백성도 화락하게 됩니다."

위 문공의 권농

　○ 위衛 문공文公은 나라가 파멸한 지경이 이른 이후에 계승하여 거친 삼베옷을 입고 거친 실로 짠 관을 쓰고 목재를 기르기에 힘쓰고 농사를 가르치며통상혜공通商惠工[74]을 펼치고 가르치고 배우기를 권장하며 원칙을 지키고 능력이 있는 사람을 기용하였다. 문공 원년에는 혁거革車[75]가 30승乘이었는데, 말년으로 와서는 300승이 되었다.[76]

이회의 방안

　○ 위魏 문후文侯가 이회李悝[77]를 시켜 지력地力을 다 이끌어낼 수 있는 방안을 만들도록 했는데, 이런 방식이었다.[78]

　사방 100리의 땅이면 모두 9만 경頃이 되는데, 산악과 천택川澤, 주거지로서

74　통상혜공 상업과 유통을 발전시키고 공업을 진작해서 생활에 혜택을 준다는 의미.
75　혁거 혁차. 전쟁 시에 쓰는 수레. 가죽으로 둘러싸여 있다는 데서 나온 말.
76　『춘추좌씨전』 민공(閔公) 2년조에 나온다.
77　이회 B.C. 455~B.C. 395. 전국시대 위나라의 인물. 풍년과 흉년에 따른 곡가의 평형을 취하는 법을 창안한 것으로 유명하다. 현재 전하지 않는 책으로 『법경육편(法經六篇)』을 저술하여 사상적으로는 법가의 시조로 평가되고 있다.
78　『한서·식화지』에 나온다.

3분의 1을 제외하면 농지는 600만 묘畝가 된다. 농지를 가꾸기를 부지런히 하면 소출이 1묘당 3두斗가 늘고, 부지런히 하지 않으면 역시 3두가 줄어든다. 그리하여 사방 100리의 땅에 증가되고 감소되는 곡식의 양은 180만 석石이 될 수 있다. 곡식은 반드시 다섯 종류를 섞어 심어서 재해에 대비하며, 힘써 갈고 자주 김을 매되, 수확하는 것은 도적이 오는 것처럼 서두르도록 한다.[79] 집 주위로 뽕나무를 심으며, 텃밭에 채소를 심으며, 오이, 박, 나무열매, 풀열매 등속은 밭두둑에 심도록 한다.

그 결과로 위나라는 부강하게 되었다.

한 문제의 조칙

○ 한漢 문제文帝 2년에 다음과 같이 조칙을 내렸다.[80]

"농업은 천하의 대본大本이요, 백성이 의지해서 살아가는 바이다. 그런데 백성이 혹 근본에 힘쓰지 않고 말업에 종사해서 삶이 이루어지지 못하고 있다. 짐은 이렇게 되는 것을 걱정하는 까닭에, 이제 몸소 여러 신하들을 거느리고 농사를 지어 권장하면서 백성에게 금년 조세의 반을 내려줄 것이다."

안설

살피건대 옛날 적전籍田의 뜻은 이와 같이 깊고 절실하였다. 한나라 때 친경親耕은 실제적인 일로 의미가 있었다. 그래서 권농과 교화에 크게 유익함이 있었다. 당·송 이래로는 친경의 행사가 비록 폐해지진 않았으나 한낱 보기 좋은 구경거리나 잔치 벌이고 노는 일이어서 무익할 뿐 아니라 도리어 백성에게 해를 끼쳤다. 정치를 잘하기를 바라는 군주라면 마땅히 형식적인 것을 생략하고 음주와 풍악을 제거하여[후세의 친경의 의식은 주악奏樂의 절차와 주연酒宴의 의식이 있다. 그 예식이 이와 같은데 족히 논할 것도 없다. 이런 등의 의

---

79 "매우 급히 서두르는 것을 이르는데, 이는 비바람에 손실이 있을까 싶어서다." — 원주
80 『한서·문제기(文帝紀)』에 나온다.

식·절차는 마땅히 모두 개정해야 한다. 거기에 칭하稱賀, 사사肆赦, 진관進官 따위는 일절 제거해야 할 일이다) 실질적인 의미가 있는 행사가 되도록 해서 지방 군현의 관장들로 하여금 각기 관속들을 거느리고 나가서 농사짓는 일에 모범을 보여 권장하도록 함이 옳다.

군주는 유독 서울에서 친경을 하는 데 그칠 것이 아니요, 지방에 명을 내려 받들어 시행하도록 할 것이다. 매양 친경한 다음에 감사·수령들에게 교시를 내려 각기 맡은 곳에서 부관 이하의 관원들을 거느리고 나가서 방식대로 농사짓는 일을 하여 백성의 모범이 되게 하도록 한다.

○ 각 고을마다 사직단이 있는 근처에 적전 1경을 마련하여 역시 농민에게 배정해놓고 평상시에는 종자를 지급받고 갈고 추수하게 하여 그 9분의 1을 내서 사직단의 제수에 보태도록 한다. 여기에 대해서는 세와 보포를 면제해준다.

○ 예컨대 임금은 쟁기를 5번 밀고, 세자는 7번, 공경은 9번 민다면, 관찰사·절도사는 9번을 밀고, 수령은 12번, 부관에서 향관에 이르기까지는 15번을 민다. 무릇 관할 지역이 있는 진장·교관·역관의 경우, 각기 지역에서 직위에 따라 농사짓는 일을 하되 역시 이와 같이 하는 것으로 그 의식을 정한다.

조조의 상언

○ 한나라 때 조조鼂錯[81]는 문제文帝에게 다음과 같이 아뢰었다.

"옛날 어진 왕이 위에 있으면 백성이 추위에 떨고 굶주리지 않았던 것은 친히 농사를 지어서 먹여주고 베를 짜서 입혀주어서가 아니요, 먹고살 재물을 생산하는 방도를 열어주었기 때문입니다. 그래서 우禹 임금 때 9년 홍수가 있었고 탕湯 임금 때 7년 가뭄이 있었으되 나라에 굶어 죽은 사람이 없었던 것은 비축이 많아 미리 대비했던 때문입니다. 지금 천하가 통일되고 홍수와 가뭄의 재

---

81 조조 ?~B.C. 154. 전한(前漢) 문제·경제(景帝) 때의 인물로, 벼슬은 어사대부에 이르렀다. 여기에 실린 글은 『한서·식화지』에 나오는데, 「논귀속소(論貴粟疏)」라는 제목으로 따로 알려져 있는 것이다.

앙이 없는데도 비축이 부족한 것은 무엇 때문입니까. 땅의 이익이 다 개발되지 못하였고 백성의 노동력이 충분히 동원되지 못해 곡식이 나올 땅이 미처 개간되지 못했고 산과 물에서 이익을 다 살려내지 못했으며 놀고먹는 사람들이 다 농업으로 돌아가지 못했기 때문입니다. 백성이 가난하면 간사한 자가 생겨나는데 가난은 부족한 데서 나오고 부족은 농사를 짓지 않은 데서 나오며, 농사를 짓지 않으면 땅에 안착하지 않고 땅에 안착하지 않으면 고향을 떠나고 집을 버리게 됩니다. 백성은 짐승과 새 같아서, 비록 높은 성곽과 깊은 해자를 두고 엄한 법과 무거운 형벌을 가하더라도 흩어지는 것을 금할 수 없습니다. 배가 고픈데도 먹지를 못하고 몸이 추운데도 옷을 입지 못하면 아무리 부모라도 자기 자식을 보존할 수 없는데, 임금이 어떻게 백성을 거느릴 수 있겠습니까. 밝은 군주는 이 점을 알기 때문에 백성에게 농업과 양잠에 힘쓰도록 하고, 부세를 가볍게 하고 축적을 늘림으로써 창고를 충실히 하고 가뭄과 홍수에 대비하기 때문에 백성을 유지할 수 있습니다. 이런 까닭에 밝은 군주는 오곡을 귀히 여기고 금옥을 천하게 생각하는 것입니다.

지금 농부 다섯 식구가 있는 집이라면 일을 할 수 있는 사람이 두 사람은 될 것인데 능히 경작할 수 있는 땅은 100묘에 지나지 않고, 100묘에서 거두는 곡식은 100석에 불과할 것입니다. 봄에 갈고 여름에 김매고 가을에 추수해서 겨울에 갈무리를 해야 하며, 땔나무를 베고 관청을 수리하고 부역에 동원되는가 하면, 봄에는 바람과 먼지를 피하기 어렵고 여름에는 무더위를 피하기 어려우며 가을에는 구질구질 비가 내리고 겨울에는 심한 추위를 피하기 어려워, 사계절 동안 편히 쉴 날이 없습니다. 게다가 개인적으로 사람을 떠나보내고 맞이한다거나 조문을 하고 문병을 한다거나 외롭고 어린 사람을 보살피는 일도 그 가운데 있으니, 이와 같이 일을 하고 고생을 하게 됩니다. 그리고도 홍수와 가뭄의 재해를 입는다거나 독촉을 받거나 사나운 정사로 때도 없이 부세를 징수당하기에 아침에 명을 내렸다가 저녁에 바꾸는 시기에 당해서 재산이 있는 사람은 반값에 팔게 되며, 없는 사람은 배나 되는 이자를 얻게 되니, 이에 논밭과 집을 팔고 자식까지 팔아서 빚을 갚는 자가 나옵니다. 오늘날의 임무는 백성으로 하여금 농사에 힘쓰도록 하는 데 있을 뿐입니다. 백성이 농사에 힘쓰도록 하는 것은 곡식을 귀하게 여기는 데 있습니다. 곡식이란 국왕으로서 가장 중요한 것이요, 정치의 근본으로 힘써야 할 바입니다."

한 경제의 조서

○ 한나라 경제景帝가 조서를 내려 이렇게 말했다.[82]

"아로새겨 기교를 부리는 것은 농사를 해치는 일이요, 화려하게 수를 놓고 끈을 엮는 것은 여공女工[83]을 해치는 짓이다. 농사를 망치는 일은 굶주림의 근원이요, 여공을 해치는 짓은 추위에 떠는 원인이다. 무릇 굶주림과 추위가 함께 닥치는데도 그릇된 행동을 하지 않을 자 드물다. 짐은 친경을, 황후는 친상親桑을 시행하여 종묘에 올릴 제수와 제복을 마련해서 천하에 모범을 보일 것이며, 공물을 받지 않고 태관太官[84]을 줄이고 부역을 삭감하며 천하의 농잠農蠶을 힘쓰고 평소에 비축 물자를 마련해서 재해에 대비하고자 한다."

한 무제의 조칙

○ 한나라 무제武帝 말년에 원정을 일삼던 것을 후회하여 조칙을 내리되 "지금 바야흐로 힘써야 할 바는 영농에 있다"라고 하고, 조과趙過[85]를 수속도위搜粟都尉로 임명했다. 조과는 대전법代田法을 시행하여 1묘 3견一畝三畎[86]의 법

---

82 『한서·경제기(景帝紀)』에 나온다.

83 여공 원문은 '女紅'으로 되어 있으며, 이에 대해 '工也'라는 원주가 달려 있다. 원주를 반영하여 여공으로 새겼다.

84 태관 황제의 음식을 담당하는 관원.

85 조과 한나라 무제 때의 인물로, 농업의 생산을 증진하는 데 역할을 하였다. 그가 대전법을 만든 것으로 유명하다.

86 1묘 3견 '畝'는 '畝'의 고자(古字). '畎'은 고랑인데, 원주에 '畎의 고자'라고 나와 있다. 1묘의 땅에 고랑 셋을 만들어서 해마다 고랑을 바꾸어 곡식을 심었기 때문에 '대전법(代田法)'으로 일컬어지기도 했다.

을 정해서 해마다 고랑을 바꾸어 심기 때문에 대전이라 했다. 이는 옛날 법이다. 후직이 처음 견전畎田을 만들어 쟁기 둘로 함께 갈아서 너비 1척, 깊이 1척을 1견이라 하여, 그 길이는 1묘의 끝까지로 했다. 1묘 3견으로 해서 1부夫가 300견이 되는데 견(고랑)에 파종을 하게 된다. 곡식의 싹이 나서 잎이 돋아 뾰족하게 되면 고랑의 잡초를 매되 흙을 끌어다가 곡식의 뿌리를 북돋운다. 때문에 『시경』에서 이르기를, "김도 매고 북돋기도 하니, 서직黍稷이 잘도 자라네"[87]라고 한 것이다. 이는 싹이 조금 자라면 매번 김을 매고 뿌리를 북돋는 것을 의미한다.

한여름이 되면 두둑의 흙이 다 내려가 고랑에 평평하게 되어 뿌리가 깊이 박혀 바람과 가뭄을 견딜 수 있기 때문에 곡식이 무성하게 된다. 갈고 김매고 씨뿌리는 농기구는 모두 편리하게 만들어져 있다. 대체로 12부夫가 1전田이 되는데, 1전은 1정井 1옥屋이다. 그러므로 1묘가 5경頃이 된다. 9부가 1정, 3부가 1옥이 된다. 1부는 100묘여서 옛날의 12경이다. 옛날에는 100보步가 1묘였는데, 한나라 때에는 240보를 1묘로 하였으니, 옛날 1200묘는 지금 5경이 된다.

우려耦犁의 방식으로 하면 소 2필에 세 사람이 들어가서 1년의 수입은 항상 만전縵田보다 1묘 당 1곡斛 이상을 더 거두는데,[88] 잘하는 자는 그보다 배를 얻기도 한다. 1묘 3견의 법을 잘하는 경우 만전보다 2곡 이상을 더 거둘 수 있다.

안설

살피건대 우리나라는 농사짓는 데에 묘畝만 있고 견畎이 없다. 이 때문에 수확이 대체로 다 형편없다. 지금 중국의 농지는 모두 견이 있다. 요동 사람에게 들어보니, 요동의 농지는 모두 1묘 3견의 법을 시행해서, 이 때문에 그 지역의 하루갈이는 우리나라에 비해 훨씬 작지만 요동의 하루갈이에서 풍년에 곡식 50~60곡斛을 생산하며, 20~30곡에 그치는 경우 실농失農이라고

---

87 『시경·소아·보전(甫田)』에 나오는 구절. 원문은 '或芸或耔, 黍稷儗儗'이다.

88 "만전은 고랑을 만들지 않는 것을 이른다." ― 원주

한다. 그 지역은 땅이 비옥하기도 하지만, 실제로 갈고 뿌리고 가꾸는 법이 적절한 결과이다. 확실히 옛 성인이 제정한 법이 모두 좋았다는 것을 알 수 있다. 우리나라도 마땅히 좁고 작은 쟁기와 보습을 개조해서 고법古法에 의 거하여 1묘 3견의 방법으로 고랑에 파종을 하고 두둑의 풀을 제거해서 곡식 싹을 배양해야 한다. 농사짓는 법을 이와 같이 하면 그 이익은 이루 말할 수 없을 것이다. 백성을 인도하여 습속을 이루도록 하는 것은 실로 백성을 다스 리는 관장官長에게 달려 있는 것이다.

이상 농사에 힘쓰는 것[務農]에 대해서 논했다.

수목에 관한 논의

『주례』

『주례』에 이렇게 나와 있다.[89]

"대사도大司徒는 토질에 적합한 것을 가려내는 법으로 12개 지역에 맞는 물 종들을 분별하고 백성의 주거지를 살펴서 이익이 나고 손해가 날 것을 알아내 인민을 부유하게 하고 조수鳥獸를 번성하게 하며 초목을 무성하게 하고 땅에 관한 일을 맡도록 했다. 12개 지역의 물산을 분별해서 그 종류를 알아 농사짓 기와 나무심기를 가르쳤다."

또 이렇게 나와 있다.

"대사도는 방邦과 국國과 도都와 비鄙에 직사職事를 나누어주어 만백성을 활 동하게 하되, 첫째는 농사짓기요, 둘째는 나무심기[樹藝]이다."[90]

---

89 『주례·지관·사도』에 나오는 내용을 발췌·인용한 것이다.
90 "『시경·정지방중(定之方中)』에 이르기를, '개암나무·밤나무·가래나무·오동나무·재나무·옻 나무를 심었다'라고 하였다." —원주

"재사載事는 집 주변이 불모不毛[91]의 상태이면 이포里布[92]를 내게 한다."

『사기·화식열전』

○ 사마천司馬遷은 이렇게 말했다.[93]

"육지에는 말 50필, 소 167두, 양 250마리를 기르며, 택중澤中에는 돼지 250마리, 물이 있는 데는 물고기 1000석石을 기르고, 산이 있는 데는 1000그루 나무를 가꾼다. 안읍安邑의 대추나무 1000그루, 연燕·진秦 지역에는 밤나무 1000그루, 촉蜀·한수漢水·강릉江陵 지역의 귤나무 1000그루, 회북淮北과 상산常山 이남 및 황하와 제수濟水 사이의 가래나무 1000그루, 진陳·하하夏 지역의 옻나무 1000묘, 제齊·노로魯 지역의 뽕나무와 삼 1000묘, 위수渭水 지역의 대나무 1000묘, 이런 것은 그 지역 사람들이 모두 부유하게 살아가는 자원이다."

안설

살피건대 고려 성종成宗 때에 여러 도道·주州·현縣에 명령을 내려 토질이 농사짓기에 맞지 않는 곳에는 뽕나무·밤나무와 옻나무·닥나무 등속을 땅의 성질에 따라 심어 가꾸도록 권하였다.

또 고려 인종仁宗 때에는 절기에 따라 뽕나무를 심도록 명하였으며, 옻나무·닥나무·밤나무·잣나무·배나무·대추나무 등의 과목果木을 각기 그때에 맞추어 가꾸어서 이익을 얻도록 하였다. 즉, 이 또한 옛 제도에 의거해서 명령을 내린 것이다.

이상 나무심기[樹藝]에 대해서 논했다.

---

91 "불모(不毛)는 뽕나무, 삼 등속을 심지 않은 것을 이른다."— 원주
92 "1리 25가의 천(泉)을 벌로 내게 한다."— 원주
93 『사기·화식열전(貨殖列傳)』에 나온다.

부세에 관한 논의

『춘추』

노나라 선공宣公 15년에 "처음 세묘를 받았다[初稅畝]"라고 하였다.

『공양전公羊傳』에서 이르기를, "처음이란 무엇인가? 시작을 의미한다. 세묘란 무엇인가? 이랑을 나가 보고 세를 부과하는 것을 의미한다. 이에 대해 하휴何休는 "선공이 백성에게 은혜와 믿음이 없어 백성이 공전公田에서 힘써 일하려고 하지 않았다. 그래서 직접 나가 살펴보아 잘된 밭의 가장 좋은 곡식을 골라서 세를 매겼다"라고 하였다. ○두예杜預는 이르기를, "공전의 제도에서는 수확의 10분의 1을 세로 받게 되는데, 이때에 이르러 또 여묘餘畝를 조사하여 10분의 1을 받아갔으므로, 애공은 10분의 2를 받았다고 말한 것이다"라고 하였다. '처음 세묘를 받았다'한 것을 왜 썼는가? 비판한 것이다. 무엇을 비판한 것인가? 처음 이랑에 나가 보고 세를 매긴 것을 비판한 것이다. 처음 이랑에 나가 보고 세를 매긴 것을 어찌 비판하는가? 옛날에는 10분의 1로 해서 바쳤던 것이다. 10분의 1이란 백성의 힘을 빌리는 것이다. 10분을 백성에게 주고, 관에서 10분의 1을 취해서 공전으로 삼았다. 어떻게 하여 10분의 1을 내도록 한 것인가? 10분의 1을 취하는 것은 천하의 꼭 맞고 바른 것이다. 10분의 1로 하면 칭송하는 소리[頌聲]가 일어나게 된다"라고 하였다.

송성頌聲이란 태평 시절을 노래하며 칭송하는 소리이니, 제왕의 덕이 높이 이르렀음을 의미한다. 『춘추』의 수많은 경經과 전傳에서 가리키고 의미하는 바가 무궁한데, 여기에 이르러 유독 칭송하는 소리가 일어났다고 말한 것은 백성은 먹는 것으로 근본을 삼기 때문이다. 그래서 옛날 성인이 정전법井田法을 제정함에 있어 식구 수에 따라 나누어주되, 한 쌍의 부부에게 농지 100묘를 나누어주어 부모처자를 봉양하도록 하였으니 5구가 1가가 된 것이다. 공전을 10묘로 한 것은 곧 10분의 1의 세를 내도록 한 것을 말한다.

○『춘추곡량전春秋穀梁傳』에 이렇게 나와 있다.

"옛날에 사전私田의 농사가 잘못되면 관리를 비판하였고, 범녕이 이에 대해 설명하기를, "'비非'는 책망한다는 뜻이며, 관리는 전준田畯을 가리킨다. 이 의미는 전준이

백성을 급하게 시켜서 사전의 운영을 잘할 수 없게 했다는 것이다"라고 하였다. 공전公
田의 농사가 잘못되면 백성을 질책하였다. 백성이 사전에만 부지런히 한 때문이다.
처음 세묘를 받았다 함은 선공이 공전의 뜻을 버리고 실제 답사하여 10분의 1
세를 받았던 것을 비판한 것이다. 선공이 백성과 더불어 할 수 있는 힘이 다해
버린 것이다."

『논어』

○ 노魯 애공哀公이 유약有若[94]에게 묻기를, "흉년이 들어 나라의 쓸 것이 부
족한데 어찌하면 좋겠소?"라고 하자, 유약은 "왜 철법徹法을 시행하지 않습니
까?"라고 말했다.

주자는 이에 대해 이렇게 말했다. "'철徹'은 통하고 고르다는 뜻이다. 주나라 제도에
1부夫가 농지 100묘를 받아 도랑을 함께 하고 한 정전井田에 속하는 사람들과 경작을 함
께 하고 넓이를 계산해 고르게 받는다. 대체로 백성은 10분의 9를 갖고 공가公家는 10분의
1을 취하는 까닭에 '철법'이라고 일렀다. 노국魯國은 선공 때부터 세묘의 방식을 실시해서
묘에 따라 10분의 1을 더 받아서 결국 10분의 2를 받게 되므로, 유약이 철법만을 쓰자고
말했던 것은 애공으로 하여금 절약하여 백성에게 후하게 해주도록 한 것이었다."

애공이 "나는 10분의 2도 부족한데, 어떻게 철법을 시행하겠는가?"라고 하
자, 이에 유약이 대답하기를, "백성이 풍족하면 임금은 누구와 더불어 부족하
다고 할 것이며, 백성이 부족하면 임금은 누구와 더불어 풍족하다고 하겠습니
까?"라고 하였다.[95]

양씨楊氏는[96] 이렇게 말했다.[97]

---

94 유약 B.C. 518~B.C. 458. 공자의 제자 중 한 사람. '유자(有子)'로 일컬어지기도 했다.
95 『논어·안연』에 나온다.
96 양씨 본서 권5 「전제고설 상」 주 95 참조.
97 『논어·안연』에 나오는 양시의 주석 부분이다.

"어진 정치는 반드시 경계로부터 시작되는 것이다. 경계가 바로 된 다음에라야 정전井田이 고르게 되고 곡록穀祿이 공평하게 되며, 군국軍國의 비용을 모두 이를 헤아려서 지출하게 된다. 그러므로 철법을 시행하면 백 가지 제도가 제대로 될 터인데, 위아래로 어찌 부족함을 근심할 것인가? 10분의 2로도 부족하다고 말하는데 철법을 쓰라고 하였으니 실정에 먼 것 같지만, 10분의 1을 바치는 것은 천하의 꼭 바르고 맞는 것이다. 이보다 많이 내도록 하면 걸왕桀王의 방식이고, 적게 내도록 하면 맥국貊國의 방식이다. 이는 바꿀 수 없는 것이다. 후세에 그 근본을 생각하지 않고 오직 말단만을 도모하고 있으니, 그러므로 거두어들이는 것이 한도가 없고 비용의 지출이 질서가 없어 위아래 모두 곤란하게 된다. 철법을 실시하는 것이 응당 힘써야 될 일이요 실정에 맞는 줄을 어떻게 알겠는가?"

『맹자』

○ 대영지戴盈之가 맹자孟子에게 "세는 10분의 1을 받고 관시關市의 세까지 없애는 것은 지금으로서는 시행하기 어려우니, 청컨대 가볍게 했다가 내년이 되면 없애는 것이 어떻습니까?"라고 말하였다. 맹자는 이렇게 대답했다.

"지금 어떤 사람이 날마다 이웃집에서 닭 한 마리를 훔치는데, 누군가 그에게 경고하기를 '군자의 도리가 아니다'라고 하자, '청컨대 줄여서 매월 닭 한 마리를 훔치다가 내년을 기다려서 그만두겠다'라고 하는 식입니다. 그것이 옳지 않은 줄 알면 즉시 그만둘 일이지 어찌 내년을 기다리겠습니까?"[98]

백규白圭[99]가 묻기를, "나는 백성에게 20분의 1의 세를 취하고 싶은데 어떻습니까?"라고 하였다. 맹자는 이렇게 대답했다.

---

98 『맹자·등문공 하』에 나온다.

99 백규 전국시대 위(魏)나라 혜왕의 신하. 상업을 중시했고, 스스로 장사를 하여 큰 부자가 되었다. 『사기·화식열전』에 나오는 인물이다.

"그대가 쓰려는 것은 맥도貉道입니다. 1만 호가 되는 큰 나라에 한 사람이 그릇을 만들도록 하면 되겠소?"

"불가합니다. 그릇의 수요에 감당할 수 없습니다."

"맥이라는 나라는 오곡이 나지 않고 기장만 생산되며 성곽·궁실·종묘·제사의 예가 없고 제후·폐백·연회와 같은 것이 없으며 백관·유사 등도 없으니, 20분의 1을 취하더라도 충분합니다. 지금 중국에 위치해 있으면서 인륜 질서나 군자와 같은 지배자가 없다면, 어떻게 되겠소? 그릇이 부족해도 나라가 되기 힘든데, 하물며 군자가 없다면 어찌 되겠소? 요·순보다도 세를 가볍게 받으려는 자는 대맥大貉·소맥小貉이고, 요·순보다도 무겁게 받으려는 자는 대걸大桀·소걸小桀입니다."[100]

10분의 1의 세를 받는 것은 요·순의 제도인데, 많이 받으면 걸왕이고 적게 받으면 맥국이다. 지금 각기 그 경중을 적게 하더라도 소맥小貉이고 소걸小桀일 따름이다.

『관자』

○ 『관자管子』에 이렇게 나와 있다.[101]

"땅에서 생산되는 재화는 때가 있고 사람이 힘을 쓰는 것은 게을러질 수 있다. 그런데 임금의 욕망은 한정이 없거늘, 때가 있고 게을러질 수 있는 것으로 욕망이 한정 없는 임금을 받들어야 하니, 그 사이에 조절을 하지 않으면[102] 상하 간에 서로 갈등이 생길 것이다."

위 문후

○ 위魏나라 문후文侯 때에 조租와 부賦의 수입이 보통 때보다 배나 증가하여 축하하는 사람이 있었다. 문후는 이렇게 말했다.

---

100 『맹자·고자 하』에 나온다.
101 『관자·형세제이(形勢第二)』에 나온다.
102 이 구절의 원문은 '度量不生'인데, 이에 대해 "부역이 한이 없게 된다"라고 원주가 달려 있다.

"지금 호구가 증가하지 않았는데 조와 부의 수입이 매년 배나 늘었으니 이는 많이 부과한 까닭이다. 대장간에 비유해볼 수 있는데, 물건을 크게 만들라고 하면 얇게 되고 작게 만들라고 하면 두껍게 되기 마련이다. 사람에 대해서도 이와 마찬가지이다. 무릇 부세를 탐내고 사람을 사랑하지 않으면 이는 우인虞人이 털옷을 뒤집어 입고 나무를 짊어지는 꼴이다. 털만 아까운 줄 알지 가죽이 해지면 털이 붙을 곳이 없는 줄을 알지 못한 것이다."[103]

진 효공의 부세 제도

○ 진秦나라 효공孝公 12년에 처음으로 부세賦稅 제도를 시행했다. 상앙商鞅의 설을 받아들여서 정전제를 폐하고 공부법貢賦法으로 개정한 것이다. 시황제始皇帝가 전국에 수령을 임명하고 제후를 폐하였으며 모든 것을 자신에게 귀속시키도록 하여 나라 안의 한 줌의 곡식, 한 자의 베, 한 사람의 노동력이라도 전적으로 자기에게 들어오게 하였다. 봄에서 가을까지 만 리를 순력하느라 인력과 재물이 거덜나서 온 나라에 원성이 높았다.

하나라의 공법貢法, 은나라의 조법助法, 주나라의 자법藉法은 모두 10분의 1의 세를 취했으며 대개 땅에 근거해서 세를 받았던 것이다. 진나라는 그렇게 하지 않았으니, 땅을 버리고 사람을 대상으로 하였다. 그래서 경지 면적이 차지 않는데도 세는 반드시 바쳐야 하였다. 이 때문에 가난한 자는 부역을 피하여 달아났고, 부유한 자는 토지의 겸병에 힘써 거리낌이 없었다. 게다가 안으로 토목공사를 일으키고 밖으로 이적을 물리치느라 소득의 절반 이상을 부세로 거두어들이며 여좌閭左[104]의 사람들을 수戌자리로 징발하고 천하의 재물을 바닥내서 자기의 정치를 받들도록 했으나, 그러고도 자기의 욕망이 채워지지 않았다. 2세가 계승해서도 시황제의 실정을 바꾸지 않고 도리어 더욱 심해져서 전

---

103 『통전』 권4 「식화 4·부세 상」에서 인용한 것이다.
104 여좌 여항의 좌측이라는 의미로, 가난한 자를 일컬었다. 『사기·진섭세가(陳涉世家)』에 '閭左'라는 말이 나오는데, 이에 대한 설명으로 부자는 길의 오른쪽, 빈자는 왼쪽에 산다고 하였다.

국에서 드디어 반란이 일어났다.[105]

한 고조의 부세 제도

○ 한나라 고조高祖는 진나라의 폐정을 계승했음에도 조세를 15분의 1로 가볍게 하였다. 관리의 녹봉을 헤아리고 관부의 쓰임을 계산해서 백성에게 부세를 거두어들이고, 산천·원지園池·시전市廛의 조세로 받아들이는 것과 천자로부터 봉군封君에 이르기까지의 탕목읍湯沐邑[106]은 모두 다 자기들의 몫으로 충당하며 천하의 경비로 쓰지는 않았다. 또 상인들에게는 비단옷을 입거나 수레를 타지 못하게 하며 조세를 무겁게 부담시켜서 곤란을 주었다.

고조 4년에는 처음으로 산부算賦를 시행하였다. 『한의漢儀』[107]의 주에 "15세 이상에서 56세에 이르기까지의 사람은 부세를 돈으로 바치되, 한 사람당 120전을 내게 하여 이를 1산算이라고 하였으며 창고와 거마의 비용으로 삼았다"라 하였다. 문제文帝는 누차 조세의 반을 백성에게 돌려주었으며, 경제景帝 때는 조세를 30분의 1로 받게 했다. 당시는 모두 풍요로워 위로는 넘쳐나고 아래로는 여유가 있었다.[108]

동중서의 상언

○ 동중서董仲舒는 무제에게 다음과 같이 아뢰었다.

"옛날에는 백성에게 받는 세가 10분의 1에 불과했기 때문에 백성들도 나라에서 요구하는 대로 바치기 쉬웠고, 백성을 부리는 것이 한 해에 3일에 불과했

105 『통전』 권4 「식화 4·부세 상」에서 인용한 것이다.
106 탕목읍 '탕목(湯沐)'은 목욕한다는 의미로, 탕목읍은 제후들이 천자를 조회할 때 시행하던 탕목의 비용을 마련케 하기 위하여 지급했던 채지이다. 후일에는 제후국 군주 등이 부세를 거두어 관할하는 지역을 의미하게 되었다.
107 『한의』 『한구의주(漢舊儀注)』의 약칭. 후한 위굉(衛宏)이 저술한 『한구의(漢舊儀)』에 붙인 주석으로, 위굉이 직접 주해를 한 것으로 추정되고 있다. 『한구의』와 『한구의주』는 실전(失傳)되었으며, 부분적으로 전하는 것이 있다.
108 『통전』 권4 「식화 4·부세 상」에서 인용한 것이다.

기 때문에 노동력을 충족시키기 쉬웠습니다. 진나라에 이르러 그렇지 않았는데, 상앙의 법을 썼고 또 달을 더해 경졸更卒로 있게 했으며 마치고 나면 또 정졸正卒이 되어 한 해 동안 수자리를 사는 것과 한 해 동안 역역力役을 지는 것이 옛날에 비해 30배나 됩니다. 경졸은 군현에 1개월 동안 나가서 교체되는 것을 이른다. 정졸은 중도관中都官[109]에 나가는 것을 이른다. 한 사람이 1년 중에 수자리 및 역역의 일로 동원되는 것을 계산하면 옛날보다도 30배나 많았던 것이다. 토지에 대한 조세, 사람에 대한 부세, 염철鹽鐵을 전매하여 이익을 빼앗는 것이 옛날에 비해 20배나 됩니다. 기왕에 토지에 대한 세를 거두고 또 사람에 대한 부賦를 내도록 하면서 관에서 다시 염철을 전매하여 민간의 이익을 빼앗으니, 사람들이 1년 중에 자기 자산을 잃어버리는 것을 계산하면 옛날보다도 20배나 많았던 것이다. 혹은 호민豪民의 농지를 경작하여 10분의 5를 세로 내게 되는 까닭에, 가난한 사람이 땅이 없어 부호와 귀족의 농지를 경작하여 10분의 5를 본래 농지의 주인에게 바치는 것을 가리킨다. 빈민은 늘 소나 말이 걸치는 옷을 입고 개돼지가 먹는 것을 먹는 형편입니다."[110]

진 무제의 호조식

○ 진晉나라 무제武帝가 오나라를 평정한 뒤에 호조식戶調式[111]을 제정하였다. 정남丁男의 호는 해마다 비단 3필, 명주솜 3근을 납부하고, 여자 및 차정남次丁男으로 호를 구성한 경우 이 반을 납부한다. 그리고 여러 변방의 고을들은 3분의 2, 먼 곳은 3분의 1을 납부하게 하였다.[112]

안설

살펴건대 땅을 버리고 사람에게 세를 부과한 것은 진시황에서 비롯되었

---

109 중도관 한나라 때 중앙의 각 관서를 통칭해서 이르는 말.
110 『통전』 권4 「식화 4·부세 상」에서 인용한 것이다.
111 호조식 서진(西晉) 무제(武帝) 태강(太康) 원년(280)에 반포한 것으로, 연령에 따라 편호민(編戶民)의 층위를 나누고 이에 상응하는 부역을 징발하는 제도.
112 『통전』 권4 「식화 4·부세 상」에서 인용한 것이다.

고 진 무제에서 이루어졌으니, 만세의 나쁜 법이 되었다.

이고의 「평부서」

○ 당나라 이고李翱[113]는 「평부서平賦書」에서 이렇게 말했다.

"사람들이 모두 부세를 무겁게 하면 재물을 많이 얻을 수 있을 줄만 알지, 부세를 가볍게 하면 재물을 얻는 것이 더 많아진다는 것을 알지 못하고 있다. 이는 무엇 때문인가? 부세를 무겁게 하면 백성이 빈곤해지고, 백성이 빈곤해지면 유망한 자들이 복귀하지 않아 천하의 사람들이 모여들지 않는다. 이 때문에 토지가 아무리 넓어도 황폐해져서 경작하지 않게 되어 아무리 경작을 하려고 해도 지력地力을 잃게 된다. 사람들이 날로 곤궁해지고 재력은 날로 고갈되게 되면 폭도를 잡아 없애고 사방의 이적夷狄에게 위세를 보이고 싶어도 어떻게 가능할 것인가?

부세를 가볍게 하면 사람들은 자기의 생을 즐기고, 사람들이 자기 생을 즐기게 되면 살아가는 자들이 유랑을 하지 않고 유랑한 자들도 날로 돌아오게 될 것이다. 토지는 황폐하지 않게 되고 뽕나무는 날로 번성하며 힘을 다해 농사를 지으면 땅에서는 소득이 넘쳐나서 사람들은 날로 더욱 부유해지고 군사는 날로 더욱 강하게 된다. 이렇게 되면 사람들도 부모를 찾듯 돌아오니 아무리 이들을 쫓아내고 싶어도 떠나게 할 수 있을 것인가? 이런 까닭에 정치를 잘 하는 자에게는 백성이 각자 자기를 지키며 자기 임금을 가까이 받들 것이니, 이를 아무리 망치고 싶다고 한들 가능하지 않을 것이다."

---

113 이고 772~841. 당나라의 유학자로 한유의 문인이다. 불교 사상을 수용하여 인간의 심성에 대한 새로운 이해를 제시한 『복성서(復性書)』라는 저서를 남겼으며, 이후 송대에 성리학이 발흥할 토대를 닦았던 선구자로 평가되기도 한다. 인용된 「평부서」는 당나라의 양세법에 반대하여 고대의 '십일지세(什一之稅)' 부세법을 주장한 글로, 그의 문집 『이문공집(李文公集)』 권3에 수록되어 있다.

구양수의 부세론

○ 구양수歐陽脩는 「당사론唐史論」에서 이렇게 말했다.[114]

"옛날 나라를 잘 다스려서 백성을 사랑으로 양육한 자는 반드시 변함없이 바르고 간이한 법을 세워 위에서 만물을 사랑하여 아래를 양육하고, 아래에서는 힘을 다해 위를 섬겼으니, 위는 풍족하게 되고 아래는 괴로움이 없었다. 그런고로 사람의 힘을 헤아려 농지를 지급하고, 땅의 소출을 헤아려 거두어들여서 관에 보냈으며, 위에서는 들어오고 나가는 것을 헤아려서 경비의 수량을 책정했다. 이 세 가지는 항상 서로 연관되어 이루어져서 하나도 빠질 수 없는 것이다. 하나라도 빠지고 보면 두 가지도 지켜나갈 수 없다.

폭군이나 용렬한 군주가 욕심을 마음대로 부리면 눈치 보아 적당히 적응해나가는 관리들은 변질된 제도와 시대에 영합해서 윗자리에 있는 자들에게 아첨을 한다. 그런 까닭에 위에서 쓰는 것이 절도가 없고 아래에서 취하는 것이 한정이 없어, 백성은 힘이 고갈되어 바칠 수 없게 된다. 그리하여 위에서는 더욱 부족하고 아래에서는 더욱 곤궁하게 되어 재리財利를 우선으로 생각하는 마음만 무성하여 거두어들이기를 힘쓰는 신하만 등용된다. 『예기禮記』에 이르기를, '거두어들이기를 잘하는 신하를 쓰기보다는 차라리 도적질하는 신하를 두라'라고 하였다.[115] 도적질하는 신하는 참으로 나쁘지만, 그러나 그 피해는 한 사람에 그친다. 거두어들이기를 잘하는 신하를 쓰게 되면 정상적인 법이 무너지고, 백성이 그 폐해를 견딜 수 없게 된다.

당나라는 초기에 인민에게 구분전口分田과 세업전世業田을 나누어주고 조租·용庸·조調의 법으로 수취를 하니, 그 쓰임이 절도가 있었다. 군대는 부위제府衛制[116]로 양성하는 까닭에 군사가 아무리 많아도 손실되는 것이 없었으며, 관직

---

114 『신당서』 권51 「식화지」에 나온다.
115 이 구절의 원문은 "與其有聚斂之臣, 寧有盜臣"이다. '취렴지신(聚斂之臣)'은 백성에게 수탈을 일삼는 관리를 지칭하는 것으로, 이는 『대학(大學)』에서 취한 구절이다. 『대학』은 본래 『예기(禮記)』의 한 편으로 들어 있다가, 이후 『논어(論語)』, 『맹자(孟子)』, 『중용(中庸)』과 함께 사서(四書)로 편입·격상되어 널리 읽혀졌다.

은 정원을 두었기 때문에 관원을 마구 늘리지 않고 녹봉도 용이하게 줄 수 있었다. 폐해가 생기면서부터 군사는 쓸데없이 많아지고 관원이 넘쳐서 큰 해독이 되었다."

당나라 역사를 보면, 천보天寶 연간에 세稅로 들어오는 것이 조租로 돈 200여만 관貫, 곡식 2500여만 석이요, 용庸·조調로 들어오는 것이 비단 740여만 필, 면綿 180여만 둔屯,[117] 포布 1605만 단端이요, 갖가지 구과句課는 이 가운데 들어 있지 않았다. 황제가 향락에 빠져서 아무 절도 없이 써서 지출하는 양이 항상 수입을 초과했다. 이에 전곡을 관리하는 관서에서 비로소 가혹한 수탈을 일삼아, 난리가 일어남에 이르러 국고가 더욱 바닥나서 온통 긴급하게 되어 다시는 아무 기준이 없이 마련하게 되었다. 하호下戶들은 열흘이 멀다 하고 갖다 바치고 달마다 보내게 되어 곤궁하고 피폐함을 견디지 못해 모두들 달아나서 땅에 붙이고 사는 자는 백에 네다섯 집도 되지 않았다.

당나라 덕종德宗(재위 779~805) 때에 양염楊炎이 양세법兩稅法[118]으로 개정하되, 먼저 주州·현縣에서 필요한 바와 중앙에 바치는 수량을 계산하여 인민에게 부과하였다. 나갈 것을 헤아려서 들어올 것을 제정하되 호戶는 주객主客이 없이 현재 거주하는 자로서 장부를 만들었다. 인민에 대해서는 장정이나 장정이 못 된 사람을 불문하고 빈부에 따라 차등을 두었다. 대력大曆 14년(779)에 비추어 경작지를 정하되, 여름 세는 6월을 넘지 못하고 가을 세는 11월을 넘지 못하도록 했다. 백성의 힘이 조금도 펴질 겨를이 없어 반란이 뒤를 이어 일어났다. 이 이후로 재물의 이익만 제일로 여기는 정치가 행해짐으로써 거두어들이기를 잘하는 신하가 진출해서 이익을 노려 관의 재물을 이용하는 방식이 갖가지로 생겨났다. 염철鹽鐵·둔전屯田·화적和糴·괄묘括苗·각리搉利·차상借商·진봉進奉·헌조獻助에 이르기까지 못할 짓이 없어서 갈수록 번거로워지는데 더욱더 폐해가 쌓여 마침내 나

---

116 부위제 수·당 시대의 군사 제도. 군사들이 수도에 가서 숙위한다는 뜻에서 붙여진 말로, 부병제(府兵制)라고도 함.

117 둔 면을 셈하는 무게의 단위. 구체적으로 얼마에 해당하는지는 확실치 않다. 여기서 면은 목화솜이 아니라 명주솜이다.

118 양세법 당나라 중기 이후 조·용·조의 세법을 바꾸어 주로 돈으로 받는 세제. 1년에 2번 징수했기 때문에 '양세법'이라고 한 것이다.

라가 망하는 데에 이르렀던 것이다.

여조겸의 논의

○ 여동래呂東萊가 다음과 같이 말했다.[119]

"부역 제도는 『서경』의 「우공禹貢」에서 처음 볼 수 있다. 「우공」편을 보면, 구주九州의 전부田賦를 정하고 나서 구주의 토지로 구주의 토공土貢을 삼았던 것이다. 논하는 자들이 말하기를, '응당 바쳐야 될 공물은 시장에서 교역하여 바칠 수 있는 물건이다'라고 한다. 경전을 상고해보건대 대개 증거가 있다. 어떤 것인가? 전복甸服의 범위에서 100리는 부賦를 총總으로 납부하고, 500리까지는 쌀로 납부하며, 500리 밖에서부터 그 나머지 사복四服까지는 쌀을 서울로 운반하지 않고 반드시 마땅히 바쳐야 할 것을 위로 천자에게 바친다고 했다. 이것으로 당시 공부貢賦에 대해서 알 수 있다. 때문에 기주冀州가 왕기王畿의 전복 안에 있었음에도 전혀 토공을 언급하지 않은 것은 바로 이미 속미粟米로 바쳤던 까닭이다. 이것으로 상고해보면 또한 증거가 된다고 하겠다.

대개 그 당시에 병사는 농토에 결부되어 있었으며, 이른바 공부는 제반 제사와 빈객의 접대에 사용되는 데 그쳤기에 군대를 기르는 비용은 전혀 들어 있지 않았다. 그래서 기전畿甸에서 받아들이는 것만으로 충분했던 것이다.

대략 말하건대 하夏·은殷·주周 삼대는 모두 이 제도를 따랐다. 하나라는 50묘畝로 공법貢法을, 은나라는 70묘로 조법助法을, 주나라는 100묘로 철법徹法을 실시했다. 삼대의 부세는 『주관周官』에 실려 있는바 구기지공九畿之貢[120]에

---

119 여조겸의 『역대제도상설(歷代制度詳說)』권3 「부역(賦役)」에 나온다. 이 부분은 마단림의 『문헌통고』권1 「전부고(田賦考) 3」에도 수록되어 있다.

120 구기지공 구기에서 바치는 공물을 가리키는 말. 구기는 천자국 외부의 공간을 구조화한 개념으로, 『주례(周禮)』·하관(夏官)·대사마(大司馬)』에 나온다. 이에 따르면 사방 1000리의 천자국을 국기(國畿)라고 하며, 이로부터 밖으로 500리씩의 지역에 순차적으로 후기(侯畿)·전기(甸畿)·남기(男畿)·채기(采畿)·위기(衛畿)·만기(蠻畿)·이기(夷畿)·진기(鎭畿)·번기(蕃畿) 등의 '구기'가 위치한다.

대략 해당하는 것이다. 「우공」에서 말하는 구주에서 바치는 공물은 이른바 내는 것이 반, 혹은 3분의 1, 혹은 4분의 1이며, 혹은 반을 왕부王府에 바치거나, 혹은 3분의 1을 왕부에 바치거나, 혹은 4분의 1을 왕부에 바친다. 이른바 토공이라 해도 필히 공부의 반도 되지 못하고 제후국에 남겨두어서 왕부의 재용에 대비하였다. 이것이 모두 삼대의 정상적인 법이었다."

여동래는 또 말했다.

"전제는 옛 제도를 회복하지 않으면 한漢 문제文帝가 전세田稅를 제해준 것처럼 아무리 거두어들이는 것을 가볍게 하더라도 오직 농지를 소유한 백성에게만 그 혜택이 돌아가며 농지가 없는 백성에게는 혜택이 돌아가지 않는다. 전제를 제대로 정해놓지 않으면 윗사람이 아무리 옛 제도를 회복하고자 하더라도 방도가 없는 것이다. 병제兵制 또한 옛 제도를 회복하지 않으면 백성이 부세를 내고 또 군대를 기르는 비용까지 내야 하니, 위에 있는 사람이 아무리 임시로 감해주고 싶어도 군대는 따로 양성하지 않으면 안 된다. 병제를 제대로 정해놓지 않으면 이런 의도를 이룰 도리가 없다. 요컨대 병사는 농토에 결부시켜 두어야만 바야흐로 비로소 전제가 제대로 정해질 수 있다.

이상 부세賦稅에 대해서 논했다.

수리

전국시대의 수리 사업

위나라 양왕襄王 때에 사기史起[121]가 임금에게 이렇게 건의하였다.

"위나라는 농지를 100묘씩〔농지를 지급하는 법이 1부에 100묘였음〕 지급하는데, 업鄴 땅은 유독 200묘를 주니, 이는 그 지역의 농지가 나쁘기 때문입니다.

---

121 사기 전국시대 위나라 사람. 여기에 있는 사적은 황하의 지류의 하나인 장수(漳水)의 물을 끌어와서 관개에 이용한 것이다.

장수漳水가 옆에 흐르고 있어 이 물을 이용할 수 있습니다."

이에 사기를 업 지역의 관장으로 임명하니, 드디어 장수의 물을 끌어와서 업 지역에 관개를 하여 위나라의 하내河內가 풍족해졌다. 백성이 그를 칭송해 노래하였다.

"업 고을의 어진 수령이여, 사공史公이로다. 장수의 물을 끌어 업 땅에 관개를 하니, 예로부터 염분이 많았던 곳에 곡식이 무성하도다."

○ 진秦나라 정국鄭國[122]이 경수涇水를 뚫어서 중산中山 땅에서부터 서쪽으로 호구壺口에 이르기까지 수로를 만들었다. 북산北山과 나란히 동쪽으로 쏟아져 내려 낙수洛水에 이르기까지 300여 리였다. 수로가 이루어지자 관개에 이용하여 막혀 있는 물을 쏟아내서 쓸모없는 땅 4만여 경에 관개를 해서 거두어들인 곡물이 1묘당 1종鍾[123]이 되었다. 이에 관중지역이 기름진 땅이 되어 흉년이 없었다. 진나라는 부강하게 되어 마침내 제후를 병합할 수 있었던 것이다. 그래서 그 수로를 '정국거鄭國渠'라고 불렀다.

○ 이빙李冰[124]이 촉蜀 지역의 태수가 되자 강물을 막아서 보를 만들어 두 물줄기가 성도의 가운데를 뚫고 군郡 아래쪽으로 쌍으로 내려가게 해서 배들이 통과할 수 있게 하였다. 이로 인해서 여러 고을들이 관개를 할 수 있었다. 이에 촉 땅은 옥야沃野 천 리에 '육지의 바다[陸海]'라는 말을 들었다.

---

122 정국 원래 전국시대 한(韓)나라 사람으로, 치수에 능했다. 한나라는 가까이에 있는 진나라에 위협을 느껴 그 국력을 소진시키기 위해 그를 진나라로 파견했다고 한다.

123 종 중국 고대 용량의 가장 큰 단위.

124 이빙 전국시대 진나라의 인물. 그가 촉군(蜀郡) 태수가 되어 수리 사업을 일으킨 것은 B.C. 251년경이었다. 그가 설치한 제방은 여러 차례의 보수를 거쳐 현재까지 유지되고 있는데, '도강언(都江堰)'이라 불리며, 그 주변은 도강언시(都江堰市)이다.

한나라의 수리 사업

○ 한漢 문제文帝가 문옹文翁[125]을 촉군 태수로 임명하자, 그는 전유구煎洬口를 뚫어 1700경頃의 땅에 관개를 해서 사람들이 풍요로운 농지에서 수확을 할 수 있었다.

○ 한나라 무제 때 대사농大司農 정당시鄭當時[126]가 건의하기를, "위수渭水를 끌어와 수로를 뚫으면 장안에서부터 남산 아래를 경유해서 하수에 이르기까지 300여 리의 관동지역으로 조운하는 데 용이합니다. 게다가 물길 아래로 백성의 농지 1만여 경에 관개를 할 수 있습니다"라고 하였다.

황제는 병졸 수만 명을 동원하여 작업을 시작해서 2년이 걸려 개통을 하니 사람들이 편리하게 여겼다. 이때에 일을 담당한 사람들이 다투어 수리水利를 말하였다. 그리하여 삭방朔方·서하西河·하서河西·주천酒泉[127] 지역이 모두 황하 및 개천의 물을 끌어와서 관개를 하였으며, 관중關中·보거輔渠·영지靈軹[128]는 여러 물을, 여남汝南·구강九江[129]은 회수淮水를, 동해東海[130]는 거정호鉅定湖를, 태산 이하의 지역은 문수汶水를 끌어와서 모두 수로를 뚫어 관개를 한 것이 각각 1만여 경이나 되었다. 이밖에 조그마한 도랑이나 산비탈에 길을 통하게 한 것은 이루 다 말할 수 없다.

조중대부趙中大夫 백공白公[131]이 다시 아뢰기를, "수로를 파서 경수涇水를 끌

---

125 문옹 한나라 문제에서 경제에 이르는 시대의 인물. 촉군태수에 재임할 때 성도(成都)에 학관을 세워 문풍을 일으킨 일로도 유명하다.

126 정당시 서한 무제 때의 인물. 여남태수를 지낸 바 있으며 『사기·열전』에 그의 전기가 실려 있다.

127 삭방·서하·하서·주천 대략 지금 감숙성(甘肅省) 지역의 지명.

128 관중·보거·영지 대략 지금 섬서성(陝西省) 지역의 지명.

129 여남·구강 대략 지금 하남성(河南省) 지역의 지명.

130 동해 지금 산동성 남부와 강소성 북부 지역의 황해를 끼고 있는 지역.

131 백공 한나라 때 인물. 『한서·구혁지(溝洫志)』의 주석에 따르면, 백(白)은 성(姓)이고, 공(公)은 작(爵) 혹은 장로(長老)를 존칭한 것이다. 경수(涇水)를 끌어다가 4500여 경에 물을 대게 하였으니, 당시에 그 하거(河渠)를 백거(白渠)라 칭하였다.

어오자"라고 하여, 먼저 곡구谷口의 아래쪽에서 시작해 역양櫟陽으로 들어가 위수渭水로 쏟아지게 하였다. 그래서 200리에 걸쳐서 농지 4500여 경을 관개를 할 수 있었다. 이 때문에 그 이름을 '백거白渠'라고 불렀으며, 백성은 풍요롭게 되었다. 이에 백성이 다음과 같이 노래하였다.

농사지을 땅 어디인가? 지양池陽이요, 곡구谷口로다.
정국거鄭國渠 앞에 있고, 백거白渠 뒤에 있도다.
삽으로 파면 먼지 일고 물 끌어오면 비처럼 쏟아지네.
경수 한 섬[石]에 진흙이 몇 말[斗]이라.
물도 대고 거름도 되어 우리의 벼와 기장 잘도 자라네.
서울의 억만 인구 옷 입히고 밥 먹인다네.

두 수로가 백성을 풍요롭게 한 것을 뜻하는 것이다.

○ 한나라 원제元帝(재위 B.C. 48~B.C. 33) 때에 소신신召信臣[132]이 남양태수南陽太守가 되어 양현穰縣 남쪽 60리 지점에 겸로피鉗盧陂를 조성하였다. 돌을 쌓아 제방을 만들고 옆으로 돌문 여섯을 내어 물의 흐름을 조절해서 관개 지역을 넓혔다. 해마다 관개 지역을 넓혀가서 3만 경에 이르러 사람들이 그 이익을 얻었다. 후한 때에 이르러 두시杜詩[133]가 태수가 되어 부임해서 겸로피를 다시 수리하였다. 이때 백성이 칭송하여 "전에는 소부召父가 있었더니 뒤에는 두모杜母가 있도다"라고 노래하였다.

---

132 소신신 서한 원제 때의 인물로, 그가 태수로 부임했던 남양은 지금 중국 하남성에 속한 지명이다.
133 두시 ?~38. 후한 광무제 때의 인물로, 수리 사업을 일으킨 일로 소신신과 병칭되었다. 양수기와 비슷한 도구인 수배(水排)를 발명한 것으로도 유명하다.

○ 후한의 장제章帝(재위 75~88) 때에 왕경王景이 여강태수廬江太守가 되었는데, 그 군 관하의 안풍현安豐縣에 초나라 때 손숙오孫叔敖[134]가 만든 작피勺陂라는 저수지가 있었다. 전에 황폐해져 있던 것을 왕경이 중수하여 그 지역이 풍요롭게 되었다. 그 저수지는 지름이 100리로, 관개할 수 있는 땅이 1만 경이 되었다.

○ 후한 순제順帝(재위 125~44) 때에 마진馬臻이 회계태수會稽太守로 있으면서 처음 경호鏡湖[135]를 만들었다. 저수지의 둘레 310리가 되어 9000여 경에 관개를 하여 사람들이 그 이익을 얻게 되었다.[136]

위진시대의 수리 사업

○ 삼국시대 위나라 때 사마의司馬懿[137]가 관중關中에 주둔해 있으면서 성국거成國渠를 만들고 임진피臨晉陂를 수축하여 농지 수천 경에 관개를 하니 나라가 충실하게 되었고 백성 또한 기뻐하였다.

정시正始 3년(242)에 사마의가 태부太傅가 되어 국정을 보좌할 때에 또 광제거廣濟渠를 만들기를 청해서 황하를 끌어와 변하汴河로 들어가게 함으로써 동남지역의 여러 저수지에 관개를 할 수 있게 하니, 비로소 회수 북쪽의 땅이 크게 농지로 개간이 되었다.

후에 또 회양거淮陽渠와 백척거百尺渠 두 수로를 뚫고 다시 영하潁河의 남북 1만여 경에 물을 대기 위한 저수지를 수축하였다. 이로부터 회수 북쪽 지역에 곡식창고가 늘어서 있게 되었다.

---

134 손숙오 전국시대 초나라 장왕 때의 유명한 인물. 그가 태수로 부임했던 여강은 지금 안휘성(安徽省) 지역으로, 그곳에 흐르는 회하의 치수 사업으로 명성을 얻었다.

135 경호 일반적으로 감호(鑑湖)로 일컬어지는 호수. 지금 절강성의 소흥(紹興) 지역에 있는데, 회계(會稽)는 소흥의 옛 이름이다.

136 이상 전국시대 및 한나라 수리 사업의 내용은 『통전』권2 「식화 2·수리전(水利田)」을 발췌·인용한 것이다.

137 사마의 179~251. 중국 삼국시대 위나라 인물로 제갈량(諸葛亮)에 맞서는 존재였다.

또 위나라 정혼鄭渾[138]이 패군[139]태수沛郡太守가 되었는데, 그 지역은 땅이 저습하여 물에 잠기는 우환이 있어 백성이 궁핍하였다. 정혼이 소현蕭縣과 상현相縣 두 고을에 저수지를 만들고 수전水田을 개간하려고 하니, 백성이 모두 불편하게 여겼다. 정혼은 끝내는 영구한 이득이 있을 것임을 확신하고, 드디어 몸소 백성을 거느리고 공사를 일으켜 한 해 겨울에 완성이 되었다. 해마다 크게 수확이 증가하고 농지도 늘어나서 조세의 수입 또한 배나 늘었다. 패군 지역이 그 이익에 힘입게 되어 비석을 세워 정혼을 칭송하였으며, 그 저수지를 '정피鄭陂'라고 일컬었다.

또 서막徐邈[140]이 양주涼州자사가 되었는데, 그곳은 비가 적게 와서 항상 곡식이 부족한 것으로 곤란을 겪었다. 서막은 무위武威, 주천酒泉, 염지鹽池[141] 지역을 다스려서 노곡虜穀[142]을 거두어들이자고 요청하였으며, 또 수전을 널리 개간해서 가난한 백성을 모집하여 경작하도록 하였다. 그래서 집집마다 풍족하여 창고가 넘칠 지경이었다. 그리고 경계 지역의 군수에 쓴 나머지를 헤아려서 금과 비단, 소와 말을 사들여 중국에서 쓰는 용도로 공급하였다. 서역西域의 공물이 들어오고 재화가 유통됨은 모두 서막의 공적이다.

○ 동진東晉의 장개張闓[143]가 진릉晉陵 내사內史[144]로 있을 때, 당시 관하에 있는 4개 현이 가뭄으로 농사를 짓지 못했다. 장개가 곡아曲阿 지역에 신풍당新

---

138 정혼 후한 말에서 삼국시대에 이르는 인물. 위나라 조조(曹操)에게 기용되어 선정을 펼친 것으로 이름을 얻었다.

139 패군 지금 중국 강소성의 서주 지역.

140 서막 172~249. 삼국시대 위나라 인물로 명제(明帝, 조예曹叡) 연간에 양주자사(涼州刺史)로 부임하여 치적이 있었는데, 특히 농업을 일으킨 것으로 유명하다.

141 무위, 주천, 염지 이 세 곳은 모두 양주에 속한 지역이다. 양주는 지금의 감숙성으로 일명 서량이라 했는데, 강우량이 적어 사막지대와 다름없다.

142 노곡 오랑캐들의 곡식 혹은 노략질당한 곡식을 뜻하는 말로 보이는데, 구체적 사실이 미상이어서 전자의 뜻으로 번역했다.

143 장개 동진 때 인물로 318년에 진릉 내사로 부임해서 수리 사업을 일으킨 공적이 있었다. 이 일로 문책을 받아 면직되기까지 했으나, 후일에 다시 평가되어 대사농으로 기용되었다.

144 진릉 내사 진릉은 지금 중국 강소성의 무석(無錫), 소주(蘇州) 일대의 지명이었으며, 내사는 당시 지방의 부세와 재무(財務)를 담당하는 관직이다.

豐塘이라는 저수지를 세워 800여 경 땅에 관개를 하여 매년 풍년이 들었다. 갈홍葛洪[145]이 그 일을 칭송하니, 이에 나라에서 불러 그를 대사농大司農으로 삼았다.

송나라의 수리 사업

○ 송나라 효종孝宗 때에 절동浙東 지역에 크게 기근이 들었다. 주자朱子가 제거提擧[146]가 되어 기민飢民을 모집해서 수리水利를 일으키자고 요청하였으나, 조정의 의론이 어렵게 여겼다. 주자는 다시 요청하였다. "해마다 가뭄이 들면 국가에서는 창고를 열어 진휼을 하고 있습니다. 만약 진휼로 나가는 이외에 조금만 더 보태서 백성을 모집하여 역사役事를 일으키는 자원을 삼으면 재난을 구하고 수리를 일으키는 일거양득의 이익이 있습니다. 신이 직접 들판에 나가서 본바 눈이 닿는 곳이 온통 황량했으며, 오직 저수지가 있는 곳은 곡식이 무성하고 열매가 튼실하여 풍년이나 다름이 없었습니다. 이에 더욱 수리 사업은 힘써 일으켜야 할 일인 줄로 알게 되었습니다. 만약 고을마다 마을마다 각기 저수지를 만드는 이익을 일으키도록 하면 민간에 길이 떠돌며 굶어 죽는 우환이 없어지고 국가 또한 견감蠲減해주거나 곡식을 대여하거나 진휼하는 비용이 영구히 없어질 것입니다."

○ 남송 효종 건도乾道(1165~73) 말년에 신료들이 건의하기를, "강서江西지방이 해마다 가뭄의 피해를 보고 있는 것은 미리 수리를 일으켜 대비를 하지 못한 때문입니다"라고 하였다. 이에 다음과 같이 조서를 내렸다.

"짐은 생각건대 가뭄과 홍수의 재난은 요 임금 탕 임금 같은 성대에도 면할

---

145 갈홍 284~363. 동진 때 인물로, 『포박자(抱朴子)』, 『신선전(神仙傳)』 등 도교 계통의 저술을 지은 것으로 유명하다. 갈홍이 장개를 칭송했다는 것은 「부민당송(富民塘頌)」을 가리킨다. 이 작품은 『세설신어(世說新語)』, 『진서각주(晉書斠注)』 등에서 볼 수 있다.

146 제거 주자는 절동의 제거를 역임한 바 있다. 절동은 지금 중국 강소성의 동쪽 지역을 가리킨다.

수 없었지만 고통을 호소하는 백성이 없었던 것은 미리 대비를 했던 때문이다. 예장豫章[147]의 여러 군현들 중 농지가 물에 가까운 곳은 곡식이 제대로 자라서 결실이 되었지만, 고지대는 비가 때에 맞추어 오지 않아 곡식이 쉽게 마르는데 아마도 이것은 수리 시설을 보수하지 않아 일찍 준비하지 못한 잘못 때문일 것이다. 당나라 위단韋丹[148]이 강서 관찰사로 있을 때 저수지 598개소를 설치해서 농지 1만 2000경을 관개하였다. 이는 한 도에 실시한 일로서 그 이익이 이와 같은데 지극히 넓은 천하에 있어서야 말할 것 있겠는가. 농사는 민생의 근본이다. 수원水源을 개발해서 수로를 만들어 관개하는 것은 오곡을 길러내는 방도이다. 지금 여러 도의 산천에 수원이 아주 많은데 백성이 그 이로움을 알지 못하고 있다. 수로를 개통하고 저수 시설을 만드는 일은 감사와 수령들의 직분이 아니겠는가. 짐을 위하여 구릉 지대와 저습한 지역 각각의 적합함을 살펴서 농상農桑에 힘쓰고 지리地利를 다 개발하도록 하되 요역을 공평하게 해서 물을 통하게 하여 실농失農을 하지 않도록 해야 할 것이다. 흉년이 든다 하더라도 힘써 농사를 짓는 사람이 손을 써보지 못하고 피해를 입는 지경에 이르지 않게 될 것이니, 이는 천리와 인사가 잘 어울리는 이치이다. 짐은 장차 부지런하고 게으른 데 따라서 상벌을 내리려고 한다."

이상은 수리水利에 관해 논한 것이다.

인구 이동에 관한 논의

한 경제의 조서

한나라 경제景帝 원년에 다음과 같이 조서를 내렸다.[149]

---

147 예장 강서성 북부 지역에 있는 지명.
148 위단 753~810. 당나라 헌종 때 인물. 수리 문제에 밝았으며, 강서 관찰사로서의 공적으로 유애비(遺愛碑)가 세워지기도 했다.

"요즈음 연이어 흉년이 들어서 백성이 양식이 떨어진 사람이 많아 제 수명대로 살지 못하고 요절하는 자가 많다 하니, 짐은 심히 마음 아파하노라. 군국들이 혹은 척박하고 협소해서 농상이나 목축을 할 수 없는 곳이 있는데, 땅이 비옥하고 넓어 초목이 무성하고 수리가 좋은데도 옮겨가지 못하고 있다. 백성이 크고 넓은 땅으로 옮기고자 하는 의론이 있으면 허용할 것이다."

최식의 『정론』

○ 최식崔寔[150]은 『정론政論』에서 다음과 같이 말하였다.[151]

"옛날 성인은 가족의 수로 나누어 경작을 하게 하되 땅도 거기에 맞게 했다. 지금 청주靑州·서주徐洲·연주兗州·기주冀州는 인구는 조밀하고 땅은 협소해서 다 공급하기에 부족하다. 삼보三輔의 좌우[152] 및 양주涼州·유주幽州의 안으로 붙은 가까운 군은 모두 땅은 넓고 사람은 드물며 그 땅은 농사짓기에 적합한데도 모두 개간이 되지 않고 있다. 서민들의 마음은 토지에 매달려서 옮기기를 어렵게 생각하여 굶주릴지언정 살기 좋은 땅으로 옮겨갈 마음이 없다. 백성을 맹氓[153]이라고 말했던 것은 어두운 것을 이름이니, 어둡고 어두워 아는 것이 없다는 뜻이다.

이는 양떼를 기르는 일에 비유된다. 모름지기 주인된 자는 목초를 따라 거처해야 하는데, 풀이 무성한 데 놓아먹이면 살지고 번식하게 되며 척박한 데 놓아기르면 삐쩍 마르고 수도 줄어든다. 이 때문에 경제景帝는 군국에 조서를 내려 사람들로 하여금 척박하고 좁은 곳을 떠나 넓고 비옥한 곳으로 옮기도록

---

149 『문헌통고』 권1 「전부고 1」에 나온다.

150 최식 103~70. 후한 환제(桓帝) 때의 인물. 벼슬하기를 좋아하지 않고 학자로서 삶을 살았는데, 농학(農學)에 밝았다. 여기 나오는 『정론』과 함께 『사민월령(四民月令)』이라는 저서가 전한다. 『후한서』 열전에 그에 대한 내용이 실려 있다.

151 『통전』 권1 「식화 1·전제 상」에 나온다.

152 삼보의 좌우 삼보는 한나라 때 수도인 장안과 그 인접 지역을 가리키는 말. 중심을 경조(京兆)라 했으며, 좌로 좌풍익(左馮翊), 우로 우부풍(右扶風)이 있었다.

153 맹 『시경·위풍(衛風)』에 「맹(氓)」편이 있는데, 무지한 백성을 이른다.

하였다. 무제 때에 이르러서는 관동의 가난한 사람들을 농서隴西·북지北地·서하西河·상군上郡 및 회계會稽 지역으로 옮겨가도록 하니, 그 수가 72만 5000명이나 되었다. 지금 마땅히 이런 고사에 따라 스스로 먹고살아가기 어려운 빈민들을 넓은 땅으로 옮겨가도록 하면, 이 또한 농지를 개간하고 땅을 넓히며 사람을 진작시키는 방법이 될 것이다."

중장통의 『창언』

○ 중장통仲長統[154]이 『창언昌言』에서 이렇게 말했다.[155]

"멀리 떨어진 주州의 고을은 경계가 수천 리에 이르는데 중심 지역에서는 10묘의 땅에 비좁게 살아가고 있다. 멀리 떨어진 주는 농지로 개간이 되지 않은 벌판이 넓은데 세상 사람들은 고토故土를 편안해하여 죽어도 떠나려 하지 않는다. 관장官長이 명령하지 않으면 누가 가려고 하겠는가. 변경의 땅에는 또한 죄를 지어 간 자들에게 수비까지 맡도록 하는 것도 좋을 것이다."

섭적의 상소

○ 남송의 섭적葉適이 상소해서 이렇게 말했다.[156]

"지금 호구가 크게 불어나 출산율이 아주 높아졌는데도, 사람들이 치우쳐 살고 있어서 고르지 못합니다. 그래서 곳곳에 빈 땅이 있어도 농사를 짓지 못하는 백성이 많아 세수稅收가 증가하지 않고 군사도 강하지 못합니다. 우둔한 자들은 더부살이가 되거나 품팔이가 되고, 힘을 쓰는 자들은 장사치가 되거나 도둑이 됩니다. 조세와 부역을 스스로 관에 납부할 수 있는 자는 3분의 1도 되지 못합니다. 농지를 소유한 자는 스스로 경작을 하지 않고 경작을 하는 자라

---

154 중장통 179~220. 후한의 유학자. 「낙지론(樂志論)」이 널리 알려진 글이다. 또한 『창언』은 유학 사상을 바탕으로 당시 사회 병폐를 비판한 저술로 모두 34편이었는데, 거의 산실되고 일부만 역사서에 인용되어 전한다.
155 『통전』 권1 「식화 1·전제 상」에 나온다.
156 섭적의 문집 『수심별집(水心別集)·진권(進卷)』에 실린 내용을 축약·인용한 것이다.

도 자기 땅이 아닙니다. 이 점이 호구는 불어나는데 나라에서 그 힘을 얻지 못하는 까닭입니다.

무릇 오월吳越의 땅[157]은 전씨錢氏 때로부터 유독 병화를 입지 않았던데다가, 40년 동안 수도가 있어서 사방의 이주민들이 이 지역 천 리 안에 온통 집결되어 귀족들이 얼마나 되는지 알 수 없는 지경입니다. 그런 까닭에 15주州의 인구가 지금 천하의 절반을 차지하여 이곳의 공간을 헤아려보면 그 절반도 살기에 부족합니다. 그래서 먹을 곡식과 입을 포백布帛의 값이 전보다 3배나 올랐고, 닭·돼지·채소·땔나무의 값은 전보다 5배나 올랐으며, 농지와 주택의 값은 전보다 10배나 되고, 그중에 편리하고 좋은 곳으로 서로 얻기를 다투는 경우는 전보다 100배나 올랐습니다. 알지 못하겠습니다. 10년 뒤가 되면 어떻게 이 문제를 해결하겠습니까?

백성이 혼란한 것이 이와 같거늘 곤궁해서 호소할 데 없는 자들을 위에서 어떻게 살펴봐야 하지 않겠습니까? 농지는 개간되지 않고 백성은 먹고살기 어려워 오로지 서로 모여 치고받고 빼앗고 훔치는 것으로 의식衣食을 삼아서 풍속이 탐욕에 젖고 사치에 빠진 나머지 신의와 충후의 행실이 없어지는데, 장차 백성을 다 방치해서 어육魚肉이 되도록 할 것입니까? 이는 고민하지 않을 수 없는 문제입니다.

한나라 말년에 형초荊楚 지방이 매우 번성하여 호구가 많아졌을 뿐 아니라 재부財富가 크게 축적되고 재능 있고 용력 있는 인물들이 그곳에서 집중해 쏟아졌습니다. 그러다가 당에서 오대五代로 바뀌는 시대에 이르러 다시 떨쳐 일어나지 못해 지금은 낙후하고 황폐한 주州·현縣이 되었습니다. 민閩(복건성)·절浙(절강성) 지역의 번영은 당나라 때로부터 시작하여 동남부에서 유독 손꼽히게 된 것은 예전에 없었던 바입니다. 한쪽은 번영이 극도에 달하는데 앉아서

---

157 오월의 땅 지금 중국의 강소성과 절강성 지역이다. 당에서 송으로 넘어가는 과도기에 오대십국(五代十國)이 있었는데, 십국 중 하나인 오월국이 이곳에 있었다. 오월국을 세운 사람은 전류(錢鏐, 852~932)라는 인물이다.

다른 한쪽이 무너질 것을 기다리고 있다면 이 어찌 지혜로운 자의 할 일이겠습니까?

또한 비어 있는 땅은 여우와 토끼가 숨어 있고 평야에는 호랑이가 살며 황량하고 숲이 우거진 천 리에 마을이 없어 간교한 무리들이 망명하는 소굴이 되었으며 기후가 무더워서 살아갈 수 없게 되었습니다. 그런데 비좁은 곳은 산을 깎고 바다를 막아 버려진 이익까지 끄집어내는 실정입니다. 땅의 생산력은 한정이 있고 백성의 농사일은 끝이 없어 음양을 손상하고 오행五行을 어긋나게 하는 데 이르러 지력이 고갈되어 거두어들일 것이 없게 만듭니다. 시름에 빠지고 고달파 살아갈 수 없는 지경입니다. 신은 인구가 조밀한 지역과 빈 지역 모두 병들고 있다고 봅니다. 민·절 지역의 인구를 나누어 형초 지역에 채움으로써 비좁은 지역을 떠나 널찍한 곳으로 가게 하는 것이 오늘날의 급선무입니다.

이와 같이 하면 농지가 더욱 넓어지고 백성이 저절로 풍족해져서, 자기 고장에서는 농민이 되고 나가면 병兵이 됩니다. 군대는 저절로 강해지고, 재부도 저절로 풍족하게 될 터입니다. 이 어찌 백성을 안정시키고 이적을 제압하는 좋은 계책이 아니겠습니까?”

이상은 백성이 좁은 곳을 떠나 넓은 데로 옮기는 문제를 논한 것이다.

상평창·의창과 구황에 관한 논의

이회의 논의

위魏나라 문후文侯(재위 B.C. 445~B.C. 396) 때의 재상 이회李悝가 이렇게 말했다.[158]

“판매하는 곡식이 너무 비싸면 사람들이 피해를 보고, 여기서 사람들은 사士·공工·상商을 이르는 것임. 너무 싸면 농부가 피해를 본다. 사람들이 피해를 보면

---

158 『통전』 권12 「식화 12」에 나온다.

이산하게 되고, 농부가 피해를 보면 나라가 가난해진다. 그러므로 곡식 값이 너무 비싸거나 너무 싸거나 그 피해를 입게 되는 것은 마찬가지이다. 나라를 잘 다스리는 자는 사람들에게 피해를 입히지 않고 농부를 더욱 농사에 힘쓰도록 한다. 이런 까닭에 곡가穀價를 잘 조절하는 자는 필히 그해의 풍흉을 상·중·하로 신중하게 살펴야 한다. 큰 풍년에는 나라에서 남는 곡식의 4분의 3을 사들이고 4분의 1은 남겨두며, 중등 풍년이면 3분의 2를 사들이고, 하등 풍년이면 2분의 1을 사들여서 사람들이 적절히 먹고살게 하며 가격이 알맞게 되면 사들이는 일을 중지한다. 약간 흉년이 든 해에는 하등 풍년에 사들인 양곡만큼을 내고, 관에서 보관하고 있는 양곡을 방출하는 것임. 중간 정도의 흉년에는 중등 풍년에 사들인 양곡만큼을 내며, 큰 흉년에는 큰 풍년에 사들인 양곡만큼을 내다판다.”

『한서漢書·식화지食貨志』에 이회李悝의 다음과 같은 말이 있다.

“나라를 잘 다스리는 자는 사람들에게 피해를 입히지 않고 농부들을 더욱 농사에 힘쓰도록 한다. 지금 1부夫가 식구 5명으로 100묘의 농지를 경작하여 매년에 1묘당 1석 반을 수확하면 곡식이 150석이 된다. 10분의 1 세 15석을 제하면 나머지는 135석이 된다. 한 사람이 먹는 데 매월 1석 반이 들어가면, 5인이 한 해를 먹는 데 들어가는 곡식은 90석이 되어서 45석이 남는다. 1석을 돈[錢] 30으로 치면 돈 1350이 된다.[159] 남은 것으로 사社·려閭[160]의 상신嘗新[161]과 춘추의 제사에 돈 300을 쓰면 남은 것이 1050이고, 한 사람 입히는 데 대충 돈 300을 쓰면 5명이 1년에 1500을 쓰게 되니 부족한 돈은 450이다.

불행히도 당하는 질병과 죽음, 장례의 비용 및 위에 바치는 부세賦稅 등은 또한 포함시키

---

159 여기서 돈[錢]은 중국 고대에 돈으로 쓰였던 도자전(刀子錢)을 가리키는 것으로 생각된다. 즉, 돈의 단위로서 도자전 한 개를 '錢'이라고 표현한 것이다.

160 사·려 백성이 거주하는 마을의 단위. 사는 공동체적인 의미로 쓰였음. 『설문해자(說文解字)』에서는 25가(家)를 사(社)라고 하였으며, 『수서(隋書)』에서는 25가마다 사를 두었다고 했다. 그리고 『주례(周禮)·대사도(大司徒)』에 의하면, 향(鄕)에서는 25가를 려(閭)로 편성하였다.

161 상신 『예기(禮記)·월령(月令)』에 의하면, 초가을에 새로 수확한 곡식으로 지내는 제사를 말한다.

지 않았다. 이는 농부가 항상 곤궁하여 농사짓고 싶은 마음이 없어지고 나오는 곡식이 매우 귀하게 되는 까닭이다. 이 때문에 곡가를 잘 조절하는 자는 필히 그해의 풍흉을 상·중·하로 신중하게 살핀다. 큰 풍년에는 그 수확이 4배가 되어 나머지가 400석이 되며, 중등 풍년에는 3배가 되어 나머지가 300석이 되고, 하등 풍년에는 배가 되어 나머지가 100석이 된다. 약간 흉년이 든 해에는 100석을 수확하며, 중간 정도의 흉년에는 70석을 수확하고, 큰 흉년에는 30석을 수확한다. 그러므로 큰 풍년에는 나라에서 남는 곡식의 4분의 3을 사들이고 4분의 1은 남겨두며, 중등 풍년이면 3분의 2를 사들이고, 하등 풍년이면 2분의 1을 사들여서 사람들이 적절히 먹고살게 하며 가격이 알맞게 되면 사들이는 일을 중지한다. 약간 흉년이 든 해에는 하등 풍년에 사들인 양곡만큼을 내고, 중간 정도의 흉년에는 중등 풍년에 사들인 양곡만큼을 내며, 큰 흉년에는 큰 풍년에 사들인 양곡만큼을 내어 판다. 그러므로 기근이나 홍수, 가뭄을 만나더라도 곡식이 귀하지 않고 사람들이 흩어지지 않으며 남는 것을 취하고 부족한 것을 보충해줄 수 있다."

이에 위나라에서 이 법을 시행하여 나라가 부강하게 되었던 것이다.

○ 큰 풍년에는 그 수확이 4배가 되어 나머지가 400석이 된다는 것은, 평년에는 100묘에 150석을 수확하는데 지금 큰 풍년이 들어 4배의 수확을 하여 거두어들인 것이 600석이 되며, 사람이 1년 동안 소비하는 것을 계산해보면 400석이 남게 되는 것이다. 이에 관에서 300석을 사들이게 되니, 이것이 나라에서 남는 곡식의 4분의 3을 사들이고 4분의 1은 남겨둔다는 의미이다. 중등 풍년에는 그 수확이 3배가 되어 450석이 되며, 한 해 동안 소비하고 남는 것이 300석이요, 관에서 200석을 사들이니, 이것이 3분의 2를 사들이고 3분의 1은 남겨둔다는 의미이다. 하등 풍년에는 그 수확이 배가 되어 300석을 거두어들이는데, 한 해 동안 소비하고 남는 것이 100석이요, 관에서 그중의 50석을 사들이니, 하등 풍년에 2분의 1을 사들인다는 것은 100석을 절반으로 나누어 그 하나를 사들이는 것을 일컫는다. 약간 흉년이 든 해에 100석을 거두어들인다는 것은, 평년에는 100묘에 150석을 수확하는데 지금 약간 흉년이 들어 100석을 수확하는 것이니 평년의 3분의 2를 수확하는 것이다. 중등 흉년에는 70석을 수확하니 평년의 2분의 1을 수확하는 것이다. 큰 흉년에는 30석을 수확하니 평년의 5분의 1을 수확하는 것이다.

경수창의 상평창 건의

○ 한나라 선제宣帝 때에 대사농大司農 중승中丞 경수창耿壽昌[162]이 황제에게 이렇게 아뢰었다.[163]

"변방의 군郡에는 모두 창倉을 짓게 하여 곡식이 쌀 때는 값을 올려 사들여 농부를 이롭게 하고, 곡식이 비쌀 때는 값을 낮춰서 방출하여 민民을 이롭게 해야 합니다."

이를 '상평창常平倉'이라고 이름하였다.

그때 매년 농사가 잘되어 1석당 5전錢이 되는 데 이르렀으므로, 농부들은 이득이 적었는데, 경수창이 이 법을 아뢰어 실시하매 사람들은 편하게 여겼다. 황제가 이에 조칙을 내려 그를 관내후關內侯로 삼았다.

사마광司馬光이 이에 대해 말하였다.

"상평창은 하夏·은殷·주周 삼대의 성왕聖王들이 남겨놓은 법이니, 이회·경수창만이 유독 시행할 수 있었던 것은 아니었다. 곡식이 싸도 농부가 피해를 입지 않고, 곡식이 비싸도 민民이 피해를 입지 않아 민은 거기에 힘입어 먹고살 수 있고 관 또한 그 이로움을 취할 수 있으니, 훌륭한 법으로 이보다 더 좋은 것이 없다."

장손평의 의창 건의

○ 수隋나라 문제文帝 개황開皇 5년(585)에 탁지상서度支尙書 장손평長孫平[164]이 다음과 같이 건의하였다.[165]

"옛날에는 3년 농사를 지으면 1년의 축적이 있고 9년 농사를 지으면 3년의

---

162 경수창 전한(前漢) 시대 관료로 수학과 천문학에 능통했다.
163 『통전』 권12 「식화 12」에 나온다.
164 장손평 북주(北周)에서 수대(隋代)에 걸친 인물. 수나라 때 탁지상서로서 의창(義倉)을 실시하도록 건의한 사실이 유명하며, 공부상서(工部尙書)를 역임한 바 있다.
165 『통전』 권12 「식화 12」에 나온다.

축적이 있어서, 아무리 홍수와 가뭄의 재해가 있다 하더라도 사람들은 굶주리지 않았습니다. 이는 모두 농사를 지도하는 방법이 적절해서 여분의 곡식을 먼저 갖추어둔 때문입니다. 청하옵건대 여러 주의 백성에게 권장하여 사社마다 의창義倉을 함께 설립하고 수확하는 날에 소득에 따라 서숙이나 보리를 내도록 하되 한 가호당 1석 이하로 빈부에 따라 차등을 두게 하여, 그 사에 창고를 만들어 저장하도록 합니다. 그리고 즉시 사의 담당자에게 위임하여 장부를 가지고 검수해서 매년 저축된 물량이 손상되지 않도록 해야 합니다. 만약 흉년이 들어 그곳에 굶주리는 사람이 있으면 즉시 이 곡식으로 진휼을 하도록 할 것입니다."

황제는 이 건의를 따랐다. 그 창고를 의창, 혹은 사창社倉이라고 일컬었다.

당시 곳곳에 비축한 곡식이 있어 사람들이 기근을 면할 수 있었다. 후에 백성이 장기적인 계책을 생각하지 않고 가볍게 축내고 소비하였기 때문에 사창에 비축한 곡식이 모두 아울러 본 주州로 납입되기에 이르렀다. 가뭄으로 재해를 만나면 먼저 오래 묵은 곡식을 지급하도록 하였다. 수 양제 때는 나라의 쓰임이 궁핍하게 되어 의창의 곡식을 취해서 관의 비용으로 충당하였다. 당 태종 때 이르러 다시 천하의 주州·현縣에 의창을 설치하여 흉년에 대비하도록 하며, 다른 비용으로 쓰는 것을 허용하지 않았다. 무후武后·중종中宗의 즈음에는 공사 간에 곤란하게 되어 의창에서 곡식을 빌려 썼으며, 신룡神龍[166] 이후로는 천하의 의창이 거의 거덜이 났다.

호치당胡致堂[167]은 말하였다.

"기민饑民을 진휼하는 것은 그 사람들과 가까이 있는 것이 가장 중요하다. 수나라의 의창은 백성에게 거두어들이는 것이 많지 않았음에도 창고를 해

---

166 신룡 무후(武后)는 당 고종의 황후이고, 중종(中宗)은 무후의 아들이다. 무후가 중종의 재위 기간에 실질적으로 권력을 장악하여 통치를 하였다. 신룡은 중종이 폐위되었다가 무후가 죽은 이후 다시 황제로 즉위한 때의 연호이다. 기간은 705~707년이다.
167 호치당 즉 호인(胡寅, 1098~1156).

당 사社 가까이에 두어서 기민들을 그런대로 구제할 수 있었다. 후세에 의창이란 이름은 있었지만 주州·군郡 안에 설치됐기 때문에 한번 흉년이 들면 못된 관장官長은 위에 보고도 하지 않았고 좋은 담당자라야 보고를 하였다. 허락이 떨어짐에 미쳐서 이속吏屬들에게 위임하여 곡식을 꺼내 시행을 하게 되는데 공문이 오고가는 사이에 지급하는 일이 어렵게 되기도 하고 감독하는 서리들이 서로 빼돌리기도 하여, 혜택을 받는 자는 대체로 성곽 가까이에 살아서 힘이 능히 미칠 수 있는 사람뿐이다. 멀리 사는 자가 어떻게 늙은 이를 부축하고 어린이를 끌고서 수백 리 길을 얼마 되지 않은 곡식을 얻으러 갈 수 있겠는가?"

후주 세종의 구황

오대五代 시대 후주後周 현덕顯德 6년(959) 회남淮南 지역에 기근이 들자, 세종世宗은 곡식을 빌려주라고 명령을 내렸다. 어떤 관원이 "백성이 가난해서 갚지 못할까 두렵습니다"라고 하였다. 세종은 이렇게 말했다.

"백성은 자식과 마찬가지다. 지금 자식이 거꾸로 매달려 있는 것 같은 어려움에 놓여 있는데 아비로서 풀어주려고 하지 않을 자가 있겠느냐? 어떻게 꼭 갚도록 할 수 있겠느냐?"

호치당은 이렇게 말했다.

"대여해준다는 것은 백성에게 혜택을 주려고 하는 것이지만 병들게도 한다. 혜택을 준다는 것은 목전의 긴급함을 풀어주는 일이요, 병들게 한다 함은 뒷날 상환하도록 독촉하는 일이다. 갚도록 독촉할 때 혹은 기일을 엄하게 잡기도 하고 혹은 손실분을 징수하기도 하며, 혹은 이자를 받기도 하고 혹은 쌀로 주고 돈으로 바치도록 하며, 혹은 가난해서 갚을 길이 없는데 그냥 놓아두지 않으며, 혹은 서리들이 거짓으로 대여해주었다 하고 백성에게 징수하기도 하니, 이 모두 백성을 병들게 하는 것이다. 관장은 많이 거두고 적게 주는 것을 재주로 여기며, 거두어들이기를 잘하는 신하는 머릿수를 세고 키질하기로 일을 삼는다. 큰 가뭄이 들었는데도 세를 덜어주지 않고 홍수가 났는데도 세를 덜어주지 않으며, 황충蝗蟲이나 멸구의 피해가 큰데도 세를 덜어주지 않는다. 장관들은 세를 감독함에 있어 액수가 차지 않으면 고과考課를 불리하게 하며, 민호가 납부하는 것을 채우지 못하는 경우 파산을 하지 않고는 장부에서 빠지지 못한다. 백성이 내는 것도 이와 같거늘 더구나 관에서 빌려주는 것이야 말할 것 있겠는가. 갚기를 독촉함에 있어 실로 힘을 하나도 남겨두지 않았다. 후주의 세종은 백성을 대하기를 자식과 같이 하여 궁핍한 사람들을 구제해주고 기어이 갚도록 하지 않았으니, 참으로 어진 사람의 마음이요 옛 왕의 정치이다."[168]

구준丘濬은 이렇게 말했다.

"호치당의 이 말은 대여해준다고 하면서 일어나는 폐단뿐이 아니요 오늘날 의창의 폐단이기도 하다. 의창이란 본디 흉년에 대비하여 우리 백성으로 하여금 굶어 죽지 않도록 하려는 뜻이었다. 그런데 관장이 받아들임에 있어서 양을 채우는 데 급급하여 그 양곡이 좋고 나쁜 것을 따지지 않다가 저장을 함에 당해서 썩을까 두려워서 흉년을 기다릴 겨를이 없게 된다. 빌려주는 것은 꼭 필요로 하는 사람을 따질 것이 없고, 거두어들이는 것은 받아먹은 사람이 아닌 경우가 많다. 호치당은 '갚도록 독촉할 때 혹은 기일을 엄하게 잡기도 하고 혹은 손실분을 징수하기도 하며, 혹은 이자를 받기도 하고 혹은 쌀로 주고 돈으로 바치도록 하며, 혹은 가난해서 갚을 길이 없는데 그냥 놓아두지 않으며, 혹은 서리들이 거짓으로 대여해주었다 하고 백성에게 징수하기도 한다'라고 하였으니, 이 몇 가지 사항은 오늘날 의창의 폐단에 꼭 들어맞는다. 이른바 의창에서 의롭다는 뜻이 결국 불의한 것이 되고, 본디 백

---

168 이상 후주 세종의 일화와 호치당의 논의는 『문헌통고』 권26 「국용고(國用考) 4」에 나온다.

성을 이롭게 한다는 일이 도리어 해를 끼치는 일이 되었다. 단지 그 일이 번거롭고 소란스러운 것만 보게 되며 관리들의 간교만을 키워줄 따름이다. 진휼의 실효에 있어서는 참으로 도움되는 것이 없다."

안설

살펴건대 사창이란 본디 인민에게 일을 권장하고 남는 것을 절약해서 흉년에 대비하기 위한 것이다. 해당 사社에 두어서 그 사에서 관장하도록 하는 것이 마땅하며, 옮겨서 주州·군郡에 보관하는 것은 마땅치 않다. 이는 지금 우리나라의 환자[還上] 제도와 근본적으로 구분이 있다. 환자는 군량으로서 대비하기 위한 것이다. 당연히 읍내에 저치貯置하고 관부에서 관장해야 하며 나누어 면 지역에 두는 것은 마땅치 않다. 후대에는 의창이 주·군에 속하게 되고 관리들이 담당하여 해마다 거두어들이고 나누어주고 하였다.

우리나라에서는 환자를 매년 백성에게 빌려주고 받아들이기 때문에 그 일이 서로 마찬가지가 되었다. 기왕에 기일에 앞서 백성에게 대여하고 뒤에 상환하도록 하되, 관청에서 그 일을 관장하여 형벌로 다스리게 되고 이에 기일을 엄하게 정해서 독촉을 하며 적게 나누어주고 많이 받아들이고 흉년과 상관없이 억지로 배정해 나누어준다. 가난한 자들이 도망을 치고 보면 인징隣徵이다 족징族徵이다 하여 대신 받아내는데, 그 사이에서 아전들이 간활한 짓을 하며 거짓으로 꾸며 마구 징수하는 등 온갖 가지 폐해가 생겼다. 붙잡혀 억울한 사람들이 감옥에 가득 차는 데 이르고 온 지경에 채찍질, 매질로 사람을 잡는 그물이 되었을 뿐, 백성을 구하는 본뜻은 다시 찾아볼 수 없었다. 왕안석王安石의 청묘법靑苗法[169]을 사람들이 너나없

---

169 청묘법 왕안석의 신법(新法) 중 하나. 상평창 제도를 수정하여 농민에 대해 자금을 지원하는 일종의 대여정책이다. 국가 재정의 증대, 군량 확보 등을 위한 뜻이 포함되어 있었고, 아울러 상인의 곡물시장 지배를 차단하려는 의미도 있었다. 이 과정에서 대출의 강제 할당과 이자 수

이 불편하다고 일컫는데, 이것이 청묘법과 무엇이 다른가?

저 상평제常平制로 말할 것 같으면 풍년에도 농민이 손해를 보지 않고 흉년에도 백성이 굶주리지 않으니 공사 간에 폐단이 없고 위아래 모두 이로워 좋은 법으로 이보다 나은 것이 없다. 우리나라 법전에도 중앙과 지방에 상평창을 두도록 했으나 일찍이 거행된 적이 없으니 어찌된 영문인가? 이를 두고 싶어한다면 지금의 환자 제도를 좋게 변경하여 여러 고을에 모두 상평창을 설치하고 법에 의거해서 사들이고 내다팔고 할 것이다.

사창은 부로父老들을 권유해서 원하는 대로 설립하여 해당 사社의 인사들로 하여금 공공의 뜻으로 주관하도록 하며 관청에서는 관여하지 말도록 한다. 수나라 초기의 방식 및 주자의 사창제에 의거해서 타당한 방식을 헤아려 법식을 정하되 해당 사의 인사들로 하여금 공공의 뜻으로 주관하도록 하고, 관청에서는 다만 협조하고 지도해줄 일이요 감독하여 주관할 수 없도록 해야 한다. 이렇게 한 다음에라야 제대로 될 것이다.

문

사창을 해당 사社에 두는 경우, 그 지역에서 적합한 사람을 얻기 어려워 설립하지 못하거나, 혹은 사욕 때문에 사창이 폐지되기에 이르면 어찌할 것인가?

답

나라에서 진심으로 권유하고 침탈하지 않아 백성은 그 이로움을 보고 피해가 없는 줄 알면, 자연히 시행될 것이니 실로 안 될 까닭이 없다. 비록 설립이 되지 못하거나 혹 하다 말다 하게 되더라도, 해마다 백성에게 해독을 끼치는 일은 없을 것이다. 백성이 그 해독에서 벗어나게 된다면 안정하여 농업에 힘쓰게 되어 집집마다 저축이 있게 될 것이다. 게다가 상평제가 있어 보완을 하게 되면 흉년에 살아날 수 있는 것이 어찌 환자에 비할 수

취, 연좌 책임제 등으로 인한 문제점이 발생했다.

있겠는가?

남송 효종의 사창법 시행

○ 남송 효종孝宗(재위 1162~89) 때에 제로諸路에 사창법社倉法을 반포하였다. 애초에 주자朱子가 건녕부建寧府 숭안현崇安縣 개요향開耀鄕[170]에 있었는데, 건도乾道 무자(1168) 연간에 건녕부 지역이 크게 흉년이 들었다. 주자가 개요향의 인사들과 함께 건녕부에 요청하여 상평미常平米 600석을 지원받아 그것을 백성에게 진휼미로 대여해주고, 겨울이 되면 이자를 더해 쌀로 상환하도록 하였다. 1석당 이자로 쌀 2두斗를 받음. 그로부터 매년 거두어들이고 나누어주는 것을 계속하여 작은 흉년에는 그 이자의 반을 덜어주고, 큰 흉년에는 이자를 전부 덜어주었다. 14년 동안 이렇게 하여 이자 부분의 쌀을 가지고 따로 창倉을 지어 저장해놓아서 원래의 액수 600석을 관에 상환할 수 있었다. 그리고 저축미로 현재 있는 3000여 석을 사창곡으로 설정하여 다시는 이자를 받지 않고, 다만 매 석에 모미耗米로서 3승을 거두는 데 그쳤다. 그리하여 개요향에서는 아무리 흉년을 만나더라도 사람들이 굶주리지 않게 되었다.

각 사의 사수社首와 보장保長[171]은 각기 호구를 장부에 올리되, 보장이 도망쳤거나 잘못을 저질렀거나 거처가 불분명한 사람이 아님을 밝힌 연후에 문서에 비추어 지급을 하였다. 대여받기를 원하지 않는 호戶에 대해서는 지급하지 않았다. 이 법이 주자의 「사창사목社倉事目」[172]에 자세히 나와 있다.

뒤에 주자가 효종의 부름을 받은 자리에서 사창법을 확대해서 시행하도록 청하여 이렇게 아뢰었다.

"원하옵건대 제로諸路에 이 법을 반포하고 민간에 효유曉諭해서 설립하기를

---

170 개요향 지금의 복건성 삼명시(三明市) 우계현(尤溪縣)에 속한 곳으로, 주희가 사창법을 시행했던 지역이다.
171 보장 보(保)의 장을 가리킴. 주자의 「사창사목(社倉事目)」에 10인을 1보로 정한다고 되어 있다.
172 『주자대전』 권99에 수록되어 있다.

원하는 경우 주·현에서 상평미를 헤아려 지원하며, 부호 중에 쌀을 내어 밑천으로 삼기를 원하는 자에 대해서 또한 편의대로 들어주어 이자분의 쌀이 원래의 액수에 미치면 또한 상환해주도록 합니다. 만약 그 지역의 풍속이 같지 않으면 거기에 따라 편의대로 규정을 만드는 것을 허용하되 관에 보고하여 준수하도록 하며, 설립을 원치 않는 곳에 대해서는 관에서 강제하지 않도록 해야 시끄럽지 않게 될 것입니다.”

효종은 이 건의를 받아들여 조칙을 내렸다.

“본향에 거주해온 사람이나 타관에서 온 관원이나 사족 중에서 행실 있는 자를 주·현에 문서로 제출하면 의창미義倉米 중에서 헤아려 지급할 것이다. 거두어들이고 나누어주는 일은 본향의 원로들과 공동으로 처리하며, 주·현에서는 일절 간섭하거나 강제하지 않도록 한다.”

주자는 일찍이 「금화사창기金華社倉記」[173]에서 이렇게 적었다.

“세상에서 이 제도에 대해 부정적으로 생각하는 것은 왕안석의 청묘법을 두고 말하는 데 불과하다. 그런데 청묘법은 지급하는 것이 돈이지 곡식이 아니었고, 그것을 취급하는 장소가 현縣이지 향鄕이 아니었으며, 그것을 맡은 것이 관리이지 향의 사군자士君子가 아니었고, 그것을 시행하는 뜻이 재물을 빨리 거두어들이자는 것이지 진정으로 백성을 사랑하는 데 있었던 것이 아니었다. 이 때문에 왕안석의 법은 한 고을에 시행되는 데 그쳤고 천하에 시행되지 못했던 것이다.”

○ 주자는 또 「의흥사창기宜興社倉記」[174]에서 이렇게 말했다.

“나라는 사람이 다스리는 것이지 법이 다스리는 것은 아니라는 말[175]은 바꿀 수 없는 지극한 논리이다. 선왕先王의 시대에는 3년 경작을 하면 1년 저축이 있었다. 그래서 30년이 되면 10년분의 저축이 있어서 백성은 흉년에 곤란을 겪지 않았으니, 이는 만세에 좋은 법이라고 할 수 있다. 그다음은 한나라 때 시행했던 이른바 상평창이니, 지금 분명히 시행하

173 『주자대전』 권79에 수록되어 있다.
174 『주자대전』 권80에 수록되어 있다.
175 원문은 '有治人無治法'인데, 이는 『순자·군도(君道)』에 나오는 말이다.

고는 있는데 이 법이 좋지 않은 것은 아니다. 그런데 오늘날에는 다만 법령과 문서와 열쇠만 겨우 남아 있을 따름이다. 대체로 사람이 제대로 지키지 않으면 법이란 말만의 법일 뿐이요 저절로 잘 시행되는 것은 아니다. 더구나 사창이란 것은 향촌의 한적한 곳에 먹을 수 있는 물건을 모아놓고 직무를 맡길 만한 관리가 주관하는 것이 아니요 멀리 추방하는 형벌로 제어하지 않으니, 진실하고 밝게 살필 수 있는 인사, 예컨대 지금 여기 사창을 담당했던 몇 분들처럼 한마음으로 서로 협력해서 물건이 들어오고 나가는 것을 신중하게 관리하며 간교한 속임수를 막아내지 않으면, 그 법을 지켜내기 어려운 것은 날을 기다리지 않아도 환히 볼 수가 있다. 아울러 이 글을 붙여서 후일의 군자들에게 고하노라."

송대 학자들의 구황론

○ 주자는 말하였다.

"예로부터 구황救荒에는 두 가지 설이 있다. 하나는 천지에 조화로운 기운을 불러들여서 풍년이 들게 하는 것이요, 그다음은 오로지 저축하여 대비하는 것이다. 만약 저들이 굶주리는 때를 만나면 무슨 해결책이 있을까."

또 말하였다.

"굶주린 사람을 진휼함에 있어서는 특별한 대책이 있는 것이 아니요, 수리를 강구하는 것만 한 것이 없다."

○ 여동래呂東萊는 말하였다.

"대저 구황의 정사는 전체적으로 논하자면 선왕이 미리 준비하는 일이 가장 으뜸이요, 이회李悝의 정책을 받아서 시행하는 것이 그다음이요, 축적을 하여 나누어줄 수 있으면 그것을 유통을 시키거나 백성을 이동시키고 곡식을 이동시키는 방식이 그다음이요, 이도저도 되지 않아 구휼하는 장소를 설치하고 죽을 쑤어 나누어주는 것이 가장 하책이다."

○ 조변趙抃[176]이 월주越州를 맡아 다스릴 때 오월吳越 지방에 큰 가뭄이 들었

다. 백성의 굶주림이 닥치기 전에 미리 속현에 공문을 내려서, 재해를 입은 자가 얼마나 되는지, 먹고살아갈 향민이 얼마나 되는지, 관의 구휼을 받아야 할 자가 몇 명이고, 수축할 수 있는 수로와 제방으로 백성을 모집해 일을 시킬 수 있는 곳이 몇 곳이며, 풀어낼 수 있는 돈과 쌀이 창고에 얼마나 있고, 구휼미를 내놓을 만한 부자는 몇 집인지를 물어 각각 작성해서 대비하도록 하였다.

안설

　살피건대, 송나라 법에 재해가 발생한 지역에는 역사役事를 일으켜 사람을 모집하는 것이 있었으니, 예컨대 농지 개발이나 수리 시설 및 성곽·도로·제방의 공사나 나무심기 등이다. 감사가 미리 공사에 소요될 전곡의 수량을 검토·계산하여 이해利害를 갖추어 보고했으니, 이 뜻은 매우 좋다. 매양 기근이 드는 해에는 국가에서 그 지역의 창고를 열거나 다른 곳의 곡식을 옮겨오거나 해도 허다한 기민飢民들을 형편상 모두 구휼하기 어려웠다. 그래서 혹 무상으로 나누어주는 경우도 있지만 이는 아주 적은 분량에 지나지 않고 나머지는 모두 대여를 하고 이자를 받았다. 곧 우리의 환자와 같다. 이 때문에 기민들은 비록 한때 살아날 수 있지만 가을이 되면 상환을 해야 하기 때문에 추수한 것이 거덜나서 풍년을 만나더라도 봄이 되면 식량이 떨어져 전날과 마찬가지가 된다. 가난하여 거두어들일 것이 없는 자는 곧 유망하는 데 이르게 되니, 독촉하는 폐해가 이웃집이나 친족에 미쳐서 이들을 관에서 붙잡아다가 매질하며 호령하기 때문에 백성의 원성이 높아간다. 아무리 이웃이나 친족을 독촉한다 해도 그들 역시 가난뱅이들이어서 죽어갈 따름이요, 끝내 받아낼 길이 없다. 그러므로 관의 곡식 또한 감축되는 것은 어쩔 도리가 없다. 그뿐 아니라, 기민의 명단에 올라가는 자 또한 으레 주리主吏와 절친이거나 이정里正의 족속이거나 세력 있는 집의 노복인 경우가 많다. 의지할 데 없

---

176 조변　1008~84. 북송(北宋)의 인종 및 신종 때 인물. 참지정사(參知政事), 전중시어사(殿中侍御史)를 역임하였으며, 관리들의 탄핵에 철저해서 철면어사(鐵面御史)로 불리기도 했다.

는 백성은 도리어 누락되고 만다.

　지금 만약 상평창에 저장된 곡식을 방출하는 이외에 구휼미로 쓸 부분을 가지고 적절히 나누어 노약자, 장애자, 병자 및 의탁할 곳 없는 부녀들에 대해서는 숫자를 계산하여 무상으로 지급하고, 그 나머지로는 기민을 두루 모집해서 품삯을 후하게 주어 둑을 쌓아 수리水利를 일으키도록 하면, 재난을 구하고 수리를 얻는 일거양득이 될 것이다. 기민들은 자기 힘으로 굶주림을 해결하기 때문에 도록圖錄[177]의 폐해도 없고 뒤에 상환하는 걱정도 없게 된다. 모집에 응하기 때문에 원망하는 마음이 생겨날 것이 없고, 품값을 넉넉히 받기 때문에 한 사람이 일을 해도 노인과 어린이를 충분히 먹여 살릴 수 있다. 그래서 모집에 응하는 자는 많고 혜택이 미치는 바는 넓다.

　수리 사업을 한번 일으키면 영구히 흉년의 피해가 없어져서 백성은 굶주리지 않고 나라도 세수에 결손이 생기지 않아 천세 만세에 길이 덕을 보게 될 것이다. 오늘 당장의 이로움과 해로움을 따지는 것과는 천양天壤의 차이가 있다. 이밖의 공사는 수리 시설만큼 긴급한 것은 아니라도 참으로 시무時務에 적합한 일이 있으면 또한 마땅히 헤아려보아야 할 것이다.

　이상은 상평창·의창·구황을 논한 것이다.

---

177 **도록**　도록(圖錄)과 같은 말. 도참이나 술수 등을 가리킨다. 추측건대 인심이 안정되지 못한 나머지 미혹이 되는 것을 뜻하는 듯하다.

권8

전제후록고설 하

田制後錄攷說 下

살피건대 「홍범洪範」에서 팔정八政[1]을 들어 말하는데 첫째가 식食이요, 둘째가 화貨이다. 식은 농사지어 생산하는 먹을 수 있는 것을 이름이다. 화는 금金·도刀·전錢·패貝[2] 등을 이름이니, 이로움을 펼치고 재물을 유통시키는 수단이다. 이 두 가지는 민생의 근본이다. 지금 역대의 화폐에 관한 설을 상고해서 전제田制 뒤에 붙인다.

화폐에 관한 논의

『주례』

『주례周禮』에서 외부外府[3]는 국중의 포布[4]의 출납을 관장하여 백물百物을 마련하고 나라의 쓰임과 백관百官의 공급에 대비하는 곳이다.

---

1 「홍범」 팔정 「홍범」은 『서경(書經)』의 편명으로, 기자(箕子)가 무왕(武王)에게 정치의 지침을 말한 내용이다. 그중에 세 번째가 팔정인데, 나라를 다스림에 있어 여덟 가지의 요목이다.
2 금·도·전·패 고대에 이용되었던 화폐의 종류. 금, 도자전(刀子錢) 같은 칼 모양의 돈, 조개 등속을 통칭하는 것이다.
3 "정현은 이르기를, '외부란 밖에 있는 천장(泉藏)을 주관하는 곳이다'라고 하였다." — 원주
    여기서 천장은 재화가 저장되어 있는 상태를 가리키는 말이다.
4 "포(布)는 천(泉)이다. 그것이 저장되어 있으면 천이라 하고, 통행하면 포라 한다. 이름을 샘[水泉]에서 취한 것은 그것이 유통되어 닿지 않는 곳이 없기 때문이다." — 원주
    『주례주소(周禮註疏)』에 실린 정현의 주석으로, 이 풀이에 의하면 포는 재화를 가리키는 것이다.

천泉은 처음에 한 가지였으나 주周 경왕景王(재위 B.C. 544~B.C. 520)이 대천大泉5을 주조해서 두 가지가 있게 되었다.

무릇 제사, 빈객, 상사喪事, 회동會同,6 군려軍旅의 재용으로 쓰는 화폐로 공급하고 하사·증여의 재용으로 내려준다.

왕소우王昭禹7는 이에 대해 이렇게 말했다. "옛날에는 패貝를 사용하여 교역했다. 강태공姜太公에 이르러 구부환법九府圜法8을 만들어 처음으로 패貝 대신 전錢을 사용했는데, 포布라고도 하고 천泉이라고도 하였다. 포는 선포한다는 의미를 취한 것이고, 천은 물이 흘러 다닌다는 뜻을 취한 것이다. 그 실상은 하나인데, 후세 사람들이 전錢자로 대체한 것이다."

천부泉府9는 시장에서 포布를 징수하는 것을 관장하여 시장에서 팔리지 않고 민간에 적체되어 있는 물화를 거두어들이는 곳이다.

구준丘濬은 이렇게 말했다.

"『주례』에 재화를 담당하는 관서는 하나가 아니지만, 전포錢布를 전담하는 곳은 외부外府와 천부泉府 두 관서이다. 외부는 창고 물자의 출납을 관장하고, 천부는 매매의 출납을 관장하는 곳이다. 대체로 천하의 온갖 물화는 모두 돈을 이용해서 유통하게 된다. 무거운 것은 들 수 없으니 돈이 아니면 먼 곳에 다다를 수 없고, 정체된 것은 통할 수 없으니 돈이 아니면 혜택을 두루 미칠 수 없으며, 큰 것은 나눌 수 없으니 돈이 아니면 작은 용도로 쓸 수가 없다. 물화는 무겁고 돈은 가벼우며, 물화는 적체되지만 돈은 통하지 않

---

5   대천 돈의 종류. 이에 대한 정현의 주에 의하면, 지름 1촌 2푼, 무게 12수(銖)에 대천(大泉)이라는 글자를 새긴 돈이다.

6   회동 제후들이 모임을 갖는 것.

7   왕소우 북송 휘종과 흠종 시기의 사람으로『주례상해(周禮詳解)』를 저술한 인물이다.

8   구부환법 서주(西周) 초기 실행된 화폐제도. 9부는『주례(周禮)』의 육부삼직(六府三職)을 총칭하는바, 6부란 대부(大府)·옥부(玉府)·내부(內府)·외부(外府)·천부(泉府)·천부(天府)이고 3직은 직내(職內)·직금(職金)·직폐(職幣)이다. 환법은 9부의 여러 기관들이 통용할 수 있는 화폐를 주조한 것이다.

9   "천화(泉貨)를 맡은 관부(官府)." ── 원주

는 곳이 없기 때문이다."

『주례』의 사시司市는 차례대로 땅을 나누어 시장을 구획하며, 점포를 배치해서 물건을 분별하여 가격을 고르게 하고, 법령으로 사치스러운 물건[10]을 금해 두루 거래가 이루어질 수 있도록 하며, 상고商賈[11]들에게 물화를 저장해두고 돈으로 통행하게 한다. 나라에 흉년이 들거나 전염병이 유행하면 저자에 세를 거두지 않고 포布(돈)를 주조한다.

재해가 있어 물화가 귀해지면 시장에서 세를 받지 않는다는 것은 백성이 곤궁하기 때문이다. 금金이나 동銅은 따로 흉년이 없으니 물화가 귀해지면 천泉을 대량으로 주조해서 백성을 넉넉하게 해주는 것이다.

안설

살피건대 성인은 이미 천하의 농지에 정전제를 시행하여 민생을 안정시켰다. 그리고 도시의 점포에 대해 구역을 나누어주고 제도를 정하는 것을 이와 같이 더욱 상세히 하였다. 이것이 이른바 사민四民이 각기 자기 살 곳을 얻어 천하의 일과 공적이 날로 흥성해서 폐해지지 않았던 까닭이다.

또 살피건대 포布는 곧 천泉이요, 천은 곧 돈이다. 돈은 온갖 물화의 값을 정하는 수단이며 그것을 유통시키는 자가 상고이다. 그러므로 상고에게 물화가 쌓인 뒤에라야 돈이 그것을 통행시킬 수 있다. 그런데 흉년이나 전염병이 도는 즈음에는 먹을 것과 물화가 쌓여서 유통되어야만 역시 백성이 궁핍한 것을 구제할 수 있다. 그런 까닭에 이때에는 시장에서 세를 받지 않으니, 백성의 삶을 도와주고 상고들이 많이 오도록 하는 수단이다. 또한 거래를 위한 수단이 부족해서 백성이 먹을 것을 사기 어려울까 걱정한 까닭에 구리를

---

10 사치스러운 물건 원문은 '物靡'이다. 이에 대해 "물미란 팔리기는 쉽지만 실용성이 없는 것으로 이를 금하면 시장이 고르게 된다"라는 원주가 있다.
11 "다니며 파는 사람을 상, 앉아서 파는 사람을 고라고 한다."—원주

녹여서 돈을 만든 것이다. 대개 곡식의 풍흉은 인력으로 어떻게 할 수 없지만, 금과 동은 풍흉이 없이 인력으로써 할 수 있기 때문이다.

『한서·식화지』

○ 『한서漢書·식화지食貨志』에 이렇게 나와 있다.

"옛날에는 주옥珠玉을 상폐上幣, 황금을 중폐中幣, 도포刀布를 하폐下幣로 삼았다.[12] 강태공姜太公이 구부환법九府圜法을 정하였는데, 『주관周官』에 태부太府, 옥부玉府, 내부內府, 외부外府, 천부泉府, 천부天府, 직내職內, 직폐職幣, 직금職金이 있으니, 모두 재화를 관장한다. 그렇기 때문에 '구부九府'라 이른다. 환圜은 균평하게 통용되는 것을 이른다. 황금은 사방 1촌으로 무게 1근이며, 전錢은 둥근 모양으로 가운데 네모가 있으며, 밖으로 둥글고 안으로 네모난 구멍이 있다. 무게는 수銖로 따진다. 황금은 근斤으로 표시하고, 전錢은 수銖로써 무게를 정한다. 포백布帛은 너비 2척 2촌을 1폭幅으로 하고, 길이 4장丈을 1필匹로 한다. 그러므로 화폐는 금같이 보배롭고, 칼같이 날카로우며, 샘물같이 유통되고, 포布처럼 펼쳐지고, 백帛처럼 묶어지는 것이다."

『관자』

○ 『관자管子』에는 이렇게 나와 있다.

"탕 임금 때의 7년 가뭄과 우 임금 때의 5년 홍수에 사람들이 먹을 것이 없어 자식을 파는 자가 있게 되자, 탕 임금은 장산莊山의 금으로 화폐를 주조했고 우 임금은 역산歷山의 금으로 화폐를 주조하여 사람들의 곤궁함을 구제하였다. 무릇 세 가지 화폐[13]는 따뜻하고 배부른 데 도움이 될 것이 없고, 버린다 해도 배고픔과 추위에 관계될 것이 없다. 그런데도 선왕先王은 재물을 지켜서 인

---

12 『관자·국축(國蓄)』에 나온다.

13 세 가지 화폐 여기서 세 가지 화폐[三幣]는 주옥, 황금, 도포를 가리킨다. 앞의 『한서·식화지』에 인용되었던 부분이 원래 『관자』에 나와 있기 때문에 여기서는 '삼폐'라고만 쓴 것이다.

사人事에 이용하여 천하를 다스렸다. 이 때문에 그것을 이름하여 형衡이라 하였으니, 형(저울)이란 물건을 달 때에 오르고 내리고 하듯이 고정되지 않고 평형을 잡아야 한다는 것이다."

반냥전

○ 진秦나라는 반냥전半兩錢을 사용했다. 그 돈에는 반냥이라는 글자가 들어 있는바, 그 하나의 무게가 반냥이기 때문이다. 한나라 때에는 돈이 너무 무거워 쓰기에 불편한 때문에 다시 협전莢錢을 주조하였다. 얇기가 버드나무잎[楡莢] 같아서 이렇게 붙인 것이다. 이 돈은 무게가 1수銖 반이고, 지름은 5푼分이며, '한흥漢興'이라는 글자가 들어 있다. 이에 물가가 폭등하여 쌀 1석이 1만 전이 되었다. 한漢 문제文帝 5년에는 다시 사수전四銖錢을 주조했다. 그 돈에는 반냥이라는 글자가 들어 있었으나, 실제로 무게는 4수밖에 되지 않았다. ○무릇 24수가 1냥이 된다. 돈의 사주私鑄를 금하는 법령을 없애 민간에서 주조할 수 있게 했다.

가의賈誼는 다음과 같이 간하였다.[14]

"국법에는 천하가 공적으로 구리와 주석을 주조하여 돈을 만들며 감히 연철鉛鐵을 섞어서 속임수를 쓰는 자는 경黥의 형벌[15]을 받는다고 되어 있습니다. 그러나 돈을 주조하는 실정은 잡물을 섞어 위조하지 않으면 이익을 남길 수 없으며, 섞는 것이 아주 '미微'하더라도 이익을 얻는 것은 매우 크게 됩니다.

'미'는 미세하다는 뜻이다. 간민姦民들이 연철을 조금만 섞더라도 실비는 훨씬 줄어들면서 얻는 이익은 아주 크다. 일설에 '미'는 미묘의 뜻으로 보고 있다. 연철을 섞는데 그 기술이 정교해서 발각되지 않아 얻는 이익이 매우 크다는 것이다. 그래서 사람들이 가볍게 저지르기 때문에 간교한 행위를 그치게 하기 어렵다.

---

14 여기 인용된 내용은 가의의 『신서(新書)』 권4의 「주전(籌錢)」을 발췌·요약한 것이며, 주석은 『자치통감』에 있는 내용이다.

15 경의 형벌 고대에 시행되던 오형(五刑) 중의 하나. 죄수의 얼굴에 먹물로 떠서 죄수임을 뚜렷이 드러내는 형벌이다.

무릇 일은 화를 불러들이는데 법은 간교를 일으키게 합니다. 지금 하찮은 부류들이 저마다 화폐를 주조하는 형세가 되어 은밀히 화폐를 주조하고 있는데, 그네들의 두터운 이익과 정교한 솜씨를 금지하려고 들면 아무리 경형黥刑의 벌을 준다 해도 날마다 보고가 들어오는 사태가 그치지 않을 것입니다. 법령을 세워놓고 백성을 유인하여 함정에 빠지게 만드는 것이 이보다 심한 것이 어디 있겠습니까?

　또한 백성이 사용하는 돈이 군·현마다 같지 않습니다. 어디서는 가벼운 돈을 사용해서 100매枚보다 약간 더 받기도 하고, 당시 돈의 무게는 4수로, 법으로 정한 돈 100매는 응당 무게가 1근 16수여야 한다. 이보다 가벼운 돈으로 거래할 경우, 조금 더 주어 공평하게 채워지도록 했다. 더러는 무거운 돈을 사용해서 저울 눈금이 차고도 돌려받지 못하니, 무거운 돈을 사용하면 저울의 눈금을 채우고 남는데 돌려받을 수 없다는 것이다. 법전法錢[16]이 통용되지 않게 됩니다. 관리가 급하게 여겨 통일시키려고 들면 크게 번거롭고 가혹하기만 하며 힘으로 해볼 수가 없을 것입니다. 그렇다고 방치하여 통제하지 않으면 상점마다 제멋대로 사용해서 통행하는 돈이 크게 혼란스럽게 될 것입니다. 제대로 된 방법을 쓰지 않았으니 어떻게 해야 되겠습니까?

　지금 농사를 버리고 구리를 캐는 자들이 날로 늘어나 농기구를 버리고 구리를 녹이고 불을 때니, 간교하게 주조된 돈은 날로 많아지는데 오곡은 많아지지 않습니다. 구리를 캐서 돈을 주조하느라 농업이 폐기되는 까닭에 오곡의 생산이 늘어나지 않는 것이다. 착한 사람이 유혹을 받아서 간사하게 되고, 소박한 백성이 함정에 빠져서 형륙刑戮을 당하게 됩니다. 유혹을 받는다는 것은 선량한 백성이 이익에 끌려서 간사하게 되는 것이다.

　나라에서 이 폐단을 알아 관리들이 의논하매 으레 말하기를 '금해야 한다'라고 합니다. 이를 금하고 보면 돈이 반드시 귀하게 되고, 귀하게 되면 그 이익

16　"법에 의거한 화폐."— 원주

이 크기 때문에 몰래 주조하는 행위가 구름처럼 일어나게 되어 그 죄로 저자에서 사람을 죽이더라도 금지되지 않을 것입니다. 간사한 행위가 자꾸 나오는 것을 이길 수 없고 법의 금령이 자주 무너지는 것은 구리가 그렇게 만드는 것입니다.

구리가 천하에 유포되면 화를 미치는 것이 방대하니 거두어들여야 합니다. 위에서 구리를 거두어들여 유포되지 못하도록 하면, 백성은 돈을 주조하지 못하여 경縣의 형벌을 받는 자들도 늘어나지 않고, 돈 위조가 많아지지 않아 백성이 서로 의심하지 않게 되니, 구리를 캐서 돈을 주조하는 자들은 농토로 돌아갈 것입니다. 필경 구리가 위로 돌아가면, 위에서는 구리를 축적해두고 그 경중을 통제할 수 있을 것입니다.

돈의 가치가 떨어지면 적당한 방법을 써서 거두어들이고, 올라가면 적당한 방법을 써서 풀어놓으면 물화가 반드시 균형을 이루게 될 것입니다. 이렇게 모든 물화에 대응해서 많고 적은 것을 조절하여 남아도는 것을 수급하면 나라는 부유해지고 공상업工商業에 종사하는 자들은 곤란해질 것입니다. 우리가 남아도는 재화를 통제해서 흉노에게 주어 그들 백성이 다투게 되면 적들은 필시 붕괴될 것입니다. 공상업이 곤란해지고 농사짓는 사람들이 근본에 충실하여 창고가 가득 차고 포백布帛이 여유가 있게 되면, 흉노를 불러들여 이들이 많이 항복하고 귀화하게 되기 때문에 "우리가 남아도는 재화를 통제한다"라고 말한 것이다. '남아도는 재화'란 버릴 수 있는 재화를 말한 것이다."

가산賈山[17]은 또 이르기를, "돈이란 무용無用의 기물이나, 부귀를 쉽게 이뤄줄 수 있습니다. 부귀란 임금이 가지고 있는 권리인데 백성에게 주조할 수 있게 하였으니, 이는 임금과 권리를 공유하는 것이라 그대로 둘 수 없습니다"라고 하였으나, 임금은 듣지 않았다.

이때에 오왕吳王 비濞[18]는 구리 광산을 개발하여 돈을 만들어서 부富가 천자

---

17 가산 전한(前漢) 문제 때 인물. 진(秦)나라의 흥망을 논한 「지언(至言)」이라는 저술이 있다.
18 오왕 비 B.C. 215~B.C. 154. 유방(劉邦)의 형인 유중(劉仲)의 아들로, B.C. 195년에 오왕(吳

와 비등해졌다. 그래서 마침내 반역을 하게 된 것이다. 등통鄧通[19]도 돈을 주조하여 재화가 왕보다 많았다. 이때부터 무제武帝 때에 이르기까지 40여 년간에 지방관이 쓸 돈이 부족하면 더러 구리 광산에 가서 돈을 주조하였고, 민간에서도 사주私鑄를 하는 일이 헤아릴 수 없이 많았다. 이에 돈은 날로 많아져서 가치가 떨어졌고, 돈을 만드는 것이 많아지기 때문에 돈은 가치가 가벼워지고, 가치가 가벼워지면 역시 천해지는 것이다. 물화는 더욱 줄어들어 귀해졌다. 백성이 돈만 주조하고 그 나머지 물건들은 만들지 않았기 때문에 줄어든 것이다.

오수전

○ 한나라 무제 원수元狩 5년(B.C. 118)에 담당자가 돈이 가벼우면 간교를 부리기 쉽다고 말하며 다시 오수전五銖錢을 주조할 것을 청하였다. 돈의 둘레에 테를 만들어 돈을 갈아서 부스러기를 취하지 못하도록 하였다. 둘레에 테를 만들며 앞뒷면 모두 문양이 있게 한 것이다. 당시에 관리와 백성 가운데 돈을 몰래 주조하다가 죽임을 당한 자가 수십만 인이요, 발각이 되지 않아 넘어간 자도 헤아릴 수 없이 많았으며, 자수하여 용서받은 자도 100여만 명이었다. 법을 범한 자가 많아 관에서 모두 다 죽일 수 없었다. 이에 군국郡國에서는 전적으로 돈을 주조하지 못하도록 했고, 상림원上林苑[20]의 삼관三官에서만 주조하도록 했다. 수형도위水衡都尉[21]가 상림원을 관장하며, 소속의 관원으로 균수관均輸官, 종관鍾官, 변동령辨銅令이 있었다. 돈이 너무 많아져서 천하에 삼관전三官錢이 아니면 통행하지 못하게 하였다. 군국에서 전에 주조했던 돈들은 모두 폐기해 녹여서 그 구리를 회수했다. 민간에서 돈을 주조하는 것이 많이 줄어들었으니 그 주조하는 비용

王)에 봉해졌으며, 이름이 비(濞)였다. 주전(鑄錢)과 제염(製鹽)으로 부강해져서 오초칠국(吳楚七國)의 난을 일으켰다.

19 등통 전한(前漢) 문제 때 인물. 동산(銅山)을 하사받아 주전(鑄錢)을 하여 '등통'이란 그의 이름이 동전의 별칭이 될 정도였다. 『사기·영행열전(倭幸列傳)』에 그에 대한 기록이 전한다.

20 상림원 황제의 정원을 가리키는 말.

21 수형도위 수형은 돈을 가리키는 말. 수형도위는 돈을 주조하는 기관의 책임자를 가리킴.

이 액면가에 맞지 않았기 때문이다. 이득이 없었다는 말이다. 오직 기술이 빼어난 공인工人으로 큰 사기꾼이어야 가능한 일이었다.

화폐 폐지론

○ 한나라 원제元帝 때에 공우貢禹[22]가 말하였다.

"민간에서 돈을 몰래 주조하다가 형벌을 받은 자가 많았는데, 부자들은 돈을 집에 가득히 저장해놓고도 만족할 줄을 모른다. 이는 농업을 버리고 상업을 좇기 때문이라 간사한 행위를 금할 수가 없기에, 의당 그 근원을 막아서 돈을 주조하는 관청을 없애고 다시는 돈을 주조하지 못하도록 하며, 받아들이는 조세나 내려주는 녹봉을 모두 포백 내지 곡식으로 하여 백성으로 하여금 한결같이 농상農桑에 마음을 두도록 해야 한다."

논자들이 물건을 교역함에 있어서 돈을 써야 할 것이지 포백으로 하다가는 촌寸과 척尺으로 나누는 것이 곤란하다고 하여 공우의 주장은 묻히게 되었다. 무제 원수 5년에 삼관에서 처음 오수전을 주조한 이후로 평제平帝 원시元始 연간(A.D. 1~5)에 이르기까지 만들어진 돈이 280억만여 개였다고 한다.

구준丘濬은 이렇게 말했다.

"포백은 입는 것이고 미곡은 먹는 것으로, 사람이 살아가는 데 필수적이어서 하루라도 없을 수 없는 것이다. 돌아보건대 이를 돈으로 대신하고 보면 포백은 촌寸으로 나누어지는 것을 면할 수 없고, 미곡은 낱알로 버려지는 것을 면할 수 없다. 길쌈하는 여자가 한 올 한 올 짜나가서 한 장丈이 되고 한 필이 되고, 농부가 낱알을 모아서 한 되가 되고 한 말이 되는데, 이 어찌 쉽게 성취될 수 있는 일인가? 더구나 포백은 실제로 필요한 것이요, 전폐錢幣는 실제로 필요한 것이 아님에 있어서랴!

---

22 공우 B.C. 124~B.C. 44. 전한 시대 인물. 자는 소옹(少翁). 동중서의 학통을 이은 사람으로, 『춘추공양공씨의(春秋公羊貢氏義)』라는 저술이 남아 있다. 벼슬은 어사대부에 이르렀다.

동진東晉의 공림지孔琳之[23]가 이르기를, '옛날의 성왕은 무용無用의 화폐를 제정해서 유용有用의 재물을 유통시켰으니, 훼손되는 비용을 없앴을 뿐 아니라 운송의 괴로움도 덜었다'라고 했다. 이로 보건대 공우의 위의 계책은 결코 시행될 수 없는 주장이다. 혹시 외진 지역의 조그만 고을에서 포백을 찢고 미곡을 손상해서 돈으로 쓰는 경우가 있다면 관부에서 당연히 금지하고 있다. 이 때문에 법까지 제정하고 있지 않은가?"

○ 촉蜀의 공손술公孫述[24]이 동전銅錢을 폐지하고 철전鐵錢을 주조하자 백성이 이를 통용하지 않았다.

○『한서漢書·서역전西域傳』에는 다음과 같이 나와 있다.

"계빈국罽賓國[25]은 은으로 돈을 만들었는데, 전면에는 기마의 형상이 있고 후면에는 사람의 얼굴이 있었다. 오익산리국烏弋山離國[26]의 돈은 계빈국의 돈과 같은데, 전면에 사람의 머리, 후면에 기마의 형상이 있었으며 금과 은을 더해서 측면을 장식했다. 안식국安息國[27] 또한 은을 돈으로 사용했는데, 전면에는 왕의 얼굴을, 후면에는 왕비의 얼굴을 넣었으며 왕이 죽으면 다시 주조하였다. 대월지大月氏[28] 또한 같았다."

『남북사南北史』[29]에서는 "후주後周 하서河西의 여러 군에서는 더러 서역의 금전·은전을

---

23 공림지 369~423. 남조의 동진과 송나라 사이의 인물. 회계(會稽) 산음(山陰) 사람으로, 자는 언림(彦琳). 환현(桓玄)에게 출사했으며, 후에 유유(劉裕, 송 무제)에게 인정을 받아 시중(侍中)이 되었다가 사부상서(祠部尚書)까지 올랐다. 저서로『공림지집(孔琳之集)』이 있다. 원문에는 '孔琳'으로 나와 있는데, 공림지의 오기로 보았다. 이하 마찬가지임.

24 공손술 서한에서 동한으로 넘어가는 과정에서 촉, 즉 사천성을 중심으로 독자적인 국가를 세운 인물. 10여 년 유지했다가 광무제에게 멸망당했다.

25 계빈국 인도의 펀자브(Punjab) 북쪽, 카불(Kabul) 동쪽에 있었던 옛날의 나라 이름.

26 오익산리국 오익산리는 알렉산드리아(Alexandria)의 음역이다. 알렉산더가 인도 지역까지 쳐들어 와서 남겨진 나라 이름으로 추정된다.

27 안식국 한나라 때에 서아시아 지역에 있었던 파르티아 왕국을 가리킴. 장건(張騫)이 여기로 사신을 갔다가 석류를 가져온 것으로 유명하다.

28 대월지 중국의 전국시대에서 한나라 사이 중앙아시아의 아무다리야강 유역에서 활약했던 민족 이름.

29 『남북사』 남조와 북조의 역사를 서술한 책으로 당나라 이연수(李延壽)가 편찬하였다.

섞어 썼다"라고 하였다.

안설

살피건대 철전은 무겁기 때문에 쓰기에 어려웠던 것이요, 당시에 화폐가 통행하지 않았을 뿐 아니라, 후세에 교자交子[30]가 등장하는 폐단을 열어놓았다. 대체로 돈을 주조하는 방식은 동이나 주석으로 만드는 것보다 좋은 것이 없다. 또한 화폐가 쓰이기 시작한 것은 오래되었다. 중국만 썼던 것이 아니요, 서역의 여러 나라들도 쓰지 않는 곳이 없다. 근세에 거란은 동북지역에서 흥기하였는데, 역시 돈을 통용하는 제도를 만들어 부국편민富國便民을 이루었으니, 실로 천하에 돈을 사용하지 않는 나라는 없다.

지난번에 서양 표류인을 만나서[31] 물어보니, 그들의 나라에서도 은전을 통용한다고 하였다. 서양의 나라들은 대개 옛날 서역 제국諸國의 남쪽이다. 그런데 지금 우리나라에서는 '남만南蠻'이라고 뒤섞어 일컫고 있다.

손권의 대전

○ 오나라 손권孫權이 비로소 하나당 500전이 되는 돈〔그 동전은 '대천오백大泉五百'이라 되어 있고, 직경은 1촌 3푼이며 무게는 12수銖였다. 관리들이 동을 실어 와서 주조를 끝낸 다음에 몰래 주조하는 데 대한 금령을 내렸다.〕및 하나당 1000전이 되는 돈〔직경이 1촌 4푼이며 무게가 16수였다〕을 주조하였다. 돈이 너무도 귀해져서 다만 헛된 명목만 있어 사람들이 큰 걱정으로 여겼다.

후에 손권이 명령을 내려, "지난번 대전大錢을 주조하는 것은 화폐의 유통을 넓힌다 해서 허용했는데, 지금 들으니 사람들이 불편하다고 한다. 그것을 폐기하여 기물로 만들고 관에

---

30 교자 북송 진종 때에 사천 지역에서 일시 사용됐던 종이로 만든 돈.
31 서양 표류인 정황상 하멜(Hendrik Hamel, 1630~92)로 보인다. 하멜이 제주에 표착했을 때 목사로 있었던 이원진(李元鎭)은 반계의 외숙으로, 하멜이 서울로 보내질 때 중간에서 반계와 만났던 것으로 추정된다.

서는 다시는 만들지 못하게 할 것이다. 개인 집에 가지고 있는 것이나 관에 저장하고 있는 것도 아울러 가져와서 그 가치를 낮게 평가하되 억울한 일은 없도록 하라"라고 하였다.

안설

살피건대 이는 손권의 권모술수인데, 후세에 대전大錢을 주조했던 것은 이로부터 시작되었다. 무릇 하늘이 임금을 세워 백성의 주인이 되도록 한 것은 대개 천하의 이익을 관장하도록 한 것이요, 천하의 이익을 독차지하도록 한 것은 아니었다. 해가 뜰 때 저자를 열어 백성이 물건을 서로 바꾸어 있고 없는 것을 상통하도록 물물교환을 하게 했다. 그런데 물건이 모두 다 있는 것이 아니기 때문에 돈을 만들어서 물건과 돈이 서로 꼭 맞아 경중의 차이가 없도록 한 다음에라야 오래 시행이 되어 폐단이 없게 된다.

당시에 군주와 신하들은 오직 나라의 재정이 부족한 까닭에 이익을 긁어모으려는 계책을 세워서 천하의 사람들을 속이고 천하의 재물을 거둬들여 그 이익을 독차지하려 했던 것이다. 이것이 어찌 하늘이 임금을 세운 뜻이겠는가? 이렇게 한 자는 사람들을 속여서 이익을 얻을 줄만 알았지, 오히려 얻는 것은 지극히 작고 잃는 것은 지극히 크다는 것을 알지 못했다. 고금에 이미 경험한 사실을 모두 살펴볼 수가 있다.

오수전의 폐지와 재사용

○ 위나라 조비曹丕 때에는 오수전五銖錢을 없애고 백성이 곡식과 포백을 가지고 저자에서 매매를 하도록 했다. 명제明帝 때에 이르러 돈을 폐기하고 곡식으로 대신한 지 오래되자, 사람들 사이에 속임수가 점차 늘어나서 다투어 곡식에 습기를 가해 무게가 더 나가게 해서 이익을 노리고 얇은 비단을 만들어서 저자에 내놓으니 아무리 엄한 형벌로 다스려도 금지되지 않았다. 사마지司馬芝[32]

등이 온 조정의 큰 의론으로, 돈을 사용하는 것은 나라를 부유하게 할 뿐 아니라 형벌을 줄이는 수단이 되니 지금 다시 오수전을 주조하는 것이 국사에 편리하다고 하였다. 이에 명제는 다시 오수전을 통용하여 진나라에 이르기까지 계속 사용하고 이 제도를 바꾸지 않았다.

공림지의 논의

○ 동진東晉의 안제安帝 때에 환현桓玄[33]이 돈을 폐기하고 곡식과 포백을 쓰자는 주장을 내놓았다. 이에 대해 공림지孔琳之가 다음과 같이 말했다.

"「홍범洪範」팔정八政에 화폐는 식食의 다음에 들어 있다. 어찌 교역의 수단이 되는 것이 쓰임에 있어서 지극히 필요한 것이 아니라고 하겠는가? 만약 백성이 돈을 만드는 데 힘을 써야 한다면 이는 생업에 방해가 되는 것이니 금해야 옳다. 그런데 지금 농민은 스스로 곡식을 생산하는 데 힘쓰고, 공인工人은 스스로 기용器用을 만드는 데 힘써 각기 자기의 업무에 종사하거늘, 어찌 돈을 만드는 일에 나서겠는가? 그런 까닭에 성왕은 무용無用의 화폐를 제정하여 유용有用의 재물을 유통시켰으니, 훼손되는 비용을 없앴을 뿐 아니라 운송의 괴로움도 덜었다. 이는 돈이 귀갑龜甲과 조개껍질을 계승한 까닭이니, 후세에 대대로 폐기될 수 없는 것이다.

곡식과 포백은 본디 사람이 입고 먹는 데 충당되는 것이다. 지금 이를 나누어서 돈으로 사용한다면 손상되는 바가 매우 많아지며, 곡식은 상인들의 손에서 축이 나기 마련이고 포백은 찢어지고 끊어져서 줄어들고 버려지니, 이런 폐단은 지금 목전에서 드러나고 있다.

그런 까닭에 종요鍾繇[34]는 말하기를, '교활한 사람들은 다투어 곡식에 습기

---

33 환현 369~404. 동진(東晉) 시대의 인물. 자는 경도(敬道). 동진(東晉)이 망하게 되는 단계에서 제위에 올라 국호를 '초(楚)'라 했는데, 과거의 초나라와 구분하기 위해 '환초'라 부른다. 유유(劉裕)에 의해서 바로 정벌당했다.

34 종요 위나라 시대의 인물. 촉한을 멸망시키는 데 공이 컸다. 서예가로서도 이름이 높다.

를 가해 이익을 노리고 얇은 비단을 만들어 화폐로 이용한다'라고 하였다. 위나라가 대대로 엄형嚴刑을 가해 제재하였으나 금할 수 없었다. 이 때문에 사마지는 '돈을 사용하는 것은 나라를 부유하게 할 뿐 아니라 형벌을 줄일 수 있다'라고 말했던 것이다.

또한 지금에 있어서도 돈을 사용하는 곳이 가난해지지 않고, 곡식을 교역의 수단으로 쓰는 곳이라 하여 부유해지지 않는다. 위나라 명제 때에 돈을 폐지하고 곡식을 쓴 것이 40년이었지만 사람들이 불편하게 여기자 온 조정의 큰 의론으로 누구나 다시 돈을 사용하자고 주장했는데, 아래에서도 이론이 없었고 위에서도 이론이 없었다. 저들이 교환의 수단으로 곡식을 버리고 돈을 썼으니, 곡식과 포백을 쓰는 것의 폐단이 경험한 사실로서 분명하다. 나는 말하건대, 폐단을 구제하는 방법은 돈을 쓰지 말자는 데서 취할 것이 없다."

장궤의 화폐 사용

○ 전량前凉 장궤張軌[35] 때에 참군參軍 벼슬로 있는 색보素輔가 장궤에게 다음과 같이 아뢰었다.

"옛날에는 금金·패貝·피皮·폐幣 등을 돈으로 삼아 곡식과 포백을 돈으로 사용하는 데 따라 축이 나는 폐단을 줄였습니다. 한나라는 오수전을 제정하여 교역이 막히지 않도록 했는데, 진晉나라 태시太始 연간(265~74)에 하서河西지방이 황폐하여 돈이 통용되지 않게 되자 필疋로 된 것을 잘라서 사용하게 되었습니다. 비단은 찢겨지고 나면 저자에서 교역하는 것이 어려워져서 여자의 공력을 헛되이 만들고 옷으로 쓸 수도 없게 되니, 폐단이 매우 큰 것입니다. 지금 중주中州는 혼란스럽다 해도 이 지방은 안전한 편이니, 의당 오수전을 회복하여 변통할 기회를 마련해야 합니다."

장궤가 이 의견을 받아들여 제도를 만들어 포백에 준해서 돈을 사용하자 드

---

35 전량 장궤 전량은 중국의 오호십육국 중 한 나라. 장궤(255~314)가 이 나라를 건립하였다.

디어 돈이 크게 통행하게 되어 사람들이 그 이로움으로 도움을 받았다.

사수전

○ 유송劉宋[36]의 문제文帝 원가元嘉 연간(424~53)에 사수전四銖錢〔사수전으로 되어 있으나, 무게는 그보다 더 나갔다〕을 주조하였다. 그후에 말하는 자들이 많이 "돈이 감소하여 나라의 쓰임에 부족하니, 구리를 사적으로 가지고 있는 것을 금하여 관에서 오수전五銖錢을 주조하는 데 충당하면 좋겠다"라고 하였다. 범태范泰[37]가 다음과 같이 논하였다.

"무릇 화폐란 교역을 위해 필요한 것이요, 그 양의 다소에 있지 않다. 옛날 귀했던 것이 오늘날에는 흔할 수 있으나, 피차 마찬가지로 그 기준은 한가지다. 다만 관리가 고르게 통용을 시키면 부족함을 걱정할 것이 없다. 만약 꼭 많이 주조해서 국용에 쓰도록 하려고 할 것 같으면 거북 껍데기나 조개 종류를 예로부터 통용했던 것처럼 할 수도 있다. 구리는 도구를 만드는 것이어서 쓰임새가 넓다. 종과 같은 악기나 도구나 저울 등 쓰임새가 많고 크다. 기구로 소용되는 것은 귀천이 다 마찬가지이고, 물건이 마땅한 것이라면 가정이나 나라에 다 필요하다. 지금 필수의 기물을 부숴서 실용이 될 수 없는 돈을 만들면, 화폐로 말하면 공이 수고로움에 보탬이 될 것이 없고, 용도로 말하면 임금이나 백성이 모두 곤란을 겪는다. 득실을 따져보면 손해만 많고 이익은 적다."

이에 앞서, 원가 연간의 사수전은 테두리와 모양이 옛날 오수전과 같아서, 제작하는 비용으로 이득이 없기 때문에 민간에서 몰래 주조하는 것이 없었다. 효무제孝武帝의 효건孝建(454~56) 초년에 이르러 사수전을 고쳐 만들었는데〔그 돈은 '효건사주孝建四銖'라고 찍혀 있었음〕, 형식이 얇고 작았으며 테두리도 제대로 갖춰지지 못하였다. 이에 민간에서 몰래 주조하는 것이 널리 행해졌는데, 납을

---

36 유송 육조시대 송(宋)은 유유(劉裕)가 세운 나라였기 때문에 '유송'으로 부르는 것임.

37 범태 355~428. 남북조시대 동진(東晉)에서 송나라에 걸치는 인물. 자는 백륜(伯倫)이며, 범녕(范甯)의 아들이다. 벼슬은 시중(侍中)에 이르렀다.

섞어서 모두 견고하지 못하였다. 아무리 중형으로 다스려 관장이 죽임을 당하기도 했지만, 죄를 면한 자들이 이어지며 몰래 주조하는 행위가 더욱 심해지니 온갖 물화들이 뛰어올라 백성이 괴롭게 여겼다. 이에 돈이 얇고 작으며 테두리가 없는 것들은 모두 금지를 시켰다.

그후에 또 구리가 더욱 구하기 어려워져서 이수전二銖錢을 주조하려고 했다. 안준顏峻이 반대했으나 듣지 않고 이수전을 주조했는데, 형식이 더욱 작아졌다. 민간에서 이를 모방하여 만들었는데, 돈의 크기와 두께가 거기에도 미치지 못하였다. 그보다 더욱 가볍고 얇은 것이 나와 '행엽荇葉'이라고 불렸으며, 시장에서 통용되었다. 자업子業[38] 때 심경지沈慶之가 다시 통용시킬 것을 아뢰어 이로 인해 화폐의 통행이 극도로 문란하게 되어 1000전의 길이가 3촌에도 미치지 못하였다. 이것은 아안전鵝眼錢이라고 불렀다. 이보다도 더 나쁜 것이 있었는데, 이것은 연환전綖環錢이라고 했다. 이 돈은 물에 넣어도 가라앉지 않고 손을 대면 이지러졌으나, 민간에서는 다시 근절시킬 수가 없었다. 수십만 전이라도 한 줌에 차지 못하였고 쌀 한 말의 값이 1만 전이나 되어 물화의 유통이 제대로 이루어질 수 없었다.

공의의 논의

○ 육조 제齊나라 고제高帝 때에 봉조청奉朝請[39] 공의孔顗[40]가 위에 다음과 같이 글을 올렸다.

"돈을 주조하는 폐단은 경중이 자주 바뀌는 데 있습니다. 돈이 무거운 문제는 쓰기에 불편한 데 있는데, 쓰기에 불편한 것은 결점이 될 것이 없습니다. 돈이 가벼운 문제는 몰래 주조하는 데 있는데, 몰래 주조하는 것은 그 화가 심각하게 됩니다. 사람들이 몰래 돈을 주조함에도 엄한 법으로 금해지지 않는 것은

---

38 자업 남북조시대 송나라 효무제의 장남으로 6대 황제에 올랐으나, 사치와 향락에 빠져 폐위되었기 때문에 그에 대한 다른 호칭이 부여되지 못했다.

39 봉조청 퇴직한 대신이나 장군, 황실, 외척에게 조회나 국가 행사에 참여할 수 있도록 명목상 내린 관직.

40 공의 자는 사원(思遠)이고, 산음(山陰) 사람이다. 어사중승(御史中丞)을 역임했는데, 날마다 술에 취하는 날이 많았지만 술에서 깨었을 때 판결하면 막힘이 없었다고 한다.

상부에서 돈을 만드는 데 구리를 아끼고 공정에 인색한 데 까닭이 있습니다. 구리를 아끼고 공정에 인색한 이유는 돈이란 무용無用의 기물이지만 교환의 수단이어서 가볍고 갯수를 많게 하려 힘쓰고 공정을 줄여서 만들기 쉽도록 하기 때문으로, 그 후환을 자상히 고려하지 않는 것입니다. 한漢나라 때 오수전五銖錢을 주조하면서부터 송宋 문제文帝에 이르기까지 400여 년 동안 제도의 성패는 있었으나 오수를 변경하지 않았던 것은 그 경중을 표준으로 삼아 화폐의 적당함을 얻으려 했던 까닭입니다. 생각건대 전부錢府를 개설하여 돈의 주조를 크게 일으키되 돈은 한결같이 한나라의 법을 따라서 무게를 오수전으로 하면 창고가 충실해지고 국가의 쓰임에 여유가 있을 것입니다.”

구준丘濬은 말하였다.

“자고로 돈을 주조하는 법에 대해 논한 자들이 많았는데, 오직 남제南齊 공의孔顗가 주장했던 ‘구리를 아까워하지 않고 공력을 아끼지 않는다’라는 이 두 가지 말은 돈을 주조하는 데 있어서 만년이 가도 바꿀 수 없는 좋은 법이다. 이와 같이 하면 그 돈이 바탕이 두텁고 모양이 알맞게 되어 제법制法이 정교하면서 윤곽이 두루 반듯하게 될 것이다. 1전을 제작하는 비용으로 1전이 든다면 밑천도 공력도 많이 드는 것이니, 주조하라고 억지로 떠밀어도 저들은 하지 않을 것이다. 하물며 금령을 범해서 몰래 주조할 자가 있겠는가?

그런데 태부환법太府圜法 이래로 돈이 천泉이 되고, 혹은 반냥半兩이 되고, 혹은 유협楡莢이 되고, 혹은 팔수八銖나 사수四銖가 되는 등 몇 번이나 바뀌었는지 알 수 없다. 오직 한나라의 오수전이 적중한 것이었다. 오수전 이후로 혹은 당천전當千錢이 되고, 혹은 행엽전荇葉錢, 혹은 아안전鵝眼錢, 연환전綖環錢이 되는 등 또 몇 번이나 바뀌었는지 알 수 없다. 오직 당나라 개원開元 연간(713~41)의 돈이 적중함을 얻었으니, 이 두 가지 외에 혹은 당삼전當三錢, 혹은 당십전當十錢이 되기도 했으나 모두 통행이 오래가지 못해 곧 바뀌었다. 오직 바탕과 제도가 개원통보開元通寶와 같은 것이 지금도 통행이 되고 있다."

임성왕의 건의

○ 후위後魏 초부터 태화太和 연간(477~99)에 이르기까지 화폐가 쓰이지 않았는데, 효문제孝文帝는 비로소 천하의 돈을 통용하도록 하는 조칙을 내려 19년에 관에서 주조하는 것이 대략 갖추어지게 되었다. 그 돈은 '태화오수太和五銖'라 하여 수도 및 여러 주와 진에 모두 통행하도록 하였다. 내외 백관의 녹봉을 비단에 준해서 돈으로 지급하였는데, 1필에 200전이었다. 선무제宣武帝 때에는 또 오수전을 주조하고 법식에 준거하지 않는 것은 금했다. 여러 주와 진에서는 혹은 통용이 되지 않기도 하고 혹은 고전古錢을 쓰는 데 그쳐서 물화가 잘 유통되지 못하였다.

북위의 효명제孝明帝 때에 임성왕任城王 징澄[41]은 다음과 같이 상서하였다.

"하夏나라와 은殷나라의 정사에서는 구주九州에서 쇠붙이를 받아들여 다섯 가지 품종으로 정하였습니다. 주나라에서도 그 제도를 그대로 썼는데 태공太公이 구부환법九府圜法을 세웠습니다. 이에 둥근 돈이 처음 통행되었고, 수와 양으로 맞추는 법식이 정해졌습니다. 제齊나라 환공桓公은 이를 따라 써서 제후들의 패권을 잡게 되었던 것입니다. 진시황秦始皇으로부터 효문제에 이르러서는 드디어 경중에 따라 구분을 하였으며, 효무제孝武帝 때에 와서는 오수전五銖錢을 주조하였습니다. 그런 가운데 주조된 것이 훼손되기도 했고 때에 따라 바뀌기도 했습니다. 그래서 크고 작은 돈이 있게 되었습니다. 가까이 태화전太和錢은 우리 효문제가 제도를 새로 만드는 데 마음을 두어서 후에 오수전과 더불어 함께 통행하게 되었으니 이는 바뀔 수 없는 것입니다. 지금 통행할 수 없는 돈은 법에 규정을 두어야 하니 아안전鵝眼錢이나 환착전鐶鑿錢[42]을 가리키는데 이밖에는 금지할 것이 없습니다. 하북지역의 여러 주州나 진鎭에서는 이미 새

---

41 임성왕 징 즉 탁발징(拓跋澄). 북위 때 인물로, 임성왕에 봉해졌다.
42 환착전 위진남북조시대에 만들어진 저질의 돈이었다.

로 주조한 것은 없는데다 옛것도 금하면서 홑실로 짠 비단과 엉성한 포만을 쓰고 있는데 폭도 좁고 길이도 길지 않아 정상적인 규격에 맞지 않으며, 한 필로 된 것을 찢어 척으로 사용하여 서로 교환의 수단을 삼고 있습니다. 길쌈하는 수고만 공연히 들이고 춥고 배고픈 고통을 면치 못하고 있으니, 이는 실로 포백을 절단해서 화폐로 대용하고 있기 때문입니다. 추위와 굶주림을 구제하고 백성의 생명을 기르는 뜻이 전혀 아닙니다."

임성왕 징은 또 다음과 같이 아뢰었다.

"『주례』에 '외부外府는 포布가 들고 나는 것을 관장하는데, 포는 천泉과 같은 것입니다. 저장되어 있는 것을 천이라 하고 유통되는 것을 포라 합니다. 그런 즉 돈이 나왔을 때 처음에는 한 종류로 하여 세상에 균등하게 해서 한없이 두루 유통될 수 있도록 하고자 했으나, 진秦나라에 미쳐서부터 바뀌어 주조하는 것이 뒤를 이어서 온갖 종류로 들쑥날쑥 되어 드디어 접경 지역에서 무역이 어지럽게 되었습니다. 지금 태화전과 오수전을 헤아려서 불변의 항상적인 모형을 만들었으니, 이는 어찌 서울에서만 통행이 되고 천하에 통행이 될 수 없을 것이겠습니까? 무릇 포백은 자나 척으로 절단하지 않고는 쓸 수가 없으며, 오곡은 짊어지고 다녀야 하는 어려움이 있습니다. 돈을 쓸 때엔 꿰미로 만들어 사용하므로 되나 말 같은 용기를 빌릴 필요도 없고 저울이나 자로 재는 수고로움도 끼칠 것이 없으니, 세상을 경영하는 방도로서 참으로 편리한 것입니다.

청하옵건대 여러 지방의 주와 진에 명해서 신구新舊의 여러 돈 중에 안팎으로 온전히 좋은 것은 아울러 통행되도록 하되, 아안전·환착전 및 법식에 맞지 않는 것들은 율법에 의해 금지하며 돈을 몰래 주조한 자에 대해서는 무거운 벌로 다스려야 할 것입니다. 물화를 고르고 균등하게 거래하여 시정과 민간에 불편이 없게 하려면, 법을 엄격하게 하지 않고서는 간교한 행동을 금지시킬 수 없습니다."

황제는 이 건의를 따랐다.

개원통보

○ 당唐나라 고조高祖 무덕武德 4년(621)에 오수전을 폐지하고 개원통보開元通寶를 주조하였다. 이 돈은 10전의 무게가 1냥이 되어 1000전은 무게가 6근 4냥이 된다. 경중과 대소가 가장 적절해서 멀고 가깝고 할 것 없이 다 편하게 여겼다.

구양순歐陽詢이 그 돈의 글씨를 썼는데 팔분체八分體와 예서체隷書體였다. 두우杜佑가 말하기를, "한 냥은 24수이니 1전은 무게가 2수銖 반 이하이다. 옛 저울은 지금 저울에 비교해서 3분의 1이다. 지금 돈은 옛 저울로 7수 이상이 되니, 옛날 오수전에 비하면 무게가 2수 이상이 더 나간다"라고 하였다.

사적 주조에 대한 처벌

○ 당나라 고종高宗 영순永淳 원년(682)에 다음과 같이 칙령을 내렸다.

"사적으로 돈을 주조하면 발의한 자와 공모한 자들의 우두머리는 모두 교수형에 처하되 먼저 장 100대에 처한다. 종범과 장소를 제공한 주인은 유형流刑에 노역을 가하되 각기 장 60대에 처한다. 또 주전한 곳의 이웃에 사는 사람들은 1년 도형徒刑에 처하고, 이정里正과 촌정村正과 방정坊正은 각기 장 60대에 처한다. 고발한 자가 있으면 죄인 집의 재산으로 상을 주며, 공범자로서 자수하면 면죄를 해주고 예에 따라 보상을 한다."

○ 당나라 현종玄宗 개원開元 22년(734)에 한 문제文帝가 사적인 주조를 금하지 않았던 것을 모방하려고 하면서 백관에게 그 가부를 물었다. 녹사참군錄事參軍 유질劉秩[43]이 다음과 같이 의론하였다.

"옛날에는 주옥珠玉을 상폐上幣, 황금을 중폐中幣, 도포刀布를 하폐下幣로 삼았으니, 지금의 돈은 곧 옛날의 하폐에 해당합니다. 지금 만약 이를 버리고 사람

---

43 유질 당나라 현종 시대의 인물로, 『정전(政典)』 35권을 편찬하였다. 이는 두우의 『통전(通典)』의 바탕이 되었다.

들이 마음대로 주조하도록 놓아두면 위에서는 아래를 통제할 수 없고 아래에서는 위를 받들지 않을 것입니다. 이 점이 불가한 것의 첫 번째 이유입니다.

무릇 물건이 흔해지면 농민이 손해를 보고, 돈의 가치가 떨어지면 상인이 손해를 봅니다. 그래서 나라를 잘 다스리는 자는 물건의 귀천과 돈의 경중을 살피는 것입니다. 무릇 물건이 귀해지면 돈의 가치가 떨어지니, 돈의 가치가 떨어지는 것은 물건이 많은가에 연유합니다. 많아지면 법을 발동해서 거두어들여 적게 하며, 적으면 돈의 가치가 귀해지니 귀해지면 법을 발동해서 돈을 풀어 돈의 가치를 가볍게 해야 할 것입니다. 경중의 근본은 필시 여기에 까닭이 있는데, 어찌하여 사람들에게 맡겨두겠습니까? 이 점이 불가한 두 번째 이유입니다.

무릇 돈을 주조함에 있어서 납과 철을 섞지 않으면 이익이 없으며 납과 철을 섞으면 돈이 조악해질 것입니다. 엄히 금하지 않으면 징계하여 중지시킬 수 없습니다. 지금 사적으로 주조하는 길을 막아도 사람들이 죽음을 무릅쓰고 범하는데, 더구나 그 근원을 열어놓고 사람들이 법령을 따르도록 한다면 이는 함정을 파놓고 유혹하여 빠뜨리는 격입니다. 이 점이 불가한 세 번째 이유입니다.

무릇 돈을 사람들에게 주조하도록 허용하는 경우 이익이 없으면 사람들이 주조하지 않을 것이요, 이익이 있으면 농촌을 떠나는 자가 많을 것입니다. 농촌을 떠나는 자가 많아지면 논밭이 황폐해지고, 논밭이 황폐하게 되면 이웃들이 굶주리게 될 것입니다. 이 점이 불가한 네 번째 이유입니다.

무릇 사람이 부가 넘쳐나면 상으로 권장할 수 없고, 가난하여 굶주리면 위엄으로 금지할 수 없습니다. 그런 까닭에 법령이 통하지 않아 세상이 다스려지지 않는 것은 모두 빈부가 고르지 않는 때문입니다. 만약 돈을 사적으로 주조하는 것을 허용하면 가난한 자는 필시 주조할 수가 없습니다. 신은 생각건대 가난한 자가 더욱 가난해져서 부잣집에 부림을 당하게 되고, 부잣집은 이를 이용해서 더욱 방자하게 될 것입니다. 예전 한漢 문제文帝 때에 오왕吳王 비濞는 제후였지만 부가 천자와 견주었고, 등통鄧通은 대부였지만 재산이 제후왕과 비등했습니다. 이 모두 돈을 주조한 결과입니다. 꼭 사적인 주조를 허용하고자 하면 이는 사람들에게 이권을 부여하는 것이니, 이 점이 불가한 다섯 번째 이유입니다.

지금 으레 돈이 무거우면 본本을 잃게 되고 돈을 만드는 데 비용이 많이 들면 이익이 줄어든다고 말하는데, 신은 이 말이 잘못된 것을 지적하겠습니다. 무릇 돈이 무거워지는 것은 사람들이 돈을 주조하는 것이 전보다 많아졌는데 돈을 주조하는 가마는 전보다 늘어나지 않는 데 까닭이 있습니다. 또 공적으로 주조한 돈의 무게가 동銅의 값과 비등한 까닭에 돈을 몰래 주조하는 자는 무거운 돈을 파쇄해서 가벼운 돈을 만듭니다. 금령이 느슨하면 이런 행위가 일어나고, 금령이 엄하면 그만두게 됩니다. 그만두게 된다는 것은 포기한다는 말이니, 이것이 돈이 귀해지는 까닭입니다.

돈의 쓰임이 넉넉하지 못한 것은 동이 귀한 까닭입니다. 동이 귀해지는 까닭은 그것을 캐서 쓰는 자가 많은 데 있습니다. 무릇 동은 병기를 만드는 데 철만 못하고, 그릇을 만드는 데 칠기漆器만 못하니, 금해도 해로울 것이 없습니다. 그런데 어찌하여 폐하는 사람들에게 동의 사용을 금하지 않습니까?

사람들에게 금하면 동은 소용이 없게 되며, 동이 소용이 없게 되면 더욱 천하게 되고, 천하게 되면 돈으로 쓰는 것이 넉넉해집니다. 동을 아래로 내려보내지 않으면 몰래 주조하는 자들은 주조할 길이 없으며, 주조할 길이 없어지면 공적인 돈이 파손되는 일이 없게 됩니다. 사람들이 죽을죄를 범하지 않으면 돈은 또 날로 늘어나서 다시는 이익이 없게 됩니다. 이러면 일거에 네 가지 좋은 점이 갖춰집니다.”

당시에 공경들이 모두 불편하다고 생각하여 다만 군·현에 칙령을 내려 조악한 돈을 엄단하였을 뿐이었다.

두우의 「전폐론」

○ 두우杜佑는 「전폐론錢幣論」에서 이렇게 말했다.[44]

“돈을 만들어 쓴 뜻은 참으로 심원하다. 무릇 만물은 수數가 없을 수 없으니

수가 있고 보면 모름지기 어떤 한 물건을 설정해서 표준을 삼아야 한다. 금이
나 은으로 말할 것 같으면 기구나 장식으로 쓰이게 되고, 곡식이나 비단은 운
반하는 데 힘이 들어가고 절단해야 하는 문제가 있다. 오직 돈은 교역하는 데
쓸 수 있고 움직여 샘물처럼 멈추지 않는다. 곡식과 포백으로 사고파는 수단을
삼으면, 운반하거나 절단을 해야 하는 폐단이 있을 뿐 아니라 무게를 달거나
길이를 재야 하는 어려움까지 있다. 역대의 사용한 돈으로는 오수전五銖錢이
가장 알맞아 그 한 가지로 통행이 되어 실로 요긴하게 사용되었다. 금으로 만
든 돈은 조그맣지만 옛날 오수전보다는 무거워 크기와 중량이 지금에도 편리
한 것이다.

강태공姜太公은 주나라에서 구부환법九府圜法을 처음 시행하고 나서 제나라
로 와서는, '물화가 막힌 것을 열어주는 방법을 아는 자는 천하를 다스림에 조
화를 얻는 것 같으니, 이야말로 정치의 큰 수단이 될 것이다'라고 하였다. 그
리고 관중管仲은 이르기를, '세 가지 화폐는 그것을 가진다 해도 따뜻하고 배
부른 데 도움이 될 것이 없고, 버린다 해도 배고픔과 추위에 관계될 것이 없다.
그러나 선왕先王은 재물을 지키고 인사人事를 다스려서 천하를 평안하게 하였
다'라고 하였다.

무릇 생산물이 많아지면 나라는 부유해지고 사람들이 안정을 얻으며, 농업
과 양잠이 부족하면 사람들이 빈곤하게 되고 나라도 위태롭다. 물화를 귀중하
게 하고 가볍게 만드는 것은 법령의 완급에 달려 있으니, 통제하는 방법은 실
로 돈에 달려 있는 것이다.

관자管子는 말하기를, "때에 따라 풍흉이 있는 까닭에 곡식은 귀천이 있고, 법령이 완급
이 있는 까닭에 물화는 경중이 있다"라고 하였다. 또 이르기를, "물화는 많으면 싸지고 적
으면 귀해지며, 흩어놓으면 가벼워지고 모아놓으면 무거워진다. 군주는 그러한 줄 알기 때
문에 국가의 남고 부족한 것을 보아서 재물을 통제한다. 곡식이 흔하면 돈으로 먹을 것을

---

44 『통전』 권8 「식화 8·전폐 상」에 나온다.

바꾸고, 포백이 흔하면 돈으로 옷감을 바꾼다. 물화의 경중을 보아 기준을 만들어 통제하는 것을 일컬어 경중의 저울을 통하게 하는 것이라 한다"라고 하였다.

후세에 논하는 자들이 구리를 아끼고 공정에 인색해서 소전小錢으로 바꾸어 만들기도 하고, 혹은 그 가치를 높게 하여 이익이 남는 것을 취했다. 이 모두 바르게 통하는 원대한 뜻에 어두웠던 것이니, 돈을 몰래 주조하는 것이 심해지고 농촌을 버리는 자들이 날로 많아져 아무리 엄한 형벌로 금해도 죽을죄를 짓는 자가 날마다 나와서 금지할 수가 없었다. 예전에 현인이 이르기를 '동을 밑으로 내려보내지 않으면 권한이 위로 돌아간다'라고 하였으니, 정확한 논리요 실로 나라를 유지하는 절실한 일이며 폐단을 구제하는 훌륭한 방안이다."

화폐 저장의 제한론

○ 당나라 헌종憲宗 원화元和 12년(817)에 칙령을 내려 문무관료 이하 사서인 士庶人, 상려商旅, 사관寺觀 및 방시坊市에 이르기까지 사적으로 저장한 현금이 모두 다 5000관貫을 초과할 수 없도록 하였다. 만일 이를 초과한 경우 다른 물건으로 사서 저장하는 것을 허용하며, 정해진 기간까지 이행하지 않는 자는 관인이 아닌 자는 사형에 처하며 관인에 대해서는 위에 보고하여 강등시키도록 하였다. 잉여분의 돈은 관에 귀속시키되 그 5분의 1은 고발자에게 보상으로 주었다. 이때 서울의 민가나 저자에 쌓여 있거나 여러 지방의 진영에 있는 돈이 많았는데, 예컨대 왕악王鍔, 한홍韓弘, 이유간李惟簡[45]의 경우 적다고 해도 50만 관 이상이었다. 이에 다투어 땅이나 집을 사들여 돈의 축적 방식을 바꿨으며, 자금이 많은 대상인들은 많이 좌우군左右軍에 결탁해서 '관전官錢'의 명목으로 만들었다. 이에 부府·현縣 등에서 밝혀내지 못해 칙령이 끝내 행해지지 못했다.

---

45 왕악(740~815), 한홍(765~822), 이유간(?~818)은 모두 각 지역의 절도사로 있었는데, 당시 혼란스럽게 된 상황에서 권력을 행사한 자들이었다.

마단림은 이렇게 말했다.[46]

"후세에 나라를 다스리는 자들은 인민의 재산을 관리해서 빈부를 고르게 하지 못하고 한갓 법을 만들어 부호나 권력자들의 겸병兼幷을 막으려고 하였다. '한민명전限民名田'[47]은 가능하다고 할 수 있으나, 인민이 돈을 축적하는 것을 제한하려 드는 것은 어긋난 일이 아닌가. 땅을 사들이는 자는 많이 겸병하는 데 뜻이 있는 까닭에 위에 있는 사람이 법을 세워 경작하는 땅을 한정하는 것은 당연하다. 돈을 축적하는 자는 물화를 유통하는 데 뜻이 있기 때문에 처음부터 위에서 번거롭게 법을 세워서 굳이 교역을 하도록 할 것이 없다. 지금은 돈의 가치가 무겁고 물건값이 떨어지는 까닭에 돈을 축적하는 데 제한을 두었지만, 돈의 가치가 무겁고 물건값이 떨어지면 이익을 노리는 자들이 기뻐하는 바이다. 정히 법을 세워 말릴 필요가 없다. 한갓 고발하는 길만 넓혀놓아서 거듭 번거롭고 소란스럽게 할 것이다. 본조의 소흥 연간에 역시 한전령限錢令이 있었는데, 이 모두 행할 수 없었던 졸렬한 대책이었다.[48]"

여동래呂東萊는 다음과 같이 말했다.[49]

"화폐를 제정한 것은 물화를 풍성하게 유통시키기 위한 것인데, 선왕들은 이를 재화의 근본으로 삼지 않았다. 옛날에 나라의 형편을 말할 때에 3년을 경작하면 반드시 1년의 먹을 것이 있고, 30년을 통해 잡으면 9년의 먹을

---

46 『문헌통고』 권8 「전폐고(錢幣考) 1」에 나온다.
47 한민명전 명전은 백성이 자신의 명의로 가질 수 있는 농지, 즉 사유지를 뜻한다. 한민명전은 그러한 명전의 면적을 제한하는 제도이다.
48 이 문장은 『문헌통고』 권9 「전폐고 2」에 실린 마단림의 안설에 근거하되 다소 변경한 것이다. 마단림의 안설은 다음과 같다. "이것[限錢令]은 당나라 현종[연호 원화元和] 연간에 시행되었던 것으로, 모두 민간에 동전이 적어 유통이 될 수 없었고 현관에서 비용이 지나치게 들어 널리 주조할 수도 없었으니, 그런 까닭에 이것은 졸렬한 대책이었을 뿐이다.[此卽唐元和閒所行, 皆是以民閒錢少而不能流通, 縣官費重而不能廣鑄, 故爲此未策耳.]"
49 『문헌통고』 권9 「전폐고 2」에 나온다.

것이 있다고 하였으니, 물화가 풍성했던 것으로 생각했다. 옛날 사람들은 재정을 논할 때에 9년의 축적만을 말했으며, 처음부터 일찍이 저축한 것이 수천수만 꿰미라는 식으로 말하지 않았으니 무슨 까닭인가? 농업과 양잠이 의식과 재화의 근본이며, 화폐로 유통시키는 것은 때에 따라 적절히 썼을 뿐이다. 먼저 곡식이 있어야 화폐라는 수단을 이용할 수가 있다. 만약에 그 근본이 없다면 아무리 돈이 많이 쌓여 있다 하더라도 어떻게 부족하고 남는 것을 채울 수 있겠는가? 때문에 삼대 이전에 재부를 논하는 자들은 모두 곡식으로 근본을 삼았고 화폐는 값을 따지는 것에 불과했다. 백성에게 받아들임에 있어서도 구공九貢과 구부九賦[50]가 있었고, 화폐로 납부하게 하는 경우는 매우 드물었다. 이른바 녹봉이란 것도 농지를 나누어주어 녹을 삼았으며, 임금과 경과 대부는 채지采地의 많고 적음으로 기준을 삼았고 돈으로 녹을 삼은 일은 없었다. 근세에 전부田賦와 녹봉은 순전히 돈으로 출납하고 있다. 삼대에는 사람들이 많이 땅에 매여 있었기 때문에 상업을 하지 않았으니, 대개 돈을 사용하는 것이 적었던 데 연유한다.

한나라 초기에는 아직도 옛 뜻이 남아 있어서 제후왕과 공公으로부터 좌리佐吏에 이르기까지 1만 석, 1000석, 100석 등으로 모두 곡식으로 녹봉을 제정했으며, 인민은 구산전口算錢[51]이라 하여 1인당 납부하는 데 그쳤다. 무제武帝 때에 이르러 나라의 쓰임이 부족해지자 고민법告緡法[52]을 제정하여

---

50 구공·구부 구공은 『주례·태재(太宰)』 등에서 전하는 9가지의 공으로, 사공(祀貢), 빈공(嬪貢), 기공(器貢), 폐공(幣貢), 재공(材貢), 화공(貨貢), 복공(服貢), 유공(斿貢), 물공(物貢)이다. 구부 또한 『주례·태재』 등에서 전하는데, 방중지부(邦中之賦), 사교지부(四郊之賦), 방전지부(邦甸之賦), 가삭지부(家削之賦), 방현지부(邦縣之賦), 방도지부(邦都之賦), 관시지부(關市之賦), 산택지부(山澤之賦), 폐여지부(弊餘之賦) 등의 9가지 부이다.

51 구산전 한나라 때의 조세제도로서 인구세에 해당하는 것이다. 15세 이상 66세까지의 남녀에게 1인당 얼마씩을 바치도록 하였다고 한다. 원주에 "1산(算)은 1인당 120전이다"라고 나와 있다.

52 고민법 한 무제 때에 제정된 법으로, 재산에 대한 허위신고를 밀고하도록 한 것이다. 신고한 내용이 사실로 드러날 경우 재산의 반을 밀고자에게 주었다. 이 때문에 중류 이상의 상인들이 많이 파산했다고 한다.

천하의 사람들에게 바치도록 책임지웠다. 이때부터 옛 뜻이 점차 상실되고 화폐가 중요하게 되었다.

대저 삼대 이전에는 오직 곡식으로 근본을 삼고, 화폐를 수단으로 이용하여 항상 수단이 근본을 이길 수 없게 하였다. 후세에는 백성의 집에서 천만 관貫을 가지고 있어 관官과 다투게 되었으니, 역시 옛 뜻을 점차 잃게 되었다. 그래서 공우貢禹 등은 이를 완전히 폐기하고자 하여 오직 곡식과 포백만으로 교역의 수단을 삼으려 했으니, 이 또한 바로잡으려다 지나치게 된 주장이었다.[53]

대저 천하의 일은 경권經權과 본말本末이 항상 상호 작용하여 권도權道가 정도正道를 이길 수 없고 말엽이 근본을 이길 수 없도록 해야 한다.[54] 만약 일시의 폐해만 보고서 완전히 폐기하려고 들면 이는 하나만 알고 둘은 모르는 격이다. 위魏 문제文帝 때에 천하에 금속화폐를 온통 쓰지 못하게 하려다가, 마침내 곡식이 썩고 비단이 얇아지는 폐단이 생겨 도리어 천하에 유용한 물건이 쓸모없는 물건이 되게 하였다. 그 본뜻은 곡식과 포백이 중요하게 되도록 하려는 것이었는데, 도리어 곡식과 포백이 가볍게 된 것이다. 이 또한 그 잘잘못을 볼 수 있다.

한나라로부터 수나라에 이르기까지는 오수전五銖錢이 가장 알맞은 돈이었고, 당나라로부터 오대에 이르기까지는 오직 개원전開元錢이 가장 균형을 이룬 것이었다. 돈이 너무 무거우면 이른바 치백전直百錢, 당천전當千錢[55] 같은 것이 있게 되고, 지나치게 가벼우면 유협전楡莢錢, 삼수전三銖錢 같은 것이

---

53 공우는 전한 말기의 벼슬아치로, 구산전의 폐단을 바로잡기 위해 곡식과 포백으로 부세를 징수하고 녹봉을 지급할 것을 주장하였는데, 결국 이 정책이 화폐 유통을 폐지하는 방향으로 나갔던 것이다.

54 경권(經權)에서 경은 경상(經常)의 도, 즉 정도를 가리키며, 권은 목적을 달성하기 위해 필요에 따라서 쓰는 수단을 가리킨다. '근본'은 정도에 속하며 '말엽'은 권도에 속하는 것이다.

55 치백전·당천전 치백전은 돈 1개가 100개에 해당한다는 의미이며, 당천전은 1개가 1000개에 해당한다는 의미이다. 두 돈은 삼국시대에 나온 것으로 치백전은 촉한에서, 당천전은 오나라에서 시행된 적이 있었다.

있게 되었다. 이들 모두 균평을 얻지 못한 것이니, 오수전과 개원전만이 중량에 있어서 적절했고 주조 방법에 있어서 정밀하여 어느 것이건 바꿀 수 없는 것이었다.

　본조(송나라) 초년에 개원전을 본보기로 하였는데, 이 돈은 오랫동안 통행할 만한 것이다. 그런데 태종 때 장제현張齊賢[56]이 바꾸어 주조하고부터 돈이 많아졌지만 너무 가볍고 질이 좋지 않아 쓸 수 없는 정도였다. 당시에 많이 만들어내는 것을 좋은 줄로 알고, 대체를 생각지 못했던 것이다. 국가에서 화폐를 만들어내는 까닭은 경중輕重과 본말本末의 균형을 취하는 데 있지 이익을 얻는 데 있지 않았다. 재정을 다루면서 계획이 정밀하지 못한 자는 다만 돈을 주조하여 많아지는 것을 이익으로 여기고, 주조한 돈이 비록 많더라도 이익이 적은 것이며 화폐주조권이 공적으로 행사되는 것이 이익의 큰 것인 줄을 알지 못한 것이다.

　남제南齊[57]의 공의孔顗가 주전鑄錢에 대해서 논하기를, 구리와 공력을 아껴서는 안 된다고 하였다. 구리를 아끼지 않으면 돈을 주조해도 이익을 남길 수 없으니, 이익을 얻지 못하게 되면 사주私鑄를 하지 않을 것이다. 사주를 하지 않게 되면 거두어들이고 나가고 하는 일이 공적으로 행사될 것이며 돈을 만들어내는 권한이 아래로 내려가지 않으니, 이것이 이로움의 큰 것이다. 한갓 작은 이로움을 좇게 되면 돈은 곧 가볍고 질이 좋지 않게 되니, 이렇게 되면 간사한 백성이 여기에 힘을 써 다들 나서서 돈을 만들게 되고 공적으로 행사되지 않아 이익의 구멍이 사방으로 흩어지게 된다. 이야말로 작은 이로움을 좇아서 큰 이로움을 잃게 되는 것이니, 공의의 말은 실로 바꿀 수 없는 논리이다.

　대개 돈이란 물건은 배가 고파도 먹을 수 있는 것이 아니요, 추위도 입을

56　**장제현** 942~1014. 북송 시대 인물. 관직은 병부상서, 동중서문하평장사에 이르렀다. 북송 초기에 여러 방면에서 활약을 하였다. 저술로 『서록해제(書錄解題)』 등이 있다.
57　**남제** 육조시대의 제나라를 가리킴.

수 있는 것이 아니다. 만약에 땅에서 나올 것을 다 거두어 곡식과 포백이 남아돌고 산과 물에 있는 이로움을 다 얻어낸다면, 돈이 비록 적더라도 돈의 가치가 높아질 따름이요, 돈의 가치가 비록 높아지더라도 피차 서로 균형을 이루도록 하면 오히려 국가의 이익이 될 터이다. 요컨대 마땅히 옛 뜻을 추구하고 경중을 파악한 연후에라야 이 문제를 말할 수 있다."

섭몽득葉夢得[58]은 『석림연어石林燕語』에서 다음과 같이 말했다.

"『한서漢書·왕가전王嘉傳』에서 원제元帝 때에 수도 안의 돈이 40억인데, 수형전水衡錢이 25억이요 소부전小府錢이 18억이라 하였으니, 이는 돈의 양이 많은 것을 이른 것이다. 지금 셈해보면 830만 관貫 정도이니, 각화榷貨[59]가 성했을 때의 1년 수입에도 미치지 못한다. 대저 한나라 때는 돈의 가치가 극히 무겁고 곡가穀價는 매우 헐해서 때에 따라서는 1곡斛이 수십 전에 이르렀다. 그래서 왕가王嘉가 말하기를, '이때는 외척 중에도 재산이 천만인 자가 적었으니, 가령 천만을 가지고 있다면 역시 지금의 1만 관으로 오늘날 중하호中下戶도 대개 가지고 있는 정도이다'라고 하였다. 근세에 국용이 부족한 것을 걱정하는 자들은 매양 돈이 부족하다고 한다. 그래서 유협전, 주석으로 만든 돈, 당십전 등을 만들어 충당했으나 끝내 보완이 되지 않았다. 대개 돈이 많고 적은 것은 물화의 많고 적은 것에 관계되는 것이요, 돈을 주조하는 양에 달려 있는 것이 아니다.

또 위나라 이회李悝의 말처럼 1부夫가 농지 100묘를 경작하여 1묘당 1석 반을 거두면 모두 150석이 된다. 그 집에 다섯 식구가 달마다 1석 반을 먹으면, 100묘의 수입에서 15석을 세로 납부하고 90석을 먹게 되니 45석이 남는다. 1석의 값이 30전이라면 돈으로 계산해서 1350전이 된다. 사社·려閭와 상신嘗新과 춘추의 제사[60]에 200전을 쓰는 경우, 그 나머지로 다섯 식구의 의복값으로 충당한다면 실로 돈이 부족하다고 말할 수 없다."

---

58 섭몽득 1077~1148. 중국 남송 시대의 인물. 벼슬은 호부상서에 이르렀고, 저술로 『석림시화(石林詩話)』가 널리 알려져 있다.

59 각화 물화를 독점하는 행위.

60 상신과 춘추의 제사 상신(嘗新)은 곡식이 새로 났을 때 드리는 제사, 춘추의 제사는 집안에서 조상에게 드리는 제사를 가리킨다.

주 세종의 주조

○ 오대五代 때 주周 세종世宗은 오래도록 돈을 주조하지 않게 되어 민간에서 돈을 녹여 기구 및 불상을 만드는 일이 많아서, 이에 주전감鑄錢監을 설립하고 민간의 구리로 만든 기구와 불상을 모두 녹여서 돈을 주조하였다.

사마광司馬光은 이렇게 말했다.

"주 세종 같은 분은 현명하다고 할 수 있다. 무익한 것으로 유익한 것을 폐지하지 않았다."

송나라 화폐

○ 송나라 초기의 돈에는 '송원통보宋元通寶', '태평흥국太平興國' 같은 글이 들어갔는데, 뒤에 주조한 돈에는 '태평통보太平通寶'라 했고 이후로 연호가 바뀔 때마다 반드시 다시 주조하고 당시의 연호로 명칭을 삼았다.

구준丘濬은 이렇게 말했다.

"주조한 돈에 연호를 넣는 것은 남북조시대 송나라 효건孝建 때로부터 시작되었다. 북송의 개보開寶 이후로 황제가 바뀔 때마다 연호가 바뀌어 그때마다 반드시 새로 주조하였다. 그래서 황제마다 여러 종류의 돈이 있게 되었으니 가장 많은 경우는 인종仁宗 때였다. 재위 42년 동안 9번 연호를 바꾸었고 10종의 돈을 다시 주조하였다. 아! 구리를 녹여서 돈을 만들어야 하는데 구리와 숯은 어디서 나올 것이며 그 작업은 어떤 사람을 써서 하겠는가? 백성에게 취할 수 밖에 없으니, 백성이 그 해를 입지 않을 수 있겠는가? 더구나 관리, 감독, 장인에게 들어가는 제반 비용이며, 제작 과정에서의 손실분, 돈이 규식을 어긴 것이나 멀리까지 운반하는 비용 등, 관리와 백성으로서 이 때문에 죄를 얻어 집이 망하는 자가 어디인들 없겠는가? 이 때문에 옛사람들이 백성을 이롭게 한다는 것이 백성을 해치는 결과를 만들고 있다."

○ 송나라는 왕안석王安石이 국정을 맡으면서 비로소 돈의 사용을 금하는 법을 폐지하여 간민들이 날마다 구리를 녹여 기구를 만들었으며, 세관과 해양의 선박에서 돈이 얼마나 나가는지를 감시하지 않아 국가의 재용이 날로 줄어들었다.

호씨胡氏(胡寅)는 이렇게 말했다.

"돈을 녹여 그릇을 만들면 그 이익이 10배나 된다. 돈은 온갖 물화들의 값을 평가하는 것이다. 돈을 녹여서 그릇을 만드는데 거기에 들어간 비용이나 이자를 생각지 않고 지금 녹여버리는 것을 금하지 않을 수 있겠는가? 비록 그렇지만 녹여서 그릇을 만들면 돈은 훼손되지만 그릇은 남는다. 만약 돈이 흩어져 사방으로 빠져나간다면 배로 운반하고 수레로 실어 가서 다른 나라로 나가거나 이적夷狄의 손에 들어가게 된다. 관문의 방비가 엄하지 않고 돈을 주조하는 법이 느슨해져서 좋은 돈이 날로 줄어들며 가짜 돈이 날로 많아지게 된다. 무한한 돈으로 유한한 재물을 소비한다면 아무리 만물이 구리요 해와 달이 숯이 되더라도 다 공급할 수 없을 것이다."

[붙임] 저폐에 관한 고찰

附楮幣

송나라 때는 교자交子·회자會子가 있었고 금金·원元 이후에는 교초交鈔·보초寶鈔가 있었다.

송나라 진종眞宗 때 장영張詠[61]이 촉蜀을 맡아 다스릴 때 그 지방에서는 철전鐵錢이 무거워 교역하는 데 불편하다 해서 질제법質劑法을 만들어 1교交에 1민緡으로 하여[62] 매양 3년마다 한 번씩 바꾸어주었는데, 그것을 '교자'라고 하였다. 그후로 다툼이 일어나고 폐단이 많았다. 구감寇瑊[63]이 촉을 다스릴 때 교자를 금할 것을 요청하였는데, 전운사轉運使 설전薛田[64] 등이 교자를 폐지하면 교역이 불편하다 하여 관에서 이 일을 전담하고 민간의 사적인 주조를 금지할 것을 청하였다. 이에 황제는 그 청을 따라 이 지역에 '교자무交子務'를 두었다. 송나라가 강남으로 내려간 고종高宗 때에 이르러 명칭을 '회자'로 바꾸고 호조에 명해 회자를 만들도록 하여 중앙과 지방에 널리 유통시켰는데, 종이로 만든 것이었다. 그런데 처음에는 모두 돈을 가지고 기본으로 삼도록 하고 그저 종이만으로 유통할 수는 없게 했는데, 그후에 마침내 회자로 돈을 대신하게 되어, 돈의 근본이 없게 되었다. 금나라는 이 법을 따라서 '교초'를 만들었고, 원나라도 이를 따랐다. 그후에 또 '중통원보초中統元寶鈔'를 제조하였다.

대개 송나라는 종이를 써서 만들고 그 위에 글자를 인쇄하였으며 금나라·원나라의 것은 상피지桑皮紙로 초鈔를 만들고 글자를 인쇄하였다. '보초'는 하나가 5전에 해당하는 것으로,

---

61 장영 복주(濮州) 견성(鄄城) 사람. 자는 복지(複之)이고, 호는 괴애(乖崖)이다. 북송 시기의 관리이자 문학가로, 추밀직학사, 예부상서 등을 역임했다. 시호는 충정(忠定)이다.

62 '교(交)'는 종이로 만든 돈인 교자이며, '민'은 구리로 만든 동전의 꿰미를 가리키는 말이었다. 즉, 지폐인 '1교'를 동전 한 꾸러미인 '1민'과 바꿀 수 있다는 의미이다.

63 구감 중국 송나라 때의 관료. 촉(蜀) 땅을 맡았을 때 교역의 불편함을 해소하기 위해 익주(益州)에 교자무(交子務)를 설치하였는데, 이것이 중국에서 초폐(鈔幣)를 쓴 시초가 되었다.

64 설전 중국 송나라 때의 관료로, 익주(益州)에 교자무(交子務)를 설치해 교자의 출입을 전담하게 하고 개인이 교자를 만드는 것을 금지하자고 인종에게 청하였고, 이것이 받아들여졌다.

말로는 돈과 같이 쓴다고 하여 서로 맞추어 사용하도록 하려 했으나 실제는 돈으로 사용하지 못하였다. 그래서 끝에 가서는 초鈔의 법이 허무하게 되어 물가가 뛰어오르고 백성의 생활을 궁핍하게 만들었다.

구준丘濬은 말하였다.

"예로부터 화폐는 모두 금이나 동으로 만들었으며, 종이를 써서 돈을 만든 것은 송나라 때 시작되었다. 당나라 왕여王璵[65]가 종이를 써서 가짜 돈을 만들어 태워서 신에게 바친 일이 있었다. 아, 이때에 이르러 동전을 대신해서 진짜 돈으로 사용하게 될 줄 누가 알았겠는가? 처음 시작한 사람은 장영이고, 그것을 완성한 사람은 설전薛田이다."

구준은 또 이렇게 말하였다.

"하늘이 만물을 내어 사람을 살아가게 하는데 임금에게 이利와 권형權衡을 부여한 것은 경중을 헤아려 천하의 사람들을 편하고 이롭게 하고자 함이지, 만물을 이용하여 자기 한 사람의 사적인 이익을 취하게 한 것은 아니다. 임금이 경중을 헤아리지 못해 물화를 어느 한쪽에 치우치도록 놓아둔다면 이는 실로 하늘이 부여한 뜻을 잃어버린 것이다. 더구나 음모를 꾸미고 몰래 빼앗아가는 술책을 써서 무용의 물物을 가지고 유용의 재화가 되도록 만들어 사적인 이익을 삼는다면 어떻게 되겠는가? 이는 하늘의 뜻과 매우 다르다.

송나라 사람들이 교자와 회자를 만들고부터 금나라·원나라가 계승하여 초鈔를 만들었다. 이른바 초라는 것은, 들어간 값은 3전, 5전에 불과한데 1000전의 가치에 해당하는 물건을 사들인다. 아, 세상의 물건들은 하늘과 땅 사이에서 저절로 생겨난 것이지만 모두 인력이 들어간 다음이라야 쓰임새 있는 것이 될 수 있다. 그 본체는 크고 작고 정교하고 거칢이 있고, 그 공력은 깊

---

65 왕여 ?~768. 당나라 때의 관료이다. 어릴 때부터 예학(禮學)을 익혔다. 현종(玄宗) 때 태상박사(太常博士)와 시어사(侍御史)를 지냈으며, 숙종(肅宗)이 즉위하자 태상경(太常卿)까지 오르고, 또 사도(祠禱)로 총애를 받았다. 건원(乾元) 초에 중서시랑동중서문하평장사에 올랐다가 이후 형부상서와 회남절도사로 나갔다. 시호는 간회(簡懷)다.

고 얕음이 있고 그 가치는 많고 적음이 있다. 가치가 1000전에 이르는 것은 그 본체가 크지 않으면 정밀해야 할 것이니, 필시 하루의 공력으로 이루어질 수 있는 바가 아니다. 그럼에도 사방 한 자 정도로 3전이나 5전의 가치밖에 되지 않는 종이로 1000전이나 되는 것을 바꾸니, 이래서 될 것인가? 아랫사람들이 이와 같이 다른 사람에게 취하려 하는 것을 윗사람이 금하지 못한다면 실로 윗사람으로서의 직무를 잃어버린 것이다. 그런데 윗사람 자신이 그런 짓을 한단 말인가?"

[붙임] 우리나라의 화폐에 관한 설

本國錢貨說附

고려의 철전

고려 성종成宗 15년(996)에 처음 철전鐵錢을 사용하도록 하였다. 그후 목종穆宗 5년(1002)에 시중侍中 한언공韓彦恭[66]이 "철전을 사용하게 하고 전부터 써왔던 추포麤布를 금한 것은 관습상에 이상하고 원망을 일으킬 수 있습니다"라고 말하여 그만두었다.

해동통보

숙종肅宗 7년(1102)에 처음으로 돈의 사용을 명하였다. 왕이 일찍이 이르기를, "우리나라는 예로부터 풍속이 소박하니 백성의 이익을 일으키고자 하면 따로 관청을 설치하여 돈을 주조하도록 해야 할 것이다"라고 하였는데, 이때에 이르러 돈을 주조하는 곳이 비로소 갖추어지게 되었다. 돈은 '해동통보海東通寶'라고 이름하였다. 이에 하교하기를, "백성을 부유하게 하고 나라를 이롭게 하는 데는 돈보다 필요한 것이 없다. 서쪽의 송나라와 북쪽의 요나라는 돈을 통행한 것이 벌써 오래되었는데, 우리 동방은 아직 못하고 있다. 지금 비로소 돈 만드는 법을 제정해서 주조한 돈 1만 5000관貫을 재추宰樞와 문무 양반[67]과

---

66 한언공 940~1004. 고려 전기에 활동한 인물. 본관은 단주(湍州)이며, 한총례(韓聰禮)의 아들이다. 15세에 광문원(光文院) 서생(書生)이 된 이래 중추원사, 문하시중 등을 역임하였으며, 990년 사은사로 송나라에 갔다 왔다. 성종 때 중추원(中樞院)을 설치할 것을 건의하였으며, 목종 때 화폐로 인한 폐단을 상소하여 음식점, 주점 등의 점포에서만 화폐를 사용하고 나머지 거래에선 토산물을 사용하도록 하였다.

군인에게 나누어주어 시작해보도록 하라"라고 하였다. 주전도감이 아뢰기를, "나라 사람들이 돈을 사용하는 것이 편하기 때문에, 종묘에 아뢰기를 청합니다"라고 하여, 이에 비로소 돈을 사용하게 되었다고 태묘太廟에 아뢰었다. 그리하여 경성에 좌우 주무酒務[68]를 두고 큰 거리의 양쪽에 신분을 따지지 말고 각기 주점을 설치할 수 있게 하여 돈을 사용하는 이득을 일으키도록 하였다.

숙종 9년(1104)으로 가서 여러 주·현에 명해 미곡을 방출하고 주점과 식당을 개설하도록 하며 백성에게 교역을 허용하여 돈이 편리한 줄을 알게 하였다. 이때 돈을 사용하도록 한 것이 3년이 지났으되 백성이 화폐를 잘 쓰지 않았기 때문에 이 명이 내려진 것이다.

숙종 10년(1105)에 왕이 죽고 예종睿宗이 즉위하였는데, 여러 신하들이 "선왕 때 돈을 썼던 것이 불편하였습니다"라고 말하였다. 왕이 말하기를, "돈을 사용하는 제도는 예로부터 제왕의 부국편민富國便民을 위한 것이요, 선왕께서 식화殖貨를 위해 한 것은 아니었다. 더구나 듣건대 요나라도 역시 근년에 돈을 사용하기 시작했다고 한다. 무릇 법이 한 가지 만들어지면 이런저런 비방이 일어나는데, 여러 신하들이 태조의 '당란唐丹의 풍속을 금지해야 한다'[69]는 유훈을 핑계로 대서 돈의 사용을 배척하리라고는 생각하지 못했다. 태조께서 금한 까닭은 풍속이 사치스러워질 것을 염려한 데 있었다. 문물제도에 이르러서는 중국을 버리고 어떻게 할 것인가?"라고 하였다. 그래도 마침내 돈은 폐지되고 말았다.

67　문무 양반　왕이 조회를 할 때 문관은 동쪽에, 무관은 서쪽에 줄지어 섰기 때문에 '문무 양반'이라고 일컬었다. 여기서 사족을 지칭하는 양반이라는 말이 나오게 되었다.

68　주무　고려시대 술에 대한 세(稅)를 맡아보던 기관. 좌주무(左酒務)·우주무(右酒務)가 있었다.

69　당은 당나라를, 란은 거란을 지칭한다. 즉, '당란적풍(唐丹狄風)'이란 말은 당과 거란의 야만적 풍속이라는 뜻으로, 고려 태조의 훈요십조 가운데 4조의 내용을 축약한 것이다. 태조는 "우리 동방은 예로부터 전통적인 당나라 풍속을 본받아 문물과 예악을 모두 그 제도에 따랐으나, 나라가 다르고 지역이 다른데다 인성도 각기 다르니, 반드시 구차하게 똑같이 하려 말라. 거란은 금수와 같은 나라로 풍속이 같지 않고 언어도 다르니 절대 저들의 의관 제도를 본받지 말도록 하라"라고 하여 남의 풍속을 무분별하게 따르지 말 것을 당부했다.

안설

우리나라는 예로부터 거칠고 소략한 것이 심한 까닭에 화폐를 통용하고 추포_{麤布}의 사용을 금지하자는 데 대해 습속을 어지럽히고 원망을 일으킬 우려가 있다고 여겼으니, 소견이 고루한 것이 심하다. 숙종이 특별한 관심을 가지고 통행시키고자 했으나 얼마 가지 않아 죽으매 여러 신하들이 요청하여 그만두게 되었는데, 이 한 가지 일뿐이 아니다.

당시에 재상 소태보_{邵台輔}[70] 등이 아뢰기를, "국학에서 선비를 기르는 일은 비용이 적지 않게 들어 실상 백성에게 해가 됩니다. 중국의 법은 우리나라에서 시행하기 어려우니 청컨대 그만두소서"라고 하였으니, 한 시기에 재상의 지위에 있는 자의 무식했던 것을 알 수가 있다.

예종은 그렇게 말하고도 여러 사람들이 떠들어대는 데 끌리지 않을 수 없었다. 예종은 문학을 잘했다는 일컬음을 받긴 했음에도 매일 부화_{浮華}를 좋아하는 무리들과 시 읊기를 일삼으며 나라를 경영하고 멀리 내다보는 식견이 없었던 때문이다.

대저 그럭저럭 지내기를 좋아하며 개혁을 꺼리는 것이 보통 사람들의 정서인데 우리나라는 더욱 심하고, 무슨 일이 지속되기도 어렵다. 속담에 '고려공사삼일_{高麗公事三日}'이라 하니, 참으로 이렇다.

방사량의 화폐 통용 주장

공양왕_{恭讓王} 3년(1391)에 중랑장_{中郎將} 방사량_{房士良}[71]이 다음과 같이 상소하

---

70 소태보 1034~1104. 고려 중기에 활동한 인물. 본관은 단주. 문종부터 숙종까지 5명의 왕을 섬기며 문하시랑평장사상주국(門下侍郎平章事上柱國), 특진수사도판이부사(特進守司徒判吏部事), 수태위문하시중(守太尉門下侍中) 등을 역임하고 협모공신(協謀功臣)에 책록되었다. 시호는 충겸(忠謙)이다.

71 방사량 고려 말 조선 초에 활동한 인물. 본관은 남원. 의약에 밝아 전의소감(典醫少監), 지제

였다.

　"천하가 지역과 풍속이 달라도 사·농·공·상이 각기 직업에 따라서 살아가
는데, 있는 것으로 없는 것을 바꾸어 서로 통용할 수 있게 하는 것은 돈입니
다. 주나라 때 구부환법九府圜法을 만든 이래로 오늘에 이르기까지 통행하는 것
은 다른 까닭이 아닙니다. 그 재질이 견고하며 사용하기에 편리해서 불에 타
지 않고 습기에 썩지 않아 교역의 수단으로 이용해도 더욱 빛이 나고 멀리 가
지고 다니기에도 곤란이 없습니다. 쥐에 손상되지 않고 칼에 상하지 않으니,
한번 만들어지면 만세토록 전해질 수 있는 까닭에 천하가 이를 보배롭게 여깁
니다. 우리나라의 추포를 쓰는 법은 동경東京(경주) 등 몇 주·현에서 출현하였
으나, 이 추포의 폐단은 10년도 가지 못하고, 불이나 물의 화를 만나는 경우 곧
타거나 썩게 되며, 창고에 보관해두면 쥐가 손상을 시키거나 물에 젖는 폐단을
면할 수 없는 것입니다. 담당관을 두어 돈을 주조하여 화폐를 통용하고 추포의
사용을 일체 금할 것을 청하옵니다."

　그 당시에 도평의사사都評議使司에서 다음과 같이 계문을 하였다.

　"우 임금과 탕 임금 시절 홍수와 가뭄이 들자 금으로 화폐를 주조하여 백성의 곤란함을
구해주었습니다. 주나라 태공에 이르러서는 구부환법을 세웠으니, 이는 돈의 시작이었습
니다. 한나라로부터 지금에 이르기까지 각 시대마다 돈이 있었는데, 모두 재난에 대비하고
백성의 쓰임에 편리하도록 하기 위함이었습니다. 우리 동방에서 돈은 삼한중보三韓重寶, 동
국통보東國通寶, 동국중보東國重寶, 해동중보海東重寶, 해동통보海東通寶 같은 것이 중국의 문
헌에 실려 있어 대략 상고할 수 있습니다. 근고近古에 또 은병銀瓶을 주조하여 화폐로 삼아
모두 포布와 함께 자모子母[72]로 균형을 맞추었으나, 후에 폐단이 발생하여 동전과 은병이
모두 폐기되어 통행하지 않고 있습니다. 드디어 온통 오종포五綜布[73]만 갖고 화폐로 쓰게

　생원사(知濟生院事) 등을 역임하였다. 1391년(공양왕 3) 겸전의시승(兼典醫寺丞)으로서 시무
　11조를 올린 바 있는데, 위 내용은 여기에 들어 있다.
72　자모　여기서는 화폐로 쓰는 데 있어서 '자'는 가치가 낮은 것, '모'는 가치가 높은 것을 지칭
　하는 말이다. 따로 자모란 말은 이잣돈을 가리키는 말로 쓰이기도 하였다.
73　오종포　베의 품질을 표시하는 말. 보통 닷새베[五升布]라고 한다. 베의 품질은 올의 가늘기로

되었습니다.

근래 베의 올이 거칠고 성글어져 점점 이승포二升布, 삼승포三升布를 쓰는 데까지 이르렀습니다. 여자들이 베를 짜는 데 아무리 수고를 들여도 백성이 쓰기에 불편하고, 운반하는 데 소가 땀을 흘리며 관에 쌓아두면 쥐가 축내고, 상인들이 잘 쓰지 않고 쌀값만 뛰어오르는 것은 대체로 여기에 까닭이 있습니다. 만약에 홍수와 가뭄의 재난이 들거나 군사의 일로 필요한 경우 장차 어떻게 대처할 것입니까? 동전·은병을 화폐로 쓰는 것은 갑자기 다시 시행하기 어려우니, 의당 담당자로 하여금 송나라 때의 회자會子나 원나라 때의 보초寶鈔를 쓰던 방법을 본떠 '고려통행저화高麗通行楮貨'를 제정하고, 이를 인쇄·유포해 오종포와 함께 통행되게 하여 민간에서 사고파는 데 사용하도록 하고 여러 가지 엉성한 포들은 일체 금지해야 할 것입니다."

안설

돈은 나라의 쓰임을 풍족하게 하고 백성의 생활을 여유 있게 하는 수단이어서, 국가에 있어서 반드시 통행되어야 하는 것이다. 우리나라에서 통행하지 않는 것은 어찌 제도상의 결함이 아니겠는가? 혹자는 우리나라는 땅이 척박하고 백성이 가난해서 아무리 통행시키고 싶어도 끝내 통행시킬 수 없다고 하는데, 그렇지 않다. 땅은 기름지고 척박한 것이 있고 백성은 잘살고 못사는 수가 있지만, 기름지고 척박하고 잘살고 못사는 데 따라 다 통행할 수 있다.

일찍이 의심하기를, 천지가 생겨난 지 오래요 만국이 모두 화폐를 쓰고 있는데 유독 우리 동방에서 아직도 통행되지 않는 데는 반드시 그럴 만한 까닭이 있어 억지로 강요하기 어려운 것이라고 생각하였다. 후일에 크게 그렇지 않다는 것을 깨달았다. 우리나라의 토지나 농업은 다른 나라와 비교하여 다를 바가 없고, 사람들의 기호도 다른 나라와 다를 바가 없으며, 사·농·공·상

구분되는데, 가는 정도가 높은 데 따라서 육승포, 칠승포 등으로 등급이 올라간다.

의 사민四民들이 각기 자기의 생업을 꾸려나가면서 서로 유무상통有無相通을 하는 것 또한 다를 바가 없다. 이 몇 가지 일이 다 다를 바가 없거늘, 어찌하여 우리나라는 돈을 통행할 수 없단 말인가! 다만 위에 있는 사람이 능히 행하지 않기 때문이다.

고려 숙종 때에 돈이 통행할 수 없었던 것 또한 까닭이 있었다. 무릇 돈이란 본디 무용無用의 것을 유용有用의 것으로 바꾸는 것이니, 위에서 유도하여 유행하도록 해야 하는 것이다. 유도하여 유행시키지 않으면 어떻게 저절로 통행될 수 있겠는가?

유도하여 통행하게 한다는 것은 무엇인가? 이미 들어온 것을 다시 내보내는 것을 이른다. 숙종은 그 근본을 생각지 않고 한갓 재추宰樞와 군인들에게 지급하고 좌우에 주방酒坊을 설치하여 이것만 믿고 통행시키려고 하였다. 통행이 될 수 있는 방법을 알지 못했던 것이다. 실로 능히 부세를 절반 정도 돈으로 거둬들이고 녹봉을 나누어주는 데 있어서도 절반 정도 돈으로 나누어주면, 여러 말 할 것 없이 자연스럽게 돈이 통행되었을 것이다.

무릇 물은 천하에 흐르기 마련이다. 수로를 만들지 않고 관개를 하려고 하면 끝내 할 수 없다. 하루아침에 수로를 만들어 개통시켜놓고 유도하면 줄줄 흐르게 된다. 돈이 통행하는 것 또한 이와 다름이 있을 것인가? 실로 이와 같이 하지 않았으면 아무리 중국이라 하더라도 필시 돈이 통행할 수 없었을 것이다. 참으로 이와 같이 하면 천하에 돈이 통행될 수 없는 나라는 있을 수 없다.

근세에 돈을 여러 번 통행시키고자 했음에도 오래지 않아서 도로 폐기되었던 것은 비단 시끄럽게 의론이 많아 금방 시작했다가 금방 그만두게 된 데 있을 뿐 아니라, 대개 토지의 부세에서 반 정도를 돈으로 거두어들이지 않았던 데 까닭이 있었다.

또한 지금 추포를 교역의 수단으로 사용하는 것을 보건대, 다른 말 할 것 없이 돈이 반드시 통행할 수 있다는 것은 의심할 바 없다. 오늘날 추포는 겨우 일승포一升布, 이승포二升布 정도이니 원래 베라고 할 수도 없어 백 가지에 하나도 쓸모가 없는 것이나 교역하는 수단으로 쓰이는 까닭에 아무리 금지해도 없어지지 않는다. 만약 돈이 한번 통행되고 보면 아무리 금지하려 해도 할 수 없게 될 것이다. 오직 위에 있는 사람이 그것을 통행시켜야 한다는 것을 참으로 알지 못하는데다가, 또 마음가짐이 확고하지 않아 아침에 명령을 내렸다가 저녁에 바꾸는 방식이 문제이다.

추포는 유용지물인데 무용지물이 되고, 구리는 무용지물인데 유용지물이 되고 있다. 추포는 인력이 많이 들어가는데도 오래지 않아 파손이 되고, 동전은 한번 만들어지면 만대에 전할 수 있으니, 그 이해가 어떠한가?

혹자는 구리와 주석이 우리나라의 소산이 아니라서 곤란하다고 말하는데, 이는 더욱 그렇지 않다. 구리와 주석은 우리나라에서 생산되는 것이 아니라도 무역해 오면 그 값이 그리 높지 않다. 그래서 깊은 산중에 초가집에 사는 사람까지 식기 이외에도 대접, 주발 같은 것도 다 구리로 만들고 있으며, 크고 작은 사찰이 한 고을에도 수십 곳이 되는데 한 절에 종과 경쇠 등속이 몇 개나 되는지 알 수 없다. 한 나라의 힘으로 구리를 무역해 와서 동전을 만드는 것이 무엇이 어렵겠는가? 나라에 구리광산이 없기 때문에 백성이 몰래 돈을 주조하는 일이 드물 것이다. 이 점은 동전이 통행되는 데 유리한 조건이요, 불편한 것이 아니다.

반계수록 1
토지제도

초판 1쇄 발행 / 2024년 10월 18일

지은이 / 유형원
옮긴이 / 임형택 외
펴낸이 / 염종선
책임편집 / 박주용 신채용
조판 / 박아경
펴낸곳 / (주)창비
등록 / 1986년 8월 5일 제85호
주소 / 10881 경기도 파주시 회동길 184
전화 / 031-955-3333
팩시밀리 / 영업 031-955-3399 편집 031-955-3400
홈페이지 / www.changbi.com
전자우편 / human@changbi.com

ⓒ 임형택 외 2024
ISBN 978-89-364-8057-8 93150